ESSCA SID ANGERS
97
97.
SUP
970903020*

RAPPORT SUR LE DÉVELOPPEMENT DANS LE MONDE

1997

AF855222

L'ÉTAT DANS UN MONDE EN MUTATION

BANQUE MONDIALE

WASHINGTON

Publié dans sa version originale
en anglais sous le titre *World Development Report 1997*
par Oxford University Press pour la Banque mondiale

© 1997 Banque internationale pour la reconstruction et
le développement/Banque mondiale
1818 H Street, N.W., Washington, D.C. 20433
États-Unis d'Amérique

Tous droits réservés. Aucune partie de la présente publication ne peut être reproduite, mise en mémoire ou transmise sous aucune forme ni par aucun moyen, électronique ou mécanique, par photocopie, enregistrement, ou de toute autre façon, sans l'autorisation préalable de la Banque mondiale.

Conception et photocomposition :
Barton Matheson Willse & Worthington.

Fait aux États-Unis d'Amérique
Premier tirage : juin 1997

Le présent Rapport est l'oeuvre des services de la Banque mondiale, et les opinions qui y sont exprimées ne reflètent pas nécessairement les vues du Conseil des administrateurs ni des pays qu'ils représentent. La Banque mondiale ne garantit pas l'exactitude des données citées et n'accepte aucune responsabilité quant aux conséquences de leur utilisation. Les frontières, les couleurs, les dénominations et toute autre information figurant sur les cartes du présent Rapport n'impliquent de la part du Groupe de la Banque mondiale aucun jugement quant au statut juridique d'un territoire quelconque et ne signifient nullement que le Groupe reconnaît ou accepte ces frontières.

ISBN 0-8213-3771-8
ISSN 0163-5085

Imprimé sur du papier recyclé conforme aux normes des États-Unis
(American Standard for Permanence of Paper for Printed Library Material
Z39.48-1984)

AVANT-PROPOS

VINGTIÈME DU NOM, L'ÉDITION DE 1997 DU RAPPORT sur le développement dans le monde est consacrée à l'État, à son rôle et à son efficacité. Quelle est sa mission ? Comment doit-il s'en acquitter ? Et comment peut-il mieux y parvenir dans un monde en pleine mutation ?

Ce sont là des questions qui préoccupent au plus haut point les pays en développement comme les pays industriels. Pour beaucoup, la leçon de ces dernières années est que l'État ne peut pas tenir ce qu'il promet : les pays en transition ont dû, au prix d'un changement de cap déchirant, s'orienter vers l'économie de marché, tandis qu'une grande partie du monde en développement a dû se rendre à l'évidence que les stratégies de développement par l'État se soldaient par un échec. Face à l'échec des interventions de l'État, même les pays industriels à économie mixte ont opté résolument pour les mécanismes du marché. Nombreux sont ceux qui en ont conclu qu'un État « minimum » est la solution logique au problème. L'action d'un tel État ne serait certes pas néfaste, mais elle n'aurait pas non plus beaucoup d'effets positifs.

Le présent Rapport explique pourquoi ce point de vue extrême va à l'encontre des exemples de développement réussi que l'on peut observer dans le monde, qu'il s'agisse du développement, au XIXe siècle, des pays industriels d'aujourd'hui ou, plus récemment, du « miracle » économique en Asie de l'Est. Loin d'apporter de l'eau au moulin des tenants d'une conception minimaliste de l'État, ces exemples montrent que le développement a besoin d'un État qui agisse, d'un État qui, dans un rôle de catalyseur et de promoteur, encourage et complète l'activité des entreprises privées et des particuliers. S'il est indéniable que le développement par l'État a échoué, il en est de même du développement sans l'État, comme nous le voyons trop clairement dans les souffrances des populations de pays où, comme au Libéria et en Somalie, la puissance publique est anéantie. L'histoire montre qu'une bonne administration n'est pas un luxe, mais une nécessité vitale. Sans un État efficace, il n'est pas de développement économique et social durable.

L'histoire et le passé récent nous ont également appris que le développement ne se résume pas à un certain nombre d'apports sur le plan économique et technique. Il faut aussi jeter les bases institutionnelles qui forment son assise, c'est-à-dire l'ensemble des règles, us et coutumes qui déterminent la manière dont ces apports sont utilisés. Comme le montre le présent Rapport, il est indispensable de comprendre le rôle que l'État joue dans ce contexte — par exemple, à travers son pouvoir de faire prévaloir la primauté du droit, base même de toute transaction sur le marché — si l'on veut qu'il contribue de façon efficace au développement.

Il y a de nombreuses manières de rendre l'État plus efficace. Le Rapport ne propose pas de recette universelle pour y parvenir. Ce qu'il propose, c'est un cadre pour guider cet effort, sous la forme d'une stratégie à deux volets :

- Il s'agira, d'abord, d'adapter les activités de l'État à la capacité dont il dispose. Nombreux sont les pays dans lesquels l'État cherche à trop entreprendre avec des ressources modestes et des moyens réduits. L'État rendra son action plus efficace en se concentrant davantage sur le noyau d'activités publiques dont le rôle est déterminant pour le développement.
- Ensuite, on pourra s'employer à améliorer la capacité d'action de l'État en revivifiant ses institutions. Le Rapport met particulièrement l'accent sur les mécanismes qui inciteront les agents de l'État à mieux s'acquitter de leur mission et à faire preuve d'une meilleure capacité d'adaptation, mais qui serviront aussi de garde-fous contre l'arbitraire et la corruption.

S'inspirant d'exemples de pays qui ont réussi et d'autres qui ont échoué ainsi que des efforts qui ont été faits un peu partout dans le monde pour réformer l'État, le Rapport développe cette stratégie à deux volets et montre comment elle peut être mise en oeuvre à partir de situations initiales différentes. Il est significatif que, malgré la multitude de situations et de contextes, les pays où l'État est efficace partagent de toute évidence un certain nombre de caractéristiques. L'une d'entre elles tient à la manière dont les gouvernements ont su établir des règles sur lesquelles fonder les transactions du secteur privé et, plus généralement, le fonctionnement de la société civile. Une autre résulte de la manière dont ils se sont eux-mêmes pliés à ces règles, de la fiabilité et de la prévisibilité de leur comportement et de leur intransigeance face à la corruption.

Faire de l'État un instrument plus efficace du développement et de la lutte contre la pauvreté ne sera pas chose facile. Quelle que soit la situation, beaucoup auront toujours intérêt au maintien du statu quo, quoi qu'il en coûte au pays dans son ensemble. Leur opposition ne pourra être vaincue qu'avec le temps et la volonté politique. Mais le Rapport montre comment des possibilités de réforme pourront se présenter et, à leur tour, en créer d'autres grâce à un bon ordonnancement des mesures et à la mise en place de mécanismes d'indemnisation des perdants. Même dans la pire des situations, des mesures très modestes visant à accroître l'efficacité de l'État peuvent avoir des effets considérables sur la santé de l'économie et sur le bien-être de la population. À l'aube du XXIe siècle, le devoir de l'État n'est ni de se contenter d'un rôle secondaire, ni d'imposer sa loi aux marchés, mais d'amorcer cette marche vers le changement.

James D. Wolfensohn
Président de
la Banque mondiale

30 mai 1997

Le présent Rapport est l'oeuvre d'une équipe de rédaction dirigée par Ajay Chhibber et composée de Simon Commander, Alison Evans, Harald Fuhr, Cheikh Kane, Chad Leechor, Brian Levy, Sanjay Pradhan et Beatrice Weder. Jean-Paul Azam, Ed Campos, Hamid Davoodi, Kathleen Newland, Kenichi Ohno, Dani Rodrik, Susan Rose-Ackerman, Astri Suhrke et Douglas Webb sont les auteurs de précieuses contributions. Cette équipe de rédaction a été aidée par Ritu Basu, Gregory Kisunko, Une Lee, Claudia Sepulveda et Adam Michael Smith. Stephanie Flanders était la responsable de publication. L'ensemble des travaux était placé sous la direction générale du regretté Michael Bruno, de Lyn Squire et de Joseph Stiglitz.

La rédaction a bénéficié des fructueux conseils d'un groupe d'éminents spécialistes extérieurs à la Banque comprenant Masahiko Aoki, Ela Bhatt, Kwesi Botchwey, Peter Evans, Atul Kohli, Klaus König, Seymour Martin Lipset, Douglass North, Emma Rothschild, Graham Scott et Vito Tanzi.

Beaucoup d'autres personnes, de la Banque et d'ailleurs, ont fourni de précieux éléments d'information, rédigé des documents de référence et autres notes, et participé à des réunions consultatives. Leur nom figure dans la Notice bibliographique. On doit au Département de l'économie internationale de la Banque les données de l'Annexe ainsi que les Grands indicateurs du développement dans le monde.

La production du Rapport a été assurée par Amy Brooks, Valerie Chisholm, Kathryn Kline Dahl, Joyce Gates, Stephanie Gerard, Jeffrey N. Lecksell et Michael Treadway. Rebecca Sugui a exercé les fonctions d'assistante exécutive auprès de la rédaction et Daniel Atchison, Elizabete de Lima, Michael Geller et Thomas Zorab celles d'assistants de secrétariat ; Maria Ameal était la chargée d'administration.

La version française a été établie par la Division de traduction et d'interprétation de la Banque mondiale.

Le présent Rapport est dédié à la mémoire de Michael Bruno, premier vice-président et économiste en chef de la Banque mondiale de 1993 à 1996, dont l'oeuvre, et notamment la contribution à la présente édition du *Rapport sur le développement dans le monde* et à celles qui l'ont précédée, a fait faire un grand pas en avant à notre compréhension du développement.

TABLE DES MATIÈRES

FIGURES

TABLEAUX

Définitions et notes sur les données

Le présent Rapport fait mention de groupements de pays établis en fonction de l'appartenance géographique et du revenu. Les pays composant chacun de ces groupements (à l'exception de ceux constitués pour l'enquête sur le secteur privé) sont énumérés dans le tableau intitulé *Classification des économies par région et par revenu* à la fin des Grands indicateurs du développement dans le monde. Les classifications par revenu sont établies sur la base du PNB par habitant ; les valeurs retenues comme seuils figurent dans l'Introduction aux Grands indicateurs du développement dans le monde. Les moyennes par groupement dont il est fait état dans les figures et les tableaux sont, sauf indication contraire, des moyennes non pondérées des pays qui en font partie.

L'utilisation du terme « pays » pour désigner des économies n'implique aucune prise de position de la Banque quant au statut juridique ou autre du territoire en question. Les statistiques correspondant aux « pays en développement » concernent aussi, sauf indication contraire, les pays ayant abandonné l'économie planifiée pour passer à une économie de marché.

Le terme *dollar* désigne, sauf indication contraire, le dollar des États-Unis en valeur nominale.

Les sigles et abréviations ci-après sont utilisés dans le Rapport :

CEI	Communauté des États indépendants
FMI	Fonds monétaire international
OCDE	Organisation de coopération et de développement économiques
ONG	Organisation non gouvernementale
PECO	Pays d'Europe centrale et orientale
PIB	Produit intérieur brut
PNB	Produit national brut
PPA	Parité de pouvoir d'achat

SOMMAIRE

PARTOUT DANS LE MONDE, L'ÉTAT EST SUR LA SELLETTE. Les profonds changements qu'a subis l'économie mondiale amènent à reconsidérer plusieurs questions fondamentales : qu'est-ce que l'État doit, peut et ne peut pas faire — et quelle est la meilleure façon de procéder ?

Les 50 dernières années ont clairement fait ressortir les bienfaits et les limites de l'action de l'État, particulièrement dans la promotion du développement. N'a-t-il pas contribué aux progrès considérables enregistrés dans les secteurs de la santé et de l'éducation ? N'a-t-il pas aussi aidé à réduire les inégalités sociales ? Mais l'action de l'État a également pu donner des résultats très médiocres. Et même là où l'État s'est montré efficace dans le passé, beaucoup craignent qu'il ne puisse s'adapter aux impératifs de la mondialisation de l'économie.

Les interrogations sur le rôle de l'État sont multiples et variées, mais quatre événements récents leur ont donné un relief particulier :

- L'effondrement de l'économie dirigée dans l'ex-Union soviétique et en Europe centrale et orientale
- La crise budgétaire de l'État-providence dans la plupart des pays industriels
- Le rôle important de l'État dans le « miracle » économique en Asie de l'Est
- L'effondrement de l'État et la multiplication des urgences humanitaires dans plusieurs parties du monde.

Le présent Rapport montre que l'efficacité de l'État est le principal déterminant de ces événements très différents. C'est d'elle que dépend la fourniture des biens et des services — et l'établissement des règles et des institutions — qui permettent aux marchés de prospérer et à chacun de vivre mieux. Le développement durable — économique et social — est impossible sans cela. C'est aussi ce que beaucoup pensaient il y a 50 ans mais, à l'époque, on croyait que l'État devait être le moteur du développement. Aujourd'hui, avec le recul, on comprend que l'État joue un rôle clé dans le développement économique et social, non en tant qu'intervenant direct, mais comme partenaire, catalyseur et promoteur de la croissance.

Les facteurs qui influent sur l'efficacité de l'État varient considérablement d'un pays à l'autre selon le stade de développement. Ils ne sont pas les mêmes en Nouvelle-Zélande ou aux Pays-Bas, et au Népal, par exemple. Et même à niveau de revenu égal, la taille du pays, sa composition ethnique, sa culture et son régime politique confèrent à chaque État un caractère unique. C'est précisément cette diversité qui pousse à examiner ici *pourquoi* et *comment* certains pays réussissent mieux que d'autres à se développer durablement, à éradiquer la pauvreté et à s'adapter au changement.

Repenser l'État, partout dans le monde

Le monde change, et avec lui notre conception du rôle de l'État dans le développement économique et social. L'attention accordée aujourd'hui à ce rôle rappelle l'époque où le monde sortait des ravages de la Seconde Guerre mondiale et où beaucoup des pays en développement venaient d'accéder à l'indépendance. Le développement semblait alors être une tâche essentiellement technique, dont on pouvait plus aisément venir à bout. De bons conseillers et de bons experts allaient élaborer des politiques appropriées, qui seraient mises en oeuvre par de bons gouvernements dans l'intérêt de tous. Les interventions des pouvoirs publics mettaient l'accent sur les dysfonctionnements du marché et faisaient jouer à l'État un rôle clé pour les corriger. Mais nous constatons aujourd'hui que les hypothèses institutionnelles, qui sous-tendaient cette vision du monde, étaient par trop simplistes. L'État devait avoir toute latitude pour mettre en oeuvre les politiques conçues par les technocrates, sans avoir à s'embarrasser de mécanismes de contrôle qui mettraient en jeu sa responsabilité.

Figure 1 Dans tous les pays, il y a plus d'État

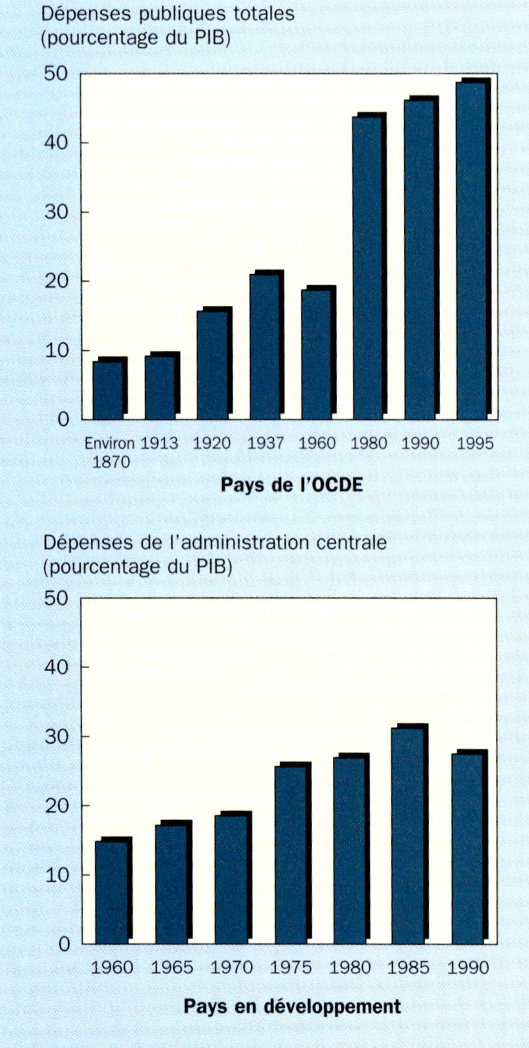

Note : Pour les pays de l'OCDE, il s'agit des dépenses de toutes les administrations publiques, y compris les dépenses de sécurité sociale. Pour plus de détails, voir la Note technique.
Source : Tanzi et Schuknecht, 1995 ; OCDE, années diverses ; FMI, années diverses (b).

Dans certains pays, les choses se sont à peu près passées comme les technocrates l'avaient prévu. Mais, dans beaucoup d'autres, l'issue a été beaucoup moins heureuse. Les gouvernements ont entrepris des projets fantaisistes. Ne pouvant se fier aux politiques menées, ni compter sur la constance des dirigeants, les investisseurs se sont tenus à l'écart. Des gouvernants puissants ont exercé une autorité arbitraire. La corruption est devenue endémique, le développement s'est trouvé compromis et la pauvreté a perduré.

Au cours des 100 dernières années, le poids et le champ d'action de l'État se sont considérablement accrus, surtout dans les pays industriels (figure 1). L'expansion d'avant la Seconde Guerre mondiale tenait notamment à la nécessité de réagir face au lourd tribut social et économique prélevé par la dépression des années 30. La confiance dont jouissait l'État après la guerre a amené à lui assigner de nouvelles fonctions. Les pays industriels ont renforcé l'État-providence, et de nombreux pays en développement ont adopté une stratégie de croissance dominée par le secteur public. Cela s'est traduit par une formidable extension du périmètre de l'État partout dans le monde. Aujourd'hui, les dépenses publiques représentent près de la moitié du revenu total dans les pays industriels et environ le quart dans les pays en développement. C'est précisément cette influence accrue de l'État qui a amené à accorder plus d'importance au qualitatif qu'au quantitatif — à l'efficacité de ses interventions au service de la collectivité, plutôt qu'à la taille même de ses structures ou à l'envergure de son action.

Aujourd'hui, comme dans les années 40, le regain d'intérêt pour le rôle de l'État est la conséquence de bouleversements économiques de portée mondiale, qui ont radicalement transformé le cadre de son action. La mondialisation et la propagation de la démocratie ont fait barrage à l'arbitraire. La fiscalité, le régime de l'investissement et les politiques économiques doivent sans cesse réagir à l'évolution des paramètres d'une économie mondialisée. Les avancées de la technologie ont ouvert de nouveaux horizons, permettant de fragmenter la prestation des services et d'élargir le rôle des marchés. Ces changements appellent l'État à assumer des missions nouvelles et différentes, à cesser d'être le prestataire unique des services offerts pour en devenir le catalyseur et le régulateur. Partout, l'État est en proie à des difficultés, même là où il semblait auparavant fonctionner convenablement. De nombreux pays industriels sont aux prises avec un système de protection sociale devenu encombrant et doivent opérer des choix difficiles en ce qui concerne les services et les prestations que l'État est censé fournir. Face aux carences de la puissance publique, les marchés — nationaux et mondiaux — et les citoyens — souvent représentés par des organisations locales ou non gouvernementales — exigent maintenant plus de transparence dans la conduite des affaires et réclament d'autres changements pour que l'État soit mieux à même d'atteindre les objectifs qui lui sont assignés.

La remise en question de l'État a pris des proportions critiques dans de nombreux pays en développement où la population était privée des biens publics, même les plus essentiels — protection de la propriété, routes, services de santé et d'éducation de base. C'est ainsi que s'est installé un véritable cercle vicieux : face à la détérioration des services publics, les particuliers et les entreprises se soustraient à l'impôt, ce qui ne fait qu'aggraver la situation. Dans l'ex-Union soviétique et en Europe centrale et orientale, l'État a fini par être renversé parce qu'il a durablement manqué à ses promesses. Mais l'effondrement du système de planification centralisée a lui-même engendré des problèmes car, dans le vide qu'il a laissé, les citoyens sont parfois privés de biens collectifs essentiels, comme l'ordre public. Dans les cas extrêmes, l'État s'est complètement désagrégé, comme en Afghanistan, au Libéria et en Somalie, laissant aux simples citoyens et aux organismes internationaux le soin de recoller les morceaux tant bien que mal.

Une stratégie à deux volets

Comment démêler l'écheveau de problèmes et de pressions auxquels l'État est confronté dans le monde entier ? Aucun modèle universel d'efficacité n'est proposé ici. Il y a trop de différences entre les États, et les conditions de départ étaient trop diverses. Le présent Rapport propose plutôt un cadre général pour aborder le problème de l'efficacité de l'État. Il indique plusieurs façons de surmonter l'écart croissant entre les demandes adressées à l'État et sa capacité d'y répondre. La solution consiste notamment à faire accepter à la société une redéfinition des attributions de l'État, fondée sur le choix stratégique des actions d'intérêt collectif qu'il doit s'efforcer de promouvoir et sur un effort accru pour alléger sa charge, en associant les citoyens et la collectivité à la fourniture des biens publics essentiels.

Mais la réforme de l'État ne se limite pas à la réduction ou à la dilution de son rôle. Même si l'on adopte une approche plus sélective, en comptant davantage sur les citoyens et les entreprises privées, il faudra améliorer le fonctionnement des institutions centrales pour pouvoir répondre à un large éventail de besoins collectifs. Le progrès social passe par le renforcement de la capacité d'action de l'État, *c'est-à-dire de son aptitude à entreprendre et promouvoir efficacement des actions d'intérêt collectif.*

Ce message fondamental se traduit par une stratégie à deux volets pour faire de l'État un partenaire plus crédible et plus efficace dans l'effort de développement national :

- Le premier volet de cette stratégie consiste *à adapter le rôle de l'État à sa capacité d'action.* Là où cette capacité est limitée, il faudra évaluer avec soin comment — et où — l'État doit intervenir. Bien souvent, l'État voit trop grand par rapport à ses ressources et à sa capacité, faisant ainsi plus de mal que de bien. Il serait plus efficace si son action était mieux ciblée et circonscrite à l'essentiel (encadré 1). Toutefois, il ne s'agit pas seulement ici de décider ce qu'on peut et ne peut pas faire, mais aussi de savoir comment.
- Mais cette capacité d'action n'est pas une donnée immuable. Le deuxième volet de la stratégie consiste donc *à accroître la capacité de l'État en revivifiant les institutions.* Pour cela, il faut adopter des règles et garde-fous efficaces pour endiguer l'arbitraire et extirper la corruption. Il faut que les institutions soient davantage exposées à la concurrence pour être plus performantes. Il faut aussi améliorer la rémunération et les incitations. Il faut enfin que l'État se mette davantage à l'écoute des

Encadré 1 Comment rendre l'État plus efficace

Un État plus capable peut être aussi plus efficace, mais capacité et efficacité ne sont pas synonymes. La *capacité* est l'aptitude à entreprendre et promouvoir efficacement des actions d'intérêt collectif, comme celles qui touchent à l'ordre public, à la santé publique et aux infrastructures de base. L'*efficacité* est le résultat de l'utilisation de cette capacité pour répondre à la demande de biens collectifs. La capacité d'action peut être grande, mais son efficacité limitée, si elle n'est pas mise au service de l'intérêt général.

Sans être rectiligne, la voie qui mène à une plus grande efficacité devra normalement être parcourue en deux temps. L'État doit tout d'abord consacrer les capacités dont il dispose à l'exécution des missions qu'il peut et doit assumer. Ce n'est qu'alors qu'il pourra commencer à développer sa capacité d'action. Comme le montre la figure ci-après, les pays de la zone I mènent des activités multiples et peu ciblées avec une capacité restreinte, et donc peu d'efficacité. Ils ne peuvent passer du jour au lendemain dans la zone III, car il faut du temps pour développer la capacité d'action de l'État. Pour devenir plus efficace, celui-ci doit d'abord s'efforcer de circonscrire ses interventions aux domaines essentiels, en démultipliant ses capacités limitées grâce à un partenariat plus étroit avec les acteurs de la vie économique et la société civile (zone II). Les pays peuvent ensuite passer progressivement dans la zone III en renforçant peu à peu leur capacité.

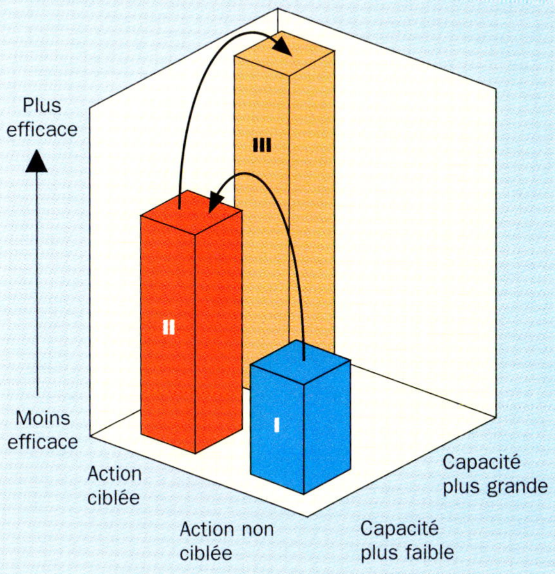

citoyens et se rapproche d'eux en élargissant la participation et la décentralisation. En conséquence, le Rapport n'insiste pas seulement sur le recentrage du rôle de l'État ; il montre aussi comment les pays pourraient opérer pour raffermir la capacité de leur administration.

Adapter le rôle de l'État à sa capacité d'action

Adapter le rôle de la puissance publique à sa capacité ne revient pas à dire qu'il faut démanteler l'État. Dans certains domaines, l'action doit être beaucoup mieux ciblée pour être plus efficace. Aussi est-il indispensable de déterminer convenablement ce qu'il faut faire et ne pas faire. Mais il ne faut pas en rester là ; il faut également déterminer comment procéder — comment assurer les services de base, fournir les équipements collectifs et réguler l'économie. Ici, les choix sont multiples et doivent être adaptés à la situation de chaque pays.

La première mission de l'État : jeter des fondations solides

Cinq tâches fondamentales sont au coeur de la fonction de l'État. D'elles dépend la possibilité d'assurer un développement durable et partagé qui permettra de faire reculer la pauvreté. Ces cinq tâches sont les suivantes :

- Mise en place des bases d'un régime de droit
- Application de politiques ne créant pas de distorsions, et notamment de celles visant à maintenir la stabilité macroéconomique
- Investissement dans les services sociaux de base et l'infrastructure
- Protection des plus vulnérables
- Protection de l'environnement.

Bien que l'importance de ces tâches soit depuis longtemps reconnue, quelques idées nouvelles sur leur répartition appropriée entre le marché et l'État sont en train de voir le jour. Et surtout, nous sommes en train de constater que le marché et l'État sont complémentaires, puisqu'il incombe au second de mettre en place les bases institutionnelles nécessaires au fonctionnement du premier. En outre, pour attirer l'investissement privé, la crédibilité du gouvernement — c'est-à-dire la prévisibilité des règles et politiques publiques et la constance dans leur application — peut être aussi importante que leur contenu.

Une enquête, réalisée spécialement aux fins du présent Rapport, auprès des entreprises des secteurs structuré et non structuré de 69 pays vient confirmer ce qu'on savait déjà de façon empirique en montrant que, dans bien des cas, les bases institutionnelles nécessaires au développement du marché n'existent pas (encadré 2). Le taux de criminalité et de violence élevé et l'imprévisibilité du système judiciaire donnent naissance à ce que nous appellerons ici « l'état de non-droit ». Bien souvent, le problème est aggravé par la faiblesse des institutions et leur comportement arbitraire, imprévisible et incohérent. Cette situation entame gravement la crédibilité de l'État et, loin de promouvoir la croissance du marché, elle en entrave le développement.

Pour assurer un essor stable et durable, l'État doit prêter attention aux données sociales fondamentales. Le non-respect des lois est souvent dû à un sentiment de marginalisation ; pour les exclus, cela peut même être la seule façon de faire entendre leur voix. Les politiques publiques ne peuvent garantir le partage des fruits de la croissance et faire en sorte que celle-ci contribue au recul de la pauvreté et des inégalités que si le gouvernement place les paramètres sociaux de base aux premiers rangs de ses priorités.

Trop souvent, les politiques et les programmes publics détournent les ressources et les services de ceux qui en ont le plus besoin. Le poids politique des couches sociales les plus aisées amène parfois les gouvernements à consacrer beaucoup plus de ressources à l'enseignement supérieur, dont profitent surtout les classes moyennes et riches, qu'à l'éducation de base, qui s'adresse à tous, et aux bourses d'études, qui vont aux plus démunis. Dans de nombreuses régions, la pauvreté et les inégalités touchent principalement les minorités ethniques ou les femmes, ou sont concentrées dans des zones géographiquement défavorisées. Tenues à l'écart du débat public et exclues de la vie économique et sociale, ces catégories de personnes sont un terrain propice au développement de la violence et de l'instabilité, comme on le constate aujourd'hui dans bien des régions.

Les politiques et les programmes publics doivent viser non seulement à stimuler la croissance, mais aussi à assurer le partage des fruits de cette croissance induite par le marché, en particulier par le biais d'investissements dans les services d'éducation et de santé de base. Ils doivent aussi assurer une protection contre l'insécurité matérielle et physique. Lorsque la pauvreté et la marginalisation économique sont liées à des différences ethniques et sociales, le gouvernement doit appliquer des politiques soigneusement élaborées pour gérer ces différences, comme il l'a fait en Malaisie et à Maurice.

Outre la réglementation, on dispose aujourd'hui, pour lutter contre la pollution, d'une panoplie de plus en plus large d'instruments novateurs et souples pour obliger les pollueurs à se discipliner. Bien que rien ne puisse remplacer un cadre réglementaire approprié et la diffusion d'informations sur l'environnement, ces nouveaux instruments, qui s'appuient sur la persuasion, la pression sociale et les mécanismes du marché pour faire évoluer les comportements, peuvent souvent réussir là où la réglementation s'avère inefficace. Ils sont utilisés, avec des résultats prometteurs, pour :

- Mobiliser l'opinion publique
- Assouplir la réglementation

Encadré 2 Crédibilité, investissement et croissance

Une enquête menée auprès des entreprises locales dans 69 pays montre que, dans bien des cas, l'État s'acquitte médiocrement de missions aussi essentielles que l'ordre public, la protection de la propriété et l'application des règles et des politiques de façon fiable. Pour les investisseurs, il n'est pas crédible, ce qui nuit à la croissance et à l'investissement.

Il a été demandé aux entreprises de classer plusieurs indicateurs selon une échelle allant de 1 (problème extrême) à 6 (absence de problème). La moyenne des réponses, présentée pour chaque région dans le graphique de gauche, donne un indicateur global de la fiabilité du cadre institutionnel (par rapport à un niveau 1 correspondant aux pays à revenu élevé de l'OCDE), telle qu'elle est perçue par les entrepreneurs privés — c'est ce que nous appelons ici la crédibilité. Les deux autres graphiques montrent qu'il existe une étroite corrélation entre la note de crédibilité et les taux de croissance et d'investissement, une fois neutralisés les effets du revenu, de l'éducation et des distorsions dues aux politiques. La note de crédibilité reflète la perception des investisseurs. Mais c'est cette même perception qui détermine le comportement de l'investissement.

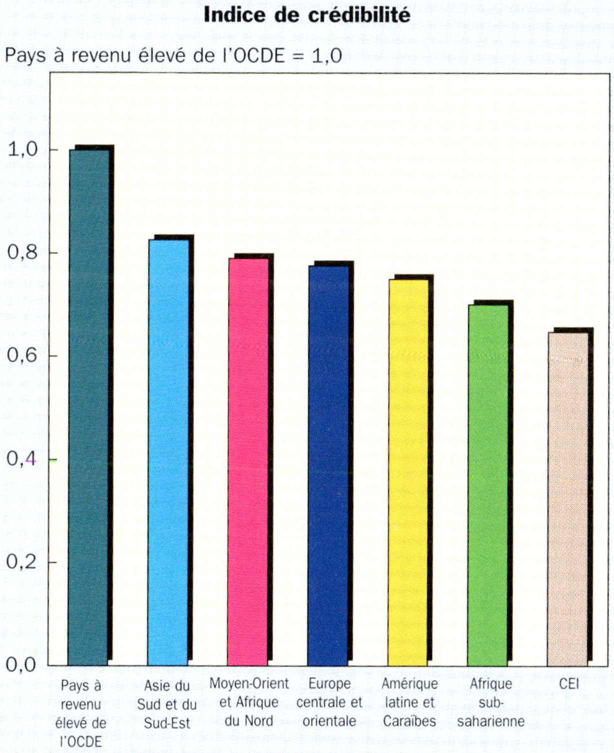

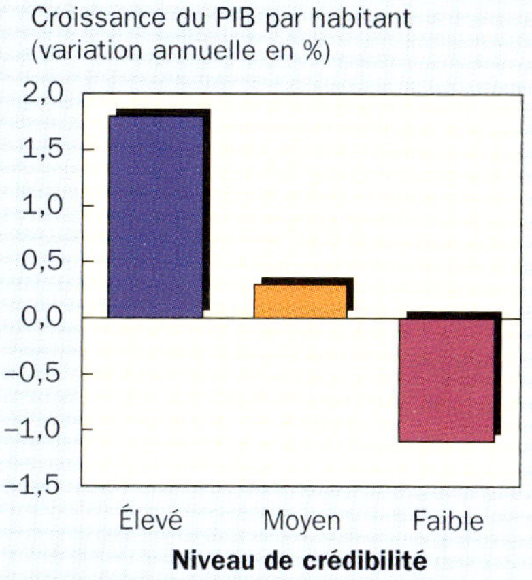

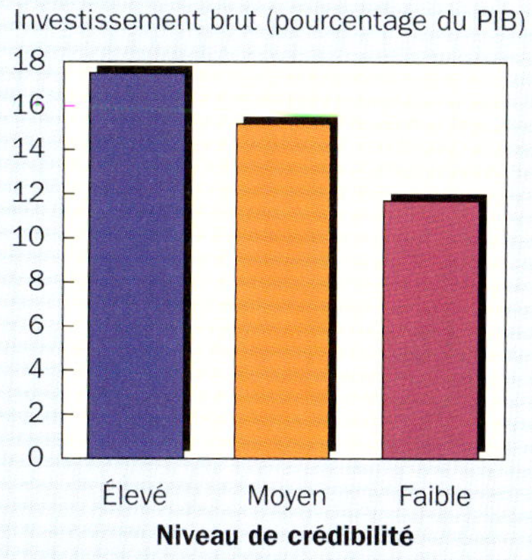

Note : L'indice de crédibilité (graphique de gauche) est un indice synthétique calculé sur la base des résultats de la figure 2.3. Dans les deux graphiques de droite, chaque barre correspond à l'indice moyen de crédibilité pour un groupe de pays. Graphiques établis sur la base d'analyses de régression pour la période 1984–93 de la croissance du PIB (32 pays) et de l'investissement (33 pays) par rapport à l'indice de crédibilité, après neutralisation des effets du revenu, de l'éducation et des distorsions liées aux politiques. L'Asie du Sud et du Sud-Est n'est représentée que par trois pays, tout comme le Moyen-Orient et l'Afrique du Nord. Source : Calculs des services de la Banque mondiale effectués à partir des données de l'enquête sur le secteur privé réalisée aux fins du présent Rapport et de Brunetti, Kisunko et Weder, documents de référence.

- Mettre en place des mécanismes d'autorégulation
- Choisir des outils efficaces faisant appel au marché.

Bâtir, une fois les fondations en place : l'État n'a pas de monopole

Il est de plus en plus largement admis que, dans de nombreux pays, le monopole public de la fourniture des équipements collectifs, des services sociaux et d'autres biens et services a peu de chances de donner de bons résultats. Les innovations technologiques et organisationnelles ont ouvert aux prestataires privés compétitifs de nouvelles perspectives dans des domaines jusque-là réservés au secteur public. Pour en tirer parti — et pour mieux répartir des moyens publics limités —, les gouvernements commencent à dissocier financement et fourniture de l'infrastructure et des services et à séparer activités concurrentielles sur le marché des services d'utilité publique et activités monopolistiques. Des réformes sont entreprises aussi en vue de découpler les programmes de sécurité sociale, qui offrent à tous une assurance contre la maladie et le chômage, des programmes d'aide sociale, qui s'adressent aux plus démunis.

FAIRE FACE À L'« INSÉCURITÉ SOCIALE ». Il est maintenant admis que l'État peut aider les ménages à faire face à certains risques économiques en assurant les personnes âgées contre le dénuement par le biais de régimes de retraites, en offrant des assurances contre les effets dévastateurs de la maladie et en fournissant une protection contre le chômage. Mais l'idée que l'État doit supporter seul cette charge est en train d'évoluer et l'État-providence est soumis à une réforme, même dans les pays industriels. Les pays émergents, comme le Brésil ou la Chine, n'auront pas les moyens de mettre en place un régime analogue au système européen, même dans une version édulcorée, notamment en raison du vieillissement rapide de leur population. Des solutions inédites associant les entreprises, les travailleurs, les ménages et les groupes de proximité doivent donc être trouvées pour assurer une plus grande sécurité à un moindre coût. Cela est particulièrement important pour les pays en développement qui ne sont pas encore prisonniers de systèmes coûteux.

UNE RÉGLEMENTATION EFFICACE. Une réglementation bien conçue peut aider la société à influer sur le fonctionnement du marché dans l'intérêt général. Elle peut aider à protéger les consommateurs, les travailleurs et l'environnement, et stimuler la concurrence et l'innovation, tout en empêchant les abus de pouvoir monopolistique. Au Chili, les réformes réglementaires entreprises au début des années 80 ont encouragé durablement l'investissement privé dans le secteur des télécommunications, ce qui a permis d'améliorer la qualité du service, de stimuler la concurrence et d'abaisser les prix. Aux Philippines, en revanche, une réglementation inefficace (qu'on a récemment commencé à réformer) a conduit au sous-investissement dans ce même secteur, pourtant depuis longtemps aux mains du secteur privé, ce qui s'est traduit par un service médiocre, des tarifs souvent trop élevés et un coût très lourd pour les particuliers et les entreprises. Aussi, pour que le secteur privé puisse tirer le meilleur parti des nouvelles possibilités qui s'offrent à lui dans le domaine de la fourniture des services d'infrastructure et des services sociaux, il faudra souvent qu'il existe un cadre réglementaire solide.

LA POLITIQUE INDUSTRIELLE. Dans certains cas, l'État peut aider à résoudre les problèmes de coordination et de manque d'information qui entravent la croissance d'une économie de marché encore peu développée. Parmi les tout premiers pays industriels, nombreux sont ceux qui ont eu recours à différents moyens pour stimuler la croissance du marché aux premiers stades de son développement. Plus récemment, le Japon, la République de Corée et d'autres pays d'Asie de l'Est ont également pris diverses mesures pour promouvoir le rôle du marché, tout en veillant à la solidité des bases économiques, sociales et institutionnelles. Cela a parfois donné lieu à des interventions complexes, fondées, par exemple, sur l'utilisation stratégique des subventions. Mais, dans d'autres cas, l'intervention de l'État a été moins directe, prenant notamment la forme d'une promotion des exportations et de mesures spéciales d'incitation dans le secteur de l'infrastructure. Cela étant, il est essentiel de sélectionner judicieusement ces outils et de les utiliser efficacement, car des mesures commerciales, financières et industrielles mal préparées peuvent — l'histoire le montre — avoir de graves conséquences pour les pays. Les politiques industrielles volontaristes et mal conçues menées par de nombreux pays en développement n'ont pas donné de bons résultats. Les pays qui ont appliqué avec succès une politique industrielle volontariste n'auraient pas pu le faire sans une solide capacité institutionnelle.

LA GESTION DES PRIVATISATIONS. Des règlements bien conçus et d'autres interventions de l'État peuvent stimuler le développement du marché. Mais cela peut prendre du temps car, dans bien des cas, l'initiative privée est paralysée par la survivance de relations antagoniques entre l'État et le marché, alors que des entreprises publiques inefficaces saignent souvent les finances du pays. La privatisation est une solution évidente. Elle est généralement plus facile lorsque le cadre d'action économique est propice au développement du secteur privé. C'est pourquoi des pays comme la Chine, la Corée et Taïwan (Chine) ont choisi de ne pas donner la priorité absolue à la privatisation, mais plutôt de laisser le secteur privé se développer parallèlement au secteur étatique. Toutefois, cela n'est pas toujours possible lorsque les charges budgétaires sont particulièrement lourdes et que des entreprises publiques peu performantes font obstacle à l'indispensable restructuration de l'économie.

L'expérience montre que le succès de la privatisation dépend énormément de la façon dont elle est gérée. Il est essentiel d'assurer la transparence du processus, de se concilier les employés, d'encourager l'actionnariat populaire et de mettre en place le cadre réglementaire approprié. Si elle est bien conduite, la privatisation donne de bons résultats, comme on l'a vu au Chili et dans la République tchèque. Sa place dans la stratégie de développement du marché peut être plus ou moins importante mais, pour de nombreux pays en développement qui cherchent à réduire la place d'un État surdimensionné, elle doit rester une priorité. Un processus de privatisation bien maîtrisé a des incidences économiques et budgétaires très positives.

Connaître les limites de l'État

La mise en oeuvre prévisible et systématique des politiques dépend d'une bonne adéquation entre la capacité des institutions et les actions des pouvoirs publics. Dans les pays bien développés, l'État dispose généralement de solides capacités administratives et l'équilibre des pouvoirs, inscrit dans les textes, empêche les actes arbitraires, tout en laissant aux services gouvernementaux la latitude nécessaire pour s'acquitter de leur mandat. En revanche, dans les pays où les institutions sont plus faibles, il peut être nécessaire de réduire la marge de manoeuvre et d'imposer davantage de restrictions, ce qui peut être fait de deux façons :

- Par l'adoption de règles d'autolimitation, qui définissent précisément le contenu des politiques et les rendent irréversibles, au moyen de mécanismes qu'il est coûteux d'abandonner. Les zones monétaires régionales, telles que la zone franc en Afrique francophone, ou les quasi-comités monétaires, comme celui qui a été mis en place en Argentine, sont des exemples de tels mécanismes dans le domaine de la monnaie. Dans celui des services d'intérêt public, les contrats de prise ferme passés avec des producteurs d'électricité indépendants jouent le même rôle.
- Par les partenariats avec les entreprises et les citoyens. Dans le domaine de la politique industrielle, l'État peut, par exemple, encourager la collaboration entre entreprises privées. Dans le domaine financier, il peut inciter les banques à respecter des règles de prudence. Et, dans celui de la protection de l'environnement, il peut diffuser des informations pour encourager les initiatives de la société civile partant de la base.

Les pays en transition sont confrontés à un problème qui leur est propre. En effet, le passage à une économie de marché les oblige à modifier non seulement les rôles, mais aussi les capacités. Certains ont conservé une capacité d'action intrinsèque sous forme de compétences ou de matériel utilisable, mais leur organisation ne leur permet pas d'assumer leurs nouvelles missions. On y rencontre parfois des cas isolés de performance exceptionnelle, alors que, globalement, l'efficacité a diminué. Rendre ces pays plus efficaces est une tâche à la fois plus facile et plus difficile qu'ailleurs : plus facile, parce que les capacités sont déjà d'un assez bon niveau, mais plus difficile, parce que leur renforcement passe par un changement des états d'esprit. En effet, la réforme de l'État ne consiste pas seulement à assigner de nouvelles tâches.

Revivifier les institutions

Prendre acte des capacités dont dispose l'État — aussi limitées soient-elles — ne signifie pas que l'on doit en rester là. Le deuxième élément fondamental de la réforme de l'État consiste donc à renforcer la capacité des institutions, *en incitant les fonctionnaires à mieux remplir leurs fonctions et en luttant contre les actes arbitraires.*

Les pays se battent pour se doter des institutions nécessaires au bon fonctionnement du secteur public, mais la tâche est difficile, notamment en raison des obstacles politiques. Par exemple, de puissants groupes de pression peuvent avoir intérêt à maintenir un régime injuste et inefficace, tandis que ceux qui en pâtissent n'ont pas les moyens de pousser au changement.

Toutefois, le problème de l'inefficacité persistante — et de la corruption — n'est pas exclusivement d'ordre politique. Bien souvent, les gouvernants et les autres responsables ont de bonnes raisons et une réelle volonté d'améliorer le fonctionnement du secteur public. Mais la gestion d'une administration publique est une tâche ardue, qui ne se prête pas à des solutions claires et nettes. En fait, pour mettre en place les institutions nécessaires au bon fonctionnement du secteur public, il faut s'attaquer à toute une série de facteurs sous-jacents, liés au comportement, qui faussent les incitations et conduisent, au bout du compte, à de mauvais résultats. Trois grands moyens peuvent être utilisés, dans différents contextes, pour s'attaquer à ces problèmes et accroître la capacité d'action de l'État (figure 2) :

- Des règles et des garde-fous efficaces
- Une concurrence plus vive
- Une consultation et un partenariat plus larges.

Des règles et des garde-fous efficaces

La mise en place d'une gestion publique responsable suppose en général, à long terme, l'existence de contre-pouvoirs institutionnalisés. La séparation des pouvoirs — entre le judiciaire, le législatif et l'exécutif, ou entre les autorités centrales, provinciales et locales — offre une solution. Plus cette séparation est importante, plus les garde-fous contre les actes arbitraires de l'État sont nombreux. Mais la multiplication de ces garde-fous peut être à double tranchant, car il risque alors d'être aussi difficile de modifier des règles pernicieuses que d'en adopter de bonnes.

Dans de nombreux pays en développement, le législatif et le judiciaire ont un droit de regard limité sur l'exécutif.

Figure 2 Différents moyens d'accroître la capacité d'action de l'État

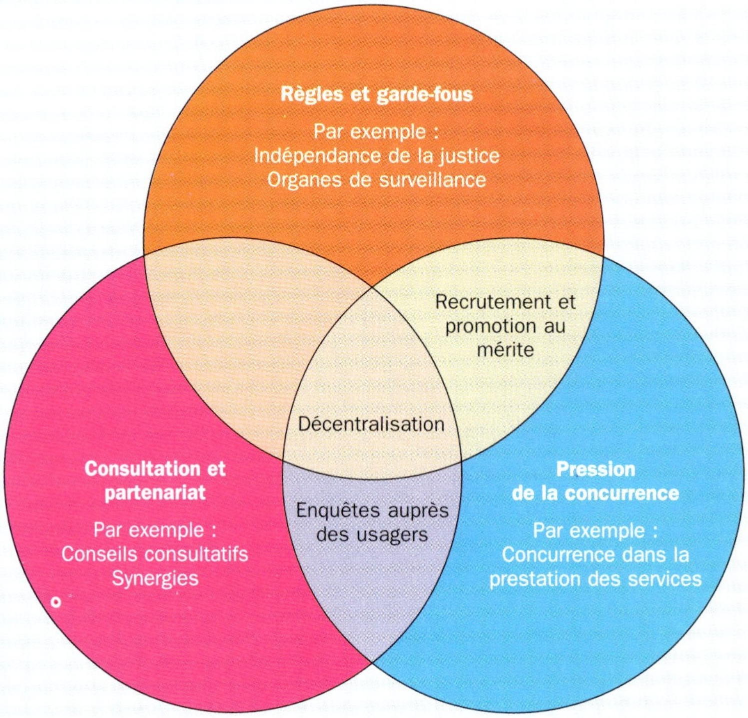

La fixation des objectifs et la définition des politiques nécessaires pour les atteindre correspondent parfois à une procédure diffuse ; le corps législatif manque d'informations et de moyens, et l'indépendance de la justice est compromise. Or, une magistrature indépendante est indispensable pour faire en sorte que le pouvoir législatif et le pouvoir exécutif restent pleinement responsables devant la loi et pour interpréter et faire respecter la constitution. Il est aisé de rédiger des lois, mais il faut aussi les faire appliquer pour que le pays puisse tirer parti d'un régime de droit crédible. Il faut du temps pour que ces mécanismes régulateurs prennent racine mais, dans l'intervalle, l'adhésion à des mécanismes supranationaux, comme la reconnaissance de la juridiction obligatoire des cours internationales ou la garantie d'organismes multilatéraux, pourra les remplacer.

La lutte contre la corruption, par une limitation des pouvoirs discrétionnaires, est l'un des grands axes de toute stratégie qui vise à retonifier le secteur public. L'assouplissement des restrictions visant le commerce extérieur, la suppression des obstacles à l'entrée sur le marché privé et la privatisation des entreprises publiques d'une manière qui les expose à la concurrence sont autant de moyens de combattre la corruption (figure 3). Mais les réformes ne doivent pas être timides. En effet, ouvrir certaines « chasses gardées » à l'entreprise privée, tout en laissant aux fonctionnaires le pouvoir d'en contrôler l'accès, au lieu d'établir des procédures ouvertes et compétitives, crée aussi des conditions particulièrement propices. Des mécanismes régulateurs officiels peuvent aussi aider à lutter contre la corruption des fonctionnaires, mais ils sont rarement suffisants. La réforme de la fonction publique, la lutte contre le clientélisme politique et l'amélioration des rémunérations peuvent également y contribuer, car elles incitent davantage les fonctionnaires à s'en tenir aux règles.

Si la corruption est généralisée, il faudra prendre des mesures plus radicales pour la combattre, notamment en renforçant la surveillance des fonctionnaires — tant par les institutions que par les simples citoyens — et en punissant ceux qui se rendent coupables de malversations. La commission indépendante contre la corruption créée à Hong Kong (Chine, à partir du 1er juillet 1997) est à cet égard un bon exemple. De même, les réformes entreprises récemment en Ouganda ont repris plusieurs éléments de la stratégie décrite ici, et certains des résultats enregistrés sont prometteurs. Les mêmes mécanismes pourraient être utilisés dans le monde entier car, contrairement à certaines affirmations, la corruption n'est pas propre à telle ou telle culture. Pour la combattre, il faut agir sur plusieurs fronts en associant plus largement le secteur privé et la société civile à cet effort. Le corrupteur est aussi fautif que le corrompu et, pour

Figure 3 Facteurs contribuant à la corruption

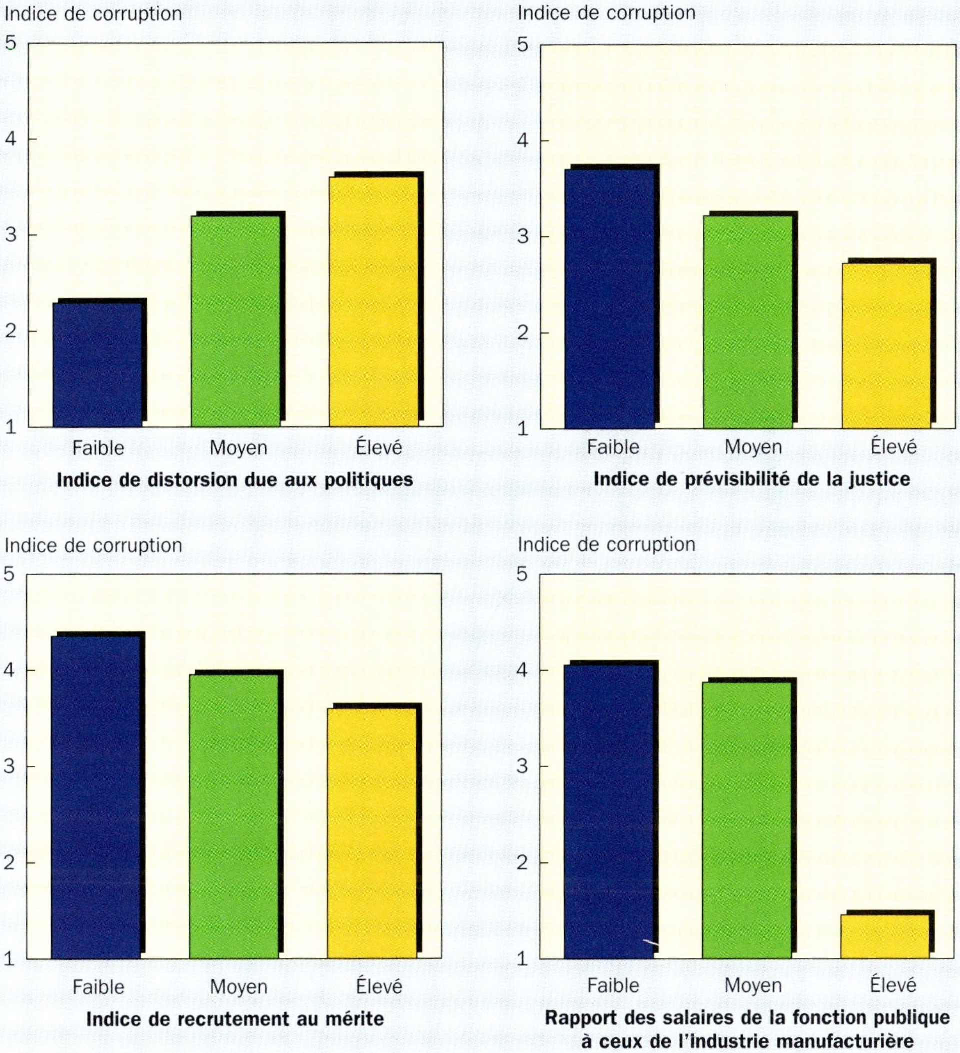

Note : Chaque barre correspond à l'indice moyen de corruption pour un groupe de pays. Voir la Note technique pour plus de détails et une définition des indices. Plus les valeurs de l'indice sont élevées et plus la corruption est forte. Il en est de même des autres variables. En haut à gauche, corrélation simple pour 39 pays industriels et en développement pour la période 1984–93 (indice de distorsion liée aux politiques) et pour 1996 (indice de corruption). En haut à droite, régression basée sur les données de 59 pays industriels et en développement pour 1996. En bas à gauche, régression basée sur les données de 35 pays en développement pour la période 1970–90. En bas à droite, corrélation simple pour 20 pays industriels et en développement pour la période comprise entre la fin des années 80 et le début des années 90 ; les données sur les salaires sont des moyennes. Source : Calculs des services de la Banque mondiale.

résoudre le problème, il faut notamment infliger des peines effectives aux entreprises nationales et internationales.

Un État plus ouvert à la compétition interne et à la concurrence

Les gouvernements peuvent améliorer leur capacité d'action et leur efficacité en encourageant la concurrence dans plusieurs domaines, comme le recrutement et la promotion, l'élaboration des politiques et le mode de prestation des services.

STIMULER LA COMPÉTITION AU SEIN DE LA FONCTION PUBLIQUE. Qu'ils soient chargés de l'élaboration des politiques, de la fourniture de services ou de l'administration de contrats, des fonctionnaires compétents et motivés sont la cheville ouvrière d'un État efficace. Pour les inciter à remplir efficacement leurs fonctions, on peut recourir à un ensemble de mesures destinées à stimuler la compétition interne, à savoir :

- Un système de recrutement fondé sur le mérite — et non sur le favoritisme
- Un système de promotion interne au mérite
- Une rémunération satisfaisante.

À partir du XIXe siècle, les pays aujourd'hui industrialisés ont tous appliqué ces principes pour se doter d'une administration professionnelle moderne. Et, plus récemment, ces principes ont aussi été appliqués dans de nombreux pays d'Asie de l'Est, qui ont ainsi réussi à transformer une administration faible et corrompue, fondée sur le clientélisme, en un système fonctionnant relativement bien. Mais, bien souvent, les pays en développement n'ont même pas besoin de chercher des modèles à l'étranger ou dans l'histoire, car des modèles, ils en ont chez eux. En effet, dans bien des cas, quand toutes les autres institutions ont périclité, la banque centrale, pour ne citer qu'elle, reste un exemple d'efficacité et de stabilité. Cela tient à ce que toutes les conditions précitées sont réunies. La banque centrale est moins exposée aux ingérences politiques. Elle a des objectifs limités, mais précis. Elle dispose de ressources suffisantes et d'un personnel qualifié et généralement mieux payé que dans les autres branches de l'administration.

Il ressort d'une comparaison entre pays que l'administration fonctionne mieux quand elle a un système de recrutement et de promotion compétitif, fondé sur le mérite, et quand elle offre des rémunérations plus élevées. Dans plusieurs pays (Kenya, Philippines), même les postes relativement bas dans la hiérarchie peuvent faire l'objet de nominations politiques, tandis que, dans d'autres, comme en Corée, on a su tirer parti d'un système de recrutement et de promotion très compétitif, qui récompense expressément le mérite. Aux Philippines, on examine ces questions dans le cadre des réformes en cours pour chercher à renforcer les capacités des administrations. D'une manière générale, les pays où les contre-pouvoirs sont insuffisants doivent recourir davantage à des systèmes très transparents et compétitifs. Le parcours de certains pays très dynamiques d'Asie de l'Est montre aussi qu'un système récompensant à la fois le mérite et l'ancienneté aide à forger un esprit de corps, une volonté commune d'atteindre des objectifs collectifs, ce qui réduit le coût de transaction résultant de l'imposition de contraintes internes et encourage le travail d'équipe et la loyauté.

Dans de nombreux pays en développement, l'augmentation de l'emploi public à des niveaux de qualification plus bas et les contraintes budgétaires pesant sur la masse salariale ont provoqué une érosion du traitement des fonctionnaires (figure 4). Cela s'est traduit par un net resserrement de l'échelle salariale et une forte dégradation de la compétitivité de la rémunération des hauts fonctionnaires, de sorte qu'il est de plus en plus difficile de recruter et de fidéliser du personnel compétent. Certains pays, comme l'Ouganda, sont en train de réaliser des réformes de grande envergure pour comprimer très fortement les effectifs en surnombre, augmenter les salaires moyens et élargir l'éventail des traitements, mais beaucoup d'autres ne se sont pas encore attaqués à ces problèmes.

Figure 4 Dans la fonction publique, l'importance des effectifs va souvent de pair avec la faiblesse des traitements

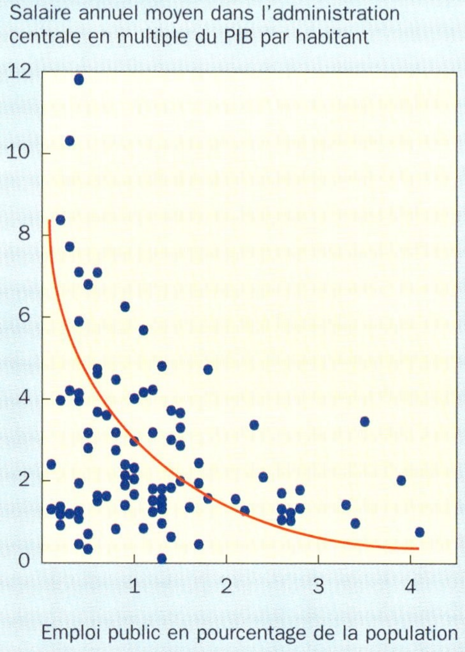

Note : Données pour 96 pays industriels et en développement pour différentes années, au début des années 90. Voir la Note technique. Source : Schiavo-Campo, de Tommaso et Mukherjee, document de référence.

Plus de concurrence dans la fourniture des biens et services publics. Dans de nombreux pays en développement, les services publics sont insuffisants, voire inexistants. Les gouvernements interviennent souvent dans le fonctionnement ordinaire des organismes publics et les cadres disposent d'une marge de manoeuvre limitée. Ces serviteurs de l'État sont rarement tenus de rendre compte des résultats obtenus. Dans bien des cas, le secteur public détient le monopole des services, ce qui supprime toute incitation à améliorer l'efficacité.

Dans ces conditions, la réforme du secteur public passe par l'ouverture à la concurrence d'administrations clés pour accroître les incitations dans des domaines longtemps monopolisés par l'État. Des dizaines de pays, en Amérique, en Europe et en Asie, ont tiré parti des progrès technologiques pour ouvrir à la concurrence les secteurs des télécommunications et de la production d'électricité, ce qui s'est traduit par la baisse des coûts unitaires et le développement rapide des services. La concurrence est également encouragée par la sous-traitance des services par voie d'appel d'offres ou d'adjudication. Cette tendance est très nette dans les pays industriels (Royaume-Uni, État du Victoria, en Australie), mais des formules de ce genre sont aussi utilisées dans les pays en développement (par exemple, pour améliorer l'entretien des routes au Brésil). Face au manque de moyens administratifs, certains pays (Bolivie, Ouganda) sous-traitent également les services sociaux à des organisations non gouvernementales.

Les gouvernements ont de plus en plus tendance à mettre en place des organismes publics spécialisés qui ont des objectifs plus précis, sont soumis à des critères de performance et sont dirigés par des gestionnaires devant rendre compte de leurs résultats. Parmi les pays à revenu élevé, la Nouvelle-Zélande est celui qui est allé le plus loin sur la voie de la réforme. Les ministères multisectoriels ont été scindés en unités opérationnelles à vocation précise ; leurs directeurs sont nommés pour une durée déterminée, ils ont une obligation de résultats et ils peuvent embaucher, licencier et mener des négociations collectives. Singapour a depuis longtemps adopté une démarche analogue, mettant en place des organismes publics semi-autonomes, soumis à des critères de performance. D'autres pays en développement s'engagent sur cette voie. La Jamaïque, par exemple, est en train d'établir des organismes de ce type, sur le modèle britannique.

Toutefois, les pays qui n'ont pas de mécanismes de contrôle adéquats et qui manquent de moyens doivent procéder avec prudence. En effet, dans ces pays, l'octroi aux responsables publics d'une plus grande marge de manoeuvre ne peut qu'encourager l'arbitraire et la corruption, sans que les résultats s'améliorent pour autant. En outre, pour organiser et faire exécuter des marchés complexes, il faut disposer de compétences spécialisées qui font souvent défaut dans les pays en développement. Ces derniers doivent donc, tout d'abord, imposer une discipline plus stricte et renforcer la responsabilité financière dans le secteur public (comme l'ont fait l'Argentine et la Bolivie). Ils doivent assigner aux organismes publics des tâches et des objectifs plus précis et mesurer les résultats obtenus à l'aide de critères de performance (comme en Colombie, au Mexique et en Ouganda). Une évaluation plus rigoureuse des résultats et un meilleur contrôle a posteriori des ressources utilisées permettent peu à peu de laisser une plus grande latitude aux organismes publics, en contrepartie de leur gestion plus responsable.

L'État plus proche du citoyen

Les pouvoirs publics sont plus efficaces s'ils sont à l'écoute des acteurs de la vie économique et des citoyens, et s'ils les associent à l'élaboration et à l'application des politiques. Sans cela, ils ne peuvent pas tenir compte des attentes de la population, en particulier de celles des minorités et des pauvres, qui ont généralement beaucoup de mal à faire entendre leur voix dans les coulisses du pouvoir. Et même le gouvernement le mieux intentionné ne pourra pas répondre efficacement aux besoins collectifs, si la plupart d'entre eux lui sont inconnus.

La parole aux citoyens. Associer la population à l'action menée suppose que les pauvres et les groupes marginalisés puissent faire entendre leur voix au sein même des instances de décision. Or, bien souvent, le droit à la parole est réparti aussi inégalement que le revenu. Une meilleure information et une plus grande transparence sont essentielles pour permettre un débat public éclairé et faire en sorte que la population fasse davantage confiance à l'État — que ce soit pour examiner les priorités en matière de dépenses, pour élaborer des programmes d'aide sociale ou pour gérer les forêts et les autres ressources. La réalisation d'enquêtes auprès des usagers (comme en Inde, au Nicaragua ou en Tanzanie) et l'élaboration de chartes du citoyen (comme en Malaisie) sont de nouveaux moyens de donner à chacun voix au chapitre.

Le bulletin de vote est le moyen d'expression par excellence. En 1974, 39 pays seulement — c'est-à-dire un pays sur quatre — étaient des démocraties indépendantes. Aujourd'hui, 117 pays — c'est-à-dire près de deux pays sur trois — choisissent leurs dirigeants au moyen d'élections libres. Toutefois, des scrutins périodiques ne signifient pas forcément que l'État est plus réceptif. D'autres mécanismes sont nécessaires pour faire en sorte que les problèmes des minorités et des pauvres soient pris en compte dans les politiques publiques. Il faut tout d'abord mettre en place de véritables organisations intermédiaires, dont les représentants au sein des instances de décision doivent être les porte-parole des citoyens. Des organisations de ce genre, particulièrement efficaces au niveau des administrations locales et provinciales, jouent maintenant un rôle très actif dans les pays en développement — surtout là où l'État fonctionne mal et où leur action n'est pas réprimée.

Une plus large participation. Il apparaît de plus en plus clairement que les programmes publics donnent de meilleurs résultats lorsqu'ils sont exécutés avec la participation des futurs bénéficiaires et lorsqu'ils exploitent le potentiel associatif de la collectivité. Cela facilite leur exécution, se traduit par des résultats plus durables et permet une meilleure information en retour. Les projets concernant les services d'assainissement de la ville de Recife (Brésil), la construction de logements sociaux à Port Elizabeth (Afrique du Sud), le travail d'aménagement de la forêt à Gujarat (Inde) et les soins de santé à Khartoum (Soudan) ont eu des résultats particulièrement positifs qui sont autant de témoignages de l'importance d'un partenariat avec la population locale, alors que les initiatives imposées d'en haut sont souvent vouées à l'échec.

Dans les pays qui ont réussi dans ce domaine, l'élaboration des politiques est fondée sur des mécanismes de consultation qui permettent à la société civile, aux syndicats et aux entreprises privées d'apporter leur contribution et d'exercer un droit de regard. En Asie de l'Est, les structures consultatives associant le secteur public et le secteur privé — comme les réunions mensuelles de promotion des exportations en Corée, le Comité consultatif national en Thaïlande et le Conseil économique en Malaisie — sont des mécanismes qui permettent de susciter des réactions, de diffuser l'information et de coordonner les actions.

UNE DÉLÉGATION DES POUVOIRS BIEN PESÉE. Les pays en développement ont généralement un gouvernement plus centralisé que les pays industriels. La plupart — mais pas tous — ont cependant opéré, au cours des 30 dernières années, un timide transfert du pouvoir en matière de dépenses vers les collectivités régionales et locales, alors que, dans les pays industriels, on a observé une tendance inverse. Ces constatations ne tiennent toutefois pas compte de la décentralisation inhérente aux récentes réformes sur la voie d'une économie de marché, qui ont eu pour effet de réduire les compétences directes et les ressources de l'administration centrale dans un grand nombre de pays.

La décentralisation procure de nombreux avantages en Chine, en Inde, dans une grande partie de l'Amérique latine et ailleurs. Elle peut contribuer à l'amélioration de la gestion publique et à une meilleure représentation des intérêts des entreprises locales et des citoyens. La concurrence entre les provinces, les villes et les localités peut aussi favoriser l'élaboration de politiques et de programmes plus efficaces. Il y a cependant trois écueils à éviter :

- *L'aggravation des inégalités.* L'écart entre les régions peut se creuser. C'est là un problème particulièrement préoccupant en Chine, en Russie et au Brésil. La mobilité de la main-d'oeuvre peut y remédier en partie, mais elle se heurte souvent à des obstacles, en particulier dans les pays pluri-ethniques où les migrants ne sont pas toujours bien accueillis.
- *L'instabilité macroéconomique.* L'administration centrale peut perdre le contrôle de la politique macroéconomique si elle doit souvent renflouer des collectivités locales ou régionales trop dépensières, comme on l'a vu au Brésil.
- *Le risque d'être l'otage d'intérêts particuliers.* Les collectivités locales risquent de tomber dans la dépendance de groupes de défense d'intérêts catégoriels, ce qui peut conduire à une mauvaise utilisation des ressources et à un recours abusif au pouvoir coercitif de l'État.

Cela montre une fois encore que le gouvernement central a toujours un rôle décisif à jouer dans le développement. Le problème est de répartir convenablement les tâches entre l'administration centrale et les autres échelons territoriaux.

Les stratégies de réforme

Pour rendre le pouvoir central plus réceptif, il faut trouver les moyens de parvenir à plus d'ouverture et de transparence, d'encourager la participation aux affaires publiques et, le cas échéant, de rapprocher l'État des citoyens et des populations qu'il est censé servir. Cela donne quatre grands impératifs aux dirigeants :

- Ils doivent, au besoin, permettre un vaste débat public sur les grandes orientations et les priorités, au moins en diffusant des informations d'intérêt général et en établissant des mécanismes de consultation, tels que les conseils consultatifs ou les comités de citoyens, pour recueillir l'opinion et faire connaître les préférences des catégories de personnes intéressées.
- Ils doivent encourager, si possible, la participation directe des usagers et des autres bénéficiaires à la conception, à l'exécution et au suivi des projets locaux relatifs à la fourniture de biens et de services publics.
- Lorsque la décentralisation est jugée souhaitable, ils doivent adopter une approche graduelle et/ou sectorielle dans les domaines prioritaires, en établissant de solides mécanismes de surveillance et des règles rigoureuses entre les différents niveaux d'administration pour combattre l'arbitraire aux échelons central et local.
- Au niveau local, ils doivent donner la priorité à la mise en place de mécanismes — et d'incitations horizontales dans les relations entre l'administration et les administrés — permettant de rendre les gestions plus responsables et d'accroître la compétition.

Certes, une stratégie d'ouverture et de décentralisation n'est pas sans danger. Plus les possibilités de participation seront nombreuses, plus l'État sera sollicité. Les nouveaux droits pourront être confisqués par des groupes de pression actifs et les risques de paralysie pourront augmenter. En se rapprochant de certains, l'État ne doit pas pour autant s'éloigner des autres. De même, à défaut de règles claires imposant des limites à chaque échelon territorial et en l'absence d'incitations à une gestion locale responsable, la crise de l'administration des affaires publiques qui accable de nombreux gouvernements centralisés se transmettra systématiquement aux niveaux inférieurs. Il existe cependant plusieurs moyens de s'engager sur cette voie en toute sécurité, en s'appuyant notamment sur la communication et la recherche d'un consensus qui rendront la réforme intelligible aux citoyens et aux entreprises, et augmenteront ainsi ses chances de succès.

Par-delà les frontières nationales : agir ensemble pour le bien commun

La mondialisation est une menace pour les États faibles et pour ceux où l'usage du pouvoir est abusif. Mais, pour les États performants et disciplinés, elle est l'occasion d'accélérer le développement et d'améliorer la prospérité économique, et elle appelle une coopération internationale efficace, au service d'actions d'intérêt collectif à l'échelle mondiale.

Ouverture à la concurrence extérieure

Certes, l'État reste responsable de la définition des politiques et des règles régissant la vie de ses administrés, mais l'actualité mondiale et les accords internationaux exercent une influence croissante sur ses choix. Aujourd'hui, les gens se déplacent plus, ils sont plus instruits et sont mieux informés de ce qui se passe ailleurs. La participation à l'économie mondiale est une protection supplémentaire contre l'action arbitraire de l'État ; elle limite ses droits régaliens en matière d'imposition des capitaux et expose les politiques monétaires et budgétaires aux regards attentifs des marchés financiers.

« La mondialisation » n'est pas encore véritablement « mondiale », car une grande partie de l'économie n'est pas encore touchée. La moitié environ de la population du monde en développement n'a pas profité de cette augmentation — dont il est tant question — du commerce international et des flux de capitaux depuis le début des années 80. L'hésitation des gouvernements à ouvrir leur pays à l'économie mondiale est en partie compréhensible. Tout comme la décentralisation, l'ouverture offre des possibilités nouvelles, mais elle comporte aussi des risques. Elle peut, par exemple, rendre le pays plus vulnérable aux chocs extérieurs résultant de variations des prix ou aux effets déstabilisateurs de fortes fluctuations des flux de capitaux. Le rôle de l'État est donc d'autant plus important qu'il doit à la fois aider à surmonter les chocs et permettre aux particuliers et aux entreprises de saisir les possibilités qui s'offrent sur le marché mondial. Il ne faut cependant pas exagérer la difficulté de la tâche, car il serait encore plus risqué de rester complètement à l'écart du processus de mondialisation.

Pour les pays qui rejettent l'ouverture, le refus se traduira par un écart de niveau de vie croissant par rapport à ceux qui se sont intégrés. Pour augmenter leur revenu, ceux qui ont pris du retard devront appliquer des politiques internes judicieuses et renforcer la capacité d'action de l'État. La participation à l'économie mondiale permet de bien asseoir ces politiques et de multiplier les avantages qui en découlent, mais elle ne peut en aucun cas s'y substituer. En ce sens, la mondialisation commence à domicile, même si les institutions multilatérales, comme l'Organisation mondiale du commerce, ont un rôle important à jouer en encourageant les pays à franchir le pas.

Promouvoir la coopération internationale pour le bien commun

La mondialisation oblige aussi les États à coopérer pour faire face à des menaces mondiales comme le réchauffement de la planète. Les différences économiques, culturelles ou autres peuvent entraver cette coopération, voire la rendre impossible. Il faut pourtant qu'elle soit plus étroite dans au moins cinq domaines qui transcendent les frontières nationales :

- *La gestion des crises régionales.* La menace d'une guerre nucléaire entre les superpuissances a fait place à une prolifération de petits conflits qui ont un coût élevé en termes de secours aux réfugiés et de reconstruction. Il n'existe pas de cadre international solide pour gérer ou prévenir ces conflits. Une évaluation intégrée du rôle des politiques nationales (et de l'assistance internationale) dans la gestion des conflits naissants est nécessaire dans le cadre de l'élaboration des politiques économiques et sociales.
- *La promotion de la stabilité économique mondiale.* Les effets potentiellement déstabilisateurs de flux de capitaux massifs et rapides suscitent une inquiétude croissante, en particulier parce qu'ils augmentent le risque de propagation des crises. Différents dispositifs internationaux ont été envisagés pour parer à une telle éventualité, et le Fonds monétaire international a mis en place, récemment, un nouveau mécanisme pour aider les pays à faire face à des crises financières soudaines. La meilleure protection réside, en tout état de cause, dans l'application interne de politiques économiques prudentes et adaptées. La mobilité croissante de la main-d'oeuvre d'un pays à l'autre soulève également toute une série de questions qui appellent une action internationale commune.
- *La protection de l'environnement.* Le monde est confronté à un certain nombre de problèmes environnementaux pressants, comme l'évolution du climat, l'appauvrissement de la diversité biologique et la protection des eaux internationales. Une action internationale concertée peut aider à améliorer la coordination, à sensibiliser l'opinion, à assurer un transfert de technologies plus efficace et à changer les habitudes aux niveaux national et local. Toutefois, la lenteur des progrès amène

à se demander si une catastrophe majeure sera nécessaire pour contraindre les pays à agir de concert.

- *La promotion de la recherche fondamentale et de la diffusion du savoir.* Le Groupe consultatif pour la recherche agricole internationale, qui vient d'être redynamisé pour relever de nouveaux défis dans le domaine de la production alimentaire, a montré qu'une action commune internationale pouvait faciliter la mise au point et la diffusion des technologies. Des mécanismes consultatifs similaires doivent être mis en place pour s'attaquer à d'autres problèmes urgents qui touchent la recherche dans les secteurs de la protection de l'environnement et de la santé.
- *L'amélioration de l'efficacité de l'aide internationale au développement.* Pour être plus efficace, l'aide extérieure doit être plus étroitement liée aux politiques menées par les pays bénéficiaires. Les organismes d'aide doivent acheminer systématiquement des ressources vers les pays pauvres qui mènent de bonnes politiques et ont à coeur de revivifier leurs institutions. Ce doit être là l'une de leurs premières priorités.

Suppression des obstacles à la réforme de l'État

L'histoire de la réforme de l'État dans les pays aujourd'hui industrialisés est porteuse d'espoir pour les pays en développement, mais elle doit aussi les faire réfléchir. Jusqu'au siècle dernier, l'Europe, l'Amérique du Nord et le Japon étaient en proie à bon nombre de problèmes qui nuisent aujourd'hui à l'efficacité de l'État dans les pays en développement. Ces problèmes ont été réglés et des États modernes ont vu le jour. Il y a donc lieu d'espérer. Mais cela doit aussi donner à réfléchir, car le renforcement des institutions prend du temps. Les réformes de l'ère Meiji, qui ont mis le Japon sur la voie du développement, ont pris près de 25 ans à réellement porter leurs fruits. Développer la capacité d'action de l'État n'est pas chose impossible, mais cela exige du temps et une immense volonté politique. Il est donc urgent d'agir dès maintenant.

Au cours des 15 dernières années, de nombreux gouvernements ont réagi aux pressions internes et externes en entreprenant des réformes ambitieuses pour améliorer le fonctionnement de l'appareil public. En général, les réformes macroéconomiques — axées sur la politique de change et les politiques budgétaire et commerciale — sont très vite intervenues. Elles ont certes des implications politiques, mais elles ne nécessitent pas une refonte des institutions. En effet, une fois la décision politique prise, elles peuvent être entreprises rapidement, souvent par décret, par quelques technocrates compétents.

Mais la réforme de l'État, qui englobe la réglementation, les services sociaux, les finances, l'infrastructure et les travaux publics, ne peut pas être accomplie aussi rapidement, car elle fait intervenir une restructuration des institutions pour leur permettre de fonctionner selon des critères nouveaux. Ce genre de réforme implique une révision déchirante des modes de pensée et d'action des administrations, et oblige souvent à remettre à plat des systèmes reposant depuis longtemps sur le clientélisme et la corruption. Mais ces changements sont absolument indispensables si l'on veut améliorer un jour la capacité d'action de l'État. Une bonne politique, dont l'exécution s'appuie sur une capacité institutionnelle plus solide, se traduit par un développement économique beaucoup plus rapide (figure 5).

Dans de nombreux pays en développement, une réforme en profondeur sur ce modèle nécessitera beaucoup de temps et d'efforts, et son contenu variera considérablement d'une région à l'autre (encadré 3). La réforme se heurtera aussi à une vive opposition politique. Mais les pays qui l'entreprennent peuvent commencer par renforcer les organismes centraux chargés de l'élaboration des stratégies, en introduisant dans le processus plus de transparence et de compétition, en essaimant les activités et les organismes dont les objectifs sont faciles à définir, en demandant davantage aux usagers de donner leur opinion sur la

Figure 5 Une bonne politique économique et une solide capacité institutionnelle se traduisent par une croissance plus rapide

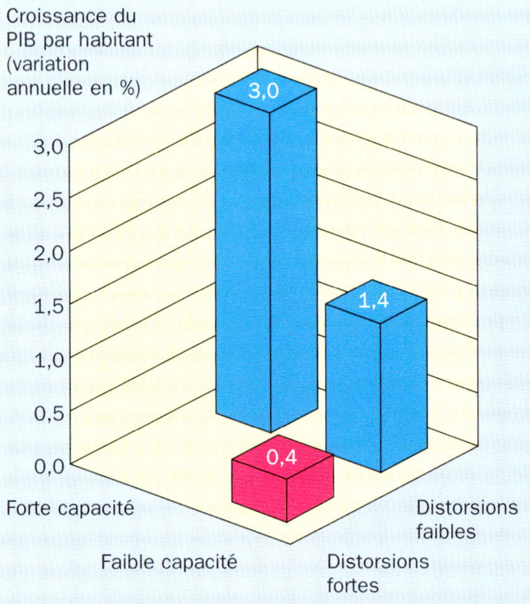

Note : Les taux de croissance indiqués sont des moyennes pour différents groupes de pays. Les résultats ont été obtenus au moyen d'une régression, sur la base de données temporelles individuelles pour 94 pays industriels et en développement, pour la période 1964–93, après avoir neutralisé les effets de l'éducation, du revenu et d'autres variables. Pour plus de détails, voir la Note technique. Source : Commander, Davoodi et Lee, document de référence.

Encadré 3 La réforme de l'État dans différentes régions du monde

Les grands aspects de la problématique de la réforme de l'État dans les différentes régions regroupant les pays en développement sont exposés ci-après. Il s'agit nécessairement de généralisations, chaque région comprenant plusieurs pays au cas très différent.

- En *Afrique subsaharienne*, de nombreux pays connaissent une crise qui réside dans l'essence même de l'État — dans sa capacité. C'est à la reconstruction de celle-ci que les pays doivent s'attacher de toute urgence en réorganisant complètement les institutions, en réaffirmant la primauté du droit et en luttant de façon crédible contre l'abus de pouvoir. Lorsque les liens que l'État entretient avec le secteur privé et la société civile sont ténus, il faudra les resserrer si l'on veut améliorer les services publics et collectifs.
- En *Asie de l'Est*, la capacité d'action de l'État ne pose généralement pas de problème ; toutefois, son aptitude à évoluer pour relever les nouveaux défis qui apparaissent dans la région sera décisive pour la poursuite du succès économique.
- En *Asie du Sud*, le principal problème est celui de la surréglementation, qui est à la fois une cause et un effet de la pléthore d'effectifs dans le secteur public et qui mène droit à la corruption. La simplification des règlements et la réforme des entreprises publiques pour limiter le rôle de l'État sont des tâches complexes et politiquement difficiles.
- En *Europe centrale et orientale*, il y a encore fort à faire pour que l'État soit davantage « à la barre » et moins « aux machines ». Toutefois, la plupart des pays sont en train de progresser, d'améliorer leurs capacités et d'adopter des modes de gestion plus responsables.
- Dans la *Communauté des États indépendants* (CEI), l'insuffisance des capacités de l'État dans de nombreux pays est un obstacle sérieux et croissant à la poursuite des progrès pour la plupart des aspects de la vie politique, économique et sociale. Le recentrage de l'État est encore à un stade embryonnaire et l'absence générale de transparence et de mécanismes de contrôle pose une multitude de problèmes graves.
- En *Amérique latine*, la décentralisation du pouvoir et les délégations de dépenses, conjuguées à la démocratisation, ont complètement transformé le paysage politique au niveau local, à la faveur de ce que certains ont appelé une « révolution tranquille ». Un nouveau modèle de gouvernement est en train de voir le jour dans la région. Les pays doivent cependant mettre davantage l'accent sur la réforme du système juridique, de la fonction publique et des politiques sociales.
- Au *Moyen-Orient et en Afrique du Nord*, le chômage est de loin le principal problème économique et social, et rend très difficile une réduction des effectifs de la fonction publique. La réforme se heurtant à des obstacles politiques et sociaux considérables — mais pas insurmontables —, il pourrait être profitable de commencer par décentraliser certains services et de se concentrer sur la refonte des entreprises d'État, tout en préparant le terrain à des actions plus ambitieuses.

qualité des services fournis et en obtenant le concours des syndicats pour mettre en oeuvre des programmes incitant les travailleurs à chercher la sécurité en accompagnant le changement, plutôt qu'en s'y opposant.

À quel moment les réformes interviennent-elles ?

Les conflits et les problèmes de répartition ancrés au coeur des institutions expliquent pourquoi les réformes ont échoué dans tant de pays. Mais cet état de choses n'est pas irréversible. Au bout du compte, le changement se produit lorsque le pays est davantage incité à abandonner les anciennes politiques et le vieil appareil institutionnel qu'à maintenir le statu quo. Une crise économique ou une menace extérieure, ou encore l'arrivée d'un gouvernement ayant moins de rentes de situation, peut donner une impulsion à la réforme. En revanche, si les dirigeants perpétuent des politiques désuètes parce que cela sert leurs intérêts ou ceux de leurs alliés, la réforme risque d'être ajournée, et parfois pour longtemps comme en Haïti sous les Duvalier et au Zaïre aujourd'hui.

Les pays voisins peuvent aussi être un puissant stimulant du changement. La vague de réformes qui balaie l'Asie de l'Est, l'Amérique latine et une grande partie de l'Europe orientale et de l'ex-Union soviétique tient manifestement à un effet d'entraînement. La crainte d'être laissés-pour-compte peut inciter les pays à améliorer le fonctionnement de leurs administrations. Mais on ne sait pas encore pourquoi certains réagissent aux crises et d'autres pas. Pourquoi, par exemple, l'inflation semble-t-elle beaucoup moins bien tolérée par la population en Asie que dans certains pays d'Amérique latine ? Et pourquoi certains pays doivent-ils traverser une longue période de déclin économique avant de réagir, tandis que d'autres sont beaucoup plus prompts à le faire ?

Bien souvent, une analyse de la situation qui serait celle des gagnants et des perdants d'une réforme de l'État permet de dire quand — ou si — cette réforme aura lieu. Celle-ci a peu de chances de séduire si les gagnants ne peuvent pas offrir une compensation aux perdants. Même lorsque les gains sont potentiellement suffisants pour le faire, la réforme peut être difficile à réaliser car les avantages sont répartis sur un grand nombre de personnes, alors que les perdants, pourtant moins nombreux, sont puissants et savent se faire entendre. Un autre problème tient à ce que les gains sont différés, tandis que les pertes sont immédiates. Il arrive cependant que la situation se soit dégradée au point que le nombre de gagnants soit considérablement supérieur à celui des perdants. Les réformes peuvent alors se traduire par des gains économiques et politiques immédiats.

Comment soutenir les réformes ?

Les dirigeants politiques et les élites favorables aux réformes peuvent accélérer la marche des choses en prenant des décisions qui élargissent l'horizon de leurs concitoyens, en indiquant clairement les avantages escomptés et en adoptant des politiques qui font un minimum d'exclus. Au cours des dernières années, des dirigeants clairvoyants ont transformé les perspectives de leur pays grâce à des réformes déterminantes. Leurs efforts ont été couronnés de succès parce qu'ils ont bien expliqué à tous les avantages du changement et qu'ils ont su rassembler et donner la parole à ceux qui, bien souvent, restaient silencieux. S'ils ont réussi, c'est aussi — et surtout — parce qu'ils ont su offrir à la société une vision d'avenir, permettant de transcender le sacrifice immédiat imposé par l'ajustement. Enfin, ils ont donné à chaque citoyen le sentiment qu'il était l'artisan des réformes et que celles-ci ne lui étaient pas imposées de l'extérieur.

La réforme de l'État nécessite le concours de tous. Pour essayer de gagner le soutien de ceux qui en pâtissent — qui ne sont pas nécessairement les plus pauvres —, il faut les indemniser. Certes, cela peut coûter cher à court terme mais, à long terme, l'opération est payante. Des différences profondes et des suspicions mutuelles entre divers groupes peuvent aussi retarder la réforme. Les vieilles inimitiés sont difficiles à vaincre, mais des pactes sociaux, comme le Pacte de la Moncloa en Espagne ou la Conférence économique nationale au Bénin, peuvent y contribuer.

Les organismes internationaux peuvent encourager la réforme de l'État et aider à la soutenir de plusieurs façons. En premier lieu, ils peuvent fournir des conseils techniques importants sur ce qu'il faut faire et ne pas faire. Cette assistance est souvent très précieuse, en particulier pour les petits pays qui n'ont pas les moyens de résoudre eux-mêmes tous les problèmes techniques. Mais il faut aussi mobiliser les compétences locales afin d'adapter la réforme aux conditions et aux institutions locales. Ainsi, l'Organisation mondiale du commerce joue un rôle majeur dans le domaine commercial, l'Organisation mondiale de la santé dans celui de la santé et l'Organisation internationale du travail dans celui de la législation du travail et de la politique de l'emploi. En deuxième lieu, les organismes internationaux peuvent faire partager la vaste expérience transnationale qu'ils possèdent dans de nombreux domaines. Souvent dotés d'un personnel multinational, ils peuvent offrir les services d'experts venant d'horizons différents. En troisième lieu, leurs concours financiers peuvent aider les pays à supporter les sacrifices imposés au début de la réforme jusqu'à ce qu'elle commence à porter ses fruits. En quatrième lieu, ils peuvent offrir aux pays le moyen de prendre des engagements internationaux, qui les empêchent de faire machine arrière. Mais, s'il y a une leçon à tirer de l'histoire de l'aide au développement, c'est qu'un soutien extérieur n'est pas d'une grande utilité s'il n'existe pas dans le pays une réelle volonté de réforme.

Une bonne administration publique n'est pas un luxe, c'est une condition essentielle du développement

L'approche du XXIe siècle porte en soi des promesses de changement et des raisons d'espérer. L'évolution vertigineuse des marchés, des sociétés civiles et des rapports planétaires oblige l'État à plus d'efficacité. Et pourtant, il ne s'adapte pas encore assez vite à la marche du temps. Naturellement, il n'existe pas de modèle de réforme universel et, bien souvent, les changements sont lents à venir parce qu'ils obligent à repenser complètement le rôle des institutions et les rapports entre les citoyens et l'État. Mais les questions soulevées ici sont déjà au coeur de la redéfinition de l'État dans de nombreux pays et elles sont inscrites à l'ordre du jour des organisations internationales qui leur prêtent leur concours.

L'inefficacité de l'État a toujours été un frein à la croissance et au développement social. Mais l'ajournement des réformes peut avoir des conséquences encore plus graves, provoquant l'agitation politique et sociale et, parfois, la désintégration de l'État, si préjudiciable à la stabilité et à la productivité et si coûteuse en vies humaines. Aussi s'est-on naturellement tourné vers une ligne de conduite qui vise à prévenir le mal, avant d'être pris dans l'engrenage du naufrage car, alors, il n'existe pas de remède miracle.

Les exemples d'effondrement de l'État correspondent tous à des situations extrêmes et à des cas particuliers, mais ils vont en se multipliant. Comme le montre bien le Rapport, il faut se garder de toute généralisation hâtive pour expliquer leurs causes et leurs effets, et la reconstruction ne sera donc pas chose facile. Chaque cas pose des problèmes particuliers au pays concerné, à ses voisins et à la communauté internationale. Mais c'est presque toujours le simple citoyen qui en supportera les conséquences, ce qui témoigne, une fois encore, du rôle fondamental qu'un État efficace et réceptif a à jouer pour assurer durablement l'équilibre social et la prospérité économique.

Le souci d'améliorer l'efficacité de l'État, y compris dans les pays industriels, donne à penser qu'une amélioration, même progressive, procure des avantages considérables. Cela est d'autant plus vrai dans les pays où l'efficacité de l'État est faible. Au fil du temps, le renforcement des capacités de l'appareil public, aussi minime soit-il, a un impact considérable sur la qualité de la vie, surtout parce que les réformes ont tendance à engendrer un cercle vertueux. Une légère amélioration de l'efficacité de l'État entraîne une amélioration du niveau de vie, laquelle ouvre la voie à d'autres réformes et à la poursuite du développement.

Un tour d'horizon mondial des économies en 1997 fournirait d'innombrables exemples de ces cercles vertueux, mais il montrerait aussi bien le contraire en rappelant combien de pays sont prisonniers du cercle vicieux de la pauvreté et du sous-développement à cause de l'inefficacité chronique de l'État. Une telle situation entraîne la violence sociale, la criminalité, la corruption et l'instabilité, autant de facteurs qui empêchent l'État de promouvoir le développement, voire de fonctionner. Pour la puissance publique, il s'agit aujourd'hui d'entreprendre les réformes nécessaires, modestes ou ambitieuses, pour améliorer son fonctionnement et mettre ainsi le pays sur la voie de la croissance, en procédant en deux temps, comme on l'a proposé ici. La réforme des institutions est une entreprise longue, difficile et politiquement délicate. Mais, si nous en mesurons aujourd'hui mieux la difficulté, nous sommes aussi plus conscients du prix que l'immobilisme ferait payer.

PREMIÈRE PARTIE

REPENSER L'ÉTAT, PARTOUT DANS LE MONDE

TOUT AU LONG DE L'HISTOIRE, LA CONCEPTION DU RÔLE DE L'ÉTAT A BEAUCOUP changé. Pendant une grande partie du siècle, on s'est tourné vers la puissance publique pour lui demander d'en faire plus, parfois beaucoup plus. Mais, au cours des 15 dernières années, le balancier s'est à nouveau déplacé, soumettant l'État au feu croisé d'appréciations les plus diverses. La fin de la guerre froide et l'effondrement de l'économie dirigée, la crise budgétaire de l'État-providence, le succès spectaculaire remporté par certains pays d'Asie de l'Est dans l'accélération de la croissance économique et la lutte contre la pauvreté, la crise créée par la faillite de l'État dans certaines régions d'Afrique et ailleurs sont autant d'évolutions qui sont venues remettre en question la conception de la place de l'État dans le monde et de sa contribution au bien-être des populations.

Les pays doivent aussi faire face à une conjoncture caractérisée par la diffusion rapide des technologies, l'aggravation des pressions démographiques, des problèmes environnementaux plus aigus, la mondialisation des marchés et le passage à des formes de gouvernement plus démocratiques. Et, malgré toutes ces difficultés, il faudra continuer de s'employer à faire reculer la pauvreté et à promouvoir un développement durable, une double tâche redoutable.

Rien d'étonnant, par conséquent, à ce que les pays en viennent de nouveau à s'interroger sur l'État, à demander ce que doit être son rôle et, surtout, comment ce rôle doit être joué. On cherchera ici à montrer pourquoi et comment, dans certains pays, l'État a mieux réussi qu'ailleurs à être durablement le catalyseur du développement économique et de l'éradication de la pauvreté. Cette première partie du Rapport fait une large présentation historique et théorique de ces questions (chapitre 1), pour examiner ensuite les éléments concrets qui montrent l'impact de la politique de l'État et de ses institutions sur le développement (chapitre 2). Trois grandes conclusions se dégagent de cet exercice :

- Le développement — économique, social et durable — n'est pas possible sans un État efficace. On admet de plus en plus qu'un État efficace — ce qui ne veut pas dire minimal — est indispensable au développement économique et social, mais moins pour le diriger que pour le favoriser et y participer. L'action de l'État devrait viser à compléter celle des marchés, non à s'y substituer.
- L'expérience démontre abondamment qu'une bonne politique économique (qui comprend notamment la promotion de la stabilité macroéconomique), un riche capital humain et une ouverture de l'économie sur le monde sont des éléments déterminants pour parvenir à une croissance durable, largement partagée, et faire reculer la pauvreté. Mais, à mesure que nous en venons à mieux comprendre les ingrédients du développement, se pose à nous la question plus fondamentale de savoir pourquoi certaines sociétés ont mieux réussi que d'autres et comment, précisément, l'État y a contribué.
- L'histoire tend à montrer que l'exploitation des forces propres du marché, de l'État et de la société civile rend l'action publique plus efficace. Ainsi se dessine une stratégie à deux volets : adapter le rôle de l'État à sa capacité d'action et ensuite améliorer celle-ci. C'est ce dont traitent, respectivement, la deuxième et la troisième partie.

CHAPITRE 1

L'ÉVOLUTION DU RÔLE DE L'ÉTAT

IL Y A CENT ANS, UN PAYSAN CANADIEN ET UN PAYSAN ivoirien ne se sentaient probablement guère de liens avec l'État, et aucun l'un envers l'autre. L'État n'intervenait dans leur vie qu'en fournissant un petit nombre de biens publics classiques, comme l'ordre public et l'infrastructure de base, et en les soumettant à l'impôt.

Aujourd'hui, l'État a connu une expansion spectaculaire — et les frontières se sont rapprochées. Les descendants de ces mêmes paysans font scolariser leurs enfants dans des écoles publiques, reçoivent des soins dans des dispensaires subventionnés, peuvent faire appel à toute une gamme de services publics et profitent parfois d'un contrôle des prix sur les semences et les engrais qu'ils achètent, ou sur le blé ou le café qu'ils vendent. Il est donc probable que ces nouvelles générations de Canadiens et d'Ivoiriens s'intéresseront de beaucoup plus près que leurs ancêtres à l'efficacité du rôle de l'État et aux contre-pouvoirs qui s'exercent sur ses décisions. Il y a aussi de fortes chances pour qu'elles soient mieux à même de comparer l'action de leur gouvernement à celle des autres. L'explosion des communications, les échanges et les investissements, la radio et la télévision, les amis et les parents qui se rendent à l'étranger en touriste ou pour travailler sont autant de facteurs qui font que les Canadiens et les Ivoiriens d'aujourd'hui ont une bien meilleure idée de ce que leurs services publics valent par rapport à ceux des autres pays. Plus que jamais, les regards se portent sur le comportement de l'État et sur ses conséquences.

Une telle attention peut se traduire par une meilleure gestion publique. Mais, si l'État est incapable de réagir de manière constructive aux défis qui l'attendent, sa crédibilité risque de se dégrader encore plus, à mesure que se creusera l'écart entre ce qu'il peut faire et ce qu'on attend de lui. L'agonie récente de l'Angola, de la Somalie et du Zaïre montre jusqu'où cela peut aller. L'État implose, laissant la population privée des facteurs les plus élémentaires de stabilité : ordre public, confiance accordée aux contrats et moyen d'échange fiable. Cet état de crise renvoie à l'idée que Thomas Hobbes développait en 1651 dans *Le Leviathan,* selon laquelle la vie, sans un État fort pour faire régner l'ordre, est synonyme de solitude, dénuement, désagrément, bestialité et brièveté.

Le présent Rapport vise à montrer comment, quelle que soit la situation de départ, tout État peut devenir plus efficace et s'éloigner toujours davantage de ce scénario catastrophe. C'est pourquoi le présent chapitre commence par rappeler le chemin parcouru pour en arriver où nous sommes. Remontant aux origines, il montrera comment la conception du rôle de l'État a évolué pour déboucher, dans les pays industriels comme dans les pays en développement, sur une expansion spectaculaire de l'appareil public et, plus récemment, sur un rééquilibrage qui privilégie la recherche de la qualité plutôt que de la quantité. Il présentera ensuite un cadre permettant de repenser l'État simplement et indiquera les grandes lignes d'une stratégie à deux volets, qui sera développée tout au long du Rapport et qui vise à rendre l'action publique plus efficace. La conclusion est que l'État peut se montrer à la hauteur de ce que l'on attend de lui, mais seulement à condition, tout d'abord, de limiter ses ambitions à ses moyens et, ensuite, de développer sa capacité d'action en réveillant le dynamisme de ses institutions.

Les débuts de l'État

Depuis les temps les plus reculés, les êtres humains se sont regroupés, d'abord au niveau de la famille, puis de la famille élargie, enfin de l'État dans ses formes actuelles. Pour qu'il puisse y avoir État, les individus et les groupes doivent céder de leur pouvoir dans des domaines clés, comme la défense, pour en investir une instance publique qui doit disposer de moyens de coercition sur toutes les autres structures à l'intérieur d'un territoire donné.

Les États ont revêtu des formes et des tailles diverses, en fonction d'un ensemble de facteurs tels que la culture, les richesses naturelles, les possibilités d'échanges et la répartition du pouvoir. L'ancien État athénien, par exemple, reposait sur l'esclavage et le pillage des colonies. Plus à l'est, des structures d'État élaborées se sont formées depuis des temps anciens sur la base du principe de l'appartenance des terres à l'État ou, comme dans l'Inde des Moghols ou la Chine impériale, sur la base de systèmes très avancés d'administration et de perception des impôts. L'effet conjugué de la propriété publique de la terre et d'une administration complexe a longtemps empêché l'apparition, dans ces régions, d'économies modernes fondées sur les lois du marché.

Pourtant, malgré cette diversité d'origine, les États en sont venus progressivement à acquérir, un peu partout dans le monde, plusieurs caractéristiques communes qui les définissent. Les États modernes ont un territoire et une population bien déterminés ; ils y exercent un rôle centralisateur et coordinateur. La souveraineté s'exprime généralement à travers un pouvoir judiciaire, un pouvoir législatif et un pouvoir exécutif séparés (encadré 1.1). Depuis le XVIIIe siècle, par la conquête et la colonisation, les États-nations ont absorbé la majeure partie du monde à l'intérieur de leurs propres territoires. Avec la désintégration des empires et les revendications d'indépendance, le nombre d'États est monté en flèche. L'Organisation des Nations Unies, qui comptait 50 pays indépendants en 1945, en comptait 185 en 1996 (figure 1.1).

Des débuts modestes

La configuration de l'État a beaucoup varié d'un continent à l'autre et d'un siècle à l'autre, mais non les arguments concernant les rôles respectifs de la sphère publique et de la sphère privée. Que ce soit dans *Le Prince*, de Machiavel, *L'Arthasastra*, de Kautiliya, les écrits de Confucius ou d'Ibn Khaldun, *La Muqaddimah (Les Prolégomènes)*, la discussion a toujours tourné autour des droits et des obligations mutuels de l'État et du citoyen. Presque toutes ces traditions ont réservé un rôle à l'État dans la fourniture des biens publics essentiels (encore que le poids accordé aux biens publics, par rapport aux biens privés, ait varié considérablement). L'utilisation de ressources publiques pour la

Encadré 1.1 Quelques remarques sur les notions d'État et de gouvernement

L'*État*, dans son acception large, est personnifié par un ensemble d'institutions dotées du pouvoir de contraindre, qu'elles exercent sur un peuple et un territoire bien déterminés, qui constituent la société. L'État détient, dans les limites de son territoire, le monopole de l'élaboration des règles, qu'il exerce par l'intermédiaire de la puissance publique.

Le terme *gouvernement* s'emploie souvent différemment dans différents contextes. Il peut signifier l'action de gouverner, d'exercer le pouvoir. Il peut aussi désigner l'existence de ce processus. On entend souvent par « gouvernement » l'ensemble des pouvoirs publics, des dépositaires de l'autorité dans un État. Enfin, cela peut désigner la manière de gouverner dans une société : la structure et l'organisation des fonctions et la manière dont elles interagissent avec les gouvernés.

On considère généralement l'État comme l'incarnation de trois pouvoirs distincts et séparés : le *législatif*, dont le rôle est de légiférer ; l'*exécutif* (souvent appelé « gouvernement »), qui est chargé de l'application des lois ; le *judiciaire*, qui a pour mission d'interpréter et d'appliquer le droit.

Les classifications des formes de gouvernement sont nombreuses, mais elles ont tendance à s'articuler autour de deux critères : la répartition des rôles, qui relève d'une conception plus étroite, et la relation entre le gouvernement et les gouvernés. La première classification des formes de gouvernement considère la relation entre l'exécutif et le législatif. En régime *parlementaire*, l'exécutif ne se maintient au pouvoir que soutenu par le législatif. Les membres de l'exécutif sont habituellement aussi membres du législatif. Un premier ministre peut être le membre le plus important de l'exécutif, mais les décisions importantes prises par l'exécutif sont en fait prises collectivement par un groupe de ministres. En régime *présidentiel*, l'exécutif est indépendant du législatif. Les membres de l'exécutif ne peuvent normalement pas être membres du législatif, et le pouvoir suprême de décision appartient à une seule personne, le président.

L'autre classification considère la répartition du pouvoir entre différents niveaux de gouvernement. Dans un État *unitaire*, le pouvoir de légiférer appartient à un corps législatif unique, compétent pour l'ensemble du pays. Il peut exister des assemblées législatives locales, mais uniquement si l'instance législative nationale le tolère. Dans un État *fédéral*, les assemblées législatives locales sont assurées d'un minimum de pouvoir de décision. Dans une *confédération*, un groupe d'États souverains s'unissent à des fins bien précises, mais chacun d'entre eux conserve sa souveraineté au regard du droit international.

Figure 1.1 Un seul monde, un nombre croissant d'États

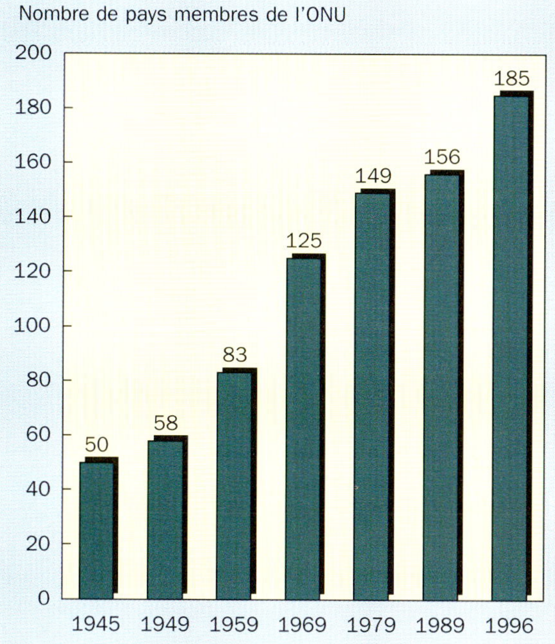

Note : Les données correspondent à la fin de l'année. Source : Données de l'ONU.

fourniture des biens publics essentiels et pour accroître la productivité du secteur privé n'est pas une nouveauté.

Au-delà de ces fonctions minimales, toutefois, les avis sont beaucoup plus partagés sur ce que doit être le rôle de l'État dans la promotion du développement. Les mercantilistes du XVIIe siècle lui attribuaient un rôle majeur dans l'orientation du commerce. Ce n'est qu'avec Adam Smith et *La Richesse des Nations*, à la fin du XVIIIe siècle, qu'on s'est généralement accordé à reconnaître que le marché était le meilleur instrument pour stimuler la croissance et améliorer les conditions de vie. De ce point de vue, l'État devait se limiter à un certain nombre de missions essentielles (fournir des biens publics comme la défense, assurer la sécurité des personnes et des biens, instruire la population et veiller au respect des contrats) jugées indispensables au bon fonctionnement du marché.

Mais, même alors, l'État n'en a pas moins continué à jouer un rôle vital de catalyseur dans le développement et la croissance des marchés en Europe, au Japon et en Amérique du Nord. Aux États-Unis, où ses interventions ont toujours été plus limitées qu'en Europe ou au Japon, on lui doit la mise en place de la première ligne télégraphique, qui a ouvert la voie au développement de l'industrie des télécommunications, ainsi que les progrès dans la recherche et la vulgarisation agricoles, qui ont eu un effet stimulateur sur la productivité (encadré 1.2).

Au XIXe siècle, le rôle de l'État dans la redistribution du revenu était encore très limité. En Europe, cette redistribution était surtout le fait d'oeuvres de charité et de diverses actions bénévoles. Le régime fiscal ne faisait généralement intervenir que les droits de douane, les impôts indirects et les taxes sur les monopoles et les produits. Introduit en France et en Grande-Bretagne à la fin du XVIIIe siècle, l'impôt sur le revenu n'était pas une source majeure de recettes. Les linéaments de l'État-providence de type moderne n'apparurent qu'à la fin du XIXe siècle, en Allemagne, lorsque le chancelier Otto von Bismarck mit en place les premiers régimes nationaux d'assurance sociale.

L'expansion de l'État dans les pays industriels . . .

Jusqu'à une période assez avancée de notre siècle, l'État est resté, selon des critères modernes, relativement petit. Dans le sillage de la Première Guerre mondiale, une série d'événements de portée considérable a marqué un tournant. Le premier de ces événements a été la Révolution russe de 1917, qui a conduit à l'abolition quasi totale de la propriété privée dans le pays et qui, par la planification centralisée, plaçait l'État aux commandes de toute l'activité économique. Le deuxième a été la dépression des années 30, qui a causé de tels ravages économiques dans le monde non communiste que les pays ont été conduits à faire l'expérience de politiques anticycliques pour relancer l'activité économique. Le troisième événement, déclenché par la Seconde Guerre mondiale, a été l'éclatement rapide des empires européens. Ce changement géopolitique — doublé de la revendication d'une assurance sociale dans les pays industriels — allait marquer le début d'un demi-siècle de débats sur le thème de l'attribution d'un rôle plus actif à l'État.

Le modèle de l'après-guerre était organisé autour de trois grands axes sur lesquels tout le monde, ou presque, s'accordait. Ce triple consensus ne devait pratiquement pas être remis en cause jusqu'au premier choc pétrolier de 1973. D'abord, il s'agissait d'attribuer des prestations sociales pour compenser les pertes provisoires de revenu ou d'autres moyens de subsistance. Ensuite, il était souhaitable de s'orienter vers une économie mixte, ce qui impliquait souvent la nationalisation de toute une gamme d'industries stratégiques. Enfin, il fallait mener une politique macroéconomique bien coordonnée, le marché ne pouvant générer seul, dans ce domaine, des résultats stables ou conformes aux objectifs de chacun. Avec le temps, les objectifs de la politique macroéconomique ont été clairement établis : plein-emploi, stabilité des prix et équilibre de la balance des paiements.

L'État en est venu ainsi à assumer de nouvelles missions et à élargir la portée de celles dont il était déjà investi. Au milieu du siècle, non seulement il assurait un plus grand

Encadré 1.2 Quelques exemples d'interventions de l'État pour soutenir le développement des marchés aux États-Unis

Les États-Unis sont le pays qui a donné naissance, et croit, au dicton selon lequel moins l'État en fait, meilleur il est. Alors que, dans de nombreuses parties du monde, le rôle de l'État a évolué progressivement, les États-Unis sont nés d'une révolution. Les auteurs de la Constitution ont expressément posé la question de savoir ce que devait être le rôle de l'État.

Pourtant, même aux États-Unis où laisser-faire et méfiance envers la puissance publique rejaillissent fortement sur la définition du rôle de l'État dans la société, l'action des gouvernements a souvent contribué de façon déterminante à la croissance et au développement des marchés. En voici quelques exemples :

- L'industrie mondiale des télécommunications tire ses origines du soutien que l'État a accordé à la mise en place de la première ligne télégraphique entre Washington et Baltimore au début des années 1840.
- Le bond gigantesque de la productivité agricole au XIXe et au XXe siècle est à attribuer au programme de recherche et de vulgarisation réalisé grâce à une aide du gouvernement fédéral, programme dont la loi Morrill de 1863 portait création.
- Par les ordonnances de 1785 et de 1787 (*Northwest Ordinances*), le gouvernement s'engageait à promouvoir l'éducation et à y consacrer le produit de la vente de certaines terres. Et, en 1863, le gouvernement fédéral a aidé à mettre en place le réseau des universités publiques.
- En 1863, en pleine guerre civile, reconnaissant la nécessité d'un système financier national, le Congrès adoptait une loi, la *National Banking Act*, portant création de la première instance nationale de contrôle des banques. Dans les années qui ont suivi, le gouvernement a créé le *Federal Reserve System* (la banque centrale des États-Unis) ainsi qu'une série d'établissements publics d'intermédiation financière.
- La construction du réseau d'autoroutes nationales et l'attribution d'une aide fédérale à la mise en place du réseau ferroviaire illustrent bien le rôle crucial joué par les pouvoirs publics dans la création d'une infrastructure de transport qui a contribué au développement des marchés aux États-Unis.

nombre de services d'infrastructure et d'utilité publique, mais il avait accru son aide aux secteurs de l'éducation et de la santé. En 35 ans, de 1960 à 1995, le poids de l'État a doublé dans les pays industriels (figure 1.2), cette expansion étant essentiellement due à une augmentation des transferts et des subventions.

Dans la plupart des pays industriels, on peut même aller jusqu'à dire que l'État, au début des années 90, passait plus de temps à faire circuler l'argent dans l'économie sous forme de transferts et de subventions qu'à fournir les biens publics classiques. Ce qu'il consacrait à la défense et à l'ordre public ne représentait plus qu'environ 10 % des dépenses de l'ensemble des administrations publiques, alors que plus de la moitié du produit total de l'impôt était redistribuée sous forme de transferts sociaux (figure 1.3). La démographie n'était pas totalement étrangère à cette situation, le vieillissement de la population obligeant à dépenser davantage pour les retraites et la santé. Mais les choix opérés par chaque pays ont aussi pesé dans la balance. Ainsi, partant approximativement du même niveau, l'appareil public s'est développé deux fois plus vite en Suède qu'aux États-Unis entre 1960 et 1995, tant du point de vue des dépenses par rapport au revenu que de l'emploi public par rapport à la population.

. . . et dans les pays en développement

Dans les pays en développement, le périmètre de l'État s'est également accru. Là aussi, l'appareil public s'est considérablement développé durant la seconde moitié du XXe siècle (figure 1.2). Au début, cette expansion a été essentiellement due à l'effort entrepris pour bâtir un État et une nation après l'effondrement du colonialisme. La fluctuation des cours internationaux des matières premières a également joué un rôle. Les pays dotés de ressources naturelles, comme le Mexique, le Nigéria et le Venezuela, se sont généralement servis de la manne pétrolière des années 70 et des fortes hausses des autres matières premières pour développer leur secteur public, en dépensant souvent sans compter. Soumis aux impératifs de l'austérité budgétaire, les pays importateurs de pétrole n'ont pu, quant à eux, augmenter leurs dépenses dans les mêmes proportions.

Mais, davantage que toutes ces forces, c'est peut-être l'évolution de la conception même du rôle de l'État, au cours des 50 dernières années, qui a été l'élément le plus marquant. En Asie, au Moyen-Orient et en Afrique, la plupart des pays en développement étaient fermement convaincus, au sortir de la période coloniale, qu'il appartenait à l'État d'orchestrer le développement économique. L'État mobiliserait les ressources et le capital humain, et les

Figure 1.2 Depuis 1960, il y a plus d'État, partout dans le monde

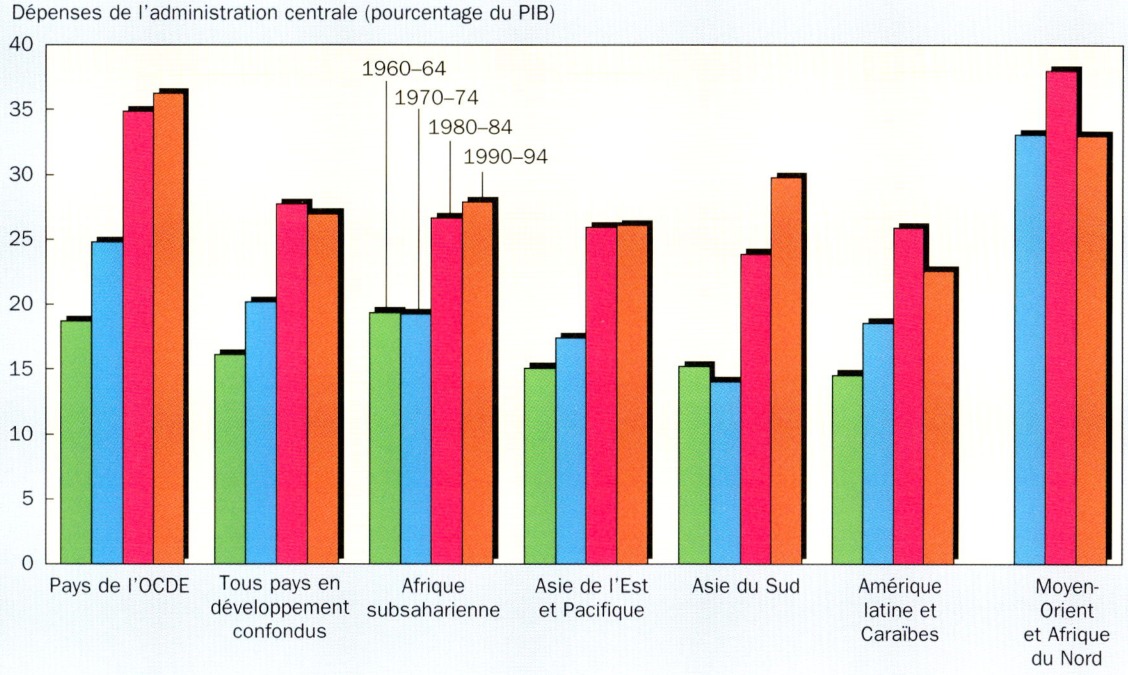

Note : Données exprimées en prix nationaux courants. Pour le Moyen-Orient et l'Afrique du Nord, données non connues pour la période 1960–64. Source : FMI, années diverses (a) et (b) ; données de la Banque mondiale.

Figure 1.3 Les opérations de transfert ont augmenté

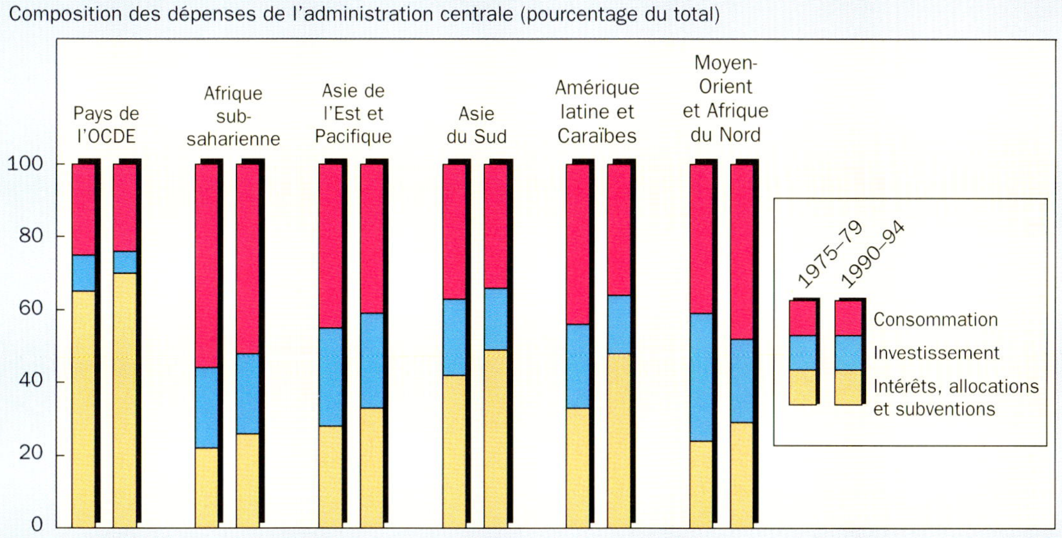

Note : Moyennes pour les années indiquées. Source : FMI, années diverses (a).

mettrait au service d'une croissance rapide et de l'éradication de l'injustice sociale. Comme en Union soviétique, la haute main de l'État sur l'économie était au coeur de cette stratégie. (L'encadré 1.3 montre comment un pays — l'Inde — l'a appliquée.) Beaucoup de pays d'Amérique latine, du Moyen-Orient et d'Afrique ont également pratiqué, sous la direction de l'État, ce mode d'industrialisation par le remplacement des importations, qui a marqué l'après-guerre.

Cette conviction était renforcée par la faveur dont jouissait l'interventionnisme de l'État partout dans le monde. La dépression des années 30 était vue comme un échec du capitalisme et de l'économie de marché, alors que les interventions de l'État — Plan Marshall, gestion keynésienne de la demande et État-providence — semblaient n'enregistrer que des succès. Le nouveau credo interventionniste trouvait son pendant dans la stratégie de développement de l'époque — adoptée par beaucoup de pays en développement après leur indépendance — qui mettait l'accent sur les nombreux dysfonctionnements des marchés et qui confiait à l'État un rôle clé pour y remédier. Planification centralisée, interventions pour corriger la répartition des ressources et implication étroite de l'État dans l'essor des industries naissantes étaient les ingrédients de cette stratégie de développement. Encore faudrait-il y ajouter le nationalisme économique relayé par les entreprises d'État et encouragé par la promotion du secteur privé national. Dès les années 60, l'État jouait un rôle dans presque tous les rouages de l'économie, administrant les prix et réglementant de plus en plus le travail, le change et les marchés financiers.

Avec les années 70, cette stratégie de développement allait se retourner contre ses promoteurs. Les chocs pétroliers marquèrent le chant du cygne de l'expansion de l'État. Pour les pays exportateurs de pétrole, ce fut là une manne que beaucoup utilisèrent pour développer encore plus les programmes publics. Tant que les ressources continuaient à affluer, les faiblesses institutionnelles demeuraient cachées. Quant aux pays importateurs, ils furent, eux, pris dans le cercle vicieux de l'endettement, empruntant massivement des pétrodollars recyclés pour pouvoir continuer à alimenter la croissance de l'État. Les coûts de cette stratégie de développement apparurent soudain au grand jour lorsque la crise d'endettement éclata dans les années 80 et que les prix du pétrole s'effondrèrent.

L'implosion du l'Union soviétique — dont le modèle avait cessé d'attirer — sonna le glas d'un modèle de développement. Tout d'un coup, les échecs de l'État, et des entreprises publiques, semblaient partout sauter aux yeux. Les gouvernements se mirent à adopter des politiques conçues pour réduire la portée de l'intervention de l'État dans l'économie. Un désengagement s'opéra dans les domaines de la production, des prix et du commerce. Des stratégies favorables au marché acquirent droit de cité dans de nombreuses régions du monde en développement. On était passé du modèle de développement dominé par l'État des années 60 et 70 à l'État minimaliste des années 80.

Comme cela arrive souvent avec des changements de cap aussi radicaux, les pays ont parfois eu tendance à aller trop loin. Les efforts de rééquilibrage des dépenses et des emprunts de l'État ont péché par manque de coordination et ont rarement su faire la part des choses. Ainsi, pour régler les intérêts de leur dette, des pays surendettés ont eu autant recours — sinon plus — à l'amputation de programmes d'importance capitale dans les domaines de l'éducation, de la santé et de l'infrastructure qu'à la réduction de crédits destinés à des actions faiblement prioritaires, à une fonction publique hypertrophiée et à des entreprises déficitaires. Ces compressions ont touché surtout les budgets d'équipement et, en Afrique, les dépenses de fonctionnement et d'entretien, réduisant d'autant la productivité des investissements. Le résultat, dont l'Afrique, l'ex-Union soviétique et même certaines parties d'Amérique latine fournissent l'exemple le plus frappant, a été un abandon des fonctions vitales de l'État, qui a porté un coup à la protection sociale et sapé les bases du développement des marchés.

Cet excès de zèle dans le rejet de l'État a eu pour effet de détourner l'attention du débat stérile opposant État et marché, pour la centrer sur la question plus fondamentale de la crise d'efficacité de l'appareil public. Dans certains pays, la crise a abouti à l'effondrement pur et simple de l'État. Dans d'autres, l'affaiblissement de la capacité d'action de l'État a conduit les organisations non gouvernementales, les associations et autres groupements — autrement dit, la société civile — à essayer de prendre sa place. Dans leur engouement pour le marché et leur rejet de l'interventionnisme, beaucoup en sont venus à se demander si le marché et la société civile ne pourraient pas un jour supplanter l'État. Mais la leçon qui se dégage d'un demi-siècle marqué par plusieurs courants de pensée sur le rôle de l'État dans le développement est plus nuancée. Le développement par l'État a échoué ; mais un développement sans l'État échouera aussi. En effet, un État efficace est indispensable au développement.

Grandes lignes d'une nouvelle réflexion sur l'État

S'il est difficile de redéfinir le rôle de l'État, c'est surtout parce que les pouvoirs publics évoluent en permanence sur un terrain mouvant. À regarder comment les forces mondiales modifient la conception de l'État, il est clair que celui-ci conserve un rôle particulier dans la fourniture des biens publics qui tendent à promouvoir le développement économique et social. Et les défaillances du marché continuent à fournir de puissants arguments économiques en faveur d'une intervention de l'État (encadré 1.4). Mais l'évolution des technologies est en train de transformer la nature des dysfonctionnements du marché. Ainsi, dans le

Encadré 1.3 L'évolution du rôle de l'État en Inde au cours des 50 dernières années

Quand l'Inde est devenue indépendante en 1947, le revenu par personne stagnait depuis un demi-siècle et la part de l'industrie moderne dans l'économie du pays était minime.

Les années Nehru, 1947–64. Le premier ministre du pays nouvellement indépendant, Jawaharlal Nehru, était convaincu que le recul de la pauvreté passait par une industrialisation du pays. Il était persuadé qu'un État puissant à la tête d'une économie planifiée était essentiel pour réaliser rapidement cette industrialisation, stimuler l'épargne et l'investissement publics, réduire le rôle du commerce extérieur et devenir autosuffisant. À la différence de beaucoup de pays d'Asie de l'Est, qui ont eu recours à l'intervention des pouvoirs publics pour bâtir un solide secteur industriel privé, l'Inde opta pour un contrôle des industries clés par l'État. Estimant que l'agriculture et les exportations présentaient un potentiel limité, les gouvernements indiens ont pénalisé le secteur agricole en faussant les termes de l'échange et en mettant l'accent sur le remplacement des importations. En outre, ils jugeaient l'enseignement technique d'une importance vitale pour l'industrialisation du pays.

L'époque du « garibi hatao », 1966–77. Sous la houlette du premier ministre Indira Gandhi, deux changements majeurs se produisirent. Tout d'abord, l'État intervint en subventionnant l'utilisation de semences et d'engrais nouveaux, le crédit agricole et l'électrification des zones rurales, marquant ainsi la fin du désintérêt dont l'agriculture était l'objet. La révolution verte était lancée et, au milieu des années 70, la production céréalière suffisait aux besoins du pays. Le second changement vit l'État accentuer son emprise sur tous les rouages de l'économie. Avec pour mot d'ordre *garibi hatao* (abolir la pauvreté), on nationalisa les banques, on soumit le commerce à des restrictions de plus en plus nombreuses, on imposa le contrôle des prix pour une large gamme de produits et on freina l'investissement étranger. La mainmise de l'État sur l'économie était devenue totale. Et pourtant, la croissance du produit intérieur brut (PIB) ne s'accéléra pas, se maintenant à 3,5 % par an pendant cette période.

L'envolée des dépenses et le creusement du déficit budgétaire, 1977–91. La période comprise entre 1977 et 1991 fut marquée par un assouplissement progressif de la plupart des réglementations contraignantes auxquelles étaient soumises les importations et les licences industrielles, ce qui eut pour effet de stimuler la croissance de l'industrie. Le gouvernement multiplia les interventions de lutte contre la pauvreté, sous la forme, en particulier, de chantiers d'emploi rural, mais seule une petite partie du flux croissant de subventions parvenait réellement à ses destinataires. Du fait de la concurrence entre partis politiques, ces subventions augmentaient au fil des élections. Cette situation se traduisit par un important déficit budgétaire (8,4 % du PIB en 1985) qui contribua à l'aggravation du déficit des transactions courantes. Quand, au milieu de l'année 1991, un nouveau gouvernement, dirigé par Narasimha Rao, prit les rênes du pouvoir, les réserves de change de l'Inde étaient pratiquement épuisées.

La phase des réformes, de 1991 à aujourd'hui. En raison de l'alourdissement des intérêts de la dette extérieure du pays, ni l'administration centrale ni celle des États ne pouvaient continuer à financer à la fois les subventions et un investissement public massif. La balance ayant penché en faveur des premières, le pays se mit à courtiser les investisseurs privés et étrangers. Ainsi, ce sont les risques de faillite qui ont engagé le gouvernement sur la voie d'une réforme et amené l'État à troquer son rôle de principal investisseur contre celui de catalyseur de l'esprit d'entreprise. On espérait que ce changement libérerait des ressources publiques qui pourraient être consacrées à un accroissement des dépenses sociales mais, dans la pratique, l'étau budgétaire n'a guère permis de donner suite à ces plans.

Le gouvernement Rao leva la majeure partie des contraintes du régime de licences industrielles et d'importations, dévalua la roupie, réduisit très fortement les tarifs douaniers sur les importations, libéralisa le secteur financier et l'investissement étranger et autorisa l'investissement privé dans des domaines jusque-là réservés à l'État. Le nouveau gouvernement de coalition qui est arrivé au pouvoir en 1996 a, d'une manière générale, repris ces réformes à son compte. Des dispositions très positives ont d'ailleurs été prises en ce sens dans le budget de 1997.

Ainsi, l'ancien consensus national qui s'était formé autour du socialisme a, en l'espace de quelques années, cédé la place à une nouvelle unité de vues sur la libéralisation. Mais la tâche reste immense. La plupart des partis s'accordent à reconnaître la nécessité des réformes, mais aucun ne se montre pressé de réduire les sureffectifs, de fermer les usines qui ne sont plus viables ou de réduire les subventions. Ces réformes sont un pas dans la bonne direction, mais l'Inde devra les élargir et les accélérer si elle veut rattraper les dragons d'Asie de l'Est.

Encadré 1.4 Justification économique des interventions de l'État et quelques définitions

L'échec des mécanismes du marché et le souci d'équité fournissent la justification économique d'une intervention de l'État. Mais rien ne garantit qu'une telle intervention profite à la société. Les défaillances des gouvernements peuvent être aussi fréquentes que celles du marché. Il s'agit de faire en sorte que le processus politique et les structures institutionnelles génèrent les incitations qui permettront aux interventions de l'État de réellement améliorer la protection sociale.

Il y a *défaillance du marché* quand une économie de marché n'assure pas une répartition efficace des ressources. Les origines des dysfonctionnements et les degrés de déficience sont multiples. C'est pourquoi le rôle de l'État et la forme des interventions publiques peuvent beaucoup varier selon les cas.

Les *biens publics* sont des biens qui présentent la double caractéristique de *non-rivalité* (la consommation qu'en fait un usager ne réduit pas leur disponibilité pour les autres) et de *non-exclusion* (on ne peut empêcher ceux qui le veulent de les consommer). De ce fait, il est impossible de rendre leur consommation payante et c'est pourquoi la fourniture de ce type de biens ne peut attirer des fournisseurs privés. Les biens publics nationaux, comme la défense, profitent à tout un pays ; les biens publics locaux, tels que les chemins ruraux, profitent à un territoire moins étendu. Les *biens privés* sont des biens qui partagent la double caractéristique de rivalité et d'exclusion ; les *biens communs* sont des biens qui présentent un caractère de non-exclusion mais qui présentent un caractère de rivalité (comme l'irrigation utilisant les eaux souterraines), alors que les *biens dits de club* sont ceux qui ont les caractéristiques inverses (comme les autoroutes interurbaines et les routes à péage).

On parle d'*externalités* lorsqu'un agent économique procure, par son activité, un avantage ou un dommage à autrui, sans compensation monétaire. La pollution est un exemple de *déséconomie externe* : elle impose à la société des coûts, sans contrepartie ; l'avantage que représente, pour la société, une population sachant lire, écrire et compter constitue une *économie externe* due à l'enseignement primaire. L'État peut réprimer les externalités négatives et favoriser les externalités positives par la réglementation, l'impôt, les subventions, ou encore en se faisant lui-même prestataire.

Il y a *monopole naturel* quand le coût unitaire de la fourniture d'un bien ou d'un service à un usager additionnel diminue, réduisant ou supprimant ainsi les possibilités de concurrence. Mais, s'il peut opérer librement, le détenteur du monopole d'un bien ou service peut en réduire la production de façon à en faire monter le prix et à augmenter ses bénéfices. Les pouvoirs publics ont cherché à résoudre ce problème en réglementant les monopoles privés ou en devenant eux-mêmes fournisseurs de ce bien ou service. L'évolution des technologies permet aujourd'hui le jeu de la concurrence pour des services considérés jusqu'ici comme des monopoles naturels, tels que les télécommunications et la production d'énergie.

Les *marchés incomplets* et l'*information imparfaite* ou *asymétrique* sont des problèmes qui se posent constamment et qui peuvent fausser le jeu des marchés. Ceux-ci sont dits incomplets chaque fois qu'ils ne réussissent pas à assurer la fourniture d'un bien ou d'un service même quand le coût en serait inférieur à ce que les gens sont disposés à payer. Une information incomplète de la part du consommateur peut conduire à une sous-évaluation systématique de certains services, comme l'enseignement primaire ou les soins de santé préventifs. Une asymétrie d'information — quand le prestataire en sait plus que le consommateur, ou vice versa — peut conduire à une demande excessive, ou à une demande induite par le prestataire, comme dans le cas des soins médicaux. Les problèmes d'antisélection et d'aléa de moralité peuvent entraîner la défaillance des marchés de l'assurance. Il y a *antisélection* quand l'acheteur d'un service tend à imposer au prestataire un coût supérieur à la moyenne ou lorsque le prestataire a la possibilité d'exclure un client trop coûteux. L'assurance maladie en donne un exemple : les personnes plus susceptibles de devoir se faire soigner sont celles qui sont plus susceptibles de contracter une assurance et de se la voir refuser. L'*aléa de moralité* correspond à une situation où l'assuré trouve avantage à provoquer ou à laisser se produire le risque contre lequel il a pris une garantie. C'est, par exemple, la tendance de l'assuré à chercher à recevoir davantage de soins que nécessaire, et celle du prestataire à les fournir, lorsqu'une tierce partie — l'assureur — en supporte en grande partie le coût. Les gouvernements se sont efforcés de remédier à ce problème en généralisant la couverture médicale de la population et en s'employant à contenir les coûts. Ils l'ont fait soit en réglementant l'assurance privée, soit en finançant ou en rendant obligatoire l'assurance sociale, soit encore en se faisant eux-mêmes prestataires de soins de santé.

L'État peut intervenir au nom de l'*équité*, indépendamment d'un dysfonctionnement du marché. En effet, dans une situation de concurrence, les revenus peuvent être distribués d'une manière socialement inacceptable. Des personnes possédant peu de biens peuvent ne pas avoir accès à des ressources suffisantes pour s'assurer un niveau de vie acceptable. Une action des pouvoirs publics peut alors être nécessaire pour les protéger.

secteur des infrastructures, les nouvelles technologies permettent aujourd'hui le jeu de la concurrence dans le domaine des télécommunications et de la production d'électricité. Et, parmi les exemples de développement les plus réussis que nous offre l'histoire récente et plus ancienne, beaucoup ont vu l'État s'associer au marché pour en corriger les défaillances, non pour s'y substituer.

L'équité sociale reste aussi au coeur des préoccupations de l'État. Toutefois, on constate, aujourd'hui, surtout en Asie de l'Est, qu'il n'y a pas obligatoirement à choisir entre croissance et équité, comme on le pensait autrefois. En effet, la mise en oeuvre de politiques d'éducation de base et de santé bien conçues peut faire reculer la pauvreté et favoriser l'équité, tout en encourageant la croissance économique. Négliger ces fondements sociaux du développement peut avoir des conséquences désastreuses. Mais ce n'est pas parce qu'il y a échec des mécanismes du marché, et qu'il existe d'autres problèmes d'inégalité et d'insécurité sur le plan social, que seul l'État peut — ou doit — intervenir. Le pouvoir de contraindre que détient l'État sur son territoire est une arme exceptionnelle, mais à double tranchant, pour rechercher des solutions à ces problèmes. Cette ambivalence doit toujours être présente à l'esprit des gouvernants lorsqu'il s'agit de décider de l'opportunité d'une intervention et de la forme à lui donner.

Le pouvoir de lever l'impôt, d'interdire, de punir et d'exiger la participation d'autrui donne à l'État des atouts incomparables. Le pouvoir de soumettre à l'impôt lui permet de financer les biens publics qu'il fournit. Celui d'interdire et de punir lui permet de protéger les personnes et les biens. Enfin, celui de faire participer lui permet de réduire au minimum le nombre de « profiteurs » en leur faisant supporter leur part du coût des biens publics fournis. Ce même pouvoir peut, pour ne prendre que deux exemples, contribuer à une mutualisation du risque dans le domaine des assurances ou inciter à la réalisation d'investissements privés mutuellement complémentaires.

Mais, en même temps, l'État se trouve confronté à des impératifs particuliers : préciser le sens de sa mission et veiller à ce que ses serviteurs concourent à la réalisation des objectifs définis. D'une part, en effet, même si les élections et les autres mécanismes politiques jouent un rôle de trait d'union entre les citoyens et l'État, les mandats donnés par le peuple peuvent demeurer vagues — et de puissants groupes de défense d'intérêts catégoriels s'efforcent continuellement d'orienter l'action des pouvoirs publics dans un sens qui leur est favorable. D'autre part, beaucoup des activités dont l'État a la charge, comme l'enseignement primaire, la protection de l'environnement et la prévention des maladies, concernent des domaines qui se prêtent mal au suivi des résultats obtenus. Il peut être, de ce fait, difficile de fixer des critères de performance ou de mettre en place d'autres mécanismes de contrôle. Ces deux situations peuvent conduire à doter les administrations publiques d'énormes pouvoirs discrétionnaires. Quand cela arrive, les agents de l'État, à tous les niveaux, s'attachent parfois davantage à agir dans leur propre intérêt qu'à servir celui du pays. La République d'Haïti de l'époque des Duvalier montre de manière frappante jusqu'où peuvent mener des pouvoirs discrétionnaires dans la sphère publique lorsque ceux-ci sont mis au service de fins personnelles, et non du bien commun.

Dans beaucoup de pays, le secteur associatif est intervenu pour tenter de fournir certains biens et services collectifs que la défaillance des marchés ou celle des pouvoirs publics ne permettait pas d'assurer. Il apporte avec lui ce qui fait sa force, mais aussi sa faiblesse. Il fait incontestablement oeuvre utile en sensibilisant davantage le public, en lui donnant voix au chapitre et en assurant la fourniture de certains services. D'ailleurs, parce qu'elles sont proches des préoccupations des populations locales, les organisations d'entraide sont parfois les prestataires de biens et services publics les mieux placés pour intervenir. Toutefois, ces organisations sont souvent davantage au service de groupes, définis selon des critères ethniques ou religieux, que de l'ensemble de la société, elles sont rarement tenues de rendre compte de leur action et ont fréquemment des ressources limitées. Il reviendra donc à l'État de tirer parti des forces respectives du secteur privé et du bénévolat, tout en tenant compte de sa propre capacité institutionnelle et en s'employant à la développer.

La synthèse de toutes ces considérations trouve son expression dans une stratégie à deux volets qu'il faudra appliquer pour rendre l'État mieux à même d'améliorer les conditions de vie sur le plan économique et social. Il s'agira, dans un premier temps, d'adapter le rôle de l'État à la capacité d'action dont il dispose, c'est-à-dire d'établir les règles et normes institutionnelles qui lui permettront de fournir efficacement les biens et services collectifs. Il s'agira ensuite de renforcer cette capacité d'action au moyen de la réglementation, du partenariat, de la compétition interne et de l'ouverture à la concurrence.

Adapter le rôle de l'État à sa capacité d'action : ce que fait l'État et comment il le fait

La deuxième partie du Rapport analyse le premier volet de cette stratégie qui consiste à adapter le rôle de l'État à sa capacité d'action, afin de faire une utilisation plus efficace et plus rationnelle des ressources publiques. On y montrera comment l'État peut procéder pour jeter les bases du développement, surtout dans les pays où la capacité d'action est faible (chapitre 3). Le chapitre 4 traite de fonctions plus exigeantes pour l'État, comme la réglementation et la politique industrielle, et montre combien il est important de faire concorder rôle et capacité pour rendre l'État plus efficace. Le tableau 1.1 présente un cadre qui facilitera la

Tableau 1.1 Fonctions de l'État

	Pour remédier aux dysfonctionnements des marchés			Pour assurer l'équité sociale
Fonctions minimales	*Fournir des biens publics purs :* Défense, Ordre public, Protection de la propriété, Stabilité macroéconomique, Santé publique			*Protéger les pauvres :* Programmes de lutte contre la pauvreté, Secours aux sinistrés
Fonctions intermédiaires	*Se soucier des externalités :* Éducation de base, Protection de l'environnement	*Réglementer les monopoles :* Réglementation des services d'intérêt public, Politique antitrust	*Combler les lacunes de l'information :* Assurance (santé, vie, retraites), Réglementations financières, Protection du consommateur	*Fournir une assurance sociale :* Retraites par redistribution, Allocations familiales, Assurance chômage
Fonctions de type interventionniste	*Coordonner les activités du secteur privé :* Promotion du marché, Renforcement des filières			*Assurer une redistribution :* Redistribution des actifs

réflexion sur ces questions. L'État y voit ses fonctions classées selon une gradation qui va des activités qui ne verraient jamais le jour s'il était absent à des activités dans lesquelles il intervient en coordonnant les marchés ou en redistribuant les actifs. On peut en tirer les conclusions suivantes :

- Les pays où la capacité d'action de l'État est faible doivent se préoccuper d'abord de l'essentiel, c'est-à-dire de la fourniture de biens publics purs, comme la protection de la propriété, la stabilité macroéconomique, la lutte contre les maladies infectieuses, la salubrité de l'eau, les routes et la protection des indigents. Dans beaucoup de pays, l'État n'assure même pas ces services. Les réformes récentes ont mis l'accent sur les « fondamentaux » de l'économie. Mais la solidité des bases sociales et institutionnelles (y compris juridiques) est tout aussi importante pour éviter la fracture sociale et assurer un développement durable.
- On entre ensuite dans la catégorie des fonctions intermédiaires, qui correspondent à des activités telles que la gestion des externalités (la pollution, par exemple), la réglementation des monopoles et l'assurance sociale (retraites, allocations de chômage). Ici non plus, la question n'est pas de savoir si l'État doit intervenir, mais comment il peut le faire dans les meilleures conditions, notamment sous la forme de partenariats faisant appel au marché et à la société civile pour que ces services collectifs soient effectivement assurés.
- Les États dotés d'une grande capacité d'action peuvent également assurer des fonctions d'une nature plus interventionniste en s'attaquant, par exemple, au problème de l'absence de certains marchés par une meilleure coordination. Ce que font les pays d'Asie de l'Est provoque un regain d'intérêt pour le rôle de l'État dans la promotion des marchés au moyen d'une politique industrielle et financière volontariste.

Faire concorder rôle et capacité, ce n'est pas seulement voir *ce que* l'État doit faire mais aussi *comment* il doit procéder. Repenser l'État, cela veut dire aussi développer les moyens existants ou en rechercher d'autres pour rendre son action plus efficace. Par exemple :

- Dans la plupart des économies modernes, la mission de contrôle et de réglementation de l'État est aujourd'hui plus vaste et plus complexe que jamais, s'étendant à des domaines nouveaux, tels que l'environnement et le secteur financier, et continuant à porter sur d'autres, plus traditionnels, comme les monopoles. La réglementation doit être conçue en fonction tant des moyens des organismes publics chargés de son application que de la complexité des marchés, et elle doit davantage mettre l'accent sur la responsabilité personnelle.
- Si l'État conserve un rôle clé dans la fourniture des services de base (éducation, santé, infrastructure), rien ne prouve qu'il doit forcément les assurer seul ou même

avec d'autres. En matière de prestation, de financement et de réglementation de ces services, il doit faire des choix fondés sur les forces relatives du marché, de la société civile et des organismes publics.

- Dans la protection des plus vulnérables, les pays doivent faire une distinction plus nette entre « *assurance* » et « *aide* ». L'assurance, contre le chômage conjoncturel, par exemple, vise à atténuer les variations de revenu des ménages tout au long des inévitables aléas d'une économie de marché. L'aide sociale, sous forme de programmes de rémunération alimentaire du travail ou de subvention du prix du pain, par exemple, vise à fournir une assistance minimum aux plus démunis.

Revivifier l'appareil d'État

Retonifier l'État, c'est le second volet, tout aussi crucial, de la stratégie de réforme. La troisième partie du Rapport lui est consacrée. Le thème qui y est développé est qu'une amélioration de cette nature passe nécessairement par une modification des facteurs qui influent sur le comportement de l'État et des institutions. Améliorer la capacité d'action n'est pas chose facile. Les modestes succès, et les nombreux échecs, enregistrés par l'assistance technique au cours des dernières décennies montrent à quel point le problème est autant affaire de changement de motivations que de formation et de ressources. Il s'agit essentiellement de trouver des règles et des normes qui incitent les organismes publics et les agents de l'État à agir pour le bien commun, tout en limitant l'arbitraire. À cette fin, les moyens suivants pourront être utilisés :

- *Règles et garde-fous.* L'existence de mécanismes permettant de faire prévaloir le droit — l'indépendance de la justice en est un — est une condition préalable à tout développement durable. Accompagnés d'une bonne séparation des pouvoirs et de la présence d'organismes de contrôle, ces mécanismes permettent aussi de limiter l'arbitraire.
- *Pression de la concurrence.* La compétition peut être interne à la fonction publique par un recrutement fondé sur le mérite. La concurrence peut aussi être le fait du secteur privé national, en permettant la sous-traitance et en autorisant les entreprises à disputer le marché de certains services aux administrations publiques. Enfin, elle peut venir des marchés internationaux, à travers les échanges commerciaux et le poids des obligations sur les décisions d'ordre budgétaire.
- *Consultation et partenariat.* Dans une société moderne, l'ouverture et la transparence peuvent être obtenues par des moyens multiples et variés : chambres de commerce et d'industrie, groupes interactifs et associations de consommateurs, pour n'en citer que quelques-uns. Une institutionnalisation des relations de travail avec les groupes de proximité peut aider à rendre l'action de l'État plus efficace en faisant participer davantage les citoyens à la formulation des politiques gouvernementales. Quant aux partenariats entre différents niveaux d'administrations et avec des organisations internationales, ils peuvent faciliter la fourniture des biens publics à l'échelle locale et mondiale.

Ces trois aspects sont au coeur de la troisième partie du Rapport, qui commence par examiner les éléments constituant la clé de voûte d'un secteur public plus efficace (chapitre 5). L'accent y est mis sur les règles et les formes de concurrence propres à renforcer les trois grands piliers que sont l'élaboration des politiques, la prestation des services et la fonction publique, âme du secteur public. Mais, pour que l'État gagne en crédibilité — et donc en capacité — aux yeux des citoyens, l'histoire nous apprend qu'il faut trouver les moyens d'empêcher l'arbitraire. Ces questions font l'objet du chapitre 6, qui analyse le système constitutionnel de contre-pouvoirs dans la structure de l'État ainsi que les meilleurs moyens de lutter contre l'arbitraire et la corruption.

Cette stratégie à double volet se complète d'une troisième dimension. Il s'agit de l'action à entreprendre pour rendre l'appareil d'État plus ouvert et plus réceptif. En effet, un État distant, impérieux et opaque risque bien plus de sombrer dans la spirale de l'arbitraire et de l'effort stérile. Le chapitre 7 considère les avantages d'un État plus proche de ses administrés et d'un plus grand rôle des citoyens dans l'élaboration et la mise en oeuvre des politiques publiques. On y montrera comment la décentralisation, c'est-à-dire le transfert de compétences et de ressources aux collectivités locales, peut y contribuer lorsqu'elle est bien menée. Enfin, le chapitre 8 vient rappeler que, de plus en plus, la conduite d'une action commune oblige à regarder par-delà les frontières. On y verra comment les pays peuvent et doivent coopérer pour répondre à des besoins qui, bien qu'apparus au niveau national, ne peuvent être satisfaits qu'au plan international.

La stratégie à suivre : engager des réformes et en maintenir le cap

Parler d'une stratégie à deux volets pour rendre l'État plus efficace est une chose, l'appliquer en est une autre. Ce qui rend difficile la tâche des réformateurs, ce n'est pas seulement qu'il leur faudra élaborer de bonnes réformes, mais aussi qu'il leur faudra combattre la sourde opposition de tous ceux qui, par intérêt personnel, sont profondément attachés au maintien du statu quo. L'adaptation du rôle de l'État à sa capacité d'action conduira à lui retirer quelques-unes de ses fonctions, dont certaines profitent à des « amis » puissants. Puis, lorsqu'il s'agira de renforcer cette capacité — second volet de la stratégie de réforme —, on aura tôt fait de constater que beaucoup ont intérêt à ce que l'État reste faible. Cela étant, les gouvernants ne manqueront pas de bonnes raisons pour entreprendre des réformes si d'importantes fractions de l'électorat doivent au total y gagner. Une crise ou une menace extérieure crée parfois des conditions propices, et de bons dirigeants politiques savent montrer beaucoup d'adresse pour élaborer des stratégies qui permettront de dégager un consensus ou d'indemniser les perdants.

Comment ouvrir la voie à une réforme durable de l'État : c'est la question à laquelle la quatrième partie du Rapport tente de répondre (chapitre 9). On y constatera que des obstacles d'ordre essentiellement politique et institutionnel sont au coeur du problème. C'est dire qu'une refonte des institutions risque d'être une entreprise de longue haleine. Mais des occasions de réforme se présenteront, ou pourront être suscitées, et il faudra savoir les saisir. Enfin, le chapitre 10 montre ce que sont, pour chaque région en développement, les perspectives de changement et les réformes à entreprendre. La route sera difficile et devra épouser le terrain, mais la faillite de l'État crée une situation critique qui fait mieux mesurer les risques du statu quo.

CHAPITRE 2

RECENTRER L'ÉTAT SUR L'EFFICACITÉ DE L'ACTION PUBLIQUE

Les hommes sont impuissants pour assurer l'avenir ; les institutions seules fixent les destinées des peuples.

Napoléon Ier, *Séance impériale* du 7 juin 1815

IL Y A 50 ANS, LA DEUXIÈME GUERRE MONDIALE AVAIT PRIS fin et la reconstruction était en cours dans une grande partie de l'Europe, en Union soviétique et au Japon. Beaucoup de pays en développement commençaient à se libérer du colonialisme et l'avenir semblait riche de promesses. Les difficultés du développement économique n'en étaient pas encore à nous obséder. Améliorer la vie des gens semblait être un objectif si aisé à atteindre : il suffirait d'y appliquer les idées, les compétences techniques et les ressources qu'il fallait. Et c'est bien ce qui s'est produit — dans certains cas. Mais, dans d'autres, les progrès ont été minces. Cinq décennies d'efforts n'ont pas mis fin aux énormes disparités de qualité de vie qui existent encore dans le monde. Tant s'en faut, car, à certains égards, l'écart entre riches et pauvres s'est encore creusé.

Les explications qui ont été données de ces énormes différences de niveau de vie ont changé au fil des ans. On a, pendant des siècles, considéré qu'il ne pouvait pas y avoir développement sans accès à des ressources naturelles, essentiellement sous forme de terres et de minéraux. Une grande partie de l'Afrique, de l'Asie et de l'Amérique a été colonisée pour acquérir ces ressources, et les pays se sont livré des guerres pour cela. Puis on en est venu progressivement à penser que le capital physique — machines et équipement — représentait la clé du développement. Le terme « industrialisé » est devenu synonyme de « développé ». Mais, vers le milieu de notre siècle, les théoriciens de l'économie se sont rendu compte que même cette explication était trop simpliste. Au coeur des machines et des équipements, il y avait la technologie, c'est-à-dire du savoir et des idées. Mais personne ne pouvait expliquer simplement pourquoi la technologie s'est mieux développée, et plus vite, dans certaines parties du monde que dans d'autres.

On s'est depuis lors beaucoup penché sur d'autres facteurs, comme le capital humain, pour essayer de trouver une solution à l'énigme. L'investissement dans les ressources humaines est générateur de savoir et d'idées, et il accélère le rythme auquel les connaissances sont absorbées, diffusées et utilisées. Depuis les années 80, l'attention s'est portée sur le rôle des politiques suivies pour expliquer pourquoi les pays accumulent du capital humain et physique à des rythmes différents. Et cela a conduit à s'intéresser à la qualité des institutions. Des questions nouvelles, plus complexes, se sont posées. Quels sont les mécanismes institutionnels les plus favorables au bon fonctionnement des marchés ? Quel est le rôle de l'État, à la fois comme intervenant direct (principalement comme prestataire de services) et comme concepteur du cadre institutionnel dans lequel fonctionnent les marchés ? Comment politiques et institutions interagissent-elles dans le développement ?

Il est essentiel de pouvoir répondre à ces questions pour comprendre les causes profondes des différences de résultats de l'effort de développement — et pour savoir pourquoi l'impact des réformes économiques varie souvent tellement d'un pays à l'autre. Cela explique en partie, par exemple, pourquoi l'investissement et l'activité économique ont connu une reprise plus forte en Pologne qu'en Russie à la suite du passage de ces pays à l'économie de marché. Cela aide aussi à comprendre pourquoi, dans beaucoup de pays d'Afrique et d'Amérique latine, l'amélioration de la qualité de vie n'est pas à la mesure des promesses faites à l'époque où ils s'engageaient, il y a dix ans, sur la voie des réformes économiques.

L'adoption de mécanismes institutionnels qui rendent possible l'essor des marchés dépend pour beaucoup de l'État. C'est non seulement lui qui est l'arbitre du jeu, mais c'est encore lui qui, par sa propre activité économique, crée les conditions dans lesquelles devront opérer le secteur privé et le reste de l'économie. Pour le meilleur comme pour le pire, c'est lui qui donne le ton.

Le présent chapitre vise à démontrer, de façon empirique, qu'il faut recentrer notre réflexion sur la qualité des institutions et la capacité d'action de l'État — qu'il faut mettre les institutions au coeur de notre dialogue sur le développement. Trois séries d'observations récentes y concourent :

- Tout d'abord, l'analyse des données temporelles individuelles qui a été faite pour le présent Rapport. Ces données, qui portent sur 30 ans et 94 pays industriels et pays en développement, montrent que la politique suivie et la capacité des institutions influent directement sur la croissance économique et les autres indicateurs de la qualité de vie, comme la mortalité infantile.
- Ensuite, pour aller plus loin, une enquête a été réalisée, spécialement aux fins du présent Rapport, auprès de plus de 3 600 entreprises nationales dans 69 pays (y compris les établissements locaux affiliés à des sociétés internationales). Ses résultats confirment pleinement que la capacité institutionnelle a un impact majeur sur la croissance et l'investissement.
- Enfin, à partir des résultats de cette enquête, on a cherché à montrer comment la capacité des institutions agit non seulement sur le cadre d'activité économique, mais aussi sur le contexte général du développement d'un pays. Nous montrons ainsi que ces différences de capacité expliquent, pour une bonne part, pourquoi les taux de rentabilité des projets de développement varient d'un pays à l'autre.

L'État, les institutions et le comportement de l'économie

Que fait l'État ? En premier lieu, il met en place les textes législatifs et réglementaires qui font partie intégrante du cadre institutionnel d'un pays (figure 2.1). Avec les usages, ces règles sont les normes qui arbitrent les comportements humains. Mais l'État ne se contente pas d'édicter et de faire respecter les règles ; il est aussi un acteur, et souvent un acteur majeur, du jeu économique. Chaque jour, des organismes publics investissent des ressources, orientent le crédit, passent des marchés de biens et de services et négocient

Figure 2.1 L'État, les institutions et le comportement de l'économie

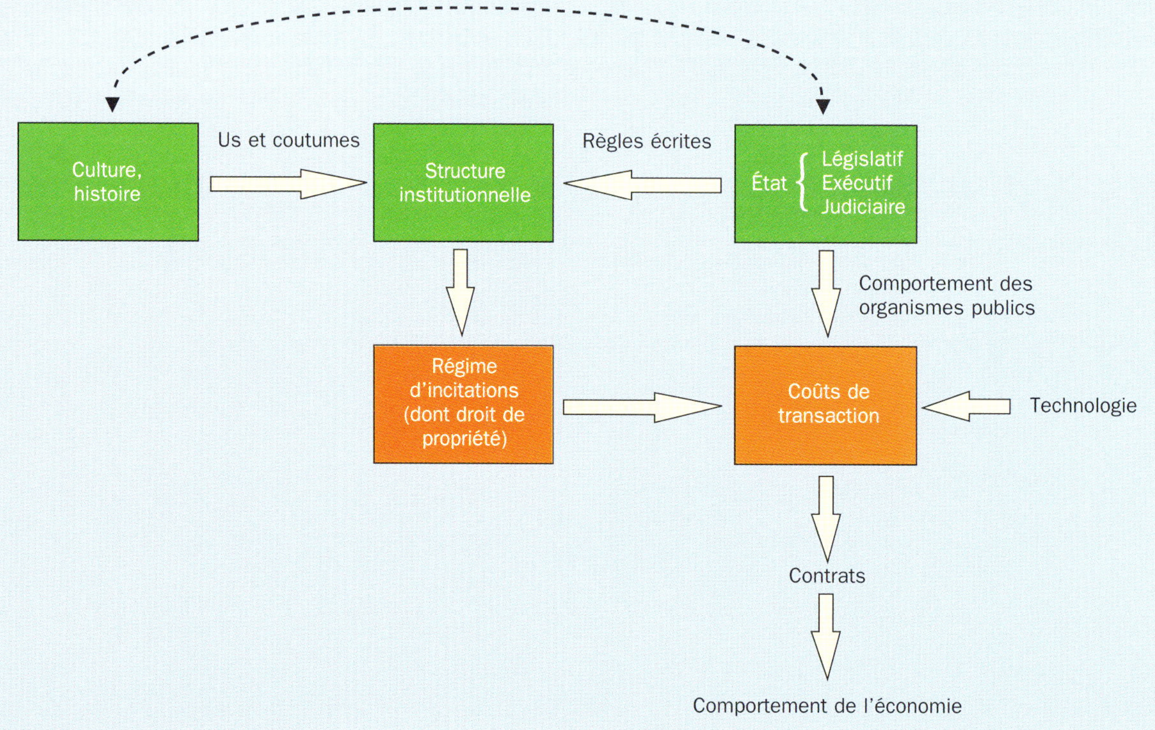

des contrats, toutes choses qui influent profondément sur le coût des transactions ainsi que sur le comportement de l'économie, en particulier dans les pays en développement. Bien menées, les activités de l'État peuvent accélérer le développement. Mal menées, ce sera la stagnation ou, dans les cas extrêmes, la déliquescence économique et sociale. L'État se trouve donc dans la situation singulière d'avoir à établir, par un processus social et politique, les règles qui seront applicables à tous, à commencer par lui.

Il n'est pas difficile de trouver des exemples du pouvoir dont dispose la puissance publique pour améliorer les conditions de vie de chacun. Depuis les réseaux de distribution et d'évacuation des eaux de la Rome antique jusqu'à l'éradication de la variole au cours de ce siècle, on ne compte plus le nombre de succès remportés par l'État dans le domaine de la santé et de la salubrité publiques. Et, depuis longtemps, l'État contribue à des progrès décisifs sur le front du développement en pourvoyant aux besoins d'infrastructure, de sécurité et de stabilité macroéconomique des pays. L'Internet n'est que la plus récente d'une longue lignée de remarquables avancées scientifiques et techniques rendues possibles par l'apport d'une aide opportune et substantielle des pouvoirs publics (encadré 2.1).

Plusieurs siècles d'histoire nous apprennent que l'État peut promouvoir le développement de plusieurs manières :

- En créant un cadre macroéconomique et microéconomique qui incite à l'efficience ;

Encadré 2.1 La création de l'Internet : un exemple contemporain d'une interaction réussie entre les secteurs public et privé

Le précurseur de ce que nous appelons aujourd'hui l'Internet a été lancé en 1969 aux États-Unis. Alors baptisé ARPAnet, le réseau se composait, en tout et pour tout, de quatre ordinateurs interconnectés. Et pourtant, vers le milieu de l'année 1996, l'Internet était accessible dans 174 pays et sur les cinq continents, reliant entre eux près de 13 millions de systèmes informatiques hôtes, chiffre qui pourrait bien atteindre les 100 millions d'ici à l'an 2000.

ARPAnet devait son existence au coût élevé des recherches menées dans les années 60 en matière de défense. Sa mission initiale était de relier entre eux des ordinateurs d'État dispersés un peu partout et d'éviter ainsi la multiplication de ressources informatiques alors très coûteuses. En 1968, le Département américain de la défense invita 140 sociétés privées à lui soumettre des propositions concernant la conception et la mise en place des quatre premières zones d'échange de traitement de messages, ou routeurs. Une fois ces unités en place, des contrats publics passés avec les grandes universités conduisirent alors à la mise au point de l'ensemble crucial de protocoles capables d'interconnecter divers réseaux informatiques. Ce sont ces protocoles qui ont rendu possible la création d'Internet.

À ce soutien financier de source publique sont venus s'ajouter les liens de partenariat noués, sous l'impulsion de la Fondation nationale des sciences (NSF), avec les universités, les entreprises et l'État. Au début, ce partenariat a permis de commencer à interconnecter les départements d'informatique des universités, mais son influence n'a pas tardé à s'étendre. En 1990, NSFnet a remplacé ARPAnet. Outre le précieux concours financier qu'elle apportait à la mise en place d'une infrastructure dorsale de transmission à grande vitesse, la NSF a engagé des fonds pour encourager les universités à former des réseaux régionaux qui viendraient alimenter le système. Il était toutefois précisé que ces réseaux devraient devenir autonomes sur le plan financier.

La participation du secteur privé s'est progressivement renforcée. La NSF a encouragé les entreprises de messagerie électronique à se connecter à l'Internet. Des sociétés se sont également mises à créer leur propre infrastructure dorsale, et le nombre de celles qui assurent un accès à l'Internet s'est multiplié. Ces tendances se sont accélérées avec la création et la croissance rapide du segment multimédia de l'Internet — le World Wide Web. Mis au point en Suisse dans les laboratoires du Centre européen de recherche nucléaire, autre organisme à financement public, le Web a su attirer les élites des universités et du secteur privé, d'où une nouvelle explosion du nombre des sites : de 130 en juillet 1993, il dépassait les 230 000 en juin 1996.

En 1995, NSFnet a fait place à un système entièrement commercial. Les grandes compagnies de téléphone proposent maintenant à leurs clients non seulement une infrastructure dorsale, mais aussi un accès à l'Internet. Les sociétés de télévision par câble et par satellite font également leur apparition sur ce marché. Le secteur public participe encore à certaines recherches de pointe, mais il se concentre maintenant surtout sur des questions telles que l'équité d'accès au réseau (par exemple, par l'institution de règles de tarification), la liberté d'expression, la protection contre la fraude et la protection de la vie privée.

- En mettant en place l'infrastructure institutionnelle — droit de propriété, paix, ordre public et réglementation — qui encourage les investissements efficaces et à long terme ;
- En prenant les dispositions nécessaires à la fourniture des services de santé et d'éducation de base, en veillant à la mise en place de l'infrastructure nécessaire à l'activité économique et en protégeant l'environnement.

Mais l'histoire nous enseigne aussi que l'État peut avoir une action très nocive :

- Si elles sont inadéquates, les règles applicables peuvent avoir un effet dissuasif sur la formation de richesse. Ainsi, l'État peut pénaliser la richesse privée en faussant les prix — par une surévaluation de la monnaie, par exemple, ou par la création d'offices de commercialisation des produits agricoles qui taxent la production sans réelle contrepartie.
- Même lorsque les règles sont intrinsèquement bonnes, les administrations — et leurs employés — peuvent parfois les appliquer de façon préjudiciable. Cela pourra induire, par exemple, un coût de transaction très élevé qui devra être supporté, sous forme de formalités administratives et de pots-de-vin, par ceux qui souhaitent créer ou restructurer une entreprise.
- Mais c'est en suscitant l'incertitude que l'État peut probablement causer le plus de tort. S'il ne cesse de changer les règles, ou s'il ne précise pas le sens de celles sur lesquelles il réglera lui-même sa conduite, les entreprises et les particuliers ne pourront pas savoir si ce qui est profitable et légal aujourd'hui le sera encore demain. Ils chercheront à se prémunir contre un avenir incertain par des moyens coûteux, en passant dans le secteur de l'économie informelle, par exemple, ou en plaçant leurs capitaux à l'étranger, bref, en adoptant des comportements qui font obstacle au développement.

La croissance économique et l'État

Pour juger de l'impact énorme que peut avoir l'État sur le développement, il suffit de comparer les performances économiques contrastées des pays en développement d'Afrique subsaharienne et de ceux d'Asie de l'Est. En 1960, le revenu par habitant dans une grande partie de l'Asie de l'Est dépassait à peine celui de l'Afrique. Les dépenses publiques étaient d'un volume comparable, même si leur composition ne l'était pas, puisque les gouvernements africains consacraient déjà davantage de leurs ressources à la consommation, principalement à l'emploi public. Au milieu des années 90, les revenus, en Asie de l'Est, étaient cependant plus de cinq fois supérieurs à ce qu'ils étaient en Afrique. Et, rapportée au PIB, la consommation des administrations publiques africaines était montée en flèche au point de représenter une fois et demie celle de l'Asie de l'Est. Les raisons de ces disparités sont complexes, mais on estime généralement que le meilleur bilan de l'action de l'État en Asie de l'Est — les limites qu'il a su fixer à sa propre croissance, la qualité des politiques qu'il a adoptées et l'efficacité dont il a fait preuve dans la fourniture des services — a puissamment contribué à creuser l'écart enregistré dans la qualité de vie du citoyen moyen entre ces deux parties du monde (figure 2.2).

Pour juger de l'effet que les dimensions de l'État ont sur la croissance, il n'est pas inutile de faire une distinction entre la consommation publique et l'investissement public (encadré 2.2). Là où la première est très élevée, on a généralement constaté qu'elle freinait la croissance, agissant comme une taxe qui frapperait l'ensemble des citoyens,

Figure 2.2 L'efficacité de l'État explique en partie l'écart de revenu entre l'Asie de l'Est et l'Afrique

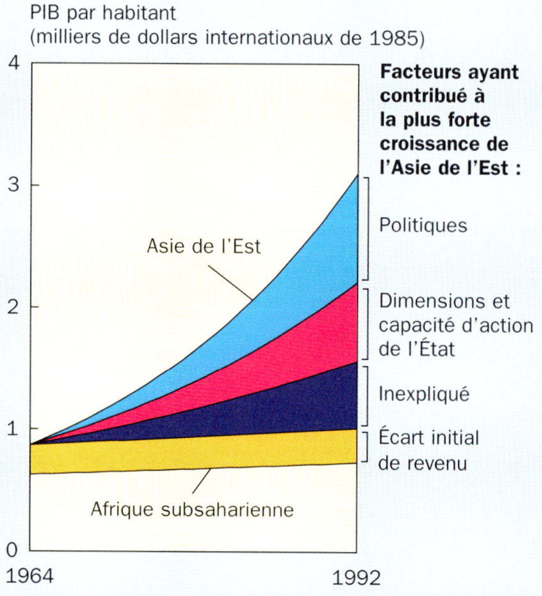

Note : Résultats obtenus au moyen d'une régression faisant intervenir des variables instrumentales pour la période 1964–93, après neutralisation des effets du revenu initial, de l'éducation et d'autres variables. Le facteur « politiques » comprend les effets de l'ouverture au commerce et à l'investissement, de l'absence de distorsions des prix, de la relative absence de prime de change du marché noir et des niveaux d'instruction et d'investissement élevés. Voir la Note technique. Source : Calculs des services de la Banque mondiale fondés sur des données contenues dans Commander, Davoodi et Lee, document de référence.

Encadré 2.2 L'État sous la toise : ses dimensions, ses politiques et son appareil administratif

Une mesure communément utilisée pour évaluer les dimensions de l'État consiste à rapporter les dépenses publiques à la dépense totale ou à la production globale de l'économie. Mais ces données sont généralement incomplètes, outre que la prise en compte des entreprises publiques manque singulièrement de précision dans beaucoup de pays en développement. Cette façon de faire tend aussi à laisser de côté d'importants postes de dépenses extrabudgétaires. Les dépenses de l'État lui-même peuvent être divisées en dépenses de consommation et dépenses d'investissement. La consommation de l'État — qui correspond essentiellement à la masse salariale de la fonction publique — donne une indication limitée, mais plus précise, de ce que ces dépenses font gagner aux consommateurs. On peut y inclure les transferts, comme les pensions de retraite ou d'invalidité, mais ceux-ci ne font que redistribuer les ressources. N'oublions pas non plus que le ratio nominal et le ratio réel des dépenses sont appelés à varier sensiblement avec le temps, ce qui ne simplifie pas les choses. Une autre façon de prendre les dimensions de l'État sans se heurter à ces problèmes est de retenir l'emploi public pour critère. Mais cette formule a ses inconvénients, car elle ne prend pas en compte l'évolution de la productivité des agents de l'État.

Parce qu'il s'agit principalement de voir comment la division de la production de biens entre secteur public et secteur privé influe sur la performance de l'économie, les résultats présentés dans le présent chapitre correspondent à des données relatives à la consommation réelle des administrations. Les chiffres disponibles sur l'investissement matériel sont également utilisés, mais ils n'existent habituellement que sous forme d'agrégats ne distinguant pas entre sources publique et privée. Pour faciliter les comparaisons d'un moment et d'un pays à l'autre, on exprime ces ratios en valeurs internationales ou en parités de pouvoir d'achat (PPA) — opération dont l'innocuité n'est pas totale, en particulier pour les pays à faible revenu où les éléments à fort coefficient de main-d'oeuvre occupent une large place dans la consommation des administrations publiques. Pour ces pays, l'utilisation de prix internationaux accroît substantiellement le ratio de consommation de l'État.

Pour obtenir un tableau plus complet de la présence de l'État dans l'économie, il faut aussi pouvoir rendre compte de ses interventions clés dans le domaine des politiques et des institutions. Nous mesurons l'évolution de l'orientation des politiques suivies par un État au moyen d'un indice qui est la résultante de trois indicateurs clés : l'ouverture de l'économie (la part des échanges dans le PIB), la surévaluation de la monnaie (le taux de change sur le marché noir) et l'écart entre prix locaux et prix internationaux. Enfin, nous essayons d'évaluer la qualité d'une composante essentielle de l'appareil d'État : les administrations. Cette évaluation est faite sur la base des réponses fournies par des investisseurs étrangers (on évalue, dans la prochaine section, les réponses des investisseurs locaux) lors d'une enquête qui portait essentiellement sur les formalités administratives entourant les transactions, sur le cadre réglementaire et sur la part des pressions politiques.

sans grande contrepartie. Par contre, certaines dépenses publiques d'investissement, notamment d'infrastructure, ont généralement un effet positif sur la croissance, en cela notamment qu'elles augmentent la rentabilité des opérations privées. Le tableau se complique du fait que certaines dépenses publiques de consommation, comme les salaires des enseignants ou les achats de médicaments, peuvent améliorer la qualité de vie et même accroître la productivité de l'investissement. Réduire la consommation de manière inconsidérée pour stimuler un investissement, non moins inconsidéré, n'est manifestement pas la réponse.

Mais même les instruments qui permettent de serrer au plus près les dimensions de l'État ne donnent qu'une vision partielle des choses. Comme on l'a vu plus haut, l'État joue aussi un rôle moteur dans la création du cadre institutionnel plus large dont dépendront les comportements, c'est-à-dire du régime d'incitations qui déterminera la réponse des agents économiques. Le bon fonctionnement du secteur privé dépendra directement de la fiabilité et de l'efficacité de règles et de normes telles que l'état de droit et la protection de la propriété. Il y a très peu de chances que ces effets positifs (ou négatifs), produits de la qualité de la gestion publique, apparaissent un jour dans les comptes de la nation.

L'analyse que nous développons ici porte à la fois sur la nature et sur la qualité de l'action de l'État en examinant tant les politiques appliquées que la capacité institutionnelle. La figure 5 du Sommaire a montré l'effet de ces deux facteurs sur la croissance du revenu pour un large échantillon de pays industriels et de pays en développement au cours des trois dernières décennies. Dans les pays où la capacité d'action de l'État est faible et la politique peu satisfaisante, le revenu par personne n'a augmenté que d'environ 1/2 % par an. Par contre, dans les pays où cette capacité est forte et la politique solide, l'augmentation a été en moyenne de quelque 3 % par an. Sur une période de 30 ans, ces différences de croissance du revenu ont eu une incidence considérable sur la qualité de vie. Ainsi, le revenu moyen par habitant d'un pays à faible capacité institutionnelle et à politique génératrice de distorsions ne serait passé, à prix constants, que de 600 dollars (dollars internationaux PPA) en 1965 à 678 dollars 30 ans plus tard. Par contre, ce même revenu aurait plus que doublé, pour atteindre 1 456 dollars à prix constants, dans un pays à forte capacité institutionnelle et à politique solide. Et beaucoup de pays d'Asie de l'Est ont fait encore mieux.

À elle seule, une bonne politique peut permettre d'améliorer les résultats. Mais ses effets sont amplifiés quand la capacité institutionnelle est également plus élevée — quand les politiques et les programmes sont appliqués de manière plus efficace et que les particuliers et les investisseurs doutent moins de la continuité de la ligne suivie par le gouvernement. Ainsi, de solides politiques, comme celles que pratiquent depuis quelque temps beaucoup de pays d'Amérique latine et d'Afrique, auraient pour effet d'augmenter la croissance du revenu par habitant d'environ 1,4 % par an. Un pays dans cette situation, parti d'un revenu par habitant de 600 dollars en 1965, aurait vu ce chiffre passer à quelque 900 dollars au bout de 30 ans. Mais l'augmentation serait encore plus forte si ces politiques *s'accompagnaient* d'une solide capacité institutionnelle. Les réformateurs doivent donc en conclure qu'ils ne peuvent se contenter d'améliorer la politique du pays ; il leur faut aussi chercher les moyens de renforcer le cadre institutionnel dans lequel doit s'inscrire cette politique.

Pour importante que soit la croissance du revenu, elle n'est qu'une mesure du bien-être parmi d'autres. Souhaitant nous intéresser à toute la gamme de facteurs qui améliorent ou aggravent les conditions de vie, nous estimons que le bilan de l'action d'un pays devrait aussi s'apprécier en fonction d'autres critères de bien-être, comme la mortalité infantile. Et celle-ci diminue lorsque l'appareil institutionnel est solide, car il améliore les résultats obtenus pour un volume donné de dépenses sociales. Ainsi, la qualité de vie en général ne dépend pas uniquement du rythme de croissance du revenu, mais aussi de la capacité d'action de l'État. Cela explique pourquoi, à revenu égal, on constate de telles disparités dans les indicateurs de qualité de vie — pourquoi, à Sri Lanka, par exemple, le taux de mortalité infantile n'était que de 18 pour 1 000 (naissances vivantes), alors qu'il était nettement supérieur dans d'autres pays à revenu par habitant plus élevé (67 pour 1 000 en Égypte et 68 pour 1 000 au Maroc, par exemple). Le montant des dépenses sociales et le soin apporté aux services offerts changent beaucoup les choses.

Comprendre la notion de capacité institutionnelle : le point de vue de l'investisseur privé

Comme on l'a déjà vu dans le présent chapitre, la capacité d'action de l'État c'est non seulement son aptitude à promouvoir des actions d'intérêt collectif, mais aussi à établir les règles qui sous-tendent les marchés et leur permettent de fonctionner. Si des arrangements de nature privée peuvent parfois venir compléter les régimes de la propriété et des contrats, ils ne peuvent pas, à eux seuls, servir de base au développement des marchés. L'État ne doit pas, bien sûr, se contenter de fixer des règles solides ; il lui faut aussi veiller à ce qu'elles soient appliquées systématiquement et faire en sorte que les acteurs du secteur privé — entreprises, travailleurs, associations professionnelles — ne vivent pas dans la crainte de les voir changer du jour au lendemain. Lorsque l'État change de règles fréquemment et inopinément, il les applique de façon arbitraire ou annonce des changements qui restent lettre morte, il perd toute crédibilité et les marchés en souffrent.

Dans quelle mesure les gouvernements réussissent-ils à fixer des règles suffisamment fiables pour nourrir le développement des marchés ? On manque d'éléments pour apprécier concrètement la situation. Tout d'abord, la fiabilité est chose délicate à mesurer : la perception qu'on en a est tout aussi importante que les faits. À première vue, par exemple, on serait tenté de penser que la fréquence des changements de gouvernement est un bon indicateur de l'incertitude qui pèse sur les règles du marché, et donc de la confiance dont jouit l'État dans un pays donné. Et pourtant, les entreprises thaïlandaises consultées estimaient que le cadre d'activité économique était relativement stable en dépit de nombreux coups d'État et changements de gouvernement. Mais le contraire peut être tout aussi vrai, alors que le gouvernement ne change pas. Ainsi, les entreprises péruviennes faisaient état d'une crise de confiance dans les années 80, car les règles étaient préparées à la hâte, appliquées par décret présidentiel et souvent abrogées peu de temps après.

On pourrait penser que le degré de corruption serait aussi un bon indicateur de crédibilité de l'État. Mais, comme pour l'instabilité politique, une simple évaluation de la corruption risque de manquer de pertinence aux yeux des chefs d'entreprise. En effet, si certaines formes de corruption impliquent beaucoup d'incertitude et de risques, d'autres peuvent être plus prévisibles et s'apparentent davantage à un « coup de pouce ». Pour reprendre les propos d'un chef d'entreprise, « il y a deux types de corruption. Le premier est celui où vous payez et vous obtenez ce que vous voulez. Le second est aussi celui où vous payez, mais où vous passez ensuite des nuits blanches à vous demander si tout se déroulera comme prévu ou si quelqu'un ne va pas plutôt vous faire chanter. » C'est pourquoi le meilleur moyen de comprendre les problèmes qui freinent le développement du secteur privé est d'interroger les chefs d'entreprise eux-mêmes.

À cette fin, une grande enquête sur le secteur privé a été organisée à l'occasion du présent Rapport. Il s'agissait de rendre compte de l'ensemble des incertitudes auxquelles sont exposés les chefs d'entreprise et d'établir une mesure globale de la confiance qu'inspirent les règles dans un pays donné. Les réponses obtenues montrent que, sur ce plan, l'État est très mal noté par les investisseurs privés dans beaucoup de pays.

Crédibilité : comment les investisseurs privés jugent l'État

L'enquête réalisée dans le secteur privé portait sur 69 pays et plus de 3 600 entreprises. On demandait aux chefs d'entreprise de donner leur point de vue sur différents aspects du cadre institutionnel de leur pays, et notamment sur la sécurité des biens, la prévisibilité des règles et des politiques, la fiabilité du judiciaire, les problèmes posés par la corruption et les pouvoirs discrétionnaires dans l'administration, et les perturbations provoquées par les changements de gouvernement.

L'incertitude tient parfois à l'instabilité des règles auxquelles les entreprises sont assujetties. Deux indicateurs clés ont été retenus à cet effet :

Prévisibilité des règles : Dans quelle mesure les chefs d'entreprise doivent-ils compter avec des changements inattendus de règles et de politiques, sur lesquels ils n'ont pas été consultés ?

- L'enquête montre que, dans certaines parties du monde, les chefs d'entreprise vivent dans la peur constante d'un changement de cap. Dans la Communauté des États indépendants (CEI), près de 80 % des chefs d'entreprise interrogés indiquent devoir faire face à des modifications imprévisibles des règles et des politiques, ce qui leur crée de grosses difficultés. Dans les pays d'Europe centrale et orientale (PECO), en Amérique latine et en Afrique, près de 60 % des chefs d'entreprise expriment le même grief. Par contre, dans les pays industriels ainsi qu'en Asie du Sud et du Sud-Est, ils ne sont plus qu'environ 30 % à se plaindre de ce problème (graphique en haut et à gauche de la figure 2.3). L'imprévisibilité des changements de règles tient, dans une grande mesure, au fait que les entreprises ne participent pratiquement pas aux mécanismes de décision ; il arrive même qu'elles ne soient pas informées au préalable de modifications importantes. Ce problème semble être particulièrement grave dans la CEI, dans les PECO et en Afrique subsaharienne, alors que les chefs d'entreprise (même les petits) des pays d'Asie s'estiment bien informés — mieux même que leurs homologues des pays industriels. L'enquête fait aussi ressortir — chose, somme toute, assez peu surprenante — que les petites entreprises sont généralement moins au courant de la préparation de nouveaux textes et qu'elles y prennent moins part, de sorte qu'elles se trouvent moins protégées contre d'éventuels changements de cap.

Perception de la stabilité politique : Les changements (constitutionnels ou inconstitutionnels) de gouvernement s'accompagnent-ils habituellement d'un retournement complet de politique susceptible d'avoir des conséquences graves pour le secteur privé ?

- Dans beaucoup de régions, les chefs d'entreprise estiment que l'ancrage du cadre institutionnel n'est pas assez solide pour supporter, sans trop de perturbations, des changements de gouvernement. Dans la CEI, en Afrique et au Moyen-Orient, plus de 60 % d'entre eux disent vivre dans la crainte des changements de gouvernement et des conséquences douloureuses de la refonte des politiques dont ils s'accompagnent habituellement (graphique en haut et à droite de la figure 2.3).

L'incertitude peut moins tenir aux règles elles-mêmes qu'à la manière dont elles sont appliquées. Les indicateurs, ici, étaient les suivants :

Atteinte à la sécurité des personnes et des biens : Les chefs d'entreprise savent-ils pouvoir compter sur les pouvoirs publics pour les protéger, eux et leurs biens, contre des actes criminels, et estiment-ils que le vol et les autres formes de délinquance constituent des problèmes graves pour leurs activités ?

- Les chefs d'entreprise d'un grand nombre de pays se plaignent de l'absence d'infrastructure institutionnelle la plus élémentaire pour une économie de marché. Un peu partout dans le monde, la criminalité et le vol sont cités comme étant des problèmes graves qui augmentent substantiellement les charges obligées des entreprises. Certains pays paraissent souffrir d'un vide institutionnel total propice à la criminalité et à la violence et, d'une manière générale, à l'insécurité des biens. En Amérique latine, en Afrique, dans la CEI et les PECO, près de 80 % des chefs d'entreprise disent ne pas pouvoir compter sur les autorités publiques pour les protéger, dans

Figure 2.3 Des institutions fiables font un État crédible

Pourcentage d'enquêtés se plaignant des aspects suivants :

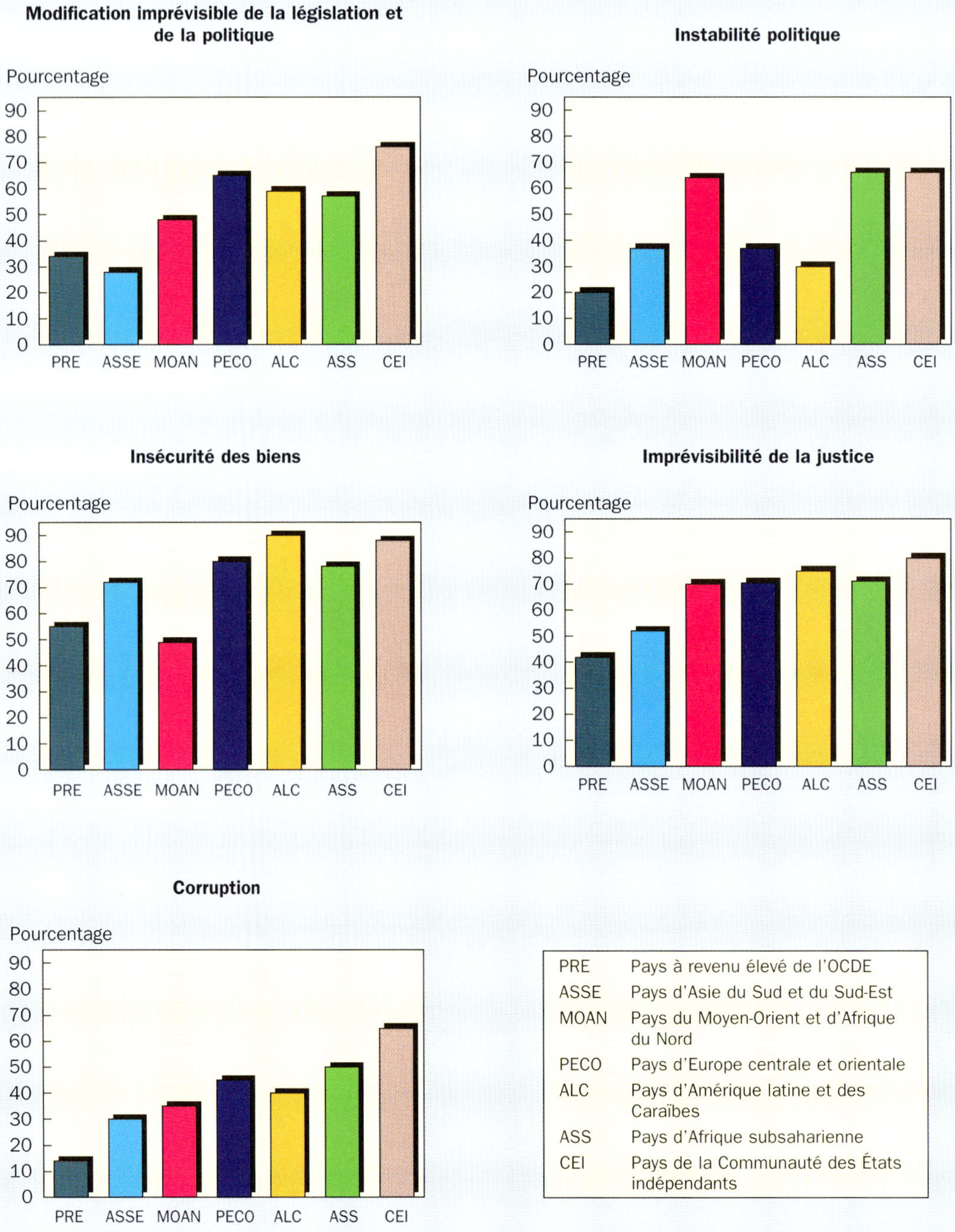

Note : Résultats d'une enquête réalisée en 1996 auprès de plus de 3 600 entreprises dans 69 pays industriels et pays en développement. Les régions sont énumérées de gauche à droite en fonction de leur indice global de crédibilité (voir encadré 2 dans le Sommaire). Les régions « Asie du Sud et du Sud-Est » et « Moyen-Orient et Afrique du Nord » ne sont représentées que par trois pays chacune. Pour plus de détails, voir la Note technique sur l'enquête dans le secteur privé. Source : Brunetti, Kisunko et Weder, document de référence (b).

leur personne et leurs biens, contre la criminalité (graphique au milieu et à gauche de la figure 2.3).

Imprévisibilité de la justice : La justice applique-t-elle la loi de façon arbitraire, et cette imprévisibilité est-elle une entrave à l'activité des entreprises ?

- Un pouvoir judiciaire au fonctionnement efficace est l'une des bases de l'état de droit. Malheureusement, il semble que cela soit l'exception plutôt que la règle dans un grand nombre de pays. Dans les pays en développement, plus de 70 % des chefs d'entreprise déclarent que l'imprévisibilité de la justice gêne beaucoup le fonctionnement de leur établissement (graphique au milieu et à droite de la figure 2.3). Chose inquiétante, dans la plupart des régions, ils estiment que ces problèmes se sont aggravés au cours des dix dernières années.

Absence de corruption : Est-il habituel que les chefs d'entreprise du secteur privé soient obligés de verser des pots-de-vin pour mener à bien leurs projets, et cela les expose-t-il au chantage d'un autre fonctionnaire ?

- L'enquête confirme que la corruption est un problème important — et répandu. Globalement, plus de 40 % des chefs d'entreprise indiquent devoir, dans le cours normal des choses, verser des pots-de-vin pour pouvoir travailler. Ils sont 15 % à le penser dans les pays industriels, environ 30 % en Asie et plus de 60 % dans la CEI (graphique en bas et à gauche de la figure 2.3). En outre, plus de la moitié des enquêtés estiment que le versement d'un pot-de-vin n'est pas une garantie de bonne fin, et beaucoup vivent dans la crainte d'être soumis au chantage d'un autre fonctionnaire.

Le manque de confiance réduit l'investissement, la croissance et la rentabilité des projets de développement

Quand il ne pense pas que l'État fera respecter les règles du jeu qu'il fixe, le secteur privé réagit par des comportements divers, qui sont tous préjudiciables à l'économie du pays. Une justice imprévisible oblige les entrepreneurs à s'en remettre à des accords et à des mécanismes d'application parallèles. Une administration corrompue dotée d'un pouvoir discrétionnaire trop grand crée des incitations à la recherche de l'avantage personnel, plutôt qu'à l'exercice d'une activité productive. L'existence d'un climat général caractérisé par la criminalité et l'insécurité des biens conduit les entrepreneurs à faire appel aux services de vigiles, quand elle ne les force pas à s'acheter la « protection » d'un syndicat du crime — ou à renoncer purement et simplement à leurs projets.

L'investissement souffre de cette situation, car les entrepreneurs n'engageront pas de ressources dans un climat de grande incertitude et de forte instabilité, surtout s'il s'agit de ressources qu'ils auront du mal à récupérer en cas de problème. Lorsque même les biens les plus élémentaires ne sont pas protégés, l'investisseur se tourne vers d'autres pays, ou il investit ses ressources dans des projets moins rentables, mais moins gourmands en capital. Ainsi, une entreprise de commerce ou de services survivra peut-être dans un climat de faible confiance, alors qu'un investissement dans le secteur manufacturier et, encore plus, dans les technologies de pointe, aura peu de chances de porter ses fruits. La situation est génératrice du même type de distorsion lorsque des personnes aux qualités exceptionnelles préfèrent devenir inspecteurs des impôts ou des douanes, plutôt que de faire des études d'ingénieur. On voit donc que la confiance influe non seulement sur le niveau de l'investissement en capital physique et humain, mais aussi sur sa qualité. De ce fait, quand la confiance est faible, la croissance en pâtit.

Les deux graphiques du haut sur la figure 2.4 montrent la relation existant entre la note de crédibilité et les taux d'investissement et de croissance pour la période 1985–95 dans les pays couverts par l'enquête. Une fois les effets des autres variables économiques neutralisés, le taux d'investissement des pays à État très crédible est sensiblement plus élevé que celui des pays à État peu crédible. De même, le passage d'un climat de faible confiance à un climat de forte confiance se traduit par un écart de croissance important. Le manque de confiance peut aussi aider à comprendre pourquoi la mise en oeuvre de programmes de stabilisation et d'ajustement structurel ne déclenche pas la réaction attendue du secteur privé dans de nombreux pays.

Enfin, la fiabilité des règles influe non seulement sur le cadre d'activité économique, mais aussi sur le contexte général d'exécution des projets de développement. Les mêmes facteurs — criminalité, corruption, remise en cause des politiques et imprévisibilité de la justice — ont des incidences sur l'issue de tous ces projets. Cela tient notamment au fait que ces données sont partie intégrante de tout environnement contractuel. Si la corruption touche le secteur privé, il est probable qu'elle rejaillira aussi sur les résultats de tous les projets de développement. Il ne faut pas non plus oublier que l'exécution de beaucoup de projets du secteur public est confiée à des entreprises privées qui, dans un cadre institutionnel fragile, sont confrontées aux mêmes problèmes de comportement que les investisseurs privés : un entrepreneur se voit adjuger un projet, soudoie des fonctionnaires corrompus et, quelle que soit l'issue de ce projet, s'en voit attribuer d'autres par la suite. Le chapardage, le vol et la non-application des lois et règlements sont

Figure 2.4 Crédibilité et réussite économique vont de pair

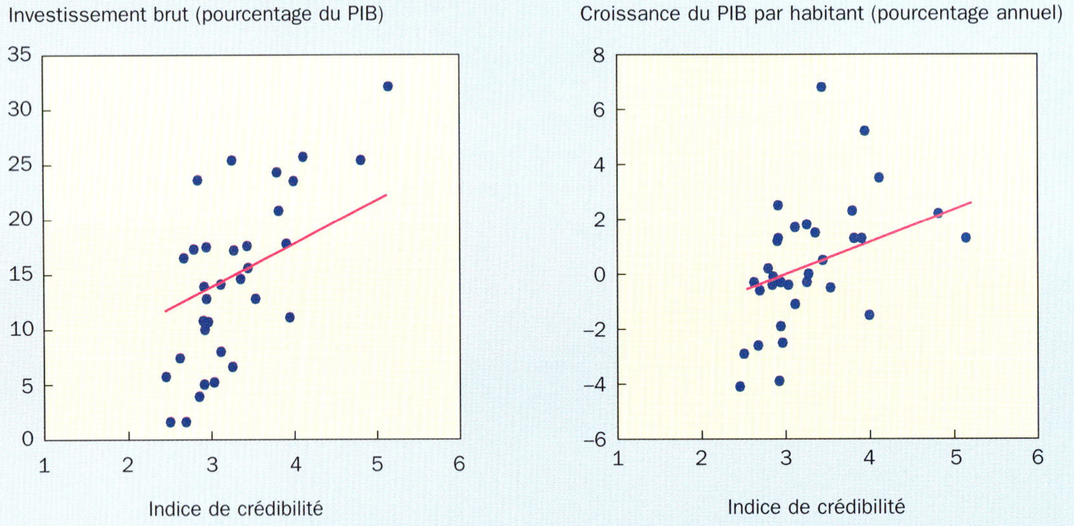

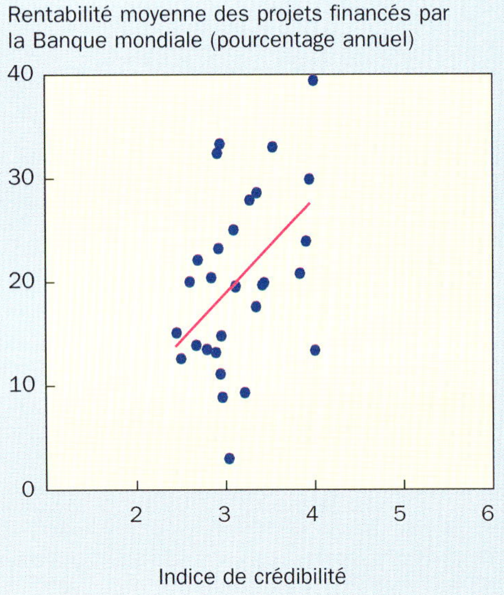

Note : Les deux graphiques du haut sont établis à partir d'une analyse de régression basée sur les données de 33 (graphique de gauche) et 32 (graphique de droite) des pays visés à la figure 2.3, pour la période 1984–93, après neutralisation des effets du revenu, de l'éducation et des distorsions dues aux politiques. Le graphique du bas est obtenu au moyen d'une régression basée sur les données de 312 projets financés par la Banque mondiale dans 30 pays au cours de différentes périodes, après neutralisation des effets de l'évolution des termes de l'échange et des distorsions dues aux politiques. Voir la Note technique pour plus de détails. Source : Calculs effectués par les services de la Banque mondiale à l'aide de données prises dans Brunetti, Kisunko et Weder, document de référence (a).

même plus courants dans beaucoup de projets publics que dans le secteur privé. Beaucoup de projets se trouvent de ce fait retardés pour cause de dépassement de coûts.

Le graphique en bas de la figure 2.4 établit une corrélation entre la crédibilité de l'État et le taux de rentabilité de 312 projets de développement réalisés dans 30 pays. Dans les pays où la confiance est faible, le taux de rentabilité est nettement inférieur, en moyenne, à celui des pays où elle est forte. Ces résultats tiennent compte des différences de politiques économiques ainsi que d'autres caractéristiques inhérentes aux projets et aux pays. La leçon à retenir, ici encore, est que la qualité des institutions influent considérablement sur le développement. Les paroles de Napoléon, que le présent chapitre porte en épigraphe, se vérifient autant aujourd'hui qu'en 1815.

La stratégie à suivre : recentrer l'État sur la capacité institutionnelle

Une meilleure compréhension des institutions et des normes au coeur du fonctionnement des marchés montre combien il est absurde de penser que choisir une stratégie de développement, c'est choisir entre « l'État » et « le marché ». Comme l'a confirmé ce bref examen des éléments qui attestent l'existence d'un lien entre institutions et développement, les deux sont inextricablement liés. Les pays ont besoin des marchés pour se développer, mais ils ont besoin d'institutions publiques performantes pour développer leurs marchés.

Aux réformateurs, partout dans le monde, d'appliquer cette leçon en réorientant leur action sur la capacité institutionnelle de l'État. La tâche est particulièrement urgente dans beaucoup de pays en développement, où des appareils d'État faibles et adonnés à l'arbitraire alimentent les incertitudes qui ont maintenu les marchés dans un état de faiblesse et de sous-développement. Les pays qui souffrent d'un tel vide institutionnel risquent de retarder indéfiniment leur développement économique et social. Et il est aussi à craindre que le mécontentement à l'égard de l'État — qu'il s'exprime par la protestation sociale, l'exode des capitaux ou le bulletin de vote — ne vienne porter un coup encore plus dur aux perspectives économiques du pays.

La capacité d'action de l'État, c'est-à-dire son aptitude à fournir efficacement des biens collectifs, est essentielle à l'existence d'un cadre institutionnel viable pour le développement. Comme on l'a vu, beaucoup de pays en développement partent en fait de très bas sur ce plan. Mais on peut, avec le temps, rendre l'État mieux à même de fournir le soutien institutionnel dont le développement a besoin, en adaptant son rôle à sa capacité d'action, puis en renforçant celle-ci par une attention soutenue aux facteurs qui déterminent son comportement. Tel sera l'objet de la deuxième et de la troisième partie de notre travail.

DEUXIÈME PARTIE

ADAPTER LE RÔLE DE L'ÉTAT À SA CAPACITÉ D'ACTION

COMME ON L'A VU DANS LA PREMIÈRE PARTIE DU RAPPORT, UN ÉTAT EFFICACE fournit un ensemble d'ingrédients indispensables au développement. Nous nous attacherons à montrer maintenant qu'un pays peut obtenir de meilleurs résultats s'il sait se fixer un programme d'action réaliste. Les pays doivent s'efforcer d'adapter leur action — et la manière dont ils la conduiront — à leurs moyens institutionnels et non à un quelconque modèle idéalisé.

Lorsque l'État a un long passé d'échec, l'inviter à mieux adapter son rôle à sa capacité d'action peut paraître une recommandation propre à le conduire purement et simplement à sa perte. Mais les marchés ne peuvent se développer sans un État qui fonctionne. Le problème, comme on le verra au chapitre 3, est plutôt de déterminer l'ordre des priorités. Dans beaucoup de pays, l'État doit encore jeter des bases économiques et sociales solides, c'est-à-dire les fondements d'un régime de droit, un cadre de politique économique porteur (et stable), des services sociaux de base et un dispositif de protection pour les plus vulnérables. En revanche, il fournit en trop grande quantité un nombre important de biens et services qui pourraient être produits ou assurés par les marchés privés ou le secteur associatif. S'ils veulent progresser sur la voie du développement, ces pays doivent revenir à l'essentiel.

Le chapitre 4 montre comment l'État peut adapter son rôle à sa capacité dans un autre grand domaine où l'action menée aura nécessairement des répercussions très importantes pour le développement. Il s'agit de la réglementation, de la libéralisation et de la politique industrielle destinée à stimuler les marchés. S'il est nécessaire et utile de réglementer certaines activités pour permettre le bon fonctionnement des marchés et de la société, trop de pays étouffent l'expansion du secteur privé en multipliant les réglementations ou, souvent, placent de larges pans de l'économie sous la tutelle de monopoles publics en cherchant à lancer des interventions stratégiques complexes dans l'industrie, sans commune mesure avec leur capacité institutionnelle. Dans ces pays, la déréglementation, la privatisation et une conception moins astreignante de la réglementation et du soutien à l'industrie auront immédiatement d'importantes retombées positives.

Ces chapitres contiennent quatre messages fondamentaux à l'adresse des décideurs :

- Quelle que soit sa capacité institutionnelle, l'État doit respecter, encourager et exploiter l'initiative privée et le bénévolat, et promouvoir la concurrence.
- Lorsqu'il dispose de peu de moyens institutionnels, l'État doit centrer son action sur la fourniture des biens et services publics purs, que les marchés ne peuvent assurer (et que le secteur associatif n'offre pas en quantité suffisante), ainsi que sur les prestations qui ont des effets externes positifs importants, tels que la protection de la propriété, l'eau salubre, les routes et l'éducation de base.
- La crédibilité est l'une des clés du succès. Un pays dont la capacité institutionnelle est faible doit aussi s'attacher à mettre en place des instruments d'élaboration et d'exécution des politiques propres à convaincre les entreprises et la population que les agents de l'État et les organismes publics n'agiront pas de façon arbitraire et qu'ils ne vivront pas au-dessus de leurs moyens budgétaires.
- Maintenir une bonne adéquation entre le rôle de l'État et sa capacité d'action est un processus dynamique. À mesure que les structures institutionnelles se développent, l'État peut s'atteler à des tâches plus délicates (prendre, par exemple, des initiatives de coordination pour stimuler les marchés) et utiliser des instruments efficaces mais difficiles à gérer, tels que les instruments réglementaires complexes, pour promouvoir des actions communes.

CHAPITRE 3

METTRE EN PLACE DES BASES ÉCONOMIQUES ET SOCIALES SOLIDES

Lorsque l'État est faible, il doit mettre ses ambitions à l'aune de ses moyens, mais il est tenu par certains impératifs. Il s'agira, dans ce chapitre, de trouver des solutions pour que l'État, même lorsqu'il a une capacité d'action limitée, puisse mener à bien les tâches fondamentales qui lui incombent. Un développement durable et partagé, qui permet de faire reculer la pauvreté, comporte cinq ingrédients essentiels :

- Les fondements d'un régime de droit
- Une politique économique porteuse, recherchant notamment la stabilité macroéconomique
- L'investissement dans le capital humain et les équipements d'infrastructure
- La protection des plus vulnérables
- La protection de l'environnement.

Il y a depuis longtemps un large consensus sur l'importance de ces éléments fondamentaux pour le développement. Mais, comme on le verra plus loin, des idées nouvelles apparaissent quant aux rôles respectifs du marché et de l'État dans la mise en place de ces éléments. On voit maintenant bien plus clairement que le marché et l'État sont complémentaires, que l'action de ce dernier peut être vitale en ce qu'elle permet de jeter les fondations institutionnelles des marchés. On est aussi en train de constater que la confiance dans l'État, et sa capacité à maintenir des politiques rationnelles, peut être un élément aussi important pour drainer l'investissement privé que ces politiques elles-mêmes.

Les pays en développement ont obtenu des résultats inégaux dans la gestion de ces paramètres fondamentaux. Beaucoup de pays d'Asie de l'Est et quelques autres, tels que le Botswana, le Chili et Maurice, ont fait un bon travail. Mais, dans d'autres cas, les résultats laissent à désirer. Comme le montre l'encadré 3.1, l'incapacité de l'État à s'acquitter de missions aussi essentielles que la protection de la propriété privée est un problème sérieux pour les entreprises privées de beaucoup de régions en développement. Les obstacles institutionnels, pour beaucoup à l'origine de cette défaillance, seront difficiles à surmonter. Pourtant, des possibilités de réforme peuvent se présenter et prendre corps même dans l'environnement le moins propice. Et un recentrage même minime de l'État sur ses missions essentielles peut beaucoup faire pour remettre sur la voie de la croissance des économies qui stagnent depuis longtemps. C'est là un thème majeur du présent chapitre. On abordera au chapitre 4 les différentes façons dont l'État peut intervenir pour assurer une protection efficace de l'environnement.

Établir les bases d'un régime de droit, garant de la propriété

Les marchés s'appuient sur un ensemble d'institutions. Tout comme l'air que nous respirons, certains des biens publics que ces institutions fournissent sont tellement essentiels à la vie économique qu'ils passent inaperçus. Ce n'est que lorsque ces biens font défaut, comme dans nombre de pays en développement à l'heure actuelle, que nous mesurons leur importance pour le développement. Sans un minimum d'ordre social, soutenu par les institutions, les marchés ne peuvent fonctionner.

L'état de non-droit

Les marchés ne peuvent guère se développer en l'absence de droits de propriété effectifs. Et ces droits ne le sont que lorsque trois conditions sont réunies. La première est la protection contre le vol, la violence et les déprédations. La deuxième est la protection contre les actes arbitraires de l'État — depuis l'adoption inopinée, au gré des circonstances, de lois et règlements jusqu'à la corruption pure et simple — qui perturbent l'activité des entreprises. Ces

Encadré 3.1 Partout dans le monde, les entreprises souffrent des points faibles des bases économiques et sociales

Nombreux sont les pays dans lesquels les bases qui permettraient aux entreprises de s'attacher à créer de la richesse sont absentes. Dans le cadre de l'enquête auprès des entreprises, dont il est question au chapitre 2, les personnes interrogées ont été invitées à classer par ordre d'importance huit obstacles à l'activité économique, afin de déterminer les domaines dans lesquels l'État devait le plus améliorer son action. Le tableau reproduit ci-dessous fait ressortir les éléments suivants :

- Les obstacles liés à la précarité des droits de propriété et à l'arbitraire — corruption et criminalité — figurent parmi les trois premiers cités dans tous les pays, sauf dans les pays à revenu élevé de l'Organisation de coopération et de développement économiques. La réglementation n'apparaît pas directement comme un obstacle majeur.
- Les problèmes liés aux politiques publiques — en particulier ceux qui ont trait à la fiscalité et au fonctionnement des marchés financiers — figurent souvent aussi en tête de liste (sauf en Amérique latine). Mais il est impossible de déterminer, sur la base des seuls résultats de l'enquête, si ce sentiment répandu traduit le désir de toutes les entreprises de payer moins d'impôts et de pouvoir emprunter davantage à des taux d'intérêt plus faibles, ou s'il est symptomatique d'une carence fondamentale de l'État. Le fait que les pays de la CEI perçoivent l'instabilité de la politique économique comme une contrainte majeure est, en revanche, plus révélateur.
- L'insuffisance des infrastructures apparaît comme le problème numéro un en Asie du Sud et dans les pays du Moyen-Orient et d'Afrique du Nord, et elle figure parmi les trois grandes entraves à l'activité économique en Amérique latine et en Afrique subsaharienne.

Classement donné par les entreprises des obstacles à leur activité
(1 = obstacle le plus important)

Obstacle	Afrique subsaharienne	Amérique latine et Caraïbes	Asie de l'Est et du Sud	Moyen-Orient et Afrique du Nord	CEI	PECO	Pays à revenu élevé de l'OCDE
Droits de propriété							
Corruption	1	1	3	2	3	3	5
Criminalité et vol	5	3	8	8	4	6	6
Réglementation	8	8	7	7	8	8	4
Politiques publiques							
Fiscalité	2	5	2	3	1	1	1
Financement	6	4	5	4	5	2	2
Inflation	4	7	4	6	6	4	8
Instabilité des politiques	7	6	6	5	2	7	7
Investissement public							
Insuffisance des infrastructures	3	2	1	1	7	5	3

Source : Enquête sur le secteur privé réalisée aux fins du présent Rapport.

deux conditions sont les plus importantes. Malheureusement, comme il ressort des figures 3.1 et 3.2, elles ne sont pas remplies dans beaucoup de pays. La troisième est l'existence d'une justice assez équitable et prévisible. Parvenir à mettre en place un tel régime n'est pas chose aisée pour des pays qui en sont encore aux tout premiers stades du développement. Et pourtant, dans plus de la moitié des pays étudiés, les entreprises considéraient que c'était un des problèmes majeurs auxquels elles se heurtaient.

L'absence de ces points d'ancrage de la propriété provoque ce qu'on appelle, ici, « l'état de non-droit ». Dans 27 des 69 pays étudiés, les entreprises sont confrontées à ces fléaux pour les marchés : la corruption, le crime et une justice imprévisible qui offre peu de voies de recours. Entrent dans cette catégorie plus des trois quarts des entreprises de la CEI et environ la moitié de celles des pays d'Amérique latine et d'Afrique (mais aucune dans les pays de l'OCDE).

L'enquête montre que la corruption est un problème majeur. Dans bien des cas, il ne s'agit pas simplement de verser un dessous-de-table pour pouvoir continuer à travailler normalement. L'arbitraire dans l'Administration

ESSCA SID ANGERS

entraîne les entreprises dans un inextricable lacis de formalités laborieuses et de relations économiquement improductives. Plus de la moitié des cadres supérieurs des entreprises étudiées dans les pays de la CEI — contre environ 10 % seulement dans les entreprises opérant dans les pays de l'OCDE — ont déclaré consacrer plus de 15 % de leur temps à négocier l'application de la législation avec les services de l'Administration (figure 3.2). Dans d'autres pays en développement, le poids des formalités est moindre, mais il reste toujours plus élevé que dans les pays de l'OCDE. Le chapitre 6 examine de façon détaillée les mesures qui permettraient de lutter contre le fléau de la corruption.

Le classement élevé donné par les entreprises de la CEI aux deux autres éléments de l'état de non-droit — à savoir, le crime et l'imprévisibilité de la justice — est notamment le reflet du vide institutionnel particulier qu'a créé le rejet de la planification centralisée dans les pays en transition. Et pourtant, les indicateurs d'autres régions tendent à montrer que le délabrement des institutions est un phénomène très répandu. Ainsi, en Amérique latine, le taux d'homicide volontaire est passé de 12,8 à 21,4 pour 100 000 habitants entre 1980 et 1991, et la progression de la criminalité est évidente dans presque tous les pays et toutes les régions.

On est encore bien désarmé face à ce déni du droit au sein du corps social. Mais la solution passe sans doute largement par les réformes prioritaires préconisées ici, en particulier par une meilleure protection des plus vulnérables et un renforcement de la capacité des institutions. Le glissement d'une communauté vers un état de non-droit peut inspirer un sentiment de vulnérabilité chez ceux qui respectent la loi. Mais, comme le montre une récente initiative à Cali, en Colombie, même dans les circonstances les plus difficiles, une action civique peut faire renaître l'espoir chez ceux qui désespéraient (encadré 3.2).

Figure 3.1 L'état de non-droit

Nombre de pays dans lesquels un ou plusieurs aspects de l'état de non-droit constituent de sérieuses entraves à l'activité des entreprises

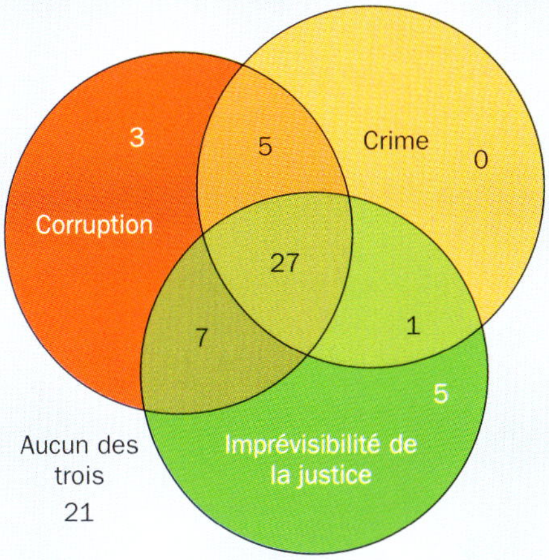

Note : Un pays est inclus dans un des cercles si la moitié au moins des entreprises interrogées ont attribué la note 1 ou 2 au problème considéré (sur une échelle de 1 à 6, les valeurs les plus faibles indiquant une plus grande gravité du problème), et il figure dans une intersection si au moins 40 % des entreprises ont donné la note 1 ou 2 aux deux problèmes considérés et si la moyenne des deux pourcentages dépasse 50 %.
Source : Enquête sur le secteur privé réalisée aux fins du présent Rapport.

Des fondements institutionnels plus complexes

Pour assurer la sécurité des biens, il faut faire respecter la loi, mais ce n'est pas suffisant. Les problèmes d'information et de coordination peuvent aussi entraver le développement en sapant les fondements des marchés et de la

Figure 3.2 Négocier avec l'Administration peut être une entreprise laborieuse

Pourcentage d'entreprises dont les dirigeants consacrent plus de 15 % de leur temps à négocier avec l'Administration

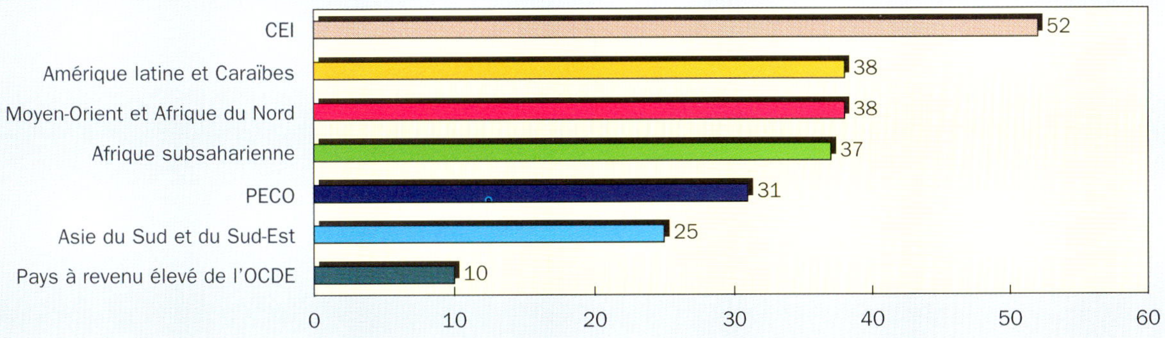

Source : Enquête sur le secteur privé réalisée aux fins du présent Rapport.

Encadré 3.2 Dire non au crime à Cali, en Colombie

À Cali, l'un des centres du commerce illégal de la cocaïne dans le monde, le taux d'homicide a fait un bond spectaculaire en une dizaine d'années à peine, passant de 23 à plus de 100 pour 100 000 habitants entre 1983 et le début des années 90. Beaucoup de meurtres étaient directement liés au trafic de la drogue, mais il semble qu'un nombre bien plus important encore était imputable au développement de la culture de la violence. Lassée de l'anarchie croissante, la ville a élu à la tête de la municipalité, en 1992, un médecin respecté qui a fait de la lutte contre la délinquance violente l'élément central de son programme politique.

En l'espace de quelques mois, le nouveau maire avait monté une opération majeure de lutte contre la criminalité, le Programme pour la sécurité et la paix. S'appuyant sur une analyse minutieuse du profil de la criminalité, ce programme posait en principe que la prévention devait prendre le pas sur la répression et engageait le combat sur plusieurs fronts :

- La police de proximité a été renforcée. Des programmes spéciaux d'éducation et de logement ont été mis en place à l'intention des officiers de police, et des dispositions ont été prises pour améliorer la qualité des services (en particulier d'aide juridique et de conciliation) des postes de quartier qui enregistrent les plaintes des victimes d'actes criminels.
- Des campagnes d'éducation du public ont été lancées pour promouvoir la tolérance et le respect des droits d'autrui. Les personnalités représentatives des diverses communautés ont suivi une formation pour faciliter le règlement pacifique des différends ; les jeunes ont été encouragés à s'inscrire à un programme des Amis de la paix ; des messages publicitaires humoristiques ont été passés à la télévision pour raviver le sens civique de la population dans la vie quotidienne, comme le fait de respecter les signaux de la circulation ou de faire la queue pour prendre l'autobus.
- Les services publics ont privilégié la lutte contre les inégalités. Les écoles primaires et secondaires se sont multipliées dans les quartiers défavorisés ; les bidonvilles ont été équipés de réseaux de distribution d'eau, d'éclairage et de services d'assainissement ; enfin, les centres de jeunes et les responsables des programmes de développement des entreprises ont mené une action de réinsertion sociale des adolescents appartenant à des bandes organisées.
- On s'est attaqué aux sources directes de délinquance violente. La ville a interdit le port du pistolet pendant certains week-ends à haut risque, et les ventes d'alcool ont été plus sévèrement réglementées tard dans la nuit et les jours de fête.

En 1995, après sept années de hausse constante (jusqu'à 120 meurtres pour 100 000 habitants), le taux d'homicide a finalement commencé à baisser.

propriété, ainsi qu'on peut souvent le constater dans les pays à faible revenu.

Des problèmes d'information surgissent parce que les données et les éléments d'appréciation dont disposent les particuliers et les entreprises sont forcément limités, ou parce que les règles du jeu ne sont pas claires. Le champ de la propriété, c'est-à-dire le droit d'user, de jouir et de disposer d'une chose d'une manière exclusive, n'est pas toujours bien défini. Les particuliers et les entreprises ne sont pas toujours au fait des possibilités de profit, ou ils ne peuvent évaluer la probité de leurs associés potentiels. Le renforcement des marchés et des institutions sur lesquelles ils s'appuient permet de réduire le coût de l'accès à ces données et d'intensifier le rôle de l'information dans l'économie. Mais, dans les pays en développement, le coût de l'accès à l'information peut être élevé.

La coordination des activités économiques est difficile parce que les particuliers et les entreprises ont un comportement stratégique fondé sur la recherche de leur intérêt personnel : ils ne sont généralement disposés à partager l'information que lorsque cela ne les pénalise pas. L'aléa de moralité — autrement dit, le risque que d'autres parties choisissent, par opportunisme, de ne pas honorer leurs obligations — empêche les entreprises d'exploiter des opportunités mutuellement profitables. À mesure que les marchés se développent, les mécanismes institutionnels évoluent pour faciliter la coopération entre les entreprises. Mais, là encore, ce genre de coopération est parfois difficile dans les pays en développement où ces institutions restent embryonnaires.

Des marchés d'opérations ponctuelles peuvent naître même lorsque l'information est fragmentaire et que les mécanismes de surveillance et de contrôle sont précaires, cela parce que la fraude est plus difficile lorsque l'échange est simultané. Mais, pour les autres transactions, les moyens à mettre en œuvre pour fournir des informations appropriées et instaurer des mécanismes de surveillance et de contrôle peuvent atteindre des coûts énormes.

L'existence d'institutions bien rodées permet de réduire ces coûts de transaction. L'histoire fournit maints exemples du développement symbiotique des marchés et des institutions. En effet, les nouvelles activités industrielles créent une demande pour des institutions plus complexes, ce qui permet à l'industrie de se développer davantage. Un exemple en est fourni par les mines du Nevada dans le « Far West » américain, au XIXe siècle.

Dans les années 1850, quelques centaines de mineurs exploitaient une zone d'une centaine de kilomètres carrés qui paraissait n'avoir qu'une valeur marginale. Ils n'entretenaient que de lointains rapports avec l'administration fédérale, et leurs droits de propriété n'étaient régis par aucun accord officiel ou écrit. La découverte des riches gisements d'or et d'argent de Comstock Lode à la fin des années 1850 provoqua un afflux de prospecteurs. En l'espace de cinq mois, les nouveaux mineurs avaient instauré une administration en bonne et due forme du camp minier, qui promulguait des règles écrites délimitant les domaines privés et les faisait appliquer par un juge permanent et un tribunal des mineurs qui siégeait en cas de besoin.

En 1861, le gisement en surface était épuisé et les mineurs ont dû exploiter en sous-sol, entreprise nettement plus coûteuse et plus gourmande en capital. Devant la montée des enjeux financiers et de la complexité des litiges sur les droits d'exploitation du sous-sol, les mineurs ont réussi à obtenir la création d'une véritable administration territoriale, comprenant un appareil judiciaire plus complet, dont le fonctionnement était en partie subventionné par le Congrès.

En 1864, la production minière n'ayant cessé d'augmenter, l'appareil judiciaire territorial croulait sous une telle masse de dossiers qu'il aurait peut-être fallu non moins de quatre ans pour en venir à bout. À la fin de l'année, le Nevada devenait le 36e État de l'Union et, en l'espace d'un an, plusieurs décisions judiciaires importantes avaient permis de résoudre les litiges au sujet des droits sur le sous-sol. Les droits de propriété ont été officialisés, et l'incertitude juridique levée.

En Thaïlande, la progression de la délivrance de titres fonciers est une illustration plus contemporaine de la façon dont la validation de droits de propriété peut libérer des actifs « gelés » et accélérer un développement ayant le secteur privé pour moteur. Plus de 4 millions de titres de propriété ont ainsi été établis depuis 1985 dans le cadre de deux projets de réglementation foncière. Un troisième projet du même type porte actuellement sur 3,4 millions de parcelles. La terre étant une forme idéale de garantie, un droit de propriété dûment reconnu améliore l'accès au crédit institutionnel. Trois ans après l'émission des premiers titres, les emprunts contractés auprès d'établissements de crédit par des paysans thaïlandais devenus officiellement propriétaires avaient augmenté de 27 %. En régularisant le régime d'occupation des sols, les titres fonciers peuvent stimuler l'investissement dans la mise en valeur des terres (irrigation, clôtures, essouchement). Sur les nouvelles propriétés agricoles, l'utilisation des intrants a augmenté de 10 à 30 %, le taux de formation de capital de 30 à 67 %, et l'investissement dans la mise en valeur des terres de 37 à 100 %. Même une fois corrigée d'autres facteurs, la productivité des terres régies par un titre de propriété était supérieure de 12 à 27 % à celle des exploitations qui ne l'étaient pas.

Tous les pays ne peuvent pas obtenir les mêmes résultats. En Thaïlande, certains éléments ont joué un rôle important. Tout d'abord, les marchés du crédit institutionnel étaient déjà bien développés, et seule l'absence de titres de propriété (et donc de garanties) faisait obstacle à l'octroi de prêts. Par contre, dans plusieurs pays africains où les marchés du crédit sont peu développés, la délivrance de titres n'a eu, semble-t-il, aucun impact mesurable sur l'emprunt et l'investissement. Ensuite, les autorités thaïlandaises ont pris la décision d'attribuer des titres de propriété parce que les litiges fonciers menaçaient la sécurité de jouissance et ne pouvaient plus être résolus de façon satisfaisante par les mécanismes traditionnels. Ce n'est pas toujours le cas. En fait, lorsque la culture est individuelle, mais que le sol est placé sous le régime de la propriété collective, les systèmes traditionnels d'administration foncière basés sur la communauté permettent d'améliorer la sécurité de jouissance à un coût bien moindre que l'établissement de titres de propriété individuels. C'est une formule particulièrement intéressante quand les communautés peuvent passer au régime de la propriété individuelle une fois que les gains d'efficacité résultant de la possibilité de céder la terre à des tiers et de l'apporter en garantie d'un emprunt sont supérieurs aux avantages associés à la propriété collective.

Certaines transactions complexes peuvent être effectuées même avec un système judiciaire simple. Un appareil judiciaire qui fonctionne bien est un atout important, et les pays en développement auraient tout intérêt à se doter de bonnes structures dans ce domaine. Comme on le verra de façon plus détaillée au chapitre 6, il peut être long et difficile d'instituer un système judiciaire viable quand on part de rien. Mais mieux vaut une organisation imparfaite que pas d'organisation du tout. Même un système lourd et coûteux peut contribuer à asseoir la crédibilité de ce troisième pouvoir. Ce qui importe, ce n'est pas tant que les décisions soient rapides, mais qu'elles soient équitables et prévisibles. Et pour cela, il faut que les magistrats du siège soient suffisamment compétents, que le système les empêche d'agir de façon arbitraire et que les pouvoirs législatif et exécutif respectent l'indépendance et les décisions du judiciaire.

En l'absence d'un système judiciaire bien développé, les entreprises et les particuliers trouvent généralement les moyens de suivre l'exécution des contrats et d'assurer le règlement des litiges et, dans bien des cas, ces mécanismes permettent des transactions privées assez complexes. Ainsi, au début du Moyen Âge, les marchands européens avaient conçu un ensemble de règles assez élaborées, la *lex mercatoria*, qui régissaient les transactions commerciales et qui ont permis de redynamiser les échanges entre des régions éloignées. La force des liens de groupe, basés sur les relations personnelles dans le temps, peut remplacer les mécanismes juridiques. Ici, ce n'est pas la loi qui incite à ne pas tricher, c'est la « perspective d'une longue route ensemble ». On renonce aux gains ponctuels qui pourraient être obtenus en trichant et on mise sur le plus grand profit d'une relation d'affaires durable. Dans beaucoup de pays d'Amérique latine, c'est exactement le rôle que joue la famille élargie dans les transactions commerciales. Bien que la taille de la famille limite le nombre et la diversité des transactions possibles, les mariages qui scellent l'union de deux groupes commerciaux ou « l'adoption » de partenaires commerciaux comme parrain, oncle ou tante sont en fait des moyens qui permettent d'élargir le cercle des relations familiales.

Les vastes réseaux d'affaires créés par les clans chinois, dont certains ont des ramifications dans le monde entier, sont une autre illustration de la force des liens de groupe. Sur fond de solidité des politiques économiques menées dans de nombreuses régions d'Asie de l'Est, ces réseaux contribuent très efficacement à la richesse de leurs membres. La communauté des hommes d'affaires chinois (non *pribumi*) d'Indonésie s'est servie de son vaste réseau d'Asie du Sud-Est pour lancer les exportations de vêtements et de meubles. Une étude de la Banque mondiale montre que des relations d'affaires privées ont permis d'établir plus de 90 % des contacts initialement pris par des entreprises non *pribumi* pour leur marketing à l'exportation. Les exportateurs n'appartenant pas à la communauté chinoise d'Indonésie se sont, eux, beaucoup plus appuyés sur le concours des organismes publics.

Même lorsque les parties en présence ne peuvent compter sur la force des liens de groupe, les mécanismes de partage de l'information permettent parfois d'effectuer des transactions relativement complexes. L'encadré 3.3 montre comment, au Brésil, par exemple, des systèmes d'information sophistiqués sur les demandeurs de crédit se sont développés pour éviter aux entreprises certains des problèmes créés par un système judiciaire prévisible, mais lourd.

Encadré 3.3 Les transactions et le système judiciaire au Brésil

Le système judiciaire brésilien est une machine extrêmement lourde pour les entreprises. Un ensemble complexe de lois peut s'appliquer à une transaction commerciale par ailleurs simple. En 1981, par exemple, pour obtenir une licence d'exportation, il fallait 1 470 actes juridiques différents faisant intervenir 13 ministères et 50 organismes publics. L'action de la justice est extrêmement lente, en raison surtout de la complexité de la procédure de recours. Pourtant, lorsqu'on leur a demandé d'évaluer l'importance relative de toute une série d'entraves à leur activité, les entreprises ont curieusement classé les problèmes liés au système juridique en bas de liste.

Cette réponse tient notamment au fait que le système judiciaire brésilien, malgré sa lourdeur, semble offrir de solides possibilités de recours pour les transactions commerciales. La plupart des entreprises déclarent que le système est équitable et prévisible, et elles y font occasionnellement appel. Ainsi, les deux tiers d'un échantillon d'entreprises brésiliennes avaient contesté la décision d'un fonctionnaire et cherché à la faire casser ; 60 % avaient poursuivi l'État en justice ; et plus de 80 % recommenceraient au besoin. De même, une transaction sur mille entre les fabricants et les acheteurs de vêtements aboutit devant les tribunaux, contre une sur 2 600 au Chili et une sur 20 000 au Pérou.

Si les entreprises s'accommodent de la lenteur de la justice, c'est aussi parce que (comme dans toutes les économies de marché) les dispositions institutionnelles privées ont évolué pour réduire les asymétries d'information dans les opérations commerciales, tout en évitant le recours à la justice. En voici trois exemples. D'abord, les entreprises brésiliennes accordent facilement des crédits à court terme, même à de nouveaux clients avec lesquels elles traitent pour la première fois. Elles fondent leur confiance sur un système bien développé d'information sur les demandeurs de crédit (appuyé par un dispositif entériné par la loi qui donne des renseignements sur les mauvais payeurs). Deuxièmement, bien qu'il soit difficile d'engager des poursuites en réalisation de gage lorsqu'un prêt n'est pas remboursé, la loi brésilienne permet plus facilement de récupérer un bien donné en leasing, de sorte que les Brésiliens utilisent beaucoup le crédit-bail. Troisièmement, pour certaines transactions financières simples, des mécanismes judiciaires spéciaux permettent de contourner la procédure normale.

Priorité à l'essentiel
Considérés globalement, les faits que l'on vient de présenter offrent des raisons d'espérer — mais ils montrent aussi toute l'ampleur de la tâche. L'espoir tient au fait que des institutions relativement simples peuvent faire beaucoup pour favoriser un développement économique par le marché. Mais la tâche est immense, car d'innombrables pays n'ont pas encore jeté les bases les plus élémentaires d'un système de marché. La priorité absolue pour ces économies doit être d'établir les fondements d'un régime de droit en assurant la sécurité des personnes et des biens, en empêchant l'arbitraire dans l'Administration et en mettant en place une justice équitable et prévisible.

Lorsque les conditions d'un état de droit sont réunies, les pays peuvent se concentrer sur les éléments du système juridique qui permettront d'asseoir le régime de la propriété. Le champ est vaste : il couvre tout à la fois la délivrance des titres fonciers et le nantissement des biens meubles, le cadre réglementaire qui régit les marchés de titres, la protection de la propriété intellectuelle et les lois sur la concurrence. Les réformes dans ces domaines, en particulier les plus complexes d'entre eux, ne donneront toutefois des résultats que dans la mesure où la capacité institutionnelle est solide. Dans beaucoup de pays, il faudra d'abord s'attaquer à l'essentiel.

Mener durablement une politique économique porteuse

Le droit de propriété est un élément fondamental d'un mode de développement impulsé par le marché et est à la base de la lutte contre la pauvreté. Mais il ne suffit pas, loin s'en faut. Les entreprises doivent en effet pouvoir évoluer dans un environnement qui les incite à allouer les ressources de façon efficace, à accroître la productivité et à innover. Et tant qu'elles ne seront pas convaincues que les politiques publiques resteront relativement stables dans le temps, elles n'investiront pas, et la croissance en souffrira.

Dans cette section, nous ferons un tour d'horizon international pour évaluer l'effet des grandes orientations qui favorisent le développement. Nous mettrons en lumière certains des facteurs institutionnels qui expliquent les difficultés rencontrées pour adopter de bonnes politiques — et les risques croissants qu'implique l'application de politiques inadaptées dans une économie de plus en plus mondialisée. Ce faisant, nous nous attacherons à dégager des solutions qui permettent à des pays dotés de moyens institutionnels différents de rendre les bons choix irréversibles.

De bonnes politiques sont un facteur de croissance
Les dernières décennies ont permis de faire moisson d'enseignements sur le type de politique économique qui favorise le développement. À cet égard, le miracle de l'Asie de l'Est montre comment l'État et le secteur privé peuvent coopérer pour accélérer le développement et partager les fruits de la croissance. Le redressement récent de certains pays d'Amérique latine, rompant avec un long passé d'inflation pour renouer avec la croissance, ne fait que confirmer l'importance de la libéralisation des marchés, de la discipline budgétaire et des institutions qui renforcent la crédibilité de l'État. L'Afrique, surtout subsaharienne, a été plus lente à s'engager sur cette voie, à l'exception de quelques pays comme Maurice et le Botswana. Mais plusieurs autres — dont la Côte d'Ivoire, depuis la dévaluation du franc CFA, et l'Ouganda, plus récemment — semblent avoir pris un nouveau départ prometteur.

L'analyse des résultats observés dans ces pays et ailleurs montre que la croissance semble nécessairement passer par un certain nombre de grandes orientations, à savoir :

- Assurer la stabilité économique
- Éviter les distorsions de prix
- Libéraliser les échanges et l'investissement.

Ces politiques permettent à une économie de se positionner pour tirer parti des forces de la concurrence. Ces dernières fournissent aux agents économiques les signaux corrects et les incitations voulues pour accumuler des ressources, les utiliser de façon efficace et innover. Au fil du temps, ces données de base peuvent, comme nous l'avons vu au chapitre 2, avoir un impact spectaculaire sur les niveaux de vie.

La relation entre croissance et *stabilité macroéconomique* est bien connue. Des études empiriques montrent que des taux d'inflation élevés (à plus d'un chiffre) ont un effet négatif sur la croissance. En effet, ils sont générateurs d'incertitude quant à la rentabilité de l'épargne et de l'investissement, ce qui décourage l'accumulation du capital. Un pays en proie à l'inflation aura aussi du mal à maintenir un taux de change stable mais compétitif, ce qui l'empêchera d'exploiter les avantages de l'ouverture sur l'extérieur et provoquera l'instabilité sur le front des salaires.

Comme le montre l'encadré 3.4, partout dans le monde, les pays ont du mal à instaurer la discipline budgétaire et monétaire stricte que requiert la stabilité économique. Il est plus difficile encore de maintenir le cap de la rigueur. Mais les pays engagés sur la voie des réformes ne pourront instaurer la confiance nécessaire pour générer la croissance si la population n'est pas convaincue que la discipline sera maintenue. Nous étudierons plus loin les dispositions qui peuvent être prises, au plan institutionnel, pour inspirer cette confiance.

L'*élimination des distorsions de prix*, qui sont un obstacle à la croissance, doit être l'un des objectifs essentiels de toute bonne politique économique. Les distorsions de prix peuvent décourager les investissements nécessaires, détourner les efforts des agents économiques vers des activités

Encadré 3.4 Évolution des déficits budgétaires et de l'inflation dans le monde

Comme le montrent les graphiques ci-dessous, le déficit budgétaire des pays industriels considérés dans leur ensemble s'est progressivement creusé pendant 20 ans, après le début des années 60, pour se stabiliser brièvement à la fin des années 80 et recommencer à augmenter par la suite. La persistance d'un déficit élevé a fortement alourdi la dette publique (même hors engagements au titre des retraites par répartition), qui est passée d'environ 40 % du PIB en 1980 à 70 % en 1995. Dans les pays en développement, la discipline budgétaire s'est globalement beaucoup améliorée, mais les différences sont substantielles d'un pays à l'autre. Les déficits budgétaires ont commencé à diminuer au début des années 80, essentiellement grâce à la réduction des dépenses publiques.

Toutefois, ce tableau d'ensemble reflète essentiellement les succès de l'Asie et de l'Amérique latine, dont les déficits budgétaires ont fortement et durablement diminué. Par contre, dans la première moitié des années 90, ni les pays africains ni ceux du Moyen-Orient n'ont pu maintenir la politique de rigueur budgétaire qu'ils avaient adoptée dans la deuxième moitié des années 80.

Le taux d'inflation varie encore plus d'une région à l'autre que le déficit budgétaire. L'épisode inflationniste des années 70 et du début des années 80 s'est rapidement propagé dans le monde entier. Le ralentissement de la hausse des prix, observé d'abord dans les pays industriels au début des années 80, s'impose petit à petit, mais avec un certain décalage. Dans les pays en développement, l'inflation n'a commencé à céder du terrain qu'au début des années 90, mais pas partout. Dans certaines régions du monde en développement, les taux d'inflation ont commencé à se rapprocher de ceux des pays industriels.

Déficit budgétaire

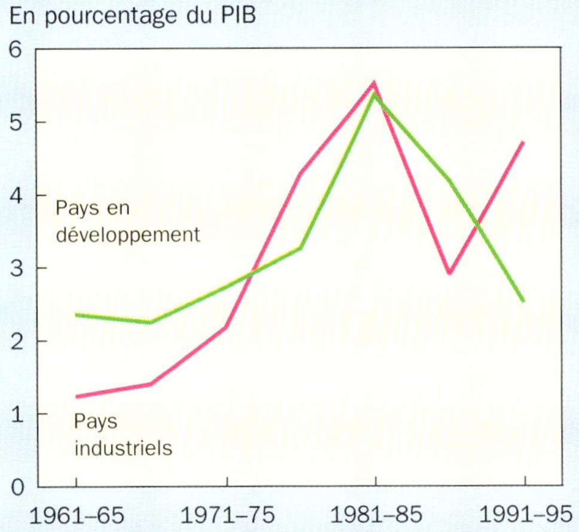

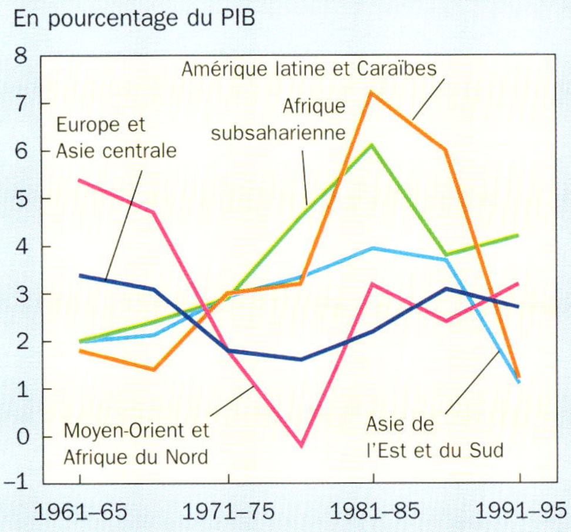

Inflation

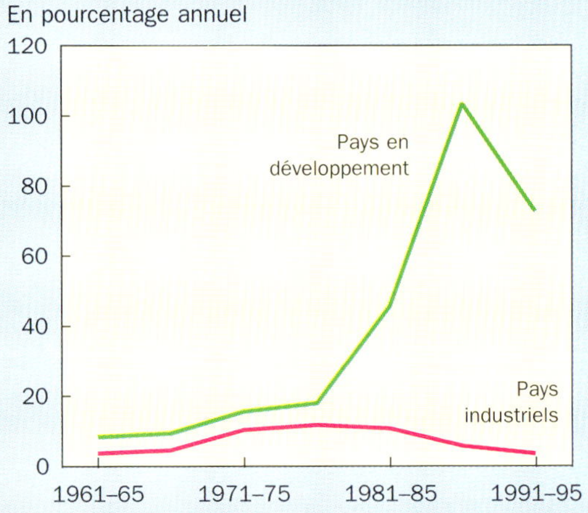

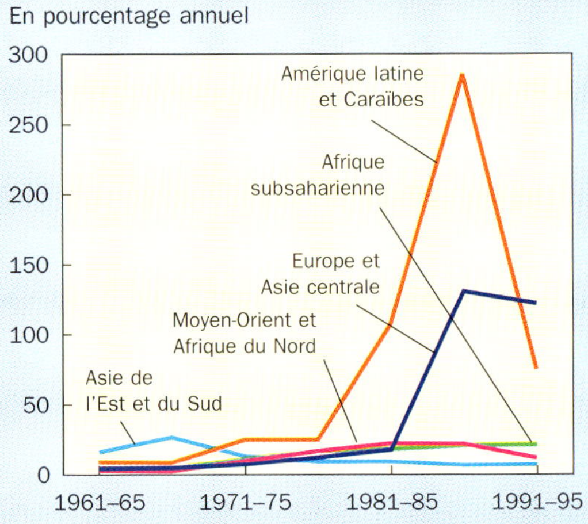

Source : FMI, années diverses (a).

improductives et favoriser une utilisation inefficace des ressources. Elles prennent différentes formes, selon leur origine historique, mais les plus courantes sont la discrimination à l'encontre de l'agriculture, la surévaluation de la monnaie, la fixation des salaires à un niveau irréaliste et les taxes ou les subventions occultes qui faussent les choix d'utilisation du capital.

L'agriculture africaine illustre de manière saisissante comment les distorsions de prix peuvent entraver le développement économique. Ce secteur représente à peu près 35 % du PIB de l'Afrique, 40 % de ses exportations et 70 % de ses emplois. Pourtant, les paysans africains ont toujours été lourdement taxés, de manière directe et indirecte. La fiscalité explicite (en particulier sur les exportations) était élevée parce que, faute de moyens administratifs, les pays ne pouvaient se procurer des recettes suffisantes dans d'autres domaines. La taxation implicite était importante parce que les politiques d'aide aux citadins et au secteur industriel, conjuguées aux mesures prises pour protéger les entreprises domestiques contre la concurrence des importations, ont entraîné une surévaluation importante des monnaies, ainsi que le montrait leur taux de change effectif réel. En outre, dans certains pays, les monopoles du secteur public ont porté les prix à l'exportation à un niveau bien supérieur aux prix à la production, une grande partie de la différence étant engloutie par leurs charges d'exploitation. Les effets conjugués du poids de la fiscalité explicite et de la surévaluation de la monnaie expliquent en partie la diminution alarmante du taux de croissance de l'agriculture dans les pays d'Afrique subsaharienne : d'une moyenne de 2,2 % pendant la période 1965–73, il est tombé à 1,0 % entre 1974 et 1980, puis à 0,6 % entre 1981 et 1985.

Depuis le milieu des années 80, beaucoup de pays africains ont fait de gros efforts pour éliminer les distorsions dont souffrait l'agriculture depuis des lustres. Au début des années 90, deux tiers des 27 pays constituant un échantillon avaient réduit ces distorsions en diminuant la fiscalité explicite et, pour nombre d'entre eux, en corrigeant la surévaluation du taux de change. La dévaluation du franc CFA en 1994 (encadré 3.5) a permis de supprimer une bonne partie des distorsions à l'encontre de l'agriculture dans la quasi-totalité des pays de la zone franc qui ne s'étaient pas encore engagés sur la voie des réformes.

Les distorsions de prix sur les marchés du travail et des capitaux sont moins visibles, mais tout aussi généralisées. Les salaires minimums légaux, par exemple, sont parfois trop élevés, de sorte que les travailleurs peu qualifiés et au bas de l'échelle des rémunérations ont du mal à trouver un emploi, ce qui va à l'encontre du but recherché. De même, le prix de l'argent, c'est-à-dire le taux d'intérêt, est parfois maintenu à un niveau artificiellement élevé à cause de la fiscalité trop lourde pesant sur les transactions financières ou de l'importance des réserves obligatoires. Et lorsque, pour donner satisfaction aux emprunteurs, les autorités plafonnent les taux de prêt ou octroient des subventions aux investisseurs, une nouvelle distorsion vient s'ajouter au système des prix.

Le maintien d'un *régime libéral dans les domaines des échanges, des marchés des capitaux et de l'investissement* joue aussi un rôle déterminant pour la croissance. Comme on le verra de façon détaillée dans le chapitre 8, beaucoup de pays ont récemment pris des mesures pour s'ouvrir davantage sur le monde extérieur. Un marché libre offre de nouvelles opportunités aux particuliers et aux entreprises en élargissant leur accès aux approvisionnements, au matériel, à la technologie et aux financements. Lorsque les relations commerciales d'un pays avec l'économie mondiale se multiplient, les prix domestiques tendent aussi à s'ajuster aux conditions des marchés mondiaux, en fonction de la rareté relative des biens et services. Guidés par des incitations plus rationnelles et les opportunités nouvelles qui s'offrent à eux, les chefs d'entreprise utilisent les ressources de façon plus efficace.

Les réformes fiscales récemment entreprises par les pays en développement montrent comment la mondialisation peut influer sur les politiques nationales. L'internationalisation des activités commerciales et industrielles et la concurrence sans merci que se livrent les pays pour attirer les investissements étrangers — ainsi que l'existence de paradis fiscaux et d'espaces à régime fiscal privilégié — signifient que les pays ne peuvent espérer imposer les bénéfices des propriétés ou le revenu des personnes physiques à un taux sensiblement plus élevé que la norme mondiale sans risquer de faire fuir les investisseurs. En outre, le consensus de plus en plus large en faveur d'un abaissement des barrières commerciales restreint les possibilités de taxation aux frontières, alors que ces taxes ont toujours été une source majeure de recettes budgétaires pour les pays en développement. (Elles représentent encore à peu près 30 % des recettes budgétaires de ces pays pris collectivement.) Avec la mondialisation croissante de l'économie, la part des taxes sur les échanges dans les recettes budgétaires des pays en développement est sans doute appelée à diminuer encore.

Ne pouvant plus compter uniquement sur leurs sources traditionnelles de recettes, de nombreux pays se tournent vers les taxes assises sur la consommation, telles que la taxe à la valeur ajoutée (TVA). En fait, compte tenu à la fois du rendement potentiel de cette taxe et des pressions qui s'exercent sur d'autres sources de recettes, le nombre des pays qui y recourent a augmenté de façon spectaculaire (figure 3.3).

Un régime commercial libéral et ouvert oblige également à se discipliner dans d'autres domaines de la politique économique. En effet, une économie ouverte à la concurrence extérieure étant plus exposée aux risques externes, l'adoption de politiques manquant de cohérence peut coûter cher. C'est la raison pour laquelle les pays où

Figure 3.3 Les pays découvrent les avantages de la taxe à la valeur ajoutée

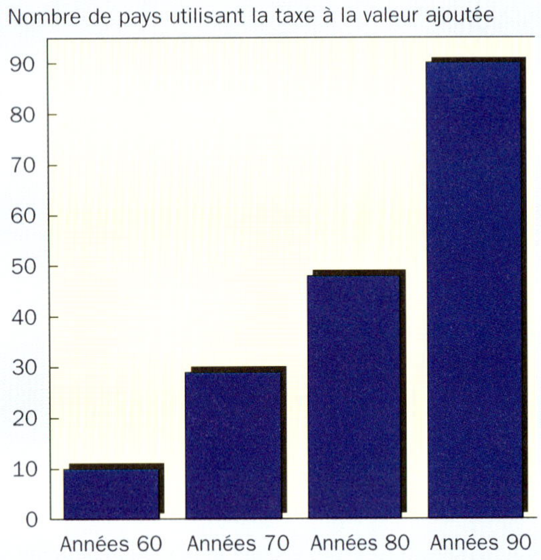

Source : Tanzi, 1995b.

le commerce extérieur occupe une place relativement importante dans l'économie nationale ont généralement un déficit budgétaire moins lourd que ceux dont les échanges sont peu développés. La nécessité de respecter les règles et les conventions des traités internationaux est un autre instrument de bonne conduite.

Un pays qui ne mène pas de bonnes politiques ne peut entrer de plain-pied dans le monde des échanges et des investissements internationaux. Mais faire partie d'une économie mondiale de plus en plus intégrée comporte aussi des risques nouveaux. Lorsque les marchés de biens et de capitaux sont ouverts, il est extrêmement difficile d'échapper aux conséquences du laxisme monétaire. Si un pays fait trop marcher la planche à billets, le marché des changes anticipera rapidement une augmentation de l'inflation, et la monnaie nationale se dépréciera, ce qui poussera les taux d'intérêt domestiques à la hausse, et avec eux les coûts de financement de l'État. De bonnes politiques sont donc nécessaires pour éviter les risques de fuites de capitaux, la volatilité des arbitrages et les variations brusques du cours des produits de base. L'encadré 3.4 illustre en partie les différentes façons dont les pays se sont adaptés aux nouveaux impératifs de la mondialisation.

Les entrées de capitaux étrangers imposent aussi une discipline aux responsables nationaux. Elles entraînent généralement une appréciation de la monnaie nationale en valeur réelle, et elles peuvent peser sur la compétitivité et l'épargne intérieure. Elles peuvent aussi être très déstabilisatrices, car elles sont très sensibles aux turbulences financières sporadiques. L'expérience récente tend à montrer que ces turbulences peuvent être contagieuses et gagner d'autres pays, voire d'autres régions, en prenant des proportions qui ne sont pas toujours en rapport avec les risques. Les pays qui enregistrent d'importants afflux de capitaux peuvent être conduits à maintenir un solde budgétaire positif pour que cette épargne de précaution leur permette éventuellement de faire face à une sortie brutale de capitaux. Les entrées de capitaux ont également une incidence importante sur la politique de change. Les taux de change fixes, par exemple, ne seront probablement pas une option viable pour un pays vulnérable sur les marchés financiers. Bref, la qualité de la gestion de l'économie est un facteur d'importance cruciale pour un pays.

L'expérience du Mexique en 1994–95 illustre de manière frappante les risques de fuites de capitaux et de turbulences financières. C'est surtout la surévaluation du peso, maintenue malgré les déficits très importants du compte courant, qui a provoqué la perte de confiance des agents économiques. Lorsque les réserves de change sont tombées au-dessous du niveau de la base monétaire domestique à la fin de 1994, les autorités n'ont pas pris les mesures qui s'imposaient pour réduire la masse monétaire. Si elles avaient adopté des politiques plus cohérentes, elles auraient pu conserver en partie la confiance des agents économiques.

Une économie ouverte est aussi exposée aux chocs que les marchés mondiaux font subir aux prix. Les prix de l'énergie et des denrées alimentaires sont particulièrement instables, et peuvent avoir des répercussions sur la position des paiements extérieurs d'un pays ainsi que sur sa situation budgétaire. Les taux de change et d'intérêt sont eux-aussi volatiles. La prudence exige d'anticiper les chocs défavorables (une augmentation brutale des prix pour les importateurs, une chute des prix pour les exportateurs). C'est pourquoi les pays doivent éviter de s'endetter de façon excessive, se réserver une marge de manoeuvre pour pouvoir emprunter en cas de besoin, maintenir des réserves de change suffisantes et prendre des dispositions pour diversifier leur base économique à moyen terme.

Une heureuse surprise peut causer autant d'ennuis qu'une mauvaise. Aussi, en cas de choc ayant un effet positif sur l'économie, la prudence impose-t-elle de réserver une partie des profits conjoncturels pour une utilisation future. Lorsque la guerre du Golfe a fait monter les cours du pétrole en 1990–91, le Nigéria a profité de l'augmentation de ses recettes pétrolières pour dépenser plus, ce qui a provoqué une aggravation de son déficit budgétaire en 1990, malgré la progression importante de ses rentrées de fonds (figure 3.4). Et, lorsque les cours du pétrole et les recettes pétrolières ont baissé en 1991, rien n'a été fait pour comprimer les dépenses publiques. Dans les mêmes circonstances, l'Indonésie a en revanche adopté une politique de rigueur : afin de ne pas déséquilibrer son budget, elle a utilisé la manne pétrolière pour créer un fonds de réserve et faire aussi en sorte que l'accroissement des dépenses reste inférieur à celui des recettes.

Appliquer de bonnes politiques n'est pas chose facile

Si la recette est bien connue, trop nombreux sont encore les pays qui manquent de détermination pour l'appliquer, et les résultats s'en ressentent. Dans bien des cas, cela tient à l'existence de facteurs politiques et institutionnels qui incitent les responsables nationaux à maintenir une « mauvaise » politique.

Les politiques préjudiciables au développement permettent souvent aux groupes politiquement influents de s'enrichir très vite. Beaucoup de problèmes macroéconomiques, tels que l'inflation ou la distorsion des taux de change, sont en fait des moyens détournés de prélever des taxes non anticipées sur le secteur privé ou de redistribuer les profits économiques. De même, une large panoplie de restrictions qui brident le fonctionnement des marchés — restrictions imposées sur les importations, privilèges accordés aux monopoles locaux, formalités administratives — servent à protéger de puissantes entreprises en place ou d'autres segments de la société.

Dans certains pays, le système politique est tel qu'il porte en lui les germes du déficit budgétaire. Les élus échangent des faveurs, chacun promettant de voter pour soutenir les avantages à offrir aux électeurs de l'autre, sans préciser comment ces avantages seront payés, de sorte que les déficits budgétaires augmentent.

Lorsque les recettes publiques sont insuffisantes et que l'on n'a pas envie de réduire les dépenses, on a le choix entre lever des impôts qui sont souhaitables du point de vue de l'efficacité ou imposer des taxes occultes sous la forme, par exemple, d'un « prélèvement inflationniste », c'est-à-dire la ponction prélevée sur les revenus réels lorsque les dépenses de l'État sont financées avec une monnaie dévalorisée. Cette deuxième option est souvent la plus facile. Pour améliorer le recouvrement de l'impôt, il faut pouvoir compter sur une administration fiscale efficace et honnête, ce qui suppose parfois de commencer par une réforme structurelle radicale des services en question. Dans certains pays, la modification du taux de la TVA exige un vote du parlement, ce qui implique des délais et des compromis politiques. Mais, pour augmenter le « prélèvement inflationniste », une instruction ministérielle à la banque centrale peut parfois suffire.

Même lorsqu'ils sont animés de bonnes intentions, les gouvernements sont parfois contraints de recourir à un impôt occulte, comme le « prélèvement inflationniste », alors même qu'ils reconnaissent que cette solution est extrêmement coûteuse à long terme et qu'elle entame leur crédibilité. Comment un gouvernement qui a l'habitude de recourir au financement par l'inflation peut-il convaincre des détenteurs potentiels d'obligations qu'il n'utilisera pas une fois de plus la planche à billets pour s'en sortir ou, tout simplement, qu'il honorera ses engagements ? Comment peut-il convaincre les travailleurs syndiqués qu'il n'amputera pas leur revenu réel en faisant augmenter le coût de la vie ? S'il n'arrive pas à convaincre, les investisseurs se protégeront en exigeant un taux d'intérêt plus élevé sur les emprunts d'État, et les travailleurs préserveront leurs arrières en demandant des augmentations importantes de salaire. Leurs doutes sont parfois autoprémonitoires, le gouvernement pouvant être contraint de déclencher l'inflation que les agents privés anticipent, en assouplissant la politique monétaire et en laissant monter les salaires réels ou les taux d'intérêt.

Ces mécanismes institutionnels pervers, mais puissants, peuvent rendre une réforme très difficile. Et, même lorsque les réformes sont lancées, les événements peuvent conforter le scepticisme des milieux d'affaires, des travailleurs et des consommateurs, à moins que le gouvernement ne puisse les convaincre du sérieux de ses intentions.

Rendre les réformes irréversibles

Une fois que les réformes sont annoncées, leur succès dans le temps peut dépendre de mesures montrant de façon crédible que le gouvernement ne reviendra pas sur ses promesses. Divers moyens permettent de rendre les réformes irréversibles. Tous reposent sur la même logique : mettre

Figure 3.4 Contrairement au Nigéria, l'Indonésie a su gérer sagement la manne pétrolière

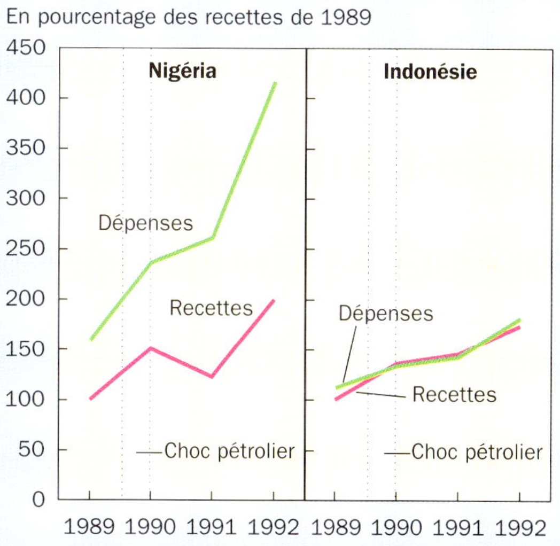

Source : FMI, années diverses (b).

en place des mécanismes qui empêcheront de revenir sur les engagements pris. Si la capacité institutionnelle est suffisamment grande pour permettre à un pays de réagir en souplesse à des événements imprévus, tant mieux. Dans l'hypothèse inverse, les objectifs à long terme seront plus facilement atteints si un pays maintient les restrictions qu'il s'est imposées et supporte les rigidités qu'elles impliquent. Les exemples donnés ici concernent la politique budgétaire et la politique monétaire. Le chapitre 4 analyse d'autres exemples dans le domaine de la réglementation.

POLITIQUE BUDGÉTAIRE. Dans nombre de cas, les perturbations macroéconomiques se manifestent d'abord par des déséquilibres budgétaires. Les travaux récents tendent à montrer qu'en modifiant les caractéristiques institutionnelles du cycle budgétaire, on peut améliorer sensiblement la performance dans ce domaine.

Il est particulièrement important d'améliorer la transparence du processus d'élaboration du budget. Si l'ambiguïté à ce niveau pénalise la société dans son ensemble, les gouvernements peuvent y trouver leur compte, car elle leur donne, par exemple, la possibilité de dissimuler le coût des faveurs consenties à des groupes d'intérêts ou de sous-estimer le prix réel d'une prodigalité passagère. L'absence de transparence ouvre grand la porte à la « comptabilité imaginative » grâce à des artifices, tels que les dépenses hors budget ou les projections excessivement optimistes pour l'évolution des recettes et des taux de croissance. Inutile de dire que ces tours de passe-passe rendent le contrôle des dépenses plus difficile.

Le mode de préparation et d'approbation du budget joue aussi un rôle important. En effet, un certain nombre de faits prêtent à penser, par exemple, qu'une approche hiérarchique de la budgétisation — permettre au ministère des finances de très largement contrôler le montant global des dotations ministérielles — ne donne pas les mêmes résultats qu'une approche plus collégiale. En principe, l'approche hiérarchique doit favoriser la discipline budgétaire en permettant un contrôle d'en haut et en limitant les possibilités du législateur de compléter ici et là les crédits.

Une étude récente sur 20 pays d'Amérique latine semble indiquer que les mesures en faveur d'une approche hiérarchique et plus transparente de l'élaboration du budget favorisent la rigueur budgétaire (figure 3.5). Elle montre que le déficit budgétaire est en général plus important dans les pays qui adoptent une démarche plus collégiale et peu transparente. Ainsi, là où le système est le moins transparent et le moins hiérarchique, le déficit public représente en moyenne 1,8 % du PIB. Les pays du groupe intermédiaire affichent un excédent budgétaire de 1,1 % du PIB, et ceux qui obtiennent le meilleur score au double plan de la hiérarchie et de la transparence dégagent un excédent budgétaire qui atteint en moyenne 1,7 % du PIB. Ces résultats montrent que les pays qui veulent améliorer la gestion globale de leur budget doivent étudier de près non seulement leurs bilans, mais aussi le cadre institutionnel qui influence les dotations.

Figure 3.5 Des mécanismes budgétaires bien conçus aident à limiter l'importance du déficit

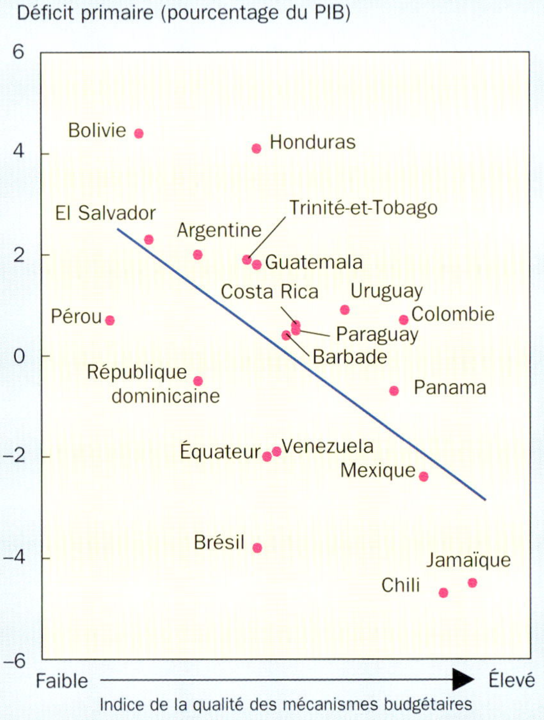

Note : Les déficits budgétaires sont des moyennes sur la période 1980–92. L'indice des mécanismes budgétaires, qui comporte dix éléments, est construit à partir des réponses à une enquête menée auprès des directeurs du budget des pays concernés. Source : Alesina, document de référence.

POLITIQUE MONÉTAIRE. Doté d'une banque centrale indépendante qui fonctionne bien, un pays peut réduire efficacement le risque d'une expansion monétaire motivée par des considérations politiques, tout en conservant une certaine souplesse pour absorber les chocs exogènes inévitables. De nombreux pays, soucieux de rendre leur politique monétaire plus crédible, ont choisi de se doter d'une banque centrale indépendante.

Dans bien des cas, l'enthousiasme à s'engager sur cette voie se fonde sur le constat que, dans les pays de l'OCDE disposant d'une banque centrale indépendante, le taux d'inflation est en général inférieur à celui des autres pays — sans que leur croissance s'en trouve ralentie. Mais les tentatives faites en ce sens dans les pays en développement ont donné des résultats mitigés, selon la définition que l'on donne de l'indépendance d'une banque centrale. Lorsque la Russie a décidé d'adopter le principe de l'indépendance de la banque centrale au début des années 90, par exemple, cela n'a paru en rien freiner l'inflation. Le fait que les choses ne soient pas aussi simples dans les pays en développement semble indiquer que la rigueur monétaire, au moyen de l'indépendance de la banque centrale, ne se décide pas par décret. Il faut parfois instaurer au préalable des mécanismes qui feront contrepoids aux décisions arbitraires des services de l'État.

Le choix d'un gouverneur partisan d'une politique prudente, plus hostile à l'inflation que le citoyen moyen, est une solution qui peut permettre aux pays en développement de tirer parti d'une banque centrale indépendante, tout en limitant les risques. Une autre solution consiste à ne doter la banque centrale que d'une indépendance de moyen — la détermination de la conduite à tenir au quotidien pour atteindre un objectif donné —, le choix de l'objectif lui-même restant la prérogative des dirigeants politiques. Une troisième solution serait de conclure avec le gouverneur un contrat aux termes duquel il sera sanctionné d'une façon ou d'une autre si l'objectif d'inflation est dépassé. On obtient les mêmes effets qu'en choisissant un gouverneur partisan d'une politique prudente, sans avoir à s'en remettre à des jugements subjectifs sur la personne en poste.

Les résultats inégaux des banques centrales indépendantes sur le front de l'inflation donnent à penser que certains pays en développement sont peut-être tout simplement incapables de mettre en place des mécanismes qui leur permettent de donner un signal crédible de leur attachement à la rigueur monétaire sans perdre la capacité de s'adapter en souplesse aux chocs externes. Pour ces pays, l'alternative pourrait être simple : soit affirmer leur engagement en mettant en place des mécanismes rigides, soit s'abstenir de tout engagement quel qu'il soit. Différentes formules, dont on trouvera quelques exemplaires ci-après, ont été essayées :

- Rompant avec une longue tradition d'inflation, l'Argentine a adopté, en avril 1991, une loi sur la convertibilité de la monnaie qui revient pratiquement à transformer la banque centrale en une sorte de « caisse d'émission ». Autrement dit, le stock de monnaie doit être entièrement gagé par les réserves en devises.
- Beaucoup de pays d'Amérique latine ont opté pour des taux de change fixes afin de fournir un point d'ancrage aux prix et de coordonner les anticipations du secteur privé. La fixité des taux de change interdit le recours à la dévaluation pour absorber les chocs exogènes temporaires. Mais, comme le Mexique a pu le constater à sa plus grande consternation en 1994, la fixité des parités nominales peut aussi devenir un élément dangereusement déstabilisateur lorsque les entrées de capitaux ou les politiques intérieures poussent les taux de change réels à des niveaux irréalistes.
- La plupart des pays francophones d'Afrique sont membres de la zone CFA et de ses deux banques centrales supranationales. Les avances à un pays membre sont limitées à 20 % des recettes fiscales qu'il a perçues au cours de l'année précédente. Cela empêche les pays de remplacer les impôts classiques par un « prélèvement inflationniste » (encadré 3.5). Mais ce mécanisme peut aussi provoquer une déflation si le taux de croissance devient négatif, comme cela s'est produit dans les années 80.

Ces lignes inflexibles impliquent une course contre la montre dont les enjeux sont élevés. En augmentant le coût d'un revirement de la stratégie monétaire, elles contribuent à convaincre que le gouvernement maintiendra fermement le cap qu'il s'est fixé. Mais, à un moment ou à un autre, il y aura un choc exogène suffisamment puissant — ou l'opposition politique à certains effets secondaires de la stratégie sera peut-être suffisamment forte — pour que la stratégie doive être reconsidérée. À ce stade, les pays qui ont gagné la course contre la montre auront déjà adopté une approche plus souple à l'égard de la rigueur monétaire ou ils auront suffisamment assis leur crédibilité pour que l'adaptation de la stratégie ne soit pas interprétée comme un revirement.

Investir dans le capital humain et les équipements d'infrastructure

Des marchés qui fonctionnent bien sont habituellement le moyen le plus efficace de fournir les biens et services dont l'économie a besoin, mais pas toujours. En particulier, les marchés ne fournissent pas en quantité suffisante tout un ensemble de biens collectifs — les biens publics en tant que tels et les biens privés qui ont d'importantes retombées positives pour l'ensemble de la société. Ces biens influent généralement beaucoup sur la qualité de vie. Il en est ainsi de l'air pur et de l'eau salubre, de l'éducation de base et de la santé publique, ou encore des transports et des communications à faible coût. Ce sont aussi des biens dont la fourniture peut profondément modifier le bien-être et l'espérance de vie des plus démunis.

Les investissements publics dans la santé, l'éducation et l'infrastructure sont d'une rentabilité élevée

L'accès à une eau salubre et la lutte contre les maladies infectieuses sont des services publics qui ont des effets externes importants, mais que le secteur privé n'assurera pas en quantité suffisante, ou ne fournira pas du tout. Aujourd'hui encore, les maladies infectieuses sont une cause de mortalité importante dans les pays en développement, et ce sont les pauvres qui sont les plus touchés. Il y a dans le monde en développement près de 1 milliard de personnes qui n'ont pas accès à l'eau salubre, et 1,7 milliard qui ignorent ce que sont les services d'assainissement. Les maladies hydriques telles que le choléra, la typhoïde et

Encadré 3.5 Le choix entre engagements et flexibilité dans les pays de la zone CFA

La zone CFA de l'Afrique occidentale et centrale est une union monétaire et est basée sur une monnaie étalon. Le franc CFA est convertible en francs français à un taux de change nominal fixe. La France a créé cette zone à la fin de la Deuxième Guerre mondiale pour contrôler les politiques monétaire et financière des colonies africaines, et elle continue de jouer un rôle central dans le fonctionnement du système.

En échange de la garantie de convertibilité offerte par la France, les pays de la zone limitent leur création monétaire. Les changements de politique monétaire nécessitent des négociations multilatérales entre les États membres et la France. Sauf à se retirer complètement de la zone, un pays ne peut unilatéralement revenir sur ses engagements.

Par rapport aux pays voisins dotés de ressources similaires, les pays de la zone franc ont enregistré une inflation moyenne plus faible et des taux de croissance plus élevés tout au long des années 70 et au début des années 80. Mais, dans la deuxième moitié des années 80, certains des coûts de l'appartenance à la zone sont apparus. Les pays membres ont subi deux chocs exogènes : d'une part, l'appréciation en valeur réelle du franc français par rapport au dollar, ce qui a entraîné *ipso facto* une évolution similaire du franc CFA et, d'autre part, la chute spectaculaire du cours des principaux produits d'exportation de certains membres de la zone. La fixité des parités interdisait tout ajustement via une dévaluation nominale de la monnaie. L'inflation est restée faible pendant cette période, mais au prix d'une stagnation économique. Les facteurs mêmes qui avaient contribué à la crédibilité et la stabilité de la zone CFA rendaient très difficile la dévaluation du franc CFA. Au début des années 90, toutefois, tous les acteurs concernés ont reconnu que la dévaluation était nécessaire.

Une dévaluation de 50 % a été annoncée en janvier 1994. Son ampleur même signalait qu'il n'y aurait pas de nouvelle dévaluation. Les pays de la zone ont donc pu en recueillir les fruits sans compromettre la crédibilité future de la fixité des changes. Les indications à ce jour montrent que la dévaluation a largement réussi sur les deux fronts.

la paratyphoïde demeurent une menace omniprésente dans beaucoup de pays en développement, en particulier pour les pauvres. En Malaisie, on constate que les interventions traditionnelles de santé publique, sous forme de vaccination et d'approvisionnement en eau potable, par exemple, peuvent réduire de façon significative les taux de morbidité et de mortalité, surtout infantile.

La rentabilité des investissements dans l'enseignement primaire est particulièrement élevée, car une éducation de base pour tous a d'importantes externalités positives pour l'ensemble de la collectivité. La scolarisation des filles, par exemple, entraîne à terme une amélioration de la santé des femmes et de leurs enfants et une baisse des taux de fécondité. Beaucoup d'observateurs attribuent une bonne part du succès économique des pays d'Asie de l'Est à leur détermination inébranlable d'affecter les crédits nécessaires à l'éducation de base dont ils ont fait la pierre angulaire du développement économique.

Comme le soulignait le *Rapport sur le développement dans le monde, 1994*, l'investissement public dans les équipements d'infrastructure stimule l'activité économique dans les pays en développement comme dans les pays industriels. Une étude conduite dans 85 districts de 13 États indiens montre que la réduction du coût des transports a entraîné un essor très important de l'agriculture en facilitant l'accès des paysans aux marchés où ils écoulaient leurs produits. De façon plus générale, pour affronter la concurrence sur les nouveaux marchés d'exportation, il faut des infrastructures de grande qualité afin de pouvoir transporter au moindre coût les marchandises sur de longues distances.

Souvent, pourtant, les pouvoirs publics négligent ces investissements très rentables

Un peu partout dans monde, les ressources consacrées aux services de base d'importance vitale sont insuffisantes. Dans les budgets nationaux, la santé publique reçoit à peu près 1 dollar par habitant alors qu'il en faudrait au minimum 4. En 1990, environ 130 millions d'enfants en âge de poursuivre une scolarité primaire — dont 60 % de filles — n'étaient pas scolarisés. En Afrique, la moitié des enfants ignorent le chemin de l'école. Les filles, les pauvres des zones rurales et les enfants des minorités ethniques et linguistiques ont moins de chances de fréquenter un établissement scolaire que les autres.

Le problème tient en partie à la mauvaise répartition des ressources *entre* secteurs — par exemple, entre la défense, les entreprises publiques et les services sociaux. Dans beaucoup de pays en développement, les entreprises publiques produisent des biens que les marchés privés pourraient fournir. Les ressources que ces entreprises engloutissent pourraient être dépensées plus utilement si elles étaient affectées à la production de biens publics. En Turquie, la société publique d'exploitation du charbon a perdu 3,5 milliards de dollars entre 1990 et 1996. En Tanzanie, les sommes dépensées par l'administration centrale pour subventionner les entreprises publiques déficitaires représentaient une fois et demie l'enveloppe de la santé publique. Dans les pays à faible revenu, les pertes des entreprises publiques représentaient en moyenne 2,3 % du PIB pendant la période 1978–91.

De plus, les ressources sont également mal réparties *à l'intérieur* d'un même secteur. Les dépenses liées aux équipements d'infrastructure et aux services sociaux sont en général concentrées dans les zones où les marchés et le secteur privé peuvent financer l'essentiel des besoins, qu'il s'agisse des hôpitaux urbains, des dispensaires, des universités ou des transports. Il vaudrait mieux consacrer ces fonds à la fourniture des biens publics essentiels. Ces dépenses profitent souvent proportionnellement plus aux classes favorisées, les pauvres n'en recevant qu'une faible fraction.

Par exemple, les pays s'efforcent souvent de financer toute la gamme des services de soins, alors qu'il faudrait donner la priorité aux interventions de santé publique qui permettent d'améliorer l'état sanitaire de larges segments de la population, et notamment des pauvres. Les soins relevant de la médecine curative sont, dans leur grande majorité, un bien privé (presque) pur, en ce sens que, si l'État ne les prend pas en charge, tous ceux qui en ont besoin trouveront le moyen de payer, à l'exception des plus pauvres. Cela explique peut-être pourquoi, en Malaisie, les soins cliniques offerts dans des établissements publics n'ont eu aucun effet sur l'état de santé des habitants, qui ont la possibilité, s'ils le souhaitent, de s'adresser à des services privés.

Si certains pays commencent à consacrer davantage de crédits budgétaires à l'enseignement primaire et secondaire, l'enseignement supérieur reste fortement subventionné par rapport aux deux autres cycles. Alors que la République de Corée, par exemple, consacre 84 % de son budget d'éducation à l'éducation de base, le Venezuela ne lui en consacre que 31. L'enseignement supérieur absorbe 35 % du budget de l'éducation en Bolivie, contre 11 % seulement en Indonésie. C'est en Afrique que la générosité de l'État à l'égard de l'université est la plus marquée, puisque les dépenses par étudiant sont environ 44 fois plus élevées que dans l'enseignement du premier degré. La Tanzanie est un exemple extrême avec un rapport de 238 à 1.

La priorité ainsi accordée aux soins cliniques et à l'enseignement supérieur accuse les inégalités sociales. Au Viet Nam, les faits confirment que les classes les plus aisées profitent proportionnellement plus des soins hospitaliers. On estime en effet que le cinquième le plus riche de la population accapare 30 % des dépenses hospitalières, tandis que le cinquième le plus pauvre n'en absorbe que 11 (figure 3.6).

Les décisions des autorités quant à la nature des services fournis par l'État ne sont pas la seule cause de la répartition inégale des prestations financées par de l'argent public. Les disparités au niveau de la demande, en particulier celles qui tiennent aux différences de traitement entre garçons et filles ou entre hommes et femmes, jouent également un rôle important. En Côte d'Ivoire, par exemple, près des deux tiers des dépenses publiques d'éducation profitent aux garçons. Au Pakistan, les crédits budgétaires alloués à la scolarisation des garçons représentent environ une fois et demie ceux qui sont consacrés à la scolarisation des filles. Souvent, les filles sont encore plus mal loties dans les foyers pauvres, du fait que la demande d'éducation de ces ménages privilégie les garçons.

Figure 3.6 Au Viet Nam, les soins hospitaliers profitent davantage aux classes plus aisées

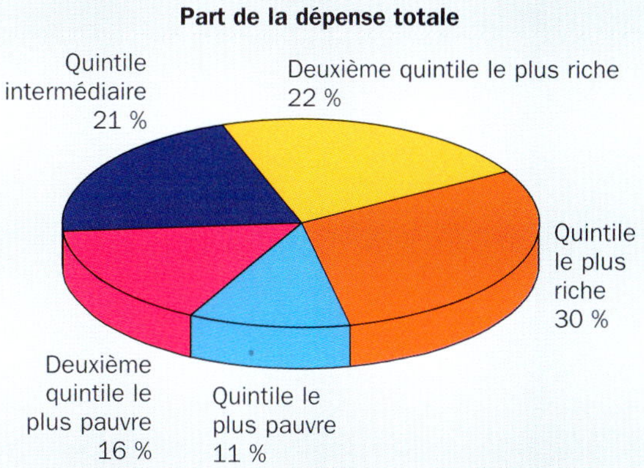

Note : Chaque tranche représente la part des dépenses consacrées au quintile considéré en 1993. Source : Banque mondiale, 1995f.

Faire un meilleur usage des ressources publiques

Pour orienter plus efficacement l'utilisation des ressources publiques sur la fourniture de biens et services collectifs, les pays devront restructurer leurs dépenses publiques et apprendre à utiliser leurs ressources de façon plus rationnelle. Dans beaucoup de pays, cela implique des changements sur le plan politique comme au niveau institutionnel. Dans ce domaine, il s'agira avant tout d'aborder la question de la prestation dans une optique pluraliste. Ainsi, il faudra permettre la participation du secteur privé et axer les interventions directes de l'État sur les biens et services véritablement collectifs (étant entendu que, comme nous le verrons plus loin, les pouvoirs publics pourront aussi décider de subventionner la consommation des plus démunis même lorsque les bénéfices sont purement privés). Par rapport aux principes communément admis après la guerre, selon lesquels les équipements d'infrastructure et les services sociaux étaient du domaine exclusif des monopoles d'État, les approches pluralistes peuvent paraître une formule radicalement différente qui n'a pas fait ses preuves. Et pourtant, les projets à participation privée et communautaire ne datent pas d'hier (encadré 3.6).

Ce n'est qu'au XXe siècle, d'abord en Europe puis dans d'autres pays, que l'État est devenu un prestataire important de services, allant, dans certains cas extrêmes, jusqu'à évincer complètement le secteur privé. Cet élargissement du périmètre de l'État a pris des formes diverses selon les services et les pays, ce qui s'est traduit par des différences importantes dans les modes de financement et de prestation tant entre les pays dans une même catégorie de revenu que d'une catégorie à l'autre. Dans les pays à faible revenu, par exemple, la part de l'enseignement privé dans le volume global des dépenses d'éducation passe d'environ 20 % à Sri Lanka à près de 60 % en Ouganda et au Viet Nam (figure 3.7). La répartition des dépenses de santé fait apparaître des disparités similaires. En Amérique latine, la part des prestations privées varie dans de très fortes proportions, allant, par exemple, d'un tiers des dépenses totales de santé en Équateur à 43 % au Mexique et 57 % au Brésil. En Thaïlande, 80 % des dépenses de santé sont financées par des ressources privées.

Dans bien des cas, on pourrait réaliser un meilleur équilibre entre les rôles et les moyens d'action des différents intervenants, en fragmentant entre plusieurs prestataires la fourniture des services d'infrastructure et des services sociaux. Dans les systèmes où ceux-ci sont regroupés, toute une gamme de services — privés ou collectifs, subventionnés ou non, concurrentiels ou monopolistiques — sont confiés à un seul prestataire public. Le dégroupement des services permet :

- De distinguer les activités qui pourraient être financées et assurées en totalité par les marchés privés des activités à forte vocation collective, le secteur public pouvant alors commencer à se délester des premières ;

Encadré 3.6 L'éducation, la santé et le secteur privé : une rétrospective

Ce n'est qu'au XXe siècle que l'État a assumé un rôle important dans la prestation de services tels que l'éducation et la santé. Mais la diversité des moyens à sa disposition se traduit par une répartition différente entre secteur privé et secteur public.

À l'origine des systèmes éducatifs modernes se trouvent des initiatives privées, souvent à caractère religieux. Des écoles coraniques d'Indonésie et d'Afrique de l'Ouest aux gourous hindous de l'Inde, en passant par les églises dans la plupart des pays d'Europe et les enseignants des villages de la Chine, les écoles religieuses privées ont formé des générations de jeunes pendant des siècles. Mais l'instruction était en général un privilège réservé aux élites. La démocratisation de l'enseignement est une invention du XIXe siècle qui, à partir de l'Europe et de l'Amérique du Nord, a gagné les anciennes colonies après leur accession à l'indépendance. Les efforts d'investissement importants de l'État se sont traduits par une expansion importante de l'effectif scolaire des établissements publics, qui s'est accompagnée dans plusieurs pays d'un recul parallèle de l'enseignement privé. Au Malawi, par exemple, la part de l'effectif des écoles primaires privées a chuté, passant de 77 % du total en 1965 à 10 % en 1979. Dans d'autres pays, l'incapacité de l'État à faire face à la demande ou à répondre au mécontentement suscité par l'enseignement public a entraîné une augmentation de l'effectif des établissements privés.

Dans le passé, la plupart des services médicaux étaient fournis de façon privée par des sages-femmes, des guérisseurs traditionnels et des médecins de quartier. Ce n'est que lorsque les premiers antibiotiques ont été produits en grande série après la Deuxième Guerre mondiale que la médecine occidentale a commencé à profiter à de vastes segments de la population. Dans les pays en développement, le mouvement d'urbanisation et d'industrialisation a favorisé la formation de groupements de travailleurs, qui se sont organisés pour mettre en place un système d'assurance santé en créant des « fonds maladie » ou faire pression sur les pouvoirs publics pour que l'État finance un régime de protection sociale. En 1950, 16 pays d'Amérique latine avaient adopté une législation permettant d'apporter une assurance santé à certains groupes, mais seuls deux pays d'Afrique et quatre d'Asie leur avaient emboîté le pas.

Faisant de la santé un « droit fondamental », la Conférence internationale sur les soins de santé primaires, organisée à Alma-Ata, au Kazakstan, en 1979, a appelé les gouvernements à assumer la « responsabilité » qui était la leur « vis-à-vis de la santé des populations ». Plusieurs pays en développement ont créé des systèmes nationaux de santé, dont l'objectif affiché est de fournir des soins médicaux gratuits à toute la population. Ces efforts ont eu des résultats mitigés, et le secteur privé s'est développé pour combler les vides. En Malaisie, par exemple, les praticiens privés sont passés de 43 à 90 % de l'effectif total de médecins entre 1975 et 1990. Mais d'importants groupes de population n'ont toujours pas accès aux services de base, tandis que d'autres s'adressent surtout à des médecins privés et prennent le coût des prestations à leur charge.

Figure 3.7 L'importance relative de l'enseignement privé varie considérablement selon les pays

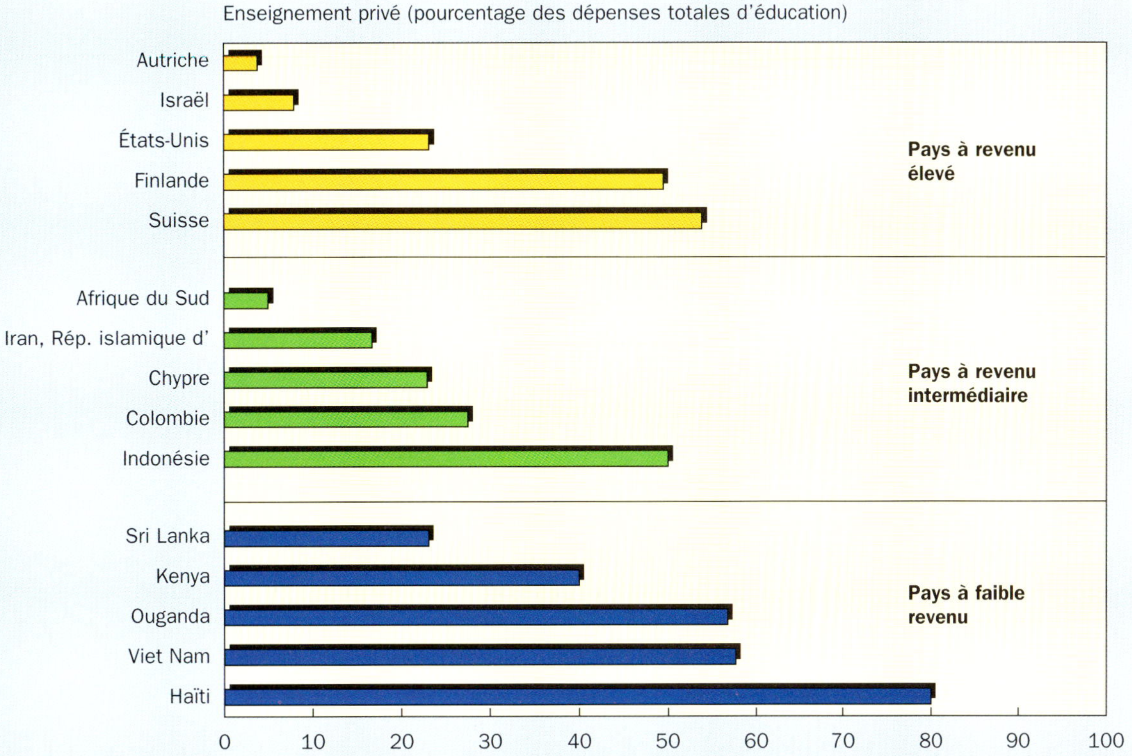

Note : Les données se rapportent à diverses années de la période 1988–93. Source : Psacharopoulos et Nguyen, 1997.

- De distinguer les activités d'intérêt collectif dont l'organisation doit rester aux mains de l'État des activités qui doivent être financées par le secteur public, mais qui devraient être assurées par le secteur privé ; dans ce cas, il convient de prévoir des systèmes de bons, de sous-traitance et d'autres dispositifs similaires pour établir un pont entre le secteur public et le secteur privé (le chapitre 5 examine ces différentes formules de façon plus détaillée) ;
- D'exploiter les nouvelles possibilités qu'offre la concurrence pour les divers biens et services qui peuvent maintenant être fournis par le secteur privé (parfois, comme on le verra au chapitre 4 pour les services d'utilité publique, cela nécessite de nouvelles dispositions réglementaires) ;
- D'accroître la transparence de l'utilisation des deniers publics (ce qui est bien plus difficile lorsqu'un grand nombre d'activités diverses sont regroupées sous la direction d'un monopole public).

Mais il ne suffit pas de restructurer les modes de prestation. Le changement le plus important à apporter au régime des incitations est peut-être de donner aux usagers eux-mêmes la possibilité de « se faire entendre » non seulement en leur permettant de travailler en partenariat avec ceux qui fournissent les services lorsque l'efficacité des prestations dépend pour beaucoup de l'information au niveau local, mais aussi en leur offrant les moyens de suivre la performance des prestataires et de faire respecter, par le jeu politique, l'engagement de qualité. Nous verrons au chapitre 7 comment cet objectif peut être atteint.

Protéger les plus vulnérables

À long terme, une croissance rapide et un investissement dans le capital humain permettent de faire de grands progrès sur le front de la pauvreté. Pourtant, indépendamment du niveau de revenu d'un pays et de l'expansion de l'économie dans son ensemble, il restera toujours des laissés-pour-compte et des individus confrontés à des difficultés temporaires. On examinera dans cette section comment différents pays se débattent contre le problème majeur que représente la protection des plus défavorisés.

Une large panoplie de mesures de protection

Le tableau 3.1 permet de se faire une idée des multiples initiatives prises par différents pays en développement pour tenter de protéger les plus vulnérables. Toutes ces actions peuvent être groupées en deux grandes catégories :

Tableau 3.1 Programmes d'assurance sociale, d'aide sociale et de lutte contre la pauvreté dans les pays en développement : caractéristiques et remarques

Type de programme	Couverture et caractéristiques régionales	Inconvénients des systèmes et remarques	Programmes réussis
Retraites	Pratiquement universelle dans les pays en transition, très faible en Afrique subsaharienne, moyenne ou élevée en Amérique latine. Les régimes fondés sur la répartition prédominent.	Les déséquilibres actuariels, même dans certains pays où la population est jeune, menacent la stabilité macroéconomique, surtout dans les pays en transition, au Brésil et en Uruguay. Les pays en transition doivent retarder l'âge de la retraite. Séparer l'élément redistribution de l'élément assurance.	Programmes novateurs en Argentine et au Chili
Prestations familiales	Un des volets du système d'assurance sociale dans les pays à revenu intermédiaire et à revenu élevé. Universelle au niveau des entreprises dans les pays en transition.	Corrélation étroite entre la taille des familles et la pauvreté dans les républiques de l'Asie centrale, mais pas dans les pays d'Europe orientale ni les autres pays de la CEI. L'incidence de la pauvreté détermine le degré de progressivité. Si l'incidence de la pauvreté est élevée, il est essentiel de subordonner les prestations au niveau des ressources pour maîtriser les coûts.	
Aide sociale (allocations)	Limitée dans les pays en transition, rare en Asie, inexistante en Amérique latine et en Afrique.	Ces programmes sont plus indiqués pour les pays où l'incidence de la pauvreté est relativement faible.	Programme chilien de subventions aux familles et de prestations sociales aux personnes âgées
Subventions alimentaires	Les subventions généralisées aux prix prédominent en Afrique et au Moyen-Orient. Le rationnement quantitatif prédomine en Asie du Sud. La rémunération alimentaire du travail est utilisée en Amérique latine. Les pays s'orientent vers des bons d'alimentation et des programmes ciblés.	Les subventions illimitées sont insoutenables pour les budgets nationaux, elles sont génératrices de distorsions et elles ont un caractère régressif. On peut éviter les déperditions par des mesures novatrices visant à améliorer le ciblage. Les programmes de nutrition sont d'un meilleur rapport coût-efficacité que les rations ou les subventions générales. Les programmes qui exigent du travail en contrepartie sont d'un meilleur rapport coût-efficacité que les rations. La dimension politico-économique conduit souvent à favoriser les zones urbaines.	Réforme de la politique de subvention des prix en Tunisie, qui a permis une réduction des coûts égale à 2 % du PIB et une amélioration du ciblage ; rémunération alimentaire de la scolarisation au Bangladesh (1993)
Subventions au logement	Prédominent dans les économies en transition, généralement budgétisées ; moins courantes dans d'autres régions, la plupart du temps hors budget.	Elles ont souvent un caractère régressif. La meilleure façon de protéger les pauvres des villes est d'accroître et d'encourager les programmes de logements sociaux. Les organisations de proximité et les coopératives touchent mieux les groupes ciblés. Dans les pays de l'ex-Union soviétique, les subventions compliquent le fonctionnement des marchés du logement et du travail.	Programme chilien de subventions uniques pour l'achat d'un logement sur le marché privé
Subventions à l'énergie	Prédominent dans les pays en transition et les pays producteurs de pétrole, comme le Venezuela.	En Asie, en Afrique et en Amérique latine, les subventions à l'essence profitent en grande partie aux non-pauvres. Elles tendent à avoir un caractère régressif dans les pays en transition, en raison de leur importance dans le panier de la ménagère non pauvre. La suppression des subventions affecterait les pauvres des zones urbaines.	
Travaux publics	Le programme Maharashtra de garantie de l'emploi en Inde et les fonds sociaux en Afrique et en Amérique latine sont financés par les budgets nationaux et des bailleurs de fonds internationaux.	Fournissent à la fois une aide sociale et une assurance. Ils se prêtent bien aux zones où la pauvreté est un phénomène transitoire et où il est possible de monter des projets basés sur l'utilisation d'une importante main-d'œuvre non qualifiée. Les rémunérations ne devraient pas dépasser celles qui sont offertes sur le marché du travail. Les paiements en nature attirent plus de femmes.	Programme Maharashtra de l'Inde ; programme coréen de lancement et d'annulation de travaux
Programmes basés sur l'octroi du crédit	Prédominent dans tous les pays, et en particulier en Afrique, en Asie du Sud et en Amérique latine.	Le principal problème est l'impossibilité d'emprunter en l'absence de garanties. Les programmes devraient subventionner les coûts de transaction et non les taux d'intérêt, recourir à des groupes locaux plutôt qu'au ciblage direct, organiser les bénéficiaires et comporter un système pour inciter les emprunteurs à rembourser, et les prêteurs à se faire rembourser. Prévoir un volet « épargne ».	La Grameen Bank au Bangladesh

Source: Adapté de Banque mondiale, 1996e.

- Les régimes de retraite, les prestations de chômage et les autres programmes d'*assurance sociale* destinés à venir en aide à ceux qui, pour des raisons liées à l'âge, à la conjoncture ou à d'autres circonstances, sont écartés du monde du travail pendant une partie de leur existence.
- Les programmes d'*aide sociale* qui ont pour objet d'aider les indigents, ceux qui peuvent à peine assurer leur propre subsistance.

Dans les pays industriels, l'instauration de l'État-providence, qui a influé sur les programmes de protection sociale dans le monde entier, a estompé cette distinction. La plupart des grands programmes de transfert de ressources — les retraites, l'assurance chômage, les prestations familiales — ont été lancés dans les années 30 et 40 pour remédier aux bouleversements causés par la dépression et la Deuxième Guerre mondiale, et aussi parce que les gouvernements de l'époque avaient pris conscience de la vulnérabilité particulière des personnes âgées dans les sociétés industrielles. Ces trois programmes, en particulier les régimes de retraite, absorbent une part toujours plus grande du revenu national, et les pays riches ont entrepris de revoir certains aspects de leurs programmes de protection sociale (figure 3.8). Même la Suède, qui reste très attachée à l'État-providence et qui peut s'enorgueillir d'un bilan sans égal sur le front de la pauvreté, s'est engagée dans un programme ambitieux de réformes pour trouver un meilleur équilibre entre les prestations sociales et le poids, souvent mal perçu, de leur coût économique.

Figure 3.8 La progression des retraites et des prestations sociales se poursuit inexorablement dans les pays industriels

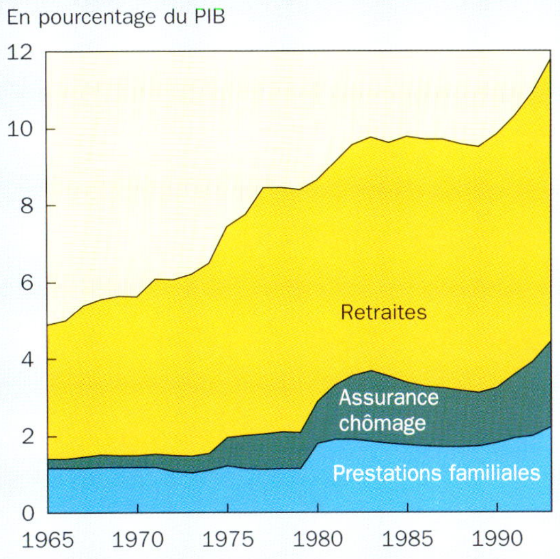

Note : Voir la Note technique pour de plus amples détails.
Source : OIT, années diverses ; OCDE, 1996.

Dans les pays d'Europe centrale et orientale et dans les républiques issues de l'Union soviétique, l'État fournit depuis toujours un vaste ensemble de services sociaux. Avant que ces pays ne s'engagent sur la voie du libéralisme, ils offraient une gamme complète de prestations sociales, qui différaient toutefois de celles offertes par les pays industriels à économie de marché sous quatre aspects. Premièrement, comme le système reposait sur le principe du plein emploi garanti par l'État, il n'y avait pas d'assurance chômage. Deuxièmement, la protection sociale était axée sur ceux qui ne pouvaient pas travailler (les personnes âgées et les handicapés, par exemple). Troisièmement, les prestations étaient décentralisées au niveau de l'entreprise. Quatrièmement, enfin, les subventions en nature (logement, énergie) jouaient un rôle important.

Le passage à l'économie de marché se traduisant par une contraction sans précédent de l'activité économique et d'importantes restrictions budgétaires, certains pays d'Europe orientale et centrale et de l'ex-Union soviétique commencent à se rendre compte qu'ils n'ont plus les moyens de financer ce système de couverture universelle et qu'il faut le remplacer par des programmes plus ciblés. Les transferts monétaires sont élevés comparativement au PIB. Mais il se révèle politiquement difficile d'adapter le système de protection sociale aux nouvelles réalités. En Pologne, les transferts ont doublé, pour passer de 9 % du PIB en 1988 à 18 % en 1993.

Contrairement aux pays de l'OCDE, la vaste majorité des pays en développement ont institué des systèmes d'assurance sociale « oasis », qui versent des prestations familiales et des retraites aux travailleurs du secteur formel et aux fonctionnaires. La taille de cet oasis grandit avec le revenu par habitant. Il couvre 6 % de la population active dans les pays d'Afrique subsaharienne, 23 % en Asie et 38 % en Amérique latine. L'assurance chômage institutionnalisée est rare, mais le recours au secteur public comme employeur de dernier ressort en est une forme déguisée.

Les pays en développement ont, de leur côté, expérimenté tout une série de mesures d'aide sociale afin de satisfaire les besoins élémentaires des plus pauvres. Les mesures portent aussi bien sur des programmes regroupant allocations et assurances que sur des subventions des prix (denrées alimentaires, logement, énergie) et des travaux publics à fort coefficient de main-d'œuvre (tableau 3.1). Souvent, le contenu des programmes d'aide sociale est largement fonction de l'aide internationale. La prédominance de l'aide alimentaire américaine dans les années 50 et 60, par exemple, est à l'origine de nombreux programmes de rémunération alimentaire du travail, plus particulièrement en Asie du Sud. La création des fonds d'aide sociale dans les années 80, surtout dans les pays d'Amérique latine, traduit la montée en puissance de l'aide non alimentaire et la coopération accrue entre les organisations non gouvernementales (ONG) et les groupes de proximité pour l'organisation de programmes d'assistance ciblés. Les programmes de travaux publics basés sur l'utilisation massive de main-d'œuvre connaissent une faveur de plus en plus grande, en particulier dans les pays d'Asie du Sud et d'Afrique.

Dans beaucoup de pays, les programmes d'assurance sociale et d'aide sociale n'ont pas rempli leur mission de protection des plus vulnérables. Dans bien des cas, ils ont plutôt opéré des transferts au profit des plus favorisés, parfois avec des conséquences déstabilisatrices pour le budget. Comme nous allons le voir, de nouvelles formules se dessinent tant dans le domaine de l'assurance que dans celui de la protection sociale.

Assurance sociale — les perspectives

La générosité des programmes d'assurance sociale a parfois désorganisé complètement la politique budgétaire à long terme. Comme le tableau 3.2 tend à le montrer, dans beaucoup de pays, les dettes que représente l'accumulation des droits à retraite des individus sont sans commune mesure avec la capacité fiscale de l'État.

Des facteurs démographiques sont en partie responsables de cette progression importante des droits à retraite. Dans les pays de l'OCDE, plus de la moitié de l'augmentation des charges au titre des retraites et des prestations sociales au cours des 30 dernières années est imputable au vieillissement de la population. En Ukraine et en Hongrie aussi, la population vieillit, ce qui explique en partie l'importance de la dette implicite que représentent les retraites. Les pressions exercées par la démographie vont sans doute s'intensifier de façon particulièrement rapide dans les pays en développement. En Chine, la part que représentent les plus de 60 ans va doubler, passant de 9 à 18 % de la population en 30 ans — une transition qui a pris un siècle en France et en Grande-Bretagne.

Mais le problème déborde le cadre démographique. Dans de nombreux pays, les fonctionnaires considèrent leur retraite comme un droit acquis plutôt que comme une forme d'épargne. Ils cotisent relativement peu, mais ils reçoivent une pension égale à 100 % de leur salaire après 30 ou 35 années de service. Plus généralement, les groupes politiquement influents font pression pour obtenir les transferts nécessaires et sont peu réceptifs à toute idée d'amputation, même en cas de graves difficultés budgétaires. Dans d'autres cas, comme cela se produit dans certains pays d'Afrique, la fonction publique s'approprie les ressources destinées à financer les programmes d'assurance sociale ou à protéger les plus vulnérables.

Quelle que soit la cause de ces problèmes, si les pays n'arrivent pas à réorganiser l'assurance sociale sur des bases financières plus saines, ils seront confrontés ou à l'effondrement des programmes sociaux ou à une profonde crise financière, ou aux deux. Il faut, avant toute chose, faire une distinction entre les objectifs de l'assurance et ceux de l'aide sociale — en particulier dans les pays en développement où il existe souvent un écart très grand entre les couches les plus défavorisées de la population (qui sont en général la cible des programmes d'aide sociale) et les acteurs de la face visible de l'économie (qui sont habituellement les bénéficiaires des programmes d'assurance). L'expérience tend à montrer que, faute d'établir cette distinction, les pays risquent fort de compromettre la viabilité financière des programmes d'assurance (parce que les « assurés » peuvent faire pression pour obtenir des prestations non capitalisées) et remettre en cause l'impact des programme d'aide sociale (parce que les ressources destinées au groupe cible — les pauvres — risquent d'être détournées par d'autres).

Si les régimes d'assurance sont clairement séparés des programmes d'aide, l'État peut les ouvrir au secteur privé et introduire la concurrence dans un domaine où il exerçait jusque-là son monopole. Il peut le faire de plusieurs manières :

- Le volet « redistribution » des retraites peut être séparé du volet « épargne » par la mise en place d'un système obligatoire reposant sur plusieurs piliers, le pilier épargne étant fondé sur la capitalisation, géré par le secteur privé et soumis à réglementation. La redistribution

Tableau 3.2 Dette qu'implique le régime de retraite dans un certain nombre de pays
(pourcentage du PIB)

Pays	Dette implicite de l'État au titre des retraites
Uruguay	296
Hongrie	213
Brésil	187
Ukraine	141
Turquie	72
Chine	63
Cameroun	44
Pérou	37
Congo	30
Venezuela	30
Sénégal	27
Mali	13
Ghana	9
Burkina Faso	6

Note : Les données se rapportent à diverses années de la période 1990–96 et correspondent à des valeurs actualisées nettes calculées sur la base d'un taux d'actualisation de 4 %.
Source: Kane et Palacios, 1996.

peut être assurée à l'aide d'un système public de pensions uniformes pour tous (comme en Argentine).

- L'État peut instituer un système de comptes d'épargne obligatoires pour l'assurance chômage ainsi que pour la retraite (l'encadré 3.7 décrit l'initiative chilienne dans ce domaine).
- Les entreprises et les particuliers peuvent être autorisés à choisir entre prestataires publics et prestataires privés, comme au Japon, au Royaume-Uni et à Sri Lanka.
- La gestion des actifs des programmes publics d'assurance peut être confiée sous contrat au secteur privé (comme en Malaisie).
- L'État peut remplacer les fonctionnaires désignés pour siéger aux conseils d'administration des programmes publics par des spécialistes indépendants.

Il va de soi que l'organisation privée de l'assurance sociale ne peut fonctionner que si les marchés financiers sont suffisamment développés pour que les intermédiaires privés puissent, sans difficulté, adosser ces dettes à long terme à des actifs à long terme. Mais, même dans les régions défavorisées comme l'Afrique subsaharienne, le manque de capacité des marchés financiers ne doit pas nécessairement faire obstacle à la mise en place de caisses de retraite privées. Dans la mesure où il existe un cadre juridique approprié — et applicable — pour le développement du secteur financier, les pays peuvent créer des marchés de titres régionaux. C'est une solution particulièrement intéressante pour les pays de la zone CFA puisqu'ils ont une monnaie commune. Certains marchés de titres dans les pays subsahariens soutiennent déjà avantageusement la comparaison avec les pays d'Amérique latine qui ont récemment privatisé leurs régimes de retraite (comme le Pérou).

Encadré 3.7 Le nouveau système d'assurance chômage chilien

Le Chili dispose d'un système d'indemnités pour perte d'emploi, mais n'a pas de régime d'assurance chômage. Le gouvernement a préparé un projet de loi pour en créer un, le PROTAC. Le régime envisagé n'est pas conçu sur le modèle généralement utilisé dans les pays de l'OCDE. Il vise à éviter la contre-incitation au travail que comporte souvent l'assurance chômage. Il prévoit la création de comptes individuels que le salarié et l'employeur alimenteront chacun à hauteur de 4,4 % du salaire versé. Le montant cumulé sur chacun des comptes ne pourra dépasser cinq mois de salaire. La gestion des fonds sera assurée par le secteur privé, peut-être par les actuelles caisses de retraite. Un travailleur licencié percevra une indemnité égale à un mois de salaire par année de service, jusqu'à concurrence de cinq. Tant qu'il est en chômage, il pourra aussi retirer de l'argent sur son compte, à raison d'un retrait mensuel pendant cinq mois. Les salariés ayant démissionné n'auront droit qu'aux retraits mensuels. L'État réglementera ces comptes d'assurance chômage et garantira une allocation minimum. Comme pour le régime de retraite, l'allocation minimum ne sera versée qu'après épuisement des fonds placés sur le compte. Le compte individuel fera ainsi office de système de franchise.

Formules viables d'aide sociale

Contrairement à l'assurance sociale, qui peut se financer d'elle-même, l'aide sociale nécessite un financement public direct. Pour qu'elle fonctionne correctement, il est donc indispensable de concilier les objectifs d'assistance aux plus démunis et les impératifs de prudence budgétaire. (Le tableau 3.1 résume les formules très diverses qui ont été essayées.) Jusqu'à maintenant, il s'agissait surtout de comparer les mérites respectifs des systèmes de subventions à couverture large et des programmes de prestations subordonnés à un contrôle des ressources. Aujourd'hui, les limites inhérentes à ces deux options apparaissent plus clairement.

Les programmes d'aide sociale basés sur un plafond de ressources (les prestations sont accordées en fonction des revenus du bénéficiaire) exigent une logistique administrative importante. Aussi ne pourront-ils vraisemblablement être appliqués à un coût raisonnable que dans les pays où la capacité institutionnelle est forte. Mais les subventions à couverture large ont, elles aussi, perdu de leur attrait : elles sont coûteuses et relativement peu efficaces pour lutter contre la pauvreté. Les subventions accordées pour le logement et les infrastructures, par exemple, profitent en fin de compte beaucoup plus aux ménages aisés (figure 3.9). Les subventions alimentaires peuvent être plus efficaces si elles correspondent aux denrées qui sont principalement consommées par les pauvres. La Tunisie est passée d'un régime général à un programme ciblé, en supprimant toutes les subventions pour les produits qui étaient en grande partie consommés par les non-pauvres et en modulant les subventions sur les gammes de produits restants, en fonction du conditionnement et de l'utilisation d'ingrédients génériques. Grâce à ces réformes, la Tunisie a pu ramener le coût des subventions de 4 % du PIB au milieu des années 80 à 2 % en 1993, tout en maintenant un dispositif de sécurité alimentaire pour les pauvres.

Avec la remise en question de plus en plus fréquente des programmes d'aide sous condition de ressources et des programmes à couverture plus large, on s'intéresse

Figure 3.9 Dans les pays en développement, les subventions au logement ne profitent pas à ceux qui en ont le plus besoin

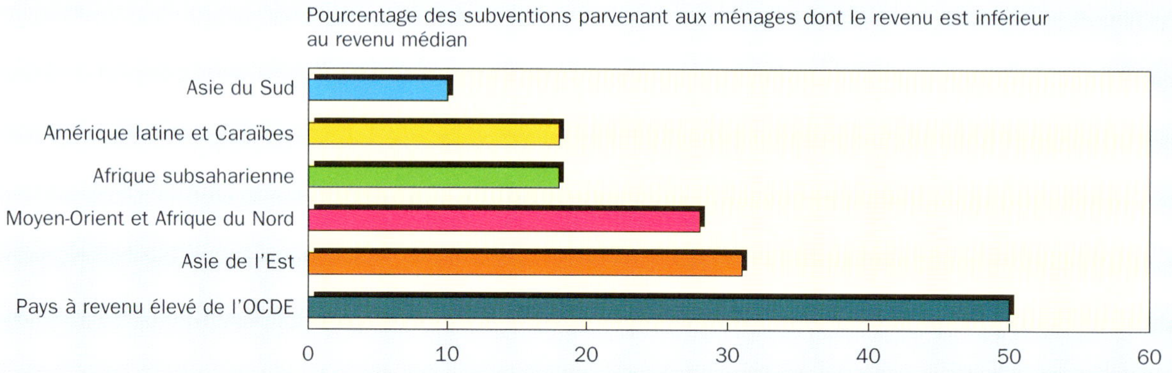

Note : Données pour la période 1991–92. Source : Banque mondiale, 1996e.

désormais davantage à des formules faisant appel à une autosélection des pauvres. Il s'agit, par exemple, de cibler les interventions sur les localités, urbaines et rurales, où la proportion des pauvres est particulièrement élevée, ou encore de limiter le niveau des prestations et de les associer à un système de donnant, donnant. Les programmes de rémunération alimentaire du travail sont basés sur ce principe de réciprocité. C'est aussi le cas des programmes de prêt pour les microentreprises dans les communautés défavorisées. L'encadré 3.8 montre comment l'Indonésie, où la pauvreté a énormément reculé grâce à une croissance multisectorielle, a lancé divers programmes reposant sur l'autosélection afin d'éliminer la pauvreté d'ici à 2005.

Le maintien des programmes d'aide sociale pose un problème d'ordre politique autant que budgétaire. En effet, les pauvres qui vivent en marge de la société ayant très rarement un quelconque poids politique, les programmes d'aide, même conçus avec prudence, risquent de perdre tout soutien en période de rigueur budgétaire. Les programmes par autosélection — en particulier ceux qui reposent sur le principe de la réciprocité — semblent politiquement plus acceptables que les actions plus circonscrites, mais ils présentent aussi des points faibles. La solution du problème consiste donc à trouver des moyens pour que les pauvres puissent se faire entendre, en leur permettant de devenir des avocats plus efficaces de leur propre cause. Cet aspect sera traité au chapitre 7.

La stratégie à suivre : mieux faire l'essentiel

Les quatre grands ensembles de paramètres essentiels sur le plan économique et social posent des problèmes distincts, mais les axes de la stratégie pour les résoudre sont les mêmes.

D'abord, il est crucial d'établir un ordre de priorité. Comme on l'a vu dans ce chapitre, dans trop de pays, l'État ne fournit toujours pas l'ensemble des biens et services publics essentiels, c'est-à-dire les fondements d'un régime de droit, un environnement macroéconomique stable, des services élémentaires de santé publique, un enseignement primaire pour tous, une infrastructure de transport adéquate et un filet de protection sociale minimum. En revanche, l'État fournit tout une gamme de biens et services que les marchés privés pourraient assurer à sa place. Il est donc urgent de recentrer l'État sur ses missions essentielles, en particulier dans les pays qui ont une capacité institutionnelle limitée.

Ensuite, l'utilisation judicieuse des marchés privés et concurrentiels et le recours au secteur associatif peuvent favoriser le développement, tout en réduisant grandement le fardeau des pays à faible capacité institutionnelle. Une croissance impulsée par le marché et entretenue par un régime d'incitation porteur est un élément fondamental. En outre, les marchés peuvent fournir toute une série de biens et services qui, dans nombre de pays, se sont en quelque sorte égarés dans le domaine public, comme l'enseignement supérieur, la médecine curative, les retraites et d'autres formes d'assurance. Dans divers autres domaines, la mise en œuvre de réformes en vue de créer des fonds sociaux pour améliorer le sort des pauvres, de relever la qualité de l'enseignement primaire et d'encourager la participation des ONG et des populations locales permettrait d'améliorer grandement les prestations. Dans les pays à capacité institutionnelle limitée, l'une des toutes premières priorités devrait être de chercher à recourir aux marchés et de faire participer les

Encadré 3.8 En Indonésie, l'aide sociale accompagne une croissance multisectorielle pour faire reculer la pauvreté

En Indonésie, le dynamisme de l'activité économique et l'assise large de la croissance ont eu des effets spectaculaires sur la pauvreté. Entre 1970 et 1990, la proportion des habitants qui vivaient au-dessous du seuil de pauvreté a été ramenée de 56 à 15 %. D'autres indicateurs du bien-être social, tels que la mortalité infantile, confirment l'ampleur de ces progrès. Le gouvernement s'est maintenant fixé l'objectif ambitieux d'éradiquer la pauvreté absolue dans les dix années à venir. C'est là une tâche ardue, car ceux qui vivent encore dans le dénuement sont concentrés dans des poches de pauvreté isolées et qui, étant situées dans des zones dotées de maigres ressources naturelles, faiblement peuplées et handicapées par d'autres problèmes socio-économiques, sont difficiles à toucher. Plusieurs actions ciblées ont démarré au cours des dernières années, et en particulier les programmes suivants :

- Le programme « Inpres Desa Tertinggal » (IDT). Lancé en 1994, il concerne les villages qui sont restés à l'écart du développement. Il répartit chaque année entre 20 000 villages (le tiers le plus pauvre des villages indonésiens) 200 millions de dollars de dons qui sont utilisés comme première mise de fonds pour démarrer des activités lucratives. Il est mené parallèlement à des programmes de travaux publics.
- L'opération « familles prospères ». Mise en route en 1996, elle a pour but d'améliorer la situation des familles qui habitent dans des villages non couverts par le programme IDT et dont le niveau de vie est inférieur à un certain seuil, via l'octroi de petits prêts et de crédits à taux bonifié.
- Le programme de transmigration. Il a permis de déménager aux frais de l'État à peu près 750 000 familles, soit plus de 3,6 millions de personnes, qui habitaient dans l'île surpeuplée de Java pour les réinstaller dans des îles périphériques moins peuplées. L'objectif du programme est de s'attaquer au problème du paysannat sans terre en tant que cause de la pauvreté et d'offrir des terres agricoles et autres prestations aux nouveaux arrivants.
- Le programme d'amélioration de Kampung. Il vise à améliorer les services sociaux et les équipements d'infrastructure dans des quartiers populeux et défavorisés.

entreprises privées et d'autres prestataires non publics à la fourniture des services.

Enfin, les pays doivent s'attacher à trouver des moyens de renforcer la crédibilité de l'État. Dans la phase initiale de renforcement des institutions, les pays concernés peuvent montrer leur volonté d'aboutir en établissant des liens plus étroits avec les acteurs extérieurs, par exemple, en mettant en place des programmes de stabilisation qui feront appel à l'intervention du FMI. À long terme, toutefois, comme on aura l'occasion de le voir de façon détaillée dans la troisième partie du présent Rapport, le problème crucial sera d'institutionnaliser à domicile les mécanismes qui permettront d'asseoir la crédibilité de l'État.

CHAPITRE 4

PROMOUVOIR LE DÉVELOPPEMENT DES MARCHÉS : LIBÉRALISATION, RÉGLEMENTATION ET POLITIQUE INDUSTRIELLE

Rares sont ceux qui contestent le rôle essentiel de l'État dans la mise en place des bases économiques et sociales que nous avons examinées au chapitre 3. Les points de vue sont toutefois bien plus partagés quant à son rôle précis dans les domaines de la réglementation et de la politique industrielle. Dans les années de l'après-guerre, la montée en puissance d'un mode de développement dominé par l'État s'est traduite par une expansion spectaculaire du dispositif réglementaire dans de nombreux pays. Avec le retour du libéralisme, les aspects de la réglementation qui se sont avérés aller à l'encontre du but recherché sont peu à peu supprimés. Mais les pays prennent conscience que les réformes engagées pour mettre en place une économie plus libérale et la rapidité des progrès technologiques posent des problèmes particuliers en matière de réglementation. L'État ne peut renoncer à sa mission dans ce domaine. Il s'agit plutôt ici d'adopter des approches qui tiennent non seulement compte de l'évolution de la demande sur le plan économique et social, mais aussi, et surtout, de la capacité institutionnelle du pays.

S'ils s'attachent à établir une bonne adéquation entre le rôle de l'État et sa capacité d'action institutionnelle, les pays peuvent concilier certaines des recommandations apparemment contradictoires sur les interventions publiques. Nombreux sont, par exemple, ceux qui estiment que, pour des activités complexes telles que les télécommunications, l'autorité de tutelle devrait disposer d'une très grande latitude pour l'élaboration et la mise en œuvre des règles applicables au fonctionnement du marché. Toutefois, lorsque la capacité institutionnelle est faible, la latitude est limitée. Dans ces conditions, mieux vaut s'efforcer d'asseoir la crédibilité de l'État auprès des entreprises et des citoyens, en s'employant à les convaincre que les pouvoirs publics tiendront leurs engagements et qu'ils s'abstiendront de toute action arbitraire.

Ce raisonnement vaut encore davantage pour les politiques plus interventionnistes — celles qui visent non seulement à jeter les bases du développement industriel, mais aussi à le stimuler de façon volontariste. À première vue, l'État peut en principe jouer ce rôle. Mais, en fait, cela suppose que soient préalablement remplies un certain nombre de conditions bien déterminées au plan institutionnel. Sauf là où le rôle de l'État a été soigneusement adapté à sa capacité d'action, les politiques industrielles volontaristes ont souvent directement conduit à la catastrophe.

Dans beaucoup de pays à capacité institutionnelle limitée, l'emprise excessive de l'État sur la vie économique et sociale est un lourd handicap. Dans ces pays, la privatisation et la libéralisation des marchés doivent être une priorité fondamentale du programme d'action des pouvoirs publics. À mesure que la capacité augmente, les organismes publics et les agents de l'État pourront promouvoir des entreprises collectives de plus grande portée, s'attacher à stimuler les marchés et recourir davantage à des instruments réglementaires efficaces — mais difficiles à gérer.

Privatiser et libéraliser les marchés dans les pays où il y a trop d'État

De plus en plus nombreux sont ceux qui s'intéressent à nouveau aux moyens qui permettraient à l'État d'intervenir aux côtés du secteur privé pour soutenir le développement économique et de fournir le cadre réglementaire approprié pour promouvoir la concurrence. Dans trop de pays, pourtant, il y a une dichotomie fondamentale entre l'État et le marché. L'initiative privée reste prisonnière d'un héritage de relations antagonistes avec l'État, et elle est étouffée par des réglementations rigides. Les entreprises publiques, dont la position est souvent renforcée par les privilèges accordés aux monopoles, dominent des secteurs économiques qui gagneraient à être ouverts à la concurrence. Dans les cas extrêmes, une masse d'entreprises publiques inefficaces brident totalement le dynamisme du secteur privé, alors qu'elles constituent un boulet financier et administratif insupportable pour le reste du secteur

Tableau 4.1 Estimation des gains de bien-être liés à la déréglementation aux États-Unis
(milliards de dollars)

Branche d'activité	Gains des consommateurs	Gains des producteurs	Gains totaux	Autres gains potentiels
Transports aériens	8,8–14,8	4,9	13,7–19,7	4,9
Chemins de fer	7,2–9,7	3,2	10,4–12,9	0,4
Camionnage	15,4	–4,8	10,6	0,0
Télécommunications	0,7–1,6	. .	0,7–1,6	11,8
Télévision câblée	0,4–1,3	. .	0,4–1,3	0,4–0,8
Courtage	0,1	–0,1	0,0	0,0
Gaz naturel	. .	. .	. .	4,1
Total	32,6–43	3,2	35,8–46,2	21,6–22,0

. . = Non connu.
Source : Winston, 1993.

public. Dans ces pays, la première chose à faire pour améliorer l'efficacité de l'État est de réduire son périmètre.

La performance économique récente de pays tels que la Chine et la Pologne illustre de façon frappante les effets positifs de la réduction du rôle de l'État dans les économies autrefois placées sous le régime de la planification centralisée. Mais la réduction de l'emprise de l'État, que celle-ci s'exerce via le secteur nationalisé ou la réglementation, peut aussi avoir des avantages importants dans des pays à économie mixte. Elle permet de :

- *Libérer des ressources publiques au profit d'activités hautement prioritaires.* La suppression des subventions aux entreprises publiques déficitaires au profit de l'éducation de base aurait permis une augmentation des dépenses que l'administration centrale consacre à l'éducation, qui aurait été de 50 % au Mexique, de 74 % en Tanzanie et de 160 % en Tunisie.
- *Faciliter la mise en place de services de meilleure qualité et moins coûteux.* La cession des actifs de l'État au secteur privé a eu des effets positifs dans 11 des 12 cas qui ont été étudiés de façon approfondie au Chili, en Malaisie, au Mexique et au Royaume-Uni. Les avantages de la privatisation se sont concrétisés sous forme de gains de productivité, d'augmentation des investissements et d'une tarification plus efficace des services. Aux États-Unis, les gains liés à la déréglementation de cinq secteurs d'activité auparavant très réglementés se sont chiffrés à 40 milliards de dollars en 1990 (tableau 4.1). En Argentine, la libéralisation des terminaux portuaires de Buenos Aires s'est traduite par une diminution de 80 % des droits portuaires.
- *Supprimer les entraves au développement du secteur privé.* Une réglementation excessive peut empêcher l'entrée de nouvelles entreprises sur le marché, favoriser l'essor des activités informelles et même susciter la création de nouveaux services dont l'unique objet est d'aider les entreprises à se frayer un chemin dans le maquis des réglementations. La simplification des règlements permet aux marchés de fonctionner avec plus de souplesse et de réduire les coûts de transaction.

Le désengagement de l'État dans les pays où son poids est excessif soulève des problèmes d'ordre aussi bien politique et institutionnel que technique. Le succès dépend de la capacité des autorités à maintenir le cap des réformes malgré l'opposition de groupes puissants qui ont tout intérêt à maintenir le statu quo. Nous verrons au chapitre 9 quels sont les moyens les plus efficaces d'entreprendre des réformes durables. Dans ce chapitre, nous limiterons notre analyse aux programmes de privatisation et de libéralisation des marchés.

On peut segmenter les programmes de libéralisation des marchés et de privatisation en trois phases qui se chevauchent : la préparation des réformes, la création d'un environnement porteur pour les entreprises et la privatisation (ou la liquidation) des entreprises publiques. Lorsqu'un pays entame la phase préparatoire des réformes, la transparence est un élément capital. En principe, cela implique de la part des autorités concernées :

- Un énoncé explicite du principal objectif poursuivi — libérer les forces compétitives de l'économie de marché —, les objectifs financiers et autres conservant de préférence une importance tout au plus secondaire
- Un énoncé clair des critères retenus pour répertorier les réglementations qui sont utiles, celles qui doivent être supprimées et celles qui devraient être renforcées afin de compléter le processus de privatisation
- La préparation des états financiers et des budgets publics (assortis de renseignements sur les emprunts contractés auprès du système bancaire) en vue de recenser les entreprises publiques déficitaires et de déterminer les facteurs à l'origine de leurs pertes
- La mise en place de mécanismes ouverts, basés sur le jeu de la concurrence (tels que les adjudications) pour la cession des entreprises publiques.

Cet effort de transparence a une autre raison d'être. Dans bien des cas, il montrera si le pays concerné est véritablement prêt à engager des réformes — si les principaux acteurs politiques en sont des partisans convaincus et s'ils considèrent qu'il est politiquement possible de les faire entrer dans les faits. Si la volonté politique fait défaut, toutes les mesures qui pourront être prises seront vaines. Elles pourront même aller à l'encontre du but recherché si le public n'y voit qu'un nouveau changement à ajouter à une longue série de coups de barre arbitraires.

Une fois achevée la phase initiale de préparation des réformes, il faut créer un environnement porteur pour les marchés privés concurrentiels. Pour cela, il faut des règles du jeu qui facilitent l'entrée des entreprises sur le marché et favorisent la concurrence. Ces règles doivent être complétées par un cadre institutionnel, juridique et réglementaire qui fournira l'assise des droits de propriété et des marchés, en particulier des marchés financiers.

Les avantages économiques d'une réforme précoce de l'environnement des entreprises — avant même la privatisation — sont substantiels. En effet, en favorisant le jeu de la concurrence extérieure et intérieure, on crée des conditions qui feront que la privatisation profitera essentiellement aux consommateurs et ne se traduira pas par un simple transfert des caisses de l'État à celles de détenteurs de monopoles privés. Sinon, ces monopoles risquent de devenir des groupes d'intérêts puissants, arc-boutés sur leurs positions, qui chercheront, et réussiront sans doute, à bloquer tous les efforts visant à introduire un degré de concurrence supplémentaire dans l'économie. En outre, un dispositif réglementaire précis est en place, les candidats à l'acquisition des entreprises publiques auront une meilleure idée de leur potentiel économique, de sorte que la prime de risque sera plus faible et que les offres soumises à l'État seront plus élevées.

De façon plus générale, la libéralisation de l'environnement des entreprises peut être un puissant catalyseur, engendrant un cercle vertueux dans lequel chaque réforme rend la suivante plus facile. Plus l'environnement est porteur pour les entreprises, plus la gamme des opportunités et des moyens offerts aux chefs d'entreprise, aux agents de l'État et aux travailleurs sera grande, ce qui réduira d'autant l'opposition politique au démantèlement des règles et des administrations génératrices de dysfonctionnements et à la liquidation ou à la privatisation des entreprises publiques. La gageure est de trouver comment enclencher ce processus car, d'emblée, ceux qui prospèrent à l'abri des dysfonctionnements du système auront beaucoup à perdre, tandis que ceux qui gagneront au changement n'auront probablement pas encore atteint la masse critique nécessaire pour organiser la défense de leurs propres intérêts. L'encadré 4.1 montre comment le Mexique a pu vaincre les résistances initiales au démantèlement des contrôles réglementaires.

Comme il faut du temps pour créer un environnement réellement porteur pour les entreprises, et comme la privatisation devient plus facile lorsque l'environnement s'améliore, les responsables des réformes peuvent être tentés de reléguer le programme de privatisation au second plan. C'est précisément ce qu'ont fait la Chine et, avant elle, la République de Corée et Taïwan (Chine). Au début des années 60, les entreprises publiques étaient à l'origine d'environ la moitié de la production manufacturière à Taïwan (Chine) et un quart en Corée. Au milieu des années 80, leur part était tombée à 10 % environ dans les deux économies — non du fait de la privatisation, mais en raison de l'expansion rapide du secteur privé.

La stratégie qui consiste à développer le secteur privé pour restreindre la prépondérance de l'État semble avoir donné des résultats dans certaines économies d'Asie de l'Est. Mais, dans d'autres pays, les considérations économiques et politiques conduiront les autorités à maintenir la privatisation au premier plan des priorités. Les retards dans ce domaine imposent des coûts économiques de trois ordres. Premièrement, les entreprises publiques qui perdent de l'argent continuent parfois de ponctionner les ressources de l'État (ou celles des banques, lorsque les « prêts » qu'elles contractent ne sont jamais remboursés). Si les pertes de ces entreprises ne peuvent être endiguées, les déséquilibres budgétaires qu'elles entraînent risquent de compromettre tout le programme de réformes. Deuxièmement, lorsqu'ils savent que leur entreprise doit être privatisée, les dirigeants ou les salariés peuvent être tentés de s'emparer des actifs les plus précieux pendant qu'ils le peuvent. Troisièmement, les entreprises publiques peu performantes peuvent entraver la libéralisation et la restructuration dans d'autres secteurs. En Zambie, la libéralisation des marchés a permis aux petites exploitations agricoles d'accroître leur production et leurs exportations de coton. Mais, avant d'exporter le coton, il fallait le traiter. Or, pendant quelques années après la libéralisation, pratiquement toutes les opérations de transformation sont restées aux mains d'un monopole d'État. Lorsque le secteur a été restructuré, le rythme auquel les planteurs et les entreprises ont tiré parti des nouvelles opportunités du marché a augmenté de façon spectaculaire.

L'ordre des priorités entre privatisation et libéralisation crée des dilemmes difficiles à trancher étant donné l'importance qu'il y a de garder la première au premier plan des réformes. D'un côté, la privatisation procurera des avantages économiques plus importants et elle sera moins douloureuse pour la société si elle est précédée par un programme de libéralisation et de réformes réglementaires. De l'autre, plus la privatisation est retardée, plus les dirigeants des entreprises publiques peuvent s'accrocher à leur poste. L'encadré 4.2 montre comment les pays qui ont décidé d'aller de l'avant avec les privatisations ont essayé de maîtriser les risques qu'elles comportent.

Encadré 4.1 Le Monsieur déréglementation du Mexique

En 1988, le président mexicain a nommé un « tsar de la déréglementation ». Tous les mois, ce haut fonctionnaire rendait directement compte de son action au président et à son comité ministériel pour les affaires économiques. Toutes les entreprises du Mexique, grandes ou petites, pouvaient, sans distinction, frapper à la porte du tsar lorsqu'elles voulaient se plaindre de règles ou de réglementations qu'elles jugeaient excessives. Lorsque le tsar recevait une plainte, ses services devaient trouver les raisons à l'origine de la réglementation, examiner les interactions avec d'autres textes et se prononcer sur le sort des règles en question. Une décision devait être prise dans les 45 jours : si rien n'avait été fait à l'expiration de ce délai pour maintenir, réviser ou abolir la règle contestée, elle était automatiquement abrogée.

Chacun s'accorde à reconnaître que l'action du tsar de la déréglementation pendant les quatre premières années de son mandat a permis d'accélérer grandement les réformes au Mexique. Grâce à cette initiative, les entreprises perdues dans le dédale des réglementations ont pu en appeler à un champion efficace et réceptif au plus haut niveau de l'État. Divers éléments expliquent le succès de cette opération, notamment :

- Un soutien présidentiel sans équivoque, qui a convaincu les agents de l'administration et les simples citoyens de la nécessité de se conformer aux décisions du tsar
- L'impossibilité de casser les décisions du tsar, sauf au plus haut niveau
- L'institution de peines sévères pour les fonctionnaires qui ignoraient les décisions rendues
- L'existence d'un délai, garantie d'un aboutissement rapide et concret
- La présence de collaborateurs qui étaient parfaitement au fait des conséquences économiques des réglementations, de leurs interactions avec d'autres textes et de leurs prolongements administratifs — un individu ne saurait à lui seul mener dans de bonnes conditions un programme de déréglementation couvrant toute l'administration
- Enfin, la crédibilité que le tsar a acquise aux yeux des agents de l'État et du public en donnant à tous, sans distinction, la même possibilité de s'exprimer et en faisant montre d'une impartialité qui ne s'est jamais démentie.

Revenir à moins d'État : deux conclusions essentielles

Les expériences des divers pays du monde qui se sont efforcés de réduire le périmètre de l'État permettent de tirer deux enseignements fondamentaux. D'une part, il faut adhérer au principe de la concurrence et avoir la volonté d'éliminer les obstacles qui gênent le bon fonctionnement des marchés dont la libéralisation permet aux entreprises qui s'implantent de créer des emplois et de la richesse. La libéralisation rend également la privatisation plus facile, tout en augmentant les gains économiques qui peuvent en résulter. D'autre part, bien que le « moins d'État » soit nécessaire et que le maintien de branches du secteur exportateur dans la sphère publique ne soit pas justifié sur le plan économique, il est impossible de dire à quel stade précis du programme de réformes il faut engager le processus de privatisation. Le choix du moment sera fonction de la dynamique de réforme dans chaque pays.

Une réglementation mieux adaptée

Une réglementation judicieuse peut aider la société à influer sur le fonctionnement du marché pour atteindre des objectifs publics. Un cadre réglementaire bien conçu permet d'assurer la protection de l'environnement. Il permet également de protéger les consommateurs et les travailleurs contre les effets des asymétries d'information. Celles-ci peuvent, par exemple, s'appliquer aux banques, qui sont beaucoup mieux renseignées sur la qualité de leurs portefeuilles que les déposants, ou aux dirigeants d'entreprises, qui en savent parfois plus sur les risques de santé et de sécurité liés à la production ou à la consommation que les travailleurs ou les consommateurs. La réglementation permet aussi aux marchés de fonctionner de façon plus efficace en favorisant la concurrence et l'innovation et en empêchant les abus de position dominante des monopoles. Et de façon plus générale, elle peut contribuer à convaincre le public de l'équité et de la légitimité de la performance des marchés.

La libéralisation de l'économie a aidé à reconnaître que de nombreux aspects de la réglementation allaient à l'encontre des objectifs poursuivis et à les faire abandonner. Mais, dans certains domaines, les justifications traditionnelles de la réglementation restent valables. Par ailleurs, la libéralisation des marchés et la privatisation ont fait apparaître de nouveaux besoins. Comme l'illustre le cas de trois secteurs importants présentés ci-après — le secteur bancaire, les services d'utilité publique et l'environnement —, il ne s'agit pas de renoncer à toute réglementation, mais de trouver un dispositif qui soit adapté non seulement aux besoins d'un pays, mais aussi à sa capacité d'action.

Encadré 4.2 Six objections à la privatisation — et comment y répondre

« On ne peut jeter les agents du secteur public à la rue. C'est injuste et ils ne l'accepteront pas. »

Il est indispensable d'obtenir leur consentement si l'on veut réussir la privatisation. Certains pays ont distribué des actions aux salariés des entreprises ou recouru à la formule du rachat des entreprises par leurs salariés et leurs dirigeants. D'autres ont offert des indemnités de licenciement généreuses. La privatisation est plus facile lorsque les pays mettent en place des programmes du type de ceux qui sont décrits au chapitre 3 pour protéger les plus vulnérables.

« La privatisation n'est qu'un moyen de plus qu'utilisent les responsables politiques et les hommes d'affaires influents pour se renvoyer l'ascenseur et s'enrichir aux dépens du peuple. »

Le choix des méthodes est un aspect important. L'opération doit être effectuée par voie d'appel d'offres, et les critères retenus pour sélectionner les acquéreurs doivent être clairement énoncés à l'avance. Enfin, l'ensemble du processus doit se dérouler au grand jour, au vu et au su des médias et du grand public.

« Le public n'acceptera pas que l'État cède un précieux patrimoine à de gros bonnets étrangers (ou locaux). »

L'actionnariat populaire peut aider à gagner le soutien des citoyens. Une possibilité, qui a été retenue par la République tchèque, la Russie et la Mongolie, consiste à distribuer au public des coupons de privatisation qui pourront être échangés contre des actions. Une autre solution, adoptée par l'Argentine, le Chili et le Royaume-Uni, est de procéder à une émission initiale d'actions à un prix intéressant. Les deux formules peuvent être modulées de façon à faire de la place à un partenaire stratégique solide et motivé qui sera capable de restructurer efficacement l'entreprise.

« Notre secteur privé local est trop chétif. Sans les entreprises publiques, notre machine économique s'arrêtera de fonctionner. »

Certes, la privatisation est plus facile lorsque les rouages de l'économie de marché, notamment les marchés financiers, sont déjà bien en place. Il est donc indispensable de compléter la privatisation par des mesures de libéralisation des marchés (ou, au besoin, de commencer par libéraliser), en menant éventuellement une politique volontariste de promotion des marchés, comme on le verra plus loin dans ce chapitre. En tout état de cause, dans la plupart des cas, c'est précisément le trop d'État qui entrave l'activité privée — l'objection, ici, confond la cause et l'effet.

« Le seul effet de la privatisation, ce sera de remplacer un monopole public par un monopole privé. »

La réforme de la réglementation est un autre complément important de la privatisation ; il faut, d'une part, déréglementer pour supprimer les privilèges artificiels des monopoles et, d'autre part, mettre en place un cadre réglementaire sécurisant pour faire obstacle aux abus de pouvoir économique sur les marchés non concurrentiels.

« Pourquoi nous embarquer dans cette aventure ? Contentons-nous de mieux gérer nos entreprises publiques. »

Il est indéniable que, si les autorités sont prêtes à appliquer des contraintes budgétaires effectives, à accepter la concurrence du secteur privé et à inciter les dirigeants des entreprises publiques à adopter les comportements voulus, la performance de ces dernières pourra s'améliorer. Toutefois, même si certains pays déterminés ont pris des mesures pour réformer leurs entreprises publiques, l'expérience montre malheureusement que le cap est difficile à maintenir. Le *Rapport sur le développement dans le monde, 1983* avait mis en vedette un certain nombre d'entreprises publiques performantes dans le monde. En 1993, la majorité de ces entreprises étaient en perte de vitesse.

De nouveaux objectifs pour la réglementation

FINANCES : DES CONTRÔLES À LA RÉGLEMENTATION PRUDENTIELLE. Au cours des dix dernières années, nous avons appris à bien mieux comprendre le développement du secteur financier. Nous savons maintenant que la « financiérisation » de l'économie est un signe fort et un véhicule puissant du développement d'un pays. Chose tout aussi importante, nous savons que la réglementation axée sur le contrôle et mise en place par un très grand nombre de pays dans les années de l'après-guerre — orientation sélective du crédit à des taux d'intérêt bonifiés fortement négatifs en faveur d'activités jugées prioritaires, restrictions imposées à la diversification sectorielle et géographique des intermédiaires financiers — peut souvent freiner la densification des circuits financiers. Face à cette situation, la réaction quasi universelle a été de lever tous les contrôles sur la structure des marchés financiers et l'allocation des ressources à l'intérieur de ces marchés, et d'engager un processus de libéralisation.

Toutefois, dans le secteur financier, la libéralisation n'est pas synonyme de déréglementation. La nécessité de réglementer les activités bancaires reste tout aussi impérative. Seule la finalité a changé, l'objectif n'étant plus d'orienter les financements vers des activités déterminées, mais de préserver la santé du système financier.

Le système bancaire a besoin de règles prudentielles efficaces parce que les banques ne sont pas des entreprises comme les autres. S'il n'existe pas de réglementation appropriée, le profane disposera de moins d'éléments d'appréciation pour juger de la santé financière d'une banque que celle d'un établissement non financier. Pourquoi ? Tout d'abord, parce que les prêts en cours sont les principaux actifs des banques. Aussi longtemps que les banques perçoivent des intérêts sur les prêts qu'elles ont consentis, l'observateur extérieur pourra fort bien en conclure que leur portefeuille est sain même si (ce qu'il ne sait pas) les emprunteurs n'ont pas les moyens de rembourser le principal ou, pire encore, s'ils sont en situation de faillite et se contentent de payer les intérêts dus en contractant de nouveaux emprunts. Ensuite, parce que, contrairement à de nombreuses entreprises, les banques peuvent être totalement insolvables sans pour autant connaître de crise de liquidité. Tant qu'un établissement bancaire insolvable peut cacher sa situation aux gens de l'extérieur, il peut continuer à attirer des dépôts — et même poursuivre une politique commerciale agressive en offrant des taux d'intérêt favorables. Les banques en difficulté s'engagent souvent dans des paris encore plus risqués pour se tirer d'affaire, s'enfonçant dans l'ornière et accumulant des pertes jusqu'à l'inévitable débâcle. Enfin, parce que les bilans des banques sont parfois difficiles à interpréter. En effet, une part croissante de leur portefeuille est souvent composée de produits dérivés et d'autres instruments financiers nouveaux dont il est difficile d'assurer le suivi.

Cette asymétrie de l'information peut être un élément de déstabilisation. Inquiets pour la sécurité des fonds qu'ils ont placés, les déposants peuvent s'empresser de les retirer dès que des rumeurs circulent au sujet des établissements en difficulté. Les défaillances des banques sont souvent contagieuses. Quand un établissement insolvable plonge, les clients d'autres banques, rendus nerveux, peuvent commencer à opérer des retraits massifs. Le départ des liquidités provoquant l'assèchement du système, même les banques solvables peuvent être contraintes de fermer leurs portes. Les retraits massifs des déposants à l'échelle du système tout entier peuvent avoir des conséquences macroéconomiques graves. Pour toutes ces raisons — les problèmes que pose l'évaluation de la santé financière d'une banque, les effets néfastes de contagion des défaillances des banques et l'incidence négative de ces défaillances sur la répartition des revenus —, il est indispensable d'encadrer les activités des banques par un ensemble de règles et d'autres mesures publiques, que nous décrirons plus loin.

Services d'utilité publique : réglementation et concurrence. Pour les services d'utilité publique également, on observe un regain d'importance de la réglementation. Dans ce domaine, toutefois, ce sont les changements technologiques et organisationnels sans précédent qui en sont la cause, et pas uniquement des changements de cap délibérés. L'argument avancé pour justifier la réglementation des services d'utilité publique était simple : ces services étaient des monopoles naturels et, s'ils n'étaient pas réglementés, les opérateurs privés pourraient agir comme des monopoleurs, limitant la production et faisant monter les prix, avec les conséquences fâcheuses que cela impliquerait pour l'efficacité de l'ensemble des activités économiques et la répartition des revenus. Aujourd'hui, les progrès de la technologie ont ouvert de nouvelles perspectives à la concurrence, mais les concurrents potentiels peuvent avoir besoin d'une assurance du législateur avant d'entrer sur le marché.

Dans le secteur des télécommunications, des dizaines de pays du continent américain, d'Europe et d'Asie — et quelques autres en Afrique, dont l'Afrique du Sud et le Ghana — ont introduit la concurrence dans les communications interurbaines et internationales, les services cellulaires et les prestations à valeur ajoutée (télécopie, transmission des données, vidéoconférences). Quelques pays, comme le Chili et El Salvador, par exemple, explorent même des formules pour ouvrir les réseaux fixes locaux à la concurrence. La production d'énergie électrique (mais pas le transport ni la distribution) est aussi considérée comme un secteur où il est possible de faire jouer la concurrence. En Chine, en Indonésie, en Malaisie et aux Philippines, les capacités de production électrique augmentent grâce aux projets indépendants des investisseurs privés, ce qui permet d'atténuer les graves pénuries que connaissent ces pays et de combler, avec les fonds privés, le déficit de financement lié à l'insuffisance des ressources publiques.

Dans ce nouvel environnement, la part des monopoles naturels a beaucoup diminué (mais elle n'a peut-être pas complètement disparu). La réglementation reste toutefois cruciale, pour deux raisons. D'abord, elle peut favoriser la concurrence. Considérons le problème de l'interconnexion. Faute d'avoir pu établir en temps voulu des règles fonctionnelles pour permettre à différents réseaux de se connecter entre eux, les autorités chiliennes ont grandement entravé la concurrence dans le domaine des télécommunications pendant plus d'une dizaine d'années, ce qui a permis aux entreprises dominantes en place de contrôler l'évolution du système. Après de nombreux litiges portés devant les tribunaux, plusieurs compagnies ont été autorisées à opérer sur le marché des communications interurbaines et internationales en 1994. En quelques mois, six nouvelles entreprises étaient entrées sur le marché, et le prix des appels longue distance avait diminué de moitié. Des problèmes d'interconnexion similaires peuvent se poser dans le secteur de l'électricité lorsque les producteurs approvisionnent les usagers par l'intermédiaire d'un unique réseau de distribution. C'est un problème que l'Argentine a dû résoudre, parmi d'autres, à la suite des privatisations.

Une autre raison qui doit conduire les pays à améliorer la réglementation, c'est que la concurrence ne suffit pas toujours à mettre les investisseurs privés à l'abri du « risque réglementaire », c'est-à-dire le risque que les décisions des autorités de tutelle et d'autres organismes publics n'imposent à un moment ou à un autre de nouvelles règles coûteuses. Les actifs d'un service d'utilité publique sont propres à l'activité menée et ne peuvent en aucun cas servir à d'autres fins. Cela signifie que les entreprises qui assurent ces services ne seront disposées à poursuivre leurs activités que dans la mesure où elles peuvent couvrir leurs charges d'exploitation. De ce fait même, elles sont particulièrement vulnérables à l'expropriation administrative — ce qui arrive, par exemple, lorsque l'organe de réglementation et de contrôle fixe les tarifs à un niveau inférieur à leurs coûts moyens à long terme. C'est pourquoi, les pays où les droits de propriété n'ont pas toujours été respectés peuvent se trouver dans l'impossibilité d'attirer des investisseurs privés dans ce secteur d'activité, même s'ils sont résolument déterminés à faire jouer la concurrence. Comme on le verra dans les sections qui suivent, un dispositif bien étudié qui contraint l'organe de réglementation et de contrôle à maintenir une ligne de conduite bien définie peut offrir l'assurance dont les investisseurs potentiels ont besoin.

L'ENVIRONNEMENT : ÉTABLIR UN BON ÉQUILIBRE ENTRE LA SCIENCE, L'ÉCONOMIE ET LES ATTENTES DES CITOYENS. Les économistes savent depuis longtemps que la pollution est une externalité négative. En l'absence de toute protection réglementaire, l'environnement peut être sacrifié sur l'autel du profit. Les acheteurs cherchent des produits au meilleur prix, et les producteurs cherchent à les fabriquer à un coût inférieur à celui de leurs concurrents. À moins que des mesures dissuasives ne soient mises en place, la tentation peut être grande pour les entreprises de brûler les étapes en adoptant des procédés de fabrication moins coûteux, mais plus polluants.

Même pour les pays dotés de solides structures institutionnelles, la réglementation environnementale peut poser d'énormes problèmes. Les fumées toxiques, l'eau chargée de substances nocives, les bruits assourdissants — et leurs conséquences — sont faciles à détecter. Mais les coûts de beaucoup d'autres formes de dégradation de l'environnement sont diffus, et ils peuvent être invisibles même pour ceux qui sont les plus proches de la source de pollution et qui peuvent en payer le prix fort à long terme. Parfois, les émissions polluantes sont aussi difficiles à mesurer. Et, dans certains cas, les conséquences sur l'environnement dépendent en très grande partie des caractéristiques démographiques et écologiques de la région considérée.

Dans certains cas aussi, les intérêts politiques de la communauté, des entreprises et des personnes publiques peuvent inciter à préférer des solutions ambiguës et négociées à une application prévisible et cohérente des règles, ce qui complique encore les choses. Les communautés défavorisées sont confrontées chaque jour à un funeste choix : assurer leur survie immédiate au prix d'une dégradation durable de l'environnement, ou ne pouvoir subsister. Les entreprises privées mettent en balance les coûts et les avantages sans surprise du respect d'une réglementation bien définie et la possibilité de réduire leurs frais en ignorant les textes. Dans ces conditions, les gouvernants peuvent souvent être amenés à conclure que l'inaction dans le domaine de l'environnement (que cache parfois un volontarisme de façade) est l'option politiquement la plus payante.

Comme nous le verrons plus loin, dans ce climat d'ambiguïté, on a peu de chances de réussir en abordant la réglementation environnementale sous un angle purement technocratique. Les pays en développement en particulier, où les fondements institutionnels de la réglementation sont précaires, pourront sans doute mieux maîtriser les risques environnementaux qu'entraîne une totale liberté des marchés privés en optant pour des méthodes d'intervention qui soient fondées au moins autant sur l'information du public et la participation des populations que sur des règles formelles.

Lorsque la capacité d'action de l'État est grande, la réglementation peut renforcer la crédibilité et l'efficacité

Que devrait donc faire l'État face à des besoins de réglementation qui évoluent constamment et qui sont souvent contradictoires ? Trois principes sont d'une importance cruciale. D'abord, les divers modes de réglementation impliquent des coûts et des avantages différents, que les pays doivent évaluer avant d'arrêter leur ligne de conduite. Ensuite, cette évaluation doit aussi intégrer la dimension administrative : certains types de réglementation nécessitent un grand nombre d'éléments d'information, et d'autres des données beaucoup moins importantes (ou plus faciles à vérifier). De même, certaines approches exigent un arsenal de règlements et de contrôles, alors que d'autres sont plus ou moins fondées sur les mécanismes du marché. En général, les méthodes d'intervention qui ne font pas appel à de multiples données et qui s'appuient sur le jeu du marché sont plus faciles à mettre en œuvre et, dans bien des cas, elles sont au moins aussi efficaces que les autres. Enfin, il existe des différences notables entre les pays tant sur le plan de la capacité institutionnelle que de la structure de l'économie. Chacun doit donc aborder la question de la réglementation en fonction de sa propre situation.

Nous commencerons par montrer comment ces principes peuvent être mis en pratique en retenant le « scénario le plus optimiste », celui des différentes approches réglementaires qui peuvent être adoptées pour le secteur bancaire, les services d'utilité publique et l'environnement lorsque le cadre institutionnel est solide. Ces méthodes, qui impliquent une importante logistique institutionnelle, s'articulent sur trois principes fondamentaux (tableau 4.2) :

- Utiliser les services d'administrateurs publics pour gérer des problèmes techniques complexes
- Laisser aux responsables de la réglementation et du contrôle une très grande marge de manoeuvre pour adapter le dispositif à l'évolution de la situation
- Utiliser des mécanismes faisant contrepoids à toute action arbitraire de la part des organes de réglementation et de contrôle, et asseoir ainsi leur crédibilité.

CONTRÔLE BANCAIRE. Dans tous les pays du monde, la réglementation du secteur bancaire tend à faire appel à une logistique institutionnelle importante. Nous étudierons plus loin un certain nombre de solutions nouvelles qui permettent de s'assurer de la solvabilité des banques lorsque les organes de contrôle sont mal armés pour remplir leur mission. Dans de nombreux pays, toutefois, la présence d'un dispositif officiel de contrôle demeure un rempart vital. L'idée est qu'une réglementation bien conçue, dont le suivi et l'application sont confiés à des organes de contrôle compétents, permet de remédier à l'asymétrie d'information inévitable dans le secteur bancaire et de déceler — ou tout au moins de maîtriser — des crises qui pourraient conduire à la faillite du système (encadré 4.3). Les éléments au coeur d'un dispositif de ce type sont les suivants :

- *Normes de fonds propres et critères d'entrée dans la profession.* L'obligation faite aux banques d'être dotées d'un capital minimum leur impose une discipline du fait même que leurs propriétaires ont quelque chose à perdre en cas de faillite. Il faudrait aussi que les autorités soient tenues d'examiner les compétences et le parcours des propriétaires et des dirigeants des établissements bancaires.
- *Restrictions à l'octroi de prêts en faveur du personnel des banques.* Cette règle permet de réduire les prêts frauduleux. De même, beaucoup de pays limitent aussi le volume des prêts accordés à un seul et même client (généralement, le plafond se situe entre 15 et 25 % du capital de la banque). Cela empêche qu'un client ne devienne « trop important pour être mis en faillite », ce qui incite les banques à consentir à ce client défaillant des prêts dans le seul but de le maintenir à flot.
- *Règles gouvernant la classification des actifs.* Les règles qui exigent des banques qu'elles classent la qualité et les risques de leurs créances en fonction de critères précis, et qu'elles définissent et identifient les prêts improductifs permettent de déceler rapidement d'éventuels problèmes.
- *Règles d'audit.* Des normes d'audit minimum et l'obligation d'information permettent de mettre en temps voulu

Tableau 4.2 Diversité des cadres réglementaires

	Services d'utilité publique	Environnement	Secteur financier
Formules impliquant une importante logistique institutionnelle	Plafonnement des tarifs, l'organe de réglementation déterminant le facteur d'ajustement des prix Réglementation par une commission indépendante, avec auditions publiques	Règles précises (autoritaires ou, de préférence, basées sur un système d'incitations) établies par l'organe de réglementation et de contrôle	Réglementation détaillée suivie par des autorités de contrôle compétentes et impartiales (avec, éventuellement, un dispositif d'assurance des dépôts)
Formules n'impliquant qu'une logistique institutionnelle légère	Réglementation fondée sur des règles simples, incorporées dans des accords juridiques sur les transactions, et dont l'application est assurée au plan national ou par l'intermédiaire d'un mécanisme international	Approches réglementaires faisant appel à la participation : information du public, actions locales pour permettre aux populations de se faire entendre et initiatives des autorités locales	Régime d'incitations conçu de manière que les banquiers et les déposants aient tout intérêt à ce que les banques restent solvables

Encadré 4.3 Comment le contrôle des banques a empêché un désastre financier en Malaisie

En 1985, la baisse brutale des cours mondiaux des produits de base a mis un terme à dix années de forte expansion économique en Malaisie. Après avoir progressé à un rythme accéléré, puisqu'il est passé de 100 en 1977 à 427 au début de 1984, l'indice boursier est tombé au-dessous de la barre de 200 au début de 1986. À Kuala Lumpur, la valeur des propriétés commerciales de premier plan a chuté plus lourdement encore. Les banques, qui avaient fortement orienté leur activité sur le crédit immobilier pendant les années d'expansion, ont vu avec inquiétude progresser leurs prêts improductifs et leurs créances douteuses.

Comme le contrôle bancaire avait été assez étroit, les provisions constituées pour les prêts improductifs ont rapidement augmenté, passant de 3,5 % du volume des crédits consentis en 1984 à 14,5 % en 1988. Malgré cela, l'organe de contrôle a recensé en 1985 trois banques commerciales qui risquaient de devenir insolvables en raison de l'importance de leurs créances douteuses (mais les dirigeants de ces établissements rechignaient à reconnaître l'ampleur véritable du problème). En outre, 24 coopératives non bancaires collectrices de dépôts — qui comptaient plus de 522 000 déposants et totalisaient environ 1,5 milliard de dollars d'actifs, mais qui étaient soumises à un contrôle bien moins rigoureux que les banques commerciales — étaient au bord du gouffre.

Les services chargés du contrôle bancaire à la Bank Negara, la banque centrale de Malaisie, ont monté un ensemble de programmes complexes de sauvetage pour les trois banques commerciales et les 24 coopératives en difficulté. Globalement, les pertes liées à la crise bancaire se sont élevées à 4,7 % du produit national brut (PNB) du pays en 1986.

L'expérience de la Malaisie souligne l'importance d'un contrôle bien conçu. Les pertes du secteur bancaire, qui faisait l'objet d'un contrôle étroit, ne représentaient que 2,4 % des dépôts, pourcentage nettement inférieur aux 40 % enregistrés dans les coopératives non bancaires qui n'étaient pas soumises à un contrôle si étroit. C'est ainsi qu'un désastre macroéconomique a pu être évité. La reprise économique s'est amorcée en 1987, entraînant dans son sillage la remontée du cours des actions et du prix de l'immobilier, et le redressement des bilans. Par la rapidité de leur intervention, les autorités ont pu identifier et résoudre promptement les problèmes et mettre en place un programme de sauvetage à un moment où le coût de cette opération était encore abordable.

des données d'information fiables à la disposition des déposants, des investisseurs et des créanciers des banques.

La mise en place d'un ensemble solide de réglementations prudentielles et d'un bon système de contrôle exige d'importants moyens administratifs. Il faut en effet disposer d'informations comptables et financières suffisamment fiables sur la solidité des emprunteurs d'une banque. Il faut aussi disposer d'un organisme de contrôle doté d'un nombre suffisant de cadres non seulement assez compétents pour s'acquitter correctement de leur mission, mais aussi assez indépendants à l'égard de la sphère politique pour travailler en toute impartialité.

Beaucoup de pays se sont exclusivement appuyés sur la réglementation et le contrôle pour encadrer leur secteur bancaire alors qu'ils ne remplissaient pas ces conditions préalables. Les conséquences ont été désastreuses dans bien des cas. Une étude récente de la Banque mondiale a relevé plus de 100 cas majeurs d'insolvabilité des banques dans 90 pays en développement et en transition entre la fin des années 70 et 1994. Dans 23 des 30 pays pour lesquels on disposait de données, les pertes directes que ces crises ont fait subir à l'État dépassaient 3 % du PIB (figure 4.1). En valeur absolue, c'est dans les pays industriels que les pertes ont été les plus élevées. Ainsi, d'après les estimations officielles, les prêts improductifs du système bancaire japonais représentaient quelque 400 milliards de dollars en 1995. Aux États-Unis, le coût de la débâcle des caisses d'épargne s'est chiffré à 180 milliards de dollars. Mais, en termes relatifs, c'est en Amérique latine que les pertes ont été les plus lourdes. Au début des années 80, celles de l'Argentine atteignaient plus de la moitié de son PIB, et elles dépassaient 40 % dans le cas du Chili. Dans les sections suivantes, nous examinerons quelques-unes des dispositions que les pays peuvent prendre pour éviter les faillites bancaires, sans avoir absolument besoin de se doter d'un dispositif officiel de contrôle.

PLAFONNEMENT DES TARIFS DES SERVICES D'UTILITÉ PUBLIQUE. Le plafonnement des tarifs des services d'utilité publique illustre à la fois l'étendue des pouvoirs de l'organe de réglementation et de contrôle dans ce domaine et le rôle que jouent les contrepoids institutionnels en empêchant toute action arbitraire. Le plafonnement des tarifs est une incitation à l'efficacité et il peut encourager l'innovation, mais il donne d'importants pouvoirs à l'organe de réglementation et de contrôle. Au Royaume-Uni, premier pays à

Figure 4.1 Malheureusement trop courantes, les crises bancaires ont un coût financier considérable

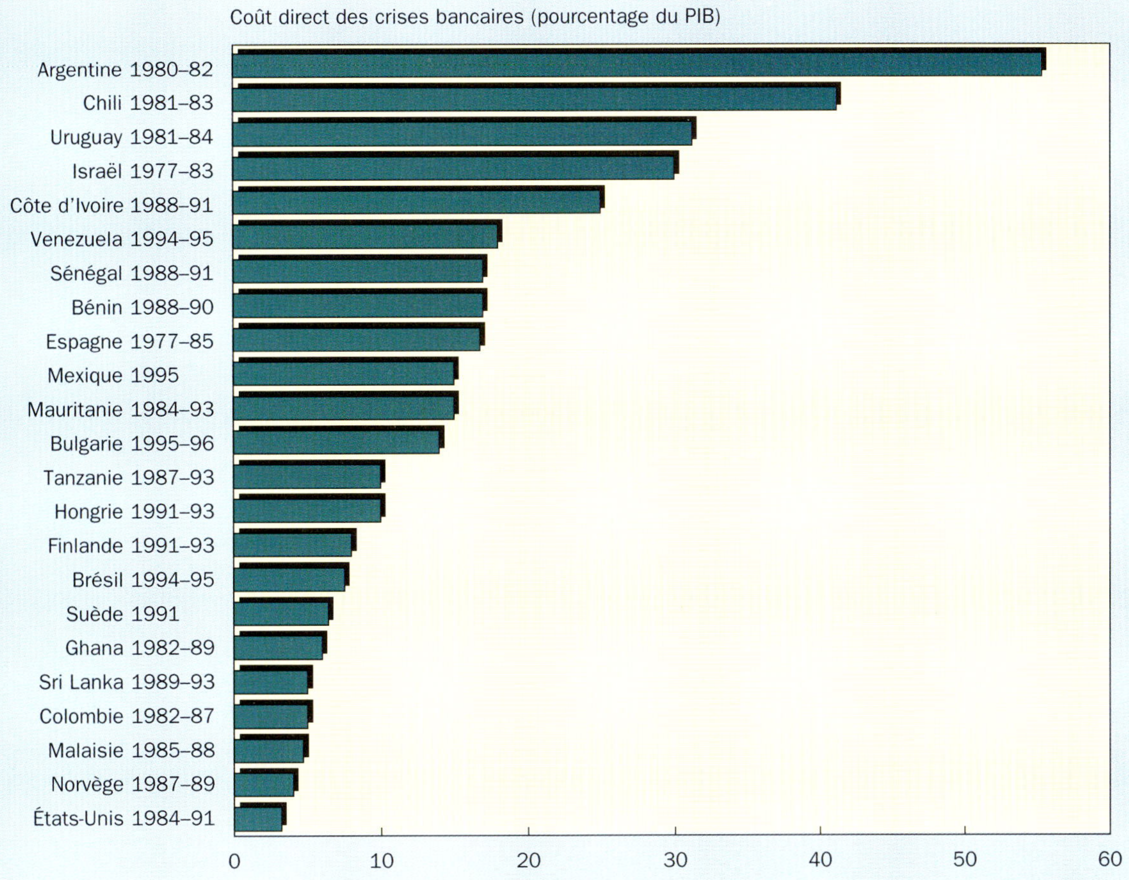

Source : Caprio, 1996.

instaurer le plafonnement des prix, les autorités fixent un plafond global pour les tarifs des services d'utilité publique, ce plafond étant basé sur le taux annuel d'inflation minoré d'un facteur d'ajustement. Les autorités déterminent le niveau du facteur d'ajustement, qu'elles peuvent modifier à des intervalles de temps définis (en général tous les cinq ans).

Au Royaume-Uni, le fonctionnement des organes de réglementation et de contrôle est assujetti à un système de contrepoids soigneusement conçu. En effet, toute décision contestée par l'entreprise de services publics doit être approuvée à la fois par la Commission d'enquête sur les monopoles et les fusions et par le secrétaire d'État au Commerce et à l'Industrie. Ce dispositif est suffisamment solide pour autoriser une approche très souple en matière de réglementation, tout en attirant d'importants investissements privés. Si un pays cherchait à adopter ce mode de réglementation sans avoir mis en place un mécanisme d'équilibrage aussi solide, les investisseurs privés pourraient être portés à croire que le facteur d'ajustement augmenterait fortement dès que le moment serait venu de revoir les plafonds. Dans ces conditions, soit ils s'abstiendraient d'investir, soit ils exigeraient un taux de rentabilité très élevé pour amortir rapidement leur investissement.

Approche de la réglementation environnementale par des formules impliquant une importante logistique institutionnelle. En matière de réglementation de l'environnement, l'un des grands problèmes a toujours été de trouver des solutions qui allient l'expertise technique et la légitimité politique afin d'éviter de donner à penser que les experts et les technocrates prennent des décisions sans tenir compte des préoccupations des populations concernées ou du public en général. Dans les pays industriels, la solidité des institutions est l'élément clé qui permet de réaliser cet équilibre. En Allemagne, en France et au Royaume-Uni, par exemple, les élus délèguent la responsabilité de définir les détails de l'action à mener à des organes compétents dans le domaine de l'environnement, qui consultent les parties concernées et tiennent compte des pressions politiques. Les décisions de l'Agence américaine de protection de l'environnement, comme beaucoup d'autres décisions d'organismes publics semi-autonomes, ne sont juridiquement contraignantes que si le public a préalablement été informé des changements apportés aux règles et si les parties concernées sont en mesure de formuler des observations en bonne et due forme. Aux Pays-Bas, le gouvernement prend en charge plus de la moitié du financement de 30 à 40 ONG, et consulte régulièrement ces organisations et d'autres parties concernées lorsqu'il élabore des lois sur la protection de l'environnement.

Considérés sous l'angle étroit de l'efficacité économique, même ces mécanismes donnent des résultats imparfaits. Par exemple, il est indéniable que l'Allemagne et les États-Unis ont réussi à réduire les émissions de certains polluants importants dans des proportions remarquables. Pourtant, en partie parce qu'ils veulent convaincre de leur désir de répondre aux préoccupations de la population, ces deux pays continuent de s'appuyer très largement sur tout un arsenal réglementaire, même dans les cas où ils pourraient obtenir des résultats similaires à moindre coût avec des règles basées sur le jeu du marché ou des systèmes d'incitations.

Les inconvénients d'un dispositif réglementaire imposé d'en haut sont encore plus évidents dans les pays en développement, dont beaucoup, face à la montée des préoccupations suscitées par les problèmes liés à l'environnement, ont réagi en créant des organes de réglementation et de contrôle fondés sur cette approche. En Pologne, par exemple, les services concernés, bien que techniquement compétents, ont constaté qu'ils avaient relativement peu de poids dans les négociations avec les dirigeants d'usines lorsque le bien-être des communautés dépendait pour beaucoup d'une ou de quelques grandes entreprises qui finançaient de nombreux services de proximité. Au Chili, l'organisme responsable, pourtant très respecté, a essayé pendant quatre ans de mettre en place un système de « permis de polluer » négociable entre les industries, mais il a échoué dans sa tentative à cause des difficultés qu'il y avait de définir les émissions de base et de les mesurer par la suite.

Le « canon » réglementaire à respecter lorsque les structures institutionnelles sont précaires

Les pays dont les institutions sont relativement faibles risquent plus que les autres de se trouver face à un monceau de réglementations imprévisibles et incohérentes s'ils s'en remettent aux seules compétences et à la discrétion des administrations. S'agissant de la réglementation du système financier et de l'environnement, ces pays devront surtout s'employer à éviter les actions opportunistes et coûteuses des opérateurs privés — qu'il s'agisse de fraude bancaire ou de pollution — lorsqu'ils ne peuvent compter sur l'autorité d'un organe de réglementation et de contrôle. Pour les services d'utilité publique, il s'agira de convaincre les investisseurs potentiels que l'organe de réglementation et de contrôle ne modifiera pas arbitrairement les règles en apportant des changements aux conséquences coûteuses. Le tableau 4.2 résume quelques-unes des formules envisageables, qui sont examinées une à une ci-après.

PROMOUVOIR DES RÈGLES DE SAINE GESTION DANS LE SECTEUR BANCAIRE. Les motivations des propriétaires et des dirigeants des banques et des déposants peuvent être un complément indispensable du dispositif de contrôle si le nécessaire est fait pour que ces motivations soient compatibles avec des pratiques bancaires prudentielles. L'histoire des banques offre des exemples de dispositions particulièrement élaborées d'autodiscipline pour asseoir la crédibilité des établissements. Plus récemment, la Banque mondiale et la Banque européenne pour la reconstruction et le développement ont collaboré à la réalisation d'un projet en Russie, conçu en vue de renforcer le système d'incitations des banques. Ainsi, n'étaient retenues pour effectuer des opérations de rétrocession de prêts que les banques qui acceptaient de faire auditer leurs comptes tous les ans par des cabinets internationaux d'experts-comptables indépendants et d'adopter des normes prudentielles de gestion.

Placer la barre réglementaire plus haut pour les banques est une autre solution à logistique limitée qui permet de protéger la santé du système bancaire. Il est moins coûteux de suivre la valeur nette d'un établissement que de suivre chacune de ses transactions. Une banque dont la valeur nette est suffisante sera incitée à agir avec prudence. Les mesures suivantes permettent d'augmenter la valeur nette d'un établissement bancaire, et par conséquent le coût de sa faillite pour les banquiers.

- Imposer aux banques des normes de fonds propres très dures : non pas les modestes 8 % des dépôts recommandés par le Comité de Bâle pour les pays industriels, mais 20 % ou davantage.
- Imposer des conditions très rigoureuses à l'entrée dans la profession, en partie pour accroître la valeur de franchise de l'agrément pour les établissements en place, ce qui renforcera d'autant leur détermination à se maintenir sur le marché.
- Plafonner les taux d'intérêt servis sur les dépôts non seulement pour préserver la santé des banques, mais aussi pour les inciter fortement à développer leur réseau de succursales de manière à stimuler les dépôts et à accélérer la densification des circuits financiers.

Une autre méthode qui incite les banques à adopter des règles prudentielles consiste à exposer à une sanction punitive les propriétaires, les administrateurs et les dirigeants de banques en cas de faillite de l'établissement. Ainsi, avant le milieu des années 30, les autorités américaines imposaient systématiquement un régime de double responsabilité aux actionnaires des banques en faillite. C'est peut-être en partie pour cela qu'il n'y a eu que 650 liquidations de banques entre 1863 et 1928, contre à peu près 4 500 fermetures volontaires. À l'heure actuelle, la Nouvelle-Zélande applique des règles très strictes de transparence pour les opérations de notification des banques, et les violations sont très sévèrement sanctionnées.

Promotion de l'investissement privé dans le secteur des services d'utilité publique par des mécanismes garantissant les engagements des autorités. L'industrie jamaïcaine des télécommunications illustre de façon frappante comment l'investissement privé peut influer sur l'interaction entre la capacité institutionnelle et la mission de réglementation (encadré 4.4.) Dans ce pays, en effet, le gouvernement a pu faire appel à des mécanismes qui garantissaient son engagement pour attirer des investissements privés importants, mais au prix d'une marge de manoeuvre moindre. Depuis l'indépendance, les télécommunications ont suivi les dents de scie de la réglementation, se développant lorsque le pays était disposé à se donner moins de latitude, mais tournant à un rythme ralenti lorsqu'un régime plus discrétionnaire avait le vent en poupe.

Contrairement à la Jamaïque, les Philippines n'avaient pu, jusqu'à une période récente, mettre en place un mécanisme susceptible d'assurer les investisseurs privés que le dispositif réglementaire ne changerait pas avec le renouvellement des mandats présidentiels. C'est pourquoi, entre la fin des années 50 et le début des années 90, les vicissitudes de la politique ont réglé le rythme des investissements de l'entreprise privée exploitant le secteur des télécommunications du pays. L'investissement a augmenté avec l'investiture d'un gouvernement favorable au groupe qui contrôlait l'entreprise, pour diminuer dans les années précédant son

Encadré 4.4 La réglementation des télécommunications à la Jamaïque

Pendant une grande partie de la période coloniale et dans les années qui ont immédiatement suivi l'indépendance, les conditions qui régissaient le fonctionnement de la plus grande entreprise de télécommunications de la Jamaïque étaient énoncées dans un contrat de concession de 40 ans, contenant des clauses détaillées et juridiquement contraignantes. À l'époque, comme à l'heure actuelle, la dernière instance d'appel du système judiciaire indépendant était le Conseil privé de la Couronne, au Royaume-Uni. Ce système a permis d'assurer le développement régulier des services de télécommunications, et le nombre d'abonnés a triplé entre 1950 et 1962. Mais, après l'indépendance, le tout jeune État a jugé inacceptables les restrictions apparentes d'un accord de concession qui n'offrait pratiquement aucune possibilité de participation démocratique. Il a donc décidé de créer, en 1966, la Commission jamaïcaine des services d'utilité publique, calquée sur le système américain. Cette commission tenait des auditions périodiques et disposait d'une grande latitude pour réglementer en fonction des éléments d'appréciation recueillis auprès de diverses parties prenantes.

Mais il manquait à la Jamaïque les institutions indispensables pour que ce système puisse fonctionner. Alors qu'il existe aux États-Unis tout un ensemble de garde-fous qui empêchent les dérives du système (en particulier une procédure administrative bien développée et des dispositions constitutionnelles garantissant la protection des biens), la Jamaïque ne dispose d'aucun mécanisme pour faire contrepoids aux décisions de la commission. De ce fait, les contrôles de prix sont progressivement devenus de plus en plus pénalisants — à tel point qu'en 1975 la principale entreprise privée de télécommunications s'est sentie soulagée de céder tous ses actifs à l'État. En 1987, après une décennie d'investissements insuffisants, la Jamaïque a reprivatisé les télécommunications, en utilisant cette fois un contrat de concession précis et juridiquement contraignant, identique à ceux qui étaient appliqués avant 1965. Dans les trois années qui ont suivi, le volume moyen des investissements annuels avait plus que triplé par rapport à celui des 15 années précédentes.

Toutefois, la reprise de l'investissement privé a eu un coût. En effet, pour maintenir les subventions croisées (politiquement difficiles à éliminer) qui existaient depuis longtemps entre les services locaux et les services internationaux, la Jamaïque a accordé à un seul prestataire une concession de 25 ans pour l'ensemble du système lorsqu'elle a décidé de privatiser le secteur des télécommunications. Les importantes recettes provenant des communications internationales ont servi à développer le réseau local fixe, qui était déficitaire. Le débat se poursuit sur la question de savoir si, malgré ses contraintes politiques, la Jamaïque aurait dû laisser une place à la concurrence dans certains services à valeur ajoutée, ce qui aurait permis de maintenir un minimum de pression pour favoriser l'innovation et les gains de productivité à une époque où le monde est en pleine mutation technologique.

renouvellement et stagner dans les périodes où les relations du groupe avec le pouvoir étaient plus distantes. Dans le secteur de l'électricité, le gouvernement a résolu le problème de la garantie de son engagement en acceptant de conclure avec les investisseurs privés des contrats de prise ferme contraignants, parfois applicables à des activités délocalisées. Un pays peut aussi faire appel à la garantie d'une tierce partie — telle que celle offerte par le Groupe de la Banque mondiale — pour protéger les investisseurs et les prêteurs privés contre des risques non commerciaux, notamment le risque d'expropriation administrative.

La pression de l'opinion publique au secours de l'environnement. Dans les pays où la capacité institutionnelle est faible, l'information du public et la pression de l'opinion peuvent être les aiguillons d'une action publique destinée à renforcer la crédibilité et l'efficacité de la réglementation dans le domaine de l'environnement.

Des initiatives fondées sur la transparence et l'information intensive peuvent contribuer à réduire la pollution industrielle même en l'absence de règles écrites applicables. L'Indonésie, par exemple, a lancé en 1989 une opération « rivières propres », reposant en grande partie sur une adhésion volontaire. En 1994, ce programme avait permis de réduire de plus d'un tiers les rejets des 100 usines participantes. Un autre programme, lancé au milieu de 1995 en vue de définir les critères permettant une évaluation des usines en fonction de leur impact sur l'environnement et de rendre publiques les notes obtenues, semble aussi avoir incité un grand nombre de « mauvais élèves » à améliorer leur performance. Dans les deux cas, la clé du succès a été de faire jouer l'arme de la réputation en établissant un palmarès des entreprises « écologiques » et en le faisant connaître aux autres entreprises, aux populations locales et aux consommateurs en général.

Les programmes de protection de l'environnement entièrement basés sur l'information du public ont, bien sûr, leurs propres limites. Près de la moitié des entreprises qui participaient à l'opération « rivières propres » n'ont rien fait pour réduire la portée de leurs activités polluantes. Les programmes fondés sur l'information aident sans aucun doute à déterminer où se situent les problèmes les plus graves, mais ils suffisent rarement à amener les entreprises très polluantes à assainir l'environnement. À mesure que les pays progressent sur la voie du développement, il leur faudra manifestement se tourner vers des formules plus systématiques qui associent la pression de l'opinion à des mécanismes plus rigides pour faire appliquer les réglementations.

Comme on a pu l'observer un peu partout dans le monde, les initiatives qui remontent de la base peuvent déboucher sur une action des pouvoirs publics au niveau national. Dans les 20 années qui ont suivi la Deuxième Guerre mondiale, le Japon s'est engagé tête baissée sur la voie de l'industrialisation sans trop se préoccuper des conséquences sur l'environnement. Au niveau national, cette période de laisser-faire a pris fin en 1967, avec la loi fondamentale sur la lutte contre la pollution, qui a marqué une étape décisive. Mais, bien avant cette loi, des initiatives émanant de la base s'étaient fait jour un peu partout dans le pays pour jeter les bases d'une réforme durable dans le domaine de l'environnement (encadré 4.5).

Les choix en matière de réglementation : ce qu'il faut retenir

Les réalités de l'imperfection des marchés conduisent à faire figurer la réglementation dans le programme d'action en faveur du développement. De la même façon, les réalités de l'imperfection de la puissance publique conduisent à se méfier de l'instauration hâtive de dispositifs réglementaires impliquant une importante logistique institutionnelle

Encadré 4.5 La défense de l'environnement à Yokohama, au Japon

En 1960, des associations locales de médecins de Yokohama ont commencé à faire circuler des pétitions contre les émissions des raffineries de pétrole et les problèmes de santé qu'elles engendraient. Peu de temps après, l'équipe municipale, qui avait montré peu d'empressement à s'attaquer aux problèmes liés à l'environnement, a perdu les élections au profit d'un maire réformiste, qui s'est engagé à mettre en œuvre des politiques de lutte contre la pollution. Cet engagement a été suivi d'un grand déploiement d'activités, ponctuées par la création d'une nouvelle cellule de lutte contre la pollution au sein de la municipalité (cette unité comptait dix personnes à la fin de 1964), d'une association de riverains pour la défense de l'environnement et d'un groupe consultatif rassemblant des représentants des habitants, des universitaires et des experts.

Bien que n'ayant pas autorité pour imposer des mesures de lutte contre la pollution, la municipalité a conclu, en décembre 1964, un accord officiel avec une nouvelle centrale au charbon, qui consentait librement à une forte réduction des émissions. Cela a créé un précédent qui a permis de passer d'autres accords du même type avec de grandes entreprises déjà installées ou qui se créaient. Ces accords prévoyaient que les émissions devaient être ramenées à 20 % des niveaux alors projetés. Dans les 20 années qui ont suivi, Yokohama a progressivement rendu ces accords plus rigoureux et a toujours appliqué des normes de protection de l'environnement plus sévères que celles — pourtant toujours plus strictes — imposées par les autorités nationales.

dans les pays où les institutions sont faibles. La clé du succès est de bien délimiter le programme d'action dans ce domaine et d'adapter les outils réglementaires à la capacité institutionnelle du pays. Deux questions peuvent guider les pays soucieux d'améliorer leur cadre réglementaire.

Est-il nécessaire d'instituer des règles précises pour corriger les imperfections du marché ? Les résultats inégaux obtenus en la matière semblent indiquer qu'il est préférable de considérer ces règles de régulation des marchés comme un complément à d'autres mesures (ou même comme une solution de dernier ressort) que comme une solution automatique pour résoudre les problèmes qui se posent. En outre, le parcours des différents pays dans les domaines examinés plus haut montrent comment, en faisant jouer la concurrence, en donnant au public la possibilité de se faire entendre et en s'appuyant sur l'autoréglementation, on peut atteindre des objectifs sociaux sans nécessairement devoir recourir à des règles, comme on le pensait auparavant.

Le pays a-t-il l'assise institutionnelle et politique nécessaire pour que le recours à des règles formelles soit un bon moyen de garantir la crédibilité de l'État dans les engagements qu'il prend ? Sur le plan politique, la question est de savoir si les autorités ont la volonté de donner suite aux textes qu'elles promulguent. Sur le plan institutionnel, la question cruciale est de savoir si la justice est indépendante, si son impartialité est reconnue et si ses décisions sont appliquées. Dans le cas inverse, il faudra peut-être recourir à d'autres mécanismes (parfois extraterritoriaux) pour garantir les engagements de l'État. Dans les pays où il est difficile de réunir des coalitions politiques capables d'amender les règles, la législation peut suffire. Dans d'autres pays, il sera peut-être souhaitable d'inclure des règles formelles dans des accords juridiquement contraignants conclus avec les différentes entreprises concernées.

S'il faut opter pour des règles formelles, celles-ci devront être fonctionnelles non seulement en théorie, mais aussi en pratique. Dans un monde idéal, mieux vaut des règles souples que des règles rigides. Mais, dans le monde réel, les « canons » de la réglementation n'ont parfois que peu de rapport avec la conception idéale de l'efficacité. Dans les pays où les contrepoids sont insuffisants, il faudra éventuellement sacrifier la souplesse à la certitude et à la prévisibilité. Ce qui paraît a priori être très peu efficace peut se révéler, en fin de compte, la meilleure solution possible qui permettra d'atteindre les objectifs que poursuit la réglementation en tenant compte des forces et des faiblesses des structures institutionnelles en place.

Une politique volontariste de l'État peut-elle stimuler le développement des marchés ?

Lorsque les externalités, l'absence de concurrence ou d'autres imperfections du marché entraînent un décalage entre les objectifs privés et les objectifs sociaux, la plupart des analystes acceptent l'idée que l'État peut améliorer le bien-être en réglementant. Bien plus controversée toutefois est l'idée que l'État devrait aussi s'efforcer d'accélérer le développement des marchés par une politique industrielle volontariste. La justification théorique de la politique industrielle repose sur le principe que les problèmes d'information et de coordination examinés plus haut peuvent prendre de telles proportions — surtout dans les pays en développement — qu'ils dépassent ceux auxquels s'attaquent des institutions bien rodées quand elles protègent la propriété. Au fond, l'argument s'appuie sur le fait que, dans les marchés insuffisamment développés où les intervenants sont peu nombreux, l'accès à l'information peut être extrêmement coûteux. L'information, relativement facile à obtenir dans les pays industriels, devient ici un secret jalousement gardé qui empêche une bonne coordination et, de façon plus générale, entrave le développement des marchés.

En théorie, dans ces pays, l'État peut jouer un rôle de trait d'union, facilitant l'accès à l'information, l'échange des connaissances et la collaboration, et améliorant par là le fonctionnement des marchés pour stimuler le développement industriel. Mais, dans la pratique, pour jouer effectivement ce rôle, il faut qu'il dispose de la capacité institutionnelle nécessaire. Même les plus ardents partisans de l'interventionnisme reconnaissent que l'État ne peut améliorer le fonctionnement des marchés que si trois conditions fondamentales sont remplies.

Premièrement, et c'est peut-être là le plus important, les entreprises et les responsables publics doivent travailler dans un climat de confiance mutuelle. Les entreprises doivent être convaincues non seulement qu'il est utile de renforcer la coordination, mais aussi que la puissance publique et les autres entreprises concernées tiendront leurs engagements. Les participants doivent aussi avoir le sentiment que l'ensemble des dispositions retenues sera suffisamment souple pour pouvoir être adapté en fonction de l'évolution des circonstances. Pour cela, il faut que le gouvernement promette de faire participer le secteur privé à la mise en œuvre de sa politique, en donnant les gages de confiance nécessaires.

Deuxièmement, les initiatives prises pour promouvoir le développement industriel doivent rester soumises à une concurrence loyale, qui peut émaner des autres entreprises locales, provenir des importations ou s'exercer sur les marchés d'exportation. Si les entreprises ne sont pas confrontées à l'une ou plusieurs de ces formes de concurrence, elles seront peu incitées à utiliser efficacement les ressources ou à innover, la productivité n'augmentera pas et l'expansion industrielle ne sera pas durable.

Troisièmement, la stratégie de développement industriel d'un pays doit se fonder sur ses avantages comparatifs — abondance relative des ressources naturelles, importance de la main-d'œuvre qualifiée et non qualifiée, et capital disponible pour l'investissement — étant entendu que ces avantages évoluent au fil du temps. Certains partisans de l'interventionnisme estiment que l'État se doit de conforter un avantage comparatif naissant en encourageant les entreprises à prendre davantage de risques qu'elles ne seraient normalement disposées à le faire lorsqu'elles se positionnent sur un nouveau marché. Mais très rares sont toutefois ceux qui estiment que l'État doit intervenir pour aider un secteur d'activité à brûler les étapes. Ce serait, par exemple, le cas si des pays à faible revenu cherchaient à subventionner des investissements dans des activités à très haute technicité. Et on s'accorde aussi à reconnaître qu'un niveau de protection élevé pour promouvoir les industries naissantes peut remettre définitivement en cause tout développement industriel durable en l'absence de facteurs incitant parallèlement à une plus grande efficacité.

La politique industrielle dans la pratique

Les approches multiples et variées qui sont utilisées pour promouvoir activement le développement industriel peuvent être réparties en trois grandes catégories : la coordination des investissements, le renforcement des réseaux et la sélection de créneaux porteurs. Dans les deux premiers cas, l'État s'efforce d'amplifier les signaux du marché et de stimuler l'activité privée — encore que la coordination des investissements soit plus exigeante sur le plan institutionnel que le renforcement des réseaux. Dans le troisième, il cherche à se substituer totalement au marché.

MESURES DE COORDINATION DES INVESTISSEMENTS. La raison traditionnellement invoquée pour justifier l'interventionnisme est que, dans un pays en développement, « l'investissement massif », moteur de la croissance, pose un énorme problème de coordination. Lorsque les marchés sont insuffisamment développés, les entreprises ne peuvent percevoir la demande de produits meilleurs et plus nombreux que leur seule fabrication susciterait. L'idée est que les pays pourraient donc avoir intérêt à coordonner ces investissements, dont les entreprises tireraient un profit mutuel, mais qu'elles n'effectueraient sans doute pas de leur propre chef. Dans le Japon de l'après-guerre, l'essor des industries sidérurgique et charbonnière, des chantiers navals et de la construction des machines fournit un cas d'école, qui montre aussi qu'un certain nombre de conditions préalables doivent être absolument réunies sur le plan institutionnel pour permettre le succès d'une telle politique (encadré 4.6). Ces conditions sont les suivantes :

- Un secteur privé domestique capable de gérer efficacement de grands projets complexes
- Un secteur privé disposé à coopérer avec l'État à la réalisation de l'objectif commun qu'est l'essor d'un secteur industriel compétitif
- Des organismes publics dotés de solides moyens techniques pour évaluer les analyses privées sur les possibilités d'investissement et, au besoin, faire réaliser des études industrielles indépendantes
- Une crédibilité mutuelle suffisante pour que chacune des parties puisse fonder ses décisions d'investissement sur les engagements de l'autre et adapter ses actions à l'évolution des circonstances, sans remettre en cause le principe général de la collaboration.

Ce type de coordination des investissements suppose une capacité institutionnelle publique et privée qui n'est pas à la portée de la plupart des pays en développement. L'exemple des Philippines à la fin des années 70 et dans les années 80 montre ce qui peut arriver lorsque la capacité institutionnelle n'est pas à la mesure des ambitions de la politique économique et que la coordination des investissements s'inscrit dans un contexte où l'action de l'État est soumise à l'influence de puissants intérêts privés.

Animé en partie par le désir de créer de nouveaux débouchés pour les entreprises qui le soutenaient, le Gouvernement philippin a annoncé, en 1979, le lancement d'un programme de 5 milliards de dollars de « grands projets industriels », tous dans le secteur des industries lourdes, à forte intensité de capital. Dans l'année qui a suivi l'annonce du programme, il a accepté, sous la pression des critiques, de soumettre les projets à une nouvelle série d'études économiques et financières. Peu après, le pays était secoué par les remous économiques et financiers consécutifs à la chute du président Ferdinand Marcos. À la fin de l'année 1987, cinq des onze projets initiaux, représentant près de 4 des 5 milliards de dollars du programme, étaient déclarés irréalisables et remis dans les cartons. Un sixième projet avait été abandonné, car il était devenu évident qu'il n'avait aucun potentiel économique. Une usine d'engrais, qui avait coûté 550 millions de dollars, essuyait des pertes épongées par l'État. Quatre projets seulement, d'un montant total de 800 millions de dollars, étaient rentables.

INITIATIVES VISANT À ÉTOFFER LES RÉSEAUX. Les mesures de promotion active ne sont pas nécessairement des initiatives de grande ampleur — qui, de ce fait même, exigent d'importants moyens institutionnels publics et privés — ou entièrement axées sur un plus fort volume d'investissements. Elles peuvent aussi viser à renforcer les réseaux entre agents privés, qui se développent naturellement dans les systèmes bien établis d'économie de marché. Les réseaux nationaux, régionaux et internationaux offrent de nombreux accès à l'information et de multiples opportunités pour les entreprises : les acheteurs spécialisés ouvrent de nouveaux débouchés commerciaux et fournissent des informations sur les normes des produits, les fournisseurs de matériel transfèrent le savoir-faire technologique, les producteurs de biens intermédiaires facilitent les innovations de produits et de méthodes de fabrication, et les concurrents sont une mine d'idées nouvelles. Souvent,

Encadré 4.6 L'investissement massif du Japon en faveur de l'industrie lourde après la guerre

La restructuration coordonnée des secteurs de la construction des machines, de l'acier, des chantiers navals et du charbon a grandement contribué au redressement de l'économie japonaise après la Deuxième Guerre mondiale. Les constructeurs de machines ont déterminé que le coût élevé de l'acier était l'un des principaux facteurs qui les empêchait de pénétrer les marchés d'exportation. De leur côté, les industries sidérurgiques ont constaté que c'était essentiellement le coût du charbon qui expliquait les prix élevés de l'acier. Enfin, si le prix du charbon était élevé, c'était parce que le Japon continuait d'exploiter des mines coûteuses et que les coûts de transport du combustible importé étaient très lourds.

S'appuyant sur les structures institutionnelles nées pendant la guerre, le ministère du Commerce extérieur et de l'Industrie a créé le Conseil de la rationalisation industrielle, mécanisme délibératif rassemblant les secteurs public et privé. Composé de représentants d'associations professionnelles, de grandes entreprises des différentes industries et de hauts fonctionnaires, le Conseil comprenait 29 directions sectorielles et deux directions centrales. Trois des directions — celles de l'acier, du charbon et de la coordination — travaillaient en étroite coordination et ont arrêté le plan d'action suivant :

- La direction de l'acier et la direction de la coordination ont déterminé le prix du charbon qui permettrait aux usines sidérurgiques de produire de l'acier à un coût suffisamment bas pour être compétitives sur les marchés d'exportation.
- L'industrie charbonnière s'est engagée à investir 40 milliards de yen pour rationaliser la production des mines du Japon, à condition que les usines sidérurgiques acceptent d'acheter le charbon à son nouveau prix, inférieur de 18 % aux prix pratiqués.
- Les industries de l'acier et du charbon se sont mis d'accord sur le prix auquel les usines sidérurgiques achèteraient le combustible, ce prix étant obtenu par un dosage approprié des achats sur le marché intérieur et des importations.
- L'industrie de l'acier s'est engagée à investir 42 milliards de yen pour moderniser ses installations. Avec ces investissements et avec la réduction du prix du charbon, elle serait en mesure d'exporter à des prix compétitifs.
- Grâce à la baisse des prix de l'acier, les constructeurs de machines et les chantiers navals ont pu lancer d'importants programmes d'investissements axés sur l'exportation. Ces engagements ont fourni le marché domestique dont l'industrie de l'acier avait besoin pour mettre en œuvre son programme d'investissement et ont été la garantie que le coût du charbon importé diminuerait.

Lorsque la Banque de développement du Japon a accepté (après une étude technique poussée et des consultations avec le ministère du Commerce extérieur et de l'Industrie et la Banque du Japon) de participer à ces projets en fournissant des financements à des taux d'intérêt qui n'étaient que légèrement inférieurs à ceux du marché, les grandes banques du Japon ont suivi et joué un rôle moteur dans la mobilisation des fonds d'investissement nécessaires.

on trouve groupées dans une même région des grappes d'entreprises, d'acheteurs, de fournisseurs de matériel, de fabricants de biens intermédiaires, de prestataires de services, d'organisations professionnelles, de centres d'études et d'autres associations spécialisées.

Les pays dont les marchés sont insuffisamment développés ont parfois besoin d'un catalyseur, public ou privé, pour enclencher ce processus cumulatif de densification des marchés et de développement. On peut en donner trois bonnes illustrations.

La première concerne les mesures spéciales d'aide à l'exportation. Le fait d'opérer sur les marchés d'exportation met les entreprises en contact avec les méthodes optimales utilisées ailleurs et leur permet d'améliorer leurs connaissances et leur productivité. Leur activité sur ces marchés peut aussi fournir une mesure utile de l'efficacité de l'action de promotion industrielle de l'État. Beaucoup de pays ont adopté une politique d'orientation sélective du crédit en faveur des exportateurs et créé des organismes chargés de promouvoir les exportations. À de rares exceptions près (pour la plupart dans les pays d'Asie de l'Est), ces organismes sont devenus des outils coûteux et superflus. D'autres mesures d'aide à l'exportation ont également été tentées, avec des résultats inégaux. Il est fort possible que de nouvelles tentatives de cette nature soient considérées comme contraires aux règles par l'Organisation mondiale du commerce.

Une autre stratégie consiste à renforcer l'infrastructure locale, c'est-à-dire les équipements physiques, les ressources humaines et les structures institutionnelles. L'histoire de la région coréenne de Cholla, zone qui était alors défavorisée, montre l'impact que peut avoir l'infrastructure locale. En 1983, cette région, située au sud du pays, a créé son premier grand complexe industriel. Le succès de l'entreprise a permis aux autorités locales d'acquérir une certaine expérience sur la façon de planifier, de financer, de construire et de faire fonctionner ce genre de complexes, à tel point que trois autres ont été créés par la suite. Ces réalisations ont également contribué à une transformation du cadre d'activité économique. Alors que les entreprises croulaient sous les formalités administratives et les entraves bureaucratiques, elles ont pu commencer à nouer des liens de coopération étroite avec les autorités locales. En 1991, la région de Cholla représentait 15 % de l'espace industriel coréen, contre 9 % en 1978, et le taux de croissance de la production manufacturière de la région était supérieur à la moyenne nationale.

Une troisième possibilité, qui connaît une faveur de plus en plus grande, est le partenariat entre les acteurs publics et privés, les premiers appartenant soit à l'administration locale, soit à l'administration régionale. Ces partenariats peuvent notamment prendre les formes suivantes :

- *Initiatives en faveur d'entreprises considérées isolément ou de groupes d'entreprises.* Parfois, ces initiatives peuvent être axées sur une manifestation donnée et prendre la forme d'une participation conjointe à une foire-exposition, par exemple. D'autres initiatives visent à transformer plus largement la culture d'entreprise afin de resserrer la coopération. Une formule prometteuse consiste à octroyer des subventions paritaires à des entreprises, généralement sur la base d'un partage égal des coûts, pour les aider à pénétrer sur de nouveaux marchés et à moderniser leur équipement. Ces programmes sont faciles à exécuter, puisque leur gestion est confiée à des sous-traitants privés, qu'ils sont fondés sur la demande et que les entreprises participantes prennent en charge la moitié des coûts. Des initiatives de ce genre ont été lancées dans des pays aussi divers que l'Argentine, l'Inde, la Jamaïque, Maurice, l'Ouganda et le Zimbabwe.
- *Recours aux marchés publics pour promouvoir le développement d'un secteur privé compétitif.* Dans l'État du Ceará, au Brésil, un programme novateur de marchés publics, axé sur la réduction des coûts et la qualité, a été organisé par l'intermédiaire d'associations de petits producteurs pour transformer l'économie de la ville de São João do Arauru. Avant le lancement de ce programme, la ville comptait quatre scieries employant 12 salariés. Cinq ans plus tard, il existait 42 scieries employant 350 personnes au total. Sur les 9 000 habitants de la ville, près de 1 000 travaillaient directement ou indirectement dans l'industrie du bois, et 70 % de la production était destinée au secteur privé.

INITIATIVES VISANT À SE SUBSTITUER AUX MARCHÉS. Parfois, les problèmes d'information et de coordination sont si importants (c'est le cas lorsque le développement des marchés est très insuffisant et que les agents privés manquent cruellement de ressources et d'expérience) que les mesures destinées à renforcer les marchés risquent fort de rester sans effet. Pour faire décoller la croissance industrielle, certains pays sont tentés de se substituer au marché en laissant à l'État le soin d'informer et de juger. Ces tentatives aboutissent rarement. Toutefois, le succès de certaines opérations des *chaebol* coréens (groupes d'entreprises interconnectés), lancées à l'initiative des pouvoirs publics, semble indiquer que les interventions visant à sélectionner des créneaux porteurs ne sont pas toujours faites en pure perte.

Ce qui a fait le succès de cette expérience, c'est que, contrairement aux autres tentatives infructueuses, elle a été confiée au secteur privé alors que, dans la plupart des cas (y compris pour quelques projets en Corée), ces opérations ont été menées par des entreprises publiques. Quand ce sont les entreprises d'État qui servent d'organes d'exécution, le potentiel de vénalité — ou d'idéalisme — est pratiquement illimité. Un certain nombre de pays ont subventionné des entreprises publiques déficitaires, grevant ainsi lourdement le budget de l'État. Les résultats généralement décevants des investissements dans les entreprises publiques sont la preuve manifeste qu'il vaut mieux laisser la production des biens échangeables entre les seules mains du secteur privé.

La corde raide de la politique industrielle

Ces expériences permettent de comprendre pourquoi la politique industrielle soulève des débats particulièrement enflammés : c'est un domaine dans lequel on joue avec le feu. La théorie économique et les faits tendent à montrer qu'on ne peut rejeter d'un revers de main un interventionnisme qui vise à améliorer le fonctionnement des marchés, en prétendant qu'il est systématiquement voué à l'échec. Mais la théorie institutionnelle et les faits tendent à montrer qu'une politique industrielle volontariste mal conduite peut être le plus sûr moyen d'aboutir au désastre. Dans ces conditions, quelle pourrait être la conduite à suivre ?

Si l'on tient compte à la fois des considérations économiques et des aspects institutionnels, il semble qu'il faille faire une distinction nette entre les initiatives ne nécessitant qu'une légère intervention de l'État (c'est le cas, par exemple, lorsqu'il s'agit de densifier les réseaux) et celles qui exigent un concours public très important (c'est le cas, par exemple, lorsque l'objectif est de coordonner les investissements ou de sélectionner des créneaux porteurs). Les interventions impliquant une logistique publique massive doivent être étudiées avec prudence, voire abandonnées, à moins que le pays concerné ne dispose d'une capacité institutionnelle particulièrement forte — à savoir une solide administration, des mécanismes qui offrent des garanties réelles contre l'arbitraire de l'État, une grande capacité d'adaptation à des circonstances imprévues, un cadre d'activité économique caractérisé par le libre jeu de la concurrence et une longue tradition de partenariat entre le secteur public et le secteur privé.

En revanche, les initiatives n'appelant qu'une intervention légère de l'État (c'est-à-dire celles qui sont peu coûteuses et qui visent à apporter un soutien, et non à imposer des restrictions ou des mesures autoritaires) permettent une plus grande latitude. Au plan institutionnel, la clé du succès est l'engagement non équivoque de l'État d'œuvrer en partenariat avec le secteur privé. Lorsque cet engagement est réel, que le pays ne cherche pas à trop entreprendre et que le cadre d'activité économique est suffisamment porteur pour favoriser le développement du secteur privé, les avantages de ce type d'initiatives peuvent être importants et le coût d'un échec, peu élevé.

La stratégie à suivre : s'en tenir à ce qui est réalisable

Dans les domaines de la libéralisation et de la privatisation, de la réglementation et de la politique industrielle — qui couvrent en fait toute la gamme des interventions de l'État examinées dans le présent Rapport —, il n'existe pas de recette toute faite applicable à tous les cas de figure. Dans les pays où il y a trop d'État, il convient de donner la priorité à la privatisation et à la libéralisation de l'économie. Chaque pays doit également s'attacher à renforcer et à adapter ses institutions, non pas à les démanteler. Dans la partie que ce chapitre consacre à la réglementation et à la politique industrielle, nous avons distingué les formules qui impliquent un appareil institutionnel lourd de celles qui nécessitent une logistique légère, en soulignant que le choix entre ces approches peut varier en fonction de la capacité d'action de chaque pays.

Les méthodes qui font appel à une logistique institutionnelle lourde et qui donnent des résultats concluants ont deux caractéristiques communes. Tout d'abord, elles nécessitent de solides structures administratives. Ensuite, elles supposent que soit laissé un pouvoir discrétionnaire substantiel, au double plan des orientations et de l'exécution, à un organisme public intégré à un mécanisme de contrepoids qui empêche toute dérive du système vers l'arbitraire. Si les institutions sont solides, les interventions de l'État peuvent contribuer au bien-être économique. Si elles ne le sont pas, les faits et l'analyse présentée ici tendent à montrer que, dans le meilleur des cas, ces interventions seront inefficaces. Dans le pire des cas, elles seront le plus sûr moyen de livrer l'économie à des intérêts privés ou à des politiciens et des bureaucrates omnipotents animés par le seul souci de servir leurs propres intérêts.

Dans ces conditions, quelle ligne de conduite doivent donc adopter les pays qui ne disposent pas des moyens administratifs et institutionnels nécessaires pour envisager de recourir à ces méthodes avec de bonnes chances de succès ? La stratégie à long terme, que l'on examinera dans la troisième partie de ce Rapport, est de renforcer et de développer les structures institutionnelles. Comme nous l'avons vu ici, deux possibilités s'offrent entre-temps aux pays soucieux d'engager des réformes. La première consiste à centrer les efforts sur l'essentiel et à alléger le programme d'action de l'État. La deuxième, qui n'est pas nécessairement antinomique de la première, consiste à expérimenter des instruments d'intervention qui soient plus en rapport avec les moyens du pays. Il reste, certes, beaucoup à apprendre, mais ce chapitre a permis de dégager deux stratégies qui paraissent avoir un grand potentiel, même lorsque la capacité institutionnelle est faible :

- Définir la politique économique à mener par des règles précises et veiller à ce que ces règles soient irréversibles en mettant en place des dispositifs qui rendent un retour en arrière coûteux ; pour la réglementation des services d'utilité publique, par exemple, ces dispositifs pourraient prendre la forme de contrats de prise ferme conclus avec des producteurs indépendants.
- Travailler en partenariat avec les entreprises et les citoyens et, le cas échéant, décharger entièrement l'État du fardeau de l'exécution des tâches. S'agissant de la politique industrielle, les pouvoirs publics peuvent, par exemple, s'attacher à promouvoir la collaboration entre les acteurs du secteur privé au lieu de mettre en place une lourde administration pour s'occuper de ce secteur. En matière de réglementation financière, cela signifie qu'il vaut mieux mettre en place un système qui incite les banquiers à adopter des règles prudentielles de gestion, plutôt que de se contenter d'instituer des mécanismes de contrôle bancaire. Et, dans le domaine de la réglementation environnementale, il s'agira d'utiliser l'arme de l'information pour encourager les initiatives individuelles au lieu d'imposer d'en haut des règles inapplicables.

Les politiques qui s'appuient sur ces deux méthodes d'approche n'ont peut-être pas la perfection de cas d'école, mais à mesure que la capacité de l'État augmente, les pays pourront adopter des instruments plus flexibles, susceptibles de procurer de nouveaux gains d'efficacité. À tout moment, l'État doit pouvoir convaincre les entreprises et la population en général que souplesse ne sera pas synonyme d'arbitraire — sinon, les bases mêmes du développement s'effondreront.

TROISIÈME PARTIE

REVIVIFIER LES INSTITUTIONS

LES PREMIÈRE ET DEUXIÈME PARTIES ONT DÉMONTRÉ QUE L'ÉTAT CONTRIBUE DE façon déterminante au développement économique lorsque son rôle est adapté à la capacité de ses institutions. Mais cette capacité n'est pas une donnée immuable : elle peut et doit se renforcer si l'on veut que les pouvoirs publics fassent plus pour promouvoir le progrès économique et social. On examine comment y parvenir dans cette partie du Rapport.

Par capacité d'action de l'État, on entend l'aptitude de l'État à entreprendre des actions d'intérêt collectif au moindre coût pour la société. Cette notion de capacité, si elle englobe les aptitudes techniques et administratives des fonctionnaires, va bien au-delà. Elle comprend également les mécanismes institutionnels sous-jacents qui donnent aux hommes politiques et aux fonctionnaires la souplesse, les règles et les garde-fous dont ils ont besoin pour agir dans l'intérêt collectif.

Trois ensembles interdépendants de mécanismes institutionnels peuvent favoriser la mise en place de conditions propres à renforcer la capacité d'action de l'État. Ils visent à :

- Faire appliquer des règles et mettre en place des contre-pouvoirs au sein de la société comme dans la sphère de l'État
- Encourager la compétition interne et l'ouverture à la concurrence
- Faciliter la consultation et les partenariats à l'extérieur et à l'intérieur du périmètre de l'État.

La pérennité des institutions passe par l'institutionnalisation de contre-pouvoirs solidement ancrés à des principes fondamentaux comme l'indépendance des tribunaux et la séparation des pouvoirs. Seul un tel cadre peut fournir la garantie que ni les agents de l'État ni les simples citoyens ne se situeront au-dessus des lois.

Mais ce cadre ne suffit pas. En effet, pour développer la capacité d'action de l'État, il faut des mécanismes institutionnels qui favorisent les alliances avec les acteurs publics et privés et qui permettent à la concurrence de s'exercer. Les partenariats faisant appel à des intervenants extérieurs à l'État (les entreprises et la société civile) et les associant à l'action publique peuvent renforcer la crédibilité et le consensus, et venir compléter la capacité institutionnelle. Dans la sphère même de l'État, les partenariats peuvent promouvoir la mobilisation et la loyauté au sein de la fonction publique et permettre de réduire les coûts nécessaires à la réalisation d'objectifs communs.

Le partenariat suppose la concurrence : concurrence du marché et de la société civile, et compétition interne dans la fonction publique. La concurrence peut inciter à de meilleurs résultats et modérer le monopole exercé par l'État sur l'élaboration des politiques et la prestation des services. De même, il ne saurait y avoir d'administration compétente si le système de recrutement et de promotion n'est pas fondé sur la compétition et le mérite.

Nous commencerons ici par examiner les moyens de revivifier les institutions en jetant les bases d'un secteur public efficace (chapitre 5) et, d'une manière plus générale, en institutionnalisant des contre-pouvoirs et en luttant contre la corruption (chapitre 6). Nous examinerons ensuite (chapitre 7) comment stimuler la concurrence, se mettre davantage à l'écoute et promouvoir le partenariat en rendant l'État plus proche du citoyen, notamment par la décentralisation, c'est-à-dire la délégation de compétences et de ressources aux collectivités territoriales. Enfin, nous analyserons (chapitre 8) la coopération et la concurrence qui dépassent le cadre des frontières nationales, et la façon dont les pays peuvent oeuvrer de concert au service du bien commun.

CHAPITRE 5

RENFORCER LES INSTITUTIONS POUR ACCROÎTRE LA CAPACITÉ D'ACTION DU SECTEUR PUBLIC

Sire, les fonctionnaires sont mal payés. . . Pour cette raison, les hommes compétents et talentueux ne veulent pas servir l'État. Le gouvernement de Votre Majesté est donc contraint d'engager des gens médiocres qui ont pour seul souci d'améliorer leur situation pécuniaire . . . la fonction publique de votre empire devrait être aux mains d'hommes intelligents, travailleurs, compétents et motivés. . . Il appartient à Votre Majesté de faire respecter le principe fondamental de la responsabilité, car, sans cela, aucun progrès n'est possible et tout effort est voué à l'échec.

Testaments politiques d'Ali Pasha, Grand Vizir du Sultan ottoman Abdulaziz, circa 1871 (cité dans Andic et Andic, 1996)

LES PROBLÈMES QUI TOURMENTAIENT LE SULTAN Abdulaziz sont les mêmes que ceux qui hantent aujourd'hui les gouvernements. L'histoire du développement en Europe et en Amérique du Nord au XIXe siècle et en Asie de l'Est au XXe siècle montre que la construction d'un secteur public efficace peut avoir des retombées économiques importantes. Hélas, les exemples de ce genre ne sont que trop rares.

L'amélioration de l'efficacité de l'État passe par l'établissement du cadre institutionnel nécessaire au bon fonctionnement du secteur public, mais la tâche est extrêmement ardue. En effet, il peut être très difficile de remplacer un mauvais système, une fois qu'il est en place, car des intérêts puissants cherchent à maintenir le statu quo, aussi inefficace et injuste soit-il. Et ceux qui sont lésés par ce système ne peuvent pas toujours exercer une pression suffisante pour obtenir un changement. Même s'il existe de bonnes raisons d'améliorer le fonctionnement du secteur public, les efforts se heurtent souvent à un manque considérable d'informations et de moyens.

Comment les gouvernements peuvent-ils s'y prendre pour remédier à l'inefficacité des institutions ? L'organisation et la gestion d'une administration publique posent des problèmes complexes auxquels il est difficile de trouver des solutions claires et transparentes. Le présent chapitre décrit certains des principaux éléments d'un secteur public efficace et examine comment ils peuvent être mis en place de façon satisfaisante. En donnant la priorité aux institutions, on s'écarte de l'approche classique de l'assistance technique, axée sur le matériel, les compétences et les capacités administratives ou techniques. Ici, l'accent est mis sur l'ensemble des incitations qui influent sur le *comportement* — sur ce que font les organismes publics et les fonctionnaires et sur la façon dont ils le font. Il est rare que la corruption et l'inefficacité soient délibérément encouragées dans l'administration. Mais, pour en venir à bout, il ne suffit pas d'établir des règles formelles interdisant les pots-de-vin ou l'abus du clientélisme. Il faut que les règles et les mécanismes d'incitation intégrés au système permettent de traduire les intentions dans les faits.

Les fondements d'un secteur public efficace

L'expérience de nombreux pays montre qu'une administration qui fonctionne bien peut contribuer à la croissance et au recul de la pauvreté (chapitre 2). Elle peut aussi aider à définir de bonnes orientations et fournir au moindre coût les biens et les services publics essentiels. Au XIXe siècle, la plupart des pays touchés par la révolution industrielle ont modernisé leur administration publique. Les premiers ont été la France, la Prusse et le Royaume-Uni. Le succès des réformes de la fonction publique britannique au siècle dernier est un premier exemple de l'importance du développement d'une administration efficace, fondée sur des règles. Comme l'explique l'encadré 5.1, ces réformes ont annoncé

Encadré 5.1 Mise en place des fondements de l'administration : les réformes Northcote-Trevelyan au Royaume-Uni

Jusqu'au début du XIXe siècle, les affaires de l'État au Royaume-Uni étaient administrées par des hommes qui devaient leurs postes au clientélisme politique et au népotisme. Il n'existait pas de système de rémunération unique ; les fonctionnaires touchaient des pots-de-vin pour augmenter leur traitement ; ils considéraient leur emploi comme une charge vénale et, bien souvent, ils engageaient et rétribuaient eux-mêmes leurs employés. L'avancement en fonction du mérite individuel n'était pas un principe fondamental, bien qu'il ne fût pas exclu.

Au cours de l'époque victorienne, les changements sociaux et économiques et les exigences d'une classe moyenne plus nombreuse et mieux instruite ont entraîné de profondes réformes qui ont touché aussi bien les universités que l'armée, la justice et le gouvernement central et les administrations locales.

Le schéma directeur de la réforme de la fonction publique figurait dans le rapport Northcote-Trevelyan de 1854, qui préconisait la création d'une administration moderne fondée sur une fonction publique de carrière. S'inspirant des idées avancées par Thomas Macaulay pour la fonction publique indienne, Sir Stafford Northcote et Sir Charles Trevelyan ont proposé de diviser les tâches du gouvernement en deux catégories — d'une part, les tâches intellectuelles (élaboration des politiques et administration) et, d'autre part, les tâches mécaniques (travail de bureau) —, ces tâches devant être exécutées par des fonctionnaires de carrière. Le personnel qualifié pour exécuter les tâches intellectuelles serait recruté dans les universités nouvellement réformées ; les plus compétents seraient sélectionnés par la voie de concours organisés sous la surveillance d'une commission de la fonction publique.

Ces propositions se sont heurtées à une vive opposition. Une commission de la fonction publique a certes été créée en 1855, mais de nombreux ministères ont conservé leurs méthodes de recrutement habituelles jusqu'en 1870, date à laquelle le droit de présentation a été aboli et les deux catégories de fonction ont été imposées à tous les ministères. La réforme Northcote-Trevelyan a été suivie d'autres réformes, dans l'armée, la justice et, plus tard, l'administration municipale. Les règles régissant l'élaboration et la mise en oeuvre des politiques ont aussi été profondément remaniées. À la fin du XIXe siècle, le Royaume-Uni avait jeté les bases d'une administration moderne et avait institutionnalisé les principes d'honnêteté, d'économie et de neutralité politique.

l'avènement d'une méritocratie professionnelle qui a ouvert la voie à un demi-siècle de domination anglaise sur le commerce international.

Plus récemment, certains pays d'Asie de l'Est ont établi et développé les fondements d'une administration compétente. Mais de nombreux pays à faible revenu n'ont pas réussi à créer ne serait-ce que les rudiments d'une fonction publique fondée sur des règles. Bien souvent, leur système ressemble formellement à celui des pays industriels mais, en pratique, l'informel reste la norme. Les règles de gestion du personnel fondées sur le mérite sont contournées, et le recrutement et la promotion sont toujours régis par le clientélisme. Les budgets sont irréalistes et les choix budgétaires sont souvent remis en cause en cours d'exécution, au gré des circonstances. À la base, tous ces problèmes peuvent être imputés aux lacunes institutionnelles sous-jacentes : difficulté d'application des règles de droit tant à l'intérieur qu'à l'extérieur du secteur public ; absence de mécanismes internes pour consulter les entreprises et la société civile et collaborer avec eux ; et absence totale de pression concurrentielle dans le processus décisionnel, la fourniture des services et la gestion du personnel.

Pour s'attaquer aux causes profondes de ces problèmes et jeter les bases d'un secteur public efficace, les pays doivent donner la priorité à trois éléments essentiels :

- *L'existence d'une solide capacité d'élaboration et de coordination des politiques à l'échelon central.* C'est là que siège le cerveau du système. Les hommes politiques formulent des idées et fixent des objectifs mais, pour que ceux-ci prennent corps, il faut les traduire en priorités stratégiques. Cela nécessite des mécanismes permettant de prendre des décisions éclairées, ordonnées et responsables. Établir des règles qui laissent aux hommes politiques et à leurs conseillers l'autonomie nécessaire pour définir des orientations, tout en permettant aux intéressés d'intervenir dans le processus décisionnel et d'exercer une surveillance, est un défi constant pour tous les pays.
- *Des systèmes de prestation efficaces.* Là aussi, il faut trouver le juste équilibre entre flexibilité et responsabilité. Dans le cas des services qu'il est facile de définir et qui peuvent être soumis à la concurrence (c'est-à-dire pour lesquels différents fournisseurs peuvent entrer en lice), le recours aux mécanismes du marché et la sous-traitance

peuvent entraîner une amélioration sensible de la qualité. Mais dans bien d'autres cas, il est fréquent qu'aucun fournisseur ne puisse se substituer au secteur public proprement dit. En l'occurrence, la consultation des citoyens et la réaction des usagers peuvent pousser à améliorer la performance, mais cela dépend en dernier ressort de la loyauté des fonctionnaires et de leur respect des règles établies.

- *Un personnel motivé et compétent.* C'est la cheville ouvrière de l'exécutif. Un personnel compétent et dévoué dynamise le secteur public ; à l'inverse, un personnel non motivé le paralyse. Il existe de nombreux moyens de motiver les fonctionnaires, comme le recrutement et la promotion au mérite, une bonne rémunération et un solide esprit de corps.

Il faut des décennies pour édifier un système administratif efficace. Lorsque l'on cherche à construire — ou reconstruire — les fondations de cet édifice, il faut toujours savoir *sur quoi* l'on construit. Par exemple, s'il n'existe pas de moyens crédibles de contrôler l'utilisation des ressources, laisser aux cadres une plus grande marge de manoeuvre ne fera qu'encourager l'arbitraire et la corruption. Certaines réformes peuvent cependant porter rapidement leurs fruits même dans le système le moins efficace, comme cela est expliqué plus loin.

Renforcement des mécanismes décisionnels

Les hommes politiques fixent des objectifs et définissent de grandes orientations stratégiques. Mais, pour que leurs idées puissent se traduire par des priorités concrètes, des mécanismes institutionnels bien conçus doivent être en place. Cela permet de faire ressortir clairement les coûts et les avantages des propositions concurrentes, et, comme le manque d'informations est inévitable, cela peut aider les dirigeants à s'informer aussi bien que possible, en permettant aux intéressés de l'intérieur comme de l'extérieur d'apporter une contribution et d'exercer une surveillance. De tels mécanismes aident à prendre des décisions en connaissance de cause et renforcent la crédibilité du processus décisionnel en général.

Les règles et les normes enchâssées dans le processus de décision devraient tendre à endiguer les pressions politiques désordonnées qui peuvent exercer une influence néfaste sur les choix et sur les résultats. Si les hommes politiques ou les fonctionnaires cherchent uniquement à défendre leurs propres intérêts et ceux qu'expriment leurs mandants, cela peut avoir des effets contraires à l'intérêt collectif, voire des effets déstabilisateurs — aucune main invisible ne guidant automatiquement les initiatives individuelles vers le bien commun. Il faut donc mettre en place des mécanismes pour discipliner et coordonner le débat public et effectuer l'analyse critique des propositions concurrentes. Dans certains pays, les hommes politiques ont délégué la coordination des orientations macroéconomiques et stratégiques à des organismes centraux compétents, jouissant d'une certaine autonomie et fonctionnant sur la base de procédures de consultation transparentes. Dans d'autres, ils se contrôlent et s'interpellent mutuellement dans des instances établies, où les décisions sont prises collectivement. Mais de nombreux pays ne possèdent aucun de ces mécanismes, et leur absence se manifeste par l'incohérence des orientations stratégiques et par une instabilité macroéconomique.

Malgré la diversité des dispositifs institutionnels, les secteurs publics efficaces sont généralement caractérisés par l'existence, à l'échelon central, de solides capacités d'élaboration des orientations macroéconomiques et stratégiques, par des mécanismes de délégation, de discipline et de discussion des orientations entre institutions, et par l'établissement de liens institutionnels avec les intéressés extérieurs au gouvernement, qui garantissent la transparence et la responsabilité et encouragent l'information en retour. Comme cela est indiqué plus loin, les systèmes existant dans de nombreux pays industriels et dans une grande partie de l'Asie de l'Est présentent bon nombre de ces caractéristiques. Cela n'est pas le cas dans beaucoup de pays en développement, où l'absence de ces mécanismes est un obstacle majeur à l'amélioration de l'efficacité de l'État. Là, les capacités d'élaboration des politiques sont généralement faibles et fragmentées, et il existe peu de mécanismes institutionnels de consultation et de surveillance.

Les mécanismes de décision dans les pays industriels

De nombreux pays de l'OCDE se sont dotés, avec le temps, de mécanismes de décision qui fonctionnent bien. Ces mécanismes permettent d'élaborer convenablement les orientations proposées, d'en évaluer le coût dans le cadre des contraintes budgétaires globales, d'en assurer l'évaluation critique par voie de consultation et de débat, d'adopter et d'enregistrer les décisions, et d'en suivre l'application. Ce dispositif est complété par un élément essentiel : une instance centrale capable de faciliter la consultation et de coordonner les propositions entre les ministères avant qu'elles ne soient présentées — le Secrétariat général du gouvernement en France, le ministère des Finances au Japon, le Bureau de la gestion et du budget aux États-Unis.

Des améliorations sont toujours possibles. L'Australie offre l'exemple d'un pays industriel qui a entrepris des réformes visant expressément à rendre le processus de décision plus transparent, plus compétitif et davantage axé sur les résultats. Plusieurs éléments de ces réformes présentent un intérêt particulier pour d'autres pays : l'accent mis sur la publication des coûts à moyen terme des différentes orientations possibles ; le souci de favoriser le débat et la consultation au sujet des priorités, dans le cadre d'un budget serré, tant au sein du cabinet qu'entre les administrations ; et l'attention accordée aux résultats (encadré 5.2).

Les États-Unis et certains pays d'Europe continentale ont institué d'autres mécanismes de consultation et de surveillance. Dans le régime présidentiel américain, les commissions du Congrès, équivalent du cabinet en régime parlementaire, sont les principales instances de débat et de consultation. Les organismes exécutifs, quant à eux, sont régis par la loi de 1946 sur les procédures administratives, qui prescrit certaines règles de procédure ayant force exécutoire, comme l'obligation de rendre publiques les nouvelles politiques, tout en laissant une certaine latitude quant au fond. Cette approche procédurale permet au législateur de laisser les questions de fond à des organismes spécialisés et à d'autres parties plus directement concernées. Dans le cadre d'un mécanisme décentralisé de ce genre, il appartient aux citoyens et à la justice de faire respecter l'obligation de rendre des comptes, mais cela a inévitablement pour conséquence de freiner la prise de décisions.

De nombreux pays d'Europe continentale font appel au droit administratif et à des tribunaux spécialisés pour procéder à l'examen judiciaire des actes administratifs qui peuvent être contestés par le justiciable pour erreur de droit ou de fait. Ce système a été adopté pour la Cour européenne de justice qui est habilitée à statuer sur les décisions prises par les institutions européennes.

Des organismes centraux d'élite en Asie de l'Est

Les pays dynamiques d'Asie de l'Est ont adopté une approche procédurale de l'élaboration des politiques qui a certains points communs avec les systèmes en place dans les pays industriels. Plusieurs dirigeants de la région ont formulé une vision d'avenir pour leur pays. Ce fut, par exemple, le cas dans le Japon de l'après-guerre, où le parti libéral démocrate avait fixé comme objectif de rattraper l'Occident ; ce fut le cas aussi, plus récemment, en Malaisie, avec le programme « Vision 2020 » du premier ministre, M. Mahathir Mohamad. Ces pays se sont employés à mettre en place les mécanismes institutionnels nécessaires pour traduire leur vision de l'avenir en un ensemble de priorités stratégiques bien ciblées. Le pouvoir d'élaborer les politiques qui permettront d'atteindre les objectifs à long terme fixés par les dirigeants a été délégué à des organismes centraux d'élite très puissants. Bien qu'ils soient relativement autonomes, leurs délibérations ont toujours été fondées sur des mécanismes de concertation — comme les conseils associant secteur public et secteur privé — qui permettent aux entreprises privées d'apporter leur contribution et d'exercer une surveillance.

Ces organismes jouent souvent un rôle considérable dans la définition de l'orientation économique de leur pays. Le ministère du Commerce extérieur et de l'Industrie au Japon et la Commission de la planification économique en République de Corée sont considérés comme les principaux instigateurs de la politique industrielle de ces pays et du recours à l'encadrement administratif. En Thaïlande, le ministère des Finances, le bureau du budget, la banque centrale et la Commission nationale pour le développement économique et social — qui forment ce que l'on appelle la « bande des quatre » — agissent à l'unisson pour limiter les dépenses et maîtriser l'inflation. En Indonésie, le ministère des Finances et l'agence de planification Bapennas tiennent les cordons de la bourse et sont la cheville ouvrière de la fonction publique. Ces organismes centraux emploient du personnel professionnel et compétent, recruté sur la base du mérite, souvent par voie de concours.

Au cours des dernières années, plusieurs pays d'Amérique latine, dont l'Argentine, la Colombie, le Mexique et le Pérou, ont également délégué la conduite de la politique macroéconomique à des technocrates compétents et dignes de confiance. Cela a eu des effets notables sur les performances. En effet, cette délégation de compétences, conjuguée à des procédures budgétaires hiérarchisées et transparentes, du genre de celles qui sont décrites au chapitre 3, a largement contribué à la réduction de l'inflation à la fin des années 80 et au début des années 90. Le Chili, en particulier, semble avoir réussi à développer, dans la haute fonction publique, l'esprit de corps qui a de longue date encouragé la solidarité au sein de la technocratie indonésienne ou au ministère japonais du Commerce extérieur et de l'Industrie. Il existe d'ailleurs un parallélisme frappant entre les conseillers de haut niveau — de l'école de Chicago — au Chili, la coterie de Berkeley en Indonésie et la « bande des quatre » en Thaïlande.

Comme cela a été dit précédemment, les organismes centraux en Asie de l'Est, bien qu'ils disposent d'une latitude considérable, sont enchâssés dans un vaste réseau de conseils consultatifs et de groupes de réflexion externes. En Corée, au Japon, en Malaisie, à Singapour et en Thaïlande, l'information sur les coûts des politiques industrielles est diffusée par l'intermédiaire d'une série de conseils consultatifs réunissant des représentants des secteurs public et privé, qui soumettent les programmes coûteux à un examen rigoureux. Ces mécanismes de consultation institutionnalisés et transparents confèrent à ceux qui ne sont pas au pouvoir la faculté de contrôler les actes du gouvernement, voire d'y opposer leur veto, tout en laissant aux décideurs la marge de manoeuvre nécessaire pour adapter les politiques.

Les conseils consultatifs doivent disposer d'une grande capacité technique pour pouvoir élaborer des politiques cohérentes à l'aide des informations communiquées par les participants privés. Toutefois, de vastes segments de la société sont exclus de leurs délibérations. Si le secteur privé est peu développé, ces conseils risquent fort de n'être plus que des mécanismes improductifs générant des rentes de situation. C'est probablement pour cette raison que leurs

Encadré 5.2 Australie : Des mécanismes de décision transparents, compétitifs et axés sur les résultats

En Australie, l'un des principaux objectifs de la réforme du secteur public a été d'instituer un dispositif pour discipliner et coordonner les politiques et les soumettre à un débat intense. Lorsqu'il est arrivé au pouvoir au début des années 80, le gouvernement travailliste s'est trouvé confronté à des problèmes, dont certains rappellent ceux qui assaillent aujourd'hui de nombreux pays en développement : il a dû gérer à la fois une crise budgétaire immédiate et les ruineux engagements à long terme contractés par son prédécesseur.

Pour discipliner l'élaboration des politiques et faire accepter la redéfinition des priorités stratégiques nationales, le nouveau gouvernement a décidé de publier des estimations des dépenses qu'il faudrait réaliser dans l'avenir, dans le cadre des politiques en place. Cela a fait apparaître le spectre d'une croissance exagérée des dépenses en termes réels, ce qui soulignait la nécessité d'un resserrement budgétaire. Mais, après avoir publié ces premières estimations, le gouvernement s'est vu dans l'obligation d'en publier d'autres pour montrer qu'il tenait sa promesse de réduire les engagements de l'État. Les prévisions ultérieures ont effectivement été en chute libre, suivant le schéma dit de « l'homme qui tombe » (voir le graphique de gauche). L'ouverture des marchés financiers a imposé une discipline encore plus stricte.

Les réformes ont aussi obligé le gouvernement à publier une grille de concordance faisant ressortir les différences entre les projections établies pour les anciennes et pour les nouvelles politiques. Cela a permis d'indiquer clairement les modifications apportées aux priorités stratégiques et le coût à moyen terme des nouveaux engagements. En outre, les ressources allouées aux ministères techniques sont devenues plus prévisibles, puisque les projections étaient automatiquement prises en compte dans le budget effectif si aucun changement d'orientation n'intervenait, ce qui a facilité la prise de décisions et amélioré l'efficacité opérationnelle de ces ministères.

Dans le cadre des réformes, il a été décidé aussi que les ministères qui proposaient une nouvelle politique ou un changement d'orientation entraînant une augmentation des dépenses devaient proposer en contrepartie des moyens de réaliser des économies (voir le graphique de droite) pour que les dépenses restent dans les limites de l'enveloppe allouée par le cabinet. Ce dernier avait pour principal souci d'adapter les priorités stratégiques — par de nouvelles politiques ou par des politiques plus restrictives — pour rester dans les limites imposées par les contraintes macroéconomiques. Les politiques proposées étaient débattues activement au sein du cabinet, et chaque ministère et organisme compétent devait présenter des observations écrites sur les propositions de ses homologues. Cela permettait de légitimer les choix et de dégager un consensus. Enfin, les réformes ont mis l'accent sur les résultats, en imposant l'évaluation périodique des politiques et la présentation de rapports sur l'exécution et les résultats.

Grâce à cela, le déficit public, qui représentait 4 % du PIB en 1983, a cédé la place à un excédent à la fin de la décennie. Ce succès s'est accompagné d'une profonde restructuration des dépenses publiques, qui traduisait à la fois les grandes réorientations stratégiques définies par le cabinet et les changements de priorité au sein des ministères, souvent décidés à leur initiative.

Croissance prévue des dépenses totales

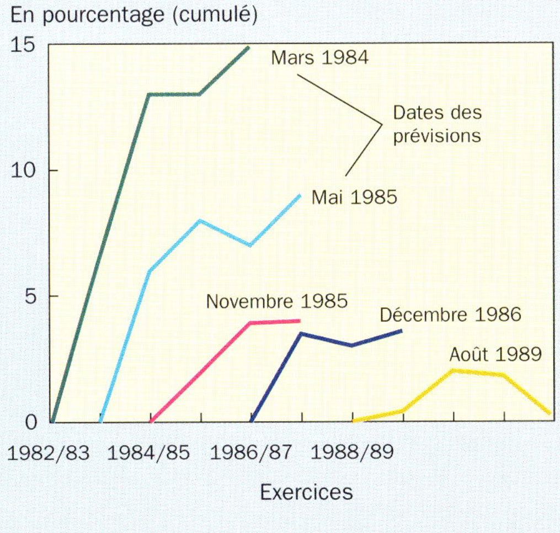

Variations par catégorie, 1983/84 à 1992/93

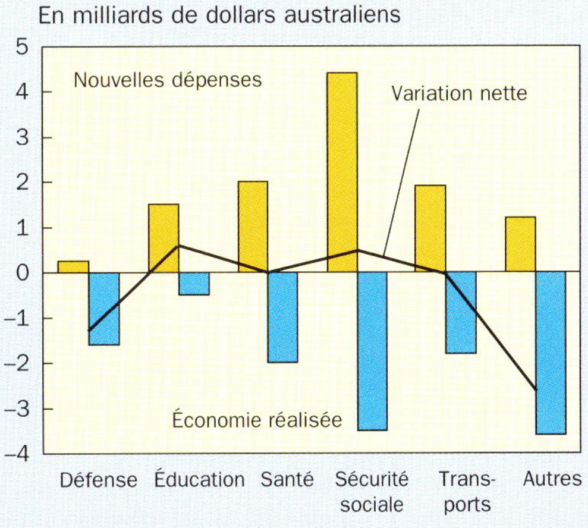

Source : Adapté de Campos et Pradhan, 1996 ; Dixon, 1993.

versions africaines — comme les conseils économiques et sociaux que les pays francophones ont tenté de mettre en place — se sont généralement révélées inefficaces (sauf au Botswana). Pour pouvoir soutenir un développement durable, ces organismes doivent s'efforcer d'asseoir plus largement leur légitimité dans la société, comme cela a été le cas en Asie de l'Est.

Insuffisance des capacités et fragmentation du processus de décision dans les pays en développement

De nombreux pays en développement, notamment en Afrique, en Amérique centrale et dans les Caraïbes, ne disposent pas de la masse critique de capacités et de la cohérence interne nécessaires pour élaborer et coordonner des politiques macroéconomiques et stratégiques. Les maigres ressources existant à l'échelon central sont réparties entre quelques hauts fonctionnaires qui doivent vaquer à de nombreuses tâches. Ces difficultés sont aggravées par des problèmes internes — faiblesse des rémunérations aux échelons supérieurs, clientélisme politique généralisé, absence de système de recrutement et de promotion fondé sur le mérite.

L'insuffisance des capacités à l'échelon central a une conséquence particulièrement coûteuse : elle empêche d'établir des prévisions budgétaires sur la base d'hypothèses judicieuses et réalistes, ce qui nuit à la transparence et à la prévisibilité du processus de décision. Ainsi, au cours des dernières années, l'écart moyen entre le montant des charges renouvelables budgétisées et leur montant effectif a été de plus de 50 % en Tanzanie et de plus de 30 % en Ouganda. La transparence et la cohérence du processus décisionnel sont aussi compromises par l'utilisation de fonds extrabudgétaires (qui représentent plus de la moitié des dépenses fédérales totales au Nigéria) et par des retards importants dans la présentation et la vérification des comptes financiers. Bien souvent, les décideurs n'ont qu'une vague idée du coût ou des résultats des politiques. C'est en partie pour cette raison que le processus budgétaire est axé presque exclusivement sur la répartition des ressources, et non sur les résultats auxquels elle tend.

Dans les pays tributaires de l'aide extérieure, les bailleurs de fonds remédient parfois au problème de l'insuffisance des capacités centrales mais, trop souvent, ils l'aggravent. S'ils parviennent par leurs conseils à suppléer à cette insuffisance, le problème est résolu à court terme. Mais ces conseils n'aident pas à développer les capacités à long terme si les dirigeants ne se rendent pas compte qu'il faut faire appel en dernier ressort aux experts locaux. L'action des bailleurs de fonds peut aussi avoir pour effet de fragmenter la capacité d'élaboration des politiques à l'échelon central ; c'est notamment le cas lorsqu'ils concluent avec des ministères des accords bilatéraux portant sur des projets multiples, sans savoir si leurs effets cumulatifs sont collectivement soutenables ou sont compatibles. Dans de nombreux pays, les programmes d'investissements publics ne sont plus composés que de projets soutenus par des donateurs, dont les coûts récurrents continuent de s'accumuler après l'achèvement, contribuant ainsi à l'orientation expansionniste de la politique budgétaire. Le manque de coordination entre les ministères du plan et des finances est aussi parfois un obstacle supplémentaire à l'harmonisation des dépenses d'investissement et de fonctionnement.

Tout cela affaiblit considérablement la capacité de coordonner les décisions, de les contester et de les discipliner. La Guinée en offre un bon exemple. Dans ce pays, la priorité en matière de dépenses a été donnée à l'enseignement primaire, à la santé publique et à l'entretien des routes, mais les fonds sont souvent affectés, au bout du compte, à d'autres secteurs. En outre, il n'existe aucun mécanisme pour évaluer les coûts des politiques proposées ou soumettre les propositions à un examen rigoureux. D'après des estimations, la part des programmes prioritaires dans les dépenses publiques totales devrait tripler en quatre ans pour que soient respectées les priorités fixées par le gouvernement, ce qui impliquerait des coupes sombres dans d'autres programmes (graphiques de gauche sur la figure 5.1). Il a en outre été établi que les charges récurrentes afférentes aux projets d'investissement financés par les donateurs étaient insoutenables (graphique de droite sur la figure 5.1). Les mêmes dysfonctionnements se manifestent dans l'ensemble du monde en développement, où des routes construites depuis peu sont laissées à l'abandon, des écoles sont privées de manuels scolaires et des centres de santé sont dépourvus de médicaments.

Plusieurs initiatives ont été lancées pour remédier à cet état de choses, mais elles n'en sont encore qu'à leurs débuts. L'Initiative pour le renforcement des capacités en Afrique, par exemple, vise à renforcer la capacité d'analyse des politiques des gouvernements africains en améliorant le professionnalisme de la fonction publique, en établissant de meilleurs systèmes d'information et en encourageant la participation des universités locales et de la société civile en général. Les gouvernements et les donateurs ont aussi entrepris des programmes d'investissements sectoriels destinés à coordonner l'aide extérieure. En Zambie, le Programme d'investissement dans le secteur agricole regroupe 180 projets distincts. Toutefois, bien qu'ils unifient des initiatives dans un même domaine, ces efforts peuvent eux-mêmes créer des problèmes de coordination tant que les capacités restent faibles. Le Malawi et l'Ouganda figurent parmi les pays qui abordent l'étape suivante de la réforme, qui est une étape cruciale : celle de la mise en place d'un processus ordonné pour fixer des priorités stratégiques intersectorielles, dans les limites imposées aux dépenses globales. La Colombie, quant à elle, est en train d'instituer

Figure 5.1 En Guinée, les dotations budgétaires ne reflètent pas les priorités gouvernementales

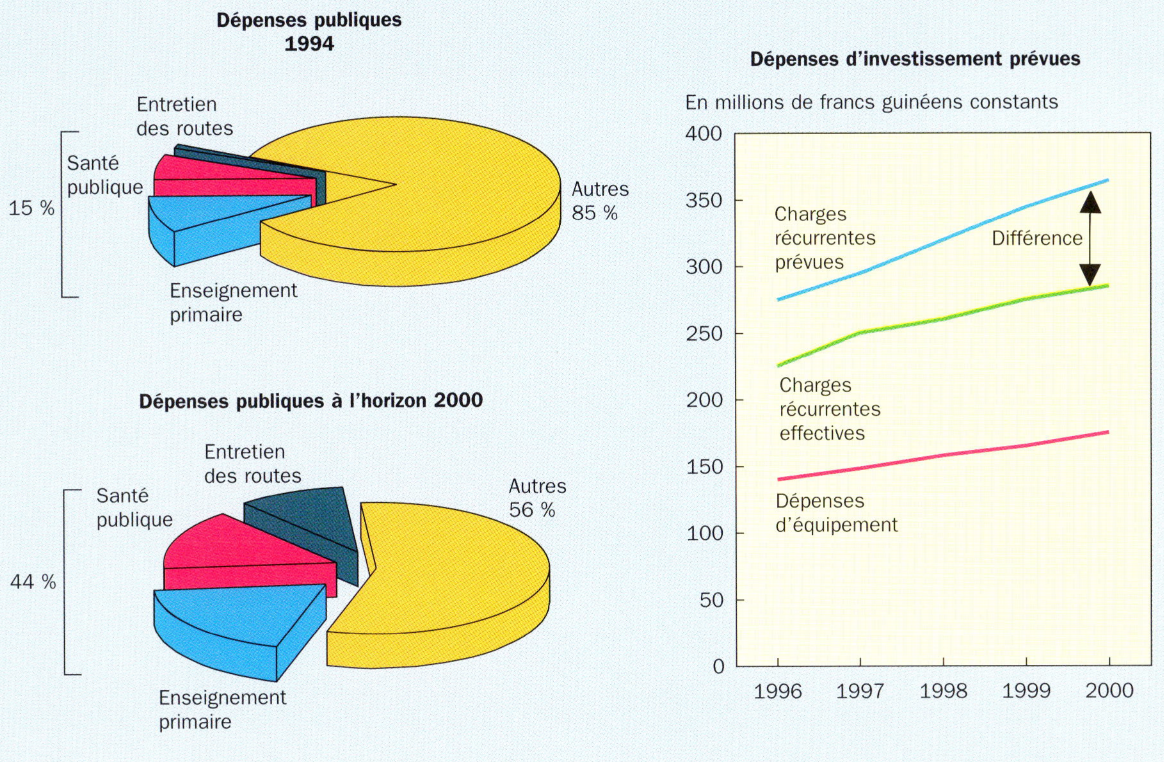

Source : Adapté de Banque mondiale, 1996d.

un système d'évaluation rétrospective pour déterminer si les politiques et les programmes en place produisent les résultats escomptés.

Coordination des politiques dans les pays en transition

Bien que le manque de compétences administratives pose moins de problèmes dans les économies en transition d'Europe centrale et orientale et de l'ex-Union soviétique, l'expérience de ces pays montre qu'il est également important de disposer de mécanismes permettant d'utiliser ces compétences pour élaborer des politiques cohérentes. L'effondrement des régimes communistes a entraîné la désintégration de l'appareil de décision centralisé qui coordonnait les activités des ministères et des départements. Cela s'est traduit par la confusion et le chevauchement des attributions et par l'émergence d'une responsabilité morcelée, plutôt que collective, situation conduisant infailliblement à la catastrophe politique.

Le cas de l'Ukraine est un exemple extrême de ces problèmes. Depuis la proclamation de l'indépendance en 1991, le pays a établi un appareil d'État qui rappelle, à bien des égards, l'ancien système soviétique. Le processus de décision reste très centralisé. Un appareil ministériel (Conseil des ministres) reste responsable de l'élaboration et de la coordination des politiques, et il dirige les activités des départements du gouvernement central. Ces derniers sont toujours très nombreux (plus de 110) ; leurs attributions se chevauchent et les rapports hiérarchiques sont flous (figure 5.2). Cette structure compliquée entrave la coordination, freine la prise de décisions et réduit la transparence. Cependant, après l'adoption d'une nouvelle constitution en juillet 1996, une réforme du système a été entreprise.

Confrontés à des problèmes similaires, quoique peut-être moins aigus, certains pays d'Europe centrale et orientale ont entrepris de réformer les mécanismes de décision centraux. La Pologne et la Hongrie ont décidé de rationaliser le système pour éviter la dispersion et l'empiétement des fonctions et accélérer le processus décisionnel. La Géorgie est parvenue ainsi à supprimer les chevauchements et la répétition inutile des mêmes tâches, les projets de loi sont désormais examinés par le conseil économique présidentiel au grand complet avant d'être soumis au parlement. Ces réformes ont favorisé la consultation et la coordination au sein du gouvernement central. Mais la plupart des pays ont encore fort à faire pour se doter des capacités

Figure 5.2 En Ukraine, le chevauchement des fonctions obère le processus décisionnel

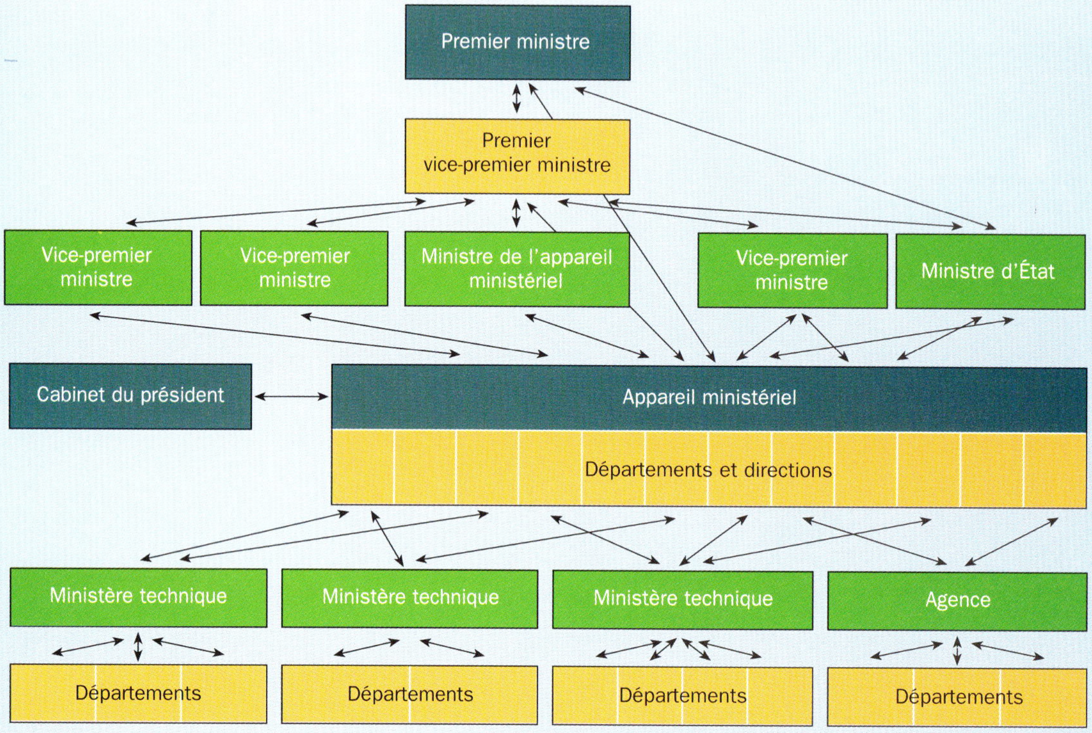

Source : Adapté de Banque mondiale, 1997.

institutionnelles nécessaires pour répondre efficacement aux multiples exigences de la transition.

Une réforme des institutions pour mieux fournir les services publics

La politique même la mieux conçue ne donnera guère de résultats si elle n'est pas convenablement exécutée. Dans de nombreux pays en développement, la qualité médiocre des services publics et leur coût élevé, ainsi que le gaspillage, la fraude et la corruption qui les caractérisent sont dus généralement à ce que l'État est considéré sinon comme le prestataire exclusif, du moins comme le prestataire dominant.

L'expansion de l'État liée aux stratégies qui en faisaient le moteur du développement (chapitre 1) a offert aux dirigeants d'innombrables occasions de profiter de leur position à des fins politiques (encadré 5.3). D'une manière générale, l'État est devenu tentaculaire, ce qui a eu des conséquences désastreuses. Nombreux sont les cas où les services publics sont inexistants ou de qualité médiocre. Dans les pays à faible revenu, les pertes de réseau sont deux fois plus importantes qu'ailleurs. En Chine, près de 1 million d'hectares de terres irriguées ont été laissés en friche depuis 1980, faute d'entretien. D'après une enquête réalisée aux fins du présent Rapport dans 58 pays en développement, 6 % seulement des hommes d'affaires de ces pays jugent les services publics efficaces et 36 % les jugent très inefficaces. Les services de distribution du courrier sont les mieux notés, suivis par les services des douanes et des routes, les services de santé étant les plus mal notés (figure 5.3). Ces résultats confirment une observation plus générale : les prestations les plus mal notées sont celles qui sont fournies par des services de l'Administration (et non par des entreprises d'État) et qui produisent des résultats plus difficiles à évaluer et à surveiller.

Il faut avant tout améliorer la gestion de la relation mandant-agent inhérente à toute activité de service. Dans de nombreux pays, la fourniture de services laisse à désirer parce que ni les mandants (les hommes politiques) ni les agents (les fonctionnaires) ne se montrent à la hauteur de leur tâche. Les premiers s'immiscent dans les affaires courantes des organismes publics, et les services sont fournis par des départements dont les responsables disposent d'une marge de manoeuvre limitée et de ressources incertaines. Même s'ils réussissent à contourner ces obstacles, ils ne sont guère incités à obtenir de meilleurs résultats. Dans les nombreux pays où le secteur public a le monopole de la

Encadré 5.3 La prolifération de l'État au Bangladesh

Depuis l'indépendance du Bangladesh en 1971, l'État a pratiquement doublé de taille. Le nombre de ministères est passé de 21 à 35 en 20 ans et, entre 1990 et 1994, le nombre de départements et de directions a augmenté de 109 à 221. L'effectif du secteur public est passé de 450 000 personnes en 1971 à près de 1 million en 1992, soit un taux de croissance cumulé de 3,6 % par an, alors que, pendant la même période, le taux de croissance démographique a été de 2,5 %. La rémunération des fonctionnaires a fortement baissé, en particulier aux échelons supérieurs. Le traitement de base d'un secrétaire permanent (grade le plus élevé) a diminué de 87 % en valeur réelle depuis 1971.

Si l'on a créé autant de ministères, de divisions et de départements, c'est en partie pour répondre à de nouveaux besoins, comme la protection de l'environnement et la condition féminine. Mais l'État a aussi étendu ses tentacules dans le domaine commercial. Son expansion a souvent été motivée par des considérations politiques. La multiplication des ministères a permis de distribuer des postes à un plus grand nombre de partisans politiques, tout en créant des emplois aux échelons inférieurs. Hormis ses répercussions budgétaires, l'expansion de l'État a mis à rude épreuve les capacités d'exécution, aggravé les problèmes de coordination et rendu la réglementation plus tatillonne. Elle a aussi favorisé la formation de groupes de défense d'intérêts catégoriels qui ont entravé les efforts de rationalisation et de réforme.

fourniture des services collectifs, aucune pression extérieure ne s'exerce pour améliorer la performance. Rares sont ceux qui ont établi des règles crédibles rendant les cadres responsables de l'utilisation des ressources et de l'obtention de résultats quantifiables.

Mécanismes institutionnels

Les gouvernements ont recours à différents mécanismes institutionnels pour améliorer la qualité des services publics. Ils font notamment appel au marché pour créer des pressions concurrentielles et donner aux usagers la possibilité de s'adresser à d'autres fournisseurs que les fournisseurs publics pour obtenir un service de meilleure qualité ou moins coûteux. La sous-traitance à des entreprises privées ou à des ONG est une autre solution possible. Certains gouvernements créent des organismes publics ayant une obligation de résultat, avec lesquels ils passent des contrats en bonne et due forme qui leur laissent une plus grande autonomie de gestion, tout en les obligeant à rendre compte des produits ou des résultats. D'autres ont recours à des formules administratives plus classiques qui privilégient, au sein du secteur public central, la responsabilisation dans l'utilisation des ressources, le recrutement et la promotion au mérite, et le développement d'un esprit de corps pour encourager la loyauté et améliorer les performances. Enfin, la participation des usagers, les enquêtes auprès des clients, la publication d'évaluations des résultats et d'autres mécanismes donnant la parole aux citoyens sont autant de moyens de pression externes qui peuvent inciter à améliorer la qualité des services.

Ces initiatives peuvent être classées en trois grandes catégories : celles qui offrent de plus larges possibilités de sortie, celles qui donnent la parole aux usagers et celles qui renforcent le respect des règles et la loyauté. La bonne formule dépend du cadre d'incitation dans lequel le service peut être fourni (figure 5.4). Le recours aux mécanismes du marché et la passation de contrats avec le secteur privé

Figure 5.3 La plupart des entreprises ont une mauvaise opinion des services publics, mais certains services sont mieux notés que d'autres

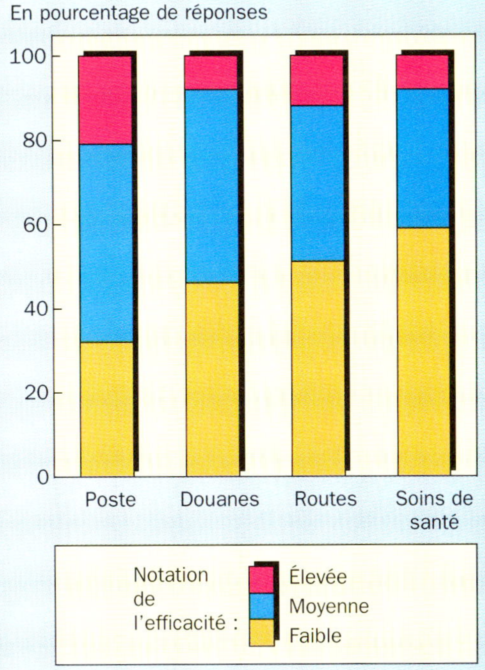

Source : Enquête auprès du secteur privé effectuée aux fins du présent Rapport.

Figure 5.4 Trois stratégies pour améliorer les services publics

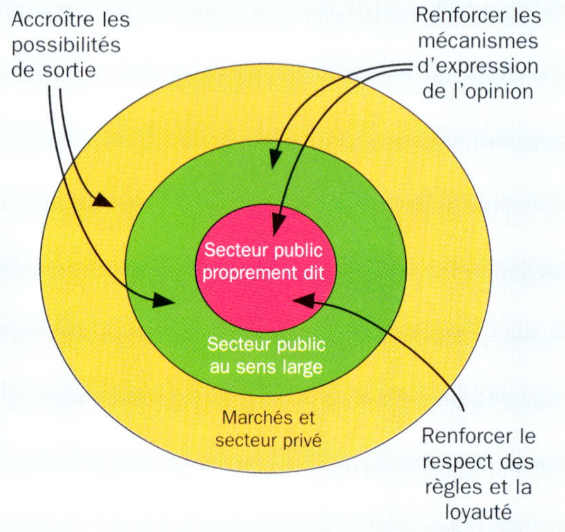

offrent principalement des possibilités de sortie. Dans le secteur public au sens large — qui comprend les entreprises d'État constituées en sociétés et les organismes basés sur le rendement —, les possibilités de sortie sont plus limitées, mais l'avis des usagers exerce une plus grande influence. Les activités dont le produit est difficile à spécifier et qui ne peuvent pas être ouvertes à la concurrence doivent rester du ressort des administrations publiques proprement dites, bien que celles-ci n'offrent aucune possibilité de sortie réaliste et qu'elles aient beaucoup moins de souplesse dans la gestion financière et la gestion du personnel. Ce qui compte, dans ce cas, c'est l'avis des citoyens, la loyauté des fonctionnaires et la définition claire des règles qu'ils doivent observer.

Les programmes dits de « nouvelle gestion publique » lancés récemment dans les pays industriels visent à décharger le secteur public proprement dit (le centre du cercle dans la figure 5.4) de la fourniture des services, principalement par le biais des mécanismes du marché et de contrats explicites. Le cas de la Nouvelle-Zélande en est le meilleur exemple. Au début des années 80, l'État s'est désengagé des entreprises commerciales et des autres entreprises pouvant être ouvertes à la concurrence, qui ont alors été constituées en sociétés ou privatisées. Les grands ministères multisectoriels ont été scindés en unités fonctionnelles à vocation spécifique, dirigées par des cadres engagés pour une durée déterminée, avec obligation de résultat, et jouissant d'une autonomie considérable (y compris pour recruter et licencier). Grâce à ces réformes, le déficit budgétaire, qui représentait 9 % du PIB, a cédé la place à un excédent au cours des années 80 et le coût unitaire des services a été réduit de plus de 20 % dans certains cas.

Plusieurs pays en développement s'engagent maintenant sur cette voie. Mais ce qui est faisable en Nouvelle-Zélande ne l'est pas forcément dans ces pays. Il faut beaucoup de compétence et de volonté pour négocier et faire exécuter des contrats, en particulier dans le secteur des services sociaux où il est difficile d'imposer un cahier des charges précis. La solution optimale dépend à la fois des caractéristiques du service et de la capacité de l'État de faire exécuter des contrats internes et externes (tableau 5.1).

Par exemple, pour les services qui peuvent être soumis à la concurrence — comme le sont la plupart des services commerciaux ou, plus récemment, les télécommunications et la production d'électricité —, les mécanismes du marché peuvent susciter de puissantes pressions concurrentielles qui incitent à améliorer les prestations. Lorsque l'État peut établir un cahier des charges et en contrôler l'exécution pour un coût de transaction peu élevé, la sous-traitance à des entreprises privées ou à des ONG est une solution intéressante. Les pays où il existe de solides capacités et une ferme volonté établissent des organismes basés sur le rendement et des contrats-plans, même pour des activités complexes relevant du secteur public proprement dit, comme la défense, l'éducation et la santé. Par contre, les pays qui n'ont pas les capacités nécessaires pour faire exécuter des contrats complexes et où les contrôles administratifs sont insuffisants pour empêcher l'arbitraire dans un régime de gestion plus souple doivent avancer avec prudence.

Des marchés concurrentiels

La sollicitation excessive des ressources de l'État et les restrictions budgétaires croissantes amènent les gouvernements à recourir davantage aux mécanismes du marché pour améliorer la fourniture des services pouvant être soumis à la concurrence, alors même qu'une vague d'innovations technologiques et politiques repousse les frontières de ce qui peut être considéré comme concurrentiel. Comme cela est expliqué au chapitre 4, la déréglementation et le découplage des activités dans les secteurs dominés par l'État, comme la production d'électricité, ont entraîné une baisse importante des coûts unitaires et une expansion rapide des services.

D'autres innovations récentes, comme l'attribution de bons et d'allocations par personne, ont encore élargi le champ de la concurrence dans la fourniture des services sociaux. Toutefois, l'expérience reste limitée et est circonscrite, dans une large mesure, au secteur de l'éducation. Au Chili, un système d'allocations par élève permet l'inscription dans n'importe quelle école, publique ou privée ; les établissements scolaires reçoivent ces allocations de l'État

Tableau 5.1 Mécanismes pour améliorer les services publics

Environnement	Caractéristiques des services et capacité de l'État — Services pouvant être ouverts à la concurrence	Possibilité de définir et de faire respecter un cahier des charges	Difficulté de définir et de faire respecter un cahier des charges
Secteur privé	Renforcement des marchés par une réglementation crédible Création de marchés, par exemple, par l'attribution de bons d'études	Sous-traitance à des organismes à but lucratif ou non lucratif	
Secteur public au sens large	Renforcement de la compétition interne Imposition de contraintes budgétaires effectives et désengagement de l'État des entreprises publiques	Création d'organismes basés sur le rendement Constitution des entreprises publiques en sociétés et établissement de contrats-plans ayant force exécutoire Renforcement des mécanismes d'expression de l'opinion	
Secteur public proprement dit			Définition claire des objectifs et des tâches Amélioration du respect des règles Renforcement des mécanismes d'expression de l'opinion

sur la base du nombre d'inscriptions (encadré 5.4). Cela a entraîné une augmentation des inscriptions dans les écoles privées, mais les effets qu'elle a eus sur les résultats scolaires ne sont pas encore connus. La formule est prometteuse mais, en l'absence d'une réglementation adéquate, elle risque de renforcer les clivages sociaux.

En tout état de cause, le recours accru aux mécanismes du marché doit s'accompagner d'une réglementation efficace, ce qui n'est pas toujours facile à réaliser comme on l'a vu au chapitre 4. Les difficultés sont plus grandes encore dans le domaine des services sociaux que dans des secteurs comme celui de l'infrastructure. Par exemple, dans de nombreux pays en développement (à l'exception notable du Brésil), les services de santé fournis par le secteur privé ne sont pas réglementés parce que l'État n'a pas les moyens de contrôler le grand nombre de petits prestataires de soins.

Sous-traitance au secteur privé et aux ONG

Les marchés qui ne peuvent pas être entièrement ouverts à la concurrence peuvent au moins être attribués de façon compétitive ; l'État peut en effet sous-traiter la fourniture de services à des entreprises privées sélectionnées par voie d'appel d'offres. La sous-traitance est maintenant une pratique très répandue dans de nombreux pays industriels. L'État de Victoria, en Australie, en offre un exemple frappant : la moitié au moins des activités inscrites au budget des collectivités locales, y compris des activités complexes comme les services de santé communautaires, font l'objet de marchés passés par voie d'adjudication.

Dans les pays en développement, où la capacité du marché est aussi faible que celle de l'État, les possibilités de sous-traitance sont plus limitées. Toutefois, lorsque le produit final est facile à définir et que la concurrence directe est impossible, des formules d'encadrement de la concurrence, comme les contrats de service ou de gestion, les contrats de location ou les concessions à long terme, peuvent procurer des gains d'efficacité. Au Brésil, par exemple, la sous-traitance de l'entretien des routes à des entreprises privées a permis de réaliser une économie de 25 % par rapport à ce que ce travail aurait coûté s'il avait été exécuté par

Encadré 5.4 Bons d'études et libre choix des écoles

La distribution de bons d'études peut stimuler la concurrence dans le secteur de l'enseignement. Ces bons, financés par l'État, peuvent être utilisés dans n'importe quel établissement scolaire, privé ou public. Cela laisse aux parents le choix de l'établissement que fréquenteront leurs enfants, ce qui encourage en principe la concurrence entre les écoles.

Les détracteurs de cette formule prétendent qu'elle peut inciter les élèves, en particulier les meilleurs d'entre eux, à quitter massivement l'enseignement public, au risque de paralyser le système, ce qui serait un gaspillage et pourrait se solder par une nouvelle baisse de la qualité de l'enseignement public. Or, dans le cadre d'un programme pilote réalisé à Porto Rico en 1993, on a constaté que, si 18 % des élèves avaient choisi de quitter l'école publique pour l'école privée, 15 % avaient fait la démarche inverse, ce qui n'avait rien d'un véritable exode. L'expérience a été si réussie qu'au cours de la deuxième année, le nombre de demandeurs est passé de 1 600 à 15 500.

L'octroi de fonds publics aux écoles privées n'est pas nouveau. Aux Pays-Bas, les deux tiers des élèves sont inscrits dans des établissements privés bénéficiant d'un financement de l'État. Au Chili, depuis la réforme du système éducatif en 1980, le ministère de l'Éducation verse à chaque établissement, public ou privé, une allocation d'un montant fixe par élève inscrit. Comme ce montant était calculé sur la base du coût moyen des études dans le secteur public et comme les dépenses par élève étaient inférieures de 70 % dans le secteur privé, les écoles privées se sont disputé les élèves. En 1986, le nombre d'inscriptions dans le privé avait plus que doublé au niveau du primaire, passant de 14 à 29 % du total, et il avait presque quadruplé au niveau du secondaire. Les effets du système sur les résultats scolaires ne sont pas encore connus.

La distribution de bons d'études comporte cependant quelques risques, notamment celui d'accroître la stratification des services et les clivages entre les usagers. Certains analystes ont critiqué le passage hâtif au libre choix des écoles dans les républiques de l'ex-Union soviétique, faisant valoir que cela allait accentuer les tensions dans une société de plus en plus polarisée. Mais ils craignent surtout qu'en l'absence de contrôle national le contenu des programmes scolaires ne sème un esprit de division et d'intolérance et que, de ce fait, l'État ne soit plus en mesure d'assurer la cohésion sociale, ce qui est l'une de ses fonctions essentielles.

l'État. Les contrats de location ont permis d'améliorer l'efficacité technique de la distribution d'eau en Guinée et des opérations portuaires à Kelang, en Malaisie.

Les pouvoirs publics sous-traitent également la fourniture des services sociaux, en s'adressant notamment aux ONG. Bien que, dans ce cas, le produit final soit difficile à spécifier, cette formule a été choisie lorsque les ONG semblaient attachées à la qualité ou qu'elles étaient mieux à même de desservir certains groupes en raison de leur orientation religieuse ou idéologique (aux Pays-Bas, par exemple, l'enseignement est confié depuis longtemps à des ONG). En Bolivie, une organisation confessionnelle locale a été chargée de la gestion des écoles publiques, ce qui donne des résultats prometteurs (encadré 5.5). En Ouganda, le gouvernement associe des ONG à la fourniture des services de santé préventifs et curatifs, qui étaient auparavant du seul ressort de l'État.

Toutefois, comme les contrats et les bons, la sous-traitance n'est pas une panacée. En général, elle donne de meilleurs résultats lorsqu'il est facile de définir le produit final et que le marché est bien développé, ce qui permet d'apprécier immédiatement l'efficacité des différents prestataires. En revanche, dans le cas d'activités complexes ou inhabituelles, la sous-traitance entraîne inévitablement des coûts de transaction plus élevés. Elle ouvre aussi la voie à la corruption et à la mauvaise gestion, ce en quoi elle ne diffère guère des contrats passés au sein du secteur public. En Ouganda, pour ne citer qu'un exemple, les services de l'inspection générale ont signalé plusieurs cas de fraude dans le cadre de contrats avec le secteur privé, notamment des paiements effectués au titre de travaux fictifs de construction ou d'entretien de routes.

Enfin, l'appel à la concurrence ne signifie pas nécessairement que le secteur privé est plus performant que le secteur public. Dans l'une des plus vastes expériences de mise en concurrence des secteurs public et privé aux États-Unis, le Département des travaux publics de Phoenix (Arizona) a élaboré des stratégies novatrices qui lui ont permis de surpasser ses concurrents privés à plusieurs occasions entre 1984 et 1988. Dans ce cas, la compétition a été le stimulant de la réforme, mais celle-ci a été facilitée aussi par la collaboration étroite entre la direction et le personnel, dans le cadre de cercles et de comités visant à améliorer la qualité et la productivité en mettant à profit la compétence des travailleurs et en trouvant conjointement des solutions inédites.

Amélioration des services par le biais du secteur public au sens large

Bien que le secteur privé ait la possibilité de participer plus largement à la fourniture des services, le secteur public continuera inévitablement à jouer un rôle important dans ce domaine. L'enjeu est de créer un environnement qui incite à améliorer les performances.

COMPÉTITION INTERNE. Certains pays industriels cherchent des moyens d'accroître la compétition au sein du secteur public afin d'améliorer la fourniture des services qui ne peuvent ni être soumis à la concurrence, ni être sous-traités. Au Royaume-Uni, par exemple, les autorités sanitaires locales et les associations de médecins généralistes sont devenues les clients des hôpitaux pour le compte des patients, ce qui a créé un marché interne au sein du secteur national de la santé. Cette formule a stimulé la compétition entre les hôpitaux, constituant ainsi un mécanisme décentralisé de réaffectation des ressources. La compétition interne peut certes améliorer l'efficacité, mais il faut veiller à ce que cela ne se fasse pas au détriment de l'équité.

La décentralisation — c'est-à-dire le transfert de ressources et de responsabilités aux échelons inférieurs de l'administration — peut être un autre moyen efficace de créer une pression concurrentielle interne, en particulier pour la fourniture de biens collectifs locaux qui ont peu d'effets externes entre juridictions et procurent peu d'économies d'échelle. Les collectivités locales disposent ainsi de la marge de manoeuvre nécessaire pour adapter l'offre aux préférences et aux besoins locaux, leur responsabilisation et la compétition entre juridictions pouvant fournir les contrepoids nécessaires. Mais, comme cela est expliqué au chapitre 7, pour que la décentralisation contribue à la fois à l'efficacité et à l'équité, il faut que les conditions institutionnelles appropriées soient réunies au préalable.

ORGANISMES SOUMIS À DES CRITÈRES DE PERFORMANCE. Les programmes dits de « nouvelle gestion publique » entrepris dans les pays industriels visent à scinder le secteur public proprement dit en une série d'unités fonctionnelles distinctes ou d'organismes à vocation spécifique, disposant en général d'une plus grande autonomie dans la gestion des ressources financières et humaines, mais tenus de rendre compte des résultats. En Suède et dans d'autres pays nordiques, les ministères et les organismes à vocation spécifique sont depuis longtemps des entités distinctes. Au Royaume-Uni, près des deux tiers des administrations ont été transformés en organismes publics semi-autonomes chargés de fonctions spécifiques. Ces changements se sont accompagnés d'une importante déconcentration du pouvoir de gestion et de la responsabilité des résultats. En Australie, au Danemark, en Irlande et en Suède, par exemple, les frais d'administration détaillés ont été regroupés en un seul poste budgétaire, ce qui permet aux cadres de réaffecter les ressources en fonction des priorités et des besoins.

Encadré 5.5 En Bolivie, la sous-traitance à des ONG permet d'améliorer la qualité de l'enseignement

Dans le cadre d'un programme expérimental, le Gouvernement bolivien a confié à l'organisation confessionnelle *Fe y Alegría* la gestion d'un certain nombre d'écoles publiques, principalement des établissements d'enseignement secondaire. Avant d'accepter le marché, l'organisation a demandé (et obtenu) le droit de nommer les directeurs et les enseignants et de permettre à ces derniers de faire cours à la fois le matin et l'après-midi, et non pendant trois heures et demie seulement, comme dans les établissements publics.

Pour le reste, les établissements administrés par *Fe y Alegría* ne diffèrent en rien des autres écoles publiques. Bien qu'ils soient triés sur le volet, les enseignants ne reçoivent pas de formation spéciale et ils sont payés autant que leurs homologues de l'enseignement public. Les écoles ne reçoivent pas de crédits supplémentaires pour l'achat de livres ou de fournitures ; leurs programmes et leurs méthodes pédagogiques sont les mêmes que dans les autres établissements publics.

Leur seul avantage comparatif, c'est le formidable esprit de corps qui unit les élèves, les parents et le personnel. Les écoles ont beaucoup de succès auprès des enseignants et des élèves et, bien souvent, les parents n'hésitent pas à payer un supplément pour pouvoir y inscrire leurs enfants. Les méthodes pédagogiques novatrices expérimentées en quelques rares occasions (comme la transmission de cours de mathématiques à la radio) ont aussi connu un franc succès, tant dans les écoles elles-mêmes que dans la communauté. Ce partenariat entre le secteur public et le secteur privé, représenté par une ONG à vocation religieuse, semble si fécond que les autorités envisagent de le prendre comme modèle pour la réforme de l'éducation nationale.

Parmi les pays en développement, Singapour est peut-être celui qui a le plus d'avance dans la création d'unités fonctionnelles à vocation précise. En effet, dès les années 70, les administrations singapouriennes ont été organisées en organismes publics semi-autonomes. À la Jamaïque, 11 organismes pilotes doivent être transformés en unités de ce type.

Toutefois, les pays où le contrôle de l'utilisation des ressources est inadéquat et où les capacités sont limitées doivent avancer avec prudence. Les pays industriels ont assoupli ce contrôle lorsqu'ils étaient en mesure de le faire, c'est-à-dire après avoir établi, au fil des ans, un ensemble de règles crédibles pour mettre des freins à l'arbitraire. Dans les nombreux pays qui n'ont pas encore réussi à instituer un contrôle crédible de l'utilisation des ressources, l'assouplissement de la gestion ne ferait qu'encourager l'arbitraire et la corruption. Par ailleurs, la rédaction et l'exécution de contrats, en particulier pour des activités complexes, nécessitent des compétences spécialisées qui leur font souvent défaut.

Certaines de ces observations sont corroborées par une étude récente des entreprises publiques, qui a révélé que le bilan global des contrats-plans dans les pays en développement était extrêmement décevant. Malgré l'échec de cette formule, bon nombre de ces pays ont cherché à créer des organismes basés sur le rendement pour l'exécution de tâches prioritaires bien définies, comme l'entretien des routes ou la perception de l'impôt. Ces organismes sont généralement des enclaves au sein de la fonction publique, ayant une plus grande autonomie de gestion, un personnel mieux payé et une plus grande obligation de rendre compte des résultats. En Afrique subsaharienne, des organismes de ce genre ont été créés au Ghana, en Ouganda et en Zambie pour assurer le recouvrement de l'impôt. D'autres pays semblent prêts à en faire de même.

Dans ces cas, la création d'enclaves a été jugée nécessaire pour accroître les recettes fiscales et offrir de meilleures incitations à l'ensemble de la fonction publique. Les résultats sont spectaculaires. Au Ghana, premier pays d'Afrique subsaharienne à avoir adopté un système de perception des impôts et des taxes douanières fondé sur la performance, les recettes totales ont presque doublé au cours des cinq premières années, passant de 6,6 % du PIB en 1984 à 12,3 % en 1988, en grande partie grâce à l'amélioration du recouvrement. Mais ce système a aussi soulevé des difficultés. Les autres fonctionnaires ont protesté contre le traitement spécial accordé aux percepteurs et le ministère des Finances s'est plaint que cela portait atteinte à son autorité. Le programme n'aurait pas pu aller de l'avant sans le ferme soutien des hauts responsables.

La création, dans plusieurs pays tributaires de l'aide extérieure, d'enclaves ayant chacune son propre système de rémunération et de responsabilité, dans le cadre de projets de développement, a posé bien d'autres problèmes. Souvent, les bailleurs de fonds ont créé ces enclaves sans vraiment prendre en considération la nature des services fournis ou l'enchaînement optimal des réformes institutionnelles, ce qui a engendré des disparités.

Comme cela est expliqué au chapitre 9, les enclaves sont généralement conçues comme des pis-aller. Bien qu'elles aient parfois permis de réaliser des objectifs à court terme, elles peuvent faire obstacle à l'approfondissement des réformes institutionnelles. Lorsque le produit est facile à spécifier — par exemple, les impôts recouvrés —, la création d'enclaves peut être considérée comme une phase expérimentale de la réforme, susceptible d'être élargie progressivement, et elle peut servir à démontrer que la réforme peut être efficace. Mais il est important de sélectionner rigoureusement les organismes qui passeront sous ce régime. Et, si elles sont utiles dans un premier temps, les enclaves ne peuvent pas se substituer aux réformes institutionnelles à plus long terme qui sont nécessaires pour créer une fonction publique motivée et capable.

Amélioration des prestations par l'intermédiaire du secteur public proprement dit

Dans les pays où les capacités sont insuffisantes, la sous-traitance, la création d'organismes basés sur le rendement et l'imposition d'une obligation formelle de rendre compte des résultats ne sont pas des solutions viables pour de nombreux services. Le problème est particulièrement aigu dans le cas des administrations de proximité dont les fonctionnaires (policiers, surveillants des périmètres irrigués, agents de santé, enseignants, agents de vulgarisation) sont quotidiennement en contact avec les usagers, sont dispersés géographiquement, ont une grande latitude pour agir et fournissent un produit difficile à contrôler, à l'abri de toute pression concurrentielle.

L'expérience de différents pays montre que, dans ces cas, l'amélioration des performances peut être encouragée de plusieurs façons. Une étude comparative des services d'irrigation en Inde et en Corée a révélé que les premiers offraient peu d'incitations à travailler consciencieusement, à la différence des seconds. En Corée, des objectifs plus précis étaient assignés aux surveillants des périmètres irrigués, qui étaient soumis à un contrôle au hasard de trois organismes distincts. En Inde, la surveillance avait un but répressif, tandis qu'en Corée elle visait à résoudre les problèmes. Comme le personnel de l'organisation se déplaçait fréquemment le long des canaux, il était davantage soumis à la pression des agriculteurs et une collaboration plus étroite pouvait se développer, contribuant à l'amélioration des performances.

CONCENTRATION SUR LA PERFORMANCE ET PRÉVISIBILITÉ DES FLUX DE RESSOURCES. Pour que l'accent soit mis davantage sur la performance au sein du secteur public, il faut commencer par définir plus précisément les objectifs et les tâches. La Colombie, le Mexique et l'Ouganda sont en train d'établir un système d'évaluation des performances pour indiquer aux cadres comment atteindre les objectifs fixés. Alors que certains pays (comme la Nouvelle-Zélande) se basent sur les produits, d'autres (comme l'Australie, la Colombie et l'Ouganda) mettent l'accent sur les résultats — c'est-à-dire l'impact des produits sur les bénéficiaires — et sur l'évaluation rétrospective.

Mais, même si les objectifs et les tâches sont mieux définis, les cadres du secteur public ne peuvent pas travailler de façon satisfaisante si les flux de ressources budgétaires sont très incertains. Cela rappelle l'importance, pour la gestion en aval, de la mise en place, à l'échelon central, de mécanismes de décision efficaces, comme cela a été dit plus haut dans ce chapitre. L'établissement d'un cadre budgétaire à moyen terme crédible, comme l'a fait l'Australie (encadré 5.2), assure une meilleure adéquation entre les politiques et les ressources, et rend ainsi plus prévisibles les apports aux unités en aval. Le Malawi et l'Ouganda sont en train d'instituer un système de ce genre.

CONTRÔLE FINANCIER ET CONTRÔLE DE GESTION. Comme la production du secteur public est souvent difficile à quantifier et à contrôler, le contrôle financier et l'obligation de rendre des comptes sont nécessaires pour garantir l'intégrité des cadres, empêcher l'utilisation inappropriée — ou abusive — des ressources publiques et améliorer la fourniture des services. En Ouganda, un exercice de suivi des dépenses a révélé qu'une grande partie des fonds alloués aux services sociaux de base ne parvenaient jamais aux dispensaires et aux écoles auxquels ils étaient destinés, en particulier dans les régions rurales. Dans de nombreux pays, les états financiers et les audits du secteur public ne sont pas établis régulièrement et de façon rigoureuse, d'où l'absence de contraintes crédibles.

Afin d'améliorer la transparence et la qualité de leurs méthodes de comptabilité financière et d'audit et de réduire les retards, les gouvernements s'efforcent de moderniser leurs systèmes d'information financière. Des pays aussi divers que la Bolivie, la Chine, l'Indonésie et la République de Moldova sont en train d'édicter, dans leur législation, des principes comptables rigoureux, avec le concours de puissantes associations professionnelles tant publiques que privées.

Bien que l'on ne dispose pas de renseignements suivis sur les effets de ces réformes, on peut néanmoins en dégager quelques enseignements utiles pour l'action à mener. Des systèmes d'information modernes et informatisés peuvent à la fois améliorer la transparence et renforcer le contrôle global, les contrôles spécifiques devenant moins nécessaires. Le contrôle des dotations peut être élargi par étapes à mesure que les systèmes se développent et que la confiance s'affermit : on peut ainsi passer progressivement d'un budget détaillé par poste, soumis à un contrôle préalable, à des catégories budgétaires plus vastes et à des fourchettes de rémunération plus larges, en laissant une plus grande latitude en matière de passation des marchés et de recrutement. Le passage du contrôle préalable au contrôle a posteriori des crédits affectés à chaque opération doit être opéré avec prudence, et seulement si le contrôle des agrégats budgétaires s'améliore, si les organismes prouvent qu'on peut leur accorder une plus grande autonomie et si le contrôle a posteriori est renforcé grâce à l'amélioration des systèmes de comptabilité et d'audit.

Mais l'expérience montre aussi que le passage d'un système de contrôle par opération très centralisé à un système plus décentralisé peut rencontrer une résistance. En Équateur, par exemple, un plan prévoyant la déconcentration du contrôle des paiements, proposé en 1995, n'a toujours pas été mis en oeuvre, en grande partie parce que les organismes centraux craignent le manque de discipline budgétaire aux autres échelons. Il faut avant tout renforcer la confiance en améliorant les systèmes d'évaluation des performances et le contrôle a posteriori des ressources utilisées. Une fois que ces systèmes sont plus crédibles, la résistance au changement s'affaiblit et les cadres peuvent disposer d'une plus grande marge de manoeuvre en assumant plus largement la responsabilité des résultats.

LOYAUTÉ, MOTIVATION ET COMPÉTENCE. L'amélioration des systèmes de surveillance, de comptabilité et d'audit ne suffit pas en soi pour améliorer la fourniture de nombreux services. Il faut aussi renforcer la loyauté, la motivation et la compétence des fonctionnaires. La loyauté favorise l'identification aux objectifs de l'organisation et incite à avoir une vision à plus long terme des responsabilités. Elle est essentielle dans le secteur public proprement dit où les activités sont difficiles à définir et à surveiller, et où il n'y a pas de possibilités de sortie.

En Allemagne, en France, au Japon et à Singapour, la fonction publique cherche à s'assurer la loyauté d'un petit groupe de professionnels en veillant à ce qu'elle soit en stricte conformité avec les intérêts de l'État. La sécurité de l'emploi est précisément destinée à promouvoir cette concordance d'intérêts, avec succès dans certains cas, mais en vain dans beaucoup d'autres. Comme on le verra dans la section suivante, l'expérience des pays où ce système fonctionne donne à penser que, pour susciter un engagement et attirer du personnel compétent et motivé, il faut récompenser l'ancienneté, offrir une rémunération suffisante et créer un esprit de corps, par exemple, en encourageant la collaboration étroite entre la direction et les employés.

RENFORCEMENT DES MÉCANISMES D'EXPRESSION DE L'OPINION. Il faut du temps pour mettre en place des mécanismes de contrôle administratif crédibles. En attendant, si les capacités internes de surveillance et d'exécution sont insuffisantes, les usagers et les bénéficiaires peuvent exercer une grande influence sur les performances, réduisant par là même le coût de la surveillance jusqu'à ce que les capacités soient renforcées. La collaboration entre l'État et la collectivité ou d'autres formes de partenariat, même indirectes, incitent à réclamer l'amélioration des services. Les mécanismes d'information en retour, comme les enquêtes auprès des usagers effectuées en Inde, au Nicaragua et en Ouganda, augmentent la transparence et obligent à rendre

Figure 5.5 Le recrutement et la promotion fondés sur le mérite renforcent la capacité administrative

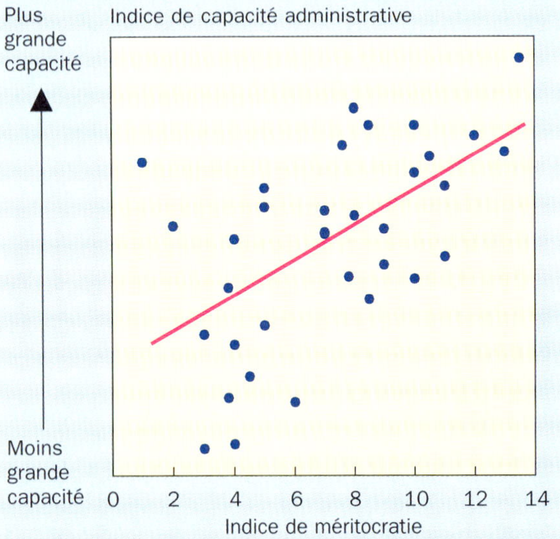

Note : Résultats obtenus sur la base d'une régression effectuée à partir de données provenant de 35 pays en développement pour la période 1970–90, si l'on neutralise les effets d'autres variables comme le revenu et l'éducation. Pour plus de détails, voir la Note technique. Source : Evans et Rauch, 1996.

des comptes en faisant connaître plus largement les performances de l'organisme concerné. Les chartes du citoyen, par lesquelles les organismes s'engagent publiquement à respecter des normes de service minimales — comme en Belgique, en Malaisie, au Portugal et au Royaume-Uni — peuvent obliger ceux-ci à atteindre leurs objectifs en renforçant les pressions externes et internes, et peuvent amener les usagers et le personnel à concentrer leur attention sur la qualité du service. Le chapitre 7 aborde la question de la consultation et de la participation des usagers sous l'angle plus général de l'amélioration de la capacité d'action de l'État.

Un personnel motivé et compétent

Qu'il soit chargé d'élaborer les politiques, de fournir des services ou d'administrer des contrats, un personnel compétent et motivé est la cheville ouvrière d'un État efficace. En général, les mesures prises pour constituer une fonction publique compétente et dévouée sont axées presque exclusivement sur la rémunération. Mais, pour importante qu'elle soit, la rémunération n'est pas le seul facteur. Le recrutement et la promotion fondés sur le mérite et le développement d'un esprit de corps ont également leur importance. Cela permet, d'une part, de limiter le clientélisme politique et d'attirer et fidéliser des personnes compétentes et, d'autre part, d'encourager l'identification aux objectifs de l'organisation, de réduire le coût de la surveillance et de développer la coopération interne et la loyauté.

Une étude internationale récente montre en quoi ces facteurs sont importants. Les auteurs ont constaté qu'il existait une corrélation entre, d'une part, l'existence d'un système de recrutement et de promotion au mérite et une rémunération suffisante et, d'autre part, le taux de croissance économique et le jugement porté par les investisseurs sur les capacités de l'administration, même une fois prises en compte les différences de revenu et de niveau d'instruction (figure 5.5). Il est donc évident que l'application de la bonne formule institutionnelle pour recruter du personnel compétent et pour le motiver peut procurer des bénéfices substantiels.

Recrutement et promotion fondés sur le mérite

L'adoption, dans la fonction publique, d'un système méritocratique permet d'attirer du personnel de haut niveau ; cela rehausse le prestige des fonctions et contribue, dans une large mesure, à la motivation des fonctionnaires. Dans de nombreux pays (Corée, Japon), un concours d'entrée national fondé sur des critères rigoureux permet de sélectionner les candidats les plus brillants. Dans d'autres pays, la sélection se fait essentiellement sur la base des titres scolaires (le plus souvent universitaires). La motivation est entretenue, après le recrutement, par la fixation d'objectifs et de critères d'avancement précis et par la récompense de longues années de loyaux services. En Corée, le système de promotion est fondé à la fois sur l'ancienneté et le mérite. Quand, au contraire, les promotions sont personnalisées ou politisées, les fonctionnaires se soucient avant tout de plaire à leurs supérieurs ou aux hommes politiques influents, ce qui va à l'encontre des efforts faits pour rehausser le prestige de la fonction publique en imposant des règles strictes en matière de recrutement.

Un système méritocratique n'a pas encore été adopté par de nombreux pays, où l'État est au contraire devenu une source inépuisable d'emplois et où le recrutement dépend non pas du mérite, mais des relations. La figure 5.6 montre que les nominations politiques sont beaucoup plus fréquentes aux Philippines que dans les autres pays d'Asie de l'Est. Cette pratique, conjuguée à une rémunération médiocre, a affaibli les capacités de l'administration et la situation n'a fait qu'empirer avec le temps. Le Gouvernement philippin est en train de prendre des mesures pour que la fonction publique tienne davantage compte du mérite individuel. Il est vrai que les nominations politiques peuvent être très courantes aussi dans les pays industriels, comme les États-Unis. Mais, lorsque les institutions sont faibles et qu'il n'existe pas de système de contrepoids adéquat, il vaut mieux recourir à des mécanismes plus transparents et plus compétitifs.

Figure 5.6 Aux Philippines, l'absence de système méritocratique et le faible niveau des rémunérations dans la fonction publique ont réduit la capacité administrative

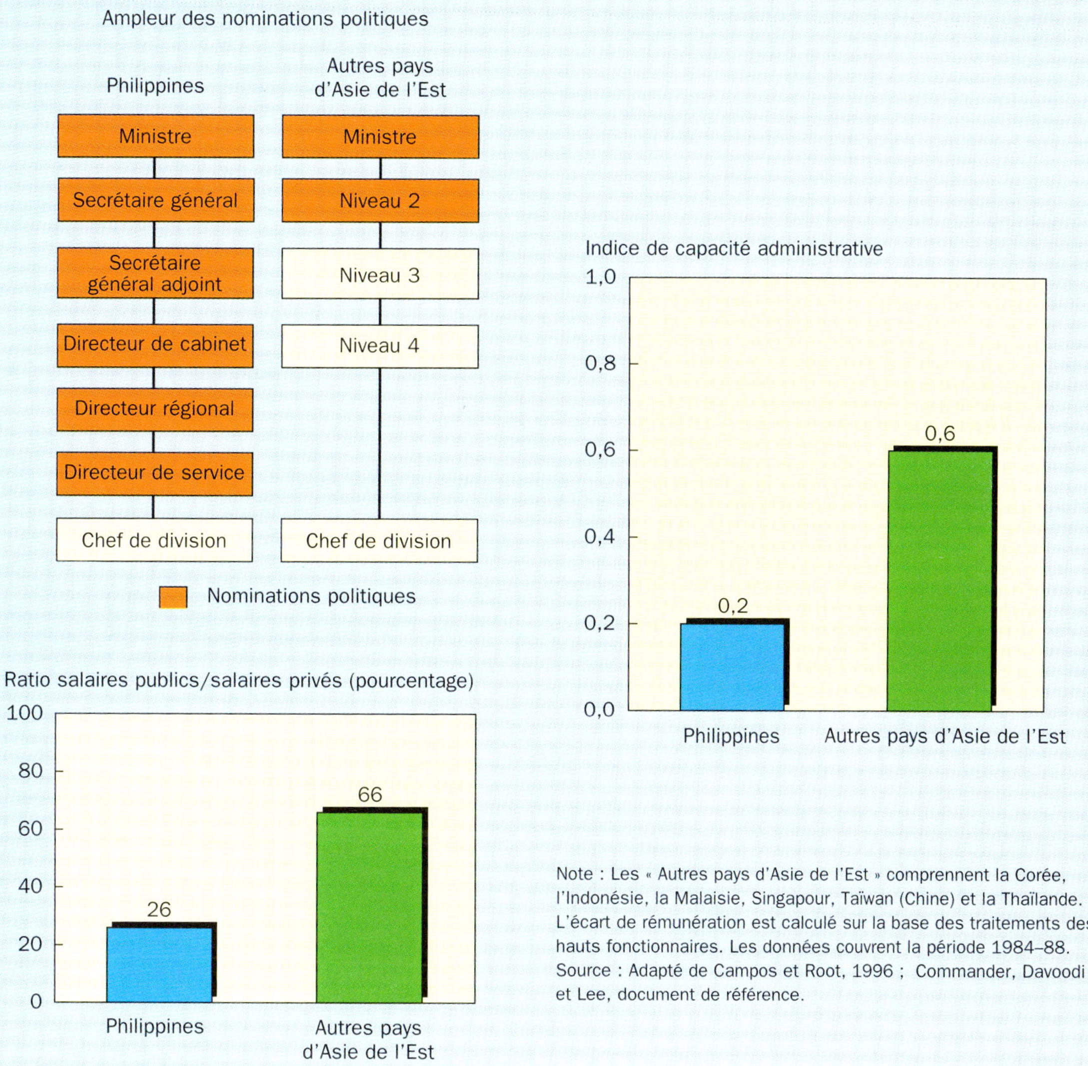

Note : Les « Autres pays d'Asie de l'Est » comprennent la Corée, l'Indonésie, la Malaisie, Singapour, Taïwan (Chine) et la Thaïlande. L'écart de rémunération est calculé sur la base des traitements des hauts fonctionnaires. Les données couvrent la période 1984–88.
Source : Adapté de Campos et Root, 1996 ; Commander, Davoodi et Lee, document de référence.

Même dans les pays qui ont instauré un système de recrutement fondé sur le mérite et qui ont limité la pratique des nominations politiques, les hommes politiques peuvent continuer à s'immiscer largement dans les décisions de mutation. En Inde, par exemple, les hauts fonctionnaires sont fréquemment mutés et, dans certains États, il arrive que la durée d'affectation des agents itinérants ne dépasse pas huit mois en moyenne. C'est en partie pour cette raison que la fonction publique indienne n'est plus considérée comme un modèle d'efficacité.

Il existe deux types de système de recrutement et de promotion au mérite, qui ne s'excluent pas mutuellement : le mandarinat et le système ouvert. Le premier, que l'on trouve, par exemple, en Allemagne, en France et au Japon, est un système hiérarchisé et fermé, imposant des conditions d'entrée très compétitives (encadré 5.6). Dans les pays qui manquent de personnel qualifié, cela peut être la meilleure façon d'instituer un système de formation plus sélectif. Le système ouvert, adopté en Nouvelle-Zélande et aux États-Unis, est un système de recrutement plus souple et décentralisé, de plus en plus axé sur le marché. Il laisse aux responsables une plus grande latitude pour mettre en correspondance les qualifications requises et les compétences disponibles, y compris les compétences techniques rares, mais, par là même, il est plus difficile d'entretenir le professionnalisme et l'esprit de corps.

Encadré 5.6 À la recherche de l'excellence : mandarinat ou système ouvert

La plupart des pays qui ont institué un système de recrutement fondé sur le mérite ont eu le choix entre deux modèles. L'un est le mandarinat, système hiérarchisé limitant l'accès aux candidats les plus prometteurs en début de carrière. Jadis corps d'élite de la fonction publique dans certains pays d'Asie de l'Est, le mandarinat est aujourd'hui un système de carrière corporatiste qui s'étend aux échelons intermédiaires et inférieurs de l'administration. Le recrutement, centralisé et très sélectif, se fait généralement par concours. Les candidats admis accèdent rapidement aux plus hautes fonctions. Le plus souvent généralistes de formation, ils sont choisis non pas pour exécuter des tâches spécifiques, mais pour être affectés à une carrière ou à un corps.

Le système adopté en France et au Japon est un exemple typique du mandarinat. En France, l'École nationale d'administration forme les futurs hauts fonctionnaires ; la scolarité consiste en un stage professionnel d'un an, suivi de 15 mois de séminaires théoriques. Au Japon, l'Université de Tokyo forme l'élite des fonctionnaires du pays ; la plupart ont une formation juridique ou générale, complétée éventuellement par une formation technique en cours d'emploi. On trouve des variantes de ce système à Singapour, où un cycle de stages de deux ans forme des recrues prometteuses, et en Allemagne, où un système de formation professionnelle permet aux candidats les plus brillants d'acquérir une expérience pratique.

Le système de recrutement ouvert est un système plus souple et décentralisé, de plus en plus axé sur le marché. C'est notamment le système en vigueur aux États-Unis qui permet, à la différence du mandarinat, d'entrer dans la fonction publique à n'importe quel échelon de la hiérarchie, à tout âge. Les concours d'entrée centralisés sont remplacés par des examens professionnels, et les cadres disposent d'une plus grande latitude pour recruter. Aux États-Unis comme en Australie, le système de recrutement horizontal est complété par un *Senior Executive Service*, destiné à former un corps d'élite au sein de la fonction publique.

Les variantes les plus novatrices du système ouvert de recrutement et d'organisation des carrières se trouvent dans les pays qui ont engagé des programmes de réforme dits de « nouvelle gestion publique ». Dans ces pays, les responsabilités en matière de recrutement ont été considérablement décentralisées, comme en Nouvelle-Zélande, où les directeurs peuvent recruter du personnel au niveau de rémunération du marché.

Dans les pays qui manquent de personnel qualifié, le mandarinat peut être un moyen d'instituer un système de formation sélectif. L'existence d'un corps prestigieux peut aussi avoir des retombées positives sur la qualité du travail dans le reste de la fonction publique. Le système de recrutement ouvert, quant à lui, laisse aux responsables une plus grande latitude pour trouver les personnes ayant les compétences requises, y compris les compétences spécialisées très rares, et il évite la sclérose en apportant du sang neuf à tous les niveaux. Son revers est qu'il est plus difficile d'entretenir le professionnalisme et l'esprit de corps dans l'ensemble de la fonction publique.

Une rémunération adéquate

L'existence d'un système de recrutement et de promotion au mérite confère à la fonction publique un prestige qui accroît l'attrait de l'emploi dans ce secteur. Mais, si les rémunérations restent très inférieures à celles du secteur privé, le prestige ne suffit pas pour combler l'écart.

La différence entre les rémunérations dans le secteur public et dans le secteur privé, corrigée pour tenir compte de la plus grande sécurité de l'emploi public, sert de repère pour voir si les traitements de la fonction publique sont adéquats. Certaines différences, notamment dans les prestations et les avantages indirects et dans les qualifications requises, rendent la comparaison difficile. On constate cependant qu'en règle générale les fonctionnaires gagnent presque toujours moins que leurs homologues du secteur privé. Leur rémunération équivaut en moyenne à 25 % de celle des salariés du privé aux Philippines, et à 11 % en Somalie. (À l'autre extrême, à Singapour, les salaires dans le secteur public représentent en moyenne 114 % des salaires dans le secteur privé, les hauts fonctionnaires singapouriens sont en fait mieux payés que leurs homologues américains.) Dans certains pays, l'écart se creuse. Au Kenya, par exemple, il a augmenté de 3 % par an entre 1982 et 1992. Dans bien des cas, l'érosion relative des traitements dans le secteur public a été due en partie aux mesures d'austérité budgétaire adoptées dans les années 80, qui ont généralement pesé plus sur les rémunérations réelles que sur l'emploi.

Non seulement l'emploi dans le secteur public n'a pas diminué dans de nombreux pays africains malgré les tensions budgétaires croissantes, mais encore il a progressé, en particulier aux niveaux de qualification inférieurs

Figure 5.7 En Afrique, les salaires dans le secteur public ont diminué à mesure que l'emploi augmentait

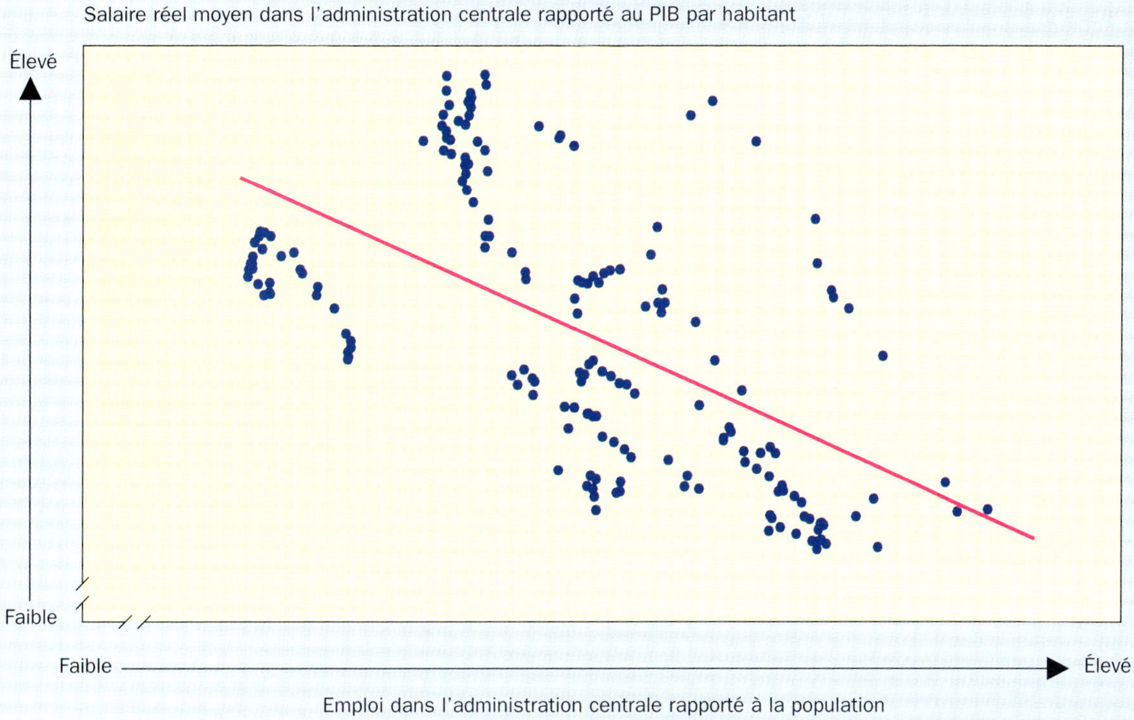

Note : Données individuelles temporelles pour 20 pays d'Afrique pour la période 1972–93. Diagramme bilogarithmique. Pour plus de détails, voir la Note technique. Source : Calculs des services de la Banque mondiale effectués sur la base de données présentées dans Kraay et Van Rijckeghem, 1995, et de données de la Banque mondiale.

(figure 5.7). L'État est devenu l'employeur de dernier ressort, offrant des postes aux parents, aux amis et aux partisans politiques. En conséquence, les salaires individuels sont restés faibles, malgré l'importance de la masse salariale, laquelle a souvent augmenté plus rapidement que les dépenses de fonctionnement et d'entretien, privant les enseignants de manuels scolaires et les agents de vulgarisation de bicyclettes.

La disparité entre le volume de la masse salariale et le niveau relatif des salaires se manifeste à travers un autre problème grave qui ne peut pas être réglé par une augmentation globale des rémunérations. Il s'agit du niveau de rémunération relativement bas des hauts fonctionnaires, dont les traitements sont soumis à une érosion souvent plus importante, pour des raisons politiques, que celle des fonctionnaires de rang inférieur, de sorte qu'il est encore plus difficile d'attirer et de fidéliser du personnel très qualifié aux postes clés. D'après une étude portant sur dix pays africains, le rapport moyen entre les traitements à l'échelon le plus élevé et à l'échelon le plus bas est passé de 13 pour 1 à 9 pour 1 au cours des années 80.

Mus par le désir d'augmenter les rémunérations dans le secteur public et par la nécessité de corriger les déséquilibres budgétaires globaux, certains pays ont pris des mesures pour réduire l'emploi, élargir la fourchette des salaires et relever le niveau moyen des traitements. Ces initiatives ont eu des fortunes diverses. D'après une étude des réformes de la fonction publique entreprises dans 15 pays de différentes régions entre 1981 et 1991, ces mesures ont permis de réduire la masse salariale et d'élargir le barème des traitements dans moins de la moitié des cas. L'emploi avait, lui, été réduit dans plus de la moitié des cas, mais une inversion de tendance a parfois été signalée ultérieurement ; les économies ainsi réalisées ont rarement suffi pour permettre de financer une augmentation substantielle des traitements des hauts fonctionnaires. Au Pérou, par exemple, quelque 250 000 emplois ont été supprimés en trois ans dans la fonction publique, mais 163 000 fonctionnaires ont ensuite été réembauchés. De surcroît, les mesures étaient si mal ciblées que c'est le personnel le plus qualifié qui est parti.

Quelques leçons utiles pour l'avenir peuvent être dégagées des résultats mitigés et souvent décevants des réformes de la fonction publique. Tout d'abord, les réformes ont été axées exclusivement sur la rémunération et l'emploi, et, plus particulièrement, sur la réduction de la masse salariale et des effectifs. Ces mesures sont certes importantes, mais elles doivent être complétées par d'autres mesures également importantes, comme l'instauration d'un système de recrutement et de promotion au mérite, la mise en place d'un système d'évaluation des résultats sur la base de critères de performance, la responsabilisation des fonctionnaires et la création d'un esprit de corps.

L'échelonnement plus judicieux des réformes est nécessaire, la priorité devant être donnée à l'élargissement du barème des salaires. Malgré les contraintes pesant sur la masse salariale globale, il est possible de relever les traitements aux échelons supérieurs afin d'attirer davantage de personnel qualifié et de concentrer les compétences rares dans les secteurs stratégiques. Les réformes ont été trop modestes pour ramener les effectifs pléthoriques à des niveaux raisonnables et, bien souvent, il s'agissait de mesures ponctuelles, et non d'un programme continu pour redimensionner l'État à long terme.

Une réforme axée sur la rémunération et l'emploi se heurte inévitablement à des obstacles politiques, bien que le risque de réaction brutale soit souvent exagéré. Dans certains pays, les fonctionnaires ont été associés à la réforme et ont été largement consultés afin de trouver des solutions politiquement acceptables. En Argentine, par exemple, dans la province de Santa Fe, un dialogue étroit entre le gouverneur et le syndicat local des fonctionnaires a permis aux parties de s'entendre sur des mesures pour moderniser l'administration publique provinciale, notamment sur une réduction des dépenses d'environ 10 %. Les réformes de la fonction publique ont aussi été l'occasion de mettre au point un ensemble d'instruments utiles — recensement des fonctionnaires, examens fonctionnels, programmes d'indemnités de départ mieux conçus — permettant de gérer et d'exécuter plus efficacement les mesures prévues. Mais les dirigeants doivent aussi compter avec ceux qui sont lésés par les réformes, car ils peuvent représenter une force politique importante. La dimension politico-économique des réformes est examinée plus en détail au chapitre 9.

Création d'un esprit de corps

Le dévouement à une oeuvre commune est la caractéristique de toute administration dynamique et capable. Cet esprit de corps repose notamment sur une vision partagée des attitudes jugées souhaitables ou non, vision qui s'exprime par des normes explicites ou tacites, étayées par un ensemble d'objectifs et sur l'ardeur à défendre l'honneur du groupe au nom de cette communauté d'intérêts. Avoir l'esprit de corps, c'est se sentir investi d'une mission et solidaire d'un groupe, ce qui oblige à se discipliner pour atteindre les objectifs communs. Les Chevaliers de la Table ronde, les samouraïs japonais et même les mafiosi du passé incarnaient tous une certaine forme d'esprit de corps, que l'on retrouve aujourd'hui dans la fonction publique de quelques pays, comme l'Allemagne, le Chili, la Corée, la France, le Japon et le Royaume-Uni. Mais, dans la plupart des cas, cet esprit de corps est inexistant.

Il n'est pas impossible de créer un esprit de corps de toutes pièces. La fonction publique de Singapour, aujourd'hui réputée pour sa cohésion et son dévouement, ne présentait pas ces caractéristiques au début des années 60. L'évolution a été difficile, mais les mesures prises ont été relativement simples. Chaque année, les futurs fonctionnaires sont choisis parmi les 200 meilleurs étudiants (moins de 5 %) de la promotion sortante de l'Université nationale de Singapour (et, plus récemment, de l'Institut de technologie de Nanyang) pour suivre un cycle de formation d'un an, qui donne aux stagiaires une vision commune de leurs devoirs de fonctionnaires et crée entre eux des relations de confiance. Le système de promotion au mérite incite ensuite les fonctionnaires à concourir à la réalisation des objectifs de leur organisation. La détermination des autorités singapouriennes et leurs efforts constants pour instiller dans la fonction publique les valeurs qu'elles professent aident à cimenter les liens entre les fonctionnaires. Certaines des leçons de l'expérience de Singapour sont maintenant diffusées au Botswana, dans le cadre d'accords de jumelage qui mettent l'accent sur les deux éléments essentiels que sont le travail d'équipe et la performance collective.

Le dévouement et l'attachement ne sont pas le propre des hauts fonctionnaires des pays industriels et des pays d'Asie de l'Est. Au Brésil, des mesures ont été prises dans l'État de Ceará, État pauvre du nord-est du pays, pour renforcer le dévouement des employés, ce qui s'est traduit par une amélioration spectaculaire de la qualité des services publics (encadré 5.7). L'Administration de l'État a su inculquer à ses employés un sens du devoir en conférant à leurs fonctions un prestige nouveau. Cette perception a été renforcée par des pratiques novatrices axées sur la participation et l'autogestion, les affectations multiples et l'organisation souple ou la spécialisation de la production, laissant aux employés davantage d'initiative et de souplesse et favorisant la coopération entre le personnel et la direction, et la création d'un climat de confiance entre les employés et les usagers. Les expériences de ce genre montrent aussi qu'outre une rémunération adéquate et un système de recrutement et de promotion fondé sur le mérite, des récompenses non monétaires — reconnaissance, appréciation, prestige et distinctions — sont importantes pour motiver le personnel.

La stratégie à suivre : prendre les mesures qui rendront le secteur public plus efficace

Certains pays en développement sont dépourvus des bases mêmes d'un système administratif professionnel, obéissant à des règles, et la paralysie du mécanisme de transmission

Encadré 5.7 Dans l'État de Ceará, au Brésil, de bonnes méthodes de gestion ont suscité le dévouement des fonctionnaires

En 1987, le gouvernement de l'État de Ceará, dans le nord-est du Brésil, a été confronté à une grave crise budgétaire, qui avait pour toile de fond de longues années de mauvaise gestion administrative. Mais, en quatre ans, la crise a été surmontée et la qualité des services s'est améliorée de façon spectaculaire. La couverture vaccinale contre la rougeole et la poliomyélite a plus que triplé, passant de 25 à 90 % de la population d'enfants. Le programme de travaux publics a employé plus de 1 million de paysans sans travail pendant les périodes de sécheresse. De plus, le programme de développement des petites entreprises et de marchés publics a permis de réaliser une économie de plus de 30 %.

Ce succès doit être mis en grande partie au crédit de la fonction publique elle-même. Les autorités ont contribué de façon inhabituelle et parfois involontaire à ce nouvel enthousiasme des fonctionnaires. En récompensant le travail bien fait, en instituant des méthodes de recrutement rigoureuses, en organisant des programmes d'orientation et en se glorifiant de leurs succès dans les médias, l'Administration de l'État de Ceará a su amener ses agents à se sentir investis d'une mission pour mener à bien les programmes clés. Profondément motivés, ceux-ci ont redoublé d'efforts, souvent de leur plein gré. Jouissant d'une autonomie et d'un pouvoir de décision accrus, ils ont pu fournir des services plus personnalisés, sans pour autant chercher à en retirer des avantages personnels, comme c'est souvent le cas, car ils étaient obligés de rendre des comptes. Ils voulaient travailler mieux pour être dignes de la confiance nouvelle que leur témoignaient les usagers, conséquence de la personnalisation des services et des marques publiques de respect exprimées par l'État. Dans le même temps, la communauté a pu surveiller de plus près le travail des fonctionnaires. Les citoyens, informés de leurs droits par les campagnes de publicité menées par l'État et par d'autres messages analogues, ont réclamé une meilleure gestion et des services publics plus efficaces. Le gouvernement a ainsi joué, indirectement, un rôle important dans la surveillance.

Cela a créé un cercle vertueux : les fonctionnaires, se sentant plus appréciés et mieux considérés, sinon par leurs supérieurs, du moins par les usagers et par la communauté qu'ils servent, ont fait preuve d'un plus grand dévouement.

des politiques empêche les dirigeants animés d'un esprit de réforme de donner corps à leurs projets. D'où l'apparition d'un profond déséquilibre entre les intentions et les actions de l'État, entre les principes des institutions publiques et leurs règles effectives. Pour rendre le secteur public plus efficace, il faut avant tout corriger ce déséquilibre en rétablissant la confiance dans les politiques du gouvernement et les règles qu'il prétend observer, et en veillant à ce qu'elles soient effectivement appliquées. Pour cela, il faut imposer des contraintes budgétaires effectives, faire en sorte que les politiques budgétaires et autres soient appliquées telles qu'elles ont été adoptées, assurer la prévisibilité des flux de ressources, obliger à rendre compte de l'utilisation des ressources financières et lutter contre le clientélisme politique.

Si ces conditions ne sont pas réunies, la « nouvelle gestion publique » doit être mise en place graduellement. Là où les règles officieuses ont été très différentes pendant longtemps des règles officielles (notamment en ce qui concerne la gestion du personnel), il ne suffit pas d'établir de nouvelles règles. En l'absence d'un contrôle crédible des ressources utilisées, le fait de laisser davantage de latitude aux cadres ne peut qu'encourager l'arbitraire et la corruption. Et si les compétences spécialisées font défaut, le recours à des contrats-plans ou à d'autres contrats fondés sur l'obligation de résultats dans la fourniture de services complexes risque d'absorber une grande partie des maigres ressources de l'Administration pour élaborer et faire exécuter lesdits contrats. Néanmoins, les pays peuvent commencer par définir plus clairement les objectifs et les tâches pour mettre en place, de façon sélective et progressive, un système d'évaluation des performances. Une fois que ce système a été consolidé et qu'un contrôle crédible des ressources utilisées a été institué, on peut laisser aux cadres une plus grande marge de manoeuvre en contrepartie d'une responsabilité accrue.

Il faut du temps pour mettre en place un système administratif professionnel, fondé sur des règles. Certaines mesures peuvent cependant porter leurs fruits assez rapidement. Des mécanismes de décision efficaces rendent transparents les coûts des différentes politiques possibles et encouragent le débat et la consultation entre tous les intéressés. Le recours au marché pour fournir des services qui peuvent être soumis à la concurrence — et qui sont trop souvent du ressort exclusif de l'État — permet de réduire les coûts et d'améliorer la qualité des services. De même, la sous-traitance, par voie d'appel d'offres, des services faciles à définir permet de décharger l'État de certaines tâches et d'établir une collaboration avec les marchés et les ONG pour améliorer l'efficacité. Cela étant, les gouvernements qui engagent des réformes ne doivent pas compter seulement sur les contrôles internes ; ils doivent aussi encourager l'information en retour de la part des entreprises et des usagers pour créer des pressions externes incitant à améliorer les performances, pendant que se renforcent les capacités internes et les mécanismes d'exécution.

Comme cela a été souligné dans les chapitres précédents, le désengagement de l'État de la fourniture de nombreux biens et services collectifs ne signifie pas qu'il n'aura plus rien à faire, loin s'en faut. Là où il n'intervient plus directement, il doit devenir un partenaire et un catalyseur, réglementant les marchés, faisant exécuter les contrats et assumant toutes les grandes missions décrites aux chapitres 3 et 4. Pour cela, il doit recruter et fidéliser du personnel compétent, ce qui suppose l'établissement de règles limitant le clientélisme politique dans le recrutement et les promotions, en instaurant un système plus compétitif fondé sur le mérite. Dans les pays où l'emploi dans la fonction publique a rapidement augmenté aux échelons inférieurs, un dégraissage est inévitable. Mais il faut aussi relever les traitements aux échelons supérieurs afin d'attirer des personnes compétentes, même en cas de compression de la masse salariale, ce qui est possible notamment en réduisant les sureffectifs à la base.

Ces réformes, comme les autres, se heurteront inévitablement à l'opposition de ceux qui risquent d'y perdre. Mais, comme on le verra au chapitre 9, des occasions propices à la réforme peuvent se présenter et les gouvernements qui aspirent au changement doivent les saisir pour rechercher un consensus, surmonter les obstacles et ouvrir la voie à des changements durables pour construire un secteur public efficace. Cet effort pour revivifier les institutions sera très payant.

CHAPITRE 6

METTRE FIN À L'ARBITRAIRE ET À LA CORRUPTION

L'ÉTAT, S'IL EST EFFICACE, PEUT AVOIR UNE INCIDENCE majeure sur le développement durable et le recul de la pauvreté. Rien, cependant, ne garantit que la société recueillera les fruits de son intervention. En tant que seul détenteur du pouvoir de contraindre, l'État peut certes intervenir efficacement sur la scène économique, mais il peut aussi agir de façon arbitraire. Forts d'un tel pouvoir, qui se complète d'informations auxquelles le grand public n'a pas accès, les agents de l'État peuvent être tentés de promouvoir leurs propres intérêts ou ceux de leurs amis ou alliés, aux dépens de l'intérêt général. Les possibilités de rente ou de corruption ne manquent pas. Chaque pays doit par conséquent s'attacher à mettre en place et à consolider des mécanismes qui donneront aux organes de l'État la souplesse et les incitations voulues pour agir dans l'intérêt de tous, mais qui, parallèlement, feront barrière à l'arbitraire et à la corruption dans leurs rapports avec les entreprises et les citoyens.

Nombreuses sont les réformes mentionnées au chapitre 5, consacré au renforcement de la capacité d'action du secteur public, qui aideront à lutter contre l'arbitraire et la corruption. À cette fin, il sera tout particulièrement utile d'ancrer le respect des règles dans les institutions publiques et de mettre fin au clientélisme dans la fonction publique. Le présent chapitre élargit le débat et passe en revue les mécanismes visant à éliminer l'intervention arbitraire de l'État et, d'une façon plus générale, à endiguer la corruption.

Nous étudierons en premier lieu les contre-pouvoirs qui, une fois institutionnalisés, rendront l'État plus crédible et plus comptable de ses actes. Nous pensons avant tout à l'indépendance de la justice et à la séparation des pouvoirs. Il est rare, cependant, que ces mécanismes officiels soient suffisants pour vaincre la corruption, surtout dans les pays où elle est solidement implantée. C'est pourquoi le présent chapitre examine aussi les possibilités qui s'offrent à ces pays, et à d'autres, pour la combattre, et analyse à cette fin les causes profondes du mal. Il est important de retenir que la lutte contre la corruption se joue sur des fronts multiples. Ainsi, il ne suffira pas de limiter les tentations et les avantages qu'elle peut procurer, il faudra aussi rendre les sanctions plus sévères et accroître la probabilité de se faire prendre.

Institutionnalisation de contre-pouvoirs

> *Concevoir un État dans lequel des hommes en administrent d'autres présente une difficulté majeure : il faut tout d'abord donner au gouvernement les moyens de contrôler les gouvernés et il faut ensuite l'obliger à se contrôler lui-même.*
>
> James Madison, *Le Fédéraliste*, n° 51 (1788)

Empêcher les abus de pouvoir de l'État n'est jamais chose facile, quel que soit le pays. Mais il est plus difficile encore de le faire sans priver les organismes publics de la latitude dont ils ont besoin pour accomplir leur travail. L'usage arbitraire du pouvoir porte gravement atteinte à la crédibilité de l'État et a des effets qui persistent longtemps après. La saisie des biens et le harcèlement des entrepreneurs de la minorité asiatique en Ouganda, sous le régime d'Idi Amin, ont laissé un sentiment de méfiance que les dirigeants actuels ont eu, au début, beaucoup de mal à dissiper lorsqu'ils se sont efforcés d'attirer l'investissement privé. Mais l'arbitraire de l'État ne nuit pas qu'à sa crédibilité, car c'est le régime de droit lui-même qu'un tel comportement remet en cause, en sapant l'autorité des règles que la puissance publique a pu instituer. Il en résulte une situation qui encourage les agents de l'État à se placer au-dessus de la loi et incite le reste de la société à en faire de même. De telles conditions ne peuvent que faire barrage au développement.

Garde-fous

La pérennité du développement passe en général par la mise en place de mécanismes qui rendent l'État et ses serviteurs comptables de leurs actes. Pour être durables et crédibles, ces mécanismes doivent être ancrés au coeur même des institutions. Lorsque celles-ci sont trop fragiles, d'autres formules, telles qu'une reconnaissance de la juridiction obligatoire des cours internationales, pourront temporairement les remplacer. Mais l'existence d'une magistrature forte et indépendante et la séparation des pouvoirs demeurent les deux garde-fous institutionnels les plus importants.

INDÉPENDANCE ET EFFICACITÉ DE LA JUSTICE. Pour prospérer, un pays doit disposer d'un appareil institutionnel capable de résoudre les différends entre les entreprises, les citoyens et les pouvoirs publics, donner une interprétation claire des lois et des règlements et les faire appliquer. À cet effet, on a mis au point toute une série d'instruments, à caractère officiel ou non, mais le plus important reste l'appareil judiciaire. Il est l'unique dépositaire du pouvoir de contraindre dont dispose l'État pour faire respecter les jugements et est le seul à connaître de la légalité des actes du législatif et de l'exécutif. Le pouvoir judiciaire entretient de ce fait un rapport particulier avec le reste de l'appareil d'État, qui lui permet de jouer un rôle unique en faveur du développement durable, en faisant assumer aux deux autres pouvoirs la responsabilité de leurs décisions et en aidant à asseoir la crédibilité du cadre général d'activité économique et politique. La justice ne peut toutefois tenir ce rôle que si trois conditions fondamentales se trouvent réunies : elle doit être indépendante, avoir autorité pour faire appliquer la loi et être organisée efficacement.

De ces trois conditions, c'est la première qui est la plus importante. Quelle que soit la nature précise des relations entre les trois pouvoirs, l'ensemble des pays industriels, tout comme un grand nombre de pays en développement, s'appuient sur la magistrature pour tenir l'exécutif responsable devant la loi et pour interpréter et faire respecter la constitution.

Si les atteintes à l'indépendance des tribunaux peuvent être fréquentes dans certains pays, il n'est pas un seul État dans lequel les décisions du pouvoir judiciaire n'ait été l'objet de pressions politiques. Les pouvoirs législatif et exécutif ont recouru aux manoeuvres les plus diverses pour mettre l'appareil judiciaire sous leur coupe :

- À Malte, les juges de la cour « supérieure » ont été suspendus de leurs fonctions une heure à peine avant d'examiner une affaire mettant en cause des actes du pouvoir exécutif.
- Plusieurs gouvernements pakistanais successifs ont, dans le passé, nommé des juges temporaires qui, de par ce statut, étaient vulnérables aux pressions politiques.
- En Ukraine, alors même que l'indépendance de la magistrature vis-à-vis de l'exécutif est inscrite dans la constitution, le logement des juges reste en grande partie du ressort des collectivités locales. L'attente d'un logement semble plus particulièrement longue pour les juges qui ont rendu des jugements défavorables aux fonctionnaires municipaux.

Pour que le pouvoir judiciaire soit efficace, il faut également que ses décisions soient suivies d'effet. Dans la pratique, il faut donc que l'exécutif et le législatif acceptent de lui donner les moyens nécessaires, notamment en mettant à sa disposition du personnel légalement habilité à signifier des actes de procédure, à saisir et à vendre des biens et à remettre le produit de leur vente à la partie gagnante. Dans de nombreux pays, cette capacité à faire appliquer les jugements reste limitée. À titre d'exemple, les huissiers polonais ne dépendent pas des juges mais sont employés par le ministère de la Justice. Aussi, bien que les magistrats du siège soient compétents et suffisamment efficaces, l'application de leurs décisions est lente et manque d'efficacité, car le nombre d'huissiers n'a pas augmenté au même rythme que celui des dossiers.

Il faut du temps pour que s'établissent entre les pouvoirs judiciaire, législatif et exécutif des relations permettant d'assurer l'indépendance de la justice et l'application effective de ses décisions. Des études montrent que la confiance du secteur privé dans la primauté du droit s'accroît chaque année à mesure que la stabilité d'un gouvernement se confirme. Plus globalement, comme en témoigne le cas du Pérou (encadré 6.1), le recours à des mécanismes faisant appel à des liens pour faire appliquer les décisions ne portera ses fruits, pour l'essentiel, que si les citoyens en reconnaissent la légitimité. Dans des pays dépourvus d'institutions judiciaires solides, il peut être tout aussi important de sensibiliser les citoyens et les entreprises aux bienfaits potentiels d'une justice efficace et de susciter leur adhésion à l'existence de lois solides et appliquées avec impartialité, que de mettre en oeuvre un programme de réforme judiciaire entièrement conçu par des technocrates.

Pour éviter tout retard prolongé dans le règlement des affaires, le système judiciaire doit être doté d'une organisation rationnelle. C'est le troisième volet d'une justice efficace. Il faut en moyenne 1 500 jours pour régler une affaire au Brésil et en Équateur, contre 100 seulement en France. La lenteur de la procédure augmente les coûts de transaction liés au règlement des litiges, ce qui peut avoir un effet dissuasif sur un certain nombre d'utilisateurs. Il ne faut toutefois pas perdre de vue que l'efficacité interne de l'appareil judiciaire importe moins que son indépendance et sa faculté de faire appliquer la loi. Comme on l'a vu au chapitre 3, un appareil judiciaire, même handicapé par des procédures complexes et coûteuses, peut renforcer la crédibilité de l'État pour autant que la société ait le sentiment que ses décisions sont impartiales. Les pays où les bases institutionnelles sont encore fragiles devraient faire de cet aspect leur toute première priorité dans ce domaine.

Encadré 6.1 Comment la participation de la population a permis d'améliorer la protection de la propriété et le règlement des litiges fonciers au Pérou

Jusqu'en 1989, la majorité des Péruviens vivant dans des zones périurbaines sous-intégrées et dans les zones rurales (70 % de la population dans les zones urbaines et 80 % dans les zones rurales) ne bénéficiaient pas de la sécurité que confère la propriété formelle de leur bien immobilier. Le système classique d'enregistrement foncier était placé sous la responsabilité du ministère de la Justice et il appartenait aux tribunaux de régler les litiges. Les propriétaires urbains et ruraux pauvres estimaient que ce système était conçu pour les riches, qui pouvaient plus facilement s'acquitter des frais élevés de transfert.

Au début des années 80, une ONG — l'Institut pour la liberté et la démocratie (ILD) — lança une campagne visant à renforcer les droits fonciers des Péruviens pauvres. Elle organisa tout d'abord de multiples auditions publiques pour recueillir les doléances, identifier les raisons pour lesquelles les citoyens n'enregistraient pas officiellement leur propriété et faire connaître les avantages potentiels et les coûts d'un tel enregistrement et d'une régularisation foncière. Parallèlement à cette démarche interactive, l'ILD réalisa une étude des textes législatifs et réglementaires qui régissaient l'enregistrement foncier et son application. Sur la base des conclusions qu'elle en tira, cette ONG élabora ensuite des propositions concrètes de réforme qui furent débattues en public et mises au point dans le détail à partir de 1986. Malgré la vive opposition des professions en situation de monopole, telles que les avocats et les notaires que l'ancien système favorisait, l'appui de la base fut le plus fort et la réforme alla de l'avant.

En 1989, une loi institua un nouveau système d'enregistrement foncier, qui réduisit considérablement les frais de transfert et les incertitudes en diminuant les pouvoirs des professions qui exerçaient un monopole sur le secteur. Le nouveau système fait au contraire appel à des mécanismes communautaires, comme le recours à des voisins témoignant à l'appui de la revendication de propriété d'un tiers, pour établir les droits de propriété et régler les litiges. Sous réserve de conditions administratives fixées par la loi, tout avocat peut faire office de vérificateur externe, signer les titres fonciers et résoudre les différends sur le terrain. Les affaires contestées ou compliquées ne vont plus devant les tribunaux, mais sont résolues par le conservateur en chef du nouveau système nommé par le ministère du Logement. Elles ne sont portées devant un juge qu'en cas d'échec de ces mécanismes.

Dès 1994, le nouveau système avait permis d'enregistrer quelque 120 000 propriétés, et 170 000 de plus entre 1994 et 1996. Conçu pour répondre à la demande, il continue à évoluer et plusieurs initiatives sont en cours pour l'étendre à l'ensemble du pays.

SÉPARATION DES POUVOIRS. Même si le pouvoir judiciaire a les moyens de faire appliquer la loi, il faut encore que le public croit à la stabilité des règles en place, faute de quoi la crédibilité de l'État peut en souffrir. Le mécanisme constitutionnel classique pour éviter une modification permanente des lois est la séparation horizontale et verticale des pouvoirs.

Il est possible de séparer les pouvoirs horizontalement entre le judiciaire, le législatif et l'exécutif, et verticalement entre l'administration centrale et les collectivités locales. La carte des partis d'un pays — qui peut être limitée à un petit nombre de partis hautement disciplinés ou comprendre une multitude de formations dont les membres interprètent assez librement la ligne officielle, et qui ne peuvent gouverner qu'en formant des alliances — joue également un rôle dans le degré de concentration ou de dispersion du pouvoir politique.

Plus la séparation des pouvoirs est grande, plus les garde-fous à franchir pour revenir sur des engagements scellés par des règles seront nombreux. Aussi cette séparation est-elle un gage de la stabilité des règles. Mais la multiplication de ces garde-fous peut être à double tranchant, car il risque alors d'être difficile de modifier des règles pernicieuses que d'en adopter de bonnes.

Dans de nombreux pays en développement, dont certains où la séparation des pouvoirs est institutionnalisée, il existe peu de garde-fous efficaces face à l'action des dirigeants politiques. Dans certains pays, la faiblesse du droit de regard du corps législatif s'explique par le manque de capacité et l'insuffisance des informations disponibles. Dans d'autres, le pouvoir législatif se conforme docilement à la volonté de l'exécutif. Cependant, tout comme la mise en place d'un appareil judiciaire efficace, l'adoption de contre-pouvoirs constitutionnels — ou institutionnalisation — ne pourra se faire que progressivement.

MÉCANISMES EXTÉRIEURS. Lorsqu'un État ne dispose pas d'institutions suffisamment solides pour faire appliquer la loi ou pour indiquer, de façon crédible, que les règles ne seront pas perpétuellement modifiées, il peut, dans une certaine mesure, compenser cette faiblesse en recourant à des mécanismes extraterritoriaux et internationaux. Il peut, par exemple, reconnaître la juridiction des cours extraterritoriales pour renforcer son propre système judiciaire. Les Jamaïcains font d'autant plus confiance à la justice que le Conseil privé de la Couronne, au Royaume-Uni, leur sert d'ultime instance d'appel, tandis qu'aux Philippines les dysfonctionnements du système judiciaire sont tels que de nombreuses entreprises, nationales et étrangères, préfèrent reconnaître la compétence de tribunaux étrangers pour les différends contractuels.

Comme on l'a vu au chapitre 3, les accords internationaux constituent un autre type de mécanisme permettant de donner plus de poids à des engagements qu'aucune institution nationale n'est en mesure de garantir. S'agissant des échanges, l'Union européenne et l'Accord de libre-échange nord-américain ont déjà été appelés à jouer ce rôle et de nombreux pays souhaiteront, pour la même raison, de devenir membres de l'Organisation mondiale du commerce. Un État souverain est certes libre de changer le cap de sa politique commerciale, par exemple, en dénonçant de tels accords, mais il devra alors tenir compte non seulement des avantages et des inconvénients d'une telle réorientation de son action, mais aussi, plus largement, des coûts qui résulteront de cette dénonciation, pour lesquels ses partenaires commerciaux le tiendront responsable. Devant la menace d'une censure internationale, les pays hésitent à revenir sur la politique engagée.

Les accords passés avec des organisations multilatérales, telles que le FMI ou la Banque mondiale, comprennent souvent un élément de conditionnalité : pour pouvoir emprunter, par exemple, un État devra entreprendre un certain nombre de réformes. Cela peut avoir les mêmes effets bénéfiques pour certains pays. Cette conditionnalité pourra en effet être considérée comme un engagement du pays à appliquer les politiques qu'elle présuppose. Un pays qui ne peut s'appuyer à domicile sur des mécanismes garantissant ses engagements pourra asseoir sa crédibilité en s'engageant à payer une pénalité en cas de violation d'un tel accord. La garantie qu'apporte la Banque mondiale vise notamment à accroître les flux de capitaux privés vers les pays en développement pour soutenir de tels engagements.

Prévoir une certaine latitude

Pièces maîtresses du développement durable, les contre-pouvoirs peuvent, s'ils sont excessifs, entraîner la paralysie de l'État. Les instruments destinés à faire contrepoids doivent s'accompagner de dispositions institutionnelles donnant au pouvoir exécutif une certaine marge de manoeuvre pour formuler et appliquer ses programmes d'action et réagir face à des éléments d'information nouveaux et à l'évolution de la situation.

Comme on l'a vu au chapitre 5, diverses formules institutionnelles alliant souplesse et contrôle ont été essayées un peu partout dans le monde. Certaines d'entre elles, comme les conseils consultatifs en Asie de l'Est et la loi sur les procédures administratives en vigueur aux États-Unis, accordent un degré d'autonomie important aux organismes publics semi-autonomes pour leur permettre de définir le contenu des politiques et d'en assurer l'application. Mais ils imposent également à ces organismes de respecter des procédures qui exposent leurs décisions à l'intervention et à la supervision d'autres organes de l'État ainsi que de la société civile et des entreprises. D'autres pays ont au contraire choisi de prévoir au sein même de l'exécutif des mécanismes de contrôle qui laissent une certaine latitude, en déléguant, par exemple, des pouvoirs de gestion à des organismes semi-autonomes dans la limite de budgets fixes et sur la base de critères de performance.

Toutefois, même lorsque le fonctionnement des administrations est régi par des procédures permettant un degré important d'intervention et de supervision extérieures, le risque demeure de voir certains agents de l'État poursuivre des objectifs personnels plutôt que le bien commun. Lorsque des milieux privés usent de leur influence de manière illégale et occulte, en tournant les règles juridiques et administratives destinées à les tenir à l'écart, une tendance à la recherche de l'intérêt personnel peut rapidement mener à la vénalité et à la corruption. Les institutions publiques ne pourront résister à cette forme de corruption, ou à d'autres, que si leurs propres mécanismes de protection sont suffisamment solides. La section ci-après décrit comment de tels mécanismes peuvent être mis durablement en place.

Lutte contre la corruption

Un vote de crédits budgétaires par le Congrès, ça coûte cher... Un vote majoritaire à la Commission de la Chambre des députés, disons 10 000 dollars pour chaque membre, ça fait 40 000 dollars ; un vote majoritaire à la Commission du Sénat, autant pour chacun, disons 40 000 dollars ; une petite rallonge pour un ou deux présidents d'une ou deux de ces commissions, disons 10 000 dollars chacun. Ensuite, pour les groupes de pression, il faut compter sept hommes à 3 000 dollars chacun et une femme à 10 000 dollars ; sans oublier ici et là un député ou un sénateur d'une grande intégrité — ceux qui sont très intègres coûtent plus cher.

Le propriétaire d'une société de chemins de fer aux États-Unis dans *The Gilded Age: A Tale of Today*, de Mark Twain et Charles Warner (1877).

C'est une caricature à peine voilée de la corruption au sein du Congrès américain vers 1870 que nous a livrée Mark Twain dans ce récit accablant, qui suivait de très près le scandale du Crédit mobilier, dans lequel deux hommes d'affaires en vue n'avaient pas hésité à acheter leur siège au Congrès. En 1996, le film *Hindustani*, qui décrit l'indignation populaire face à une corruption extrême, a connu un énorme succès en Inde. Cette histoire terrifiante mettait en scène des politiciens et des fonctionnaires sans pitié, capables, s'ils ne recevaient pas leur tribut, de laisser des malades périr à l'hôpital, faute de soins, et des retraités démunis mourir de faim.

La fiction se nourrit d'exagérations, mais sert aussi d'artifice à la société pour refléter les problèmes qui l'habitent. Ces deux histoires, bien que séparées par plus d'un siècle et par plusieurs océans, nous rappellent que la corruption ne date pas d'hier et n'est pas l'apanage d'une seule région du globe. C'est un mal qui a profondément bouleversé la vie et provoqué la colère de citoyens et d'hommes d'affaires partout dans le monde.

Le citoyen d'aujourd'hui, où qu'il vive, exige une probité plus grande de la part des agents de l'État, tandis que la nouvelle transparence des marchés nationaux et internationaux ne tarde pas à étaler au grand jour les actes de corruption. Ainsi, au cours des dernières années, de nombreux cas allégués de corruption ont contribué à la chute de gouvernements aux quatre coins du monde. En République de Corée, deux anciens présidents ont été traduits en justice. Au Brésil, un président a été mis en accusation pour prévarication. En octobre 1996, plus de 250 000 personnes ont manifesté en Belgique pour protester contre la façon dont le gouvernement avait fait face à l'existence d'un réseau de pédophiles et contre la corruption qui aurait entouré la désignation des juges et l'application des textes. Enfin, le financement des campagnes politiques et son influence sur les politiques publiques ont donné lieu à des débats houleux au lendemain de l'élection présidentielle aux États-Unis en 1996.

Les définitions de la corruption sont nombreuses. Dans le présent Rapport, on la définit comme l'utilisation des pouvoirs que confère une charge publique pour en retirer des avantages privés. Même si elle attire plus particulièrement les regards, la corruption n'est que la manifestation d'un problème plus général lié aux incitations perverses sous-jacentes dans la fonction publique. La corruption prospère là où les distorsions résultant des politiques menées et du cadre réglementaire lui offrent un terrain favorable et où la fragilité des contre-pouvoirs lui laisse le champ libre. Située à la croisée des secteurs public et privé, elle fonctionne dans les deux sens. Les intérêts privés, locaux ou étrangers, exercent leur influence par des moyens illégaux pour tirer profit des possibilités de corruption et de rente, et les institutions publiques, en l'absence de réels garde-fous, succombent à ces manoeuvres.

La corruption viole la confiance du public et ronge le tissu associatif. Une petite enveloppe glissée à un fonctionnaire en échange d'un service rendu peut sembler une peccadille, mais l'enjeu est bien plus important. En effet, la corruption peut avoir des effets externes d'une portée considérable. L'accumulation insidieuse d'infractions apparemment mineures peut, si elle n'est pas combattue, saper lentement la légitimité du pouvoir politique jusqu'au moment où même les fonctionnaires et les citoyens intègres ne voient plus l'utilité de respecter les règles.

Figure 6.1 Une corruption élevée et des règles du jeu imprévisibles font du tort à l'investissement

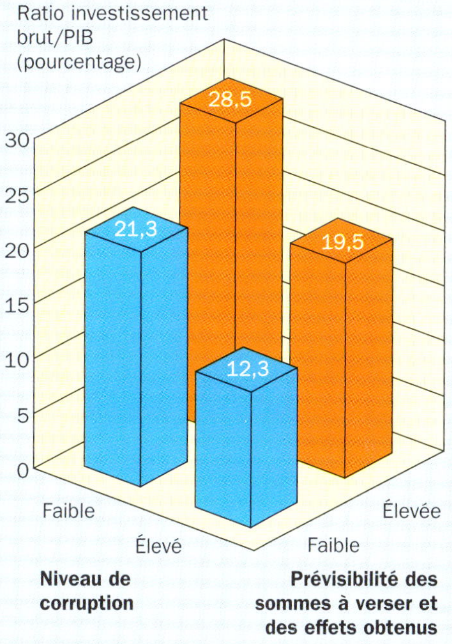

Note : Les valeurs indiquées sont des moyennes pour différents groupes de pays. Les résultats ont été obtenus au moyen d'une régression sur la base de données correspondant à 39 pays industriels ou en développement, après avoir neutralisé les effets du revenu, de l'éducation et des distorsions dues aux politiques. Pour plus de détails, voir la Note technique. Source : Calculs des services de la Banque mondiale effectués à partir des données de l'enquête sur le secteur privé réalisée aux fins du présent Rapport.

Des études font ressortir l'existence d'une corrélation négative très nette entre le degré de corruption (tel qu'il est perçu par les entreprises) et la croissance de l'investissement et de l'économie. C'est ce que confirment, pour ce qui est des volumes d'investissements, les résultats de l'enquête réalisée dans le secteur privé aux fins du présent Rapport (figure 6.1). Comme on l'a vu au chapitre 3, cette enquête a montré que la corruption était l'un des principaux obstacles à l'activité économique dans de nombreux pays. Mais il ne s'agit pas seulement d'une charge obligée des entreprises. Il ressort d'autres enquêtes et de certaines indications que les pauvres seraient en règle générale les premières victimes de la petite corruption.

Malgré ces faits, une certaine ambivalence vis-à-vis de la corruption prévaut encore dans de nombreuses régions du monde en développement. On entend souvent dire que la corruption n'est que de l'huile dans les rouages du commerce et que, sans elle, il n'y aurait ni transactions ni croissance. Le fait que certains pays se distinguent par la vigueur de leur croissance, malgré le niveau élevé de corruption constaté par diverses enquêtes, semble venir étayer un tel argument. La prévisibilité des règles du jeu dans ce domaine — du double point de vue du montant de la somme à verser et des résultats à en attendre — permet de mieux cerner ce paradoxe apparent. Pour un niveau de corruption donné, le taux d'investissement est plus élevé dans les pays où cette possibilité est plus forte (figure 6.1). Toutefois, même dans ces pays, la corruption a un impact négatif sur les résultats économiques. La figure 6.1 montre également que le taux d'investissement d'un pays serait sensiblement plus élevé si la corruption y était plus faible, quel que soit le degré de prévisibilité des règles qui s'y appliquent.

Les pays où le rythme de la croissance est resté jusqu'à présent élevé malgré la gravité de la corruption risquent de devoir payer le prix fort par la suite. Quand on tolère une corruption qui détourne en moyenne, disons, 10 % des paiements, des forces peuvent s'exercer pour faire passer cette ponction à 15 ou 20 %. La corruption se nourrit d'elle-même, en créant une spirale de versements illicites qui finit par saper le développement et anéantir des années de progrès. En outre, cette même croissance qui avait permis la corruption peut conduire à abandonner les activités productives au profit d'une course stérile à l'enrichissement personnel. Au fil du temps, la corruption se généralise. Et lorsque les pouvoirs publics décident enfin de la combattre, ils se heurtent à une vive résistance.

Les causes de la corruption

Des facteurs incitant à la corruption apparaissent chaque fois que les agents de l'État disposent de pouvoirs discrétionnaires étendus et ne sont guère tenus de rendre compte de leur action. Les gouvernants, les fonctionnaires et les juges contrôlent l'accès à des biens précieux et peuvent faire supporter des charges aux particuliers et aux entreprises. Aussi certains agents peuvent-ils être tentés d'utiliser leur fonction pour augmenter leurs gains en acceptant des pots-de-vin. Les particuliers, quant à eux, sont parfois prêts à verser un dessous-de-table pour obtenir ce qu'ils attendent de l'Administration. Pour qu'il puisse y avoir corruption, il faut donc nécessairement des fonctionnaires qui aient la possibilité de récompenser et de punir.

C'est parfois le cadre de politique économique qui crée des conditions favorables à la corruption, en bas comme en haut de la hiérarchie. Des « bakchichs » sont souvent versés aux petits fonctionnaires chargés, par exemple, de collecter des droits, fournir une protection policière ou délivrer des permis. Dans les cas de corruption endémique, ces fonctionnaires peuvent multiplier les tracasseries administratives et les retards pour faire monter les prix. La corruption existe bien sûr aussi dans les plus hautes sphères de l'État avec l'attribution des marchés importants, la mise en oeuvre des privatisations, l'établissement des contingents d'importation et la réglementation des monopoles naturels. On comprend mieux, dans ces conditions, pourquoi la corruption est davantage répandue dans des pays où les politiques menées sont génératrices de distorsions importantes, mesurées à l'aide de variables telles que la prime de change du marché noir (graphique en haut à gauche de la figure 6.2). Toute politique creusant artificiellement l'écart entre l'offre et la demande ouvre des possibilités de gains pour les intermédiaires prêts à saisir ces occasions.

Plus la probabilité de se faire prendre et d'être puni est grande (pour le corrupteur et le corrompu) et plus ses effets sont dissuasifs. Une analyse économique de la législation montre que celui qui s'apprête à enfreindre la loi met en balance les avantages qu'il espère en retirer et les risques qu'il encourt (la probabilité d'être pris et puni rapportée à la sévérité de la punition). Dans les pays où l'État ne fait pratiquement rien pour empêcher la pratique des dessous-de-table, le degré de corruption risque d'être élevé. Ceux qui enfreignent la loi pourront estimer qu'ils ne risquent guère d'être pris ou de devoir en payer les conséquences s'ils l'étaient, car ils pensent que le système judiciaire lui-même peut être corrompu. Même dans un pays où la liberté de la presse est grande et où les citoyens protestent vigoureusement contre la corruption, celle-ci pourra persister si la capacité de la justice à se prononcer en toute indépendance dans les affaires importantes apparaît fortement compromise. L'enquête réalisée dans le secteur privé aux fins du présent Rapport a permis d'établir une corrélation négative entre le degré de corruption observé et la prévisibilité de la justice (graphique en haut à droite de la figure 6.2).

Enfin, la corruption peut devenir une pratique florissante si les conséquences d'être pris et sanctionné sont faibles par rapport aux avantages qu'elle procure. Il arrive souvent que des fonctionnaires soient chargés d'accorder des prestations et de faire supporter des charges dont la valeur dépasse largement leur propre traitement. L'absence d'équivalence salariale entre les emplois de la fonction publique et du secteur privé augmente beaucoup les risques de corruption. Un fonctionnaire très faiblement rémunéré pourra essayer de porter son traitement à un niveau moyen en le complétant de sommes perçues illégalement. Le risque de perdre son emploi public mal payé pour concussion n'est pas vraiment dissuasif s'il existe des postes légalement mieux rémunérés dans le secteur privé. Aussi est-il fréquent de relier concrètement la corruption à l'écart entre les salaires publics et privés, à l'aide d'un taux dit

Figure 6.2 Quelques facteurs contribuant à la corruption

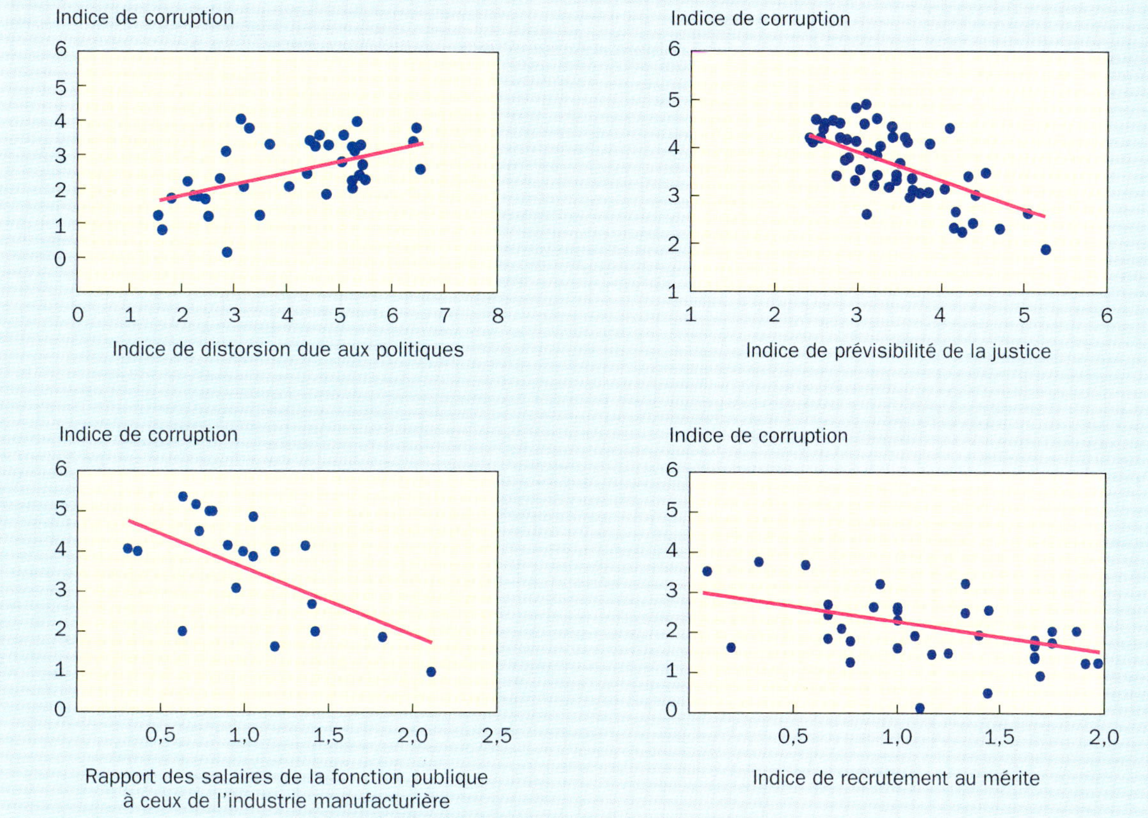

Note : Les données sur le graphique en haut à gauche correspondent à 39 pays industriels ou en développement pour la période 1984–93 (indice de distorsion due aux politiques) et pour 1996 (indice de corruption). Le graphique en haut à droite est le résultat d'une régression basée sur les données de 59 pays industriels ou en développement pour 1996. Les données sur le graphique en bas à gauche correspondent à 20 pays industriels ou en développement pour la période comprise entre la fin des années 80 et le début des années 90. Le graphique en bas à droite est le résultat d'une régression basée sur les données de 35 pays en développement pour la période 1970–90, après avoir neutralisé les effets liés au revenu. Voir la Note technique correspondant à la figure 3. Source : Calculs des services de la Banque mondiale (pour les deux graphiques du haut); Van Rijckeghem et Weder, document de référence (pour le graphique en bas à gauche) ; Evans et Rauch, 1996 (pour le graphique en bas à droite).

« de tentation » (graphique en bas à gauche de la figure 6.2). Mais il ne suffit pas de relever les salaires de la fonction publique pour réduire l'incidence de la corruption. La révision des échelles de salaires doit s'accompagner de mesures crédibles de surveillance et d'application des lois. Les mécanismes de recrutement et de promotion au mérite, qui font barrage au clientélisme politique et donnent naissance à une fonction publique plus impartiale, jouent également un rôle dans le recul de la corruption (graphique en bas à droite de la figure 6.2).

Faire reculer la corruption

Plusieurs pays sont parvenus à réduire progressivement une corruption endémique. À cet égard, la lutte qu'a menée, au XIXe siècle, le mouvement progressiste contre le pouvoir des machines politiques à la tête de nombreuses villes des États-Unis est un exemple typique (encadré 6.2). Pour endiguer la corruption, il faut se faire une idée précise des prestations et des charges placées sous le contrôle des agents de l'État. Les fonctionnaires qui restent honnêtes malgré de fortes tentations et les simples citoyens ou les entreprises qui refusent de verser une « rallonge » malgré la promesse de gains rapides ne manquent pas. Mais d'autres succombent. Il serait imprudent de faire face à la corruption en partant du principe que les serviteurs de l'État sont plus intègres que le reste de la population.

L'ampleur réelle des trafics d'influence, sous toutes leurs formes, ne dépend pas seulement des gains et des risques possibles, mais aussi du rapport de forces entre celui qui achète et celui qui vend les faveurs de l'État. Ceux qui

Encadré 6.2 La réforme des villes gérées par des machines politiques aux États-Unis

À la fin du XIXe et au début du XXe siècle, de nombreuses villes des États-Unis étaient dominées par des machines politiques qu'un spécialiste de cette période définit comme un « parti politique dans lequel un patron contrôle un groupe de permanents qui accordent des faveurs de caractère privé à des citoyens prêts à voter pour eux et souhaitant, en retour, obtenir un emploi public. » Les villes aux mains de ces machines réalisaient des transactions irrégulières et collusoires avec des entreprises privées qui cherchaient à obtenir des contrats, des franchises ou des marchés protégés. Les hommes politiques à la tête de ces machines évoluaient — et prospéraient — dans des environnements qui n'avaient de démocrates que le nom.

Ces machines coûtaient cher aux communautés sur lesquelles elles exerçaient leur contrôle. Le coût par habitant des services administratifs généraux, d'une part, et de la police et des services d'incendie, d'autre part — deux domaines où l'emploi était pour une large part régi par le clientélisme — était plus élevé (respectivement, de 34 % et de 17 %) dans les villes sous l'emprise de ces machines que dans les autres. Boston en est un exemple flagrant : entre 1895 et 1907, le nombre des employés municipaux a progressé de 75 %, alors que l'accroissement de la population n'a pas dépassé 25 % et que la croissance de la productivité est tombée de moitié.

La réforme de la gestion des villes dominées par ces machines était l'un des principaux objectifs du mouvement progressiste aux États-Unis. Cela passait souvent par une réforme de la fiscalité foncière. Affligé par les faveurs dont jouissaient les riches propriétaires, le maire réformateur de New York du début des années 1900, Seth Low, fit adopter un plan visant à asseoir l'impôt foncier sur la valeur marchande des propriétés. Ce plan permit de relever la valeur imposable des propriétés, d'abaisser le taux de l'impôt et d'accroître les recettes. Le budget de la ville fut réduit de 1,5 million de dollars par la suppression des postes qui étaient le produit du clientélisme. Les maires réformateurs de nombreuses autres grandes villes américaines appliquèrent une politique similaire.

Les réformes s'attaquèrent également au système de franchise. À Philadelphie, par exemple, le conseil municipal dominé par l'une de ces machines attribuait régulièrement des franchises pour le gaz en échange de contributions financières au parti républicain. En 1905, le maire réformateur John Weaver apposa son veto à la loi sur les franchises, nomma l'un de ses partisans à un poste clé du conseil municipal pour faire respecter ce veto et fit arrêter les membres de la machine politique pour faits de corruption.

Les villes dominées par ces machines payèrent le prix fort, sous forme de budgets gonflés et de systèmes inéquitables de recettes fiscales et de dépenses. Nombreux sont ceux qui ont profité des emplois et des faveurs que distribuaient ces machines politiques, mais encore plus nombreux sont ceux qui en ont pâti. Et l'élection de maires réformateurs dans de nombreuses villes doit, en fait, beaucoup à la mobilisation des victimes de ce système. L'onde puissante portée par ces maires provoqua un changement profond, dont les effets continuèrent à se faire sentir même en cas de retour au pouvoir de ces machines, car les réformes étaient populaires et difficiles à remettre en cause.

veulent engager une réforme doivent aussi savoir que leurs efforts de lutte contre la corruption se traduiront par des coûts et des avantages marginaux. En matière de corruption, le niveau zéro sera rarement celui de l'efficience.

La corruption ne pourra être efficacement combattue que replacée dans le contexte d'autres problèmes. Elle n'est en effet que la manifestation de problèmes rencontrés à la charnière des secteurs public et privé et doit, de ce fait, être combattue sur plusieurs fronts. Les réformes entreprises récemment en Ouganda illustrent bien cette situation (encadré 6.3). L'un des volets de cette stratégie de lutte correspond à l'un des grands thèmes du chapitre 5 : mettre en place une administration régie par des règles précises, caractérisée par une structure de rémunération récompensant les fonctionnaires intègres de leurs efforts, un système de recrutement et de promotion basé sur le mérite pour protéger la fonction publique du clientélisme politique, et des contrôles financiers crédibles pour éviter l'utilisation arbitraire des ressources publiques. Les paragraphes qui suivent traitent des deux autres volets de cette stratégie. Le premier consiste à moins exposer les agents de l'État aux possibilités de corruption, en réduisant leurs pouvoirs discrétionnaires. Le second vise à rendre ces agents davantage comptables de leurs actes, en renforçant les mécanismes de surveillance et de sanction. À cette fin, il faudra non seulement s'appuyer sur le droit pénal, mais aussi permettre aux institutions officielles et aux simples citoyens d'exercer un droit de regard.

Réduire les possibilités de corruption. En règle générale, toute réforme qui ouvrira davantage l'économie à la concurrence aura pour effet de réduire les tentations de corruption. De ce fait, l'assouplissement des restrictions

Encadré 6.3 La lutte contre la corruption en Ouganda

L'Ouganda, longtemps miné par une corruption systématique, a lancé une offensive tous azimuts pour en venir à bout. Cette action est soutenue par les dirigeants du pays, qui semblent adhérer à l'objectif d'une saine gestion des affaires publiques.

Au lendemain de l'indépendance du pays, l'État ougandais vivait sous le régime du pillage. Dès 1967, le pays ne connaissait plus d'élections. Cette situation fit le jeu d'Idi Amin qui prit le pouvoir en 1971. Dès lors, le gouvernement ne fut plus qu'un simple syndicat du crime qui rançonnait la population. Ses déprédations prirent des formes aussi variées que l'appui à des projets économiquement irrationnels, les dépenses militaires exorbitantes, les dessous-de-table dans le cadre de marchés publics, la surréglementation des importations et la saisie des biens appartenant aux Asiatiques. En 1986, à l'issue de longues années de guerre civile, le nouveau gouvernement, sous la présidence de Yoweri Museveni, hérita d'une fonction publique affaiblie et sous-payée, avec des effectifs pléthoriques (dont des milliers d'employés fictifs) et d'une assiette fiscale étroite et poreuse.

L'assainissement de la fonction publique prendra des années, mais l'Ouganda enregistre déjà certains progrès. Outre les réformes économiques et la déréglementation destinées à éliminer les possibilités de rente, les efforts entrepris visent à réformer la fonction publique par une restructuration des effectifs, un relèvement des traitements, une action de formation et une sensibilisation à la déontologie du corps des agents de l'État. Des mesures ont également été prises pour rétablir la Commission parlementaire sur les comptes publics, renforcer les services de vérification générale des comptes et lancer, sous la responsabilité d'un inspecteur général habilité à enquêter et à engager des poursuites, une campagne de sensibilisation de l'opinion à la lutte contre la corruption. Il reste certes beaucoup à faire avant de pouvoir affirmer que la corruption est vaincue. Toutefois, l'inspecteur général a annoncé qu'il poursuivrait dorénavant en justice les délits de fraude aussi courants que ceux qui portent sur les opérations en douane ou la passation des marchés. Cette annonce devrait avoir un effet dissuasif.

liées au commerce extérieur, la suppression des obstacles à l'entrée sur le marché privé et la privatisation des entreprises publiques d'une manière qui les expose à la concurrence sont autant de mesures qui aideront à lutter contre la corruption. En effet, si le gouvernement n'a pas le pouvoir de limiter les exportations ou de contrôler la création d'entreprises, aucune possibilité de corruption n'existera dans ces secteurs. La suppression d'un programme de subventions mettra fin, du même coup, aux pots-de-vin qui pouvaient l'accompagner. De même, une fois le contrôle des prix aboli, les prix du marché refléteront la rareté des produits et non plus les dessous-de-table versés.

Réduire les pouvoirs discrétionnaires des agents de l'État ne signifie pas bien sûr qu'il faille pour autant éliminer les différents régimes généraux et programmes de dépenses publiques qui se justifient pleinement. Il ne s'agit pas de les supprimer mais bien de les réformer. Abolir l'impôt pour mettre fin à la corruption chez les percepteurs serait aussi insensé que de supprimer la police sous prétexte qu'elle est corrompue. Les programmes de réforme en cours ont montré que les mesures suivantes permettaient de limiter efficacement les pouvoirs discrétionnaires des serviteurs de l'État :

- *Préciser le sens des textes et les simplifier de façon à limiter les pouvoirs discrétionnaires.* Au Mexique, la réforme douanière a permis de ramener de 12 à 4 le nombre des étapes de la procédure à suivre et de simplifier ces dernières pour limiter les retards.
- *Sous-traiter des services auprès de sociétés privées, éventuellement étrangères et sans lien étroit avec le pays.* Lorsque l'Indonésie a demandé à une société suisse d'assurer le contrôle préalable et l'évaluation en douane et d'aider à recouvrer les droits à l'importation, la corruption a reculé. Il est cependant inutile de sous-traiter des opérations de contrôle si l'Administration ne tient pas compte des rapports communiqués à ce sujet, ce qui est parfois le cas.
- *Rendre les règles plus transparentes.* On peut restreindre les possibilités de corruption en veillant à ce que les textes sur les impôts, les dépenses publiques et les régimes organisant différentes institutions soient plus simples et ne confèrent pas de pouvoirs discrétionnaires. Un certain risque est parfois toléré lorsque les avantages d'une politique discrétionnaire de gestion des programmes sont supérieurs au coût de la corruption. Mais même dans ce cas, la transparence et la publicité des textes peuvent aider à limiter l'attrait de la corruption. Les officiers de police, par exemple, doivent être investis de certains pouvoirs discrétionnaires pour faire respecter la loi sur-le-champ, mais les plaintes, si elles sont rendues publiques, mettront souvent fin aux abus.
- *Faire jouer les lois du marché pour limiter les pouvoirs discrétionnaires des organes de réglementation.* Cette mesure

présente aussi l'avantage d'une distribution économiquement efficace des ressources. La vente de droits d'usage de l'eau, de droits de pâturage, de permis de polluer et de licences d'importation et d'exportation peut rendre les administrations plus efficaces, tout en limitant la corruption.

- *Adopter des réformes administratives qui introduisent la concurrence au sein de l'État.* Le recours à des appels d'offres ouverts pour l'attribution de marchés publics peut limiter les transactions collusoires. La mise en place de différents niveaux d'administration se chevauchant et se faisant concurrence peut saper la position de force des fonctionnaires. Dès lors qu'un usager peut se tourner vers un second fonctionnaire si le premier lui réclame un « supplément », aucun agent ne sera en mesure de monnayer chèrement la prestation demandée, pour autant que le demandeur puisse y prétendre. Et si c'est au contraire l'usager qui cherche à acheter le fonctionnaire, le chevauchement des domaines de compétences administratives pourra également jouer un rôle dissuasif. Ainsi, lorsque l'État veut prévenir l'apparition d'entreprises illégales, un chevauchement des domaines de compétences confiés aux agents de la force publique peut avoir des effets bénéfiques.

RENFORCER LES MÉCANISMES DE SURVEILLANCE ET DE SANCTION. Des « gendarmes » institutionnels ayant leur propre autonomie peuvent aussi faire reculer la corruption. Les pays ont eu recours à différentes formules dans ce domaine :

- Certains ont mis en place des commissions indépendantes ou ont nommé des inspecteurs généraux qui sont chargés d'enquêter sur les accusations de corruption et d'en saisir la justice. L'exemple le plus célèbre est celui de la Commission indépendante contre la corruption à Hong Kong (Chine), qui ne rend compte qu'aux plus hautes autorités et dispose de pouvoirs étendus (encadré 6.4). Des institutions similaires existent à Singapour et au Botswana.
- Les médiateurs enregistrent les plaintes des citoyens et peuvent aider à rendre les organismes publics davantage comptables de leurs actes. Depuis l'entrée en vigueur, en 1991, de la loi portant création de la charge de médiateur (Ombudsman Act), l'Afrique du Sud s'est dotée d'un service de protection des intérêts du public, qui est chargé d'enquêter sur les allégations d'abus de pouvoir (malversations, corruption, violation des droits de l'homme) des agents de l'État et de rédiger des rapports qui sont en règle générale rendus publics. Ce service n'est pas autorisé à engager d'actions en justice, mais il transmet les dossiers à d'autres administrations qui s'en chargent.
- Certains organismes publics, comme l'office chargé de la construction des établissements scolaires de la ville de New York, ont créé des unités internes pour démasquer les entrepreneurs corrompus et proposer des moyens de réorganiser les services pour mieux lutter contre la corruption.
- Le statut d'« indicateur » protège et récompense les fonctionnaires qui signalent les agissements coupables de leurs collègues ou des adjudicataires de marchés publics. Les États-Unis, par exemple, ont mis en place un système visant à récompenser les employés qui signalent les irrégularités rencontrées dans les marchés publics. Une telle incitation est souvent nécessaire, car ceux qui dénoncent les méfaits de leurs collègues de travail font souvent l'objet d'ostracisme. Pour que de telles mesures portent leurs fruits, il faut toutefois que les procureurs fassent leur travail, que les tribunaux soient incorruptibles et bien organisés et que les peines encourues soient suffisamment sévères pour dissuader ceux qui seraient tentés d'enfreindre la loi.

Il faudrait que les organismes de surveillance s'intéressent aux corrupteurs tout autant qu'aux corrompus. Il faut être deux pour faire un couple et la sévérité des sanctions devrait être la même pour l'un et l'autre — en règle générale, un multiple des sommes reçues ou versées. Les coupables de corruption active devraient en outre être exclus des marchés publics pendant plusieurs années. Les pays industriels qui disposent de puissants moyens de surveillance peuvent appliquer ces mesures à leurs sociétés transnationales qui opèrent à l'étranger. Toutefois, à l'exception des États-Unis qui, en 1977, ont adopté une loi sur les faits de corruption intervenant à l'étranger, ces pays ont hésité à prendre des mesures unilatérales de peur de soumettre leurs entreprises à des normes plus contraignantes que leurs concurrents étrangers.

Dans cette perspective, les organisations internationales ont un rôle à jouer pour faciliter l'adoption de normes communes et coordonner l'action à mener. Certaines organisations régionales, telles que l'Organisation des États américains, ont contribué au travail sur des conventions internationales qui font de la corruption, y compris internationale, un acte délictueux. Dans une initiative récente, l'OCDE préconise de ne plus considérer comme charges déductibles les ressources affectées au versement de dessous-de-table et de qualifier de délit la corruption de fonctionnaires étrangers. Elle recommande également à ses pays membres des moyens qui permettent de faire face à la corruption dans les transactions commerciales à l'échelle internationale. Certaines organisations internationales s'efforcent par ailleurs de coordonner le combat contre le blanchiment de l'argent et, notamment, de compléter la liste des délits d'autres infractions, dont la corruption.

Encadré 6.4 La Commission indépendante de lutte contre la corruption à Hong Kong

Au cours des années 60, la corruption à Hong Kong (Chine) était tellement généralisée qu'elle avait donné naissance à plusieurs expressions populaires. Ainsi, les gens pouvaient choisir entre « sauter dans le bus » (autrement dit, participer à la corruption) ou « courir à côté du bus » (être un spectateur qui ne s'opposait pas au système). « Barrer la route au bus » (dénoncer la corruption ou y résister) ne faisait pas partie des choix possibles.

Poussé à agir par un scandale impliquant un policier de haut rang, le gouverneur général de l'époque créa, en 1974, la Commission indépendante de lutte contre la corruption, connue sous son sigle anglais « ICAC ». Cette commission relève uniquement du gouverneur et est indépendante de la police. Les agents de l'ICAC sont mieux payés que les autres fonctionnaires et ne peuvent être transférés dans un autre département. Aucun d'entre eux ne peut quitter l'ICAC pour travailler au service d'un haut fonctionnaire ayant fait l'objet d'une enquête. La Commission est non seulement habilitée à enquêter sur les faits de corruption et à engager des poursuites, mais aussi à financer des campagnes de sensibilisation de l'opinion. La volonté de réforme des pouvoirs publics s'est également manifestée par la nomination d'une personne de la plus haute intégrité à la tête de la Commission au moment de sa création et par une politique visant d'emblée à prendre les « gros bonnets » pour cible et à les mettre en examen.

L'effort initial de démantèlement d'associations de policiers corrompus se heurta cependant à une levée de boucliers. Dans un premier temps, l'ICAC dut faire marche arrière et accorder une amnistie pour les délits antérieurs au 1er janvier 1977. Ce revers ternit le prestige de la Commission, qui sut toutefois réagir en lançant une vigoureuse campagne de sensibilisation. Les enquêtes publiques réalisées entre 1977 et 1994 révèlent que la population a le sentiment d'un net recul de la corruption. Des indications indirectes montrent également que les cas de corruption active ont eux aussi diminué.

Toutefois, on aurait tort de croire que l'ICAC ne connaît pas de problème, le principal étant qu'elle ne rend compte qu'au gouverneur. Une commission de lutte contre la corruption relevant d'un dirigeant autocratique pourrait être un instrument de répression contre les opposants politiques, accusation à laquelle la Commission n'a d'ailleurs pas échappé. Les prérogatives importantes dont elle dispose pourraient conduire à des abus de pouvoir avec des régimes moins respectueux du droit. Malgré l'existence de diverses commissions de surveillance et d'un appareil judiciaire indépendant qui font contrepoids à ces prérogatives, quelques scandales ont éclaboussé l'ICAC. Pour que ses pouvoirs soient soumis à un meilleur contrôle, une commission de ce type pourrait relever non pas du chef de l'exécutif, mais du corps législatif, comme c'est le cas pour l'inspecteur général en Ouganda ou pour l'Office de la comptabilité publique aux États-Unis. Un organisme sévère et indépendant de lutte contre la corruption est un outil puissant et une preuve d'engagement à long terme, mais des garde-fous doivent être mis en place pour éviter qu'il soit détourné à des fins politiques.

Ainsi, les 40 recommandations du Groupe d'action financière sur le blanchiment de capitaux portent notamment sur les agissements coupables dans des domaines autres que la drogue. De telles mesures permettent aux différents pays de frapper du sceau de l'illégalité l'utilisation, le dépôt ou le transfert de fonds obtenus par le biais de la corruption.

Les associations de citoyens peuvent également constituer un contre-pouvoir efficace face à l'usage arbitraire du pouvoir de l'État, à condition d'avoir les moyens de s'organiser et d'être informées du déroulement de la vie publique. Ainsi, le budget, les données relatives à la collecte des recettes, les divers statuts et règlements et les débats des assemblées législatives devraient être rendus publics. Une administration indépendante, telle que l'Office de la comptabilité publique aux États-Unis, devrait vérifier les comptes. Les fonds secrets ou extrabudgétaires qui sont mis à la disposition des chefs de l'exécutif sans devoir être soumis au contrôle des vérificateurs ne font que favoriser la corruption.

Les lois sur la liberté d'information, comme il en existe aux États-Unis d'Amérique et dans plusieurs pays européens, donnent au citoyen un droit de regard efficace. Au sein de l'Union européenne, une nouvelle directive oblige maintenant les pays membres à voter des lois sur la liberté d'information dans le domaine de l'environnement. Grâce à ce type de lois, les citoyens peuvent se tenir informés de l'action des pouvoirs publics sans avoir à justifier de leur demande. Un citoyen bien informé est mieux armé pour sanctionner les agents de l'État, que ce soit dans l'isoloir ou par d'autres moyens de contestation, notamment en saisissant la justice ou en s'adressant directement aux décideurs.

L'information n'a cependant que peu d'utilité s'il n'existe pas de mécanismes permettant de l'utiliser pour influer sur l'action des pouvoirs publics :

- Dans une démocratie, les citoyens ont la possibilité de ne pas réélire un responsable qu'ils estiment corrompu, ce qui incite les élus à se montrer intègres et à travailler dans l'intérêt de leurs administrés. (Toutefois, si les dessous-de-table servent à procurer des avantages à divers électeurs, on pourra savoir que la corruption existe sans pour autant pouvoir réellement la combattre.)
- L'indépendance des tribunaux et la possibilité donnée aux citoyens de se retourner contre l'État aident aussi à limiter les agissements coupables des fonctionnaires.
- Les médias peuvent également servir à révéler les affaires de corruption au grand public. Même les dirigeants peu enclins au respect des règles démocratiques seront certainement sensibles aux réactions de l'opinion publique, ne serait-ce que pour éviter d'être renversés. La liberté de la presse peut jouer un rôle capital dans la lutte contre les abus du pouvoir, en particulier dans les pays où l'action des gouvernants et des fonctionnaires n'est pas soumise à d'autres formes de contrôle.

Il est cependant peu vraisemblable qu'un citoyen se décide à agir seul, même s'il a accès à l'information nécessaire et aux moyens de faire sanctionner la corruption. L'adoption de lois facilitant la création d'associations et d'organisations sans but lucratif peut aider à entreprendre les actions collectives nécessaires. Ces groupements pourront non seulement s'attacher à réunir l'information voulue, mais aussi à faire savoir à l'Administration ce que les citoyens pensent de la qualité des services publics. Comme on le verra au chapitre 7, le Centre des affaires publiques, un organisme sans but lucratif installé à Bangalore, demande à la population d'évaluer les prestations des administrations et obtient dès à présent des résultats prometteurs. Une organisation internationale sans but lucratif, Transparency International, s'efforce de mobiliser des citoyens dans le monde entier pour lutter contre la corruption et dresser des bilans publics de la situation dans ce domaine. Néanmoins, nombreux sont les pays qui s'opposent à la création de telles associations ou la rendent coûteuse, précisément en raison de la force que peut avoir la liberté d'information pour promouvoir une réforme.

La stratégie à suivre : trouver un juste équilibre entre les garde-fous et la marge de manoeuvre indispensables

Partout, on assiste à la montée en puissance des forces qui poussent à la réforme. Les petits entrepreneurs et les chefs d'entreprise veulent que l'action de l'État trouve sa crédibilité à travers un régime efficace de protection de la propriété. Les citoyens exigent davantage d'attention et d'efficacité de la part des services publics et une plus grande probité dans l'utilisation des ressources publiques. De même, la mondialisation contraint l'État à se faire chaque jour plus souple, pour pouvoir s'adapter rapidement à l'évolution de la situation, ce qui ne fait qu'accentuer le dilemme auquel il est confronté. Comment limiter l'arbitraire sans imposer un carcan qui étouffera l'innovation et le changement ? Il s'agira essentiellement de mettre en place les mécanismes institutionnels propres à instaurer l'équilibre voulu entre les garde-fous et la marge de manoeuvre indispensables. Les pays dotés d'institutions solides ou connus pour avoir respecté leurs engagements peuvent éventuellement se donner une plus grande marge de manoeuvre (même au prix d'une certaine corruption), ce qui ne pourra sans doute pas être le cas des États se caractérisant par les dysfonctionnements et l'arbitraire.

Cet équilibre fait manifestement défaut dans un grand nombre de pays en développement où l'État n'est généralement pas crédible, comptable de ses actes, à l'écoute du citoyen ou armé d'une bonne capacité d'adaptation. Dans certains pays, l'exercice arbitraire du pouvoir, conjugué à une corruption aux multiples dimensions et aux règles imprévisibles, fait obstacle au développement. Un État qui s'autorise trop de latitude sans soumettre son action à des contre-pouvoirs suffisants constatera qu'il n'inspire pas confiance, ce qui aura des effets préjudiciables à l'investissement et à la croissance. Il faut que les pays institutionnalisent l'indépendance de la justice et la séparation des pouvoirs pour rendre l'État plus crédible et davantage comptable de ses actes. On peut, dans l'intervalle, faire appel à des mécanismes internationaux garantissant les engagements pris, parallèlement à un renforcement des institutions.

Ces mesures ne suffiront cependant pas à assainir la situation dans les pays où une corruption endémique et solidement ancrée porte atteinte aux missions essentielles de l'État. L'institutionnalisation des contre-pouvoirs n'est qu'un des volets d'une stratégie qui vise à combattre la corruption sur plusieurs fronts. Il s'agira aussi de réformer la fonction publique (par exemple, en relevant les traitements et en éliminant le clientélisme du système de recrutement et de promotion), de faire en sorte que les agents de l'État n'utilisent pas leurs pouvoirs pour en retirer des avantages personnels (par exemple, en renforçant la concurrence entre administrations et en réduisant les pouvoirs discrétionnaires) et de rendre l'État plus responsable de ses actes. L'amélioration des mécanismes de surveillance et de sanction — du corrupteur comme du corrompu — passera par une application plus rigoureuse de la législation pénale. Et il conviendra aussi de donner un droit de regard à des organismes officiels et semi-autonomes ainsi qu'aux simples citoyens (par leur consultation et leur participation). Une action de cette nature aidera non seulement à faire reculer la corruption, mais aussi à améliorer le rôle que joue l'État dans beaucoup d'autres domaines, tels que l'élaboration des politiques et les services publics. Nous verrons au chapitre 7 comment revivifier les institutions en permettant aux citoyens de se faire entendre et de participer à la vie publique.

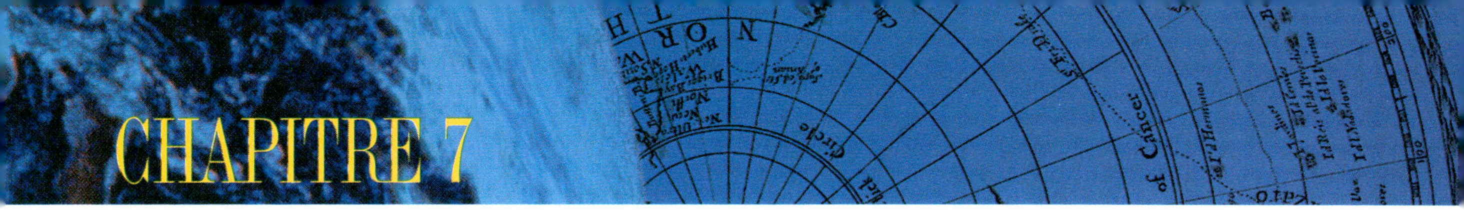

CHAPITRE 7

L'ÉTAT PLUS PROCHE DU CITOYEN

Mais alors, à quoi sert le navire de l'État
si tous ne sont pas à bord ?

Extrait de *The State*, Tijan M. Sallah (1996)

L'ÊTRE HUMAIN EST LE MOYEN ET LA FIN DU DÉVELOPpement. Face à des groupes plus ou moins influents, aux intérêts divers, un État qui se veut efficace doit représenter tous les citoyens et veiller aux intérêts de chacun. Si, dans presque toutes les sociétés, les besoins et les préférences des riches et des puissants figurent en bonne place parmi les objectifs prioritaires du gouvernement, c'est rarement le cas pour ceux des pauvres et des exclus, dont la voix se fait difficilement entendre dans les antichambres du pouvoir. C'est pourquoi ces groupes, qui s'expriment peu, ne profitent guère des politiques et des services de l'État, même lorsqu'ils sont censés en être les principaux bénéficiaires.

Un État qui néglige les besoins de pans entiers de la société lorsqu'il élabore et met en oeuvre sa politique n'est pas un État compétent. Cependant, avec la meilleure volonté du monde, nul gouvernement ne peut répondre comme il convient aux besoins de la collectivité si ces besoins lui sont en grande partie inconnus. Pour revivifier les institutions publiques, il faut donc commencer par rapprocher l'État des citoyens, c'est-à-dire donner aux citoyens voix au chapitre lorsque se préparent les politiques. Il faut donner aux utilisateurs particuliers, aux organisations du secteur privé et aux autres groupes de la société civile les moyens de se faire entendre. Si le contexte s'y prête, cela veut dire également décentraliser les pouvoirs et les ressources de l'État.

On examine dans le présent chapitre divers mécanismes qui permettent de mieux adapter les politiques et les programmes à l'ensemble des intérêts de la société. Des citoyens bien informés et qui obtiennent des réponses sont un gage d'efficacité pour l'État, car l'information améliore le suivi des biens et des services publics et impartit une plus grande transparence au processus de décision. Élargir la participation à la formulation et à la fourniture de ces biens et de ces services, dans le cadre de partenariats entre l'administration, les entreprises et les organisations de citoyens, peut aussi se traduire par une amélioration des prestations. Mais comment obtenir la participation effective des citoyens ? L'un des enseignements que l'on peut tirer des nombreuses expériences tentées dans ce domaine est que, pour être effective, la participation exige l'intervention éclairée de l'État ; celui-ci doit notamment améliorer l'environnement institutionnel dans lequel se créent le potentiel associatif et le capital humain.

N'oublions pas non plus qu'en se rapprochant de certains, l'État ne doit pas pour autant s'éloigner des autres. Toutes les organisations de la société civile ne rendent pas dûment compte de leurs actes, pas plus à leurs propres membres qu'à la société en général, et ce n'est pas parce que certains groupes s'expriment plus bruyamment qu'ils représentent des intérêts largement partagés. En s'efforçant de nouer des contacts avec les mouvements associatifs de la société civile, le gouvernement doit être conscient non seulement des intérêts que ces mouvements représentent, mais aussi de ceux qu'ils ne représentent pas. Faute de quoi, son intervention risque de créer de nouvelles disparités entre les groupes nouvellement admis à s'exprimer et ceux qui n'ont toujours pas voix au chapitre, tels que les femmes et les groupes ethniques, ou ceux dont nulle ONG ne défend activement la cause.

La décentralisation soulève certaines difficultés du même ordre. Bien menée, elle contribue puissamment à améliorer la capacité d'action de l'État, à adapter les services publics aux préférences locales, à renforcer la responsabilité politique à l'échelon local et à favoriser le développement économique local. Mais tout cela s'accompagne de risques non négligeables car, si le contrôle macroéconomique échappe aux responsables de l'administration centrale par suite de l'absence de coordination entre les décideurs locaux, les disparités régionales risquent de s'accentuer, aggravant les tensions économiques et sociales. Les collectivités territoriales peuvent tomber sous l'emprise d'intérêts particuliers, d'où un abus du pouvoir de l'État et un gouvernement encore plus coupé du citoyen et moins responsable. Là comme ailleurs, il est clair qu'on ne gagne à rapprocher l'État du citoyen que si ce mouvement s'inscrit dans une logique plus large de renforcement de la capacité institutionnelle.

Les mécanismes de participation rendent l'État plus responsable et plus attentif aux besoins

Comment faire pour que l'État reflète les aspirations et les besoins de la population ? C'est une question qui s'est posée de tout temps à presque toutes les sociétés. Elle est plus que jamais à l'ordre du jour depuis que la généralisation de l'éducation et de l'information et le pluralisme grandissant au sein des nations mettent les autorités dans l'obligation d'écouter les citoyens et de répondre aux besoins qu'ils expriment. Selon un sondage d'opinion effectué dans différents pays, les gouvernements continuent à bénéficier d'un solide capital de confiance, mais les prestations de certaines institutions sont critiquées (encadré 7.1).

La participation à travers les élections

Dans toutes les sociétés démocratiques, le bulletin de vote est le moyen d'expression par excellence. Grâce à la forte augmentation du nombre de gouvernements démocratiquement élus depuis quelques décennies, de nombreux citoyens peuvent aujourd'hui s'exprimer par l'intermédiaire

Encadré 7.1 L'opinion publique et l'État

Les avis sur l'État sont très divers, car chacun perçoit à sa manière les nombreuses variables politiques et économiques. Pour évaluer ces avis, on a effectué des sondages d'opinion un peu partout dans le monde. Par exemple, il est ressorti d'une enquête menée en 1991–92 que 49 % des personnes interrogées au Royaume-Uni et 44 % aux États-Unis estimaient n'avoir aucune influence sur la façon dont se prenaient des décisions publiques qui avaient un impact direct sur leur existence. Pourtant, de 54 à 64 % des personnes interrogées étaient assez satisfaites de l'évolution de la démocratie en Europe occidentale et en Amérique du Nord. En revanche, en Amérique latine et dans les pays en transition d'Europe orientale, elles n'étaient que 30 à 40 % à se déclarer satisfaites du fonctionnement de la démocratie dans leur pays. En Amérique latine, cela peut s'expliquer par le fait que, dans 12 pays, 52 % des enquêtés estimaient que les élections étaient entachées de fraude.

En Europe, le soutien de l'opinion en faveur de l'État et de ses services ne se dément pas depuis les années 70. En 1990, dans sept pays d'Europe occidentale, de larges majorités — plus de 70 % — restaient persuadées que l'État devait assurer les soins de santé, fournir des services aux personnes âgées, assister les chômeurs et aider l'industrie, tout en réduisant les disparités de revenu. Selon un sondage effectué en 1996 dans les 15 pays de l'Union européenne, 51 % des citoyens pensent que leur gouvernement doit maintenir les prestations et la protection sociales à leurs niveaux actuels, tandis que 12 % seulement souhaiteraient une réduction sensible pour que l'Europe devienne plus compétitive sur les marchés mondiaux.

En Amérique latine, 69 % des citoyens pensent que l'État doit intervenir pour atténuer les écarts de revenu entre riches et pauvres. Bien que les Latino-américains comptent sur l'État pour maintenir l'ordre public, 65 % d'entre eux n'ont pratiquement aucune confiance dans les tribunaux ou la police, contre seulement 24 % ayant un avis contraire. Ces résultats font écho aux inquiétudes exprimées par les entrepreneurs de la région dans l'enquête mentionnée au chapitre 3.

En Inde, une enquête réalisée en 1996 a fait ressortir qu'en dépit du fort soutien dont bénéficie la démocratie dans le pays, les électeurs font moins confiance à leurs représentants qu'en 1971. La confiance que suscitent certaines institutions publiques est également faible, tombant à 28 % dans le cas de la police et à 37 % dans celui de l'administration. Pourtant, la population participe et s'intéresse activement à la vie politique, puisque le nombre de personnes déclarant faire partie d'une association ou d'un parti politique a doublé entre 1971 et 1996.

À la différence de l'Europe, de l'Amérique latine et, dans une certaine mesure, de l'Asie, où la tradition étatique reste vivace, aux États-Unis, lors d'une enquête effectuée récemment, 80 % des personnes interrogées ont affirmé se méfier de l'État, considéré comme prodigue et peu efficace. En outre, l'opinion publique est moins favorable aux programmes de protection sociale, et plus particulièrement aux actions ciblées. En 1993, un sixième seulement des Américains estimaient que le système fonctionnait bien ou relativement bien et, en 1995, les deux tiers trouvaient qu'il coûtait trop cher.

Figure 7.1 La démocratie a considérablement progressé dans le monde depuis 1980

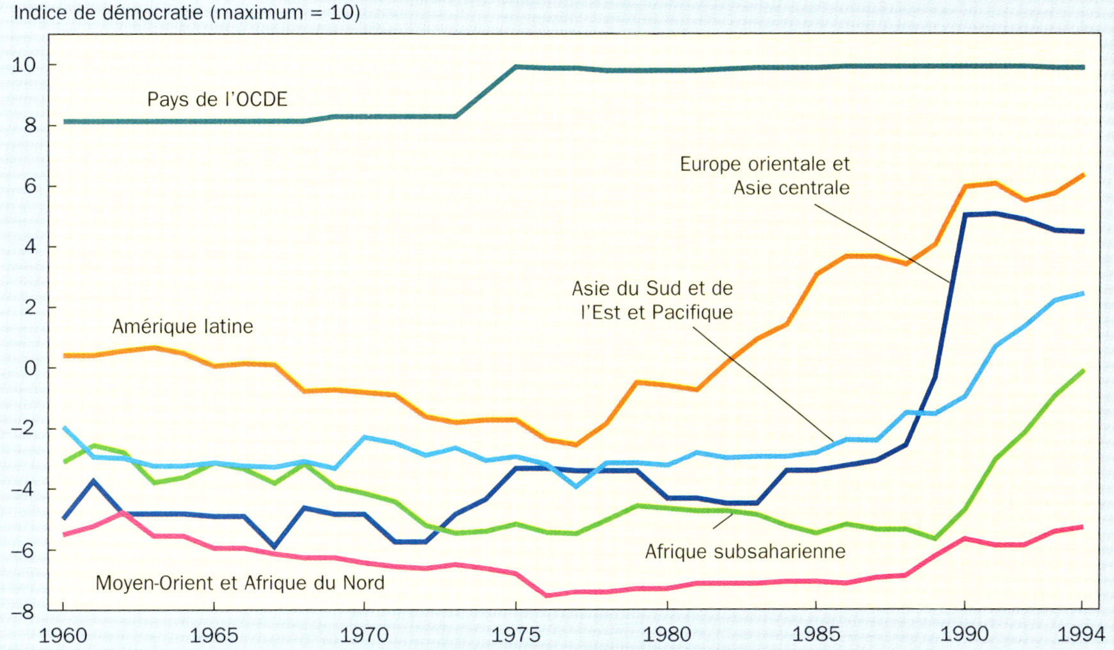

Note : Cet indice de démocratie est calculé pour 177 pays au moyen des notes obtenues pour cinq indicateurs : concurrence dans la participation à la vie politique, réglementation de la participation à la vie politique, concurrence dans le recrutement des cadres supérieurs, ouverture dans le recrutement des cadres supérieurs et limites du pouvoir du chef du gouvernement. La Banque mondiale ne reconnaît aucun indice de démocratie en particulier. Pour plus de détails, voir la Note technique. Source : Jaggers et Gurr, 1996.

des urnes. En 1974, le monde ne comptait que 39 pays démocratiques (un sur quatre). De nos jours, 117 pays (près de deux sur trois) choisissent leurs dirigeants dans le cadre d'élections libres, et les deux tiers de la population adulte des pays en développement peuvent participer aux élections nationales (figure 7.1). Cette évolution est particulièrement frappante en Europe centrale et orientale et en Asie centrale, où la chute des régimes communistes en 1989 et 1991 a déclenché une série de profonds changements politiques. Ces événements ont eu des retombées ailleurs, notamment en Afrique subsaharienne. En Amérique latine, l'évolution démocratique s'est amorcée plus tôt. À l'heure actuelle, tous les pays de la région, sauf deux, ont des gouvernements élus par le peuple et près de 13 000 circonscriptions locales élisent leurs propres dirigeants (les maires, par exemple), contre moins de 3 000 à la fin des années 70.

À chaque électeur, une voix. Tel est le principe même de la représentativité électorale. Cependant, si les garde-fous nécessaires ne sont pas en place, l'ingérence politique et la fraude électorale peuvent sérieusement mettre en cause la validité du scrutin et, partant, celle des résultats électoraux. Ainsi que le note l'encadré 7.1, par exemple, la majorité des personnes interrogées lors d'un sondage effectué dans 12 pays d'Amérique latine pensaient que les élections étaient entachées de fraude dans leur pays. Seuls 30 à 40 % se déclaraient satisfaites du fonctionnement de la démocratie. Les mécanismes constitutionnels et institutionnels, conjugués au manque d'information, empêchent aussi les minorités de se faire représenter convenablement. Ainsi, il ressort d'une étude menée dans un certain nombre de démocraties européennes pendant les années 80 que la proportion de femmes au parlement et la participation électorale sont plus élevées dans les systèmes à représentation proportionnelle que dans les systèmes à scrutin majoritaire. Lorsque les femmes députés sont plus nombreuses, leurs intérêts sont mieux défendus (on songe aux congés de maternité, à la garde des enfants et à l'assouplissement des régimes de retraite). C'est pourquoi il faut se garder de généraliser à propos de la représentativité qu'assurent les modalités électorales officiellement arrêtées et voir ce qu'il en est dans la pratique.

Diversité et représentation

Les défauts du soutien majoritaire ont amené certains gouvernements à modifier les modalités électorales de manière à ce que les groupes minoritaires soient convenablement représentés. Comme le montre la multiplicité des conflits ethniques dans le monde, l'impression d'être laissés-pour-compte, qu'il s'agisse des revenus, des biens ou de l'emploi, inspire à certains groupes une grande amertume qui peut déboucher sur la violence si les groupes en question n'ont pas de moyens appropriés pour présenter leurs doléances. Les élites en place, qui reflètent les différences ethniques dans la lutte pour le pouvoir et la distribution des faveurs, ne font que jeter de l'huile sur le feu. L'État joue à notre époque un rôle non négligeable dans l'évolution des relations ethniques à travers deux mécanismes apparentés :

- L'expansion du pouvoir politique permet aux États de créer des foyers de concurrence pour l'obtention des ressources publiques et pour l'accès à l'enseignement, à l'emploi, à la terre et au crédit.
- L'expansion du népotisme, soit pour des raisons administratives, soit dans le but de renforcer le contrôle de l'État, permet aux gouvernements de favoriser certains groupes ethniques par rapport à d'autres.

Les différences et les conflits ethniques sont des phénomènes que connaissent la plupart des sociétés. Pourtant, certaines ont su les gérer mieux que d'autres et atténuer les tensions par diverses techniques, telles que la déconcentration des pôles de décision (décentralisation ou délégation de compétences), la promotion de modalités électorales qui encouragent les groupes ethniques à coopérer (incitations et alliances électorales) et la discrimination positive dans l'emploi public et dans d'autres domaines pour les groupes ethniques désavantagés. L'encadré 7.2 décrit les amendements constitutionnels et les politiques volontaristes dont se sont servies la Malaisie et Maurice. En analysant certains aspects fondamentaux des règles du jeu, et notamment certains mécanismes des rouages politiques ou institutionnels, ces deux pays semblent avoir trouvé le moyen de gérer intelligemment les différences ethniques.

Encadré 7.2 Gérer une société pluriethnique en Malaisie et à Maurice

Les divisions ethniques de la Malaisie remontent à l'époque coloniale, où de nombreux Chinois et Indiens ont immigré pour occuper des emplois et mener des activités commerciales qui n'intéressaient pas les Malais de souche (les *bumiputra*), tournés essentiellement vers l'agriculture. La constitution de 1957, élaborée au terme de longues négociations entre les principaux groupes, consacrait les principes d'union des différentes communautés. En 1971, cependant, le nouveau parlement a adopté un amendement à la constitution établissant fermement la primauté des Malais. En vertu de cet amendement, il devenait illégal de contester publiquement, ou même au parlement, le statut de la langue malaise, la souveraineté des dirigeants malais, la position particulière des Malais ou les droits de citoyenneté des communautés d'immigrants. Cette règle a transformé le caractère des campagnes électorales, car il est devenu impossible pour les partis d'obtenir des voix en jouant la carte des rivalités ethniques.

Une deuxième initiative, le Nouveau programme économique (1970–90), a renforcé la situation économique des Malais. Le programme comportait deux grands éléments. Le premier était la promotion du plein emploi productif pour les Malais et l'expansion de l'offre de main-d'oeuvre malaise qualifiée. Grâce à l'adoption de critères d'admission préférentiels, le nombre de Malais inscrits à l'université a presque triplé, si bien qu'ils représentent de nos jours les trois quarts des étudiants. Le deuxième élément a été la redistribution progressive de la propriété des biens de production. Le gouvernement a clairement fait savoir qu'il ne confisquerait pas la richesse économique des Chinois, mais qu'il favoriserait la participation des Malais à la croissance. Une expansion vigoureuse a permis aux non-Malais de jouir d'un niveau de vie en augmentation, tandis que le Nouveau programme économique assurait une répartition équitable des bienfaits de la croissance entre tous les citoyens.

Maurice, pour sa part, compte au moins trois grands groupes ethniques : les Indo-mauriciens, les Créoles et les Chinois. Décidés à ne pas créer d'institutions qui renforcent les divisions ethniques, les auteurs du système électoral l'ont structuré de telle sorte que les principaux partis politiques n'ont d'autre alternative que de rechercher l'appui de toutes les communautés. De plus, les gouvernements successifs se sont généralement efforcés de promouvoir une croissance multisectorielle et de suivre une politique de répartition des richesses, évitant de favoriser telle ou telle ethnie. Maurice n'a jamais appliqué de système officiel de préférences dans l'emploi ou l'éducation et, depuis l'indépendance, tous les gouvernements ont dû former des alliances pluriethniques afin de prendre et conserver le pouvoir. L'expansion combinée à la redistribution tend à réduire la tentation de suivre des politiques axées sur les communautés ethniques.

Modes d'expression et de participation : quelques autres formules possibles

La réforme des règles électorales et des dispositions dans ce domaine peut rendre les systèmes plus représentatifs mais, du simple fait que les élections et les référendums sont des événements relativement peu fréquents (sauf en Suisse, où cinq référendums locaux ont en moyenne été organisés chaque année depuis 1945), ils ne sont pas le moyen idéal pour prendre en permanence le pouls de la société. Dans la plupart des sociétés, démocratiques ou non, les citoyens ne veulent pas seulement être représentés en tant qu'électeurs, mais également en tant que contribuables, usagers des services publics et, de plus en plus, en tant que clients ou membres d'ONG et d'organisations bénévoles. À une époque où les autorités doivent faire face à toutes sortes de besoins concurrents, où les citoyens réclament davantage et où le bilan de l'action des pouvoirs publics est pour le moins nuancé, on observe une montée en puissance de ces modes d'expression et de participation.

C'est la rapidité de l'expansion des ONG qui illustre le plus clairement cette tendance. Depuis la fin des années 80, le nombre des ONG qui opèrent dans certaines régions d'Afrique et d'Asie a presque doublé. En Europe centrale et orientale et dans la CEI, où il était extrêmement bas jusqu'en 1989, il a peut-être triplé ou quadruplé. Dans certains pays de l'OCDE, les dépenses d'exploitation des mouvements associatifs ou des ONG représentent de nos jours près de 4 % du PIB.

Les ONG ont des formes et des fonctions multiples : syndicats de travailleurs, associations professionnelles, mouvements de quartier ou fondations caritatives. Parmi les plus actives sont celles qui fournissent directement des services aux particuliers ou à la communauté, par exemple, dans les domaines de la santé et de l'éducation, ou des microcrédits, de la formation professionnelle et des services professionnels. Dans les pays de l'OCDE, nombre d'ONG opèrent parallèlement aux services publics. Au Japon et au Royaume-Uni, par exemple, on trouve un fort pourcentage d'organisations à but non lucratif dans le secteur de l'éducation. Aux États-Unis, elles occupent une place importante dans les soins de santé. Cependant, la plupart des ONG n'étant pas tenues, contrairement aux services publics, de répondre aux besoins généraux de la population, il leur est plus facile de fournir des services d'un type et d'une qualité donnés à des groupes bien définis.

Dans la plupart des pays en développement, les ONG prestataires de services sont petites et travaillent dans des milieux d'où les organismes publics ou privés sont en partie ou totalement absents. En Cisjordanie et à Gaza, par exemple, on estime que 1 200 ONG assurent 60 % des soins de santé primaires et jusqu'à la moitié des soins de santé secondaires et tertiaires, et qu'elles fournissent la plupart des services agricoles, des logements sociaux et des microcrédits. Au Cambodge, où il n'existe pas de programmes publics de lutte contre la pauvreté, entre 30 et 40 ONG accordent des microcrédits aux entrepreneurs ruraux et urbains. Si ces ONG sont aussi nombreuses, c'est parce qu'elles ont su se substituer au secteur public défaillant et mobiliser des ressources auprès de divers bailleurs de fonds, parmi lesquels les organisations nationales et internationales.

Cependant, toutes les ONG ne se consacrent pas à la fourniture de services. Nombre d'entre elles sont des organismes de recherche et d'instruction civique, des organisations de défense des droits et des associations professionnelles et commerciales qui représentent des intérêts particuliers ou qui visent à informer le public sur des questions d'intérêt collectif. Ainsi, l'Union socio-écologique du Bélarus sensibilise activement la population aux méfaits de la pollution industrielle. Le Réseau de l'entreprise en Afrique de l'Ouest, qui compte quelque 300 membres dans 12 pays, représente les intérêts des entreprises locales dans leurs transactions avec les autorités. Dans de nombreux pays, les syndicats jouent un rôle important dans la diffusion d'informations sur les problèmes du travail et sur l'action des autorités dans le domaine social. L'expansion de ces organisations intermédiaires est un aspect du mouvement plus large de démocratisation qui s'est amorcé dans bien des régions et, dans certains pays, elle répond au besoin de créer des « passerelles » entre les citoyens et l'État. Mais, tandis que dans le système électoral toutes les voix ont le même poids, ces organisations ne sont pas toutes également représentatives des intérêts de leurs clients ni de ceux de la société en général.

La plupart des ONG qui jouent un rôle d'intermédiaires ne sont pas en contact immédiat avec les simples citoyens ; les organismes de proximité, les groupements associatifs et les organisations populaires, au contraire, traitent directement avec eux. Prenons le cas d'Umu-Itodo, un village de l'État d'Enugu au Nigéria : le Comité de développement villageois formé en 1986 a la responsabilité de nombreux projets de développement et d'infrastructure qui intéressent directement cette communauté isolée. Le Comité a un conseil d'administration élu dont les membres sont représentatifs de tout le village. Selon les villageois, il n'y a pas d'organisation plus utile et plus efficace à Umu-Itodo. D'autres associations entrent aussi dans cette catégorie : les mutuelles de crédit, les associations paysannes, les coopératives de travailleurs, les associations de parents d'élèves et d'enseignants, jusqu'aux associations fondées sur l'appartenance religieuse. Ces groupements sont utiles non seulement parce qu'ils sont capables de satisfaire des besoins essentiels, mais aussi parce qu'ils contribuent à éveiller la confiance et à créer un sentiment d'appartenance parmi ceux qui sont exclus de la vie politique organisée ou qui n'y croient pas. Ils ont pourtant des points faibles : ils ne regroupent et ne représentent qu'un segment étroit de la société, ne sont pas très bien gérés et risquent d'être absorbés par les détenteurs traditionnels du pouvoir ou les factions politiques.

Les bases institutionnelles de la participation
Il est clair que l'ampleur et l'intensité de l'activité des mouvements associatifs populaires diffèrent selon les contextes sociaux et institutionnels. En effet, tous n'ont pas le même *potentiel associatif*, à savoir les règles non écrites, les normes et les relations à long terme qui facilitent une action coordonnée et qui permettent aux individus de s'unir pour entreprendre des actions bénéfiques pour tous. Si l'existence de règles propices à l'organisation d'associations peut améliorer l'efficacité collective d'une communauté, leur absence n'est pas irrémédiable. La participation engendre ses propres règles et c'est là que le gouvernement et les autres organisations établies, telles que les syndicats, peuvent jouer un rôle positif. Grâce aux efforts déployés par le gouvernement pour améliorer la gestion des réseaux d'irrigation à Taïwan (Chine) et aux Philippines, par exemple, de nombreuses associations paysannes ont contribué à l'exploitation et à l'entretien des réseaux et à la perception des redevances. En acceptant de faire participer les agriculteurs à la gestion des ressources en eau, les pouvoirs publics sont parvenus à améliorer sensiblement celle de l'irrigation. Dans l'État de Ceará, au nord-est du Brésil, le suivi par la population locale d'un programme de santé publique de type nouveau (encadré 5.7, chapitre 5) a assuré non seulement le succès du programme, mais également l'instauration d'une coopération plus fructueuse entre les membres de la communauté dans d'autres domaines d'intérêt commun.

La réflexion sur le rôle du potentiel associatif dans le développement économique et social ne fait que s'amorcer, et les premiers éléments d'information dont on dispose à ce sujet ne sont pas dépourvus d'ambiguïté, loin s'en faut. Pourtant, certaines études font d'ores et déjà ressortir l'impact possible de la vie associative sur le développement économique local, sur la fourniture des biens publics à l'échelon local et sur les prestations des organismes publics (encadré 7.3).

Les mécanismes sociaux qui constituent le potentiel associatif et la multitude de formes que revêtent les activités relativement structurées menées en dehors des circuits de l'État ne font que refléter l'hétérogénéité des besoins et des préférences de la société. Simultanément, rien ne garantit que les organisations qui en résultent répondent effectivement aux besoins des citoyens ni qu'elles cherchent réellement à agir dans l'intérêt de la collectivité. Si la plupart des ONG offrent des prestations de grande qualité, il n'en est pas moins vrai que certaines pâtissent de graves problèmes, notamment au niveau de la qualité des services, de la participation de la communauté et de la responsabilité dans la gestion. Créées par pur opportunisme, certaines d'entre elles visent à protéger les privilèges d'une petite minorité, souvent aux dépens de groupes moins bien organisés et moins puissants. Enfin, les mêmes règles et normes de société qui aident les citoyens à agir collectivement peuvent entretenir les inégalités et les disparités de pouvoir au sein des communautés.

Cependant, étant donné les nombreux obstacles que doivent surmonter les citoyens ordinaires, et surtout les pauvres, pour faire connaître leurs besoins et obtenir satisfaction, force est de reconnaître que ces associations jouent un rôle irremplaçable, car elles canalisent leurs revendications et elles leur donnent les moyens de participer aux affaires publiques. Enfin, les organisations qui se soucient véritablement de l'intérêt collectif peuvent être d'utiles partenaires dans le développement économique et social. Partant de ce principe, nombreux sont les gouvernements qui s'efforcent de modifier les modalités institutionnelles régissant la fourniture des biens publics de manière à y faire participer le secteur privé et les groupements de la société civile (figure 7.2). La section ci-après replace ces efforts dans un contexte plus large et étudie la panoplie des mécanismes qui permettent d'élargir la participation de la population à l'élaboration et à la mise en oeuvre des mesures d'intérêt collectif.

Amélioration des capacités institutionnelles

Lorsque les citoyens ont davantage de possibilités de se faire entendre et de participer aux affaires publiques, la capacité d'action de l'État peut y gagner sur trois plans. Tout d'abord, si les citoyens peuvent faire connaître leur opinion, selon des modalités officielles ou non, et revendiquer publiquement et en toute légalité, l'État acquiert une partie de la crédibilité dont il a besoin pour bien gouverner. L'organisation de larges débats publics peut aussi empêcher les minorités influentes de monopoliser les rênes de l'État. Les gouvernements qui ont su gagner cette crédibilité jouissent par la suite d'une plus grande latitude pour mettre leurs politiques en oeuvre et obtiennent plus aisément l'adhésion des citoyens aux objectifs d'intérêt général. Cela ne signifie pas pour autant que la démocratie à l'occidentale soit la seule option. Comme on peut le constater dans certaines parties de l'Asie de l'Est, lorsque la population a confiance dans les institutions publiques, qu'il existe un véritable débat au niveau local et que la primauté du droit est respectée, les conditions nécessaires à une intervention judicieuse de l'État peuvent être réunies.

En deuxième lieu, là où n'interviennent pas les forces du marché (ce qui est le cas pour la plupart des biens publics), il peut suffire que la population ait les moyens de se faire entendre pour que les problèmes d'information s'atténuent et pour que le coût des transactions diminue. Lorsque les services publics laissent à désirer parce que le

Encadré 7.3 Quel est l'impact de la vie associative ?

Une étude des collectivités locales italiennes effectuée pendant les années 70 et 80 a fait ressortir qu'en dépit des difficultés politiques et économiques que connaissaient de nombreuses régions du pays, certaines collectivités locales, particulièrement dans le nord, fonctionnaient bien. On a ainsi constaté qu'elles avaient établi des programmes de garderie et des centres de formation professionnelle novateurs, qu'elles favorisaient l'investissement et le développement économique, qu'elles géraient efficacement les affaires publiques et que leurs administrés en étaient satisfaits. Les collectivités territoriales du sud, elles, étaient beaucoup moins à l'écoute de la population et nettement moins efficaces. Selon l'étude, les collectivités du nord tiraient leur force des pressions exercées par un tissu dense d'associations de citoyens et de la participation de la population aux affaires publiques locales.

Une étude effectuée récemment dans des villages tanzaniens fait ressortir que les ménages des villages caractérisés par une vie associative active (mesurée par le degré de participation au travail des organisations de proximité) ont un revenu par habitant corrigé plus élevé que ceux des villages où ce n'est pas le cas. Si on neutralise les effets des autres variables, on trouve une forte corrélation entre le bien-être du village et les activités associatives qui s'y déroulent. Ce résultat montre que la participation des individus aux associations et groupements locaux a d'importantes retombées sur les villages. Bien qu'on ne puisse pas tirer de conclusions générales quant à l'impact des mouvements associatifs sur les prestations de l'administration, l'étude met en évidence un certain nombre de liens importants, notamment une relation positive entre la vitalité des associations et la qualité de l'enseignement local (voir graphique ci-dessous). Cela signifie que, lorsque les parents peuvent s'organiser pour exercer un contrôle et des pressions sur les autorités locales pour qu'elles entretiennent les établissements scolaires, la qualité de l'enseignement y gagne. Même si les avantages directs de l'éducation sont avant tout personnels, les bienfaits du suivi de la prestation des autorités locales sont partagés par tous et constituent un bien public.

Mouvements associatifs, dépenses des ménages et qualité des établissements scolaires en Tanzanie

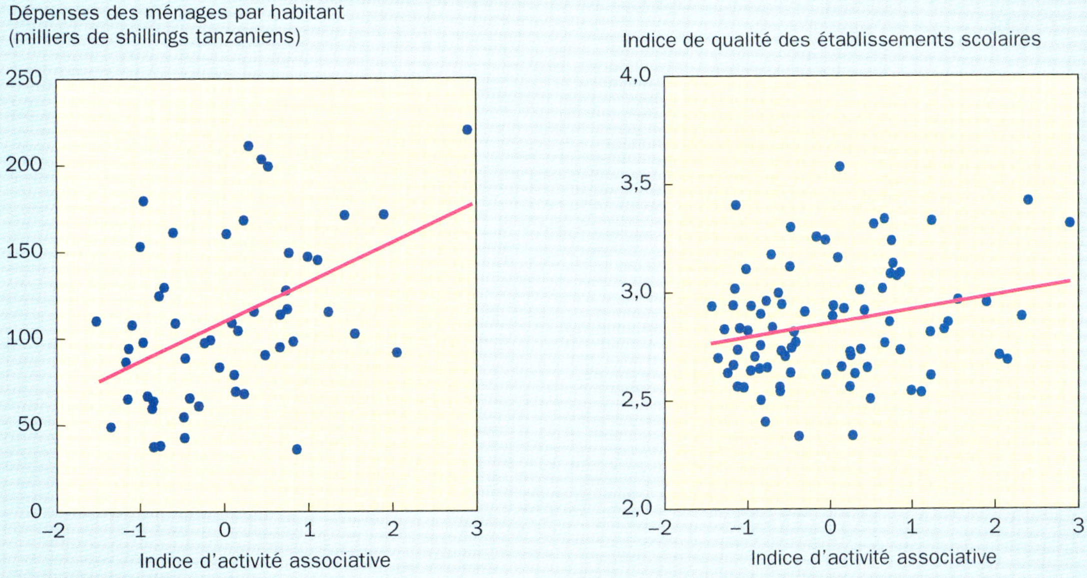

Note : Les données qui ont servi à établir l'indice d'activité associative proviennent d'une enquête effectuée en 1995 auprès de 1 376 ménages tanzaniens. L'indice d'activité associative mesure la fréquence de la participation des résidents aux activités des groupements ou associations bénévoles. L'indice de qualité des établissements scolaires mesure la perception par les ménages de la qualité des écoles. Pour plus de détails, voir la Note technique. Source : Narayan et Pritchett, 1997.

Figure 7.2 Organisations à l'interface de l'État, des marchés et de la société civile

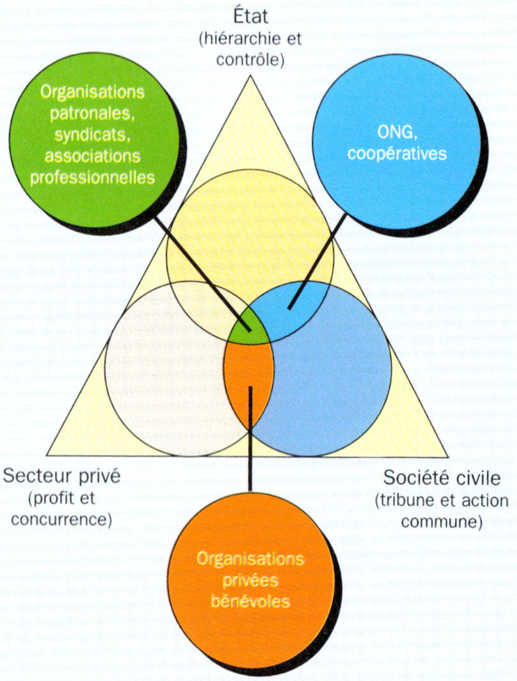

régime d'incitation est défectueux et les moyens d'action de l'État insuffisants, les associations d'usagers et de citoyens peuvent alerter les responsables et exiger des améliorations. Récemment, une évaluation du réseau d'alimentation en eau de Bakou (Azerbaïdjan) réalisée auprès des usagers a non seulement mis en lumière des fuites non négligeables et des problèmes de santé publique liés à la qualité de l'eau, mais elle a également fait ressortir que les consommateurs à faible revenu faisaient les frais du manque de fiabilité du réseau. Mais la constatation la plus intéressante a sans doute été que les consommateurs étaient prêts à payer deux à cinq fois plus cher en échange d'un approvisionnement sûr et de bonne qualité.

En troisième lieu, aucun fonctionnaire, si zélé, si travailleur et si dévoué au bien public soit-il, ne peut deviner tous les désirs des citoyens. L'apparition de solutions de rechange dans le secteur privé et sous la forme des ONG peut contribuer à pallier les défaillances du secteur public et à produire des biens et des services que les particuliers acceptent de payer de leur poche. Les ONG peuvent être à la fois des partenaires et des concurrentes dans la prestation de services publics. Si par ailleurs elles bénéficient du soutien actif de la population, elles peuvent exercer utilement des pressions pour que l'État améliore l'offre et la qualité des services publics.

Il n'existe pas de formule unique pour parvenir au dosage idéal entre débat public, participation et contrôle de l'administration dans la fourniture des biens publics. La solution dépend des moyens d'action des organismes publics intéressés et des autres fournisseurs, ainsi que des caractéristiques du bien ou du service public en question. Comme on le verra ci-après, l'efficacité et la justice sociale supposent que l'État exerce un minimum de contrôle et de coordination sur la fourniture des biens et services dont profite plus d'une collectivité, ceux qui donnent lieu à des économies d'échelle ou ceux qui soulèvent des problèmes d'équité. Dans le domaine technique et souvent sensible de la gestion économique, par exemple, il est souhaitable que les responsables ne soient pas directement soumis à l'influence des groupes de pression politique. Lorsqu'il s'agit d'établir des normes, comme dans le cas de l'éducation de base, les autorités centrales ont un rôle important à jouer. Mais la démarche par laquelle les grandes orientations et les normes sont établies ne devrait pas échapper au débat. Quant à la gestion des ressources collectives, à la mise en place des infrastructures élémentaires et à la fourniture des services essentiels, elles donnent de nombreuses occasions de faire intervenir les citoyens directement, tant au stade de la formulation des orientations qu'à celui de leur mise en oeuvre.

Mécanismes de participation

MÉCANISMES D'INFORMATION ET DE CONSULTATION. Il est communément admis que certains domaines de la politique doivent être à l'abri des pressions politiques. Dans d'autres, toutefois — on pense, par exemple, aux efforts visant à améliorer la production agricole ou à la réforme du système de santé publique —, les intérêts de l'État et ceux des citoyens coïncident à tel point que le débat n'est pas seulement souhaitable, il est indispensable. En Asie de l'Est, en officialisant les conseils consultatifs paritaires formés de représentants des syndicats, du patronat et de l'État, les dirigeants sont parvenus à obtenir un consensus sur les dossiers de politique économique et un mandat pour agir avec rapidité et souplesse. D'autres pays dotés de structures institutionnelles aussi diverses que le Botswana, le Chili, les États-Unis, le Mexique, l'Ouganda et le Sénégal se sont aussi efforcés de mettre en oeuvre des mécanismes consultatifs dans des domaines allant de la politique économique à la réforme des institutions.

En soumettant l'intervention de groupes d'intérêts puissants à des règles mutuellement acceptables, les conseils consultatifs paritaires peuvent réduire le coût des transactions, car ils restreignent les possibilités de comportement opportuniste. Malheureusement, ils ne remplissent pas toujours leur rôle. Bien qu'on ne dispose pas d'évaluations systématiques, il semble qu'un certain nombre de conditions et de caractéristiques doivent être réunies, par exemple une représentation suffisamment large, une opinion publique bien informée, pour que le système lui-même bénéficie d'un vaste soutien, un appui technique et le désir affirmé de développer des relations de confiance et de suivi mutuels entre les participants des deux bords.

Les mécanismes consultatifs ne pourront sans doute pas garantir très longtemps l'efficacité du gouvernement si les politiques suivies semblent bafouer les lois ou méconnaître les besoins légitimes de la société. Aucun citoyen, si humble soit-il, ne doit être tenu à l'écart. À tout le moins, les réformes et les programmes doivent être clairement expliqués au public. On peut, par exemple, encourager les médias à couvrir largement les débats budgétaires. À Singapour, la Division de l'opinion publique réunit systématiquement les observations présentées par les citoyens sur différentes mesures gouvernementales et invite les groupes de défense d'intérêts catégoriels à assister aux audiences publiques, aux côtés des ministres et des hauts fonctionnaires. Comme on l'a vu au chapitre 5, la législation peut aussi renforcer la responsabilité des organismes publics et les sensibiliser aux besoins des administrés, en leur imposant d'annoncer et d'appliquer des normes de service, d'informer le public et de répondre aux réclamations.

Il existe des techniques et des mécanismes de consultation des usagers et des bénéficiaires potentiels qui peuvent aider à améliorer la qualité de services publics donnés. Comme le montrent les cas décrits dans l'encadré 7.4, les mécanismes tels que les enquêtes auprès des consommateurs ou des clients peuvent donner des renseignements utiles sur la qualité des prestations et sur le type et la qualité des services reçus par les usagers. Des enquêtes simplifiées, telles que les fiches d'évaluation utilisées à Bangalore (Inde), peuvent être particulièrement utiles lorsque les capacités institutionnelles sont limitées.

Outre le fait qu'elles permettent aux fonctionnaires d'être mieux informés, les techniques de consultation des citoyens et des clients peuvent être des facteurs d'ouverture et de transparence. Plus le public est sensibilisé aux prestations des organismes ou des fonctionnaires particuliers, plus il est enclin à exercer des pressions collectives pour les améliorer. Simultanément, l'arbitraire a moins loisir de s'exercer.

Toutefois, aucun mécanisme de consultation n'établit automatiquement le contact avec tous les particuliers et groupes concernés. Obtenir et fournir l'information entraînent certaines charges, et la faiblesse des revenus ou la position subalterne de certains groupes de la société les rend presque invisibles aux regards des fonctionnaires.

Encadré 7.4 En Inde, en Ouganda et au Nicaragua, des enquêtes auprès des usagers permettent d'améliorer les services

Dans plusieurs pays, les enquêtes auprès des usagers se sont traduites par une amélioration des prestations du secteur public. En mettant à profit l'expérience des citoyens et en leur faisant suivre et évaluer les services, les enquêtes ont permis de mettre le doigt sur les problèmes et de trouver des solutions originales.

En Inde, les habitants et les entreprises de Bangalore reçoivent des « fiches d'évaluation » sur lesquelles on leur demande de noter les administrations publiques auxquelles ils s'adressent pour résoudre des problèmes ou obtenir des services. Ces fiches, administrées par une ONG, le Centre des affaires publiques de Bangalore, évaluent la qualité et le coût des prestations des administrations publiques. Dans la première série de fiches, le Conseil pour l'aménagement de Bangalore, responsable du logement et d'autres services, a obtenu les plus mauvaises notes dans plusieurs catégories, y compris le comportement des agents, la qualité du service et l'exactitude des renseignements fournis. Seul 1 % des personnes ayant répondu avaient jugé les services du conseil satisfaisants. Loin de s'insurger contre ces résultats, le directeur du conseil a saisi cette occasion pour lancer une initiative conjointe entre l'administration et les citoyens en vue de remédier aux problèmes. D'autres administrations de Bangalore ont aussi pris des mesures après avoir eu connaissance de leurs notes. Qui plus est, des groupes ont commencé à utiliser le système des fiches d'évaluation dans cinq autres villes indiennes, dont Mumbai (Bombay).

En coopération avec les ONG et les populations locales, le Gouvernement ougandais fait également des sondages d'opinion sur la prestation des services. Selon le premier de ces sondages, 11 % seulement des ménages agricoles avaient reçu la visite d'un vulgarisateur. Plusieurs districts ont incorporé les résultats de l'enquête à leurs plans de travail. L'un d'eux a institué des cours de perfectionnement à l'intention des vulgarisateurs et fait campagne auprès de l'administration centrale pour obtenir l'autorisation de leur consacrer une part plus importante de son budget.

Au Nicaragua, comme en Ouganda, c'est le gouvernement qui a pris l'initiative d'effectuer des enquêtes. Selon la première enquête, menée en 1995, 14 % des passagers des autobus avaient été agressés en cours de trajet. En outre, il est apparu que 90 % des chauffeurs d'autobus ne respectaient pas le tarif officiel de 85 cordobas et ne rendaient pas la monnaie sur les billets de 100 cordobas. Qui plus est, les passagers se sont déclarés prêts à payer plus cher. À la suite de cette enquête, le tarif a été porté à un dollar. En réponse à une nouvelle enquête réalisée en 1996, 90 % des usagers ont déclaré que le tarif officiel était désormais respecté.

Quand on entreprend de consulter les usagers ou les clients, on doit s'efforcer par tous les moyens d'identifier la totalité des groupes sociaux intéressés et veiller à ce qu'ils soient représentés.

MÉCANISMES D'ÉLABORATION ET DE MISE EN OEUVRE. Il ne suffit pas d'améliorer le processus de consultation pour améliorer les prestations de l'État. On a tout lieu de penser que les mécanismes qui encouragent les parties prenantes à participer à l'établissement et à la mise en oeuvre des programmes ou des services publics peuvent améliorer et leur taux de rentabilité et leur viabilité à long terme.

Le secteur de l'éducation est un terrain particulièrement fertile, semble-t-il, pour ce genre d'expériences. Les gouvernements ne parviennent pas à renforcer le suivi et la supervision des établissements locaux, dont la faiblesse est un problème chronique. Cependant, plusieurs pays constatent qu'il est possible d'y remédier en intensifiant la participation des parents et des populations locales à la gestion scolaire. En Nouvelle-Zélande, les conseils d'administration élus qui gèrent les écoles sont composés de parents d'élèves. La législation adoptée à Sri Lanka en 1993 a établi des conseils de développement scolaire pour promouvoir la participation de la collectivité à la gestion des écoles. De nombreux pays se sont en outre aperçus que les collectivités qui participaient à la gestion scolaire contribuaient plus volontiers au financement des écoles.

Pourtant, la participation des citoyens dans ce domaine n'est pas sans soulever des difficultés et elle ne résout pas tous les problèmes. Après avoir lancé sa réforme, la Nouvelle-Zélande s'est aperçue que les nouveaux conseillers avaient besoin d'une formation intensive. Le Botswana a eu peine à attirer des gens qualifiés au conseil des gouverneurs des collèges d'enseignement secondaire, surtout dans les zones rurales. En Ouganda, une ONG internationale assure une formation aux associations de parents et d'enseignants et aux comités de gestion scolaire pour améliorer la qualité de l'éducation et celle de l'administration scolaire dans deux districts.

La participation des citoyens peut également être cruciale dans le cas des programmes de gestion des ressources naturelles et du patrimoine commun, comme les pâturages, la faune et la flore sauvages, les forêts et les sources d'eau. Le contrôle exclusif de l'administration s'est soldé par des échecs dans des cadres institutionnels très différents, menant dans certains cas à des affrontements entre les utilisateurs de ces ressources et les fonctionnaires qui s'efforçaient de les gérer. En Inde, conscients qu'il fallait introduire la participation dans la gestion des ressources naturelles, les fonctionnaires du service forestier, les ONG et les populations locales ont lancé diverses initiatives. La Politique nationale des forêts joue la carte de la participation des populations à la gestion des forêts. Dans les programmes de gestion paritaire des forêts, les services forestiers et les groupes d'utilisateurs locaux partagent le pouvoir de décision et le contrôle sur les zones boisées, ainsi que les produits et les recettes. On constate aujourd'hui que les différends ont diminué et que la productivité de la terre a augmenté.

Ailleurs également les habitudes changent. Au Zimbabwe, le programme CAMPFIRE vise à faire bénéficier de nouveau les populations locales des avantages de la protection et de la conservation de la faune et de la flore sauvages. En outre, on a constaté en Afrique, en Asie et en Amérique latine qu'il existait un degré de corrélation élevé entre une participation active des bénéficiaires à la formulation et à la gestion des projets d'approvisionnement en eau des zones rurales et le succès des projets (encadré 7.5).

Néanmoins, la même étude de l'approvisionnement en eau des zones rurales fait apparaître que, parmi les projets à forte participation, celle des femmes n'est satisfaisante que dans la moitié des cas, les raisons étant en particulier le manque de temps et des obstacles d'ordre culturel. Il faut donc rechercher des mécanismes de concertation nouveaux, qui fassent expressément participer les femmes à la mise au point et à l'exécution des projets les intéressant directement. C'est ce qui a été fait aux Philippines, où l'application échelonnée sur plus de 20 ans d'un train de mesures a progressivement amené les autorités à tenir systématiquement compte de cette dimension dans leur travail. Aussi les femmes participent-elles davantage à la planification et à la mise en oeuvre des politiques et profitent-elles de programmes établis expressément à leur intention. On attend de ces mesures non seulement une amélioration du processus d'élaboration des politiques, mais également une augmentation de la rentabilité économique des investissements publics, dans la mesure où ils seront mieux conçus et mieux ciblés.

Pour que la participation porte ses fruits, il ne faudra pas ménager ses efforts . . .

Ces exemples semblent indiquer que, si certains biens publics ou services partagés à l'échelon local — payés par ceux qui en sont les bénéficiaires principaux et directs — sont fournis par les instances les plus proches du client, la qualité et l'efficacité de l'action de l'administration peuvent y gagner. Il s'ensuit que les États compétents sont plutôt ceux qui renforcent et accroissent l'efficacité des organisations et associations locales que ceux qui les remplacent. Mais transformer les citoyens en coproducteurs ou en cogestionnaires ne réduit pas forcément le rôle de l'État. De plus, ce n'est pas une solution bon marché ni applicable du jour au lendemain. Pour obtenir que des utilisateurs ou des clients deviennent des partenaires, les institutions publiques doivent souvent investir un temps et une énergie considérables dans l'établissement de liens avec les populations locales. Elles doivent également convertir

Encadré 7.5 La participation améliore-t-elle les résultats des projets ?

En se fondant sur des données provenant de 121 projets d'alimentation en eau dans 49 pays d'Afrique, d'Asie et d'Amérique latine, des chercheurs ont récemment testé la relation entre la participation des usagers et les résultats obtenus. La participation a été mesurée sur une échelle continue allant du simple partage de l'information à la concertation approfondie avec les bénéficiaires jusqu'à la prise des décisions par les seuls bénéficiaires, en passant par la prise en commun des décisions. Les auteurs ont observé une étroite corrélation entre la participation des intéressés et la qualité des résultats de différents projets. Sur les 49 projets où la concertation avait été faible, seuls 8 % avaient donné de bons résultats ; en revanche, sur les 42 projets où la participation des bénéficiaires avait été forte, 64 % s'étaient soldés par des résultats positifs.

Les études de cas corroborent cette observation. La première phase du Projet d'approvisionnement en eau d'Aguthi, au Kenya, a été réalisée sans aucune participation de la population locale. Le projet, qui comportait un réseau d'eau sous conduite, s'est heurté à tant de problèmes que les opérations ont été paralysées et que le projet a dû être repris à zéro. En collaboration avec le personnel du projet, les dirigeants locaux, regroupés au sein du Comité de l'eau d'Aguthi, ont mobilisé l'appui de la population locale en faveur du projet. Après des audiences publiques organisées avec les parties prenantes, la population locale a commencé à proposer de la main-d'oeuvre et des fonds. La deuxième étape du projet s'est terminée dans les délais prévus et sans dépassement de coûts. La population continue à payer le service mensuellement et elle assure avec succès l'exploitation et l'entretien du réseau en collaboration avec l'organisme d'État compétent.

leurs propres agents à la notion de partenariat et veiller à ce que des normes minimales de qualité et d'équité soient maintenues.

Dans un programme d'avant-garde qui s'est déroulé à Recife (Brésil), des égouts en copropriété ont été aménagés dans des quartiers à faible revenu. Cet événement a transformé les relations entre l'organisme d'État et les usagers, mais il a fallu deux ans de travail intense aux fonctionnaires, au sein d'équipes pluridisciplinaires associant les résidents, pour trouver le moyen de faire fonctionner le système de copropriété. Même lorsque le processus a été mieux compris, il a encore fallu de quatre à six mois pour que le projet soit mis en oeuvre avec succès dans chaque quartier. L'évaluation des résultats a montré qu'en encourageant la formation d'un groupe actif et n'hésitant pas à exprimer ses vues, le programme avait permis non seulement de réaliser des économies considérables, mais encore de mettre en branle des mécanismes de responsabilisation qui ont été des facteurs déterminants dans la qualité des prestations de l'organisme public.

Être plus à l'écoute des administrés ne veut pas seulement dire changer la façon dont les organismes d'État travaillent avec eux. Cela veut dire également changer la façon dont ils sont organisés et dont ils motivent leurs employés. Les possibilités de participation véritable sont plus grandes si l'organisme en question pratique la concertation interne. En outre, le régime incitatif doit récompenser les agents des échelons supérieurs qui ont une attitude positive envers les administrés, et doit apporter tout l'appui nécessaire aux travailleurs qui, dans la rue ou dans les campagnes, s'efforcent de travailler avec la population. Sans cela, les employés peuvent être hostiles à l'idée de travailler avec les usagers, ce qui n'est guère compatible avec le renforcement d'une démarche plus interactive.

Être proche du citoyen implique souvent une redistribution des tâches et des responsabilités, une réaffectation des ressources en personnel et l'élaboration de nouveaux mécanismes d'apprentissage et d'expérimentation. Au Bénin, le ministère de la Santé a rendu les comités locaux de gestion sanitaire responsables de l'emploi des ressources. Les membres des comités, qui doivent compter au moins une femme, sont élus démocratiquement. Chacun peut se présenter aux élections. Les comités participent directement à la préparation du projet de budget de leur centre sanitaire, qui doit être présenté au ministère. Il est chargé de recouvrer et de comptabiliser les sommes dues au titre des prestations et des médicaments. Des représentants des comités locaux siègent au conseil du nouvel organisme public d'achat de médicaments — ce qui est un moyen de veiller à ce qu'il s'acquitte consciencieusement de sa tâche — et au Comité de coordination du secteur de la santé — ce qui donne aux élus locaux la possibilité de participer à l'élaboration de la politique nationale.

. . . et il faudra créer un environnement porteur

Le gouvernement peut aussi favoriser indirectement la participation grâce à son influence sur le climat dans lequel elle s'effectue. L'État jouit d'un pouvoir considérable sur les individus et les organisations par le biais de l'information qu'il rend publique et des lois qu'il adopte et administre. L'état de droit, qui protège tant les personnes que leurs biens, est un élément indispensable à toute société civile saine et dynamique. Les gouvernements peuvent faciliter la participation en défendant le droit des populations de s'organiser, de s'informer, d'être parties à des contrats et de posséder et gérer des biens. En Bolivie, au Brésil, en Colombie et aux Philippines, la constitution encourage explicitement le développement et la participation des ONG à tous les niveaux de décision. À Singapour, le gouvernement aide les ONG à recruter du personnel, leur attribue, pour un loyer symbolique, des bâtiments publics inutilisés et finance jusqu'à la moitié des frais d'équipement et d'exploitation des installations de caractère social gérées par les ONG. Les ONG et les organismes publics doivent être tenus par la loi d'agir ouvertement et de façon transparente, faute de quoi les organisations légitimes n'ont pas la possibilité de se développer ou, ce qui est peut-être pire, on laisse la porte ouverte à des activités suspectes ou malhonnêtes qui ternissent la réputation de toutes les ONG. Les règlements auxquels sont soumises les ONG et les renseignements qu'elles sont tenues de fournir doivent favoriser leur expansion, tout en les protégeant de la corruption et des erreurs de gestion.

L'élargissement du débat et du partenariat avec la société civile se traduit par des améliorations dans le processus d'élaboration des politiques, dans la qualité des services et, parfois, dans les taux de rentabilité. Il donne en outre aux organismes publics et aux fonctionnaires une plus grande souplesse d'intervention. Mais, si l'on veut éviter que cette souplesse ne débouche sur l'arbitraire, un suivi efficace s'impose. Là encore, il faut trouver le juste milieu entre les mécanismes de participation et le contrôle éclairé de l'État. On examine ci-après certains de ces problèmes dans le contexte du débat sur la décentralisation et le renforcement par la base de la responsabilité politique.

Décentralisation : adapter les services aux préférences locales

La décentralisation du pouvoir et des ressources de l'État semble s'inscrire dans le droit fil des nombreux efforts déployés ces temps-ci pour rapprocher l'État du citoyen. De même que les divers mécanismes de participation qui viennent d'être décrits, la décentralisation offre la possibilité de mieux adapter les services publics à la demande et aux préférences locales et, par une action émanant de la base, de rendre l'État plus proche des citoyens et plus responsable. Mais la décentralisation n'est pas exempte d'écueils. En effet, il ne faut pas méconnaître le risque de voir s'accentuer les disparités entre les régions, de compromettre la stabilité macroéconomique et de voir des factions locales infiltrer les institutions, surtout dans les sociétés où règne une profonde inégalité. On analyse ici certains des facteurs qui expliquent les dernières tendances de la décentralisation et certains des domaines où elle a eu un impact positif, notamment en amenant les citoyens à participer aux affaires publiques et en stimulant le développement économique local. On examine, pour terminer, les risques soulevés par la décentralisation et ce qu'elle implique pour des gouvernements plus ou moins forts.

L'ère de la décentralisation ?

La montée du mouvement de décentralisation s'inscrit dans le contexte plus large de la libéralisation, de la privatisation et des autres réformes de même nature en cours dans de nombreux pays. Ces réformes sont distinctes les unes des autres, mais leur principe de base, qui est aussi celui de la décentralisation, est que le pouvoir de produire et de fournir des biens et des services doit être délégué à l'échelon le plus bas qui soit capable d'assumer les coûts et avantages que cela comporte. Dans bien des pays, une telle démarche peut amener à réduire le pouvoir du gouvernement central, mais les réformateurs doivent agir avec discernement. Selon le contexte institutionnel, la décentralisation peut accroître la capacité d'action de l'État en lui permettant de mieux se consacrer à ses missions essentielles ou elle peut avoir l'effet contraire.

La demande de décentralisation politique en bonne et due forme est le fruit d'au moins trois grandes tendances récentes :

- *La dimension minimum d'une administration autonome a baissé.* Du fait des progrès de la technologie et de l'évolution des besoins des citoyens, des producteurs et des consommateurs, certains des avantages (la sécurité, par exemple) qui poussaient les pays, les régions et les provinces à collaborer sous la bannière d'une administration centrale ont perdu de leur importance. En Europe et en Amérique du Nord, conscients de la pression des marchés mondiaux, les milieux d'affaires exigent des administrations locales et régionales mieux à même de fournir les infrastructures et la main-d'oeuvre qualifiée dont ont besoin les entreprises multinationales.
- *Les changements politiques ont donné la parole aux populations locales.* L'autorité centralisée de la Tchécoslovaquie, de l'Union soviétique et de la Yougoslavie s'est effondrée dès lors que le pouvoir unificateur du parti communiste a disparu. Ailleurs, les régions et les collectivités territoriales ont su profiter du vide politique apparu avant et pendant les changements de régime, comme en Argentine et au Brésil à la fin des années 80, et en Afrique du Sud pendant les années 90.
- *Les pays se tournent souvent vers les administrations locales et régionales lorsque le gouvernement central se montre incapable d'assurer les services essentiels.* Au cours de la deuxième moitié des années 80, la Colombie s'est engagée sur la voie de la décentralisation et de la réforme politique, mettant fin à une longue tradition jacobine. Le nouveau gouvernement a changé la donne, attribuant la prestation des services sociaux aux collectivités territoriales et ouvrant le système inflexible de nominations

politiques au scrutin démocratique local. De même, au Venezuela et dans d'autres pays d'Amérique du Sud, des collectivités territoriales actives ont rapproché l'administration des populations et ont amélioré la qualité des services, souvent de manière spectaculaire.

Avant de voir ce que peuvent faire les autorités pour satisfaire à ces aspirations, il vaut la peine de se demander ce qu'on entend exactement par « décentralisation ». En réalité, ce terme recouvre toute une palette de démarches distinctes. Les principales sont la déconcentration administrative, ou la délégation de fonctions de l'État à des niveaux inférieurs de l'administration, le contrôle budgétaire et l'élaboration des politiques restant l'apanage du pouvoir central ; la décentralisation financière, par laquelle l'influence sur les budgets et les décisions financières passe des échelons élevés aux échelons inférieurs ; et la dévolution, par laquelle les ressources et le pouvoir politique sont transmis à des instances de rang inférieur qui n'ont guère de comptes à rendre aux niveaux administratifs supérieurs. Il est rare que la décentralisation englobe la totalité de ces démarches. Cette diversité fait qu'il est difficile de comparer la situation des différents pays ou de tirer beaucoup de conclusions définitives.

On constate que la décentralisation, mesurée à l'aune de la part des collectivités territoriales dans le total des dépenses et des recettes publiques, est généralement plus poussée dans les pays plus riches et plus étendus. Globalement, cependant, la centralisation s'est légèrement accrue dans les pays industriels depuis 1974 (tableau 7.1). C'est particulièrement vrai au Royaume-Uni, tandis qu'en Australie, en Espagne, aux États-Unis et en France, les fonctions de l'administration centrale continuent d'être redistribuées à la périphérie. Les pays en développement, dont la plupart ont connu une phase de construction nationale après l'époque coloniale dans les années 50 et 60, ont entrepris de se décentraliser depuis les années 70. L'Argentine, le Brésil et la Colombie sont parmi ceux qui sont allés le plus loin dans ce sens. Dans ces deux groupes de pays, la décentralisation des dépenses est nettement plus poussée que celle des recettes correspondantes.

Comment aborder le dossier de la décentralisation

Comme l'a démontré ce qui précède, la formule correspondant à la meilleure répartition des pouvoirs entre les différents niveaux de l'administration varie suivant les pays. Là, comme dans les autres domaines de la réforme de l'État, il serait vain de chercher une solution universelle.

Tableau 7.1 Évolution des ressources financières des collectivités territoriales dans divers pays
(pourcentage de dépenses ou de recettes pour tous les niveaux de l'administration)

	Dépenses des collectivités territoriales			Recettes des collectivités territoriales		
Pays	**1974**	**1994**	**Tendance**	**1974**	**1994**	**Tendance**
Afrique du Sud	24	41	↗	4	12	↗
Allemagne	44	*40*		34	*30*	
Argentine	*25*	*45*	↗	*25*	*37*	↗
Australie	47	49		20	27	↗
Brésil	*30*	*38*	↗	*23*	*25*	
Canada	61	60		39	44	↗
Chili	2	*9*	↗	2	*5*	
Colombie	25	*33*	↗	16	*18*	
Espagne	10	*34*	↗	5	*12*	↗
États-Unis	45	44		33	36	
France	18	19		6	13	↗
Inde	45	49		27	25	
Indonésie	11	*15*		3	*3*	
Iran, Rép. islamique d'	1	*5*		1	*6*	↗
Malaisie	18	*14*		13	*8*	↘
Roumanie	16	10	↘	12	6	↘
Royaume-Uni	33	*28*	↘	15	*8*	↘
Suède	44	34	↘	28	32	
Thaïlande	17	8	↘	5	5	
Zimbabwe	*26*	*25*		*24*	*15*	↘

Note : Les données correspondent à tous les niveaux de l'administration autres que l'administration centrale. Elles comprennent les transferts du gouvernement central aux collectivités territoriales. Les flèches indiquent une variation égale ou supérieure à cinq points de pourcentage. Là où l'on ne disposait pas de données pour 1974 ou 1994 (italiques), on a utilisé les données de l'année la plus proche. Les chiffres indiqués pour l'Allemagne en 1974 renvoient au territoire d'avant la réunification.
Source : FMI, années diverses (a).

Cependant, les réformateurs peuvent s'inspirer d'un certain nombre de grands principes pour analyser la situation. En application du plus clair et du plus important d'entre eux (souvent dénommé le principe de subsidiarité), la production et la fourniture des biens et services doivent être déléguées verticalement au dernier échelon capable d'en assumer pleinement les coûts et avantages.

Toutefois, cela est plus facile à dire qu'à faire. Le tableau 7.2 illustre certains des éléments qui caractérisent la demande et l'offre de biens et services et qui doivent être pris en compte. Comme on l'a vu, dans le cas de certains biens locaux, tels que ceux qui ont les caractéristiques d'un bien collectif, le meilleur prestataire peut être une organisation extérieure à l'administration, telle qu'une association d'utilisateurs de ressources (forêts, eau) ou une ONG. D'une manière plus générale, lorsque les préférences ou les attentes diffèrent d'une collectivité à une autre, les administrations locales sont mieux à même d'adapter l'offre aux besoins. S'agissant de l'offre, la décentralisation au niveau de la prestation des services peut aussi améliorer l'efficacité et l'émulation interterritoriales et donner aux consommateurs — théoriquement au moins — la possibilité de s'adresser à d'autres collectivités. En revanche, si des économies d'échelle ou des retombées interterritoriales existent sur le plan de l'offre — par exemple, dans le cas de la construction et de l'entretien d'axes routiers interurbains — ou si des normes minimums (dans l'enseignement primaire, par exemple) et d'autres effets externes sur la consommation interviennent du côté de la demande, un contrôle centralisé, que ce soit au niveau national ou provincial, est sans doute préférable.

Tableau 7.2 Caractéristiques de la demande et de l'offre de biens publics locaux et nationaux

Échelon auquel le bien est fourni	Facteurs influant sur la demande	Facteurs influant sur l'offre
Local	Préférences locales (éclairage urbain, zonage)	Potentiel de concurrence interterritoriale (police, entretien routier)
	Services collectifs (voies urbaines, enlèvement des déchets)	
National	Effets externes sur la consommation (lutte contre les épidémies)	Économies d'échelle (défense nationale)
	Souci d'équité (normes minimales d'enseignement primaire)	Effets externes interterritoriaux (voies interurbaines)

L'adaptation des services aux préférences locales peut faire baisser les coûts de transaction (en particulier le coût de l'information), engendrer des gains d'efficacité et encourager le développement économique local. Même lorsque la fourniture d'un service semble pouvoir être décentralisée, les avantages et les coûts de l'opération varient suivant les circonstances. De plus, l'expérience semble indiquer que la décentralisation risque de se solder par un échec en l'absence de dispositions institutionnelles de nature à favoriser la responsabilité politique au niveau local et la discipline budgétaire tant dans l'administration locale que dans l'administration centrale. En effet, les collectivités territoriales sont confrontées à deux faisceaux de relations distincts mais interdépendants, qui doivent tous deux être examinés lorsqu'on mesure le champ de la décentralisation.

Le premier est constitué par les liens horizontaux qui unissent les collectivités territoriales et les citoyens, les ONG et les entreprises privées. Les mécanismes institutionnels, tels que les élections ou les référendums locaux, peuvent établir ces liens ou influer sur eux, en créant des incitations à coopérer, à agir de manière responsable et à améliorer les prestations de l'administration locale. Le deuxième faisceau de relations, vertical celui-là, est celui qui unit les différents niveaux de l'administration. Dans la plupart des pays, des dispositions institutionnelles officielles définissent le rôle et les fonctions de chaque échelon territorial, en particulier dans la mesure où ils influent sur les relations financières entre collectivités. Ces deux faisceaux, l'horizontal et le vertical, sont nécessaires au bon fonctionnement des administrations locales (figure 7.3). On examine ci-après certaines des façons dont les liens horizontaux peuvent encourager les administrations locales à être plus à l'écoute des administrés, à mobiliser les ressources, à améliorer la fourniture des services et à stimuler le développement du secteur privé.

Les avantages d'un renforcement de la responsabilité politique et des incitations à l'échelon local

PARTICIPATION DES CITOYENS. Théoriquement, la décentralisation peut renforcer et compléter les mesures favorisant la participation, qui ont été décrites plus haut. Comme elles, elle peut protéger les collectivités contre la tyrannie de la majorité en rapprochant les administrations du peuple et en aidant les communautés à définir elles-mêmes leurs problèmes, et en particulier ceux des groupes minoritaires. Il suffit d'analyser le contraste entre les situations d'Oaxaca et de Chiapas, deux des États les plus pauvres du Mexique, pour voir ces effets à l'oeuvre. Les deux États ont des ressources et des potentialités de développement comparables, et tous deux comptent de nombreux pauvres et une population autochtone importante.

Figure 7.3 Règles verticales et forces horizontales façonnent la capacité des collectivités territoriales

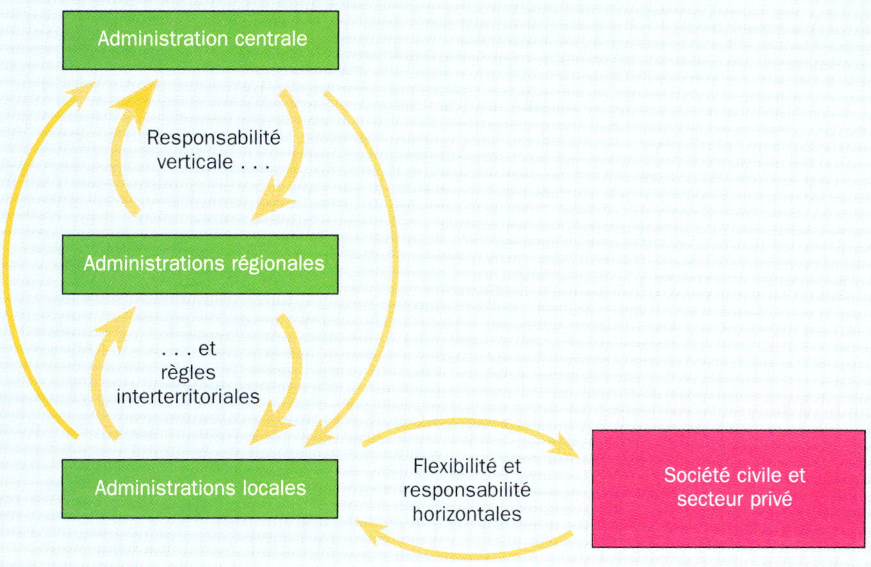

Pourtant, on considère généralement que le bilan des programmes de lutte contre la pauvreté est bon à Oaxaca et négatif à Chiapas. La différence semble tenir au degré de participation dans l'élaboration et la mise en oeuvre des politiques. Oaxaca fait depuis longtemps appel à la participation des autochtones et des pauvres. À Chiapas, au contraire, l'absence de démarche interactive, conjuguée à une corruption endémique, fait que les services sont médiocres et que les tensions, ponctuées d'affrontements sanglants depuis le début de 1994, se sont exacerbées.

Lorsque les postes publics sont pourvus de manière démocratique, que la population peut participer aux élections et choisir ses représentants à différents niveaux de l'administration, l'éventail des choix politiques s'élargit de lui-même, créant une émulation entre échelons territoriaux. La participation de la population locale peut également renforcer l'adhésion des citoyens aux décisions de politique générale. La décentralisation peut donc élargir la gamme d'options des dirigeants locaux, tout en les plaçant devant leurs responsabilités. Les faits observés récemment en Amérique latine, et surtout en Colombie, semblent indiquer que, lorsque les dirigeants locaux sont rendus comptables de leurs actes et qu'ils savent que leur situation dépend en grande partie de la façon dont les citoyens évaluent leur prestation, ils paraissent beaucoup plus soucieux de la qualité de leurs collaborateurs et de celle des outils dont ils disposent pour diriger efficacement leur service. À Porto Alegre (Brésil), selon une méthode originale de planification et de gestion des investissements publics inaugurée en 1989, les groupements associatifs participent à la formulation du budget municipal. En 1995, quelque 14 000 personnes ont pris part à ce processus dans le cadre d'assemblées et de réunions. On estime qu'une centaine de milliers de personnes ont été associées indirectement à la « budgétisation concertée » par l'intermédiaire des associations locales et des groupements populaires.

Fourniture des services à l'échelon local. Face aux crises financières, à l'arrivée de nouvelles technologies et aux attentes des citoyens, de nombreux gouvernements ont décidé de déléguer aux collectivités territoriales des ressources et des responsabilités dans le domaine de la fourniture des services, en particulier dans le cas de l'éducation et de la santé publique. Bien souvent, cela a engendré des relations nouvelles, et souvent originales, entre les collectivités territoriales, les ONG et les entreprises locales. On ne dispose guère de résultats comparés qui permettraient d'évaluer le lien entre la décentralisation et la qualité des services, mais quelques exemples récents venus d'Amérique latine sont probants. Pendant les années 80, le système d'enseignement primaire de l'État de Minas Gerais au sud-est du Brésil présentait un grand nombre des problèmes communs aux systèmes éducatifs de nombreux pays en développement : taux de redoublement élevés, nombreux abandons et faiblesse des notes. Ces problèmes tenaient en partie à la réglementation excessive et à la centralisation de la gestion, au manque de fonds et à la mauvaise formation des enseignants. Une série de mesures prises au cours des années 90, notamment l'octroi de l'autonomie aux conseils élus dans chaque établissement (réunissant enseignants, parents et élèves de plus de 16 ans), et des subventions attribuées par l'administration centrale en fonction du nombre d'élèves inscrits et des besoins particuliers ont donné des résultats initiaux encourageants : les notes d'examen ont augmenté de 7 % en sciences, de 20 % en portugais et de 41 % en mathématiques.

À Teocelo, une ville située dans l'État de Veracruz au Mexique, la décentralisation a donné l'occasion d'organiser plus efficacement les ressources de santé publique. Les besoins de la population ont été définis, et on a élaboré des stratégies en vue de promouvoir la participation par le biais des organisations de proximité et de l'éducation sanitaire. Les services de soins et de médecine préventive ont été élargis, la qualité des prestations s'est considérablement améliorée et les taux de mortalité infantile sont tombés. En outre, les usagers des installations sanitaires ont indiqué que l'attitude du personnel de santé et la qualité des services s'étaient fortement améliorées.

DÉVELOPPEMENT ÉCONOMIQUE LOCAL. La participation des entreprises locales peut aussi jouer un rôle crucial dans la décentralisation, en ce qu'elle agit sur les comportements au niveau local. Depuis des siècles, les entrepreneurs influent fortement sur le rythme de développement et sur les relations entre les échelons territoriaux dans les pays industriels. Les classes possédantes, qui avaient la mainmise sur les ressources locales, exerçaient une influence considérable sur les entités publiques. Les acteurs privés et les agents de l'État étaient encouragés à coopérer pour stimuler l'expansion. Tout cela a commencé en grande partie au niveau local. Les membres des milieux d'affaires siégeaient souvent dans les assemblées locales. Si des lois efficaces sur la concurrence, qui relèvent des niveaux d'administration plus élevés, minimisent la recherche de rente, un secteur privé local dynamique peut exercer un effet bénéfique sur les prestations des collectivités locales. Par ailleurs, la mise en place de cadres de développement économique solides à l'échelon local encourage à terme l'investissement privé et assure par là même des recettes supplémentaires.

Les exemples ne manquent pas de collectivités territoriales qui ont su stimuler le développement économique dans leur circonscription et de mécanismes institutionnels décentralisés qui ont favorisé la croissance. Les villes de Greenville et de Spartanburg, en Caroline du Sud, sont petites, situées à l'intérieur des terres et éloignées des zones à forte densité de population des États-Unis. Pourtant, elles ont le taux d'investissement étranger par habitant le plus élevé de toutes les conurbations du pays. On y trouve 215 sociétés de 18 pays, et 74 d'entre elles y sont domiciliées. Des dirigeants animés d'un grand dessein et d'une approche du développement local fondée sur le secteur privé ont établi une base solide de petites et moyennes entreprises innovantes, employant une main-d'oeuvre dont les compétences sont régulièrement recyclées.

De l'autre côté de la planète, la municipalité de Wuhan, en Chine centrale, a décidé au début des années 90 de transformer la vieille ville et d'en faire une véritable conurbation. Pour cela, elle a pris des mesures distinctes à promouvoir l'investissement étranger en assouplissant la réglementation applicable dans deux zones d'aménagement, en en ouvrant une troisième, en adoptant des règles locales pour fournir le cadre juridique nécessaire, en renforçant la gestion des locaux immobiliers et en améliorant les infrastructures. Le résultat ne s'est pas fait attendre : dès 1992, le nombre de projets d'investissements étrangers approuvés représentait plus de deux fois et demie le total enregistré durant les huit années précédentes et le triple du total des capitaux investis pendant la même période. Décidée à ne pas en rester là, la municipalité a organisé en 1993 une gigantesque mission de promotion des investissements, à la suite de laquelle elle a obtenu des contrats d'une valeur de 5 milliards de dollars avec Singapour et Hong Kong (Chine).

En dépit de ces exemples encourageants, l'expérience montre que le succès de la décentralisation risque d'être éphémère ou isolé s'il n'existe pas de règles efficaces de collaboration entre les échelons territoriaux. Les incitations horizontales ne sont qu'un aspect des choses. Dans le domaine de l'éducation, par exemple, il peut être nécessaire que des échelons d'administration plus élevés interviennent pour prévenir un trop grand morcellement et pour estomper les différences qualitatives entre les différentes localités. Par ailleurs, dans le secteur de la santé, la façon dont il convient de répartir les responsabilités entre les différents échelons territoriaux est rarement évidente. Les vaccinations, le dépistage de la tuberculose et le stockage des vaccins sont autant de domaines où s'impose une gestion énergique et efficace à partir de niveaux d'administration relativement élevés. En outre, les collectivités territoriales ne sont pas toujours le cadre approprié pour l'élaboration et la mise en oeuvre des politiques. Par conséquent, il ne faut pas que la décentralisation devienne un exercice de pure doctrine consistant à forcer ces collectivités à assumer certaines fonctions ou visant à séparer artificiellement les niveaux d'administration. Elle doit être la recherche pragmatique d'un juste équilibre entre les fonctions des différentes collectivités territoriales, le but étant d'assurer la fourniture en temps voulu de services de qualité. Comme on le verra ci-après, la recherche de cet équilibre doit s'effectuer dans le cadre de règles fiables.

Les écueils de la décentralisation

Il arrive bien souvent que la décentralisation, loin d'être l'aboutissement d'une série de réformes soigneusement planifiées, s'effectue dans un environnement politiquement instable, où règne la méfiance et où les dirigeants réagissent au coup par coup aux attentes de la base. Lorsque le cadre politique est aussi faible, de sérieux problèmes peuvent surgir, tels que des dérapages macroéconomiques, l'apparition de disparités régionales dans les services fournis et une mauvaise affectation des ressources, confisquées par les collectivités les plus promptes à agir. Ce dont il faut se souvenir, c'est qu'il doit exister à tout moment des règles précises qui définissent le champ des responsabilités pour chaque niveau d'administration.

DIMENSIONS MACROÉCONOMIQUES DES RELATIONS FINANCIÈRES INTERTERRITORIALES. Il est universellement admis que les questions macroéconomiques sont l'apanage de l'administration centrale. Dans la plupart des économies industrielles, la centralisation, ou à tout le moins des directives fermes venues de l'administration centrale, dans les domaines budgétaire et financier a été un élément indispensable à la santé des finances publiques et à la fiabilité du cadre de développement économique. Étant donné que la décentralisation accroît le nombre des acteurs et des comptes budgétaires, les pays où se font déjà sentir de sérieuses pressions financières et inflationnistes doivent s'attendre à faire face à des situations difficiles et à des risques additionnels s'ils se lancent sur cette voie.

Sur le plan budgétaire, les relations interterritoriales influent sur l'évolution macroéconomique à trois niveaux : le transfert et le partage de l'assiette fiscale et des dépenses, le parallélisme entre le pouvoir de décision sur les impôts et le pouvoir de décision sur les dépenses et, enfin, le volume des emprunts des collectivités territoriales.

De sérieux déséquilibres macroéconomiques peuvent survenir si des composantes majeures de la matière imposable sont transférées inconsidérément. En Inde, par exemple, des parties importantes de l'assiette fiscale ont été cédées aux collectivités territoriales, laissant essentiellement à l'administration centrale — dont les obligations au titre de la dette publique et des pensions ne cessent de croître — les impôts sur le revenu et sur le commerce extérieur et les impôts indirects, ce qui lui accorde une marge de manoeuvre insuffisante. Le partage des grandes composantes de l'assiette fiscale peut aussi amoindrir les avantages d'une réduction du déficit au niveau de l'administration centrale, comme on l'a vu au début des années 90 en Argentine, où l'État a dû partager les recettes additionnelles obtenues grâce à la réforme de la fiscalité avec les administrations provinciales, qui ont en quelque sorte profité de ses efforts et se sont servies de cette manne pour gonfler leurs effectifs.

Les dépenses qui engendrent des avantages et des coûts à l'échelle nationale — les biens publics à caractère national — devraient être placées sous la responsabilité de l'État. C'est le cas notamment des coûts de la stabilisation économique et de la redistribution. Cependant, un grand nombre de dépenses locales influent elles aussi sur la répartition du revenu, en particulier les subventions en faveur de la santé et du logement que versent les économies en transition et de nombreux pays en développement. En outre, lorsque les avantages découlant des dépenses publiques locales sont circonscrits à la collectivité qui les effectue, mais que les coûts (sous forme d'impôts généraux ou de retombées négatives) sont répartis plus largement, les collectivités territoriales sont tentées de vivre au-dessus de leurs moyens, ce qui peut avoir des effets fâcheux pour la politique budgétaire du pays.

EMPRUNTS DES COLLECTIVITÉS TERRITORIALES. Ces emprunts risquent d'engendrer l'instabilité macroéconomique si l'administration centrale n'impose pas de règles budgétaires strictes et s'il n'existe pas de mécanisme efficace de suivi des obligations au titre de la dette, particulièrement en présence de prêteurs multiples. L'asymétrie de l'information fournie par les emprunteurs (collectivités territoriales) et par les prêteurs (État et marchés financiers internationaux) est également un problème. C'est ce que montre le cas de la Chine, où les administrations provinciales n'ont pas le droit de recourir à l'emprunt pour financer le déficit budgétaire. Pourtant, au début des années 90, les emprunts quasiment incontrôlés faits par les entreprises d'État au niveau infranational ont contribué à la surchauffe de l'économie et ont mis en péril la stabilité macroéconomique (encadré 7.6). Dans un autre contexte, l'endettement combiné des États brésiliens dépasse les 100 milliards de dollars, niveau proche du total de la dette fédérale et de la banque centrale. Si cet endettement continue à croître, le gouvernement fédéral devra soit réduire ses propres dépenses, soit relever les impôts, soit laisser filer l'inflation pour couvrir les dettes des États.

Tout cela peut avoir des résultats macroéconomiques regrettables. Cependant, certains de ces scénarios ont davantage de poids dans certains pays que dans d'autres. L'instabilité macroéconomique dépend de l'importance relative de chaque scénario, des capacités relatives des organismes centraux et locaux responsables de l'élaboration et de la mise en oeuvre des politiques, et de la mesure dans laquelle l'administration centrale tient à respecter les grands objectifs macroéconomiques, de croissance et de stabilité des prix en particulier.

DISPARITÉS RÉGIONALES ET INÉGALITÉ DANS LES PRESTATIONS. Dans beaucoup de pays, l'État a pour objectif suprême, voire pour obligation constitutionnelle, d'assurer aux citoyens un niveau de vie et de prestation plus ou moins comparable sur l'ensemble du territoire. En régime centralisé, l'État est mieux à même de compenser les disparités régionales de revenu en modulant le niveau des prestations et de la fiscalité. La décentralisation ne permet plus de garantir l'équité, qui sera, en tout état de cause, plus difficile à réaliser. De plus, les collectivités territoriales et les régions les plus riches peuvent tirer des avantages disproportionnés de l'élargissement de leurs pouvoirs fiscaux.

En Chine, par exemple, on note depuis quelques années une aggravation des inégalités dans le revenu par habitant des différentes provinces. Dans la province de Guangdong,

Encadré 7.6 Les écueils de la décentralisation : l'expérience du Brésil et de la Chine

Par suite de la démocratisation et des révisions constitutionnelles intervenues pendant les années 80, le volume des ressources administrées par les collectivités territoriales du Brésil a augmenté parallèlement au degré d'autonomie avec lequel elles sont employées. Les administrations locales représentent de nos jours la moitié du total des dépenses publiques.

Cependant, cette délégation des ressources ne s'est pas accompagnée d'une clarification ou d'une expansion des responsabilités locales. Les collectivités territoriales n'étaient pas prêtes à assumer de nouvelles attributions et elles n'étaient pas tenues de s'acquitter de fonctions précises ni d'exécuter celles déjà exercées à d'autres échelons territoriaux. Aussi ont-elles utilisé une grande partie de cette manne pour recruter du personnel et pour lancer des projets d'une utilité douteuse. On ne saurait dire si l'efficacité générale des dépenses du secteur public s'est améliorée. En revanche, la décentralisation a accentué le déficit budgétaire, car les grands États se sont servis de leur surcroît d'autonomie politique pour s'approprier des ressources fédérales : au milieu des années 90, près du tiers du déficit fédéral, qui ne cessait de croître, était imputable à la dette des collectivités territoriales.

L'expérience du Brésil montre que la décentralisation politique et financière n'est pas un gage d'amélioration de l'efficacité du secteur public et peut compromettre la stabilité macroéconomique. Pour atteindre l'objectif recherché, la décentralisation financière doit aller de pair avec une décentralisation correspondante des responsabilités dans le domaine des dépenses ; les capacités institutionnelles de l'administration des États et des municipalités doivent être améliorées, et les relations budgétaires et financières du gouvernement fédéral avec les collectivités territoriales doivent reposer sur le principe des contraintes effectives.

Le cas de la Chine au début des années 90 démontre les écueils d'une décentralisation qui ne s'accompagne pas de réformes parallèles et de garde-fous macroéconomiques. À compter de 1978, l'administration centrale s'est mise à déléguer le pouvoir de décision sur les investissements et sur l'affectation des ressources budgétaires aux autorités provinciales, aux entreprises, aux institutions financières, voire aux ménages. C'est là un élément crucial de la libéralisation économique en Chine et un facteur clé de la croissance spectaculaire enregistrée par l'économie depuis une vingtaine d'années. En même temps, toutefois, trois conséquences de la décentralisation ont érodé le contrôle de l'administration centrale sur les agrégats macroéconomiques :

- Les recettes de l'État en pourcentage du PIB ont brutalement diminué. En renforçant la concurrence dans le secteur industriel, la décentralisation a contribué à réduire les bénéfices des entreprises industrielles d'État, qui étaient auparavant la principale source de recettes fiscales. Les collectivités territoriales, qui jouissaient d'une autonomie croissante, n'ont fait qu'aggraver les choses en accordant des exonérations fiscales aux entreprises d'État qu'elles contrôlaient pour améliorer leur résultat après impôt.
- L'autonomie croissante des autorités locales a gêné les efforts déployés par les planificateurs chargés des investissements de l'administration centrale pour surveiller les investissements des administrations provinciales et des entreprises d'État qui relevaient de leur compétence. Étant donné que les recettes fiscales des administrations provinciales avaient diminué au point qu'elles ne suffisaient pas à financer leurs investissements, les succursales locales des banques d'État, sollicitées, acceptaient généralement d'accorder des prêts en faveur des projets locaux.
- Les agences locales de la banque centrale pouvaient disposer librement de 30 % des prêts accordés chaque année par cet établissement au système financier. Lorsque les succursales locales de la banque d'État avaient besoin de ressources supplémentaires pour soutenir les investissements des autorités locales et des entreprises de l'État, elles s'adressaient aux succursales locales de la banque centrale pour obtenir une injection de liquidités.

La surchauffe de l'économie qui en est résultée en 1992–93 a fortement menacé la stabilité. L'inflation est montée à son niveau le plus élevé depuis plusieurs décennies. La croissance réelle du PIB a atteint les taux extraordinaires de 14,2 % en 1992 et 13,5 % en 1993. Cette expansion provenait à 80 % de la croissance des investissements effectués en majeure partie par les entreprises d'État sous le contrôle des administrations provinciales.

Les autorités ont réagi sans tarder par tout un train de mesures, principalement en imposant des restrictions administratives sur les investissements des autorités provinciales et des entreprises d'État, et en réaffirmant l'autorité de la banque centrale sur les prêts accordés aux banques d'État. Ces mesures ont permis à l'économie d'atterrir en douceur. Dès 1995, l'inflation était retombée en dessous de 7 %, tandis que le PIB continuait à croître d'environ 9 %.

la plus riche de toutes, le revenu par habitant est quatre fois plus élevé que dans la province la plus pauvre, Guizhou. Si certaines provinces de la côte sud, telles que Fujian, Guangdong et Hainan, sont plus performantes que les provinces occidentales intérieures, c'est principalement grâce à leur emplacement central pour les transports et les communications et à la proximité de Hong Kong (Chine). Ces avantages naturels ont été renforcés par la politique volontariste menée en faveur des provinces côtières, en particulier par l'octroi d'avantages fiscaux aux investisseurs étrangers qui s'implantent dans les zones de développement économique proches de la côte, par la possibilité d'obtenir des crédits importants (en proportion de la population) par l'intermédiaire d'un système bancaire sous le contrôle de l'État, et par l'immatriculation obligatoire, qui dissuade les pauvres de venir s'installer dans les régions du littoral en pleine expansion.

En Russie, les inégalités de revenu entre les régions (*oblasts*) sont très prononcées. On estime que l'écart entre les dépenses par habitant de l'oblast qui dépense le moins et celles de l'oblast qui dépense le plus était passé de un à sept dès 1992, les régions relativement aisées recevant des crédits budgétaires disproportionnés et les zones rurales étant relativement lésées. La fiscalité régionale ou le partage, en fonction du lieu d'origine, des recettes fédérales provenant des ressources naturelles pourrait creuser encore les disparités budgétaires. L'expérience de la Russie et de la Chine fait ressortir la nécessité d'élaborer des systèmes de péréquation appropriés si l'on veut empêcher les inégalités de s'aggraver pendant les périodes de croissance accélérée ou de stabilisation macroéconomique.

ACCAPAREMENT DES RESSOURCES PAR CERTAINES COLLECTIVITÉS TERRITORIALES. Des distorsions économiques et financières peuvent survenir lorsque les collectivités territoriales sont à même de profiter des faiblesses du gouvernement central. Si les relations financières interterritoriales ne sont pas soumises à des règles acceptées par toutes les parties, il arrive que les collectivités bénéficient de sources de revenu qui ne leur ont pas été attribuées officiellement dans le cadre d'un programme approprié de décentralisation financière. En Pologne, par exemple, depuis la décentralisation de l'administration, nombre de collectivités locales ont commencé à se comporter comme des groupes de pression, cherchant avant tout à soutirer à Varsovie des avantages supplémentaires pour leurs clients locaux. Il s'en est suivi une aggravation des disparités entre collectivités, qui engendre de nouvelles formes de conflits sociaux.

Au Pakistan, la décentralisation s'est accompagnée d'une recentralisation subtile des fonctions au niveau provincial et de l'apparition de tensions dans les relations entre les différents échelons territoriaux. Les autorités provinciales, qui ont élargi leur rôle dans la fourniture de services d'éducation et d'autres services publics locaux depuis les années 60, adoptent une attitude de plus en plus centraliste et empiètent sur les prérogatives des autorités municipales. Loin d'être encouragées à assumer des fonctions et des responsabilités nouvelles, celles-ci se voient refuser la possibilité de réussir. Pourtant, le renforcement du contrôle exercé par les autorités provinciales ne s'est pas traduit par une amélioration visible de la fourniture des services.

Les pays industriels qui ont entrepris de se décentraliser jouissaient au départ d'un cadre juridique solide, qui assujettissait les collectivités territoriales à des règles fiables. Nombre d'entre eux disposent d'autres mécanismes, tels que des politiques relatives aux transferts de ressources financières et des systèmes de péréquation (encadré 7.7), des règles financières contraignantes et des limites sur le montant des emprunts locaux, qui réduisent les risques de dérive. Certains pays ont essayé des mécanismes de concertation (comités des sages, par exemple) qui réunissent les parties prenantes et proposent des options de politiques, dont la réalisation et l'administration ne soulèvent pas de problèmes particuliers et qui s'inscrivent dans un horizon temporel convenu.

Comment réussir une décentralisation — leçons de l'expérience

Dans des circonstances idéales, les dirigeants procéderaient à la décentralisation en déléguant peu à peu les pouvoirs et les responsabilités en matière de recettes et de dépenses, selon une démarche compatible avec des besoins et des responsabilités définis d'avance. Simultanément, ils mettraient au point un système de dotations interterritoriales, de manière à combler tout hiatus entre les dépenses et les recettes locales, et à corriger les déséquilibres éventuels au niveau de l'efficience et de l'efficacité. Ce système incorporerait de préférence des dispositions incitant les collectivités territoriales à mobiliser des ressources locales. Voilà pour le monde idéal. Mais, dans la vie, les choses sont souvent plus compliquées.

TRANSFÉRER LES POUVOIRS SUR LES DÉPENSES ET LES RECETTES. Les problèmes sont légion. La véritable répartition des avantages et des taxes tant à l'intérieur des collectivités qu'entre elles est mal connue. De plus, si la décentralisation fait gagner en efficience, elle peut conduire à sacrifier les économies d'échelle offertes par la centralisation dans le recouvrement des recettes et la production des services. Par ailleurs, dans le cas de la production des services, le coût des solutions de rechange est souvent un point d'interrogation. Le tableau 7.3 présente quelques options concernant le transfert des taxes et des dépenses.

ÉLABORER UN SYSTÈME DE DOTATIONS INTERTERRITORIALES. Ces dotations sont des sources de recettes importantes pour de nombreuses collectivités territoriales. Au Brésil, les dotations du gouvernement fédéral ont financé 64 % des dépenses des collectivités territoriales entre 1970 et 1992. En Afrique du Sud, les dotations accordées par

Encadré 7.7 Comment calculer les dotations de péréquation financière

Les programmes de péréquation financière sont destinés aux provinces dont les capacités financières sont inférieures à la moyenne. Ils s'inscrivent dans la logique de l'objectif consistant à offrir un minimum de prestations publiques sur l'ensemble du territoire et peuvent en outre engendrer la solidarité entre les provinces d'une fédération. C'est pourquoi la péréquation financière est souvent considérée comme le ciment des fédérations. Les économistes savent depuis longtemps que la péréquation se justifie pour des raisons d'équité entre provinces et il est clairement apparu, ces dernières années, qu'elle peut également, dans certaines conditions, promouvoir l'efficacité économique.

Au Pakistan, par exemple, il a été proposé d'établir un régime fiscal représentatif pour égaliser les capacités financières des différentes régions. Cela implique d'abord de calculer le potentiel des recettes qui pourraient être levées si les autorités provinciales utilisaient toutes les sources de recettes habituelles selon le coefficient moyen pour l'ensemble du territoire. En prenant pour norme la moyenne arithmétique de toutes les provinces, la dotation à laquelle a droit une province au titre d'une recette donnée est égale à la différence (si elle est positive) entre le rendement potentiel moyen au taux national moyen de taxation dans toutes les provinces et le rendement potentiel dans la province, calculé en appliquant à sa base de recettes le taux national moyen de taxation. Les capacités financières des provinces dont la base de ressources est inférieure à la moyenne sont ainsi portées au niveau médian, à la moyenne arithmétique ou à toute autre norme. Étant donné que, dans de nombreux pays, les données relatives à l'assiette fiscale et aux recettes nécessaires à l'établissement d'un régime fiscal représentatif sont publiées régulièrement par différents échelons territoriaux, la mise en oeuvre d'un tel système n'oblige pas à rassembler de nouvelles données et peut être réalisée dans le cadre d'un programme fédéral de péréquation financière et non pas d'un mécanisme de partage des recettes fiscales par la population.

Tableau 7.3 Exemple de répartition interterritoriale des impôts et des dépenses

Administration centrale	Administration régionale	Administration locale
Recettes		
Taxe à la valeur ajoutée Impôt sur le revenu des personnes physiques Impôt sur le revenu des sociétés Impôts indirects Taxes sur les ressources naturelles Droits de douane Taxes à l'exportation	Impôt sur le revenu des personnes physiques Suppléments sur les taxes nationales Taxes sur les ventes au détail Impôts indirects Impôts fonciers Taxes sur les véhicules	Impôts fonciers Taxes sur les véhicules Redevances Licences et droits
Dépenses		
Soins de santé tertiaires (lutte contre les maladies infectieuses, recherche) Enseignement universitaire Axes routiers (interurbains) Transports en commun (interurbains) Gestion des ressources naturelles Défense nationale	Soins de santé secondaires (hôpitaux, soins curatifs) Enseignement universitaire et secondaire Axes routiers (interurbains) Transports en commun (interurbains) Pollution de l'air et de l'eau Gestion des ressources naturelles Police	Soins de santé primaires Enseignement primaire et secondaire Routes (urbaines) Transports en commun (urbains) Pollution de l'air et de l'eau Enlèvement des déchets solides, eau, égouts, lutte contre les incendies Règles d'utilisation des sols et zonage Logement Politique culturelle Promotion du tourisme Police

l'administration centrale aux autorités provinciales nouvellement élues représentent environ 90 % des recettes de ces dernières. De par leur nature, les subventions tendent à dissocier les dépenses des ressources et les avantages que procure la fourniture de services publics du coût de ces services. Cette absence de lien et la faiblesse des moyens dont disposent les collectivités territoriales pour mobiliser elles-mêmes des ressources peuvent amoindrir la transparence du processus de préparation des budgets locaux et la responsabilité des collectivités territoriales envers les citoyens, situation qui peut à son tour engendrer des inefficacités et des inégalités dans la fourniture des services publics. C'est pourquoi il convient d'exercer la plus grande prudence lorsqu'on met au point un système de dotations interterritoriales dans les pays en développement.

Il n'existe pas de modèle optimal prêt à l'emploi, mais on sait tout de même qu'un bon système doit présenter certaines caractéristiques. Il doit avant tout être prévisible et transparent, et s'appuyer sur les principes présentés au tableau 7.4, qui correspondent à la situation.

S'ACCORDER SUR LA MARCHE À SUIVRE. Il est essentiel de fixer des règles claires qui circonscrivent les pouvoirs des acteurs à tous les niveaux d'administration. La démarche par laquelle ces règles sont instaurées semble tout aussi

Tableau 7.4 Principes relatifs à l'établissement des dotations et pratiques optimales

Objectif de la dotation	Principes d'établissement des dotations	Pratiques optimales	Pratiques à éviter
Combler un écart financier	Redistribution des responsabilités entre les échelons de l'administration Dégrèvement fiscal Partage de l'assiette fiscale	Dégrèvement fiscal au Canada Partage de l'assiette fiscale en Afrique du Sud, au Brésil, au Canada et au Pakistan	Subventionnement des déficits Partage de chaque taxe (Inde et Pakistan)
Réduire les disparités financières régionales	Dotations générales non liées Transferts de péréquation des capacités financières	Programmes de péréquation financière en Allemagne, en Australie et au Canada	Partage général des recettes selon des formules comportant plusieurs facteurs
Compenser les dépenses dont profitent d'autres échelons territoriaux	Transferts de contrepartie non limitatifs, le taux de contrepartie étant fonction des avantages obtenus par les autres échelons territoriaux	Transferts aux hôpitaux universitaires en Afrique du Sud	
Fixer des normes nationales minimales	Transferts forfaitaires sans contrepartie, assortis de normes de service et d'accès	Subventions routières et pour l'enseignement primaire en Indonésie Transferts pour l'éducation au Chili et en Colombie	Transferts assortis uniquement de conditions relatives aux dépenses Dotations ponctuelles
Influer sur les priorités locales dans des domaines hautement prioritaires pour le pays mais n'ayant qu'une faible priorité au plan local	Transferts de contrepartie non limitatifs, le taux de contrepartie étant inversement fonction des capacités financières locales	Transferts de contrepartie pour l'aide sociale au Canada	Dotations ponctuelles
Stabilisation	Subventions d'équipement, à condition que l'entretien soit possible	Utilisation limitée des subventions d'équipement encourageant la participation du secteur privé par l'octroi de garanties contre les risques politiques et relevant des décisions locales	Subventions de stabilisation sans conditions relatives à l'entretien

importante. Si en principe rien n'interdit que ces règles soient imposées d'en haut, l'expérience a montré qu'il était difficile d'obtenir un accord par la contrainte et que les résultats risquaient d'être éphémères. Cela est particulièrement vrai dans les économies en développement. Les observations faites dans divers pays montrent qu'en général les décisions clés sur les grandes orientations sont durablement respectées si elles reposent sur un large consensus entre les parties prenantes. Les chances de réussir une décentralisation s'accroissent lorsque les cadres et processus institutionnels permettent aux intérêts de s'exprimer et au consensus de se former, comme le déclare, par exemple, la Charte européenne de l'autonomie locale de 1985.

En l'absence d'accord sur les principes directeurs, que peut faire un gouvernement décidé à décentraliser pour amorcer les transformations ? Cette situation s'est déjà vue. Au début des années 90, le Gouvernement ougandais a établi un processus de concertation avec différentes parties prenantes — groupements locaux, producteurs agricoles et représentants de l'administration — pour déterminer la meilleure manière de s'y prendre. Il a été décidé d'adopter une démarche progressive et échelonnée. D'autres pays ont opté pour des commissions constituées de personnalités bien informées, choisies dans les différents niveaux de l'administration, les milieux universitaires et parfois les syndicats et le patronat, prenant conseil à l'étranger si nécessaire. À cet égard, le cas de l'Afrique du Sud est intéressant. Selon la nouvelle constitution, la structure administrative du pays doit être étudiée par une commission de finances publiques. Le président, chargé d'établir la commission, a offert aux différents représentants un forum garanti par la constitution pour exprimer leurs intérêts. Bien qu'il soit encore trop tôt pour juger de sa réussite, le processus a suscité un vaste sentiment d'espoir et a encouragé les citoyens à exiger des mesures de décentralisation judicieuses.

Si les commissions sont utiles sur le court terme, il peut être nécessaire de trouver des solutions de caractère plus durable si l'on veut que les intérêts des collectivités territoriales soient officiellement représentés dans les politiques et la législation nationales. Les chambres hautes, telles que le Bundesrat allemand, remplissent souvent ce genre de rôle : en effet, elles offrent non seulement une structure qui permet de représenter les intérêts de la base, mais également un mécanisme pour l'élaboration de règles rationnelles et généralement acceptées de collaboration entre différents échelons territoriaux — règles sans lesquelles la décentralisation serait, à terme, vouée à l'échec. Elles aident également les divers niveaux d'administration à s'adapter à l'évolution des besoins.

La préparation du terrain institutionnel. Théoriquement, lorsque les centres d'élaboration et de mise en oeuvre des politiques sont plus proches des populations et qu'il existe une véritable concertation avec les citoyens, la responsabilité politique et l'équilibre local des pouvoirs devraient se trouver renforcés. Mais, comme l'a montré l'analyse que nous venons de faire du potentiel de déstabilisation macroéconomique, l'action des collectivités territoriales peut aller à contre-courant de celle de l'administration centrale s'il n'existe pas de tradition forte de discipline budgétaire et si les relations entre les différents niveaux d'administration ne sont pas régies par des règles assorties de sanctions véritables. Dans la plupart des systèmes de caractère fédératif, l'équilibre des pouvoirs entre les différents échelons territoriaux est l'aboutissement d'une lente évolution. Paradoxalement, ce que nous enseigne l'histoire, c'est que, si les États n'ont pas atteint un certain niveau de centralisation et sont impuissants à contrôler les grands paramètres macroéconomiques et politiques, la décentralisation peut être difficile à appliquer dans les faits et être cause de déséquilibres. Qu'elle soit le fruit d'une évolution ou d'un plan graduel (ou des deux à la fois), la décentralisation peut être une force pour le développement, mais seulement si les conditions nécessaires sont réunies.

Avant d'élaborer une stratégie de décentralisation, on aura soin d'évaluer les capacités institutionnelles aux différents échelons territoriaux (tableau 7.5). Lorsque l'administration centrale parvient difficilement à gérer les politiques financière et monétaire nationales, à faire adopter et appliquer des règles rationnelles dans le domaine des relations interadministratives ou à instituer les structures nécessaires pour réunir les parties prenantes, les chances de succès sont minces. De forts clivages entre les échelons territoriaux ou au sein des administrations et une trop grande faiblesse de la capacité d'organisation des collectivités territoriales seraient de mauvais augure. Il vaudrait mieux, en ce cas, surseoir à la décentralisation ou renoncer à des stratégies par trop ambitieuses en faveur d'une approche soigneusement échelonnée ou sectorielle. On peut commencer, par exemple, par décentraliser certains secteurs prioritaires, tels que l'éducation, la santé ou les infrastructures. Un suivi sérieux, assuré par des mécanismes solides, permettrait de tirer les enseignements de l'expérience et d'instaurer progressivement de nouvelles mesures. Les pays dotés d'administrations centrales et locales plus fortes ont un choix d'options plus étendu et agiront suivant leurs préférences. C'est ainsi qu'un pays attachera une grande importance à la décentralisation de la fourniture des services, tandis que d'autres la jugeront indésirable, à juste titre peut-être.

La stratégie à suivre : combler le fossé entre l'État et le citoyen

Les faits exposés dans le présent chapitre montrent que si l'on veut accroître la capacité d'action et l'efficacité de l'État, on a besoin de mécanismes propres à améliorer l'ouverture et la transparence, à renforcer les incitations en faveur de la participation aux affaires publiques et, le cas échéant, à rapprocher l'État des citoyens et des communautés qu'il est censé servir. C'est une entreprise

Tableau 7.5 Adapter la stratégie de décentralisation aux capacités de l'administration centrale et des collectivités territoriales

Capacités des collectivités territoriales	Capacités de l'administration centrale — Faibles	Capacités de l'administration centrale — Élevées
Faibles	Stratégie de décentralisation prudente avec programmes pilotes	Déconcentration de certains services prioritaires
	Délégation de certaines fonctions aux ONG et aux populations locales	Délégation de certaines fonctions aux ONG et aux populations locales
	Renforcement institutionnel massif aux deux niveaux, en particulier dans le domaine des finances publiques (la plupart des pays d'Afrique subsaharienne)	Renforcement sélectif des entités locales lors du transfert des responsabilités (Hongrie, Mexique, Thaïlande)
Élevées	Tendances sécessionnistes ou séparatistes	Délégation ou dévolution des fonctions conformément aux priorités et préférences de l'administration concernée ainsi que des besoins exprimés (la plupart des pays industriels)
	Délégation ou dévolution conformément aux priorités de l'administration concernée (province de Santa Cruz en Bolivie, certaines régions de l'ex-Union soviétique)	

de longue haleine et qui n'est pas exempte de dangers. En effet, les efforts entrepris pour sensibiliser les administrations à un plus vaste éventail de besoins et d'intérêts n'amélioreront pas la responsabilité politique ou l'efficacité s'ils aboutissent à isoler encore davantage d'autres groupes. Cependant, les résultats observés de par le monde font ressortir quelques principes de base :

- Lorsque la situation s'y prête, les États doivent s'efforcer de lancer un vaste débat public pour donner à la population la possibilité d'évaluer les grandes orientations et les priorités d'action. À tout le moins, ils doivent faire connaître ce qui est dans l'intérêt du public et établir des mécanismes de concertation, tels que des conseils consultatifs et des comités du citoyen, de manière à recueillir les opinions et les préférences des groupes concernés.
- Lorsque cela est possible, ils doivent encourager la participation directe des utilisateurs et des groupes de bénéficiaires à l'élaboration, à la mise en oeuvre et au suivi de la fourniture des biens et services collectifs locaux, et ils doivent améliorer les capacités et l'efficacité des organisations et institutions locales responsables plutôt que les remplacer.
- Là où il paraît souhaitable de décentraliser la fourniture des services, l'État doit adopter une démarche soigneusement échelonnée ou sectorielle, commençant par des domaines prioritaires tels que la santé, l'éducation ou les infrastructures. Il doit établir des mécanismes de suivi solides et des règles rationnelles pour limiter l'arbitraire aux niveaux central et local.
- Au plan local, l'État doit songer avant tout aux méthodes et aux incitations en vue de renforcer la responsabilité politique et la concurrence. Lorsque les administrations locales sont peu tenues comptables de leurs actes et ne sont guère à l'écoute du citoyen, il est indispensable d'améliorer la responsabilité horizontale (envers le public) et verticale (envers l'administration centrale), première étape essentielle dans la voie du renforcement de la capacité d'action de l'État.

Aucune stratégie d'ouverture et de décentralisation n'est sans danger. Plus les possibilités d'expression et de participation sont nombreuses, plus l'État sera sollicité. Les nouveaux droits pourront être confisqués par des groupes de pression actifs et les risques de paralysie pourront augmenter. En outre, à défaut de règles claires imposant des limites à chaque échelon territorial et en l'absence d'incitations à une plus grande responsabilité politique au niveau local, la crise de l'administration des affaires publiques qui accable de nombreux gouvernements centralisés se transmettra systématiquement aux niveaux inférieurs. Cependant, comme on le verra dans la quatrième partie du Rapport, les obstacles qui hérissent la voie de la réforme de l'État ne sont pas insurmontables. Le premier pas dans la bonne voie consiste à rendre les objectifs des réformes clairement intelligibles pour tous les citoyens et pour les milieux d'affaires. Les efforts entrepris pour communiquer et pour forger un consensus ont un double avantage : ils renforcent le soutien de la population en faveur des réformes et ils donnent au gouvernement une meilleure idée de la démarche à adopter.

CHAPITRE 8

FACILITER LA COOPÉRATION INTERNATIONALE POUR LE BIEN COMMUN

Le chapitre 7 a montré comment de nouveaux partenariats et la pression de la concurrence peuvent rendre l'action de l'État plus efficace sur le plan intérieur. Mais réformer l'État est une tâche qui ne s'arrête pas aux frontières nationales. Dans un monde de plus en plus interdépendant, ce que fait un pays sera rarement sans conséquence pour ses voisins et le reste du monde. Et l'on prend de plus en plus conscience du fait qu'il existe des biens et des services publics que seule une coopération internationale permet de fournir. Aussi le renforcement de la capacité d'action de l'État passe-t-il par des partenariats et des institutions plus efficaces sur le plan international comme à l'échelon national.

La nécessité de la coopération internationale tient au fait que les problèmes analysés dans les précédents chapitres, tels que les externalités et l'absence de marchés, ont parfois une dimension régionale ou mondiale. La paix dans le monde, la pérennité de l'environnement à l'échelle planétaire, l'accès universel à un marché mondial des biens et services et la possibilité d'obtenir une information minimum sont autant d'exemples de biens publics de nature internationale. Sans une action délibérée et concertée de la communauté internationale, ces objectifs ne pourront être qu'imparfaitement atteints. Sans être, à proprement parler, un bien public, l'aide au développement justifie aussi une coopération internationale pour des raisons d'équité au niveau mondial.

L'objet du présent chapitre est de montrer comment les gouvernements pourraient aider à fournir plus efficacement des biens publics à caractère international partout dans le monde. Nous commencerons par examiner les mécanismes à participation libre qui permettent aujourd'hui de coordonner les actions internationales à vocation collective. Les avantages d'une action commune au service d'un bien commun ne sont plus à démontrer, mais ce qui est bon pour le monde ne l'est pas nécessairement pour chacun. Ainsi, la coopération ne servira pas toujours les intérêts de chaque pays. Certains biens publics internationaux pourront ne pas avoir autant de valeur pour certains pays que pour d'autres, et le coût de l'application des clauses d'un accord l'emportera parfois sur les avantages que le signataire en retirerait. En outre, l'usage montre que les accords à adhésion libre restent à peu près lettre morte lorsque les pays y souscrivent sans en comprendre, ou accepter, pleinement le coût probable.

Financement et fourniture des biens publics internationaux

Il n'y a pas si longtemps, on conseillait encore souvent de s'en remettre presque exclusivement à l'État pour la fourniture des biens publics. On pouvait, selon les cas, recourir à une subvention, une taxe, une nouvelle règle fixant des clauses de responsabilité, une nouvelle réglementation ou un nouveau programme qui permettrait à l'État de fournir directement le bien en question. Mais cette démarche ne pouvait généralement plus être adoptée lorsqu'il s'agissait de biens publics internationaux. Dans un monde d'États souverains, la coopération librement consentie est la seule formule. Mais pourquoi les pays entreprendraient-ils collectivement des actions qu'ils ne se sentent guère — ou nullement — motivés à mener individuellement ?

L'expérience et une meilleure compréhension du mode de fonctionnement des systèmes économiques nous ont depuis conduits à élargir la palette des motifs de coopération et à concevoir des mécanismes institutionnels plus efficaces pour faire de cette action commune une réalité, que ce soit sur le plan national ou mondial. Comme on l'a vu dans les précédents chapitres, les pays sont en train d'abandonner une conception monopolistique et dirigiste de l'État pour adopter une démarche plus participative faisant intervenir la société civile, les marchés et les collectivités locales. Au niveau mondial, cette démarche va encore un peu plus loin puisqu'elle repose sur une coopération internationale basée sur le principe du libre consentement. C'est ce même principe qui est aujourd'hui au coeur des mécanismes qui permettent d'assurer des services collectifs à caractère international.

Dans les échanges internationaux et les investissements étrangers, les pays se sont entendus pour mettre au point des normes et règles de conduite communes et pour les institutionnaliser sous forme d'accords. C'est ainsi qu'ont vu le jour des accords comme le mécanisme de Coopération économique Asie-Pacifique (APEC) ou le Mercosur en Amérique du Sud, ainsi que des dispositifs multilatéraux comme l'Organisation mondiale du commerce (OMC) et son précurseur, l'Accord général sur les tarifs douaniers et le commerce (GATT). Bien que fondés entièrement sur le principe de la libre adhésion, ces accords rassemblent un nombre croissant de membres et contribuent ainsi très largement au développement du commerce et à l'amélioration des conditions de vie dans les pays concernés. Les structures qui permettent l'application de ces accords coûtent cher, mais les parties ont jugé que les avantages qu'ils procurent en justifient le coût.

Quand la coopération est-elle souhaitable ?

La décision de s'associer à une action internationale d'envergure impliquera toujours un choix complexe, qui sera conditionné par les valeurs propres à la société du pays et par la façon dont il évalue ses intérêts à long terme. Chaque pays en pèsera le pour et le contre en fonction de la nature des activités en cause, des mécanismes envisagés et de la situation économique et sociale du moment.

On a aujourd'hui mieux pris conscience non seulement de l'existence de biens publics internationaux et des avantages qu'ils procurent, mais aussi des risques que l'on court à ne pas les fournir de façon satisfaisante. L'histoire nous a montré ce qui peut arriver quand la guerre ou les obstacles au commerce et à l'investissement créent des dissensions encore plus fortes qu'aujourd'hui au sein de la communauté des nations. De même, sans structure internationale de dialogue pour faire évoluer avec méthode les normes et les politiques nationales, les petits pays risquent d'en être réduits à adopter les pratiques des grandes puissances économiques, sous la pression d'un « impérialisme normalisateur ». Et sans aide ou collaboration étrangère efficace pour effectuer le travail fondamental qui permettra de répondre aux besoins des pays pauvres, la perspective de voir un jour ceux-ci devenir des économies dynamiques et des partenaires commerciaux avantageux s'éloignera d'autant. Aussi la coopération internationale est-elle la clé de tout progrès significatif.

Mais encore une fois, tous les pays ne souhaiteront pas toujours participer à l'effort collectif. En effet, la coopération peut, à tout le moins, restreindre leur liberté d'action. Souvent, les avantages l'emporteront sur la perte d'une certaine autonomie nationale, mais pas toujours. Dans beaucoup de domaines — la coordination des politiques macroéconomiques en est un —, la nature des actions à mener de concert laisse nécessairement place à un certain nombre d'incertitudes. Dans d'autres, comme la protection de l'environnement et l'évolution du climat, on n'est pas sûr de la part qu'y auront les principaux acteurs. Ces doutes émoussent l'impact probable et les avantages attendus de la coopération.

Même quand les choses sont plus claires, les différences d'appréciation et l'hétérogénéité des priorités peuvent encore jouer contre la coopération. C'est ainsi que beaucoup de pays en développement hésitent à adopter la législation du travail et les normes de pollution des pays riches, par crainte de perdre leur avantage compétitif et de compromettre leur croissance. Et certains pays choisiront parfois de ne pas participer à telle ou telle activité dans l'idée que des solutions plus économiques finiront par émerger du travail de recherche et d'expérimentation réalisé par le secteur privé.

Pour réussir à fournir collectivement des biens publics, il faut généralement concilier trois principes : ouverture, diversité et cohésion. Si chacun est pleinement justifié, trop mettre l'accent sur l'un risque d'être préjudiciable aux autres. L'ouverture à l'économie mondiale implique une volonté de transparence et l'existence de règles claires : elle passe, par exemple, par l'interdiction de pratiques commerciales discriminatoires. Mais une ouverture sans diversité pourrait faire régresser des pays qui souhaitent faire valoir plus librement leur droit à la différence, et conduire ainsi à une plus grande fragmentation de l'économie mondiale. De même, l'acceptation de la diversité — dans la reconnaissance mutuelle de normes nationales différentes, par exemple — favorise l'innovation, mais elle peut être préjudiciable à la cohésion inter et intranationale. Cette cohésion est bien sûr souhaitable, elle aussi, mais non au prix d'un trop gros sacrifice dans le domaine de l'ouverture ou dans celui de la diversité.

Aussi nécessaire soit-elle, la fourniture collective de biens publics à caractère international ne sera donc pas la réponse à tous les problèmes pour tous les pays. Chacun doit décider, au cas par cas, de sa participation éventuelle. Les actions au service du bien commun doivent donc pouvoir s'organiser dans un cadre se prêtant à la mise en place de multiples dispositifs et institutions qui obéissent tous au principe de la libre adhésion. Ainsi, les différentes actions pourraient être regroupées autour de trois grands pôles :

- Un pôle thématique pour les questions telles que la politique macroéconomique, la protection de l'environnement, la législation du travail et les conflits internationaux (avec, par exemple, l'Organisation internationale du travail et la Banque des règlements internationaux)

- Un pôle régional pour toutes les questions qui intéressent des pays voisins (mais ouvert, de préférence, à tous ceux qui souhaitent s'y rattacher), notamment dans le domaine du commerce et de l'investissement (avec, par exemple, l'Accord de libre-échange nord-américain dit ALENA ou l'APEC)
- Un pôle de coordination pour relier les deux premiers et créer un réseau plus large pour tous les membres (avec, par exemple, l'Organisation de coopération et de développement économiques).

Un tel cadre permet de maintenir un assez bon équilibre entre l'ouverture, la diversité et la cohésion. Il pourrait aussi être une arme suffisante contre le risque de fragmentation et l'impérialisme normalisateur. Le degré de participation de chaque pays aux divers dispositifs variera en fonction des circonstances, et les différents secteurs pourront connaître de longues périodes de relative inactivité. Mais, lorsque les idées et les circonstances se prêteront à une action commune, le pôle concerné pourra connaître un vif regain d'intérêt, comme lors de la phase finale de la série de négociations du GATT pendant l'Uruguay Round.

Comment rendre la coopération plus efficace

Rien ne garantit que les États participants honoreront toujours leurs engagements internationaux. En l'absence d'une instance mondiale ayant pleine juridiction et dotée du pouvoir de contraindre, c'est aux États eux-mêmes de faire appliquer les accords et traités internationaux. Aussi faut-il manifestement des mécanismes pour garantir le respect des engagements qu'ils ont pris. L'évolution récente du droit international en suggère quelques-uns.

Les pays qui se dérobent à leurs engagements internationaux le font pour différentes raisons. Ils peuvent être peu incités à les honorer parce que leurs priorités politiques ou la conjoncture économique ont évolué. Ils peuvent aussi ne pas avoir la capacité d'action nécessaire, notamment les compétences techniques et administratives dont il faut disposer pour prendre à temps les mesures voulues. Enfin, ils peuvent ne pas avoir les moyens financiers requis, comme c'est souvent le cas chez les pays en développement.

Quand son intérêt a cessé d'être compatible avec le respect de ses obligations internationales, un pays pourra être amené à reconsidérer sa participation. Si un grand nombre de pays se trouvent, au même moment, fortement incités à ne pas respecter les clauses de l'accord (ou les règles de l'organisation internationale) auxquelles ils ont adhéré, celles-ci perdront de leur efficacité. Dans la pratique, cependant, conscients du fait que leurs actions ont des répercussions sur la communauté des nations, sur leur propre réputation et sur la possibilité de conclure des accords de réciprocité à l'avenir, les États ont su considérer leurs propres intérêts au sens large.

Le manque de moyens d'intervention et de ressources financières représente souvent un problème plus facile à gérer. En effet, beaucoup d'accords internationaux en tiennent compte, en prévoyant des dispositions tendant à assurer aux parties les ressources humaines et financières nécessaires. Lorsque ces besoins n'auront pas été pleinement anticipés, des mécanismes de communication et de suivi pourront être créés pour répondre aux problèmes qui se manifesteront. En répartissant les tâches de façon réaliste et en prévoyant les transferts de ressources nécessaires, on parviendra à améliorer l'application et le respect des accords.

Les procédures juridiques traditionnellement prévues pour garantir le respect des accords sont rarement conçues pour prévenir le problème. Souvent, elles ne sont mises en route que lorsque la violation est intervenue, ce qui attire l'attention et crée des situations conflictuelles. Les solutions au problème risquent de venir trop tard, le mal ayant peut-être déjà été fait. Les relations entre parties risquent de se tendre, rendant la coopération plus difficile à l'avenir.

En revanche, en adoptant une démarche plus méthodique, on peut promouvoir en permanence le respect des engagements. Il s'agit ici non plus de condamner, mais de veiller au respect des obligations et de prévenir les violations. Cette démarche met beaucoup plus l'accent sur la communication, la consultation, le suivi, le partage de l'information et l'assistance technique et financière.

Les récentes conventions, en particulier dans le domaine de l'environnement, comportent des mécanismes qui facilitent le respect des engagements et en permettent le contrôle, notamment sous la forme de conférences des parties, de secrétariats séparés et d'aide financière pour l'établissement et l'examen de rapports d'exécution à présenter par les États signataires. Mais les organes de ces conventions n'ont pas le pouvoir de contraindre et, sans le concours des pays eux-mêmes, leurs moyens de contrôle sont limités. Des instruments juridiques plus élaborés, comme certaines des dernières conventions dans le domaine de l'environnement, prévoient en plus la mise en place d'une structure de suivi chargée de veiller à la communication des données requises et de diffuser l'information sur l'impact de l'accord au niveau national.

La procédure applicable au non-respect des clauses du Protocole de Montréal relatif à des substances qui appauvrissent la couche d'ozone est un bon exemple de cette nouvelle démarche. Toute partie à l'accord ayant des réserves quant à la bonne application du Protocole par une autre partie peut engager cette procédure, possibilité également ouverte au secrétariat lui-même et à toute partie ayant des difficultés à honorer ses engagements. Les ONG et les particuliers peuvent aussi recourir à cette procédure en communiquant au secrétariat des informations sur les éventuels cas de non-respect du Protocole. Le Comité d'application pourra chercher à résoudre la question à l'amiable ou recommander une assistance technique ou financière si la non-observation des clauses est due à un manque de moyens. Il pourra aussi suspendre les droits et privilèges des contrevenants.

Le maintien de liens étroits de coopération entre organismes nationaux est la clé de voûte de cette démarche méthodique qui repose notamment sur des réseaux de communications permanentes, des rapports réguliers d'exécution, un examen périodique des dispositions juridiques applicables et l'organisation systématique de réunions des décideurs et des services concernés. Tous ces mécanismes aideront les autorités compétentes à tenir constamment compte des objectifs des accords et des moyens nécessaires à leur application, et permettront de tenir le public informé des problèmes qui se posent. Le Registre international des substances chimiques potentiellement dangereuses, qui est déposé à Genève et qui repose davantage sur les décisions des organes nationaux de réglementation que sur les actions entreprises par des instances internationales, est un bon exemple de ces mécanismes.

La fourniture des biens publics à caractère international : bilan et perspectives

La présente section est consacrée à un examen de certaines des difficultés et perspectives qui sont celles des États, à un moment où ils cherchent à concilier intérêt individuel et intérêt général dans un monde de plus en plus interdépendant. Cinq grands domaines seront l'objet de cette réflexion.

Élargir les marchés mondiaux

La libéralisation de la législation applicable au commerce et à l'investissement un peu partout dans le monde a généré une forte augmentation du volume des échanges mondiaux et des investissements étrangers directs et indirects, dont l'impact sur le bien-être des participants a été considérable et positif. Le renforcement de l'interdépendance économique obligeant à appliquer et développer un régime international de liberté du commerce et de l'investissement, la conclusion d'accords multilatéraux et régionaux est venue favoriser l'expansion des marchés. Dopée par le dynamisme des échanges, l'économie mondiale a connu une croissance rapide qui ne semble pas devoir se ralentir. Les migrations internationales de personnes cherchant du travail n'ont pas suivi le même rythme. Comme l'a montré le *Rapport sur le développement dans le monde, 1995*, le volume annuel des migrations dans les pays en développement n'est pas plus élevé aujourd'hui, par rapport à l'effectif de la population, que pendant les années 70. La plupart des travailleurs des pays pauvres commencent seulement à ressentir les avantages — et les coûts — des mouvements migratoires à travers le monde. Mais l'expansion des marchés et l'intensification de la concurrence exposeront dangereusement certains retardataires aux chocs imprévus et aux erreurs d'aiguillage. Comme on l'a vu au chapitre 3, les pays devront adopter des politiques prudentes et cohérentes qui inspirent la confiance pour affronter la nouvelle conjoncture mondiale. La coopération internationale pourra les y aider en leur offrant la possibilité de prendre des engagements multilatéraux qui seront de nature à susciter la confiance sur le plan intérieur.

Le nombre toujours croissant des pays membres de l'OMC est le reflet du renforcement du consensus mondial sur les avantages d'une plus grande libéralisation des échanges et de l'expansion des marchés internationaux (encadré 8.1). L'Uruguay Round, théâtre des négociations multilatérales les plus récentes dans ce domaine, a débouché sur un abaissement significatif des barrières tarifaires et non tarifaires aux échanges de biens et services, notamment entre les pays en développement.

Pourtant, il ne suffit pas de réduire les barrières aux frontières pour devenir un participant plus actif du système mondial des échanges. Il faut aussi un taux de change compétitif, une bonne réserve de devises et une infrastructure de transport capable de supporter un plus gros volume d'échanges. Ainsi, malgré une libéralisation croissante des échanges, la part de ceux-ci dans le PIB a chuté dans 44 pays en développement sur 93 entre le milieu des années 80 et le milieu des années 90. Cette disparité de rythme et de degré d'intégration explique pourquoi différentes régions ont plus ou moins bien réussi à développer leurs relations commerciales avec le reste du monde. Ainsi, alors que l'Asie de l'Est ne cesse d'accroître ses échanges depuis plusieurs dizaines d'années, ceux de l'Afrique subsaharienne ont en fait baissé.

À la libéralisation des échanges s'ajoute le fait que les pays tendent de plus en plus à lever progressivement les restrictions mises aux mouvements transfrontaliers de capitaux, que ce soit par des décisions unilatérales ou dans le cadre d'initiatives régionales. Le nombre de ceux qui appliquent un régime libéral, ou essentiellement libéral, dans ce domaine est passé de 9 à 30 au cours des 20 dernières années, tandis que celui des pays ayant une réglementation assez restrictive tombait de 73 à 53 (figure 8.1).

Les pays se distinguent tout autant par la croissance très différente du volume de leurs échanges que par leur aptitude à drainer les capitaux étrangers. Alors que les flux mondiaux de capitaux privés et publics ont à peu près décuplé au cours des deux dernières décennies, les pays en développement en ont inégalement bénéficié. Dans le monde en développement, ce gonflement des flux, dont la plus grosse part est d'origine privée, a surtout profité aux pays d'Asie de l'Est et d'Amérique latine. Selon une estimation, plus de la moitié de la population des pays en développement ne serait guère touchée par cet aspect de la mondialisation.

La composition de ce volume croissant de capitaux privés est une question qui préoccupe particulièrement les

Encadré 8.1 L'Organisation mondiale du commerce — un mécanisme international au service des politiques nationales

L'OMC a été créée en janvier 1995 pour administrer les accords de commerce multilatéraux négociés par ses pays membres. Elle peut être considérée à la fois comme une institution incarnant un ensemble de règles et de principes applicables aux politiques publiques qui influent sur les courants d'échange et comme un « marché » de concessions d'accès commercial où les partenaires conviennent des règles du jeu. Elle exige de ses membres qu'ils veillent au caractère non discriminatoire de leurs politiques commerciales et à la transparence de leurs règles et procédures d'application. Elle comporte aussi des mécanismes juridiques permettant aux pays de montrer le sérieux de leurs engagements, et elle propose des procédures améliorées de règlement des différends entre États membres.

Au cours de ses deux premières années d'existence, le système de règlement des différends de l'OMC a été saisi d'un total de 62 affaires concernant plus de 43 sujets différents. Pour deux de ces affaires, la procédure a été menée à son terme et, pour deux autres, des rapports ont été établis par les groupes spéciaux constitués à cette fin. Les pays ne peuvent plus, comme du temps du GATT, faire obstacle à la constitution de groupes spéciaux ou ignorer leurs conclusions. Ils peuvent, certes, faire appel, mais l'instance saisie se prononce en dernier ressort. Chaque phase de la procédure est strictement limitée dans le temps, et les pays qui ne se conforment pas aux décisions prises s'exposent à des sanctions commerciales autorisées par l'Organisation.

Les principales nations commerçantes et les grands territoires douaniers continuent à dominer le mécanisme de règlement des différends, et la crédibilité du système dépendra de leur propension à se soumettre à des jugements qui leur sont défavorables. Mais encouragés par la nature du dispositif mis en place par l'OMC, et notamment par les possibilités de recours, les pays en développement recourent au nouveau mécanisme bien plus que du temps du GATT.

pays en développement. Si beaucoup recherchent activement l'investissement étranger direct, ils sont plus partagés en ce qui concerne les investissements de portefeuille. Ceux-ci peuvent, certes, contribuer au développement de leurs marchés financiers par les liquidités qu'ils représentent et par l'influence qu'ils ont sur le cadre réglementaire et le mode de gestion des entreprises, mais ils apportent aussi le risque de fuite soudaine des capitaux, dont les effets déstabilisateurs ont été illustrés de manière spectaculaire par la crise mexicaine de 1994–95.

La fuite des capitaux et, d'une manière générale, les flux financiers massifs comportent des risques dont la gestion est une tâche ardue pour la plupart des pays en développement. Toutefois, ce risque est de plus en plus accueilli comme un facteur de discipline à l'endroit des gouvernements, en ce qu'il les incite à appliquer des politiques cohérentes et responsables. Beaucoup de pays ont ainsi assoupli leur réglementation sur les mouvements de capitaux (chapitre 3). Lorsqu'ils sont massifs, ces mouvements, dans un sens ou dans l'autre, peuvent toutefois fragiliser encore davantage l'économie d'un pays en provoquant un important déséquilibre des comptes extérieurs, une inflation plus forte, une hausse des taux d'intérêt ou une expansion effrénée du crédit potentiellement préjudiciable à la santé des banques.

Les moyens dont disposent les gouvernements pour se prémunir contre ces dangers sont presque tous affaire de politique intérieure : une politique budgétaire sage, un régime monétaire et un système de change qui inspirent la confiance, un système bancaire solide qui repose sur la prudence et, éventuellement, des mesures de nature à inciter les gens à moins compter sur l'État pour les sortir d'affaire si les investissements réalisés devaient mal tourner.

Mais la communauté internationale a tout intérêt à s'attaquer au problème que posent les risques liés aux mouvements de capitaux. S'ils comprenaient mieux ces risques et s'ils savaient pouvoir les gérer, les pays seraient amenés à intervenir plus activement sur les marchés mondiaux. Et l'existence, dans les pays en développement, de marchés financiers plus ouverts et mieux organisés améliorerait l'utilisation des ressources mondiales et renforcerait la diversification des portefeuilles.

Quel type d'action concertée pourrait y contribuer ? Une consultation plus étroite entre les banques centrales et les organes de contrôle financier pourrait faciliter une modernisation des dispositifs réglementaires et des règles financières des pays. Et une plus grande coopération entre les autorités nationales pourrait aider à mettre au point des modalités d'assistance mutuelle en cas de crise, à l'instar du mécanisme que vient de créer le FMI pour amortir l'effet des chocs exogènes sur les pays membres.

La poussée des régionalismes est un autre sujet d'inquiétude. Les deux dernières décennies ont vu une augmentation considérable du nombre d'accords sur l'ouverture de

Figure 8.1 Beaucoup de pays assouplissent les restrictions mises aux mouvements internationaux des capitaux

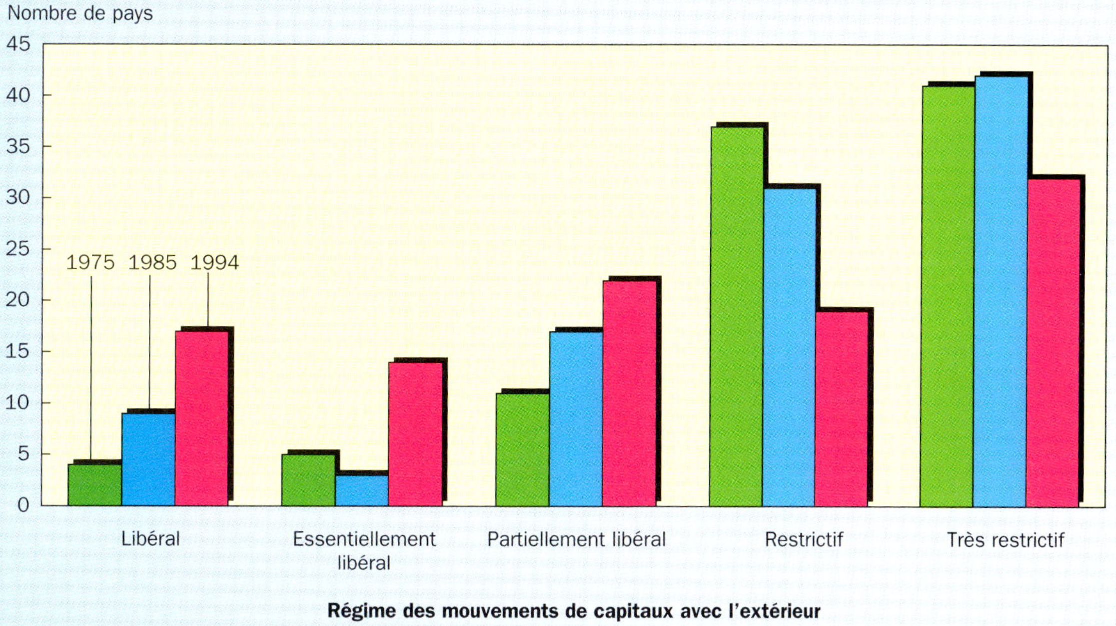

Note : Les données correspondent à 102 pays industriels ou en développement ; « *libéral* » signifie une absence de restrictions ; « *essentiellement libéral* » signifie quelques restrictions par secteur d'activité ; « *partiellement libéral* » signifie de nombreuses restrictions sur le volume et la fréquence des transactions ; « *restrictif* » signifie que l'approbation des pouvoirs publics est nécessaire pour les investissements dans le pays par des non-résidents ou pour les investissements à l'étranger par des résidents ; « *très restrictif* » signifie que l'approbation des pouvoirs publics est nécessaire pour toute transaction transfrontalière. Source : Adapté de Gwartney, Lawson et Block, 1996.

marchés régionaux, comme l'ALENA, le Mercosur et l'APEC. Le régionalisme ne se limite pas au commerce. Dans le cas de l'Union européenne, par exemple, il est aussi l'expression du désir d'une plus grande intégration politique face à des préoccupations communes de sécurité, d'un partage des coûts liés aux infrastructures et aux institutions, et d'un renforcement de leur position dans les négociations internationales.

Les avis sont partagés quant à l'intérêt des accords régionaux et les faits ne permettent pas, au stade actuel, de conclure dans un sens ou dans l'autre. Selon certains, le régionalisme sera à l'origine d'un recentrage des préoccupations actuelles et d'un transfert de ressources qui se feront au détriment de mécanismes multilatéraux plus importants, et il retardera l'établissement d'un régime mondial d'échanges non discriminatoire. Selon d'autres, au contraire, le régionalisme permet aux États d'innover par des mesures favorisant l'ouverture des marchés, qui fourniront, à terme, l'armature des initiatives multilatérales. Les partenaires régionaux ont en effet fait naître des mécanismes qui ont été ultérieurement repris dans des accords multilatéraux, comme l'a fait l'Union européenne pour le traitement du commerce des services.

Certaines des préoccupations suscitées par le régionalisme sont peut-être légitimes. Quoi qu'il en soit, il est possible de veiller à ce que les accords régionaux soient davantage conçus en fonction de marchés mondiaux plus ouverts et mieux intégrés. À cette fin, l'adhésion à ces accords pourrait être ouverte à tout partenaire commercial qui le souhaiterait, au lieu d'être limitée aux seuls pays de la région, par exemple. On pourrait aussi, au moyen d'un mécanisme multilatéral, mettre en place des critères de convergence prévoyant un calendrier précis pour ramener à un minimum convenu l'écart entre les barrières douanières internes et externes à la région.

Soutenir la recherche fondamentale et la création de savoir

Le savoir est un bien public à caractère international dont tout le monde peut profiter. La coopération internationale peut diriger la recherche dans le sens des besoins des pays en développement, là où la majeure partie des activités menées sont morcelées, médiocrement financées et mal orientées. L'aide internationale peut faciliter l'évaluation des besoins, mettre sur pied un programme de travail d'un bon rapport coût-efficacité, encourager l'échange et la collaboration entre les pays, et être la source d'un concours financier supplémentaire lorsque le besoin s'en fait sentir. Les succès remportés par le Groupe consultatif pour la recherche agricole internationale (CGIAR) et l'Organisation mondiale de la santé tendent à montrer que la rentabilité de l'investissement dans la recherche peut être importante dans les pays en développement.

La recherche fondamentale est un bien public classique, de portée mondiale. Incertains au départ et difficiles à mesurer par la suite, les fruits en sont souvent exceptionnels. La transformation de l'économie mondiale et de sociétés entières a pour base le savoir issu de nouvelles découvertes. Pourtant, quasiment rien n'incite à organiser et à financer des travaux de recherche fondamentale. En effet, les fruits d'un plus grand savoir étant accessibles à tous, rares sont les partisans d'un plus gros effort de recherche. Les gouvernements des pays riches considèrent souvent cela comme un luxe et ceux des pays pauvres se montrent rarement très intéressés.

C'est peut-être dans les pays en développement que le fossé entre les retombées potentielles de la recherche et les ressources qui y sont consacrées est le plus profond. Les possibilités de valorisation du capital humain y sont énormes, mais la malnutrition infantile, les maladies qui provoquent de graves déficiences et la dégradation des ressources naturelles sur lesquelles repose la production agricole sont autant d'obstacles à surmonter. Les progrès de la science peuvent avoir un impact considérable sur la vie des gens, comme en témoignent l'éradication de la variole, les avancées dans la lutte contre le paludisme et l'onchocercose, et le bond que la révolution verte a fait faire à la productivité agricole. Mais ces succès sont peu nombreux et peu fréquents. Aussi, sans la garantie d'une contribution permanente à un effort de recherche bien orienté, on ne peut guère s'attendre à de nouveaux progrès décisifs.

Dans les pays en développement, la recherche souffre de plusieurs handicaps. Tout d'abord, elle n'y figure pas en bonne place dans la hiérarchie des besoins. En Afrique subsaharienne, par exemple, la recherche médicale représente moins de 2 % des budgets de santé, ce qui se traduit par un manque d'établissements, d'équipements et de chercheurs. Ensuite, les quelques crédits qui lui sont consacrés sont généralement mal répartis. Alors que les pneumonies et les maladies diarrhéiques entrent pour 15 % dans la charge de morbidité des pays en développement, leur étude ne draine que 0,2 % des crédits de recherche médicale. Cette mauvaise affectation des ressources tient souvent à un manque d'informations de base et à la pénurie de personnel compétent pour mettre sur pied le programme de recherche voulu. Enfin, la coordination et les échanges entre les chercheurs des pays en développement sont quasi inexistants, ce qui entraîne de multiples chevauchements d'activités et empêche d'exploiter les possibilités d'économies.

La communauté internationale peut davantage aider les pays en développement à acquérir les connaissances qui répondront à leurs besoins. Ainsi, les bailleurs de fonds peuvent aider les gouvernements à élaborer un programme de recherche fondé sur une évaluation précise des besoins et contribuer au financement d'un niveau de dépenses plus élevé, mais viable, dans ce domaine. Les pays industriels peuvent aussi contribuer au ralentissement de l'exode des élites des pays en développement, en détachant des experts et des chercheurs auprès des instituts de recherche pour participer à la mise en place des possibilités de formation et des programmes qui inciteront le personnel local à rester. Les bailleurs de fonds peuvent faciliter la création et le financement d'instituts régionaux de recherche pour encourager un brassage d'idées et éviter la répétition inutile des mêmes travaux. Et les institutions internationales peuvent contribuer à la diffusion des connaissances ainsi acquises pour promouvoir la productivité, traiter les maladies de façon plus efficace et favoriser un mode de vie plus sain.

Les succès de la coopération dans un grand nombre de secteurs de recherche et de diffusion du savoir sont une bonne illustration des possibilités dans ce domaine. Le CGIAR, par exemple, a beaucoup fait pour la mise au point de variétés culturales plus productives et pour la promotion de techniques agricoles plus efficaces et plus respectueuses de l'environnement. Réseau regroupant 16 centres de recherche agricole du monde entier, le CGIAR peut compter sur le soutien de 50 pays pour atteindre son objectif premier, qui est de faire reculer la faim dans les pays en développement, encore que d'autres aient aussi profité des fruits de ses travaux (encadré 8.2).

Dans le domaine de la santé, d'importantes avancées de la science sont aussi à porter au crédit de la coopération internationale. C'est ainsi que l'Organisation mondiale de la santé a joué un rôle majeur dans l'éradication de la variole. Mais le champ ouvert à l'action commune demeure très vaste. En effet, on estime que 95 % des ressources mondialement consacrées à la recherche médicale au début des années 90 sont allés à des travaux sur des problèmes de santé préoccupant surtout les pays industriels, les pays en développement ne drainant que les 5 % restants.

Plusieurs activités de recherche appellent en particulier une coopération internationale accrue qui devrait viser à :

- Parvenir à une meilleure compréhension des maladies tropicales, surtout de celles qui touchent les enfants et les habitants des zones rurales en Afrique subsaharienne
- Endiguer la propagation du virus de l'immunodéficience humaine (VIH), à l'origine du sida
- Améliorer le traitement et la prévention des maladies non transmissibles qui frappent un nombre croissant de personnes dans les pays en développement
- Trouver ou mettre au point des variétés résistant aux maladies et aux parasites pour des cultures telles que le coton, le cacao, le riz et les ignames, qui jouent un rôle fondamental dans beaucoup de pays

Encadré 8.2 Comment les bailleurs de fonds recueillent, eux aussi, les fruits de la recherche agricole internationale

En 1993, les États-Unis étaient à l'origine d'environ 12 % de la production mondiale de blé. Gros exportateurs de riz, ils contribuent aussi à 18 % du commerce international de cette céréale. La plupart des variétés de blé et de riz cultivées aux États-Unis sont des produits de la phytogénétique. Beaucoup ont été mises au point dans deux centres de recherche qui font partie du réseau du CGIAR : le Centre international d'amélioration du maïs et du blé (connu sous le sigle espagnol CIMMYT) et l'Institut international de recherche sur le riz (IRRI), financés partiellement l'un et l'autre par des contributions du Gouvernement américain.

Dans le cadre d'une étude réalisée récemment pour mesurer ce que les travaux du CGIAR avaient fait gagner à l'économie américaine, on a calculé que l'utilisation des variétés de blé améliorées mises au point par le CIMMYT lui avait rapporté entre 3,4 milliards et 13,7 milliards de dollars pendant la période 1970–93. Le rapport avantages-coûts de la contribution américaine aux travaux du CIMMYT n'atteignait pas moins de 190 pour 1. Pour l'IRRI, les gains se situaient entre 20 millions et 1 milliard de dollars, soit un rapport de 17 à 1. Ainsi, bien que répondant essentiellement à des motifs humanitaires, le soutien des États-Unis à la recherche agricole internationale sur le blé et le riz a rapporté bien plus à l'économie du pays que l'investissement fait sous forme de contribution au CGIAR. Aussi l'étude conclut-elle que la recherche agricole internationale est un investissement dans la stabilité internationale et la croissance économique dans le monde, qui s'avère en outre payant pour les États-Unis et les autres pays qui la soutiennent.

- Mettre au point des techniques d'exploitation minière et des techniques agricoles qui permettront de réduire le plus possible l'érosion des sols et le déboisement.

Protéger l'environnement

Le développement est gravement menacé par la dégradation de l'environnement, tant au niveau mondial qu'à l'échelon local. L'évolution du climat (encadré 8.3), l'appauvrissement de la biodiversité et la protection des eaux internationales sont des questions particulièrement préoccupantes à l'échelle de la planète. Au niveau local, les problèmes qui appellent le plus l'attention sont la pollution de l'air et de l'eau dans les villes, le déboisement et la dégradation des sols et des terrains de parcours pastoral. La coopération internationale peut contribuer à réduire la gravité de ces problèmes par une meilleure coordination de l'effort, une sensibilisation accrue des opinions publiques, des transferts de technologie, un partage des coûts à supporter et des consultations qui aideront à dessiner le contour des politiques et des usages sur le plan national et local.

On admet aujourd'hui que la coopération internationale est la pierre angulaire d'une gestion durable de l'environnement. Au cours des 20 dernières années, le nombre de conventions internationales signées dans ce domaine a sensiblement augmenté. La multiplicité des intérêts en jeu oblige à coordonner les activités au niveau international pour veiller à une évolution stable et prévisible des comportements et mettre en place des régimes de gestion résultant d'une concertation entre les pays. Il ne peut certes y avoir de coopération internationale sans que les différentes parties n'adhèrent à un objectif commun, mais la diversité des intérêts ne peut être ignorée. Ainsi, l'article 4 de la Convention de 1992 sur les changements climatiques oblige les parties à tenir pleinement compte de la situation propre, notamment, aux petits pays insulaires, aux pays ayant des zones côtières de faible élévation, des zones arides et semi-arides, des zones de forêts ou menacées par le dépérissement des forêts, et aux pays qui sont sujets aux catastrophes naturelles.

Un soutien institutionnel et financier est souvent nécessaire pour permettre à certains pays d'honorer leurs obligations. Par exemple, la Conférence des Nations Unies sur l'environnement et le développement tenue à Rio de Janeiro en 1992 a notamment débouché sur un engagement des pays industriels de fournir aux pays en développement les ressources qui leur seraient nécessaires pour honorer leurs obligations énoncées dans le programme Action 21. Le Fonds pour l'environnement mondial, conçu pour financer le surcoût des projets qui ont un impact sur l'environnement à l'échelle planétaire, joue un rôle clé à cet égard (encadré 8.4).

Si beaucoup des problèmes qui assaillent les pays en développement, comme la pollution de l'eau et de l'air des villes et la dégradation des sols, ont un caractère local plutôt que mondial, ils ont des implications considérables pour la productivité, la santé et la qualité de vie sur leur propre territoire. Les progrès sont lents sur ce front, essentiellement faute de moyens d'intervention et de volonté politique, tant au niveau national qu'à l'échelon local.

Le chemin récent parcouru nous montre que l'intégrité et la pérennité de l'environnement passent, au niveau local comme à l'échelle planétaire, par une action internationale concertée qui saura donner un juste poids aux incitations financières, aux forces du marché, au cadre législatif et réglementaire et aux intérêts nationaux. Et, surtout, il faut que la communauté internationale aide à sensibiliser les

Encadré 8.3 La coopération internationale à l'épreuve de l'évolution du climat au niveau planétaire

Si l'ampleur et l'urgence du problème posé par le changement climatique mondial continuent à ne pas faire l'unanimité, on s'accorde de plus en plus à reconnaître la réalité de la situation, l'existence d'une menace et la nécessité de prendre sans tarder les mesures raisonnables qui s'imposent. Selon le Groupe d'experts intergouvernemental sur l'évolution du climat, la surface de la terre se réchaufferait de 1 à 3,5°C en moyenne et le niveau des mers s'élèverait de 15 à 95 centimètres au cours des 100 prochaines années. Ces variations provoqueraient des sécheresses plus fréquentes et plus intenses, une propagation des maladies, un recul des glaciers de montagne et des tempêtes plus dévastatrices.

Comment la communauté internationale a-t-elle réagi à ces nouveaux défis ? La Convention-cadre des Nations Unies sur les changements climatiques, signée en 1992 et ratifiée par 159 pays, a permis d'engager la négociation d'un accord international sur la limitation des émissions de gaz à effet de serre, qui contribuent à l'évolution du climat. Cet accord pourrait être adopté d'ici la fin de l'année. Mais le changement climatique, s'il produit les effets désastreux que l'on prédit, exigera de la communauté internationale bien plus d'audace — sur le plan politique, économique et financier — qu'elle n'en a montré jusqu'ici, pour répondre à des besoins qui pourraient atteindre 50 milliards de dollars en 2040.

Les analyses récentes sur cette question tendent à établir solidement le bien-fondé économique d'un recours à des instruments de type commercial, comme les « permis de polluer » négociables, pour réduire les émissions de gaz à effet de serre. Dans un système de ce type, des droits d'émission correspondant à un certain plafond seraient délivrés et aucune pollution atmosphérique ne serait autorisée sans le permis attribué à cette fin. Ainsi, les pays pour lesquels le coût de la réduction des émissions de carbone est faible auraient tout intérêt à abaisser leur niveau de pollution et à vendre la fraction inutilisée de leurs droits aux pays ayant à supporter un coût élevé. Une récente étude de la Banque mondiale a calculé qu'une réduction de 20 %, au moindre coût, des émissions de carbone dans les pays de l'OCDE supposerait des ventes mondiales de droits à hauteur de 30 à 40 milliards de dollars par an. L'adoption d'une telle formule permettrait de dégager une économie correspondant à 65 % du coût mondial des mesures de réduction de la pollution.

Les obstacles à la réalisation de ce projet sont essentiellement d'ordre politique. En effet, un marché mondial de cette nature ne pourra voir le jour que si les gouvernements sont prêts à le créer et à le réglementer (les ressources financières nécessaires à l'achat des permis viendraient normalement du secteur privé). L'allocation initiale des droits d'émission sera une étape décisive et devra faire l'objet d'un protocole d'accord. Beaucoup de formules ont été proposées, mais aucune n'a encore permis d'apporter une réponse à cette question controversée.

opinions publiques aux méfaits de la dégradation de l'environnement, afin que les gouvernants soient davantage incités à oeuvrer pour le maintien de l'intégrité du cadre de vie.

Prévenir les conflits et en empêcher l'expansion

Pendant la majeure partie du XXe siècle, le spectre d'une grande guerre n'a cessé de hanter le monde. La première moitié du siècle a été marquée par deux conflits dévastateurs qui ont causé de lourdes pertes humaines et matérielles, et nécessité un effort de redressement et de reconstruction pendant plusieurs décennies. Durant la seconde moitié du siècle, la chape de la guerre froide a pesé sur le monde, avec la menace d'un conflit nucléaire encore plus destructeur. La montée des tensions dans le monde a conduit de nombreux pays à consacrer une part substantielle de la production nationale aux dépenses militaires. C'est seulement au cours des dix dernières années que ces tensions ont commencé à se relâcher, donnant ainsi aux nations la possibilité de réduire leurs dépenses militaires et de récolter les dividendes de la paix (encadré 8.5).

La menace de guerre nucléaire a fait place à une prolifération de petits conflits, qui créent d'importants problèmes de réfugiés et s'accompagnent de coûteuses opérations de secours et de réinsertion. Les mécanismes de coopération existants n'ont guère permis de gérer ces conflits ou d'aider à les prévenir. La situation a souvent des retombées qui embrasent à leur tour les pays voisins, comme cela s'est produit en Asie du Sud-Est et dans une grande partie de l'Afrique australe au cours des dernières décennies, et comme on le voit aujourd'hui en Afrique centrale et occidentale. Ces conflits ne sont pas propres aux pays les plus pauvres, mais peuvent aussi éclater dans des pays à revenu intermédiaire comme l'ex-Yougoslavie et le Liban. Trouver de nouveaux moyens de prévenir ces conflits ou de les désamorcer avant qu'ils ne tournent à la tragédie, telle est la difficile mission qui revient aujourd'hui à la communauté internationale.

Avec la fin de la guerre froide, on s'est pris à croire que beaucoup des problèmes à l'origine de l'instabilité et des conflits un peu partout dans le monde allaient disparaître.

Encadré 8.4 Partager le coût de la protection de l'environnement

Le Fonds pour l'environnement mondial (FEM) a été créé en 1991 pour aider les pays en développement à financer le surcoût relatif à la réalisation d'investissements ayant des effets positifs à l'échelle de la planète dans quatre domaines : changement climatique, préservation de la biodiversité, protection de la couche d'ozone et protection des eaux internationales. Fruit d'une initiative commune du Programme des Nations Unies pour l'environnement, du Programme des Nations Unies pour le développement et de la Banque mondiale, le FEM a contribué à la mise en place de nouveaux mécanismes institutionnels qui permettent de fournir des biens collectifs.

Le FEM, qui compte plus de 165 États membres, est dirigé par un conseil de 32 représentants de pays ou groupes de pays (16 pour les pays en développement, 14 pour les pays industriels et 2 pour les pays d'Europe de l'Est). Chaque groupe désigne son représentant au conseil et son suppléant, et détermine lui-même les modes de consultation et de décision qui régiront son fonctionnement. Les nouveaux États membres se joignent à un groupe déjà constitué. Ce dispositif novateur allie représentativité et efficacité.

Et pourtant, au moins 30 conflits armés d'importance majeure (définis comme provoquant plus de 1 000 morts par an) se sont déclarés au cours des dernières années. Les fragiles règlements de paix qui sont intervenus au Cambodge et au Mozambique paraissent maintenant être l'exception plutôt que la norme. En effet, on a assisté à :

- Une augmentation du nombre de réfugiés et de personnes déplacées dans leur propre pays, et un nombre disproportionné de femmes et d'enfants privés d'accès aux ressources de base nécessaires à leur rapatriement ou à leur réinstallation (figure 8.2)
- Une augmentation du nombre des urgences humanitaires, passé de 5 par an en moyenne au cours de la période 1985–89 à 20 en 1990, puis à 26 en 1994 et 24 en 1995
- L'effritement ou l'effondrement total du pouvoir légitime dans de nombreux États, dont l'Afghanistan, le Libéria, le Rwanda, la Somalie et l'ex-Yougoslavie, à la suite d'une longue guerre civile ou d'un génocide.

La relation entre les réfugiés et les États est inextricable. Les États jouent un rôle de premier plan en cas de crise de

Encadré 8.5 Mesurer les dividendes de la paix dans le monde

Les dépenses militaires ont sensiblement diminué dans le monde, passant d'environ 4 % du PIB en 1990 à 2,7 % en 1994 et à 2,4 % en 1995 (voir graphique ci-dessous). Cette chute, qui contraste fortement avec la tendance à la hausse des deux décennies précédentes, est due à l'éclatement de l'Union soviétique, à l'évolution du climat politique dans le monde, aux avancées de la démocratie et à la réduction de l'aide militaire.

Mais cette contraction des dépenses militaires a-t-elle été un facteur de croissance et de bien-être ? La réponse pratique à cette question varie en fonction des hypothèses retenues et de la méthodologie utilisée, car la relation entre les dépenses militaires et le développement économique obéit à toute une série de facteurs. Certaines études montrent que la compression des dépenses militaires dans le monde a effectivement permis d'engranger les dividendes de la paix sous la forme d'une accélération de la croissance de la production. Pour d'autres, la relation entre dépenses militaires et croissance n'est pas linéaire, mais quadratique : à un niveau peu élevé de dépenses, une augmentation contribue à l'accélération de la croissance ; à un niveau plus élevé, une augmentation la ralentit. Si l'on exclut de l'échantillon les pays qui dépensent le plus, cette relation n'est pas significative pour la majorité des pays en développement (en temps de paix). Dans pareils cas, le principal dividende pourrait en fin de compte plus tenir à l'impression de sécurité qui se dégage du pays et à la confiance accrue qu'il inspire aux investisseurs qu'à la réduction des dépenses militaires en elles-mêmes.

Dépenses militaires des pays industriels, des pays en développement et des pays de l'ex-bloc soviétique

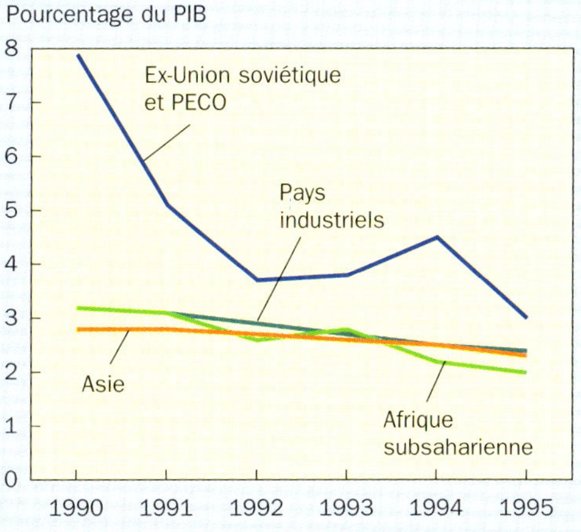

Note : Moyennes des pays de chaque groupe, pondérées par le PIB. Source : Gupta, Schiff et Clements, 1996.

Figure 8.2 L'Afrique, l'Asie et l'Europe ont connu un afflux de réfugiés

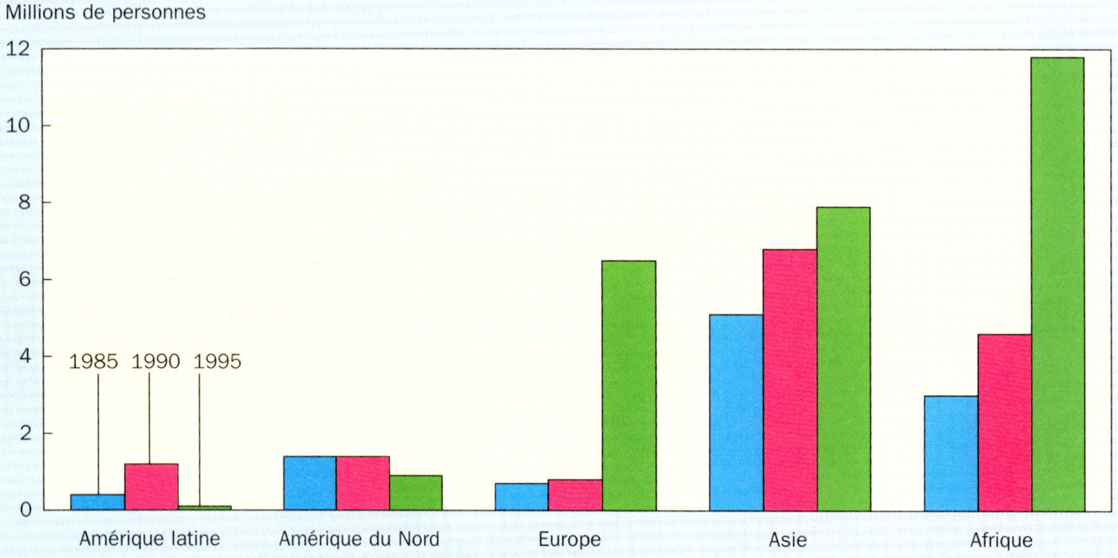

Note : Les données couvrent les réfugiés, les rapatriés et les déplacés à l'intérieur de leur propre pays. Source : Haut Commissariat des Nations Unies pour les réfugiés, 1995.

réfugiés tant par leur intervention que par la définition qu'ils en donnent. Aussi le droit international définit-il le « réfugié » par rapport aux États. Si les ONG ainsi que les pays et les communautés d'accueil jouent un rôle essentiel dans l'aide aux réfugiés, les proportions prises par les déplacements forcés de personnes au cours de ces dernières années ont obligé les États — soit unilatéralement, soit dans le cadre d'organisations internationales — à se mobiliser pour offrir protection, secours et assistance. Les États sont aussi intervenus sur le plan bilatéral ou multilatéral pour amorcer les négociations qui ont mis fin à plusieurs conflits armés ayant provoqué un afflux de réfugiés. Ce fut le cas notamment au Cambodge, au Mozambique et dans l'ex-Yougoslavie.

Cela étant, la coopération sur le problème des réfugiés se heurte à différents facteurs très dissuasifs pour les États. L'un tient à la difficulté d'obtenir d'eux un engagement lorsqu'ils n'y voient aucun intérêt immédiat. Un autre est lié à la perspective de participer à un mécanisme de répartition internationale des charges qui les obligerait à accueillir des réfugiés sur leur territoire, alors que le prix à payer sur le plan politique et financier risque fort d'être élevé. L'exemple du Rwanda montre combien l'organisation des secours peut être coûteuse dans le cas de grandes opérations d'urgence humanitaire. Entre avril et décembre 1994, la communauté internationale a versé environ 1,4 milliard de dollars pour la mise en place de telles opérations dans ce pays et ses voisins. Une réinsertion des réfugiés a été progressivement engagée mais, à la fin de l'année 1996, environ un million et demi de personnes ayant fui leur pays restaient tributaires de l'assistance internationale.

Les États diffèrent aussi par leur capacité à empêcher ou limiter l'afflux de réfugiés. Les plus forts réussissent mieux à interdire l'accès de leur territoire aux réfugiés et demandeurs d'asile. Ce sont souvent les moins forts, ceux dont les ressources sont très limitées, qui sont appelés à faire le plus pour la protection des personnes déplacées et leur rapatriement à la fin des conflits.

Aujourd'hui, la communauté internationale s'en remet beaucoup aux organisations multilatérales pour résoudre ces problèmes. Le Haut Commissariat des Nations Unies pour les réfugiés a vu son budget doubler et son mandat s'élargir au cours des années 90. Ainsi, il est intervenu pour organiser des secours d'ordre humanitaire en Bosnie, monter des opérations transfrontières en Somalie, fournir une aide aux personnes déplacées à l'intérieur de Sri Lanka et permettre le rapatriement de réfugiés en Amérique centrale et au Mozambique. Ces activités ont nécessité un travail de coordination très complexe. Au Mozambique, par exemple, les opérations de secours engagées au cours de l'année 1991 ont fait intervenir 26 organismes des Nations Unies, 44 bailleurs de fonds bilatéraux, 6 autres institutions multilatérales et 180 ONG. On évalue à plus de

16 000 le nombre d'ONG qui fournissent des secours et une assistance humanitaire dans le monde.

Rendre l'aide étrangère plus efficace

L'aide étrangère n'est pas à proprement parler un bien public, mais elle peut se justifier par des considérations d'équité sur le plan international, notamment pour favoriser l'amélioration de la productivité et des conditions de vie dans les pays pauvres. Pour la rendre plus efficace aux yeux du bénéficiaire comme du donateur, il est essentiel de faire évoluer le contexte dans lequel elle est dispensée, notamment, comme le montrent des études récentes, en la liant plus étroitement aux politiques suivies par les pays concernés.

Le succès ou l'échec des projets financés au titre de l'aide au développement, même dans les secteurs sociaux, dépend pour beaucoup des paramètres fondamentaux de l'économie d'un pays. Un projet qui vise à développer l'enseignement primaire, par exemple, aura plus de chances de réussir si le cadre macroéconomique est solide. Si les projets sont les vecteurs du développement, les politiques macroéconomiques en sont les forces motrices.

En outre, pour avoir un impact sur la croissance, l'aide étrangère doit venir s'inscrire dans un cadre d'action gouvernementale solide. D'ailleurs, là où sont appliquées les politiques économiques qui permettent le développement, à savoir, comme on a pu le constater, la discipline budgétaire, la maîtrise de l'inflation et l'ouverture suffisante de l'économie sur l'extérieur, l'aide étrangère s'est traduite par une accélération sensible de la croissance économique (figure 8.3). Les pays qui ont su mettre en place un bon cadre de politique économique et qui ont été destinataires d'une aide importante au cours des dernières années — comme la Bolivie, El Salvador, le Mali et l'Ouganda — ont connu une croissance plus rapide que celle qu'aurait pu provoquer leur seule politique.

Force est de conclure que l'aide étrangère gagnerait en efficacité si elle était plus systématiquement ciblée sur les pays pauvres qui appliquent de bons programmes de réforme économique ou si elle servait à promouvoir la mise en oeuvre d'une bonne politique. Aussi incombe-t-il pour une large part aux bailleurs de fonds de veiller à ce qu'elle soit dispensée avec discernement et efficacité.

Les dix dernières années ont vu se développer une tendance à la libéralisation économique dans le monde en développement, évolution qui devait être propice à une plus grande efficacité de l'aide. C'est ainsi que l'Inde et le Viet Nam — pays très peuplés qui ont entrepris de solides réformes au début des années 90 — ont créé un contexte dans lequel l'aide étrangère devrait vraisemblablement se traduire par des gains de croissance plus forts et un recul plus marqué de la pauvreté. Toutefois, ce ciblage sur des pays pauvres menant de bonnes politiques a rarement été réalisé entre 1970 et 1993. Ainsi, il ressort d'une étude, dans laquelle on a neutralisé les effets du revenu et de la population, que l'aide bilatérale n'a pas été accordée pour promouvoir l'application de bonnes politiques et que l'aide multilatérale n'a eu que très légèrement tendance à se porter sur les pays ayant entrepris des réformes. L'une des grandes priorités des organismes d'aide doit donc être, aujourd'hui, de canaliser plus systématiquement leurs ressources vers les pays pauvres qui appliquent de bonnes politiques.

L'assistance offerte peut-elle aussi aider les pays pauvres à améliorer leurs politiques économiques et leur appareil institutionnel ? C'est là une autre question à laquelle il est difficile de répondre, mais qui est d'une importance capitale pour l'attribution de l'aide. Elle n'a guère fait l'objet d'une réflexion systématique, mais les éléments d'appréciation dont on dispose permettent de s'en faire une idée.

Les prêts d'ajustement structurel accordés pour soutenir des réformes ont obtenu de meilleurs résultats là où le pays revendiquait clairement la paternité du programme entrepris. Ces prêts peuvent certes contribuer utilement à une action en cours, mais ils ont peu de chances d'être

Figure 8.3 Sans une bonne politique dans les pays bénéficiaires, l'aide étrangère est stérile

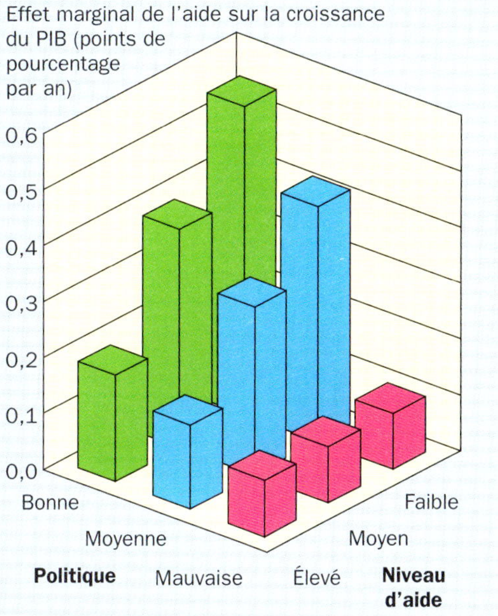

Note : Chacune des valeurs indiquées est une moyenne pour un groupe de pays. Les résultats ont été obtenus au moyen d'une régression basée sur les données de 56 pays pour la période 1970–73 à 1990–93. Le niveau de l'aide est mesuré en pourcentage du PIB du pays bénéficiaire. Source : Adapté de Burnside et Dollar, 1996.

eux-mêmes à l'origine des réformes. En effet, l'expérience a manifestement montré que les bailleurs de fonds ne peuvent pas « acheter » un gouvernement pour lui faire appliquer une politique qui ne bénéficierait d'aucun soutien dans le pays.

Lorsque les forces sociales et politiques nationales ont permis d'engager un programme de réforme, l'aide extérieure peut avoir des effets positifs par les compétences techniques et les acquis qu'elle apporte dans un environnement propice. L'Indonésie, Maurice et l'Ouganda sont de bons exemples de cette interaction positive. Mais, là où la dynamique était absente, les concours accordés pour renforcer les institutions et entreprendre des réformes n'ont guère eu d'effet.

Il est donc des circonstances où l'aide étrangère ne pourra servir qu'à sauvegarder la paix et à secourir les victimes de catastrophes. Mais, lorsque les forces sociales et politiques nationales auront fait naître le souffle des réformes, l'aide étrangère pourra très utilement accompagner cet élan. Et une fois le cadre d'action et le dispositif institutionnel voulus en place, l'aide financière pourra accélérer le passage à un rythme de croissance plus rapide. Le parcours des pays qui ont réussi leur développement montre que l'assistance étrangère devient à terme inutile, car elle est progressivement remplacée par les capitaux privés attirés par de bonnes politiques et des résultats solides.

Le stratégie à suivre : aider à fournir des biens collectifs à caractère international

Une coopération internationale plus efficace peut ouvrir d'autres horizons et aider les pays à relever les nouveaux défis du monde d'aujourd'hui. Il appartiendra à chaque pays d'apprécier l'utilité des différentes actions communes envisagées et de décider, au cas par cas, de sa participation. Ce chapitre a néanmoins fait ressortir plusieurs domaines dans lesquels une coopération internationale serait très précieuse :

- *Expansion et maintien de marchés mondiaux ouverts, en réduisant les risques liés aux mouvements de capitaux instables.* Beaucoup de pays en développement craignent les effets déstabilisateurs sur leur économie de sorties de capitaux soudaines et massives que rendrait possible une plus grande ouverture de leurs marchés financiers.
- *Recherche fondamentale axée sur les besoins des pays en développement.* La révolution verte, sous l'impulsion du CGIAR, montre que l'investissement dans la recherche et le développement peut être très rentable pour les bailleurs de fonds comme pour les bénéficiaires.
- *Protection de l'environnement.* La communauté internationale peut aider à réduire les problèmes environnementaux à l'échelle planétaire comme au niveau local en coordonnant mieux les différentes actions, en sensibilisant davantage l'opinion publique, en réalisant des transferts de technologie et en incitant les pays à adopter et à faire appliquer une politique nationale appropriée dans ce domaine.
- *Maintien de la paix et prévention des conflits armés.* Personne n'ignore le coût humain et financier considérable des guerres — et des opérations de secours et de réinsertion qui leur sont associées — mais les mécanismes existants n'ont guère permis de prévenir les conflits ou de les résoudre avant qu'ils ne prennent les proportions d'une véritable tragédie.
- *Amélioration de l'efficacité de l'aide étrangère.* On pourra rendre l'aide plus efficace en la liant plus étroitement à la politique des bénéficiaires. En effet, quel que soit le niveau d'aide étrangère fournie à un pays, les résultats économiques s'améliorent lorsque les politiques et les modes de gestion sont solides. Il semble que l'attribution de l'aide multilatérale, mais non bilatérale, ait été influencée par la nature des politiques menées par les bénéficiaires.

Le moteur d'un resserrement de la coopération variera à la fois en fonction de l'objectif visé et de l'éventail des pays susceptibles d'y participer. Dans plusieurs domaines, la mise en place de nouveaux pôles fonctionnels ou régionaux pourrait aider à coordonner les actions internationales et à mieux faire appliquer les accords fondés sur le principe de la libre adhésion. Ces pôles pourraient permettre d'établir des règles et des mécanismes communs en vue d'atteindre des objectifs donnés. Mais, pour que cet effort soit crédible et efficace, il faudra absolument réussir à concilier les valeurs d'ouverture, de diversité et de cohésion. Les motivations et la volonté des différents acteurs politiques joueront aussi un grand rôle. On ne parviendra à améliorer l'efficacité de la coopération internationale, aussi bien que nationale, que si les gouvernants sont disposés non seulement à promettre le changement, mais à engager les mesures nécessaires pour en faire une réalité.

QUATRIÈME PARTIE

LEVER LES OBSTACLES AU CHANGEMENT

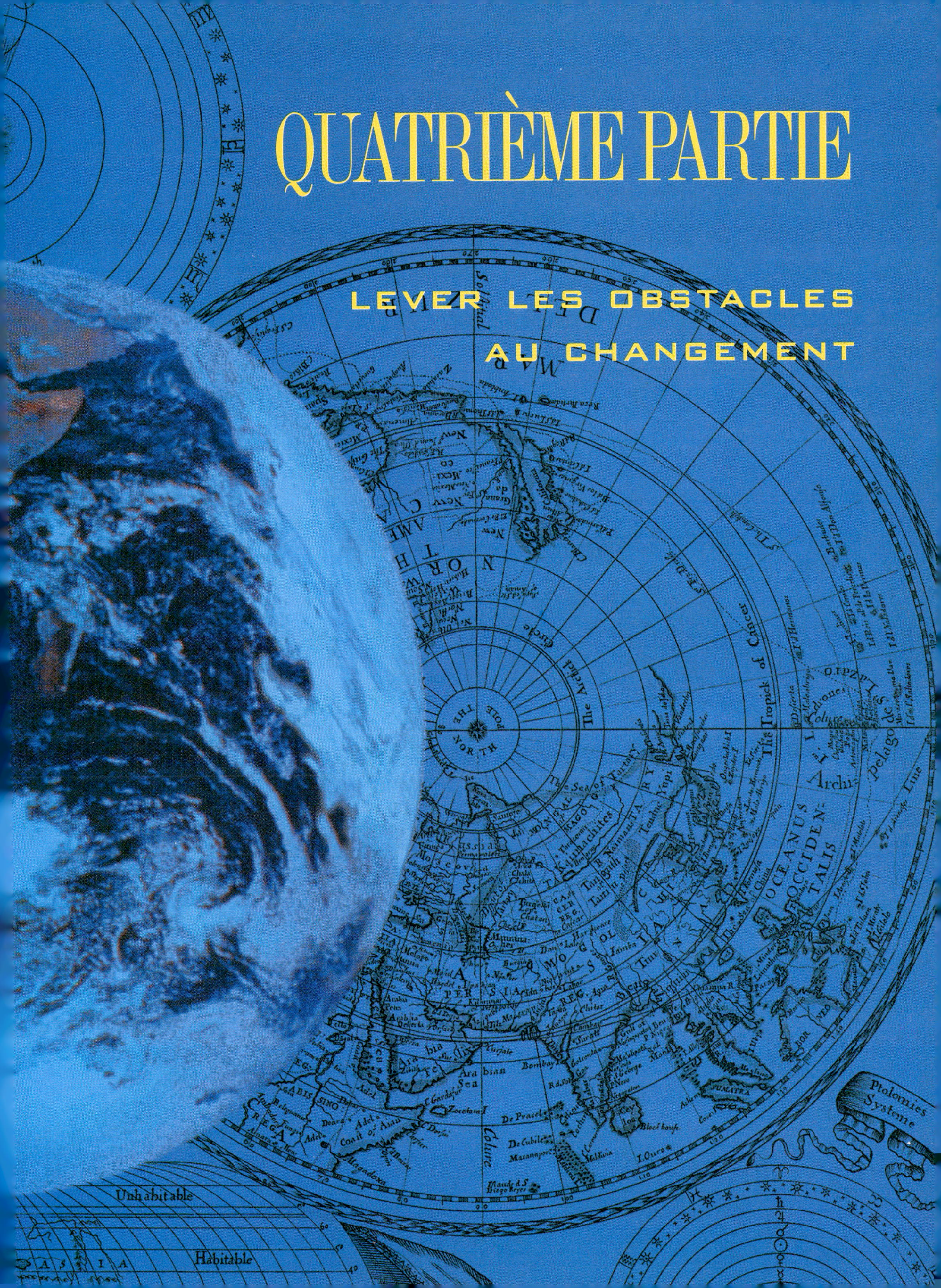

CHAPITRE 9

COMMENT OUVRIR LA VOIE À DES RÉFORMES DURABLES

Le novateur se fait des ennemis de tous ceux à qui profitait l'ordre ancien, et il ne reçoit qu'un tiède soutien de ceux à qui profiterait le nouveau.

Machiavel, *Le Prince* (1513)

LES CHAPITRES PRÉCÉDENTS ONT MONTRÉ COMMENT l'état peut devenir plus efficace en adaptant mieux son rôle à sa capacité d'action et en s'employant à renforcer celle-ci au fil du temps. Cette démarche implique de mieux comprendre pourquoi certains pays ne satisfont même pas aux conditions les plus élémentaires d'une bonne gestion économique et pourquoi si peu de pays en développement sont parvenus à bâtir des institutions solides. Mais comprendre le problème est une chose. Le résoudre en est une autre, car la question de fond reste entière : pourquoi certains pays ont-ils pu rejeter ce passé d'échecs et s'engager résolument sur la voie des réformes, et d'autres non ?

Le présent chapitre cherche à apporter quelques réponses à ces questions, en examinant les principaux obstacles à la réforme et la manière de les surmonter. Trois facteurs apparaissent déterminants : les effets de la réforme sur la répartition des revenus (qui devrait y gagner et qui devrait y perdre), le poids politique de certains groupes clés (surtout de ceux qui risquent d'y perdre) et la structure des institutions existantes. Une réforme pourra parfois s'avérer politiquement indésirable parce qu'elle pourrait léser les partisans de l'équipe au pouvoir. Même lorsque la volonté politique de changement existe, les responsables sont susceptibles de voir leurs efforts contrariés par de puissants obstacles institutionnels faisant le jeu des adversaires de la réforme, qui souhaitent maintenir le statu quo.

Mais le fait que cette opposition soit présente au coeur même des institutions d'un pays ne doit pas donner matière à désespérer. Bien au contraire, une analyse approfondie des entraves à la réforme permet de faire trois observations pratiques qui seront utiles au réformateur. D'abord, il se présentera des occasions à saisir, souvent lorsque, pour une raison quelconque, il se produit un certain flottement dans les règles du jeu. C'est ainsi que des réformes radicales ont souvent été entreprises face à une menace extérieure ou à une crise économique, ou durant la période d'« état de grâce » d'une nouvelle administration ou d'un nouveau régime, lorsque les sortants ont dû abandonner leurs fiefs.

Ensuite, lorsque pareille occasion se présente, on tirera le meilleur parti du temps disponible en adoptant une stratégie qui met en évidence les obstacles probables et cherche à les réduire. Une conception et un ordonnancement tactiques des réformes peuvent faciliter les choses, de même que l'application de mesures qui empêchent les institutions d'être l'otage de certains groupes et les préservent des risques de paralysie. Et surtout, il faudra forger un consensus en faveur du changement.

Enfin, les nombreux exemples de réussite — et d'échec — présentés ci-après montrent que les progrès décisifs sont rarement dus au hasard. À tout moment, les forces favorables au maintien du statu quo risquent de l'emporter. Seules réussissent les réformes conduites par des dirigeants clairvoyants et animés d'une volonté communicative de traduire leur vision de l'avenir dans les faits.

Les obstacles à la réforme

Partout, les obstacles à la réforme seront nombreux et variés. Il n'y a pas plus de remède universel contre l'échec que de recette miracle pour le succès. Mais l'un des premiers obstacles au changement sera toujours constitué par les puissants groupes de pression qui risquent d'en être victimes. La résistance sera encore plus forte lorsque les perdants potentiels se trouvent dans les rangs des partisans les plus directs de l'équipe au pouvoir. En clair, les effets de redistribution d'une réforme et le poids politique des groupes qu'elle pénalise rendront parfois certains changements politiquement indésirables. Cela étant, même les réformes qui ne se heurtent pas à ce type de problèmes risquent d'échouer du fait de contraintes institutionnelles qui font le jeu de leurs adversaires. Aussi considère-t-on généralement que le résultat obtenu est à la fois fonction des caractéristiques de la réforme en elle-même, du poids politique des différents acteurs et du jeu des institutions existantes.

Tensions et incertitudes liées aux effets des réformes sur la répartition des revenus

Le tableau 9.1 présente quelques types courants de réforme et les catégories de personnes qui devraient avoir à y gagner ou à y perdre. Les correspondances établies ne seront pas toujours applicables, mais le fait est que la résistance au changement est souvent provoquée par la redistribution des ressources qui peut en résulter. La composition exacte des catégories de personnes touchées sera fonction des réformes considérées. C'est ainsi que la réforme du secteur public, qui est indispensable pour revivifier les institutions, peut parfois se heurter à l'hostilité d'agents de l'État qui

Tableau 9.1 Types de réformes et facteurs correspondants

Type de réforme	Catégories touchées		Déterminants du coût politique	Ordonnancement tactique	Autres aspects
	Opposées	Favorables			
Libéralisation des échanges	Titulaires de quotas d'importation Industriels protégés	Consommateurs, exportateurs, le Trésor (si les recettes doivent augmenter)	Redistribution (+) Gains d'efficacité (–)	Réduire les restrictions quantitatives avant les tarifs	
Privatisation des régimes de retraite	Syndicats Associations de retraités Administration (ministère du travail, sécurité sociale)	Employeurs Institutions financières Jeunes travailleurs	Réduction du patrimoine-retraite (+) Couverture réduite (+) Électeur moyen plus âgé (+) Gains d'efficacité (–)	Autoriser les cotisants à abandonner le régime public, puis le supprimer progressivement	Les jeunes travailleurs pourront être prêts à renoncer à certains de leurs droits acquis
Décentralisation fonctionnelle	Hauts fonctionnaires et personnel de l'administration centrale	Hauts fonctionnaires et personnel des administrations locales, consommateurs, particuliers bénéficiaires, entreprises locales	Redistribution (+) Contestabilité politique (+) Gains d'efficacité (–)	Rechercher un consensus, lancer progressivement un programme pilote, mettre au point des mécanismes de subvention	Nécessité de réduire les déséquilibres budgétaires et mettre au point de nouveaux mécanismes d'allocation de subventions entre échelons territoriaux
Décentralisation politique	Hauts responsables des partis politiques	Responsables locaux des partis politiques, associations et syndicats ; ONG ; contribuables			
Décentralisation budgétaire	Hauts fonctionnaires du ministère des finances et de la commission de planification stratégique (ou des investissements publics)	Services des finances des administrations locales, services locaux de planification et d'investissement			
Réforme du secteur public	Employés et directeurs d'entreprise publique, politiciens enclins au clientélisme	Entreprises privées, élites rurales, administrations centrales, contribuables	Licenciements (+) Chômage (+) Salaires relatifs (+) Gains d'efficacité (–)	Éliminer les employés fictifs, encourager les départs volontaires en préretraite, licencier sans possibilité de réengagement	Incitations : indemnités de licenciement, rachats par les salariés, capitalisation, formation, placement dans le secteur privé, mécanisme de crédit

Note : Le signe plus indique un facteur qui tend à augmenter le coût politique de la réforme et le signe moins un facteur qui tend à le diminuer.

Encadré 9.1 Peser le pour et le contre d'une réforme sur le plan politique

Les réformes qui visent à réaliser des gains d'efficacité sont souvent difficiles à mettre en oeuvre parce qu'elles ne font pas que des gagnants et qu'il est parfois impossible d'offrir une compensation aux perdants. Il est encore plus difficile de modérer l'opposition lorsque les gains d'efficacité sont faibles par rapport aux effets de redistribution. Il suffit d'appliquer un ratio coûts-avantages politiques aux mesures de réforme pour se faire une idée de l'importance de la redistribution des ressources par rapport à une somme donnée de gains d'efficacité. Une réforme qui aurait pour effet d'accroître le revenu d'une catégorie de personnes sans en appauvrir une autre, par exemple, aurait un ratio de zéro.

Pour la libéralisation des échanges, le ratio coûts-avantages politiques est inversement proportionnel aux droits de douane, à la part des importations dans la consommation totale et à l'élasticité de la demande d'importations. En Afrique subsaharienne, la moyenne des droits sur les importations dépasse 30 % et la part qu'occupent les importations dans la consommation totale est d'environ 40 %. En supposant que l'élasticité de la demande d'importations soit de deux (la demande d'importations augmente de 2 % quand les prix baissent de 1 %), le ratio coûts-avantages de la libéralisation des échanges est supérieur à quatre. Ainsi, l'effet de redistribution serait quatre fois supérieur aux gains d'efficacité. Quand un programme de réformes accompagne la libéralisation des échanges d'un programme de stabilisation qui accroît la production, le ratio baisse sensiblement. Un programme de stabilisation qui augmenterait la croissance du PIB d'un point de pourcentage suffirait à faire tomber le ratio de quatre à moins de un.

risquent de perdre leur emploi ou de se voir contraints d'accepter une situation moins favorable dans le secteur privé. Les hommes politiques qui utilisent les charges publiques pour faire du clientélisme pourraient aussi avoir intérêt à bloquer certains types de réforme. La décentralisation, par exemple, soulève la possibilité d'une redistribution des ressources en dehors de la sphère d'influence de l'équipe au pouvoir. Au Pérou, un programme de décentralisation qui visait à transférer aux municipalités des provinces des crédits pour le financement de l'enseignement primaire et secondaire a été interrompu en 1993, à la suite de la nette victoire des indépendants et des partis d'opposition aux élections municipales.

Le fait de classer les réformes en fonction de leur coût et de leurs avantages sur le plan politique peut aider les gouvernants à faire les choix tactiques nécessaires en vue de la programmation des mesures d'un vaste programme. Bien que cet exercice soit propre à la situation de chaque pays, un bon point de départ serait de mettre en balance les effets de redistribution des réformes envisagées avec les gains d'efficacité attendus. Certaines réformes, par exemple, sont difficiles à mettre en oeuvre car elles semblent, dans un premier temps, ne procéder qu'à un remaniement des possibilités existantes et des revenus. Même si elles finissent par accroître la richesse, lorsqu'elles provoquent des gains d'efficacité, leurs effets de redistribution à court terme risquent de peser plus lourd que les avantages immédiats. Dans ce cas, toutes choses égales par ailleurs, il n'y aura pas réforme car les difficultés politiques qu'elle soulève l'emporteront sur les avantages à en attendre. Cette approche, basée sur une analyse des coûts-avantages sur le plan politique, est applicable à toute une gamme de réformes, et notamment à la libéralisation des échanges (encadré 9.1).

L'application du calcul des effets de redistribution à la réforme des retraites montre comment les conflits d'intérêts entre générations peuvent aussi influer sur le comportement des pouvoirs publics. La plupart des régimes publics de retraite sont fondés sur le principe de la répartition : les cotisations des actifs sont immédiatement reversées aux retraités. La lourde fiscalité frappant l'emploi, qui en est la conséquence, et la faiblesse du lien existant entre les cotisations et les prestations créent des distorsions sur le marché du travail. Lorsque ces régimes sont en place depuis longtemps, ces distorsions sont amplifiées par la faible rentabilité implicite des retraites par rapport à celle du capital sur le marché. Il serait possible d'atténuer ces distorsions, notamment en renforçant le lien existant entre les cotisations et les prestations, ainsi qu'en privatisant et en capitalisant les régimes de retraite. Mais de telles réformes n'auraient pas les mêmes effets sur toutes les générations d'actifs. Par exemple, la privatisation et la capitalisation intégrale du régime de sécurité sociale aux États-Unis se solderaient par un gain net, y compris d'efficacité, mais profiteraient surtout aux jeunes travailleurs et se feraient au détriment des actifs plus âgés (figure 9.1). Dans ces conditions, on comprend mieux pourquoi cette réforme est une question politiquement si sensible. De même, une redistribution qui se ferait au préjudice des personnes plus âgées n'a guère les faveurs des PECO ni des pays de la CEI, qui hésitent à reculer l'âge de la retraite. En Ukraine, par exemple, un report de l'âge de la retraite à 65 ans pour tous atténuerait le déséquilibre actuariel du régime de retraite, mais réduirait aussi d'environ 25 % du PIB (en valeur actuelle) le patrimoine-retraite des actifs.

Figure 9.1 La réforme des régimes de retraite pénalisera les actifs âgés, mais elle profitera aux jeunes

Gains nets escomptés de la privatisation du régime de retraite aux États-Unis (milliers de dollars par cotisant)

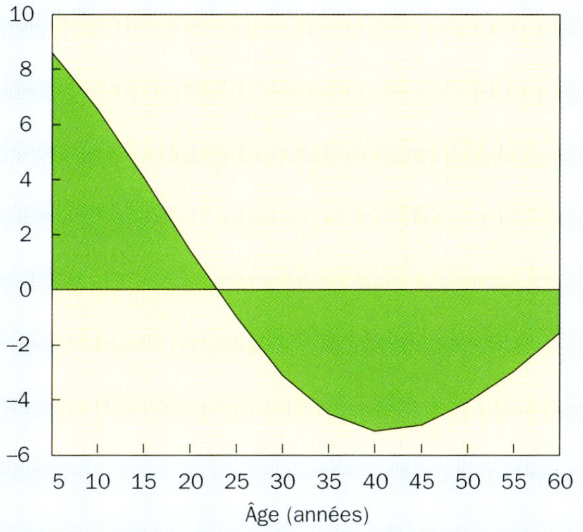

Note : Gains ou pertes globales sur toute une vie, valeur 1995, par application d'un taux d'actualisation de 5 %. Source : Feldstein et Samwick, 1996.

Les effets de redistribution prévus et le poids que représentent les électeurs âgés sont donc les facteurs qui rendent difficile une réforme des régimes universels de retraite. Mais en attendant, les générations à naître, qui seraient les principales bénéficiaires d'une telle mesure, n'ont pas voix au chapitre. Aux États-Unis, l'écart dans le corps électoral entre les 25–40 ans et les plus de 65 ans ne cesse de se creuser en faveur des seconds et atteint aujourd'hui environ 12 points de pourcentage, ce qui alourdit le coût politique d'une réforme. C'est dire combien relève de la gageure, mais n'en demeure pas moins hautement prioritaire — aussi douloureuse soit-elle sur le plan budgétaire —, la réforme des programmes publics de financement des retraites et des soins de santé pour les personnes âgées. Quand bien même il serait impossible d'appliquer une thérapie de choc, la modification graduelle des régimes existants et le maintien des avantages acquis pourront — les changements n'intervenant que pour les générations suivantes et n'étant donc pas immédiats — avoir pour effet de réduire l'opposition à la réforme.

Dans beaucoup de pays, les services d'utilité publique sont des monopoles d'État mal gérés. Le consommateur gagnerait beaucoup à la privatisation de ces services, qui resteraient soumis au contrôle d'un organe de règlement efficace. Témoin en est le cas de l'Argentine, qui a commencé à privatiser ses services d'utilité publique en 1989. Toutes les catégories de revenu ont bénéficié des gains d'efficacité générés par la privatisation, et l'économie réalisée (sur le montant des redevances) a été sensiblement la même pour tous (tableau 9.2). En Uruguay, par contre, un texte prévoyant la privatisation de ces services a été rejeté par référendum. Et pourtant, une étude récente montre que les inefficacités dans ce secteur augmentent de 30 % la facture d'électricité, d'eau et de téléphone de l'Uruguayen moyen. Et comme on l'a montré dans l'encadré 4.2, beaucoup des arguments traditionnellement avancés contre la privatisation sont sans fondement.

Pourquoi, dans ces conditions, la privatisation rencontre-t-elle encore des résistances dans certains pays ? Cette réticence à mettre en oeuvre des réformes pourtant bénéfiques tient essentiellement à trois choses :

- Les effets de la réforme semblent incertains. Cela empêche l'émergence d'un vaste mouvement de soutien et fait craindre l'apparition de troubles sociaux, les retombées positives de la réforme ne se faisant sentir que plus tard.
- Pour qu'il y ait gains d'efficacité, les exploitants privés sont généralement obligés d'apporter des changements qui sont préjudiciables à certaines catégories de personnes.
- Le rôle de l'État n'est pas perçu de la même façon par tous. C'est ainsi que beaucoup sont idéologiquement opposés à la privatisation des services d'utilité publique dans de nombreux pays où ce secteur faisait partie du domaine réservé à l'État.

Le jeu des institutions

Nous venons de voir que ceux à qui ne profite pas la réforme peuvent constituer un redoutable obstacle au

Tableau 9.2 Estimation des gains d'efficacité résultant de la privatisation des services d'utilité publique en Argentine

Quintile de revenu	Gains d'efficacité (millions de dollars de 1993)	Gain par dollar dépensé pour la consommation (pourcentage)
Le plus pauvre	205	30
Deuxième	222	27
Intermédiaire	342	34
Quatrième	335	27
Le plus riche	549	31
Total	1 653	30

Source : Chisari, Estache et Romero, 1996.

changement. Mais c'est souvent le jeu des institutions qui fera pencher — ou non — la balance en faveur de ces opposants. Plutôt que de chercher à passer systématiquement en revue les différents moyens par lesquels les institutions peuvent être utilisées pour bloquer les réformes, nous en retiendrons deux : d'une part, le système électoral et le régime des partis et, d'autre part, les contre-pouvoirs. Il ne s'agit pas de donner à penser que les institutions doivent être fréquemment reconçues pour faciliter les réformes ni qu'un modèle unique est applicable à tous les cas de figure, mais plutôt de montrer comment la logistique institutionnelle en place peut conditionner à la fois les initiatives de réforme et leurs résultats.

LE SYSTÈME ÉLECTORAL ET LE RÉGIME DES PARTIS. Comme on n'a cessé de le souligner tout au long de ce Rapport, les choix institutionnels coulent rarement de source. Ils doivent en effet concilier une certaine latitude à laisser aux agents de l'État et un mode de contrôle de leur action. Prenons, par exemple, le scrutin proportionnel. Il se traduit par la formation de gouvernements de coalition, qui présentent l'avantage du pluralisme et se caractérisent par un mode de fonctionnement plus consensuel. Mais ces mêmes traits peuvent tout autant faire obstacle à la réforme, retardant considérablement les décisions à prendre et obligeant à satisfaire à des intérêts sectoriels ou régionaux, ce qui aggrave le déficit budgétaire. Des études ont montré que les pays gouvernés par de larges coalitions aux multiples composantes ont généralement plus de mal à absorber les chocs exogènes, comme on l'a vu avec la flambée des prix du pétrole en 1973–74. On a en partie attribué le très lourd endettement public de la Belgique et de l'Italie au fait que, pendant deux décennies, ces pays ont été gouvernés par des coalitions larges et instables.

Le Brésil donne un autre exemple de la manière dont le système électoral et le régime des partis peuvent se répercuter sur la politique économique. Le projet de loi sur la sécurité sociale présenté par l'administration du président Fernando Henrique Cardoso en juin 1996 a été rejeté par la chambre basse, malgré l'existence d'une majorité « officielle » en faveur de l'alliance gouvernementale, parce que certaines catégories professionnelles (fonctionnaires et enseignants, notamment) ont su exploiter des privilèges protégés par la constitution et un système politique qui ne favorise pas la formation de majorités stables au congrès. Que des députés membres de l'alliance aient voté contre le projet de loi témoigne de l'exceptionnelle autonomie dont jouissent les élus par rapport aux partis politiques. C'est là un trait caractéristique du système brésilien de représentation proportionnelle. Une étude de 1991 sur le système électoral et le régime des partis au Brésil montre que les élus ont appartenu en moyenne à trois partis politiques et que, durant la période 1987–90, un tiers des 559 députés ont changé de parti depuis leur élection en 1986. Un projet de loi tendant à réformer certaines dispositions relatives au régime des partis pourrait être adopté en 1997.

En Uruguay, le dispositif institutionnel a accéléré certaines réformes — et en a retardé d'autres. L'une des particularités du système électoral du pays, avant la récente réforme, tenait au fait que les élections primaires et les élections générales avaient lieu simultanément. Pour cette raison, le candidat remportant l'élection présidentielle était élu à une minorité de voix, ce qui l'obligeait ensuite à s'allier avec certains de ses adversaires au parlement. Au cours des élections de novembre 1994, le vainqueur n'avait rassemblé que 24 % des suffrages, tandis que les trois principaux partis en recueillaient chacun plus de 30 %. Ce type de système électoral tend à personnaliser le soutien et favoriser les luttes de factions. Ceux qui en profitent le plus sont donc ceux qui sont capables de se mobiliser politiquement. Un autre trait distinctif du système politique uruguayen est le rôle central de la démocratie directe (qui s'exerce au moyen de consultations référendaires) pour décider de certains aspects du régime public de retraite. En 1992, les électeurs ont ainsi rejeté un ensemble de dispositions qui visaient à sa privatisation. En outre, un référendum, organisé en 1989 à l'initiative de l'association des retraités, garantit une indexation totale des salaires tous les trois mois. Ce particularisme institutionnel aide à comprendre pourquoi, rapportées au PIB, les dépenses consacrées aux retraites en Uruguay sont supérieures d'environ 35 % à celles des États-Unis, alors que la proportion de personnes âgées est à peu près la même (16 %) dans les deux pays.

L'Uruguay a reconnu depuis que son système électoral faisait obstacle au bon fonctionnement de l'État. En octobre 1996, le parlement a approuvé de nouvelles dispositions : les élections primaires et les élections générales ne seront plus organisées simultanément et, en l'absence de majorité absolue, un deuxième tour opposera les deux candidats à la présidence les mieux placés. Cela devrait renforcer la discipline de parti et décourager les luttes de factions.

LES CONTRE-POUVOIRS. Le chapitre 6 a montré comment et pourquoi l'arbitraire peut s'installer lorsque les contre-pouvoirs sont inadéquats. Ceux-ci s'exercent sous trois formes : la séparation entre le législatif et l'exécutif, la division du législatif en chambres séparées, et la répartition du pouvoir entre administration centrale et collectivités territoriales. Lorsqu'il existe de nombreux contre-pouvoirs et que les adversaires du changement peuvent peser de leur poids à un ou plusieurs niveaux, le statu quo a tendance à se maintenir de lui-même. En régime présidentiel, par exemple, il peut se produire une paralysie des institutions quand l'exécutif et le législatif sont aux mains de partis ou de coalitions opposés. De même, comme on l'a vu au chapitre 7, une décentralisation mal conçue, qui voit les collectivités locales tomber sous la dépendance de groupes de défense d'intérêts catégoriels, peut empêcher l'adoption de bonnes réformes.

Bien que la multiplication des contre-pouvoirs puisse parfois conduire à des retards, il y a des raisons de penser qu'elle aide aussi à contenir l'expansion de l'État-providence. Comme le montre la figure 9.2, le nombre plus limité de contre-pouvoirs prévus par la constitution arrive tout de suite après le vieillissement de la population dans la série de facteurs qui contribuent à l'évolution des dépenses de protection sociale. L'accroissement du revenu par habitant fait augmenter la demande de transferts. Les pays où les contre-pouvoirs institutionnels sont peu nombreux (comme la Suède et le Danemark) sont plus sensibles à cette demande. Par contre, l'existence d'un plus grand nombre de ces contre-pouvoirs en Suisse — État fédéral à système bicaméral — a fait échouer de nombreuses initiatives visant à accroître la protection sociale. La réforme de l'État-providence ne devra donc pas se limiter à la rationalisation du fonctionnement des programmes de transfert. C'est, du reste, ce qu'a reconnu en 1992 la Commission suédoise de la réforme de l'État en recommandant de renforcer l'exécutif par l'introduction d'une motion de censure constructive, d'autoriser le gouvernement à demander au parlement de se prononcer globalement sur un ensemble de mesures plutôt que de les voter point par point, de porter de quatre à cinq ans l'intervalle entre les élections et de réduire de moitié l'effectif du parlement.

Figure 9.2 L'existence de nombreux contre-pouvoirs aide les pays à résister aux facteurs d'expansion de la protection sociale

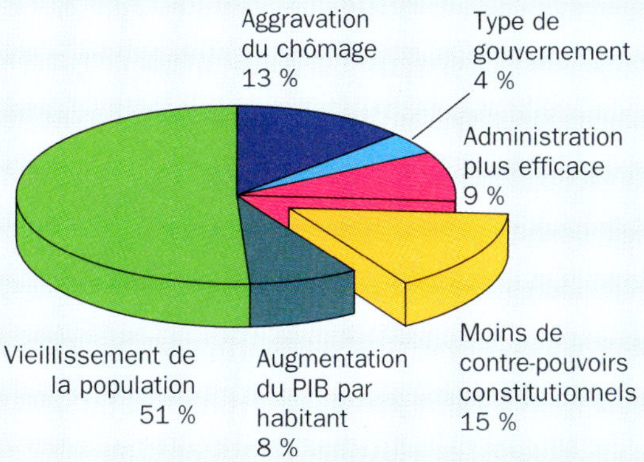

Note : Chaque tranche représente la contribution estimée du facteur considéré aux dépenses que l'État consacre aux retraites, aux allocations de chômage et à l'aide familiale. Les résultats ont été obtenus au moyen d'une régression basée sur les données correspondant à 22 pays de l'OCDE pour la période 1965–93. Pour plus de détails, voir la Note technique.
Source : Calculs des services de la Banque mondiale.

Le régime politique. Le choix d'un régime politique a des justifications bien autres qu'économiques. Pourtant, les liens étroits qui existent entre les institutions et le comportement des pouvoirs publics amènent à se demander si les obstacles à la réforme n'auraient pas leurs racines dans le régime politique. Certains font valoir que les régimes non démocratiques, où les contre-pouvoirs sont moins nombreux, seraient plus favorables au développement économique. La réalité n'est pas aussi simple. En effet, aucun type de régime, quel qu'il soit, ne peut garantir le progrès économique et social. Ce que l'on sait, cependant, c'est qu'il est un type de régime, dit de « l'État prédateur », dont on peut presque assurer qu'il conduit à la stagnation économique. Là, les détenteurs du pouvoir sont motivés principalement par la recherche de rentes de situation aux dépens de la population. Ils le font en organisant les droits de la propriété d'une façon qui maximise leurs gains, quelles qu'en soient les conséquences sur le bien-être de l'ensemble de la société. La République d'Haïti du régime Duvalier (encadré 9.2) et la Roumanie du temps de Nicolae Ceausescu en sont des exemples bien connus. Un régime prédateur va à l'encontre du développement économique, car il empêche la productivité et fausse la répartition des ressources au point, parfois, de provoquer l'effondrement de l'État lui-même.

Le poids de la société civile et la fin de la guerre froide devraient réduire les risques de mainmise totale de l'État sur la richesse d'un pays au moyen d'un régime prédateur. En effet, beaucoup de pays ont aujourd'hui commencé à adopter les attributs de la démocratie (comme avec l'organisation d'élections libres). Mais il reste à se mettre d'accord sur la relation précise qui existe entre croissance et démocratie : un cinquième environ des études la juge positive, un cinquième la juge négative, et les autres ne permettent pas de conclure. L'analyse des déterminants de la croissance, dont les résultats sont présentés au chapitre 2, n'a pu établir aucune corrélation statistiquement significative entre les deux. Et il est indéniable que les performances économiques des pays en développement considérés comme des démocraties durables sont très différentes.

L'expérience des pays où le passage de l'économie planifiée à l'économie de marché s'est accompagné d'un changement de régime politique ne permet pas non plus d'expliquer de façon concluante les liens existant entre démocratie et réforme. Comme on l'a noté au chapitre 7, le bulletin de vote peut être un moyen efficace de sanctionner ou de récompenser rétrospectivement les responsables politiques, et donc de les rendre comptables de leur action et de leur faire adopter le comportement voulu. Mais les premiers pas risquent d'être difficiles car, contestés dans leur action, les gouvernements risquent même de réagir

Encadré 9.2 L'État prédateur du temps de la dynastie des Duvalier en Haïti

Haïti est devenue indépendante en 1804. Un régime prédateur a dominé le pays de 1843 à 1915, période caractérisée par une succession de gouvernements éphémères, souvent renversés par des coups d'État, qui avaient à leur tête des hommes mus par un désir d'enrichissement personnel. Sur les 22 administrations qui se sont succédé au cours de cette période, 11 n'ont pas tenu un an et une seule est parvenue au terme de son mandat.

Les États-Unis ont occupé le pays de 1915 à 1934, mais la logique de l'État prédateur est demeurée inchangée. En 1957, le gouvernement, démocratiquement élu, de François Duvalier (Papa Doc) a porté cette logique à un niveau inégalé, commençant par une purge sans précédent dans la société civile, dans l'armée héritée du régime précédent, dans l'opposition politique ainsi que dans l'administration en général. Au cours des deux mois qui ont suivi son arrivée au pouvoir, Duvalier avait fait mettre en prison 100 opposants politiques. L'Église catholique était perçue comme une menace, et plusieurs chefs spirituels ont été chassés du pays. Les médias ont été réduits au silence par l'expulsion des journalistes étrangers et, en 1958, un texte a autorisé la puissance publique à abattre les reporters accusés de diffuser de « fausses nouvelles ». Les parents d'étudiants en grève étaient obligatoirement emprisonnés. Après la levée de l'immunité parlementaire en 1959, Duvalier a dissous le sénat et la chambre des députés. Du matériel militaire moderne a été entreposé dans le sous-sol du palais présidentiel, et plus de 200 officiers ont été limogés au cours des 11 premières années d'exercice du pouvoir par Duvalier. En 1964, celui-ci se déclarait président à vie.

Les piliers économiques de l'État prédateur étaient l'expropriation, l'extorsion, le « prélèvement inflationniste » et la corruption. Lors d'une grève des commerçants en 1957, la police a été autorisée à ouvrir les magasins des grévistes et à distribuer les marchandises qui s'y trouvaient. D'importantes ressources étaient consacrées à la propre protection de Duvalier (30 % de l'ensemble des dépenses de l'État au cours de la première moitié des années 60). L'agriculture, notamment la culture du café, était lourdement taxée. Selon certaines sources, Duvalier aurait fait sortir du pays plus de 7 millions de dollars par an à des fins personnelles. Des dessous-de table considérables étaient également versés dans le cadre d'opérations avec des investisseurs étrangers pour des projets qui souvent ne voyaient jamais le jour. La pratique de l'extorsion — sous l'appellation euphémique de donations « volontaires » — a été institutionnalisée dans le cadre du Mouvement de rénovation nationale. Un pseudo-régime d'assurance vieillesse, assorti d'une déduction de 3 %, a été créé et les fonctionnaires étaient tenus d'acheter, pour 15 dollars, un livre contenant les discours de Duvalier. Une caisse autonome recevait le produit des impôts et des redevances, qui ne figurait pas au budget et ne faisait l'objet d'aucune comptabilité.

Après avoir régné pendant près de 30 ans sur le pays, la dynastie des Duvalier est tombée en 1986, lorsque Jean-Claude Duvalier (Bébé Doc), qui avait succédé à son père, s'est exilé en France avec un pactole évalué à 1,6 milliard de dollars. L'État prédateur qui a marqué l'histoire du pays est pour beaucoup à l'origine de l'état désastreux de l'économie haïtienne. Ainsi, entre 1965 et 1990, la croissance du PNB par habitant a été en moyenne de –0,02 %, et les indicateurs sociaux restent aujourd'hui les plus mauvais du continent américain. Cet héritage laissé par un État prédateur fait peut-être de l'histoire le plus gros obstacle au changement en Haïti.

initialement d'une façon qui compliquera la réforme des institutions. En outre, le passage à la démocratie est une période qui s'accompagne souvent d'une aggravation du déficit budgétaire et de l'inflation.

Depuis 1990, l'Afrique subsaharienne a été le théâtre d'environ 27 élections, dont 21 dans des pays qui n'en avaient jamais connu. Les jeunes démocraties ne sont pas à l'abri de l'électoralisme. Avant les élections de 1992, le Gouvernement ghanéen a augmenté les dépenses et accru la masse salariale, compromettant ainsi la stabilité macroéconomique du pays et ouvrant la porte à l'inflation. En Afrique subsaharienne, le nombre de portefeuilles ministériels et de sièges parlementaires a progressé de 22 % durant la période de transition politique qui a commencé en 1989. Les Gouvernements du Cameroun, du Malawi et du Sénégal comptent, chacun, plus de 30 ministres. Il est difficile d'établir les priorités d'action en pareilles circonstances. La Bolivie, par exemple, s'est attaquée au problème en limitant légalement le nombre de ministères : seuls deux ministères supplémentaires peuvent être créés, et seulement à titre temporaire. Ces exemples semblent indiquer que les pays doivent s'appliquer à gérer la transition politique d'une manière qui ne fera pas obstacle au programme de développement.

Quand et pourquoi les pays engagent-ils des réformes ?

Il est aussi important de bien connaître les circonstances dans lesquelles les réformes ont des chances de réussir que de percevoir clairement les obstacles qui peuvent s'y opposer. En fait, les deux sont liés. Si les circonstances sont propices à la réforme, la première chose à faire est d'infléchir la dynamique qui a donné naissance au statu quo. Nous montrerons ci-après comment une menace d'origine externe ou une crise économique — réelle ou ressentie comme telle — peut vaincre la résistance au changement. Nous disons bien « peut », car cela n'a pas toujours été le cas. Il reste à comprendre pourquoi, face à des circonstances aussi exceptionnelles, certains pays engagent des réformes et d'autres non.

Menace d'origine externe

L'existence d'une menace militaire extérieure croissante a souvent déclenché un mouvement de réforme. Jusqu'à une époque récente, c'est seulement en temps de guerre qu'apparaissaient les retards d'un pays sur le plan technologique et économique. À la fin du XVIIIe siècle et au début du XIXe, à la suite de revers militaires infligés par les puissances européennes, les dirigeants de l'Empire ottoman réorganisèrent les forces armées et entreprirent une vaste réforme du secteur de l'éducation et de la gestion des affaires publiques. De même, au Japon, en 1868, les réformes de l'ère Meiji sont nées de la volonté de renforcer l'État contre les empiétements de puissances occidentales (encadré 9.3).

Aujourd'hui, la guerre n'est plus le principal moteur des réformes. Mais le sentiment d'être économiquement en retard sur ses voisins conduit souvent à copier leur exemple. Les bons résultats économiques du Chili ont manifestement incité d'autres pays d'Amérique latine à engager des réformes à la fin des années 80, et les succès du Japon et, plus tard, ceux de la République de Corée et de Taïwan (Chine) ont joué le même rôle sur l'Asie de l'Est et du Sud-Est. La réforme économique en Chine peut s'expliquer par plusieurs facteurs, dont, notamment, l'effet d'entraînement de la réussite économique de ses voisins et le refus de rester à la traîne.

Crise économique

Depuis le début des années 80, la crise économique — hyperinflation et profonde récession surtout — est de loin le plus puissant des stimulants de la réforme. En effet, à mesure que l'échec de la politique suivie devient patent, l'exigence populaire de réforme se fait plus grande et les gouvernants se montrent plus disposés à prendre le risque de changements radicaux. Ainsi, c'est une crise économique qui a précédé la mise en place de réformes dans divers pays, comme en Indonésie en 1961–64 et au Pérou en 1990. Dans d'autres pourtant, bien que la situation

Encadré 9.3 Comment une menace extérieure peut provoquer le changement : les réformes de l'ère Meiji au Japon

L'intrusion des puissances occidentales dans le commerce national a été le détonateur de la réforme au Japon. Dès les années 1840, le Japon était soumis aux pressions croissantes d'un Occident résolu à lui arracher des privilèges sur le plan du commerce et des échanges. La dynastie des Tokugawa savait le Japon technologiquement et militairement en retard et, en 1854, le Japon n'eut guère d'autre choix que d'ouvrir certains de ses ports aux navires américains comme l'exigeait le commodore Perry, bientôt suivi par d'autres gouvernements étrangers. Les puissances occidentales firent tant et si bien qu'en 1865 le Japon n'était plus tout à fait libre de fixer lui-même ses tarifs douaniers, dont le plus élevé était de 5 %. En 1868, une coalition de seigneurs féodaux renversait la dynastie des Tokugawa, qui régnait sur le Japon depuis plus de deux siècles, pour la remplacer par un gouvernement qui allait moderniser le pays et en faire une puissance mieux armée pour parer aux menaces de l'étranger. Ce renversement, qui s'est accompagné de la réintronisation de l'empereur, ouvrait l'ère Meiji, qui allait marquer le début de la croissance économique du Japon moderne.

Les réformes qui suivirent transformèrent l'État et la société. Le système des classes fut aboli, un nouveau système d'administrations locales et de gouvernement national mis en place, et le service militaire obligatoire institué. Pour jeter les bases d'un bon système fiscal, le gouvernement créa un cadastre, établit des titres de propriété et institua un impôt foncier payable en espèces. L'enseignement fut progressivement rendu obligatoire, de telle sorte que, vers le milieu des années 1880, près de la moitié des enfants d'âge scolaire fréquentaient l'école. La Banque du Japon (la banque centrale) fut créée et des réformes administratives engagées, préparant ainsi la voie à la création d'un système de recrutement public fondé sur le mérite et non sur le favoritisme. De plus, le nouveau régime prit un ensemble d'initiatives, qui constitueraient aujourd'hui la politique industrielle, créant et exploitant des usines (tissage de la soie, briqueteries, verreries, cimenteries, textiles, chantiers navals), subventionnant les industries, faisant appel à des techniciens étrangers et envoyant des jeunes étudier à l'extérieur du pays.

économique ait été désastreuse, rien n'a été fait pour y remédier. En revanche, plusieurs pays n'ont pas eu besoin de l'aiguillon d'une crise profonde pour s'engager sur la voie du changement. C'est notamment le cas de l'Australie (1983), de la Colombie (1989) et du Portugal (1985).

Crise économique et guerre civile se nourrissent souvent l'une de l'autre, au point de mener l'État au bord de la désintégration (comme au Libéria et en Somalie). Ce genre de situation a d'immenses coûts sociaux et n'offre guère d'espoir de redressement rapide, car la capacité d'action de l'État est importante quand il s'agit de profiter d'une crise pour entreprendre une réforme. Pourtant, l'existence d'une direction et d'une dynamique politiques a aussi son rôle à jouer. Et souvent, les gouvernants qui sauront saisir les chances qui se présentent sauront tirer parti d'une réforme réussie.

Même en temps de crise, les équipes en place ont tendance à rester réfractaires au changement. C'est pourquoi l'arrivée d'un nouveau gouvernement en pleine crise économique (comme au Pérou et en Pologne en 1990) peut donner le coup de pouce nécessaire à la mise en route de la réforme. Au Pérou, le terrorisme, l'hyperinflation et le bilan médiocre de l'action des partis traditionnels ont donné les coudées franches au nouveau président Alberto Fujimori. La Colombie, elle, a engagé des réformes en 1989, vers la fin de l'administration de Virgilio Barco, à une époque où l'économie n'était pas en crise. De tous ces exemples, il ressort que les périodes d'état de grâce et de crise économique fournissent des occasions de réforme, mais qu'elles ne sont pas les seules. Enfin, il est aussi à souligner que, même dans les pays où la crise a provoqué le changement, celui-ci est souvent resté superficiel, et l'amélioration durable de la situation économique s'est habituellement fait attendre. Une crise économique peut fournir l'occasion d'aller au-delà de simples mesures de stabilisation, mais l'attitude qui sera adoptée dépendra des effets de redistribution escomptés, de la capacité initiale d'action de l'État et de l'existence d'une direction politique éclairée. Il est peu probable qu'un programme de réformes ayant une crise pour seul détonateur et seul moteur puisse déboucher sur une véritable refonte des institutions.

Engager et entretenir le mouvement des réformes durables

Pour réformer l'État, il ne suffit pas de réformer les politiques ; il faut aussi institutionnaliser les règles qui assureront le bon fonctionnement des organismes publics. Il faut mettre en place les mécanismes qui aideront à éviter une trop forte dilution des bienfaits de la réforme, à empêcher la paralysie qui peut résulter d'une absence de points de repère et à susciter la confiance dans la société. Il faut trouver le juste milieu entre des règles claires qui délimitent les pouvoirs discrétionnaires des agents de l'État et la nécessité de leur laisser la marge de manoeuvre nécessaire. Un État efficace est un État régi par des règles claires et transparentes, mais capable de réagir rapidement pour saisir les occasions qui se présentent et changer de cap quand les circonstances l'exigent.

Bâtir un État efficace n'est pas chose impossible, et réussir le changement sera plus facile si l'on s'attache à faire trois choses : concevoir et enchaîner tactiquement les réformes, indemniser les perdants et forger un consensus. Nous abordons ci-après chacun de ces trois aspects. Mais il ne faut pas perdre de vue que, dans certains cas, il conviendra de modifier les institutions pour améliorer le fonctionnement de l'État. Il ne s'agira plus alors de tactique, mais de refonte complète. Une chose est sûre : toutes ces transformations seront bien plus difficiles — voire impossibles — en l'absence de dirigeants ayant une vision claire de l'avenir.

Choix tactiques dans la conception et l'ordonnancement des réformes

Un plan tactique d'ensemble peut améliorer les chances de succès des réformes en ce sens qu'il permettra de mettre en évidence les limites de la capacité d'action de l'État, de réduire la résistance au changement et d'ancrer plus profondément le soutien à l'action à mener.

ADAPTER LE RÔLE DE L'ÉTAT À SA CAPACITÉ D'ACTION. Comme on n'a cessé de le souligner tout au long de ce Rapport, il n'est pas de politique efficace sans une bonne adéquation entre le rôle de l'État et sa capacité d'action. Tout décalage à cet égard peut compromettre la viabilité et l'efficacité des réformes même en l'absence d'obstacles politiques. La réforme du cadre réglementaire — que ce soit dans le domaine des monopoles, de l'environnement ou dans le secteur financier — doit être à la mesure des capacités institutionnelles du pays (tableau 4.2). Ainsi, le plafonnement des tarifs, lors duquel l'organe de la réglementation fixe le facteur d'ajustement utilisé pour déterminer les prix à pratiquer par un service d'utilité publique qui en a le monopole, convient mieux à des pays dotés d'institutions relativement fortes. De même, les mécanismes conçus pour améliorer les services publics doivent tenir compte non seulement des caractéristiques de la prestation offerte, mais aussi de la capacité de l'État (tableau 5.1). Dans le secteur public proprement dit (l'enseignement et la santé, par exemple), la création d'organismes soumis à des critères de performance ou le recours à des contrats-plans nécessitent une capacité institutionnelle qui fait défaut à beaucoup de pays en développement. Il sera impossible, dans ces cas-là, de recourir à des formules impliquant une logistique institutionnelle aussi importante. Les limites de la capacité d'action de l'État doivent aussi conditionner pour beaucoup le choix d'une stratégie de décentralisation (tableau 7.5). Quand cette capacité est faible au niveau de l'administration centrale aussi bien que des collectivités locales, le plus sage sera probablement d'adopter une stratégie de décentralisation prudente avec des programmes pilotes. Mais, comme on l'a vu dans la troisième partie de ce Rapport, la capacité d'action n'est pas une donnée immuable. Et il est en fait très payant de l'améliorer.

AMÉLIORER LA CAPACITÉ D'ACTION DE L'ÉTAT PAR DES CHOIX STRATÉGIQUES. Là où la capacité administrative est faible, plutôt que de tenter une réforme complète de toutes les institutions, on aura probablement intérêt à se concentrer de manière sélective sur les fonctions et organes essentiels de l'État. Outre qu'elle tient compte des contraintes qui pèsent sur le budget et les ressources humaines, cette méthode présente deux avantages. D'une part, elle permet aux réformateurs de tirer les leçons des erreurs qu'ils commettront inévitablement en renforçant leurs institutions. D'autre part, commencer par les institutions de premier plan aura valeur d'exemple pour le reste du secteur public. Les responsables augmenteront ainsi leurs chances de se constituer un capital de réussite qui leur assurera le soutien politique dont ils auront besoin pour la réalisation d'un programme global de réformes.

Beaucoup de pays ont procédé de la sorte, en commençant par mettre en place quelques têtes de pont. Les premières enclaves toutes désignées sont généralement le ministère des finances, la banque centrale et le fisc. Au Pérou et au Ghana, par exemple, l'extrême faiblesse des recettes fiscales a contraint le gouvernement à modifier rapidement le système de recouvrement de l'impôt. Cela étant, tout pays qui ferait le choix d'une telle stratégie doit veiller à ce que les missions confiées aux différents organismes et ministères soient réparties en fonction des compétences professionnelles qui s'y trouvent et doit faire en sorte que les mandats ainsi assignés soient conformes à l'intérêt public en général. Par exemple, un régime tarifaire géré par le ministère des finances aura tendance à privilégier les objectifs de recettes plutôt que de protection des différents secteurs d'activité ; les priorités seraient probablement inversées si c'était le ministère du commerce qui en était chargé. De même, une transformation de restrictions quantitatives en droits de douane aboutira souvent plus rapidement si elle est confiée au Trésor (tableau 9.1). La bonne répartition des différentes missions peut aider à maintenir la réforme sur les rails en influant sur ce qui sera accompli et sur l'ordre dans lequel cela se fera.

La stratégie d'enclavement, basée sur la création d'unités fonctionnelles à régime spécial au sein de la fonction publique, permet d'adopter les réformes dites de la première génération (tableau 9.3). Celles-ci — qui peuvent, pour la plupart, être adoptées par décret — mettent généralement en route une politique de stabilisation et comprennent un certain nombre de mesures structurelles. Mais une stratégie trop réductrice en la matière risque d'être un obstacle aux transformations institutionnelles plus profondes qu'exige la seconde génération de réformes. En outre, les progrès dans les secteurs sociaux sont généralement

Tableau 9.3 Première et seconde générations de réformes

	Première génération	Seconde génération
Principaux objectifs	Gestion de la crise : réduire l'inflation et rétablir la croissance	Progrès social et amélioration de la compétitivité, maintien de la stabilité macroéconomique
Instruments	Mesures draconiennes de réduction budgétaire, réforme fiscale, libéralisation des prix, libéralisation du commerce et de l'investissement étranger, déréglementation, fonds sociaux, organes concédants autonomes, début de privatisation	Réforme de la fonction publique, réforme de la législation du travail, restructuration des ministères aux missions d'intérêt collectif, réforme du judiciaire, modernisation du corps législatif, renforcement des organes de réglementation, amélioration du recouvrement de l'impôt, privatisation à grande échelle, restructuration des relations entre administration centrale et collectivités locales
Acteurs	Présidence, ministère à vocation économique, banque centrale, institutions financières multilatérales, groupes financiers privés, investisseurs étrangers (portefeuille)	Présidence, ministères, corps législatif, fonction publique, judiciaire, syndicats, partis politiques, médias, collectivités locales, secteur privé, institutions financières multilatérales
Principale difficulté	Gestion macroéconomique par une élite de technocrates à l'abri des ingérences	Développement institutionnel fortement tributaire des cadres moyens du secteur public

Source : Adapté de Naím, 1995.

modestes pendant cette période. C'est ainsi qu'au Ghana, l'un des chefs de file de la réforme en Afrique subsaharienne, les dépenses de santé ont reculé encore davantage depuis le lancement des réformes. Une refonte des institutions est une tâche complexe et une entreprise de longue haleine, et l'opposition qu'elle suscite de la part de groupes de défense d'intérêts catégoriels (comme le syndicat des enseignants en Colombie) est souvent forte. Pour les pays enfermés dans la première génération de réformes, le développement durable à long terme reste une perspective hypothétique.

Il est possible d'éviter les pièges de la stratégie d'enclavement. Il s'agira essentiellement d'arrêter un ensemble de règles permettant de définir clairement les conditions applicables aux administrations demeurées initialement hors de l'enclave pour entrer dans le champ des réformes. Ces règles seront une charnière entre la première et la seconde génération de réformes, et elles tempéreront l'hostilité des administrations restées sous le régime général. Telle est la voie qu'a su emprunter la réforme de la fonction publique en Bolivie. La loi de 1990 sur l'administration des deniers publics et la réglementation administrative propre aux différents organismes comportent une série de règles précisant quelles administrations ont le droit d'engager du personnel à un niveau de rémunération élevé, les conditions que ces administrations doivent remplir à cette fin et ce qui sera attendu d'elles une fois qu'elles auront exécuté la réforme dont elles sont chargées. Et pourtant, les résultats obtenus en Équateur, où une stratégie similaire a été adoptée, montrent qu'il faut être déterminé à faire aboutir le programme de réformes pour que ces règles se traduisent dans les faits. Deux mois après l'adoption des règles applicables à la réforme administrative, le haut fonctionnaire compétent a déclaré tous les services de l'administration centrale « restructurés » et relevé le niveau des traitements, alors qu'aucun n'avait satisfait aux conditions requises. Si les règles peuvent étayer une volonté de réforme, elles ne peuvent s'y substituer.

Désengagement progressif. Adapter le rôle de l'État à sa capacité d'action et aller au-delà de la création d'enclaves exigent parfois de remplacer un organisme public par un organisme privé, ce qui peut obliger à adopter une stratégie en deux temps pour vaincre les réticences. Durant la première phase, un mécanisme peut être mis en place pour permettre aux gens d'opter, s'ils le désirent, pour un prestataire du secteur privé. Une prise de conscience plus large des avantages d'une amélioration des services pourra alors faciliter le passage à la seconde phase : éliminer les prestataires publics.

La loi sri-lankaise de 1991 sur les télécommunications montre les avantages de cette stratégie. Cette loi portait création d'un organisme de réglementation et autorisait les compagnies privées à faire concurrence à Sri Lanka Telecom (SLT), monopole d'État, pour exploiter un réseau à valeur ajoutée. Le cadre juridique et réglementaire mis en place a aidé à faire de Sri Lanka l'un des marchés des télécommunications les plus déréglementés d'Asie. En 1995, le pays comptait quatre compagnies de téléphone cellulaire, cinq entreprises de radiomessagerie unilatérale, trois prestataires de services de transmission de données et un fournisseur d'accès à l'Internet. À la fin de 1995, 20 % de tous les abonnés au téléphone étaient reliés à des services cellulaires. La concurrence entre les compagnies du réseau cellulaire a fait tomber les tarifs à un niveau qui est l'un des plus bas de la région, et cette formule est de plus en plus considérée comme une solution de rechange crédible aux services traditionnels assurés par SLT. Pour répondre à la demande, l'organe de réglementation a accordé, au début de 1996, des licences d'exploitation permettant à deux sociétés de téléphone sans fil de fournir des services de base. Ces résultats impressionnants obligent l'entreprise publique à améliorer ses prestations. Appliquant une stratégie de désengagement en deux temps, le gouvernement a annoncé la cession à un investisseur stratégique de 34 % des actions détenues par l'État dans le capital de SLT.

La réforme du régime de retraite au Pérou illustre la manière dont le désengagement progressif de l'État peut s'appliquer également dans le domaine social. Lorsque la réforme a été lancée en 1993, il était possible de choisir entre un régime de retraite public ou privé. En 1996, les inconvénients que présentait le système privé ont été supprimés, entraînant par là même la disparition progressive et naturelle du régime public. Dans un deuxième temps, sous l'impulsion des travailleurs passés au régime privé et des directeurs des caisses de retraite, un puissant mouvement s'est dessiné en faveur de la réforme. Au Pakistan, en revanche, le gradualisme des mesures semble avoir sérieusement compromis les chances de la réforme de l'impôt direct. Celle-ci avait commencé par une réduction de l'impôt, qui devait s'accompagner de la suppression des exonérations fiscales temporaires. Mais le puissant lobby des agriculteurs a réussi à empêcher cette suppression, et la tentative faite en 1993 d'instituer un impôt frappant les plus riches d'entre eux a été vidée de son sens par un relèvement du plafond d'exemption, porté à un taux dix fois plus élevé. Au contraire, même une réduction du taux d'imposition sans incidence sur les recettes, compensée par un élargissement de l'assiette fiscale, aurait réduit les distorsions sans que personne n'y perde. Une estimation approximative de l'avantage d'une réduction des distorsions chiffre le gain à plus de 1,4 % du PIB (voir la Note technique).

Efficacité contre ordonnancement tactique. L'ordre dans lequel interviennent les différentes étapes d'une réforme peut sembler optimal du point de vue de l'efficacité, mais peut être politiquement irréalisable. Par exemple, au nom de l'efficacité il est recommandé d'établir un organe de réglementation crédible et stable avant de privatiser le secteur des télécommunications. Cela permet de réduire le risque pris par l'acquéreur au moment de l'achat, et donc de faire monter le prix de vente de la compagnie. L'Argentine, cependant, s'y est prise autrement. L'entreprise qui détenait le monopole du téléphone a été vendue un an avant la création d'un nouvel organe de réglementation. Cette démarche avait été retenue afin d'accélérer la privatisation et de faire pièce aux oppositions à la réforme. L'incertitude sur le plan réglementaire a peut-être eu pour effet de réduire le prix de vente, mais la faisabilité politique de la réforme y a beaucoup gagné. Et, comme on l'a vu plus haut, les gains d'efficacité générés par l'ensemble du programme de privatisation ont été appréciables (tableau 9.2). En outre, les pays qui choisiraient, pour des raisons politiques, d'inverser la chronologie optimale pourraient limiter le risque d'un prix de vente initial plus faible en vendant les actions par étapes, à mesure que la réforme gagnera en crédibilité.

PANACHER ET COMBINER LES RÉFORMES. En veillant à un bon dosage entre les différentes réformes, on peut permettre à des groupes politiquement influents de regagner d'un côté ce qu'ils ont perdu de l'autre, ce qui réduira le coût politique de la réforme (encadré 9.1). C'est ce qu'a fait, dans les années 80, le gouvernement travailliste de la Nouvelle-Zélande. Le ministre des Finances Roger Douglas avait réussi à convaincre les agriculteurs que la suppression de leurs subventions était essentielle au succès d'un programme de réformes auquel ils avaient tout à gagner, puisqu'il conduirait à abaisser les tarifs douaniers, réduire l'inflation et corriger les facteurs pénalisant les exportations. De même, en Bolivie, le vaste train de réformes lancé en 1985 par le gouvernement de Victor Paz Estenssoro, dans un contexte d'hyperinflation, a réussi à vaincre les résistances des travailleurs, qui s'étaient opposés aux précédents plans. Le soutien des deux grands partis politiques y a certes contribué, mais l'ampleur du programme et la rapidité de sa mise en oeuvre ont empêché les groupes de pression de s'organiser pour le faire échouer.

En présence de profonds déséquilibres macroéconomiques, il pourra être politiquement plus facile de faire accepter certaines réformes en les combinant. Ainsi, la libéralisation du commerce est souvent plus facile à réaliser quand elle est couplée à un programme d'ajustement, car les gains résultant d'une amélioration de la politique macroéconomique (baisse de l'inflation et croissance positive) viennent compenser les effets de distribution de la libéralisation (encadré 9.1). Par leur ampleur, les réformes peuvent aussi gagner en crédibilité. En 1990, le Gouvernement polonais a libéré 90 % des prix, supprimé la majeure partie des barrières commerciales, aboli les monopoles d'État sur le commerce et décidé de rendre la monnaie convertible aux fins des transactions courantes. Après un recul initial de la production en 1990–91, l'économie polonaise a enregistré une croissance robuste.

Indemnisation

INDEMNITÉS DE LICENCIEMENT. Adapter le rôle de l'État à sa capacité d'action et renforcer celle-ci ne sont pas seulement affaire de choix tactiques dans la conception et l'ordonnancement des réformes ; il faut aussi indemniser ceux qui en pâtissent si l'on veut s'assurer de leur soutien. Ceux-là ne seront d'ailleurs pas toujours les plus pauvres. Il pourra s'agir, par exemple, de fonctionnaires qui ont perdu leur emploi, de chefs d'entreprise publique dont la firme a été privatisée ou d'hommes d'affaires qui étaient habitués à opérer à l'abri de barrières commerciales importantes. Parfois économiquement coûteuse dans l'immédiat, leur indemnisation sera payante à long terme dans la mesure où elle affaiblit l'opposition aux réformes. Une étude récemment consacrée aux programmes de suppression d'emplois a relevé que l'effet combiné des gains de productivité et des économies de salaires ainsi réalisés permettait en moyenne d'amortir le coût des indemnités versées au bout de 1,7 année seulement. Cette indemnisation peut jouer un rôle clé dans le succès de la réforme pour trois raisons. Tout d'abord, pour être politiquement acceptables, il faudra parfois que les départs soient volontaires. Ensuite, même là où la dimension politique est absente, la cessation d'emploi — autre que volontaire — peut être illégale, comme dans le cas de la Banque centrale de l'Équateur. Enfin, la plupart des pays en développement n'ayant pas de système d'assurance chômage, ce sont les indemnités de licenciement qui en tiennent lieu.

L'application de régimes d'indemnisation qui différencient davantage entre les travailleurs peut aider à réduire le coût et à améliorer le ciblage d'un programme de licenciements politiquement acceptable. On peut, par exemple, fixer un plafond pour le nombre de départs par niveau de qualification. En Argentine, par exemple, les cadres de l'Institut national de technologie agricole n'ont pas eu la possibilité d'opter pour un plan de départ en retraite volontaire. Les programmes de licenciements doivent aussi comprendre des mécanismes empêchant de rengager les partants, ce qui irait à l'encontre du but recherché.

INCITATIONS SOUS FORME DE PARTICIPATION AU CAPITAL. Parfois, la compensation ne se limite pas à l'attribution de généreuses indemnités de licenciement. C'est notamment le cas lorsque les employés, la direction ou le public en général se voient attribuer des parts d'entreprises privatisées. Le programme bolivien de restructuration du capital constitue une formule très originale à cet égard. Trois aspects au moins l'ont rendu politiquement plus acceptable sans que les gains d'efficacité aient à en souffrir :

- En transférant des actions aux actifs et aux retraités, le gouvernement a su vaincre l'opposition que suscite souvent la vente de la totalité du capital à des sociétés étrangères.
- La population recueille très vite les fruits de telles mesures. Ainsi, à compter de mai 1997, tous les plus de 65 ans recevront chaque année un montant qui devrait être compris entre 200 et 225 dollars. À titre de comparaison, la Bolivie avait, en 1994, un revenu par habitant de 770 dollars.
- L'argument souvent avancé, à tort ou à raison, par les adversaires de la privatisation — à savoir le risque de corruption — est battu en brèche car l'État ne reçoit pas de fonds.

Les exemples bolivien et tchèque montrent comment un programme de privatisation bien conçu peut être politiquement plus acceptable et se traduire par des gains d'efficacité durables. Mal conçues, de telles stratégies risquent, en revanche, d'être contraires à l'effet recherché.

Réaliser un consensus

La réforme de l'État exige la coopération de toutes les grandes composantes de la société. L'existence d'antagonismes profonds et d'un climat de méfiance entre ces composantes peut retarder la réforme ou lui être fatale. Il n'existe pas de remèdes miracles pour vaincre des inimitiés séculaires, mais des pactes sociaux peuvent y contribuer. Dans un pacte social, les représentants des employeurs, des salariés et des agriculteurs négocient avec les représentants du gouvernement les termes d'un contrat qui définit clairement les obligations de chaque partie. Cette formule a donné de bons résultats dans des pays aussi différents que l'Espagne et le Bénin. En Espagne, un gouvernement minoritaire a pu imposer une discipline salariale en faisant venir tous les partis politiques à la table des négociations et en mettant sur pied un programme commun, qui prit le nom de Pacte de la Moncloa (encadré 9.4). Lors de son entrée en fonctions en mai 1996, le deuxième gouvernement à avoir été élu démocratiquement au Bénin a organisé une consultation avec les partis politiques et la société civile. Cette Conférence économique nationale a créé un certain nombre de groupes de travail sectoriels et formulé des recommandations précises sur le rôle de l'État. Il reste maintenant à savoir si cette initiative donnera naissance à un consensus autour d'un programme économique.

Une direction politique éclairée et une vision claire de l'avenir

En matière de réforme, il n'existe pas de modèle universel, mais presque tous les succès enregistrés dans les pays en développement partagent une caractéristique : ils sont l'oeuvre de dirigeants dynamiques qui ont su piloter le changement en évitant les écueils politiques. S'ils savent saisir les chances qui s'offrent, ces dirigeants savent aussi en créer en se tournant vers les bénéficiaires potentiels de la réforme, en réorganisant les institutions et en proposant une vision de l'avenir convaincante et réalisable. La présence de dirigeants qui savent montrer la voie à suivre est particulièrement importante dans les pays où la confiance et la cohésion entre les différentes catégories socio-professionnelles font défaut. Quand le monde de l'entreprise se méfie de l'administration, les travailleurs de ceux qui les dirigent, et les agriculteurs de tout le monde, même des réformes de bon sens peuvent faire long feu. Les gouvernants doivent savoir donner une aspiration commune qui transcende les clivages sociaux.

Le but de la réforme est d'accroître le bien-être économique. On en mesure souvent les effets à l'aide de critères quantifiables comme le revenu national, les exportations ou l'inflation. Mais il est tout aussi important de voir dans quelle mesure elle aura réussi à remodeler les valeurs et les normes qui guident l'action de l'État et régissent ses relations avec l'économie. Telle est la véritable raison d'être des réformes dans l'esprit du public. Il faut donc des dirigeants qui ne se contentent pas de l'austère réalité des chiffres, mais qui donnent une vision exaltante de l'avenir et suscitent un vaste mouvement de soutien aux réformes.

Par exemple, dans certains pays en transition — comme en Hongrie, en Pologne et en République tchèque —, la réforme a été rendue plus facile par la perspective d'une adhésion à l'Union européenne. Il en est allé de même pour l'Espagne et le Portugal au début des années 80. Mais la possibilité d'offrir une vision claire de l'avenir ne se présente pas toujours aussi facilement. Au Venezuela, les réformes engagées du temps de Carlos Andrés Pérez ont été un échec politique faute de vision cohérente pour les faire accepter (encadré 9.5). En Malaisie, par contre, les initiatives prises par le premier ministre Mahathir Mohamad dans les années 90 s'inscrivaient dans le cadre d'un programme d'ensemble baptisé Vision 2020, dont l'objectif, forcément mobilisateur, était de faire atteindre aux Malaisiens un niveau de vie égal à celui des pays industriels d'ici à 2020.

La stratégie à suivre : trouver la voie des réformes

Machiavel avait vu juste en disant que les tensions provoquées par la redistribution des ressources sont la pierre d'achoppement de la réforme de l'État. Et pourtant, ces tensions, parfois exacerbées par des obstacles ancrés au coeur des institutions, n'ont rien d'immuable. Le changement interviendra lorsque le pays se sentira davantage incité à rejeter les anciennes politiques et le vieil appareil institutionnel qu'à maintenir le statu quo. Une crise économique ou une menace extérieure peut être le détonateur

Encadré 9.4 Le Pacte de la Moncloa en Espagne

Adolfo Suárez fut nommé chef du gouvernement par le roi d'Espagne Juan Carlos Ier en juillet 1976, soit peu après le début de la période de transition vers la démocratie, ouverte par la mort du généralissime Francisco Franco en novembre 1975. Suárez commença par entreprendre des réformes politiques : il reconnut la liberté syndicale et le droit de grève, légalisa tous les partis politiques (y compris le parti communiste), proclama une amnistie politique et fit voter une nouvelle loi électorale. Les premières élections libres depuis la guerre civile espagnole eurent lieu le 15 juin 1977. Suárez les remporta, mais le parti qu'il venait de créer, l'Union du centre démocratique, n'obtenait que 47 % des sièges au parlement.

Les élections avaient eu lieu à un moment où l'économie entrait en crise. L'inflation et le chômage étaient en hausse, et la balance extérieure se détériorait rapidement. Dans le cadre de sa lutte contre l'inflation et de sa politique de libéralisation des échanges, le gouvernement Suárez s'efforça de freiner la croissance des salaires. Mais plutôt que de se heurter de front au mouvement ouvrier et aux syndicats, Suárez adopta une démarche consensuelle. À la fin de l'été 1977, il réunit les principaux représentants du patronat et des syndicats pour arrêter une position commune. Ses efforts échouèrent, cependant, en raison de profondes divergences internes. Les travailleurs, par exemple, étaient représentés par des dirigeants syndicaux qui se réclamaient d'au moins quatre tendances politiques distinctes. Aucun ne voulait donner l'impression de faire des concessions.

Suárez changea alors de tactique et s'employa à réaliser un accord au niveau politique plutôt que syndical, qui aboutit, en octobre 1977, à la signature du Pacte de la Moncloa. L'accord politique s'était révélé plus facile à obtenir parce que les responsables des partis étaient plus modérés que les catégories qu'ils représentaient et parce que l'extrême gauche, qui n'avait pas de représentation parlementaire, ne participait pas à la négociation.

Le Pacte alla bien au-delà du freinage des salaires puisqu'il comportait des dispositions concernant la politique monétaire et budgétaire, ainsi que des réformes structurelles. Il promettait une nouvelle génération de relations entre employeurs et employés, avec une plus grande flexibilité de l'emploi, un régime fiscal plus progressif et la rationalisation ainsi que la décentralisation des entreprises publiques. Chose importante, le Pacte prévoyait une indemnisation partielle des travailleurs qui pourraient être victimes de l'ajustement. Au nombre des mesures prévues à cet effet figuraient une augmentation des dépenses consacrées par l'État à la création d'emplois et à l'assurance chômage, l'élargissement progressif de cette assurance chômage à tous les demandeurs d'emploi et le contrôle de quelques prix. Sachant que l'Espagne était le pays européen le plus touché par les conflits du travail, il aurait été impossible d'amener les travailleurs à accepter des réformes fondamentales sans faire ces concessions.

Bien que toutes les promesses contenues dans le Pacte de la Moncloa (en particulier dans le domaine de la réforme du marché du travail et des entreprises publiques) n'aient pas été tenues, l'accord a atteint ses principaux objectifs : la hausse des prix et des salaires a été fortement réduite à partir de 1978, et le déficit du compte d'opérations courantes a été absorbé.

de la réforme. En revanche, si les dirigeants perpétuent des politiques désuètes parce que cela sert leurs intérêts ou ceux de leurs alliés, la réforme risque d'être ajournée, et parfois pour longtemps, comme en Haïti à l'époque des Duvalier ou au Zaïre aujourd'hui.

Le présent chapitre a montré qu'il se présente des occasions à saisir et qu'il est essentiel de les mettre à profit pour provoquer le changement en indemnisant les perdants éventuels, en faisant des choix tactiques judicieux et en recherchant un consensus. Comme on l'a souligné tout au long de ce Rapport, il est important de tenir compte de la capacité d'action de l'État lors de la conception des réformes. Mais les gouvernants ne peuvent pas se permettre d'en rester là : il leur faut aussi une stratégie pour accroître cette capacité. En effet, un État doté d'une plus grande capacité d'action peut élargir le champ des options ouvertes à la réforme et améliorer sensiblement les performances de l'économie. Un ordonnancement tactique des réformes et une stratégie bien conçue de création d'enclaves au sein de la fonction publique constituent un premier pas dans la bonne direction et vont dans le sens des contraintes budgétaires et autres que connaissent de nombreux pays en développement. Il faudra toutefois chercher rapidement un moyen de ne pas se limiter à quelques administrations afin d'éviter les pièges de la stratégie d'enclavement. Il s'agira de définir clairement les conditions applicables aux administrations demeurées initialement hors de l'enclave pour entrer dans le champ des réformes. Cela étant, les

Encadré 9.5 Progrès et recul du programme de réformes adopté au Venezuela en 1989

À la fin des années 80, l'économie vénézuélienne traversait une crise marquée par des déséquilibres internes et externes dus à une hypertrophie de l'État et à une mauvaise gestion. En 1989, Carlos Andrés Pérez, qui avait déjà présidé le pays dans les années 70, fut réélu. Il appliqua un plan de stabilisation qui s'articulait sur une forte dévaluation du bolivar et sur la suppression du contrôle des prix et des taux d'intérêt. Ce plan, qui rétablit les équilibres internes et externes, s'accompagna de réformes structurelles comme la libéralisation des échanges, les privatisations et le renforcement de l'autonomie de la banque centrale.

Ces réformes furent rendues possibles par l'étendue des pouvoirs exécutifs détenus par la présidence au Venezuela. Mais le consensus sur lequel elles s'appuyaient fut de courte durée. Après une période d'instabilité politique, Rafael Caldera fut élu à la tête d'un gouvernement de coalition en février 1994. Le nouveau gouvernement commença par revenir sur certaines des réformes, supprimant la taxe à la valeur ajoutée et rétablissant le contrôle des prix et des taux d'intérêt. L'autonomie de la banque centrale fut également remise en cause, et son président démissionna. Tenue par ses engagements internationaux, l'Administration ne toucha pas à la libéralisation des échanges, optant plutôt pour un recours aux protections non tarifaires. Le programme manquant de cohérence, la confiance des investisseurs internationaux s'effrita et la notation des obligations vénézuéliennes perdit 20 points de pourcentage par rapport à son niveau de 1991. En 1994, le PIB réel chuta de 3 %, et l'inflation s'emballa pour atteindre 71 %. Au cours du deuxième trimestre de 1996, l'Administration commença à adopter une politique économique plus orthodoxe, avec le soutien du Fonds monétaire international. Si l'application de cette politique a jusqu'ici rencontré un certain succès, il reste à savoir jusqu'où elle pourra aller et combien de temps elle durera.

Ce qui s'est passé au Venezuela permet de tirer quelques enseignements importants sur la viabilité des réformes. Ainsi, elles risquent beaucoup plus d'être remises en cause lorsqu'elles ne sont soutenues que par quelques technocrates sans l'appui de partis politiques ou d'autres groupements. De même, les mesures de stabilisation sont plus faciles à appliquer que les réformes structurelles, qui exigent l'approbation du parlement. De plus, les réformes économiques sont d'autant plus difficiles à mettre en oeuvre qu'elle comportent des risques politiques. La création de nouveaux impôts est très risquée là où la haute main de l'État sur les ressources naturelles (en l'occurrence, le pétrole) donne l'impression que les services publics sont gratuits. Il peut suffire d'une crise pour créer les conditions favorables au lancement d'une réforme, mais il faut bien plus pour en garantir la pérennité. Une réussite qui s'inscrit dans la durée passe par une vision claire de l'avenir et un dessein commun.

règles et les choix tactiques ne sauraient remplacer la volonté d'aboutir ni l'autorité politique.

Mais une direction politique éclairée n'est pas tout : même des dirigeants résolus et clairvoyants ne sont pas toujours capables de rejeter un long passé fait d'années, voire de décennies, de prestations médiocres. Choisir de réformer dans ces circonstances implique une confiance aveugle, un saut dans l'inconnu qui peut être aussi effrayant pour ceux qui, à terme, y trouveront leur compte que pour ceux qui en pâtiront. En pareil cas, la présence d'une personnalité capable de convaincre le pays qu'il faut aller de l'avant est un atout très précieux.

CHAPITRE 10

LA MARCHE VERS LE CHANGEMENT

Ce rapport a montré que l'État a une influence considérable sur le développement économique et social d'un pays et sur la viabilité de ce développement. Le pouvoir qu'il a de promouvoir, d'amplifier et d'arbitrer le changement pour servir le bien commun est sans égal. Dans les pays où ce pouvoir a été bien utilisé, l'économie a prospéré. Mais dans les autres, le développement est au point mort.

Le processus n'a rien d'irréversible : tout au long de l'histoire, et un peu partout dans le monde, la preuve a été faite que les pays peuvent changer de cap et réformer les politiques et institutions pour renforcer l'efficacité de l'État et faire avancer le développement. Mais pourquoi tant de ces efforts restent-ils vains ? Et surtout, comment se fait-il que tant d'États en situation désespérée n'essaient même pas de s'engager sur la voie des réformes ? Le régime politique y est pour beaucoup. Mais cela ne se ramène pas à l'opposition entre démocratie et totalitarisme. Nous devons dépasser ces grandes catégories de régime politique pour comprendre ce qui pousse les organismes d'État à mieux faire leur travail. Nous avons besoin de mieux comprendre comment et quand on peut mobiliser les intérêts économiques et politiques qui vont dans le sens du développement pour opérer les changements institutionnels propres à provoquer la croissance.

Pour faire repartir le développement dans les pays où l'État est inefficace, il faut commencer par mettre en place des structures institutionnelles qui favorisent la réceptivité, le sens des responsabilités et le respect de la légalité.

Doter l'État des moyens d'en faire plus pour l'économie et pour la société, cela veut dire renforcer la confiance dans les règles de base qui régissent la société ainsi que dans l'autorité publique qui en est le fondement. C'est là une tâche difficile pour deux raisons.

Tout d'abord, cela demande de la patience. Il faut du temps au pouvoir judiciaire pour convaincre les entreprises et les particuliers de l'impartialité de ses décisions. Il faut du temps pour qu'assemblées législatives, nationales et territoriales, titulaires de postes politiques, juges, fonctionnaires, conseils consultatifs paritaires, défenseurs indépendants de la légalité et organisations non gouvernementales — dont les rapports mutuels obéissent à des règles différentes dans chaque société — apprennent à respecter les sphères de compétence de chacun et à travailler ensemble. Il faut du temps pour jeter les bases d'une administration compétente et disciplinée. Cela étant, il est possible d'échelonner les réformes en commençant par des mesures dont on puisse récolter les fruits sans attendre. Elles auront pour but, par exemple, de renforcer les moyens d'action de l'administration centrale, de relever la partie supérieure de l'échelle des traitements afin d'attirer des gens compétents, d'encourager une plus grande participation aux mécanismes de décision et de rendre les délibérations plus ouvertes, d'ouvrir au secteur privé des domaines d'activité faciles à circonscrire et parfaitement accessibles, et de demander davantage aux clients leur opinion sur les services qu'ils reçoivent. Mais, en règle générale, il n'y a pas de remède miracle.

En deuxième lieu, la tâche est difficile parce que les mêmes institutions qui peuvent engendrer crédibilité et responsabilité politique peuvent aussi être des freins. Les mêmes règles qui empêchent d'abuser du pouvoir de l'État peuvent aussi empêcher d'en faire bon usage. Ce qu'il faut, c'est une structure institutionnelle où la souplesse s'exerce dans des limites appropriées.

En fin de compte, c'est à chaque pays de trouver son équilibre. Ceux qui ont derrière eux un solide bilan de respect des engagements et dont les institutions plongent des racines profondes dans la société disposent probablement d'une certaine latitude pour expérimenter et réagir en souplesse à des événements imprévus sans perdre leur crédit. Mais ceux qui sortent d'une longue période d'arbitraire et de dysfonctionnement gouvernemental feraient sans doute mieux de renoncer aux avantages immédiats de la souplesse en faveur de l'objectif plus éloigné de mise en place d'institutions crédibles et viables.

Le présent Rapport propose une stratégie à deux volets à l'intention des pays dont les perspectives de réforme sont bonnes, pour donner davantage d'efficacité à l'action de l'État :

- Adapter le rôle de l'État à sa capacité d'action, et
- Revivifier les institutions en fixant à l'État plus de règles et de limites, en le soumettant davantage au jeu de la concurrence et en le rendant plus transparent et plus ouvert.

Lorsque la capacité d'action est limitée, centrer l'État sur ses missions essentielles représente une première étape indispensable dans un grand nombre de pays — surtout en Afrique, dans les pays de la CEI et dans certaines parties d'Amérique latine, du Moyen-Orient et d'Asie du Sud.

Adapter le rôle de l'État à sa capacité d'action est la première des choses à faire. Dans de nombreuses régions du monde, l'État ne s'acquitte même pas de ses missions les plus élémentaires : faire régner l'ordre public, protéger les droits de propriété, gérer la macroéconomie, assurer la fourniture des services sociaux essentiels et protéger les indigents.

Dans certains cas, l'État a exercé un contrôle excessif sur l'économie, même quand il n'avait pas les moyens de faire appliquer systématiquement les règlements. Une des conséquences en a été l'aggravation de la corruption, qui affaiblit encore plus la capacité de l'État — jusqu'à le rendre parfois incapable d'assurer les services de base. Des administrations qui fonctionnaient relativement bien ont ainsi perdu de leur efficacité au cours des ans, et leur remise en ordre va exiger des efforts considérables. La déréglementation de ces économies est une nécessité vitale.

On a essayé, par des réformes soutenues par la Banque mondiale et d'autres organisations internationales, d'aider les pays à adapter le rôle de l'État à sa capacité d'action. Depuis une dizaine d'années, on tente de réduire l'emprise de l'État sur certains secteurs de l'économie afin de concentrer les ressources ainsi libérées sur ses fonctions essentielles. C'est un début, mais cela ne suffit pas.

Toutefois, comme ce Rapport l'a montré, adapter le rôle de l'État à sa capacité d'action ne consiste pas uniquement à réduire ce rôle. Il ne s'agit pas seulement de ce que l'État doit faire, mais aussi de la manière dont il doit le faire : comment gérer le secteur financier, comment réguler l'activité économique, comment protéger l'environnement — toutes activités qui dépendent au plus haut point de la capacité des institutions.

Les efforts déployés pour mieux employer la capacité d'action de l'État doivent être complétés par des réformes visant à renforcer cette capacité en revivifiant les institutions. Dans beaucoup de domaines, l'État ne pourra devenir plus efficace qu'en forgeant de nouveaux partenariats avec d'autres organisations de la société civile. Dans d'autres cas, il ne gagnera en efficacité que si ses décisions et ses actions peuvent être contestées — si les particuliers et les entreprises peuvent choisir et si le monopole de l'État est brisé.

On n'améliorera pas la capacité de l'État uniquement à coup d'opérations d'assistance technique. Il faudra qu'il s'y sente lui-même incité.

Ce qu'il faudra faire exactement pour améliorer la capacité d'action de l'État varie d'un pays à l'autre puisque la réforme nécessaire touche pour une large part aux institutions et que le changement institutionnel s'inscrit dans un contexte donné. On examine ci-après, pour chaque région en développement, certaines des opportunités à saisir et certains des défis à relever. Mais il est évident que nos conseils n'ont de sens que s'il existe, au moins, un État à réformer. De plus en plus, cette condition fondamentale à l'amélioration des résultats du développement, elle-même, n'est pas remplie. Nous commencerons par ces cas extrêmes de banqueroute institutionnelle où, pour un temps, l'État lui-même, en tant que pouvoir légitime et effectif, n'existe plus.

Quand l'État s'effondre

Ces dernières années, un nombre croissant de pays a vu s'effondrer la quasi-totalité des fonctions et des institutions de l'État, souvent dans le contexte d'une guerre civile. Quand l'État cesse de s'acquitter de ses fonctions les plus élémentaires, la crise que cela engendre peut être grave et prolongée. Les structures qui auraient pu amortir l'impact de la crise et être le véhicule d'une reprise ultérieure ont souvent été détruites, rendant à peu près inapplicables les remèdes d'ordre général prescrits pour renforcer la capacité d'action de l'État.

Comment un État en vient-il à s'effondrer ?

Si l'effondrement d'un État n'est pas un phénomène nouveau, il semble cependant qu'il soit devenu plus courant dans les années 80 et 90 que dans l'immédiat après-guerre. C'est en outre un problème très préoccupant pour les autres États, individuellement et collectivement. Des pays où l'État s'est effondré, comme en Afghanistan, au Cambodge, au Libéria, au Rwanda et en Somalie, ont été le théâtre de certaines des pires catastrophes humanitaires de ces dernières années. Celles-ci se répercutent souvent sur les pays voisins sous la forme de violence, de banditisme et d'afflux de réfugiés. Elles mettent à mal également leurs ressources financières, leur économie et leur infrastructure, mobilisent d'énormes volumes d'assistance internationale — et, naturellement, provoquent la perte d'un nombre incalculable de vies humaines. On peut distinguer en gros trois pathologies d'effondrement qui se recoupent en partie :

- Les États qui ont perdu (ou qui n'ont pas su établir) leur légitimité aux yeux de la majeure partie d'une population soumise théoriquement à leur autorité et qui sont, de ce fait, incapables d'exercer cette autorité
- Les États qui ont été saignés à blanc par des dirigeants et des officiels corrompus, négligents ou incompétents, ou les trois à la fois
- Les États qu'une guerre civile a fait voler en éclats et où aucun parti n'est capable de rétablir l'autorité du pouvoir central.

Tous ces États ont en commun une perte fondamentale de capacité institutionnelle. Comme on l'a indiqué au chapitre 1 (tableau 1.1), l'État doit, au minimum, s'acquitter de ses fonctions les plus élémentaires, à savoir faire régner l'ordre public, assurer la défense du pays et mettre en place un cadre pour la gestion des transactions économiques. Un État qui s'est effondré, par conséquent, n'est pas un État incapable de faire ce qu'il faut, mais un État qui ne peut plus rien faire efficacement — pas même à imposer un ordre répressif. Un État qui s'est effondré n'est pas un État vaincu par la guerre, ni un État qui a éclaté en plusieurs territoires où, malgré tout, les structures en place continuent à fonctionner plus ou moins bien. Et un État qui s'est effondré n'est pas la même chose qu'un État « prédateur » ou répressif. Tenir toute une population sous le joug peut nécessiter une capacité d'organisation considérable. Cela peut provoquer le remplacement d'une structure d'État ou d'un régime par un autre, comme au Cambodge ou au Rwanda, sans causer nécessairement son effondrement.

Les causes de la perpétuation du conflit

Dans la plupart des pays où l'État s'est effondré, certaines forces ont intérêt à entretenir l'état d'anarchie, car leur désir effréné de richesses ou de pouvoir serait bridé par un État capable de dicter des règles, de lever l'impôt et de faire appliquer les lois. Les cas d'effondrement de l'État les plus inquiétants et les plus difficiles à résoudre sont ceux où ces forces prédominent. En Angola, au Libéria et en Somalie, par exemple, une économie auto-entretenue de violence armée a fait son apparition, fondée sur le pillage, le racket, le trafic de la drogue, le blanchiment de l'argent et l'extraction de ressources à l'état brut, telles que pierres précieuses, minéraux et bois tropicaux (encadré 10.1). La guerre civile dans ces pays est née de rivalités politiques ou ethniques, mais elle a progressivement changé de nature pour prendre comme enjeu la maîtrise de l'économie, devenue source de financement de la guerre ainsi que d'enrichissement personnel.

Dans ces pays, la guerre entre factions est le principal système de répartition des ressources et la violence est la source du pouvoir. Ces économies fonctionnent indépendamment de toute institution d'État, ce dont elles se trouvent probablement mieux. Ainsi, de puissantes forces économiques s'emploient à perpétuer les affrontements. Le rôle des facteurs économiques comme cause majeure de la guerre est particulièrement marqué dans le cas du Libéria (encadré 10.2), mais on peut aussi leur attribuer la prolongation de la guerre en Angola et en Sierra Leone. La proximité de ces régimes, une proximité imposée, coûte cher aux simples citoyens. Le cours normal des transactions économiques internationales en est perturbé et, souvent, perverti.

Le conflit et l'extraction des ressources devenant moins rentables, les guerres finiront sans doute par cesser sans intervention internationale, mais ce seuil ne sera atteint qu'après destruction quasi totale des richesses d'un pays. Face à une telle situation, les États, et les organisations intergouvernementales, doivent répondre à deux questions urgentes : Comment empêcher un État de s'effondrer ? Et comment peut-on, sur les cendres d'un État qui s'est effondré, faire renaître un État capable de fonctionner ?

Prévenir l'effondrement de l'État

Le tribut énorme qu'impose l'effondrement d'un État amène naturellement à réfléchir aux moyens de le prévenir, démarche préférable et probablement moins coûteuse. Mais il n'existe pas de raccourcis faciles. Éviter l'effondrement de l'État exige, en fin de compte, l'intervention de toute la gamme des institutions et des politiques qui déterminent les relations sociales, politiques et économiques à l'intérieur d'une société. On voit néanmoins se dessiner deux démarches interdépendantes susceptibles de réduire le risque de voir un conflit politique s'envenimer au point de provoquer l'effondrement total de l'État.

La première met l'accent sur le renforcement de la société civile, qui aurait pour effet d'accroître l'endurance des institutions sociales susceptibles de tenir l'anarchie en échec, même si l'État est très faible. Une vie associative riche peut permettre à des communautés de faire régner l'ordre public sur le plan local, de maintenir un filet de sécurité et de résister à la corruption ou à l'exploitation des pouvoirs publics. La seconde, qui s'inspire du parcours suivi par les pays de l'Asie de l'Est, met en avant la nécessité d'instituer des structures administratives protégées de l'ingérence politique et d'incorporer au processus de décision de l'administration des mécanismes de contrôle appropriés. La probité et la conscience professionnelle de la fonction publique sont de puissants facteurs à cet égard.

Encadré 10.1 Au lendemain de l'effondrement de l'État en Somalie

La Somalie est l'un des pays les plus ethniquement homogènes d'Afrique ; l'une des causes les plus fréquentes d'effondrement d'un État — un conflit interethnique — n'y a eu aucune part. La dynamique de l'effondrement de la Somalie a été mise en route durant une longue période (1969–91) de régime dictatorial et de gestion désastreuse de l'économie par Mohamed Siad Barre, période à laquelle a succédé, après son renversement par la violence, une période de luttes féroces pour le pouvoir. Siad Barre avait profité des antagonismes entre superpuissances durant la guerre froide. L'appui qu'il recevait de l'extérieur, d'abord de l'Union soviétique puis des États-Unis, avait eu pour effet de déséquilibrer la fragile écologie sociale de la politique de clans de la Somalie et de faire entrer dans le pays un stock important d'armes meurtrières. Un conflit nord-sud hérité de l'époque d'avant l'indépendance, une guerre d'inspiration irrédentiste pour s'emparer de l'Ogaden, région éthiopienne, peuplée de Somaliens, et la suspension de l'aide économique et militaire en 1989 sont autant de facteurs qui ont contribué à miner la capacité d'action de l'État.

Depuis 1991, une interminable guerre civile entre clans et factions a parachevé la destruction de l'économie structurée et laissé le pays sans institutions et sans administration publique. L'infrastructure physique et les actifs économiques du pays ont été détruits, les commerces pillés, et la production de l'agriculture et de l'élevage a chuté. Cadres, technocrates et fonctionnaires ont fui. Une intervention internationale entreprise pour mettre fin à une terrible famine née de la guerre a apporté au pays un répit et permis un début de reconstruction à partir de la fin de 1992 jusqu'au début de 1995, mais ce qui avait été ainsi gagné a été reperdu avec le retrait des forces de l'ONU et le retour de l'anarchie.

Certains éléments du marché informel ont montré une aptitude extraordinaire, si ce n'est quelque peu perverse, à s'accommoder du chaos et du climat de violence qui les entoure. Marchands et chefs d'entreprise ne peuvent opérer qu'avec la protection d'un clan ; ceux qui bénéficient de cette protection, ainsi que de la mainmise de leur clan sur des actifs économiques comme les ports, les gisements de minéraux et les terres agricoles, financent les milices des clans. Sans État pour réglementer ou contrôler, les prix des marchandises et le cours des monnaies étrangères flottent librement. Le coût des transactions est élevé, mais les marchés fonctionnent. Le shilling somalien a une certaine valeur malgré l'absence de banque centrale, mais l'usure des billets de banque devient visible. Les envois de fonds étrangers sont traités avec célérité et compétence par les réseaux créés à cet effet par des clans.

Aujourd'hui, la Somalie donne l'exemple d'une économie qui survit à la disparition de l'État. La capacité de production, l'investissement privé et l'emploi sont extrêmement bas ; les risques sont élevés et la violence est le moyen habituel de régler les problèmes de concurrence et les différends d'ordre économique. Si un État à peu près viable et doté d'institutions légitimes était capable de rétablir l'ordre public sans revenir aux pesantes aberrations de gestion économique de l'époque Siad Barre, le secteur privé serait capable, comme il l'a démontré, de s'accommoder des risques élevés avec lesquels il faut compter et de faire face aux défis du marché.

Une société civile active et une administration compétente et consciente de ses responsabilités sont les deux piliers d'une relation constructive entre l'État et la société. Une telle relation est susceptible de réduire le risque d'effondrement total de l'État.

Le défi de la reconstruction

Il est encore plus difficile, voire impossible, de remettre rapidement sur pied un État en pleine déliquescence. La plupart des États qui se sont effondrés sont plongés dans une guerre intestine acharnée ou en sortent à peine. La politique y est souvent fortement chargée de suspicion de complicité, et la méfiance est générale. La coopération entre anciens adversaires est difficile, et le désir de justice éprouvé par certains peut être interprété par d'autres comme une soif de vengeance. On ne croit guère à une paix durable ni au maintien des politiques menées, et le tissu social et le capital humain ont souvent beaucoup souffert.

Les acteurs extérieurs sont confrontés à d'exceptionnelles difficultés quand ils décident d'intervenir dans un pays où l'État a cessé de fonctionner. D'où cette question fondamentale : quand et avec qui travailler ? On peut choisir entre les factions ou chefs locaux et s'employer à renforcer la position de celui qu'on a choisi comme partenaire. C'est une démarche aléatoire, car le partenaire en question peut ne pas être digne de confiance ou il peut abuser de l'autorité que lui confère sa position. Il se peut aussi qu'une autre puissance extérieure choisisse un autre camp, prolongeant ainsi le conflit, comme cela est arrivé en Angola et au Mozambique. Une autre démarche consiste à travailler

Encadré 10.2 Les bases économiques d'un conflit : le cas du Libéria

Au début, la guerre au Libéria avait des motifs essentiellement sociaux et politiques, son objectif principal étant le contrôle du pouvoir central. Un soutien de l'étranger a contribué à financer le déclenchement de la guerre. Progressivement, la maîtrise des riches ressources naturelles et des autres biens du pays, qui servait à assurer le financement de la guerre, est devenue une fin en soi pour les factions en présence.

Ces factions ont besoin de la source régulière de revenu que représente l'exportation de caoutchouc, de bois d'oeuvre, de minerai de fer, d'or et de diamants. Durant les périodes de conflit intense, une grande partie de ce revenu sert à l'achat d'armes et de munitions. Une trêve génère un « excédent de recettes » qui sert à enrichir les chefs et à garantir la loyauté des membres des factions. Ce facteur, complété des perspectives économiques incertaines des protagonistes après la guerre, a pour effet d'inciter tous les échelons de la hiérarchie à revendiquer leur tribut. Mais la masse des combattants est rarement payée de ses services en espèces, de sorte qu'elle n'a d'autres moyens de subsistance que le pillage.

Aussi longtemps que cet « excédent » sera saigné à blanc par les combats et que les perspectives d'enrichissement personnel demeureront bonnes, il sera très tentant pour les factions de maintenir un état d'équilibre entre la guerre et la paix. Dans ces conditions, on comprend plus aisément pourquoi il est si difficile de parvenir à un accord de paix durable au Libéria.

Ainsi, pour rétablir la paix, il faudra à la fois faire disparaître, ou transformer en déficit, l'« excédent » engrangé par les factions combattantes et empêcher les combattants eux-mêmes de tirer des revenus du pillage ou rendre celui-ci plus risqué. L'imposition de sanctions économiques sur l'exportation de bois d'oeuvre et de caoutchouc et la conclusion d'accords internationaux tendant à augmenter le coût des armes font partie des mesures à cette fin. Il faudra en outre recourir simultanément à la mise en route d'un plan de démobilisation bien conçu et à l'application de la législation pénale pour détourner les combattants de la guerre.

avec celles des autorités et des institutions locales qui conservent souvent leur légitimité et leur capacité d'action longtemps après l'effondrement de l'administration centrale. Cela peut contribuer à rétablir la confiance de la population et à renforcer la capacité des mécanismes de décision locaux. Mais cela peut aussi prolonger la période de morcellement si l'on ne mène pas parallèlement une stratégie visant à rétablir l'autorité d'un gouvernement central, comme le montre l'exemple de la Somalie.

Souvent, plutôt que d'intervenir directement dans le rétablissement du pouvoir civil ou politique, les acteurs extérieurs s'emploient à atténuer, au moyen de programmes de secours et de reconstruction, le coût humain qu'entraîne l'effondrement d'un État. Les cas récents tendent à montrer, cependant, que la population risque à terme de se sentir assistée et que ces programmes peuvent compromettre le rétablissement de la capacité d'action de l'État, en détournant l'attention des missions essentielles minimales qui sont les siennes. Au contraire, une approche plus globale de la paix, comme celle qui a été adoptée en Angola, au Cambodge et au Mozambique, investit de pouvoirs considérables les organisations internationales chargées de veiller à l'application des accords de paix, d'assurer les services publics et de faciliter le rapatriement des réfugiés, en attendant qu'il soit possible de remettre le pouvoir à une autorité locale à l'issue d'élections. Les opérations internationales du Cambodge et du Mozambique sont généralement considérées comme un succès à cet égard. Mais elles ont été, l'une et l'autre, très coûteuses et des acteurs extérieurs au pays ne peuvent pas, et ne doivent pas, remplacer indéfiniment un État défaillant.

Le choix de la stratégie variera selon la pathologie d'effondrement propre à chaque cas. Comme l'indique l'analyse développée au chapitre 8, on commence à mieux comprendre le rôle que les bailleurs de fonds et les organismes extérieurs pourront être appelés à jouer pour que le processus de reconstruction et de régénération de l'État ait des chances d'aboutir. On indique ci-dessous certains des défis auxquels seront confrontés les acteurs extérieurs.

RÉTABLIR LA SÉCURITÉ. La fin d'une guerre civile ne met pas automatiquement fin à l'insécurité. La crainte de violences ou de vols peut en fait augmenter après la guerre et, si rien n'est fait pour élever le coût d'opportunité de la guerre pour les combattants pris individuellement, la fin des combats peut marquer une recrudescence de la délinquance. L'élaboration de programmes de démobilisation bien conçus, qui, comme en Ouganda, assurent aux combattants leur réinsertion dans la société civile après la guerre et leur offrent ainsi une porte de sortie légitime, revêt donc un caractère prioritaire. Il faudra aussi renforcer les forces de police locale et mieux faire appliquer les lois pénales et autres afin de réduire les risques de banditisme et d'activités criminelles. L'objectif à long terme, cependant, devra être de s'attaquer aux racines socio-économiques du conflit.

FAIRE REPARTIR L'ÉCONOMIE. Même si les éléments d'un programme de stabilisation et de relance économique d'un pays sortant d'un conflit ne sont pas très différents de programmes mis en oeuvre ailleurs, il y a toutefois lieu d'être prudent et d'examiner les éléments du programme type à la lumière des conditions et des distorsions qui caractérisent cet environnement particulier. Un conflit civil sape les structures sociales qui inspirent confiance et facilitent l'investissement. C'est pourquoi la peur peut être un plus gros obstacle à la reprise de l'investissement que les dommages infligés aux infrastructures. Il faudra donc, pour stimuler la reprise du secteur privé, éviter d'alourdir exagérément les charges fiscales des entreprises et s'attacher à mettre en place, sans tarder et de manière progressive, des réformes de nature à encourager l'investissement, notamment le maintien d'un faible niveau d'inflation, la vente ou la restitution des biens immobiliers à leurs anciens propriétaires et l'application d'une pression fiscale modérée. Un impôt non agressif ne signifie pas, toutefois, qu'il faille offrir des incitations fiscales par trop généreuses à l'investissement étranger privé. Comme on le constate aujourd'hui au Cambodge, cela peut aller à l'encontre du but recherché et priver l'État de recettes substantielles pendant des années, ce qui l'empêche un peu plus de s'attacher à relancer l'investissement intérieur — une tâche pourtant essentielle.

PROMOUVOIR L'INDISPENSABLE RÉCONCILIATION SUR LE PLAN SOCIO-POLITIQUE. Politique économique et projets sectoriels doivent être conçus de manière à tenir compte des problèmes spéciaux de populations traumatisées et de sociétés dont la cohésion est fortement endommagée. La mise en place par étapes des réformes classiques de politique économique ainsi que des mesures visant à améliorer la gestion publique devra, elle aussi, être adaptée de manière à ne pas compromettre les chances d'application des accords de paix et à tenir compte d'une situation généralement caractérisée par de fortes distorsions.

RENFORCER LA CAPACITÉ D'ACTION. Le problème fondamental soulevé par les tentatives de relance et de reconstruction après un conflit est la faiblesse des administrations publiques. Pourtant, même là où de bonnes réformes macroéconomiques et politiques ont été entreprises, les progrès dans le renforcement des capacités administratives n'ont pas suivi (comme en Ouganda). On a essayé par diverses méthodes d'amorcer ce processus, notamment en offrant à une diaspora de cadres des postes dans le nouveau gouvernement (comme au Cambodge, au Liban et en Haïti) et en faisant appel à des experts étrangers comme conseillers. Comme l'implique la stratégie de renforcement de la capacité d'action de l'État, l'assistance technique de type classique donne rarement de bons résultats dans des pays où les entraves à l'arbitraire sont totalement absentes. L'absence de règles de cette nature est typique d'un État déficient. Il est donc vital que les apports d'assistance technique étrangère s'accompagnent d'efforts pour appliquer et faire respecter les règles les plus élémentaires de gestion responsable et de discipline au sein de l'appareil d'État, afin de commencer ainsi à lui rendre sa crédibilité.

L'effondrement d'un État est un cas extrême, et chaque situation est un cas d'espèce. On ne peut donc pas faire de généralisation simple sur les causes ou les effets. Chacun des cas engendre son lot de graves problèmes pour le pays qui en est affligé et pour la communauté internationale. Les conséquences en sont, cependant, presque invariablement supportées par les simples citoyens, ce qui montre une fois de plus combien un État actif et à l'écoute des citoyens joue un rôle déterminant dans le bien-être à long terme de la société.

Le bilan dans les différentes régions : quelques pas dans la bonne direction, mais aussi quelques faux pas

Les éléments des stratégies visant à améliorer l'efficacité de l'action de l'État diffèrent énormément d'un pays à l'autre selon leur cadre institutionnel et politique. Cela est inévitable. On a résumé ci-dessous le contexte général et les principaux défis auxquels sont confrontés les États dans diverses régions. On a dû se borner à faire des généralisations : chaque région comprend, bien entendu, plusieurs pays où la situation est tout à fait différente.

C'est en *Afrique subsaharienne* que la dégradation de l'efficacité de l'État a été la plus prononcée, situation qui tient à l'érosion des salaires de la fonction publique, à une forte dépendance par rapport à l'aide extérieure et à la pratique généralisée du clientélisme politique. Il existe quelques exceptions, dont le Botswana. Mais un rapport établi récemment à la demande d'un groupe de ministres africains des finances, sur des thèmes proches de ceux soulevés dans les précédents chapitres, concluait que, dans leur majorité, les pays d'Afrique subsaharienne ont maintenant une capacité moindre (y compris au niveau de l'État) qu'au lendemain de l'indépendance. De ce fait, beaucoup sont pris dans un cercle vicieux d'affaiblissement des capacités d'action gouvernementale, et donc de perte de crédibilité aux yeux des populations.

En Afrique, de nombreux pays connaissent une crise qui réside dans l'essence même de l'État — dans sa capacité, dans sa légitimité.

C'est sans doute l'application de la première partie de la stratégie à deux volets recommandée dans ce Rapport qui revêt le plus d'urgence en Afrique subsaharienne, où c'est tout un recentrage des priorités de l'État qui s'impose. Dans quelques cas, ce recentrage a déjà eu lieu, mais seulement au terme d'une crise prolongée. D'une manière générale, la capacité d'action de l'État et son efficacité ont périclité, de sorte qu'il y a eu, en fait, un retrait de l'État. Malheureusement, comme ce recentrage ne s'est pas fait avec tout le soin nécessaire, l'État s'est également retiré de domaines qui relèvent de sa compétence. Ainsi est apparu, dans de nombreuses régions d'Afrique subsaharienne, un vide institutionnel d'une ampleur considérable, qui a provoqué une aggravation de la criminalité et de l'insécurité, créant ainsi un climat préjudiciable à l'investissement et à la croissance.

Il ne sera pas facile d'inverser la situation à cet égard du fait que la défaillance d'un État a des causes nombreuses et complexes, dont la principale est l'existence d'une tension permanente entre les formes traditionnelles et les formes modernes d'organisation sociale et d'exercice de l'autorité publique (les premières étant souvent fondées sur la tribu et la lignée ainsi que sur les familles linguistiques et la parenté). L'importance des dépenses militaires et un comportement dysfonctionnel de la part de militaires (en l'absence d'autres contre-pouvoirs) sont d'autres obstacles majeurs. Ceci a souvent eu pour effet de rendre les institutions moins transparentes et moins comptables de leurs actes, dans la mesure où les gouvernements ont de moins en moins ressenti le besoin de s'expliquer ou de se justifier devant la population.

En Afrique, le plus urgent est de rendre à l'État sa capacité d'action par une refonte des institutions et un contrôle crédible des abus de pouvoir.

Ce dont les pays d'Afrique ont manifestement besoin, c'est d'une refonte de l'appareil d'État afin de le rendre capable de fournir des services publics de qualité et de faciliter l'activité du secteur privé au lieu d'y faire obstacle. Comme on l'a souligné dans ce Rapport, la seconde partie de la stratégie — rendre à l'État sa capacité d'action — revêt également un caractère urgent. Il faudra commencer par quelques domaines prioritaires. Le renforcement de l'état de droit, une nécessité vitale, figure en première place. Il est également urgent de renforcer le droit de regard du législatif sur l'exécutif. Mais le renforcement de l'exécutif — en particulier sa capacité à formuler la politique macroéconomique et stratégique du pays et son aptitude à assurer efficacement la fourniture des services publics essentiels — est lui aussi hautement prioritaire. Malheureusement, force est de constater qu'en dépit de quelques exceptions encourageantes (le Botswana et, plus récemment, l'Ouganda) on s'est généralement contenté d'un simple replâtrage et de réformes sur le papier. Mais quelques signes montrent qu'on commence à prendre ces questions au sérieux. Les derniers programmes de réformes font une place bien plus grande au renforcement institutionnel, et la gestion macroéconomique s'améliore sur des pans entiers du paysage économique africain.

Ce qui s'oppose à une réforme systémique de l'appareil d'État en Afrique, c'est son coût, mais les ressources nécessaires pourront être trouvées si les priorités sont claires. La plupart des pays devront réorienter des ressources actuellement mal réparties en vue de relever les salaires réels de la fonction publique (plus que proportionnellement aux économies que permettrait une nouvelle compression des effectifs), d'augmenter les crédits affectés aux services sociaux et d'investir massivement dans la gestion, la reconversion et la responsabilisation du personnel. Ce gros travail de reconstruction de la capacité d'action de l'État ne pourra se faire sans une aide de la communauté internationale. Mais un degré exceptionnel de coopération entre gouvernements et organismes extérieurs a conduit à rendre les premiers tributaires des seconds. Il faudra aussi réexaminer les formes d'aide et les incitations qu'elles engendrent pour que l'assistance offerte vienne appuyer des politiques cohérentes et concertées et renforce l'ensemble des facteurs positifs qui déterminent les comportements à l'intérieur et à l'extérieur de l'État. Il faudra, pour entamer le processus de réforme, établir des priorités et même créer des enclaves administratives stratégiques, mais selon un plan mûrement réfléchi d'élargissement et d'approfondissement des réformes.

Pour mieux fournir les services publics et collectifs, il faudra que l'État s'associe plus étroitement avec le secteur privé et la société civile. Ce type de partenariat est à encourager, surtout lorsque les liens que l'État entretient avec la société civile sont insuffisamment développés.

On ne peut que se féliciter de la multiplication récente des initiatives d'auto-assistance au sein de la population, en particulier dans les domaines de l'enseignement primaire, des soins de santé de base et des services locaux comme l'élimination des déchets. Ces initiatives ont souvent pour origine une défaillance de l'État dans ces domaines. Il est rare que l'action de la population locale puisse se substituer entièrement à une bonne administration publique, mais c'est une bouffée d'oxygène dans le marasme actuel. Cela étant, on voit mal comment on pourra réformer le rôle de l'État et améliorer sa capacité d'action dans la plupart des pays d'Afrique sans faire une plus large place à la concurrence, à la consultation et à la transparence, aux règles et contrepoids, et au respect de la loi, autant de forces dont l'importance a été soulignée dans le Rapport.

La situation est différente en Asie. Dans les pays nouvellement industrialisés d'*Asie de l'Est*, l'État est généralement considéré comme un partenaire efficace et productif du secteur privé. À quelques exceptions près, il a très bien su adapter son rôle à sa capacité d'action et accru, de ce fait, son efficacité. Alors que des régimes autoritaires inefficaces sont directement responsables du recul économique en Afrique, beaucoup de pays d'Asie de l'Est ont enregistré une croissance remarquable (avec une certaine amélioration de l'équité sociale) sous des régimes également marqués par l'autoritarisme. Comme le laissait entendre le dernier chapitre, la relation de cause à effet entre autoritarisme et recul économique, si manifeste en Afrique, n'est nullement confirmée par les pays d'Asie. Cela s'explique essentiellement par la volonté farouche de ces pays de développer rapidement leurs économies, par la solidité de leur appareil administratif, par l'institutionnalisation de leurs liens avec leurs partenaires du secteur privé et par leur aptitude à mettre en place les bases économiques et sociales nécessaires : une économie bien gérée des services d'éducation et de santé de base et des infrastructures.

En Asie de l'Est, la capacité de l'État à s'adapter pour relever les importants défis de l'avenir sera déterminante pour la poursuite des succès économiques de la région, comme le sera l'adoption de mesures pour moderniser l'administration publique et mener à bien la décentralisation.

Un peu partout en Asie de l'Est, le rôle et le fonctionnement de l'État sont depuis peu l'objet de remises en question importantes. La Chine et le Viet Nam, qui sont les pays en transition de la région, sont confrontés à la nécessité de redéfinir le rôle de l'État dans le secteur des entreprises et celui des finances. L'un et l'autre ont enregistré une croissance rapide tout en maintenant de vastes pans de l'économie dans le secteur public, mais celui-ci paraît de plus en plus fragile financièrement. L'un et l'autre sont engagés aussi dans un débat permanent concernant le rôle d'une politique industrielle volontariste dans l'orientation des investissements. Cependant, les conditions auxquelles ces deux économies sont confrontées semblent très différentes de ce qui régnait en Corée et au Japon aux premiers temps de leur industrialisation (chapitre 4).

Un peu partout dans la région, de substantielles rentes de situation (fruits de monopoles ou restrictions reconnus par la loi, ou du trafic d'influence ou de la corruption) continuent à coexister avec un grand dynamisme du secteur privé et une présence active sur la scène internationale. Ces rentes sont probablement de moins en moins bien tolérées, comme en témoignent les récentes offensives anticorruption en Chine, en Corée et au Viet Nam. Et le renforcement de la concurrence internationale sonnera peut-être le glas de secteurs protégés inefficaces que ne pourront plus porter à bout de bras des secteurs qui, eux, sont dynamiques et efficaces, que ce soit en Corée et au Japon, ou dans les nouvaux pays émergents.

Dans ces conditions, il faudra faire des réformes plus profondes dans une grande partie de l'Asie de l'Est afin de moderniser les économies et de mettre en place de solides structures de réglementation et de contrôle pour favoriser le jeu de la concurrence et pour rétablir, dans les domaines où l'État demeurera présent, des mécanismes qui soient facteurs de transparence et de gestion responsable. Il sera particulièrement vital, pour le développement à long terme de ces pays, de trouver des moyens de financer et de fournir plus efficacement des services d'infrastructure en association avec le secteur privé. Malgré le grand nombre de projets phares actuellement en cours, l'Asie de l'Est doit accélérer la mise en place de structures de réglementation et de contrôle pour créer la concurrence, gérer le processus de passation des marchés et réglementer les monopoles.

En même temps, beaucoup de pays d'Asie de l'Est verront probablement se profiler de nouveaux domaines où l'État sera appelé à intervenir plus activement. Il s'agira notamment de mettre en place des régimes tels que la sécurité sociale et l'assurance maladie, pour faciliter la gestion des nouveaux risques auxquels sont exposés les individus et les ménages dans des sociétés qui s'urbanisent et qui vieillissent, et il conviendra d'intensifier les efforts menés pour la protection de l'environnement. Il faudra également une action des pouvoirs publics pour venir en aide aux laissés-pour-compte, tels que les populations rurales de certaines provinces chinoises de l'intérieur, les populations relativement pauvres d'Indonésie orientale et, dans certains pays, les minorités ethniques. De nouveaux mécanismes pourront également être nécessaires pour faire face à des inégalités qui se creusent, comme en Chine, en Malaisie et en Thaïlande.

Enfin, de nombreux pays de la région devront rendre plus efficaces les institutions du secteur public proprement dit (comme on l'a vu au chapitre 5) et s'attaquer au problème de la corruption (chapitre 6). Le renforcement institutionnel est une tâche hautement prioritaire pour les pays où la fonction publique est relativement inefficace (Indonésie, par exemple) et où les traditionnels moyens d'action de l'État ont perdu de leur impact (comme aux Philippines et en Thaïlande). Il faudra aussi s'attacher d'urgence à renforcer la capacité administrative des niveaux inférieurs de l'administration dans des pays comme la Chine, l'Indonésie, les Philippines et le Viet Nam, où la délégation de certaines des fonctions de l'administration centrale met le pouvoir aux mains d'un personnel peu compétent et où les autorités locales risquent de voir leurs nouveaux pouvoirs confisqués par des intérêts privés (chapitre 7).

En Asie du Sud, la situation est différente dans de nombreux pays où l'inefficacité de l'État et la corruption coexistent avec une fonction publique relativement compétente et efficace, encore que la qualité de celle-ci ait sensiblement diminué.

L'*Asie du Sud* est, elle aussi, victime d'un déséquilibre entre le rôle de l'État et sa capacité d'action. Ici, à la différence de l'Afrique, cette capacité n'est pas, depuis toujours, faible. En fait, elle ne l'était pas. Mais l'État a voulu trop en faire compte tenu de ses moyens. Le développement en a souffert et, à terme, la capacité d'action de l'État s'est, elle aussi, affaiblie. Il s'agit maintenant de réadapter le rôle de l'État à sa capacité d'action actuelle, puis de la renforcer.

L'excès de réglementation et l'hypertrophie de l'État sont les principaux problèmes en Asie du Sud. Tous deux sont à la fois la cause et l'effet du gonflement des effectifs de la fonction publique et mènent tout droit à la corruption. Comme on l'a souligné au chapitre 4, la simplification des réglementations et la réforme des entreprises publiques, avec la contraction du rôle de l'État qui en résultera, seront complexes et politiquement difficiles. Mais ce sont des mesures propres à stimuler l'efficience économique, à faciliter le jeu de la concurrence, à réduire la corruption et à générer de substantielles économies budgétaires. L'État devra aussi impérativement nouer des relations de partenariat plus fortes avec le monde des affaires et la société civile, et en prendre plus attentivement le pouls afin d'améliorer son dialogue avec eux et d'accroître sa capacité d'action.

L'ingérence politique constante représente le deuxième obstacle à l'efficacité de l'action de l'État dans de nombreux pays de la région. Comme on l'a vu au chapitre 5, l'appareil administratif de l'Inde souffre de sa lourdeur légendaire, mais aussi des graves atteintes à l'autonomie de ses cadres hautement qualifiés (que la loi protège pourtant contre toute ingérence dans l'exercice de leurs fonctions) que représentent les fréquentes mutations et autres mouvements de personnel à motivation politique.

Au Pakistan, l'appareil d'État est de plus en plus sous l'emprise de puissants groupes d'intérêts industriels et féodaux. Cet appareil fait actuellement l'objet d'une tentative de réforme, qui fait suite à l'effritement de l'autorité et de l'efficacité de l'État que cette situation a provoqué. L'existence d'une fonction publique compétente, alliée à celle d'un pouvoir judiciaire très actif, permet toutefois d'espérer non seulement que les réformes sont possibles, mais qu'elles auront lieu. Au Bangladesh, l'évolution politique récente a, là aussi, créé des conditions qui permettent de commencer à s'attaquer au problème de la perte d'autorité et d'efficacité de l'État, en s'appuyant sur la forte volonté politique des gouvernants, sur la participation de la population et sur l'effort de décentralisation, des pôles solides que viennent encore compléter des éléments de la fonction publique compétents et conscients de leurs responsabilités. Des possibilités analogues d'améliorer l'action de l'État et de rationaliser l'administration publique apparaissent ailleurs dans la région.

Comme on l'a noté plus haut, il existe partout de grandes différences entre les pays, de sorte que les généralisations régionales ne servent qu'à se faire une première idée de la situation. Cela est particulièrement vrai de la région regroupant les pays d'*Europe centrale et orientale* (PECO) et de la *Communauté des États indépendants* (CEI) qui, ayant rompu avec le système de planification centralisée, s'acheminent maintenant vers l'économie de marché. En effet, il existe dans cette région de grosses différences entre le groupe des PECO et celui des pays de la CEI. S'ils sont, l'un comme l'autre, confrontés au défi d'avoir à se transformer économiquement et politiquement — ce qui les contraint à opérer un recentrage fondamental des activités de l'État —, les pays de la CEI (sauf la Russie) doivent faire face à la double tâche titanesque, et historiquement sans précédent, de changer de régime économique *et* d'édifier un État. De mémoire d'homme, ces pays n'ont en effet pas connu de gouvernement central pas plus qu'ils n'ont, au mieux depuis des siècles, constitué d'entité politique indépendante à l'intérieur de leurs frontières actuelles.

Pour ces pays en transition, se doter de structures gouvernementales plus efficaces est une tâche à la fois plus facile et plus difficile — mais certainement toute autre — que celle à laquelle sont confrontés la plupart des pays en développement. La première partie de la stratégie à deux volets, celle qui consiste à adapter le rôle de l'État à sa capacité d'action, revêt ici une importance capitale, mais est particulièrement difficile dans un contexte où rôle et capacité d'action évoluent rapidement. Le degré de dégradation de la capacité d'action varie énormément : des pôles d'excellence subsistent dans un contexte général de baisse d'efficacité et de gigantesques problèmes de gestion publique. Dans un tel contexte, pour adapter le rôle de l'État à sa capacité d'action il ne suffit pas de faire porter ses efforts sur la mise en place de bases économiques et sociales solides. Non que celles-ci ne soient pas fondamentales, car sans elles le chemin qui mène à l'économie de marché sera des plus cahoteux. Mais le problème dans ces pays est de mettre en place de telles bases, tout en maintenant les pôles d'excellence qui sont le fruit d'une longue évolution et tout en assurant à la population les mécanismes de protection sociale auxquels elle est habituée. Étant donné les capacités inhérentes à une population instruite et à la conscience sociale développée, la reconstitution de la capacité d'action de l'État — deuxième volet de la stratégie — consiste, ici plus qu'ailleurs, à modifier les incitations et la culture des administrations. La rapidité de cette réorientation déterminera celle de la période de transition.

Il y a encore fort à faire en Europe centrale et orientale pour « que l'État soit davantage « à la barre » et moins « aux machines ». Mais la plupart des pays ont déjà commencé à évoluer dans ce sens et on ne devrait pas tarder à voir s'améliorer la capacité d'action de l'État et la fiabilité de sa gestion.

On ne s'étonnera donc pas que les améliorations apportées à l'efficacité de l'action de l'État aient été plus visibles dans les PECO, en particulier dans des pays comme la

Hongrie, la Pologne et la République tchèque. Cela est dû pour une grande part à la promptitude avec laquelle ils ont su recentrer le rôle de l'État, premier volet de la stratégie. Par contre, les pays du sud-est de l'Europe ont beaucoup moins progressé à cet égard, tant sur le plan des réformes que sur celui de l'administration publique.

On note en particulier que plusieurs PECO ont entrepris d'ouvrir divers services publics à la concurrence et de faire beaucoup plus appel au secteur privé (y compris, dans une certaine mesure, pour l'éducation et la santé). Des associations professionnelles autonomes ont commencé à se développer, ce qui pourrait favoriser la mise en place d'une capacité institutionnelle en dehors de l'État (facteur nécessaire à la mise en oeuvre des réformes) et la reconstitution du tissu social. Et, avec l'aide de l'Union européenne, l'ensemble de la réglementation a été remanié en profondeur et simplifié. Ici encore, dans tous ces domaines, les progrès ont été beaucoup plus lents dans le sud-est de l'Europe. Le problème ne tient pas tellement à l'absence de consensus sur l'opportunité de ces réformes, mais au fait que l'Administration manque cruellement des compétences voulues pour les formuler et en guider l'application. Ce problème est aggravé, dans certains pays, par la fluidité de la situation politique.

La faiblesse de la capacité d'action de l'État dans les anciennes républiques soviétiques est un grave problème qui fait chaque jour davantage obstacle à la poursuite des progrès dans la plupart des domaines de la politique économique et sociale.

Dans la CEI, la réorientation de l'État en est encore à ses débuts, et une multitude de problèmes graves ont fait leur apparition. Ici, à la différence des PECO, le nouveau rôle de l'État est souvent mal défini. De plus, même lorsque les principes sont clairs, la faiblesse de l'administration centrale en rend la mise en pratique extrêmement difficile. Dans la plupart des cas, les structures institutionnelles élémentaires dont dépend le bon fonctionnement de l'État sont fragiles. Pour la plus grande partie de ces pays, le problème fondamental tient au fait que l'exécutif n'y a guère de comptes à rendre au législatif. Pourtant, au tout début des années 90, les parlements de la plupart des nouveaux pays étaient les seuls dépositaires de ce qu'il restait de légitimité politique après l'effondrement de l'Union soviétique. Il arrivait même que le législatif s'immisce dans le fonctionnement normal de l'exécutif (ce qui demeure un problème en Ukraine). Mais la situation se caractérise aujourd'hui, dans la majorité des pays, par la prépondérance de l'exécutif et la faiblesse du législatif.

Outre cette question essentielle, trois séries de problèmes se posent à la plupart des pays de la CEI. Leur interaction n'a pas seulement un coût économique énorme, elle est aussi facteur de corruption générale. Celle-ci est, à juste titre, déplorée dans presque toute la région et confirmée dans les résultats de l'enquête réalisée auprès des entreprises privées aux fins du présent Rapport. Tout d'abord, la faiblesse et la lenteur du système judiciaire entravent beaucoup le processus de réforme et l'activité économique. Nul n'ignore que les carences de la justice ont permis une progression sans précédent du crime organisé. Ensuite, le flou de la démarcation entre propriété publique et propriété privée est très propice à la recherche d'avantages personnels. Ainsi, nombreux sont les agents de l'État qui exploitent à leur propre profit des biens publics, et notamment ceux des entreprises. Enfin, l'opacité et la complexité encore excessive du cadre réglementaire alimentent la corruption dans tous les domaines d'interaction entre les secteurs public et privé.

Pour rendre l'exécutif plus comptable de sa gestion envers le législatif, accroître le droit de regard du parlement, rationaliser et renforcer l'appareil judiciaire, définir les droits de propriété et assurer une gestion responsable et un contrôle fiable des biens publics, simplifier considérablement le cadre réglementaire et renoncer rapidement à l'arbitraire au profit de règles solides, et aussi, ne l'oublions pas, maîtriser la montée de la criminalité et en purger le secteur public, il faudra, de toute évidence, fournir une aide et un soutien extérieurs. C'est là le seul moyen d'améliorer le fonctionnement de l'État et de promouvoir la reprise économique dans l'ensemble de la région.

L'absence de réforme sérieuse de l'appareil administratif dans la plupart des pays de la CEI ne laisse pas de surprendre. L'administration centrale manque généralement de personnel. En outre, malgré leur instruction souvent poussée et leur compétence technique, les agents de l'État ne sont pas qualifiés pour administrer les opérations dans une économie non planifiée. Ils manquent aussi de moyens matériels et sont très mal payés. Comme on devait s'y attendre, les efforts et les moyens financiers ont été consacrés, durant la première phase de la transformation économique, aux tâches urgentes qu'étaient la privatisation, la réforme du régime des prix et du système de change, et l'établissement d'une certaine discipline budgétaire et monétaire. Maintenant que ces pays sont entrés dans la phase des réformes qui appelle une action administrative décisive et claire, on ne doit pas non plus s'étonner des graves problèmes que leur pose l'absence des mécanismes, du personnel et des ressources nécessaires.

En *Amérique latine et dans les Caraïbes*, la crise des finances publiques et la montée des espérances qu'ont suscitées le retour de la démocratie et l'émergence de la société civile ont profondément modifié le rôle de l'État au cours des dix dernières années. Avec la mondialisation de l'économie, et l'intensification de la concurrence qui en a résulté, la privatisation ou la sous-traitance des activités pour lesquelles l'État n'a pas d'avantage comparatif sont de plus en plus devenues des priorités. De même, il est toujours aussi urgent que l'État devienne plus efficace dans la production de biens publics.

Mais, alors que la première phase de réforme a été menée à bien dans un certain nombre de pays de la région, la mise en place des mesures de la deuxième génération, pour lesquelles une modification des structures institutionnelles revêt une importance vitale, a pris du retard. Par exemple, la réforme de la fonction publique et celle des services sociaux ont buté sur des obstacles d'ordre politique et sur l'existence de droits acquis. Les réformes de cette nature (engagées depuis peu en Argentine et dans quelques autres pays) ne peuvent pas être entreprises isolément ; il faut qu'elles s'inscrivent dans le contexte plus large de la décentralisation de l'administration politique et de la gestion financière, qui sont déjà en cours dans de nombreux pays.

Les gouvernements des pays d'Amérique latine réexaminent leur approche de la lutte contre la pauvreté, particulièrement importante dans une région où règne une forte inégalité dans la répartition des revenus.

Ayant lancé d'importantes réformes économiques et structurelles, un certain nombre de pays d'Amérique latine ont maintenant créé des fonds d'investissement social à l'intention des catégories les plus démunies. D'une façon plus générale, les gouvernements de la région ont dû faire face à la faillite de régimes publics de retraite par répartition particulièrement inéquitables. Le Chili a privatisé le sien en 1981 : l'État n'intervenant plus qu'en tant qu'organe de réglementation et de contrôle ; d'autres pays (comme l'Argentine et la Colombie) ont un double système. Un troisième groupe de pays commence seulement à envisager une réforme du régime de retraite. Mais l'Amérique latine devra, si elle veut pouvoir soutenir la concurrence de l'Asie de l'Est, engager une action plus résolue sur le plan social, complément indispensable de la réforme des bases de l'économie.

La priorité en Amérique latine est de revivifier l'appareil institutionnel de l'État, et ici quelques initiatives majeures sont en cours. États unitaires comme États fédéraux ont opté pour la décentralisation, notamment pour améliorer les services publics. Les pouvoirs et les responsabilités en matière de recettes comme de dépenses ont été délégués, non sans certains dérapages initiaux. Le renforcement de la capacité d'action institutionnelle aux niveaux provincial et local est une tâche particulièrement ardue dans les fédérations qui, comme l'Argentine et le Brésil, ont hérité de collectivités locales lourdement endettées et de banques d'État ou de province peu efficaces. Cela étant, nombreuses sont les réformes des collectivités locales qui ont réussi en temps de crise (avec notamment la constitution de partenariats entre les secteurs public et privé), lorsqu'elles ont été réalisées sous l'impulsion de dirigeants locaux dynamiques, qui ont su favoriser l'adoption de mesures de portée raisonnable.

En Amérique latine, la décentralisation du pouvoir et les délégations de dépenses qui ont accompagné la démocratisation des régimes ont transformé radicalement le paysage politique au niveau local à la faveur de ce que certains ont appelé une « révolution tranquille ». Un nouveau modèle de gouvernement est en train de voir le jour dans la région.

La première phase de réforme locale en Amérique latine, qui correspond grosso modo à la période 1983–90, a créé un environnement institutionnel qui a favorisé l'apparition d'une génération de jeunes loups, plus exigeants sur le plan professionnel et plus réformateurs que leurs prédécesseurs. Dans des dizaines de villes, les équipes dirigeantes ont été attirées par l'inéluctable logique de la participation populaire comme moyen naturel de prendre le pouls de l'électorat. Cette même logique a conduit à un renforcement du lien financier entre les gouvernements et les gouvernés, établissant une relation plus étroite entre, d'une part, les améliorations que les administrés souhaitent voir apporter aux travaux et services publics et, d'autre part, les charges financières que les autorités estiment devoir leur imposer pour recouvrer leurs coûts. C'est ainsi que beaucoup de collectivités locales lient la réalisation d'améliorations au versement de redevances d'utilisation ou d'une taxe d'urbanisation, ou procèdent par voie de référendum. Les administrations classiques considèrent cet échange — fourniture de biens et services contre paiement — comme allant de soi. Mais, en Amérique latine et dans les Caraïbes, quatre décennies de centralisme ont méconnu ce marché tacite fondé sur la confiance. Les conséquences, pour n'en citer que deux, sont un faible recouvrement des coûts et des recettes fiscales insuffisantes. L'aspect le plus remarquable des nouvelles formes d'administration est le rétablissement au niveau local de cet essentiel lien financier, ce qui augure bien de l'avenir.

Les gouvernements s'acheminent aussi vers la mise en place d'administrations plus ouvertes, conduits en cela par l'apparition d'une société civile plus dynamique (médias, groupes de réflexion, organisations non gouvernementales, etc.) qui exige de participer plus largement aux mécanismes de décision, en particulier dans les Caraïbes du Commonwealth à travers les chartes du citoyen (comme à la Jamaïque). Des pays comme la Colombie ont entrepris de mettre au point des indicateurs de performance (en matière d'économie, de productivité, d'efficacité, de qualité des services et de résultats financiers) en vue de responsabiliser les cadres du secteur public et la classe politique.

Le système judiciaire de la plupart des pays d'Amérique latine présente des inefficacités majeures, souffre d'une corruption généralisée et pâtit d'ingérences politiques. Les nouvelles structures législatives et institutionnelles ne pourront bien fonctionner que si l'appareil judiciaire est capable de rendre équitablement la justice. Au nombre des réformes nécessaires, et qui sont déjà engagées dans un certain nombre de pays (comme la Bolivie, l'Équateur, Trinité-et-Tobago et le Venezuela), figurent l'enseignement du droit, l'amélioration de l'administration des tribunaux et de la gestion des instances introduites ainsi que la réforme de la procédure, notamment par la création de systèmes de résolution des différends parallèlement aux différentes juridictions. Il convient également de renforcer la justice pénale pour faire face à la montée de la criminalité et de la violence, problème en partie lié au trafic de la drogue dans la région.

Au Moyen-Orient et en Afrique du Nord, le chômage, qui est de loin le principal problème économique et social, rend particulièrement difficile une réduction des effectifs de la fonction publique.

Les pays du *Moyen-Orient et d'Afrique du Nord* ont, dans les années 60 et 70, attribué à l'État de vastes responsabilités économiques. Depuis, ils ont en partie réduit ce rôle, mais il reste beaucoup à faire à cet égard, au sein des administrations publiques et dans le secteur des entreprises d'État. La fonction publique pléthorique qui s'est constituée au cours de ces années n'a pas non plus été réduite dans des proportions comparables. À quelques exceptions près (dont la Tunisie), la réglementation est excessive, tout comme l'intervention de l'État dans l'activité économique, et les services publics ne sont pas assurés de façon efficace.

Il y a souvent pénurie de fonctionnaires compétents et la fourniture des services publics laisse souvent à désirer. L'excès de réglementation s'est traduit par des effectifs pléthoriques, une ingérence constante de l'État dans l'activité économique du secteur privé et une corruption généralisée. On a peu fait pour réorganiser les différentes administrations et pour donner plus d'efficacité à l'action de l'État. Et les systèmes se sont lentement sclérosés au fil des ans. Les conflits dont la région a été le théâtre ont également empêché d'accorder toute l'attention voulue à la réforme de l'État, mais la fin de la guerre froide et de la guerre du Golfe ainsi que l'évolution des mentalités déclenchée par le processus de paix amènent les gouvernements de la région à s'intéresser davantage à cette question.

Il faudra tout d'abord stopper la croissance des effectifs de l'administration centrale et libéraliser l'économie dans la plupart des pays de la région. Quelques-uns ont déjà commencé. La réforme se heurtant à des obstacles politiques et sociaux considérables — mais pas insurmontables —, on pourrait commencer par décentraliser certains services pour mieux les adapter aux besoins de la population et les rendre plus comptables de leurs actes, et par entreprendre la transformation d'un certain nombre d'entreprises publiques, tout en préparant la voie à une refonte plus globale des structures de l'État.

Dans les *pays de l'Organisation de coopération et de développement économiques (OCDE)*, où la capacité d'action de l'État est, en règle générale, élevée, on s'efforce aujourd'hui d'en accroître l'efficacité. Sous l'effet, entre autres, de la mondialisation de l'économie et de l'apparition de nouvelles technologies, la situation évolue dans un sens qui permettra à l'État, dans de nombreux pays, de multiplier les alliances avec le secteur privé et la société civile, en particulier dans le domaine des assurances et de l'assistance sociales.

C'est dans les pays de l'OCDE que se sont déroulées certaines des réformes de l'État les plus complètes à ce jour, sous l'effet conjugué du coût croissant de l'action publique et des attentes d'une population réclamant une amélioration du rapport qualité-prix des services fournis. Il est trop tôt pour se prononcer définitivement sur l'efficacité de la plupart de ces efforts, mais le degré de mécontentement que suscite l'action de l'État dans ces pays donne à penser que la marche vers une plus grande efficacité, vers une amélioration des services publics associée à une baisse globale des coûts pour la société, va et doit se poursuivre.

Même des mesures modestes peuvent améliorer sensiblement l'efficacité de l'État, ouvrant ainsi la voie à un relèvement du niveau de vie et à un élargissement du champ des réformes. Il s'agit de prendre les mesures qui peuvent engendrer des cycles vertueux.

La stratégie à deux volets présentée dans ce Rapport n'est qu'un ensemble de principes directeurs pour des programmes de réformes aussi nombreux que variés mis en route un peu partout dans le monde. De même, l'aide internationale à la réforme de l'État ne doit pas viser à appliquer un modèle unique, ni se fonder sur les préférences des bailleurs de fonds plutôt que sur les besoins de ses destinataires. Elle doit reposer sur un diagnostic plus clair du cas considéré ainsi que de la manière dont les réformes s'inséreraient dans le contexte plus large des changements politiques et sociaux en cours dans chaque pays.

L'une des composantes importantes des réformes envisagées dans ce Rapport étant d'ordre institutionnel, elle sera plus longue à mettre en oeuvre. Toutes sortes de remèdes miracles ont été essayées au cours des 20 dernières années, sans beaucoup de succès. Ainsi, les efforts ont surtout porté sur la formation, le renforcement des compétences et l'importation de systèmes techniques, mais on a négligé les incitations, qui naissent du jeu de la concurrence, de la coopération et de la transparence, ainsi que de régimes bien définis. La précipitation dans l'adoption des réformes peut aussi présenter des dangers. En effet, des réformes mises en route dans la hâte peuvent être bloquées par ceux qui ont à perdre au change et risquent d'aboutir à une dispersion des forces et à un vide institutionnel.

Le mouvement en faveur de la coopération internationale et de la décentralisation peut avoir des effets positifs, car il devrait permettre de promouvoir et coordonner des actions communes et de mieux assurer la fourniture de biens publics locaux. En fait, ce mouvement se renforce. Mais on n'y gagnera qu'à condition d'en éviter les écueils. La coopération internationale ne portera ses fruits que si les pays sont convaincus que la mondialisation leur sera bénéfique. Cela ne pourra être le cas que si les risques et les incertitudes que cette dernière fait peser sur les ménages, les travailleurs, les pauvres et les plus vulnérables sont habilement gérés. La décentralisation devra, elle aussi, être gérée avec soin si l'on veut éviter que des coûts, tels que les dérapages macroéconomiques et l'aggravation des inégalités entre régions, ne l'emportent sur les avantages.

Autrefois, on pensait qu'un retard dans les réformes ne ferait que différer la reprise de la croissance et qu'une occasion perdue se traduirait, au pire, par un maintien du statu quo. Mais on comprend mieux aujourd'hui comment la perte d'efficacité et de crédibilité — et la résistance aux réformes — peut s'amplifier avec le temps et on a vu comment ce cercle vicieux pouvait conduire à l'effondrement de l'État. Tout cela semble indiquer que le prix de l'attentisme serait bien plus élevé. Ainsi, les perspectives d'amélioration sensible du bien-être économique et social dans certains pays risquent d'être repoussées aussi longtemps que les pouvoirs publics ne prendront pas le problème à bras-le-corps.

L'approche du XXIe siècle porte en soi des promesses de changement et de raisons d'espérer. L'évolution vertigineuse des marchés, des sociétés civiles et des mécanismes planétaires oblige l'État à plus d'efficacité. Et pourtant, il ne s'adapte pas encore assez vite à la marche du temps. Il n'existe pas de modèle de réforme universel et, bien souvent, les changements sont lents à venir parce qu'ils obligent à repenser complètement le rôle des institutions et les rapports entre les citoyens et l'État. Nous avons vu que la réforme des institutions est une entreprise longue, difficile et politiquement délicate. Mais, si nous en mesurons aujourd'hui mieux la difficulté, nous sommes aussi plus conscients du prix que l'immobilisme ferait payer.

NOTE TECHNIQUE

Sommaire

Les chiffres de la *figure 1* sont exprimés aux prix courants nationaux. Les données relatives aux pays de l'OCDE proviennent de Tanzi et Schuknecht, 1995, les chiffres actualisés provenant de l'OCDE, années diverses. Les pays considérés sont l'Allemagne, l'Autriche, la Belgique, l'Espagne, les États-Unis, la France, l'Italie, le Japon, la Norvège, les Pays-Bas, le Royaume-Uni, la Suède et la Suisse. Les données relatives aux pays en développement proviennent du FMI, années diverses (b). Les pays en développement comprennent les pays à faible revenu et à revenu intermédiaire tels qu'ils sont définis par la Banque mondiale. Les pays inclus dans les différents groupes ne sont pas toujours les mêmes pour toutes les années indiquées.

Les indices régionaux figurant dans le graphique de gauche de *l'encadré 2* correspondent à la moyenne des indices de crédibilité des pays de la région. Pour plus de détails sur le mode de calcul de l'indice de crédibilité, voir la section intitulée : « L'enquête auprès du secteur privé » à la fin de la présente note et les documents de référence de Brunetti, Kisunko et Weder.

Les deux autres graphiques de l'encadré 2 ont été établis à partir des résultats de la régression présentés dans le tableau TN1. L'équation de régression de la croissance du PIB a été établie par la méthode des variables instrumentales (VI), l'indice des droits politiques de *Freedom House* (éditions diverses) servant à mesurer la note de crédibilité. L'analyse de régression de la part des investissements dans le PIB a été effectuée par la méthode des moindres carrés ordinaires (MCO). L'indice de crédibilité a été tiré du document de référence de Brunetti, Kisunko et Weder (a) et normalisé pour que l'indice des pays à revenu élevé de l'OCDE soit égal à 1. Les données relatives aux autres variables sont extraites du document de référence de Commander, Davoodi et Lee.

La méthode retenue pour établir les deux graphiques de droite de l'encadré 2 est couramment utilisée dans le cadre des analyses de régression multiple et, sauf indication contraire, est employée tout au long du Rapport. La hauteur de la barre verticale correspondant au groupe « moyen » est la valeur de la variable dépendante produite par l'équation estimée lorsque l'on effectue les calculs en prenant les moyennes de l'échantillon comme valeurs pour les différents termes du membre droit (par exemple, la constante, l'indice de crédibilité, le revenu initial, le niveau d'instruction initial et les distorsions dues aux politiques dans le tableau TN1). La hauteur des deux autres barres correspond à la valeur de la variable dépendante produite, dans chaque cas, par l'équation lorsque l'on effectue les calculs en prenant les moyennes de l'échantillon comme valeurs pour les différents termes du membre droit, sauf la variable considérée (note de crédibilité dans le tableau TN1) dont la valeur est égale à la moyenne de l'échantillon plus un écart-type pour le groupe « élevé » et moins un écart-type pour le groupe « faible ».

Pour les figures où un diagramme en barres a été construit sur la base d'une corrélation simple (comme le graphique situé en haut et à gauche de la figure 3 du Sommaire), on a employé la méthode décrite ci-après, sauf indication contraire. Les pays de l'échantillon sont classés selon la valeur prise, pour chacun d'eux, par la variable portée sur l'axe horizontal. Les groupes « faible », « moyen » et « élevé » sont définis comme suit. Le groupe « moyen » comprend les pays pour lesquels la différence entre la valeur de la variable considérée et la moyenne de l'échantillon ne dépasse pas un écart-type, et la hauteur de la barre correspond à la moyenne pour ces pays. Les autres pays, qui se trouvent dans les parties supérieure et inférieure de la distribution, constituent, respectivement, les groupes « élevé » et « faible » ; la hauteur de la barre correspond à la moyenne pour les pays considérés.

Le graphique figurant en haut à gauche de la *figure 3* décrit une corrélation simple entre un indice des distorsions dues aux politiques (moyennes pour 1984–93) et un

Tableau TN1 Régressions de la croissance et de l'investissement par rapport à la note de crédibilité et à d'autres variables

	Coefficient de régression	
Variable indépendante	Croissance du PIB par habitant (méthode VI)	Ratio investissement/PIB (méthode MCO)
Constante	–9,550**	–36,841***
	(4,14)	(9,03)
Note de crédibilité (minimale = 0, maximale = 1)	13,44**	17,54**
	(6,34)	(7,53)
Log du PIB initial par habitant	–0,048	5,025**
	(0,77)	(1,43)
Log du nombre moyen initial d'années de scolarité	–0,255	–1,109
	(0,85)	(1,85)
Distortions dues aux politiques	–0,256	0,628
	(0,64)	(1,51)
R^2 ajusté	0,264	0,674
Nombre d'observations	33	33

*** Significatif au seuil de 1 %.
** Significatif au seuil de 5 %.
Note : Les chiffres entre parenthèses sont les erreurs-types.

indice de corruption (1996). Le coefficient de corrélation est égal à 0,53, et le coefficient *t* à 3,79. L'indice des distorsions dues aux politiques est extrait du document de référence de Commander, Davoodi et Lee. Plus l'indice a une valeur élevée et plus les distorsions dues aux politiques sont importantes. L'indice de corruption est tiré des résultats de l'enquête auprès du secteur privé réalisée aux fins du présent Rapport (voir plus loin). Pour plus de détails sur la construction de l'indice des distorsions dues aux politiques, le lecteur peut se reporter aux explications de la présente Note technique qui se rapportent à la figure 5.

Le graphique situé en haut et à droite de la figure 3 décrit les résultats d'une régression (tableau TN2) d'un indice de corruption par rapport à un indice de prévisibilité de la justice (les valeurs supérieures indiquent une plus grande prévisibilité) lorsque l'on neutralise les effets du PIB par habitant initial et de l'éducation (chiffres tirés de la base de données de la Banque mondiale). Les chiffres se rapportant à ces deux indices proviennent de l'enquête auprès du secteur privé (voir plus loin). La méthode statistique employée pour construire le diagramme est décrite dans la partie de la Note technique consacrée à l'encadré 2.

Le diagramme situé en bas et à gauche de la figure 3 a été construit à partir des résultats d'une régression décrite par Evans et Rauch, 1996. La corruption est la variable dépendante ; les données s'y rapportant sont extraites d'éditions diverses d'*International Country Risk Guide* (publié par *Political Risk Services*) et ont été compilées par le Centre IRIS de l'Université du Maryland (voir également Keefer et Knack, 1995) ; elles ont été présentées sur une échelle établie de manière à ce que les valeurs supérieures indiquent un degré de corruption plus élevé. L'équation de régression fait intervenir une constante et deux variables indépendantes : le PIB réel par habitant et un indice de recrutement au mérite. Plus l'indice est élevé, plus la proportion de hauts fonctionnaires recrutés par voie de concours dans les organismes économiques centraux est importante et plus la proportion de ceux qui n'ont pas été recrutés par voie de concours mais qui sont titulaires des diplômes de l'université ou du troisième cycle est forte. La méthode statistique employée pour définir le diagramme est décrite dans la partie de la Note technique se rapportant à l'encadré 2.

Le diagramme situé en bas et à droite de la figure 3 décrit la relation entre, d'une part, le rapport des salaires de la fonction publique à ceux de l'industrie manufacturière et, d'autre part, l'indice de corruption d'*International Country Risk Guide*. Le coefficient de corrélation global est égal à 0,65 et le coefficient *t* à 3,61. Les données sont tirées du document de référence de Van Rijckeghem et Weder.

Le coefficient de corrélation est égal à –0,35, et le coefficient *t* est de –3,65 pour les données représentées dans la *figure 4*.

La *figure 5* est tirée du document de référence de Commander, Davoodi et Lee ; elle a été construite à partir des résultats de la régression par la méthode des variables instrumentales, terme d'interaction compris, présentés au tableau TN3. Les données proviennent de la Banque mondiale ainsi que des tableaux par pays de Summers-Heston

Tableau TN2 Régression de la note de corruption par rapport à la prévisibilité de la justice et à la criminalité

Variable indépendante	Coefficient de régression
Constante	–7,63***
	(0,703)
Prévisibilité de la justice	–0,59***
	(0,10)
Log du PIB initial par habitant en 1990	–0,51***
	(0,162)
Log du nombre d'inscriptions dans l'enseignement secondaire en 1990	0,39
	(0,185)**
R^2 ajusté	0,603
Nombre d'observations	59

*** Significatif au seuil de 1 %.
Note : Les chiffres entre parenthèses sont les erreurs-types.
Estimation par la méthode des MCO.

Tableau TN3 Régressions par la méthode des moindres carrés ordinaires et des variables instrumentales ; la croissance du PIB par habitant est la variable dépendante

	Méthode MCO		Méthode VI	
Variable indépendante	**Sans terme d'interaction**	**Avec terme d'interaction**	**Sans terme d'interaction**	**Avec terme d'interaction**
Constante	0,171***	0,161***	0,167***	0,136***
	(0,022)	(0,024)	(0,027)	(0,038)
Variable binaire pour 1974–83	–0,015***	–0,015***	–0,015***	–0,014***
	(0,003)	(0,003)	(0,004)	(0,004)
Variable binaire pour 1984–93	–0,017***	–0,016***	–0,017***	–0,016***
	(0,004)	(0,004)	(0,004)	(0,004)
PIB initial par habitant	–0,019***	–0,019***	–0,021***	–0,021***
	(0,003)	(0,003)	(0,003)	(0,003)
Niveau de scolarité initial	0,003	0,003	0,003	0,003
	(0,003)	(0,003)	(0,003)	(0,003)
Croissance démographique	–0,184	–0,209	–0,260	–0,304
	(0,192)	(0,192)	(0,204)	(0,203)
Ratio investissement/PIB	0,009***	0,009***	0,008**	0,007**
	(0,003)	(0,003)	(0,003)	(0,003)
Dimensions de l'État	–0,016***	–0,022***	–0,023***	–0,038***
	(0,004)	(0,008)	(0,008)	(0,015)
Capacité institutionnelle	0,017*	0,041	0,027***	0,085*
(minimale = 0, maximale = 1)	(0,009)	(0,027)	(0,010)	(0,044)
Dimensions de l'État x capacité		0,014		0,033
institutionnelle		(0,014)		(0,024)
Distorsions dues aux politiques	–0,006***	–0,006***	–0,005***	–0,005***
	(0,002)	(0,002)	(0,002)	(0,002)
Variation des termes de l'échange	0,034	0,034	0,042	0,044
	(0,040)	(0,040)	(0,042)	(0,042)
Variable binaire, Amérique latine	–0,017***	–0,017***	–0,015***	–0,015***
	(0,004)	(0,004)	(0,004)	(0,004)
Variable binaire, Afrique	–0,030***	–0,030***	–0,028***	–0,028***
subsaharienne	(0,006)	(0,006)	(0,006)	(0,006)
Variable binaire, pays socialistes	–0,008	–0,008	–0,013**	–0,013**
	(0,006)	(0,006)	(0,005)	(0,005)
Nombre d'observations	271	271	258	258
R^2	0,5196	0,5213	a	a

*** Significatif au seuil de 1 %.
** Significatif au seuil de 5 %.
* Significatif au seuil de 10 %.

Note : Croissance du PIB par habitant aux prix mondiaux de 1985. Les chiffres entre parenthèses sont les erreurs-types corrigées pour tenir compte de l'hétéroscédasticité.

a. Le coefficient R^2 n'est pas une mesure appropriée de la qualité de l'ajustement lorsque l'on procède à une régression par la méthode des variables instrumentales.

(National Bureau of Economic Research, 1997). Les variables d'état sont le logarithme du PIB par habitant initial aux prix mondiaux de 1985, le niveau d'instruction (mesuré par le logarithme du nombre moyen d'années de scolarité dans la population en âge de travailler), le taux de croissance démographique et le logarithme de la part des investissements dans le PIB aux prix mondiaux de 1985. Les variables de contrôle comprennent le logarithme de la part des dépenses publiques de consommation dans le PIB aux prix mondiaux de 1985, un indice des distorsions dues aux politiques, un indicateur relatif à la qualité de l'administration ou à la capacité institutionnelle, la variation moyenne en pourcentage des termes de l'échange et des variables binaires pour indiquer les décennies et les régions considérées. La régression faisant intervenir le terme d'interaction donne une estimation de l'effet combiné des dimensions de l'État et de la qualité de l'administration sur la croissance du PIB par habitant.

La variable de la capacité institutionnelle est un indice synthétique de mesures de la qualité du gouvernement basé, entre autres, sur Knack et Keefer, 1995, et Mauro, 1995. L'évaluation est effectuée à partir d'une série de réponses fournies par des investisseurs étrangers sur l'étendue des formalités administratives à accomplir pour toute transaction, le cadre réglementaire et la mesure dans laquelle ils sont à l'abri des pressions politiques. Bien que ces réponses soient peut-être biaisées, elles sont à l'origine de la seule évaluation internationale du mode de fonctionnement de l'État réalisée à grande échelle. Les réponses ont toutes été normalisées et portées sur une échelle allant de zéro à un, la note étant d'autant plus élevée que l'administration est efficace. L'indice des distorsions dues aux politiques a été calculé en procédant à l'analyse en composantes principales de trois indicateurs clés : le degré d'ouverture de l'économie (mesuré par la part du commerce extérieur dans le PIB), le degré de surévaluation de la monnaie nationale (mesuré par la prime de change au marché noir) et l'écart entre les prix locaux et les prix mondiaux. Plus la valeur de l'indice est élevée et plus les distorsions dues aux politiques sont importantes.

La figure 5 a été construite à partir de données regroupées, de manière à exploiter les informations produites par les moyennes sur dix ans établies pour les périodes 1964–73, 1974–83 et 1984–93. Les résultats des régressions par la méthode des moindres carrés ordinaires et par celle des variables instrumentales sont présentés dans le tableau TN3. Les deux séries d'estimations sont très proches, mais c'est à la seconde que l'on s'intéresse ici. Les instruments retenus pour l'indice des distorsions dues aux politiques et pour la part des investissements dans le PIB sont les valeurs retardées de ces variables pour les cinq années précédentes. L'instrument retenu pour la variable des dimensions de l'État est la prévision donnée par la régression par la méthode des variables instrumentales, qui est présentée dans le document de référence de Commander, Davoodi et Lee. Toutes les autres variables de l'équation de régression sont traitées comme des variables exogènes.

Les variables d'état ont toutes le signe escompté. Le coefficient du revenu initial indique un taux de convergence conditionnelle de 2,1 % par an, soit un niveau proche du taux de 2,6 % indiqué par Barro et Sala-i-Martin, 1995. La formation de capital humain, indiquée par le nombre d'années de scolarité, a un effet positif sur la croissance, qui n'est toutefois pas significatif au plan statistique. En revanche, le taux d'investissement a un effet très significatif sur la croissance. La croissance démographique exerce un effet négatif sur la croissance du PIB par habitant, tandis que la variable des termes de l'échange a un effet positif. Aucun de ces deux effets n'est toutefois significatif. La variable des dépenses publiques de consommation a un effet nettement négatif et statistiquement significatif. Une augmentation d'un écart-type des dépenses publiques de consommation est associée à une réduction du taux de croissance de 0,65 point de pourcentage par an, soit un chiffre proche du taux de 0,7 point de pourcentage indiqué par Barro et Sala-i-Martin, 1995. Les distorsions dues aux politiques ont également un effet nettement négatif sur la croissance, qui est significatif au seuil de 1 %. En d'autres termes, les distorsions dues aux politiques mesurées par l'indice utilisé ici ont un effet négatif prévisible sur la croissance. Cet effet, mesuré par le coefficient dont est affectée la variable des politiques (en neutralisant les effets des autres variables), n'est toutefois pas très important, du moins par rapport à celui de la variable des dimensions de l'État (0,5 point de pourcentage par an). En revanche, la variable de la capacité institutionnelle a un effet positif important et significatif sur la croissance. De même, l'interaction entre cette variable et le terme relatif aux dépenses publiques de consommation — pour saisir les effets de l'occurrence simultanée de valeurs élevées des deux variables — produit un coefficient positif. Les dimensions de l'État ne sont pas le seul facteur à prendre en considération pour évaluer les effets de celui-ci sur la croissance. De mauvaises politiques — surévaluation de la monnaie ou restrictions aux échanges généralisées — freinent la croissance, tandis que la qualité de l'administration peut avoir un effet positif sur les résultats. Il est aussi clair que les pays et régions qui ont obtenu les moins bons résultats sont généralement ceux pour lesquels les trois indicateurs sont les plus bas. Il semble que l'effet conjugué des dimensions de l'État et de la qualité des politiques et des institutions soit déterminant.

Chapitre 2

Dans la *figure 2.2,* on a utilisé les estimations des coefficients des variables instrumentales incluses dans l'équation de régression de la croissance présentée dans le document de référence de Commander, Davoodi et Lee pour décomposer les facteurs de la croissance en Afrique subsaharienne et en Asie de l'Est au cours de la période 1964–93. Les contributions respectives de ces facteurs (expliqués et non expliqués) sont ajoutées l'une après l'autre au PIB par habitant en Afrique subsaharienne en 1964.

Le lecteur peut se reporter à la Note technique de l'encadré 2 pour une explication détaillée des deux graphiques du haut de la *figure 2.4.* Le graphique du bas de la figure 2.4 a été construit à partir des résultats de l'analyse de régression décrite dans le tableau TN4. La variable dépendante est le taux de rentabilité moyen par pays pour un échantillon de 312 projets de développement financés par la Banque mondiale. L'évaluation des projets a été menée à bien pour les projets choisis. Les données proviennent de la base de données du Département de l'évaluation des opérations (OED) de la Banque mondiale. Les variables indépendantes sont l'évolution des termes de l'échange au cours de la période 1984–93, l'indice des distorsions dues aux politiques suivies pour 1984–93 et un indice de note de crédibilité. Les variables relatives aux termes de l'échange et aux distorsions dues aux politiques suivies (voir

Tableau TN4 Équation de régression des taux de rentabilité de projets financés par la Banque mondiale par rapport à la note de crédibilité et à d'autres variables

Variable indépendante	Coefficient de régression
Constante	–7,080
	(12,87)
Note de crédibilité	35,55**
(minimale = 0, maximale = 1)	(16,18)
Évolution des termes de l'échange,	8,078
1984–93	(31,07)
Distorsions dues aux politiques	2,481
suivies, 1984–93	(2,76)
R^2 ajusté	0,088
Nombre d'observations	30

** Statistiquement significatif au seuil de 5 %.
Note : Les chiffres entre parenthèses sont les erreurs-types.
Estimation par la méthode des MCO.

la note relative à la figure 5 ci-dessus) sont tirées du document de référence de Commander, Davoodi et Lee. Les données sur la note de crédibilité proviennent de l'enquête menée auprès du secteur privé pour le présent Rapport (voir, ci-dessous, « L'enquête auprès du secteur privé »). L'équation de régression comporte aussi une constante.

Chapitre 3

Les données utilisées pour construire la *figure 3.8* sont les moyennes simples des parts des retraites, de l'assurance chômage et des prestations familiales dans le PIB établies à partir des données de 22 pays de l'OCDE. La série des données relatives à la période 1965–79 a été construite à partir des statistiques du BIT, années diverses. Les données relatives à la période 1980–93 proviennent de l'OCDE, 1996.

Chapitre 5

Pour définir la variable dépendante de la *figure 5.5* — l'indice de capacité administrative —, on a ajusté la variable qui sert à dénoter la qualité de l'administration dans *International Country Risk Guide* (éditions diverses), pour la porter sur une échelle définie de sorte que sa valeur augmente avec la qualité de l'administration. Les variables indépendantes sont le PIB initial par habitant et un indice de méritocratie. L'équation de régression comporte également une constante.

Le coefficient de corrélation est égal à –0,37, et le coefficient t à –10,14 pour les données utilisées pour construire la *figure 5.7*. Les pays considérés sont les suivants : Botswana, Burkina Faso, Cameroun, Égypte, Gabon, Gambie, Ghana, Kenya, Madagascar, Malawi, Maroc, Maurice, Mauritanie, Nigéria, Rwanda, Sénégal, Somalie, Soudan, Tchad et Togo. Les données de l'échantillon décrivent les variations des salaires et du niveau de l'emploi dans le temps et entre les pays. La variable retenue pour représenter les salaires est le salaire annuel moyen dans l'administration centrale rapporté au PIB réel par habitant, les deux agrégats étant mesurés en monnaie nationale ; la variable représentant l'emploi est l'emploi dans l'administration centrale rapporté à la population totale. Les données sur l'emploi et les salaires nominaux sont tirées de Kraay et Van Rijckeghem, 1995. Pour obtenir le salaire réel moyen, on déflate la masse salariale nominale par le produit de l'indice des prix à la consommation et de l'emploi. Les données sur la population, l'indice des prix à la consommation et le PIB réel par habitant proviennent de la base des données de la Banque mondiale.

Chapitre 6

La *figure 6.1* a été construite à partir des résultats de la régression basée sur plusieurs pays décrite au tableau TN5. Le lecteur trouvera la liste des pays inclus dans l'analyse et les définitions des variables de la corruption dans la section consacrée à « l'enquête auprès du secteur privé » qui figure à la fin de la présente note. La variable dépendante, à savoir le ratio investissement/PIB, est une moyenne simple de la part de l'investissement brut dans le PIB sur la période 1990–94. La prévisibilité de la corruption est le produit de la prévisibilité de la somme supplémentaire qui doit être versée et des avantages qui résultent de ce versement. Pour effectuer l'analyse de régression, on neutralise les effets du niveau d'éducation initial (logarithme des inscriptions dans le secondaire en 1990), du niveau initial du revenu

Tableau TN5 Régression de la part de l'investissement brut dans le PIB par rapport au niveau de corruption, à la prévisibilité des règles du jeu dans ce domaine et à d'autres variables

Variable indépendante	Coefficient de régression
Constante	19,523
	(13,49)
Niveau de corruption	–5,814**
	(2,23)
Prévisibilité des règles du jeu	6,309**
	(2,62)
Log du taux de scolarisation	1,987
secondaire en 1990	(2,18)
Log du PIB initial par habitant	–1,149
en 1990	(1,87)
Distorsion dues aux politiques	–1,959
suivies	(1,46)
R^2 ajusté	0,24
Nombre d'observations	39

** Significatif au seuil de 5 %.
Note : Les chiffres entre parenthèses sont les erreurs-types.
Estimation par la méthode des MCO.

(logarithme du PIB par habitant de 1990, base PPA) et des distorsions liées aux politiques en vigueur. La variable des distorsions liées aux politiques est celle du document de référence de Commander, Davoodi et Lee (se reporter à la partie de la Note technique concernant la figure 5). Les données sur l'investissement, l'éducation et le revenu initial proviennent des services de la Banque mondiale. La figure a été construite par la même méthode statistique que celle employée pour la figure 5. Le niveau et la prévisibilité de la corruption sont d'importants facteurs déterminants de la part de l'investissement dans le PIB et ont un effet significatif au seuil de 5 %.

Chapitre 7

L'indice de démocratie de la *figure 7.1* a été établi à partir des données de Polity III développées par Jaggers et Gurr, 1996 ; les groupements de pays sont ceux de la Banque mondiale. L'indice est égal à la différence entre les indicateurs de « démocratie institutionnalisée » et « d'autocratie institutionnalisée » calculés pour chacune des années de la période 1800–1994 et pour tous les pays indépendants qui comptaient plus de 500 000 habitants au début des années 90 (soit 177 pays). Les indicateurs en question ont cinq composantes : la concurrence dans la participation à la vie politique, la réglementation de la participation à la vie politique, la concurrence dans le recrutement des cadres supérieurs, l'ouverture dans le recrutement des cadres supérieurs et les limites du pouvoir du chef du gouvernement. Une note est donnée à chacune de ces composantes conformément aux directives de Jaggers et Gurr, 1995 (p. 472), après quoi les différentes notes sont additionnées de manière à produire une somme comprise entre zéro et dix. Il est alors possible d'évaluer un régime par référence à une échelle uniforme ayant pour extrêmes la démocratie (+10) et l'autocratie (–10) en calculant la différence entre les deux indicateurs. Il existe une forte corrélation entre l'indice de démocratie et les indices des droits politiques et des droits civils de *Freedom House* (*Freedom House*, éditions diverses), puisque les coefficients de corrélation sont de 0,92 et 0,87, respectivement, pour la période 1973–94.

Les chiffres portés dans l'*encadré 7.3* ont été établis à partir d'analyses de corrélation simple sans que les effets des autres caractéristiques des villages ne soient neutralisés, mais la relation demeure valide lorsqu'ils le sont. Les données sur le potentiel associatif proviennent de l'enquête SCPS (Social Capital and Poverty) menée dans les régions rurales tanzaniennes en avril et mai 1995, dans le cadre d'une évaluation de la pauvreté de plus grande envergure réalisée par la Banque mondiale avec la participation des intéressés. Les données sur les dépenses proviennent également de cette enquête, bien que cette partie de l'étude n'ait été menée qu'auprès des ménages de 53 des 87 grappes. L'indice du potentiel associatif au niveau du village est égal au produit du nombre moyen de groupes (églises, groupements féminins, groupements d'exploitants, par exemple) auxquels appartiennent les personnes interrogées, par un indice établi sur la base de trois grandes caractéristiques des groupes en question : hétérogénéité familiale, hétérogénéité des revenus et fonctionnement du groupe. Les données sur la qualité des établissements scolaires proviennent de l'enquête HRDS sur la valorisation des ressources humaines menée en Tanzanie en 1993, et peuvent être appariées, au niveau des grappes, avec celles des 87 grappes de la SCPS. L'indice de qualité des établissements scolaires est une moyenne établie au niveau des grappes à partir des réponses fournies par les personnes interrogées sur l'importance relative de cinq aspects des écoles, et leur évaluation de la qualité de l'école locale sur la base des aspects en question. L'enquête HRDS, qui est représentative à l'échelon national, a été menée auprès de 5 000 ménages tanzaniens. Elle a été réalisée conjointement par la faculté des sciences économiques de l'Université de Dar es-Salaam, le Gouvernement tanzanien et la Banque mondiale, et financée par la Banque mondiale, le Gouvernement japonais et la British Overseas Development Agency. Voir Ferreira et Griffen, 1995.

Chapitre 9

La *figure 9.2* a été construite à partir des résultats de la régression par la méthode des moindres carrés généralisés (MCG) présentés dans le tableau TN6. La régression saisit les effets des conditions initiales ainsi que des variables institutionnelles, démographiques et économiques sur les transferts sociaux.

La variable dépendante représente la part des dépenses publiques au titre des retraites, de l'assurance chômage et des prestations familiales dans le PIB (voir la Note technique relative à la figure 3.8). Les conditions initiales sont indiquées par le coefficient de Gini de la répartition des revenus (Deininger et Squire, 1996) et le temps écoulé depuis la mise en route du programme de sécurité sociale dans chaque pays (Department of Health and Human Services des États-Unis, 1994). Les variables institutionnelles comprennent un indicateur d'efficacité administrative (capacité institutionnelle, repris du document de référence de Commander, Davoodi et Lee) et trois indicateurs de l'environnement politique. Plus la note obtenue est élevée, plus l'administration est efficace. S'il est vrai qu'une administration efficace sera plus à même de réprimer fraudes et irrégularités, elle sera également plus portée à verser des prestations à tous ceux qui y ont droit. Le signe du coefficient de la variable de l'efficacité administrative dépend donc de l'importance relative de ces deux effets. Un coefficient positif implique que l'administration dont l'action est efficace assure une plus grande couverture sociale. Les indicateurs de l'environnement politique sont la structure constitutionnelle, le type de gouvernement et l'orientation idéologique du législatif (les données relatives à ces deux derniers aspects proviennent d'Alesina et Perotti,

Tableau TN6 Régression des transferts sociaux par rapport à la structure constitutionnelle et à d'autres variables

Variable indépendante	Coefficient de régression	Erreur-type
Constante	–6,37	4,229
Structure constitutionnelle	4,40	2,189**
Vieillissement	0,583	0,082***
Taux de chômage	0,361	0,029***
Type de gouvernement	0,227	0,063***
Efficacité de l'administration	1,76	0,521***
PIB par habitant $\times 10^4$	0,94	0,495*
Idéologie du gouvernement	–0,04	0,045
Taux d'inflation	0,01	0,017
Nombre d'enfants $\times 10^8$	2,37	4,09
Première année du programme	–0,006	0,039
Coefficient de Gini	–0,004	0,109
R^2	0,63	
Nombre d'observations	365	

*** Significatif au seuil de 1 %.
** Significatif au seuil de 5 %.
* Significatif au seuil de 10 %.
Note : Estimation par la méthode des moindres carrés généralisés. Le coefficient R^2 n'a pas toutes les propriétés du coefficient de détermination de la méthode des MCO.

1995). La structure constitutionnelle s'évalue comme le pouvoir de faire pièce aux lois sociales que la constitution reconnaît aux minorités et aux groupes d'intérêts. Une valeur élevée de l'indice implique une moindre capacité d'obstruction. Un coefficient positif implique que les pays où les contrepoids sont faibles seront plus portés à se laisser aller à élargir le champ de la protection sociale. Les types de gouvernement sont au nombre de six, qui vont du régime du parti unique à celui du pluripartisme minoritaire. L'orientation idéologique est classée comme droite, centre-droite, centre, centre-gauche et gauche. Un coefficient positif implique, pour le type de gouvernement, que les États à parti unique sont moins enclins à pratiquer des politiques expansionnistes et, pour l'orientation idéologique, que les gouvernements de gauche sont plus portés à adopter de telles politiques. Les statistiques relatives au pourcentage des plus de 65 ans (vieillissement), au nombre d'enfants de moins de 15 ans, au taux de chômage, au PIB réel par habitant et à l'inflation proviennent de la base de données des indicateurs sociaux de la Banque mondiale ; de l'OCDE, années diverses ; de l'OIT, 1986 et 1994 ; du FMI, années diverses (b) ; et de la base de données économiques et sociales de la Banque mondiale. On peut compter que les coefficients des variables du vieillissement et du taux de chômage sont positifs. Enfin, plus le pays est riche, plus sa facture sociale est élevée, comme en témoigne le fait que le PIB réel par habitant a un coefficient positif.

Une nouvelle variable, intitulée « valeur moyenne résiduelle des transferts sociaux », est obtenue en retranchant de la valeur moyenne des transferts sociaux pour l'échantillon considéré, d'une part, la constante qui apparaît dans l'équation de régression et, d'autre part, le produit des coefficients par la moyenne de l'échantillon des variables indépendantes correspondantes non significatives au seuil de 10 % ou moins. La contribution de chaque variable aux transferts sociaux s'obtient en multipliant le coefficient estimé pour chaque variable par la valeur moyenne prise par cette variable pour l'échantillon, puis en divisant le résultat par la valeur moyenne résiduelle des transferts sociaux. La décomposition des transferts sociaux considérée est robuste même lorsque l'on ne retient que les variables de la régression qui étaient significatives au seuil de 10 % ou mieux.

Le calcul approximatif de la réduction de distorsions consécutive à la mise en place de la réforme fiscale au Pakistan est fondé sur le triangle dit de Harberger. L'équation décrivant la perte d'efficacité (DWL) s'écrit :

$$DWL = (0,5) \times (t^2) \times (1-t)^{-1} \times \varepsilon_T \times TI$$

où :

t = taux d'imposition
ε_T = élasticité de demande compensée
TI = revenu imposable.

Le taux d'imposition retenu est de 60 % pour la période antérieure à la réforme, et de 30 % par la suite. L'élasticité de la demande compensée utilisée est égale à 0,5, comme dans Feldstein, 1995. Le ratio du revenu imposable au PIB qu'il convient d'employer est de 7,22 %. Sur la base de ces chiffres, la réduction de la perte d'efficacité (entre la période antérieure à la réforme et la période suivante) associée à une réforme sans incidence sur les recettes est estimée à 1,4 % du PIB.

L'enquête auprès du secteur privé

Raisons d'être de l'enquête

Nombre de rapports fournissent des exemples de l'effet négatif qu'exercent sur le développement du secteur privé les imprécisions qui peuvent caractériser les lois, les politiques économiques et les réglementations. Par exemple, De Soto, 1989, expose les problèmes auxquels se heurtent les entreprises du secteur informel péruvien ; Klitgaard, 1990, décrit le climat d'incertitude dans lequel se déroulent les activités industrielles et commerciales en Guinée équatoriale ; et Borner, Brunetti et Weder, 1995, analysent les incertitudes d'ordre institutionnel au Nicaragua.

Il est toutefois difficile de trouver des données appropriées à ce type d'analyse. L'enquête auprès du secteur privé réalisée aux fins du présent Rapport avait pour objet de combler cette lacune en contribuant à la constitution d'une base de données permettant d'effectuer des comparaisons internationales pour un grand nombre de pays ; les informations ainsi collectées portent sur différents aspects des incertitudes d'ordre institutionnel telles qu'elles sont perçues par les entrepreneurs du secteur privé.

Questionnaire de l'enquête

Les premières questions avaient pour objet de rassembler certaines informations générales sur l'entreprise interrogée. Elles ciblent cinq aspects de l'entreprise : sa taille (moins de 50 employés, de 50 à 200 employés, plus de 200 employés) ; le genre d'activité exercée (entreprise manufacturière, entreprise de service, entreprise agricole) ; le site de son siège social (capitale, grande ville de province, petite agglomération ou zone rurale) ; la participation au capital d'intérêts étrangers ou l'absence de toute participation étrangère ; et le fait que les activités sont axées sur l'exportation ou uniquement sur le marché intérieur.

La partie principale du questionnaire se compose de 25 questions à choix multiples, regroupées en cinq sections portant chacune sur un domaine spécifique :

- *La prévisibilité des règles et des politiques.* Cette section vise à déterminer les incertitudes engendrées par le processus législatif.
- *L'instabilité politique et la sécurité des biens.* Cette section vise à obtenir des informations sur les incertitudes associées aux changements de gouvernement constitutionnels ou inconstitutionnels.
- *Les interactions entre le gouvernement et les entreprises.* Le questionnaire énumère 15 domaines dans lesquels une entreprise est touchée par les mesures gouvernementales et demande à l'entreprise d'évaluer la mesure dans laquelle ces mesures entravent ses activités.
- *Application de la loi et formalités administratives.* Cette partie du questionnaire vise à déterminer le degré de corruption et à établir si le versement de pots-de-vin est une garantie de bonne fin ou une source d'incertitude. Il est naturellement difficile d'analyser les réponses fournies, car les entreprises hésitent à admettre ouvertement qu'elles versent des pots-de-vin. Il est également demandé directement aux enquêtés si le climat d'incertitude qui caractérise leurs relations avec le gouvernement les a amenés à renoncer à réaliser des projets d'investissement, et quel pourcentage de leur temps les chefs d'entreprise doivent consacrer aux démarches requises pour satisfaire aux exigences réglementaires.
- *Incertitudes engendrées par le manque d'efficacité de la prestation de services par le gouvernement.* Cette partie du questionnaire vise à déterminer si le gouvernement fournit certains services de base, notamment dans les domaines des postes et des téléphones, de la santé et des routes, et l'efficacité avec laquelle il les fournit.

Utilisation du questionnaire et résultats

Le questionnaire a été rédigé en anglais mais, comme il devait être utilisé dans le monde entier, il a été traduit en plusieurs langues de communication internationale (allemand, espagnol, français, portugais et russe). Il a été présenté en l'une de ces langues ou en anglais dans toute la mesure du possible mais a dû être, dans certains cas, traduit dans la langue d'un pays particulier (Albanie, Bulgarie, Hongrie, Italie, Pologne, République slovaque, République tchèque et Turquie).

L'enquête a été menée entre août 1996 et janvier 1997 dans 69 pays : *Pays industrialisés :* Allemagne, Autriche, Canada, Espagne, États-Unis, France, Irlande, Italie, Portugal, Royaume-Uni et Suisse ; *Asie du Sud et du Sud-Est :* Fidji, Inde et Malaisie ; *Moyen-Orient et Afrique du Nord* : Cisjordanie et Gaza, Jordanie et Maroc ; *Europe centrale et orientale* : Albanie, Bulgarie, Estonie, Hongrie, Lettonie, Lituanie, ex-République yougoslave de Macédoine, Pologne, République slovaque, République tchèque et Turquie ; *Amérique latine et Caraïbes* : Bolivie, Colombie, Costa Rica, Équateur, Jamaïque, Mexique, Paraguay, Pérou et Venezuela ; *Afrique subsaharienne* : Afrique du Sud, Bénin, Cameroun, Congo, Côte d'Ivoire, Ghana, Guinée, Guinée-Bissau, Kenya, Madagascar, Malawi, Mali, Maurice, Mozambique, Nigéria, Ouganda, Sénégal, Tanzanie, Tchad, Togo, Zambie et Zimbabwe ; *Communauté des États indépendants* : Arménie, Azerbaïdjan, Bélarus, Géorgie, Kazakstan, Moldova, Ouzbékistan, République kirghize, Russie et Ukraine.

Les entreprises sélectionnées sont très diverses, que l'on considère leur taille, leur site géographique, leur secteur d'activité et la participation d'intérêts étrangers à leur capital. Les questionnaires leur ont été envoyés par voie postale dans la mesure du possible, mais ont dû être remis en main propre dans quelques pays dont les services postaux ne sont guère fiables. Le tableau TN7 présente les taux de réponse par région. Par comparaison à ceux qui sont généralement obtenus pour les enquêtes effectuées par courrier, le taux de réponse observé pour l'ensemble des pays en développement (30 %) est remarquable. Ce résultat est imputable à deux facteurs : premièrement, le questionnaire aborde des points qui préoccupent beaucoup les entrepreneurs et, deuxièmement, l'enquête était parrainée par une organisation internationale très connue dans les pays en développement.

En raison des contraintes budgétaires et des délais à respecter, dans certains pays, les entreprises qui ont répondu à l'enquête ne constituent pas un échantillon aléatoire des entreprises auxquelles un questionnaire a été envoyé. Dans d'autres, l'enquête n'a pu être menée dans la totalité du pays pour des raisons politiques et économiques. Dans l'ensemble, toutefois, on a atteint l'objectif de 50 réponses par pays.

Près de la moitié des entreprises sont de petite taille (elles comptent moins de 50 employés) ; les autres se

Tableau TN7 Réponses à l'enquête auprès du secteur privé, par région

Région ou groupe	Nbr. de pays inclus dans l'enquête	Nbr. d'entreprises incluses dans l'enquête	Nbr. de questionnaires renvoyés: Moyenne	Médiane	Minimum	Maximum
Pays industriels	11	254	23	20	14	56
Asie du Sud et du Sud-Est	3	139	46	45	41	53
Moyen-Orient et Afrique du Nord	3	109	36	42	15	52
PECO	11	771	70	70	46	114
Amérique latine et Caraïbes	9	474	53	47	17	87
Afrique subsaharienne	22	1 288	59	48	13	124
CEI	10	650	65	62	31	91
Ensemble des pays en développement	58	3 431	59	51	13	124
Ensemble des pays	69	3 685	53	50	13	124

répartissent plus ou moins également entre les deux autres catégories. Il était prévu que les entreprises incluses dans l'échantillon seraient sélectionnées dans des zones différentes. Les entreprises installées dans la capitale constituent plus de la moitié de celles qui ont répondu au questionnaire. Il est toutefois encourageant de noter que le siège de près du quart des entreprises se trouvait dans une petite agglomération ou en zone rurale.

Les résultats globaux masquent toutefois des différences considérables entre les pays. Le pourcentage des entreprises installées dans la capitale va de 0 à 100 %. Cette variation s'explique par la répartition des entreprises privées sur le territoire national. Dans certaines ex-républiques soviétiques, plus de la moitié des entreprises immatriculées se trouvent dans la capitale. Dans d'autres pays, il n'a pas été possible de distribuer le questionnaire aux entreprises situées dans des zones reculées en raison de la situation socio-économique et politique. Dans d'autres encore, le manque de fiabilité des services postaux n'a pas permis d'envoyer le questionnaire dans des sites éloignés, et aux entreprises de les renvoyer en temps voulu.

Le nombre de réponses est à peu près similaire pour le secteur des services et celui des industries manufacturières, mais relativement faible pour le secteur agricole. Cette distorsion est imputable à des facteurs géographiques : le siège de plus des trois quarts des entreprises couvertes par l'enquête se trouvait dans la capitale ou une autre grande ville, ce qui est rarement le cas des entreprises agricoles.

La répartition des entreprises est uniforme en ce qui concerne la participation d'intérêts étrangers au capital et l'accès à des débouchés extérieurs. Les deux tiers des entreprises incluses dans l'enquête ont indiqué ne bénéficier d'aucune participation d'intérêts étrangers à leur capital. Les résultats diffèrent donc de ceux des efforts antérieurement déployés pour évaluer de manière subjective le climat d'investissement des pays, qui étaient uniquement basés sur les perceptions des entreprises multinationales.

Construction de l'indicateur de crédibilité

L'indicateur de crédibilité est une mesure représentative de la fiabilité du cadre institutionnel, telle qu'elle est perçue par les entrepreneurs du secteur privé. Il prend en compte plusieurs types d'incertitude associés aux contacts entre le gouvernement et le secteur privé pour les exprimer en un chiffre récapitulatif. Il est égal à la moyenne arithmétique des notes moyennes obtenues pour cinq indicateurs secondaires, normalisée de manière à ce que l'indice pour les pays à revenu élevé de l'OCDE soit égal à 1 :

- *Prévisibilité des règles* : Dans quelle mesure les chefs d'entreprise doivent-ils compter avec des changements inattendus de règles et de politiques, peuvent-ils s'attendre à ce que le gouvernement poursuive les mesures annoncées, sont-ils généralement informés des changements importants et ont-ils la possibilité de faire connaître leur avis lorsque ces changements concernent leurs activités ?
- *Perception de la stabilité politique* : Les changements (constitutionnels ou inconstitutionnels) de gouvernement sont-ils jugés s'accompagner habituellement d'un retournement complet de politique susceptible d'avoir des conséquences graves pour le secteur privé ?
- *La sécurité des personnes et des biens* : Les chefs d'entreprise savent-ils pouvoir compter sur les pouvoirs publics pour les protéger, eux et leurs biens, contre des actes criminels, et estiment-ils que le vol et les autres formes de délinquance constituent des problèmes graves pour leurs activités ?
- *Imprévisibilité de la justice* : Dans quelle mesure la justice applique-t-elle la loi de façon arbitraire, et cette imprévisibilité est-elle une entrave à l'activité des entreprises ?
- *Corruption* : Est-il habituel que les chefs d'entreprise du secteur privé soient obligés de verser des pots-de-vin pour mener à bien leurs projets ?

NOTICE BIBLIOGRAPHIQUE

Le présent rapport s'appuie sur un vaste ensemble de rapports de la Banque mondiale et puise à denombreuses sources extérieures. Parmi les sources de la Banque mondiale figurent les actuels travaux de recherche de l'institution, ainsi que ses études économiques et sectorielles par pays et les études qu'elle réalise dans le cadre de ses projets. Ces ouvrages sont, avec d'autres, énumérés dans la bibliographie, dans l'ordre alphabétique de leurs auteurs ou de l'institution dont ils émanent, en deux groupes : les documents de référence rédigés pour les besoins du présent Rapport et une sélection bibliographique. Les premiers, dont certains paraîtront dans la série des Documents de travail de Recherche sur les politiques, et les autres, qui pourront être obtenus sur demande adressée au service de rédaction du *Rapport sur le développement dans le monde*, représentent la synthèse de ce qui a été publié sur le thème traité et des travaux que la Banque lui a consacrés. Les opinions qui y sont exprimées ne reflètent pas nécessairement celles de la Banque mondiale ou des auteurs du présent Rapport.

Outre les principales sources énumérées ici, de nombreuses personnes, tant à l'intérieur qu'à l'extérieur de la Banque, ont contribué par leurs avis et conseils à la préparation de ce Rapport. Nous remercions plus particulièrement Gregory Ingram, Arturo Israel, Ravi Kanbur et Michael Walton. Caroline Anstey et Hans Jurgen Gruss ont aidé à recueillir des informations et à obtenir des consultations auprès de nombreuses sources. Nous sommes également redevables de leurs observations et de leurs contributions à Sri-Ram Aiyer, Mark Baird, Shahid Javed Burki, Uri Dadush, Partha Dasgupta, Gloria Davis, Shanta Devarajan, Mamadou Dia, Jessica Einhorn, Gunnar Eskeland, Francisco Ferreira, Cesar Gaviria, Roger Grawe, Jeffrey Hammer, Ricardo Hausmann, Enrique Iglesias, Edmundo Jarquin, Robert Klitgaard, Geoff Lamb, Moises Naím, Gobind Nankani, John Nellis, Richard Newfarmer, Guillermo Perry, Guy Pfeffermann, Robert Picciotto, Boris Pleskovic, Stephen Pursey, Sarath Rajapatirana, Malcolm Rowat, Salvatore Schiavo-Campo, Nemat Shafik, Ibrahim Shihata, Mary Shirley, I. J. Singh, Andrew Steer, Nicholas Stern, Maurice Strong, Roger Sullivan, Vinod Thomas, Jacques van der Gaag, Paulo Vieira da Cunha, Steve Webb, Alan Winters et John Williamson. Bruce Ross-Larson, Meta de Coquereaumont, Paul Holtz et Alison Strong nous ont également fait profiter de leurs précieux avis et conseils à divers stades du travail de rédaction. Nous donnons acte ci-après, chapitre par chapitre, des précieuses contributions qui nous ont été apportées pour la rédaction de ce Rapport.

Nous devons à l'aide et à la coopération du personnel du complexe opérationnel de la Banque mondiale d'avoir pu réaliser l'enquête menée spécialement pour les besoins du présent Rapport auprès d'entreprises du secteur privé. Nos remerciements s'adressent particulièrement aux coordonnateurs de cette enquête au sein des vice-présidences régionales ainsi qu'aux représentants résidents et au personnel des missions résidentes dans les pays participants.

La préparation de ce Rapport a donné lieu à d'amples consultations. À cet égard, nous remercions notamment les organismes suivants d'avoir permis que se tiennent des réunions de consultation : le Research Institute for Development Assistance, Overseas Economic Cooperation Fund, à Tokyo ; le ministère allemand de la Coopération ; le ministère norvégien des Relations extérieures ; l'Institut Nord-Sud, à Ottawa ; le National Council for Applied Economic Research, à New Delhi ; le Consortium pour la recherche économique en Afrique, à Nairobi ; l'Overseas Development Agency, à Londres ; la Coalition mondiale pour l'Afrique, à Addis-Abeba ; et InterAction, à Washington.

Nous tenons à remercier, *à Tokyo* : Yuan Gangming, Kaoru Hayashi, M. Hisatake, Naoko Ishii, Shigeru Ishikawa,

Shinichi Jin, Yutaka Kosai, Isao Kubota, Toru Nakanishi, Nobutake Odano, Tetsuji Okazaki, Yoshio Okubo, Toru Shinotsuka, Masaki Shiratori, Akira Suehiro, Shigeki Tejima, Juro Teranishi et Yoshio Wada ; *à Bruxelles* : Dominique Bé, Brunet Bernard, Noel Coghlan, P. Defraigne, M. de Lange, L. de Richemont, Daniel Guyader, Maurice Guyader, Ditte Juul Jorgensen, Maral LeRoy, Françoise Moreau, L. R. Pench, Regine Roy, G. Tebbe, A. Tincani, J. Vignon et Rutger Wissels ; *au Royaume-Uni :* Mandeep Bains, Bill Baker, Richard Batley, Kate Bayliss, Sarah Bernard, Graham P. Chapman, Anne Coles, Paul Collier, Sean Collins, Rosalind Eyben, Mick Foster, Peter Grant, M. Greif, P. Holden, Tony Killick, Robert Lasiett, Andrew Leslie, Deborah McGurk, Dino Merotto, Mick Moore, Peter Mountfield, Rachel Phillipson, Trevor Robinson, Sally Taylor, Sandra Wallman, Jon Wilmsburst et Geoffrey Wood ; *à Stockholm :* Stefan Fölster, Jörgen Holmqvist, Erik Johnsson, Assar Lindbeck, Eva Lindström, Per Molander et Joakim Palme ; *à Ferney-Voltaire (France)* : Hans Engelberts, Elie Jouen et Mike Waghorne ; *à Bonn* : Friedrich W. Bolay, Hans-Gert Braun, Hartmut Elsenhans, Ingrid Hoven, Ernst-J. Kerbusch, Elmar Kleiner, Gudrun Kochendörfer-Lucius, Rolf J. Langhammer, Hildegard Lingnau, Peter Molt, M. Preuss, Dirk Reinermann, Hans-Bernd Schäfer, M. Schröder, Christian Sigrist, Klaus Simon, Albrecht Stockmayer, Franz Thediek, Josef Thesing, M. Tittel-Gronefeld, Klemens van de Sand et Peter Wolf ; *à Paris :* Sophie Bismut, Catherine Bourtembourg, Christian Chavagneux, Jean Coussy, Maximin Emagna, Bénédicte Etien, Ulrich Hiemenz, Etienne Le Roy, Turkia Ould-Daddah, Michel Pipelier et Jean Pisani Ferry ; *à une réunion de représentants d'ONG à Londres* : Graham Bray, Joji Carino, Marcus Colchester, Harriet Goodman, Andrew Gray, Caroline Harper, Rob Lake, Christine Lippai, Brendon Martin, Arthur Neame, Henry Northover, Helen O'Connell, Robin Poulton, Mohammed Sulliman, Sabjit Tohal, Kitty Warnock, Alex Wilks, Christian Wisskirchen et Jessica Woodroffe ; *à la Commission européenne :* Roderick Abbott, Christoph Bail, Chris Boyd, Gunther Burghardt, Carlos Camino, Jim Cloos, Robert Coleman, Carlos Costa, Pierre Defraigne, Xavier de Larnaudie-Eiffel, Joly Dixon, Michael Green, Alexander Italianer, Horst Krenzler, Ed Kronenburg, François Lamoureux, Rene Leray, Jean-François Marchipont, Stefano Micossi, Agne Pantelouri, Bernard Petit, Juan Prat, Giovanni Ravasio, Alexander Schaub, Steffen Smidt, Michel van den Abeele, Robert Verrue, Jerome Vignon, Heinrich von Moltke et Jorg Wenzel ; *à l'Université de Georgetown, à Washington :* Daniel Brumberg, Marsha Darling, Bruce Douglas, Steven King, Carol Lancaster, Marilyn McMorrow, Dennis McNamara, Gwendolyn Mikell, Howard Schaeffer et Dan Unger ; *à la Faculté de droit de l'American University de Washington* : Claudia Martin et Rochas Pronk ; *à une réunion de la Banque mondiale avec des représentants d'ONG :* Peter Bachrach, Deborah Brautigam, Jim Cox, George Devendorf, Jack Downey, Justin Forsyth, Jo Marie Griesgraber, Wendy Grzywacz, Kari Hamerschlag, Carola Kaps, Meg Kinghorn, Michael Kronthal, Carolyn Long, Claudia Martin, Carmen Monico, Joe Muwonge, Gabriel Negatu, Michal Nehrbass, Carolyn Reynolds, Mildred Robbins Leet, Bruce Robinson, Berta Romero, James Rosen, Frances Seymour, Gmakahn Sherman, Carla Simon, Andrea Soccobo, Julia Taft, Nicolas van de Walle, Nick Vanedwaild et Chuck Woolery ; *au Caire :* Ismail Sabry Abdallah, Mamdouh El Beltagy, Ahmed Galal, Abdel Fattah El Gebalyl, Mohamed El Sayed Selim, Mohamed Aboul Enein, Samiha Fawzy, Ahmed Gweily, Heba Handoussa, Taher Helmy, Mohamed Mahmoud El Imam, Mohamed Lofty Mansour, Omar Mohanna, Mohamed Ozalp, Ghada Ragab, Yasser Sobhi, Arvind Subramanian, Fouad Sultan et El Sayed Yasseen ; *à Oslo :* Ole Winkler Andersen, Christian Friis Bach, Ingrid Braenden, Adne Cappelen, Arne Disch, Thorvald Grung Moe, Tor Halvorsen, Trond Folke Lindberg, Desmond McNeill, Lars Mjoset, Frode Neergaard, Poul Engberg Pedersen, Erik Reinert, Reiulf Steen, Astri Suhrke et Lars Udsholt ; *aux Pays-Bas :* M. Bienefelt, K. Blekxtoon, J. de Groot, L. de Maat, K. Doornhof, J. Enneking, J. Faber, H. Gobes, A. C. M. Hamer, J. P. Ramaker, F. Roos, G. Storm, R. J. Tjeerdsma, A. van't Veer, F. Ph. M. van der Kraaji, G. van Dijk, G. J. J. M. van Empel, F. D. van Loon, L. van Maare, A. van Raverstein et M. van Wier ; *en Belgique* : Guido Dumon, Dany Ghekiere, Luc Hubloue, Thomas Lievens et Guy Schorochoff ; *à l'Organisation mondiale de la santé :* D. Bettcher, A. Moncayo, S. Sapirie, J. Tulloch, J. Visschedijk et Derek Yach ; *au Haut Commissariat des Nations Unies pour les réfugiés :* Jamal Benomar et Eric Morris ; *à Addis-Abeba :* les membres du Comité économique de la Coalition mondiale pour l'Afrique ; *en Cisjordanie et à Gaza* : Samir Abdallah, Hatem Halawani, Nabil Kassis, Ali Mahmoud Khadr, Mohammad Zuhdi Nashashibi, Yousif Nasser et Mohammad Shtayyeh ; *à une réunion à Cancún (Mexique)* : José Afonso, Pedro Aguayo, Kenny Anthony, Nicolás Ardito-Barletta, Edgardo Boeninger, Juan Bour, Hernán Buchi, Rubén Carles, Alejandro Carrillo, Tarsicio Castañeda, Pelegrin Castillo, José Dagnino Pastore, Andrés Dauhajre, Diego de Figueiredo Moreira Neto, Alberto Díaz Cayeros, Haydee García, Rudolf Hommes, Tasso Jereissati, Arnoldo Jiménez, Eduardo Lizano, Thereza Lobo, Rolf Lüders, Gabriel Martínez, Néstor Martínez, Helen McBain, Ambler Moss, Marthe Muse, Arturo Núñez del Prado, Tomás Pastoriza, Ramón Piñango, Fernando Romero, Luis Rubio, Ricardo Samaniego, Cezley Sampson, Antonio Sancho, Enrique Vescovi et Eduardo Wiesner Durán ; *en Inde :* Swaminathan Aiyar, Yoginder Alagh, Surjit Bhalla, Onkar

Goswani, R. N. Malhotra, Rakesh Mohan et Pai Panandikar ; *à Berne* : Franz Blankart, Thomas Greminger, Beat Kappeler, Luzius Mader et Mathias Meyer ; *au Consortium pour la recherche économique en Afrique* : Ibrahim Elbadawi et Benno Ndulu ; *à Berlin :* Heinz Buhler, Alexander Friedrich, Götz Link, Theo Sommer et Carl-Dieter Spranger ; *à l'Organisation internationale du travail :* Katherine Hagen et Stanley Taylor ; *à la Confédération internationale des syndicats libres :* Gemma Adaba ; *au Canada :* Isabella Bakker, Manfred Bienefeld, Jim Carruthers, G. Shabbir Cheema, Roy Culpeper, Nasir Islam, Devesh Kapur, Bahman Kia, Peter Larson, Caroline Pestieau et Alison Van Rooy, *à Addis-Abeba :* Addis Anteneh, Tedenekialesh Assfaw, Asrat Bekele, Befekadu Degefe, Getachew Demeke, Tekalign Gedamu, Murtaza Jaffer, Rehenia Jingo-Kakonge, Teshome G. Mariam, Berhane Mewa, Gabriel Negatu, Florence Nekyon, Tom L. Torome et Kiffle Wodajo.

Nous sommes particulièrement redevables à Patricia Dufour, Tomoko Hirai, Mika Iwasaki, Ali Khadr, Geoff Lamb, S. Miyamura, Fayez Omar, Sudarshan Gooptu, Claudia Von Monbart, Spiros Voyadzis, ainsi qu'à divers administrateurs et leurs collaborateurs à Washington, d'avoir facilité ce processus de consultation.

Chapitre 1

Tilly, 1990, présente un panorama hardi de l'évolution de l'État depuis mille ans. Parmi les textes classiques qui traitent de l'État et de sa gestion, on peut citer *Le Prince*, de Machiavel, et *Arthasastra*, de Kautiliya (voir Kangle, 1965). Helm, 1989, analyse le glissement des limites du rôle de l'État après 1945. Díaz Alejandro, 1988, examine l'évolution des tendances du développement dans le contexte latino-américain. Tanzi et Schuknecht, 1995, donnent une évaluation de l'efficacité de l'État dans un passé récent. Banque mondiale, 1991b, présente un aperçu des divers modèles de développement en présence et des rôles que chacun confère à l'État. Teranishi et Kosai, 1993, offrent un tour d'horizon complet des politiques économiques du Japon. FMI, 1996, dresse un bilan des problèmes de politique financière qui se posent aux pays en développement. Stiglitz, 1994, présente une analyse approfondie des arguments en faveur de l'intervention de l'État. Mueller, 1989, offre un point de vue différent. L'encadré 1.1 est inspiré de Sills, 1968 ; Gould et Kolb, 1964 ; et Kuper et Kuper, 1996. L'encadré 1.2 donne un aperçu des travaux de Stiglitz, 1996. L'encadré 1.3 repose sur une note d'information de Swaminathan Aiyar. Le rappel historique repose sur les travaux d'Emma Rothschild ainsi que sur le document de référence d'Aron, Elbadawi et Ndulu. L'encadré 1.4 est un résumé de Stiglitz, 1986. Jeffrey Hammer a apporté une précieuse contribution à l'établissement du tableau 1.1.

Chapitre 2

Peter Knight a fourni des éléments d'information pour l'encadré 2.1. La figure 2.1 est inspirée d'Alston, 1996. Pour une évaluation du rôle de l'État, voir Gemmell, 1993, et Lindauer, 1988. Summers et Heston, 1991, est l'ouvrage de référence pour les prix exprimés en parité de pouvoir d'achat. L'analyse empirique présentée dans ce chapitre repose sur le document de référence de Commander, Davoodi et Lee. Il existe de nombreux écrits sur les facteurs qui déterminent le poids de l'État ; voir notamment Borcherding, 1985 ; Buchanan, 1977 ; Courakis, Moura-Roque et Tridimas, 1993 ; Lybeck, 1986 ; Meltzer et Richard, 1981 ; Oxley, 1994 ; Peacock et Wiseman, 1961 ; Ram, 1987 ; et Rodrik, 1996. Pour les effets des dimensions de l'État sur la croissance et les autres indicateurs du bien-être, voir Alesina et Perotti, 1995 ; Anand et Ravallion, 1993 ; Barro et Sala-i-Martin, 1995 ; Bosworth, Collins et Chen, 1995 ; Devarajan, Swaroop et Zou, 1996 ; Kormendi et Meguire, 1985 ; Landau, 1986 ; Ram, 1986 ; et Slemrod, 1995. Le rôle des institutions est examiné plus spécifiquement dans Knack et Keefer, 1995. Mauro, 1995, examine les effets de la corruption sur la croissance. L'analyse des questions de crédibilité s'inspire de Borner, Brunetti et Weder, 1995, et les résultats présentés sont tirés de l'enquête sur la crédibilité de l'État effectuée pour ce Rapport, qui est décrite de façon détaillée dans les documents de référence de Brunetti, Kisunko et Weder. L'examen général des institutions repose sur North, 1990 ; Olson, 1996 ; et Dia, 1996. L'analyse de l'évolution des idées des économistes sur la croissance s'inspire de Barro et Sala-i-Martin, 1995 ; Solow, 1956 ; Dasgupta, 1995 ; et Drèze et Sen, 1989.

Chapitre 3

Pour la rédaction de ce chapitre, nous sommes redevables à Richard Ball, Jeanine Braithwaite, Lionel Demery, Jeffrey Hammer, Estelle James, Emmanuel Jimenez, Maureen Lewis, Geoffrey Shepherd, Carlos Silva, Kalanidhi Subbarao et Dominique van de Walle de leurs précieuses contributions et suggestions.

L'examen de la question de la croissance partagée s'appuie sur Aoki, Murdoch et Okuno-Fujiwara, 1995, et sur Ishikawa, 1990. L'encadré 3.2 s'inspire de Guerrero, 1996. L'analyse de l'industrie minière au Nevada est extraite de Libecap, 1996. Les informations concernant la question de l'attribution des titres de propriété foncière sont tirées de Klaus Deininger, ainsi que de Feder et Nishio, 1996. Berry et Levy, 1994, décrivent les modalités de commercialisation auxquelles ont recours certaines entreprises indonésiennes pour leurs exportations. L'encadré 3.3 s'inspire de Stone, Levy et Paredes, 1996.

La section consacrée au cadre de politique économique se fonde sur l'analyse des distorsions des prix dans l'agriculture africaine, qui figure dans Banque mondiale, 1994a. L'examen des changements apparus dans la façon dont les pays en développement collectent leurs recettes fiscales repose sur les informations fournies par Vinaya Swaroop. L'analyse des mécanismes employés pour assurer la crédibilité fiscale et monétaire s'inspire des documents de référence d'Alesina et Ball.

L'analyse de la composition des dépenses publiques se fonde sur Hammer, 1997 ; Pradhan, 1996 ; et Banque mondiale, 1994c. Pour l'examen de l'incidence des prestations sociales sur les dépenses publiques, nous avons eu recours aux écrits de Lionel Demery et de van de Walle et Nead, 1995. L'analyse du rôle traditionnel du secteur privé s'appuie sur Psacharopoulos et Nguyen, 1997, et sur van der Gaag, 1995. L'encadré 3.6 se fonde sur van der Gaag, 1995.

L'encadré 3.7 est inspiré de Coloma, 1996. L'encadré 3.8 nous a été fourni par Nisha Agrawal.

Chapitre 4

Pour la préparation de ce chapitre, nous avons bénéficié des précieuses contributions de Jean Aden, Gerard Caprio, Cheryl Gray, Luis Guasch, Robert Hahn, Gordon Hughes, Pablo Spiller et Andrew Stone. L'encadré 4.1 a été rédigé par Andrew Stone.

L'analyse de la privatisation et de la libéralisation s'inspire pour beaucoup de Galal et al., 1994 ; Banque mondiale, 1995c ; et du document de référence de Guasch et Hahn. L'étude de Lau et Song, 1992, décrit l'évolution de l'entreprise publique et de la privatisation en République de Corée et à Taïwan (Chine).

Pour les cadres d'analyse de la réglementation des finances, des services d'utilité publique et de l'environnement, nous nous sommes beaucoup inspirés de Caprio, 1996 ; Levy et Spiller, 1994 ; et Afsah, Laplante et Wheeler, 1996, respectivement. L'analyse du contrôle bancaire suit de près Polizatto, 1992. L'encadré 4.3 est tiré de Sheng, 1992. L'étude de la Banque mondiale sur les cas d'insolvabilité bancaire est de Caprio et Klingebiel, 1996. La description du régime de plafonnement des tarifs au Royaume-Uni repose sur l'étude de Spiller et Vogelsang, 1996. Les informations sur les règlements concernant la protection de l'environnement dans les pays industriels sont tirées de Lovei et Weiss, 1996 ; et de Rose-Ackerman, 1995. Les insuffisances d'une réglementation de l'environnement conçue au sommet sont examinées dans Margulis, 1996.

Stiglitz et Uy, 1996, examinent certaines formules employées en Asie de l'Est pour préserver la solvabilité des banques, et Saunders et Wilson, 1995, rappellent certaines expériences passées concernant la responsabilité des banques dans les pays occidentaux. L'analyse de la réglementation des télécommunications à la Jamaïque et aux Philippines est reprise de Spiller et Sampson, 1996, et d'Esfahani, 1996. Les commentaires sur les règlements pour la protection de l'environnement en Indonésie s'inspirent d'Afsah, Laplante et Makarim, 1996. L'encadré 4.5 est extrait du Programme pour l'amélioration de l'environnement dans les grandes agglomérations, 1996.

La section sur la politique industrielle s'inspire d'Aoki, Murdoch et Okuno-Fujiwara, 1995 ; Ohno, 1996 ; Banque mondiale, 1993 ; Levy et al., 1994 ; et Humphrey et Schmitz, 1995. L'encadré 4.6 est adapté d'Okazaki, 1997. L'expérience des projets à forte intensité de capital aux Philippines est résumée dans Banque mondiale, 1987. Le document de référence de Lee décrit l'action menée dans le domaine de l'infrastructure dans la région de Cholla, en République de Corée. Tendler, 1997, traite de la passation des marchés publics dans l'État de Ceará, au Brésil.

Chapitre 5

La rédaction de ce chapitre a bénéficié des précieuses contributions, suggestions et commentaires de Ladipo Adamolekun, Ed Campos, Migara da Silva, Giulio de Tommaso, Roger Grawe, Jeffrey Hammer, Malcolm Holmes, Arturo Israel, Klaus König, Alexander Kotchegura, Patricia Langan, Nicholas Manning, Ernesto May, Julie McLaughlin, Amitabha Mukherjee, Vikram Nehru, Chetana Neerchal, Barbara Nunberg, Gary Reid, Susan Rose-Ackerman, George Russell, Claude Salem, Salvatore Schiavo-Campo, Mary Shirley, Mike Stevens, Roger Sullivan, Jim Wesberry et David Wood.

Ce chapitre se fonde sur le document de référence de Campos et Pradhan, et sur celui de Schiavo-Campo, de Tommaso et Mukherjee, ainsi que sur des notes d'information préparées par Nicholas Manning et Gary Reid. Mike Stevens a rédigé l'encadré 5.1. L'encadré 5.2 est extrait de Campos et Pradhan, 1996. L'analyse des mécanismes de décision en tant que source de réflexion pour les responsables de l'action gouvernementale se fonde sur Israel, 1990. L'étude de ces mécanismes en Pologne et en Hongrie s'inspire de Nunberg, à paraître.

La section consacrée à la prestation de services s'appuie sur des informations fournies par Nicholas Manning et sur Israel, 1997. L'encadré 5.3 est extrait de l'étude de la Banque mondiale, 1996b. L'encadré 5.4 se fonde sur van der Gaag, 1995, et sur Heyneman, à paraître. L'encadré 5.5 repose sur van der Gaag, 1995. L'étude des contrats-programmes avec les entreprises publiques est extraite de Banque mondiale, 1995c. La comparaison des systèmes d'irrigation de l'Inde et de la République de Corée s'inspire de Wade, 1994. Des informations tirées de Gary Reid, Chetana Neerchal, George Russell et Jim Wesberry ont servi à la rédaction de la section sur les mécanismes de contrôle financier et de contrôle de gestion.

Barbara Nunberg a amplement contribué à la rédaction de la section sur les actions à mener pour se doter d'un personnel compétent et motivé. La section sur les recrutements et promotions au mérite s'inspire d'Evans, 1995, et de Campos et Root, 1996. L'encadré 5.6 est tiré de Nunberg, 1995. La section consacrée à la rémunération et l'emploi, y compris l'étude de compression des salaires en Afrique, se fonde sur Lindauer et Nunberg, 1994 ; l'analyse de la diminution des traitements du secteur public est tirée de Haque et Sahay, 1996. L'étude des réformes entreprises dans la fonction publique au cours de la période 1981–91 est le thème du document Banque mondiale, 1991a. L'encadré 5.7 est tiré de Tendler, 1997.

Chapitre 6

Pour la rédaction de ce chapitre, nous sommes redevables à Ladipo Adamolekun, Robert Bates, Ed Campos, Maria Dakolias, Matthew McCubbins, Elena Panaritis, Andres Rigo Sureda, Susan Rose-Ackerman, Kenneth Shepsle, Mike Stevens, Andrew Stone et Douglas Webb de leurs précieuses contributions, suggestions et observations

La section consacrée au pouvoir judiciaire se fonde sur le document de référence de Webb. Nous devons l'étude sur les droits de propriété et la stabilité du régime à Clague et al., 1996. Elena Panaritis a rédigé l'encadré 6.1. La section sur la corruption s'inspire du document de référence de Rose-Ackerman. Nos entretiens avec Ed Campos ont été utiles pour l'analyse de la prévisibilité de la corruption. Les encadrés 6.2, 6.3 et 6.4 sont de Susan Rose-Ackerman, qui s'est elle-même inspirée de Brett, 1993, et Ruzindana, 1995 (encadré 6.3) ; Manion, 1996, et Quah, 1993 (encadré 6.4). Il existe de nombreux ouvrages sur la corruption, parmi lesquels Klitgaard, 1988 ; Mauro, 1995 ; Rose-Ackerman 1978 ; et Shleifer et Vishny, 1993.

Chapitre 7

Junaid K. Ahmad, Dan Aronson, Katherine Bain, Ela Bhatt, Richard Bird, Tim Campbell, John Clark, Peter Evans, Marianne Fay, Deon Filmer, Ashraf Ghani, Jim Hicks, Michael Laver, Deepa Narayan, Vikram Nehru, Samuel Paul, Lant Pritchett, Lester Salamon, David Sewell, Anwar Shah, Jerry Silverman, Albrecht Stockmayer et David Wildasin ont enrichi ce chapitre de leurs précieuses contributions et observations.

La section sur les modes de participation et d'expression s'inspire pour beaucoup des idées développées dans Evans, 1996a et 1996b ; Hirschman, 1970 ; et Montgomery, 1988. L'encadré 7.1 s'appuie sur Linz, Lipset et Pool, sans date ; Weaver et Dickens, 1995, et sur des sondages effectués par Europinion (Bruxelles) et *India Today*, 1996. La référence aux mécanismes électoraux dans les régimes parlementaires et à la représentation politique des femmes est tirée de Lijphart, 1995. La section sur la diversité et la représentation repose sur le document de référence de Brautigam et sur une note d'information de Jalali. La distinction entre les ONG qui assurent la prestation de services, les organisations intermédiaires et les associations locales est fondée sur Fisher, 1993, et sur Carroll, Schmidt et Bebbington, 1996. La référence à Umu-Itodo (Nigéria) est tirée de Francis et al., 1996. L'encadré 7.3 se fonde sur Putnam, Leonardi et Nanetti, 1993, et sur Narayan et Pritchett, 1997. L'analyse de la contribution du tissu associatif à la qualité de l'action des pouvoirs publics s'appuie sur Evans, 1996a et 1996b.

La section sur les mécanismes de participation est inspirée de Campos et Root, 1996 ; Paul, 1994 ; Picciotto, 1995 ; et Holmes et Krishna, 1996. La référence à l'évaluation effectuée par les usagers du système d'approvisionnement en eau de Bakou (Azerbaïdjan) est tirée de Banque mondiale, 1995a. L'encadré 7.4 est fondé sur des informations fournies par Patricia Langan. Les observations mentionnées dans l'encadré 7.5 reposent sur Narayan, 1995, et sur des études empiriques ultérieures d'Isham, Narayan et Pritchett, 1995. L'exemple de Recife (Brésil) est emprunté à Orstrom, 1996, et l'analyse des conséquences pour les organismes publics et de l'importance d'un contexte porteur s'inspire de Banque mondiale, 1996c et 1996e.

La section sur la décentralisation se fonde sur Bennett, 1990, Campbell et Fuhr, à paraître ; Oates, 1972 ; Scharpf, 1994 ; Shah, 1994 ; Stiglitz, 1977 et 1996 ; Tanzi, 1995a ; Wallich, 1994 ; et sur les travaux de recherche de la Banque mondiale menés par Hans Binswanger et Anwar Shah. Le tableau 7.2 a été établi avec la contribution de Jeffrey Hammer. L'encadré 7.6 a été rédigé par Bill Dillinger et Vikram Nehru, et l'encadré 7.7 par Anwar Shah. Le tableau 7.4 a été préparé par Anwar Shah. Les exemples d'initiatives de décentralisation dans divers pays sont tirés de Barzelay, 1991 ; Kanter, 1995 ; Villadsen et Lubanga, 1996 ; et d'informations fournies par Tim Campbell, Florence Eid, Armin Fidler, Vikram Nehru, Alcyone Saliba, Klaus Simon et Markus Steinich.

Chapitre 8

Ce chapitre s'inspire pour beaucoup du cadre établi par Stiglitz, 1995. Les principes de la coopération volontaire sont repris de Lawrence, Bressant et Ito, 1996. La section consacrée aux moyens d'assurer une coopération plus efficace se fonde sur Shihata, 1996. Hoekman, 1995, fournit de précieuses informations sur l'ouverture des marchés mondiaux. L'encadré 8.1 se fonde sur Hoekman, 1995, et sur *Financial Times*, 1996. Dans la section sur la recherche fondamentale, nous avons utilisé les conclusions présentées par le Comité spécial de la recherche en santé de l'OMS concernant les options en matière d'interventions futures, 1996. L'encadré 8.2 s'appuie sur Pardey et al., 1996. L'analyse des accords internationaux sur l'environnement repose sur les documents fournis par Laurence Boisson des Chassournes ; les exemples donnés concernant les problèmes mondiaux d'environnement sont extraits de Flavin, 1996. L'encadré 8.3 est de Carter Brandon et Charles

Feinstein. L'encadré 8.5 est inspiré des travaux de Landau, 1993, et de Knight, Loayza et Villanueva, 1995. Les considérations sur la question des réfugiés et le rôle de l'État reposent sur le document de référence de Suhrke et Newland. Les données sur l'efficacité de l'aide sont tirées de Burnside et Dollar, 1996.

Chapitre 9

Pour la rédaction de ce chapitre, nous sommes redevables à Dani Rodrik et Gary Reid de leurs écrits et à Barry Ames, Juan Cariaga, Antonio Estache, Sue Goldmark, Jorge Gorrio, Ravi Kanbur, Octavio Amorim Neto, Graham Scott, Mary Shirley et Zafiris Tzannatos de leurs recommandations et observations.

Nous devons les données sur le programme de décentralisation au Pérou à Graham et Kane, 1996. L'étude consacrée à l'inefficacité de l'approvisionnement en eau potable en Uruguay est due à Estache, Rodriguez-Pardina et Smith, 1996. L'examen des coalitions politiques au Brésil est tiré d'Alesina et Rosenthal, 1995. L'analyse du coût des pensions en Uruguay est tiré de Kane, 1995. L'encadré 9.2 se fonde sur Lundahl, 1992, et l'encadré 9.3 sur Lewis, 1961. La section consacrée aux télécommunications à Sri Lanka s'appuie sur Banque mondiale, 1996g. L'encadré 9.4 se fonde sur Bermeo et García-Durán, 1994, et l'encadré 9.5 sur Navarro, 1996.

Chapitre 10

L'analyse de l'effondrement de l'État repose sur le document de référence de Suhrke et Newland. Elle s'inspire également de consultations auprès de Mamadou Dia et Steven Holtzman, et de Tallroth, 1997. L'encadré 10.1 s'inspire de Mubarak, 1996, et l'encadré 10.2 de Tallroth, 1997. La section consacrée aux mesures à prendre dans les diverses régions a été préparée avec l'aide de Malcolm Rowat, Salvatore Schiavo-Campo et Michael Walton. Elle a également bénéficié des précieux commentaires de Shahrokh Fardoust, Alan Gelb, Costas Michalopoulos, Marcelo Selowsky, Shekhar Shah, Roger Sullivan et John Williamson.

Documents de référence

Aiyar, Swaminathan. « Evolution of the Role of the State in India. »

Alesina, Alberto. « Politics, Procedures, and Budget Deficits. »

Aron, Janine, Ibrahim Elbadawi et Benno Ndulu. « The State and Development in Sub-Saharan Africa. »

Ball, Richard. « The Institutional Foundations of Monetary Commitment: A Comparative Analysis. »

Braathen, Einar et Harald Ekker. « The State and National Reconstruction: Interdependency Between Central and Local Level. »

Brautigam, Deborah. « The State and Ethnic Pluralism: Managing Conflict in Multiethnic Societies. »

Brunetti, Aymo, Gregory Kisunko et Beatrice Weder. « Credibility of Rules and Economic Growth: Evidence from a Worldwide Survey of the Private Sector. » (a)

______. « Institutional Obstacles for Doing Business: Region-by-Region Results from a Worldwide Survey of the Private Sector. » (b)

Campos, Ed et Sanjay Pradhan. « Building Institutions for a More Effective Public Sector. »

Commander, Simon, Hamid Davoodi et Une J. Lee. « The Causes and Consequences of Government for Growth and Well-Being. »

De Silva, Migara. « War, Tax Revenue and the Rise of the Modern Public Administration in Western Europe. »

Disch, Arne. « The Scandinavian 'Model': Successes and Limitations of the Activist State. »

Guasch, J. Luis et Robert W. Hahn. « The Costs and Benefits of Regulation: Some Implications for Developing Countries. »

Jalali, Rita. « State and Ethnicity. »

Lee, Kyu Sik. « Cholla Region Catches Up with Korea: The Role of Local Governments. »

Molander, Per. « Public Sector Spending Control: Swedish Experiences. »

Ohno, Kenichi. « Creating the Market Economy: The Japanese View on Economic Development and Systemic Transition. »

OMS (Organisation mondiale de la santé). « Essential Public Health Functions: A New Initiative in Support of Health for All. »

______. « Redefining the Scope of Public Health Beyond the Year 2000. »

______. « The Role of Government in Public Health Through the Ages. »

______. « The Role of State Action in Disease Eradication and Control. »

Rose-Ackerman, Susan. « When Is Corruption Harmful? »

Schiavo-Campo, Rino. « Civil Service and Economic Development—A Selective Synthesis of International Facts and Experience. »

Schiavo-Campo, Salvatore, Giulio de Tommaso et Amitabha Mukherjee. « An International Statistical Survey of Government Employment and Wages. »

Suhrke, Astri et Kathleen Newland. « States and Refugees: International Cooperation on Issues of Displacement. »

Van Rijckeghem, Caroline et Beatrice Weder. « Corruption and Rate of Temptation: Do Low Wages in the Civil Service Cause Corruption? »

Webb, Douglas. « The Judiciary: The Arbiter of Rules and Resolver of Disputes. »

Bibliographie

Abdallah, A. E. A. 1990. « Ethnic Conflict in Sudan. » In M. L. Michael Wyzan, directeur de publication, *The Political Economy of Ethnic Discrimination and Affirmative Action.* New York, N.Y. : Praeger.

Adamolekun, Lapido. 1991. « Promoting African Decentralization. » *Public Administration and Development* 11(3) : 285–91.

Aden, Jean. 1996. « Industrial Pollution Abatement in the Newly Industrializing Countries: Korea. » Département technique Asie, Banque mondiale, Washington.

Ad Hoc Committee on Health Research Relating to Future Intervention Options. 1996. *Investing in Health Research and Development: Report of the Ad Hoc Committee on Health Research Relating to Future Intervention Options.* Genève : Organisation mondiale de la santé.

Afsah, Shakeb, Benoit Laplante et Nabiel Makarim. 1996. « Program-based Pollution Control Management: The Indonesian PROKASIH Program. » Document de travail de Recherche sur les politiques de la Banque mondiale n° 1602. Département de la recherche, Politiques de développement, Division de l'environnement, de l'infrastructure et de l'agriculture, Banque mondiale, Washington.

Afsah, Shakeb, Benoit Laplante et David Wheeler. 1996. « Controlling Industrial Pollution: A New Paradigm. » Document de travail de Recherche sur les politiques de la Banque mondiale n° 1672. Département de la recherche, Politiques de développement, Division de l'environnement, de l'infrastructure et de l'agriculture, Banque mondiale, Washington.

Alesina, Alberto, R. Hausmann, R. Hommes et E. Stein. 1996. « Budget Institutions and Fiscal Performance in Latin America. » NBER Working Paper No. 5556. National Bureau of Economic Research, Cambridge, Mass.

Alesina, Alberto et Roberto Perotti. 1995. « Fiscal Expansions and Adjustments in OECD Countries. » *Economic Policy: A European Forum* 21 (Octobre) : 205–48.

______. 1996. « Income Distribution, Political Instability, and Investment. » *European Economic Review* 40 : 1203–28.

Alesina, Alberto et Howard Rosenthal. 1995. *Partisan Politics, Divided Government, and the Economy.* Cambridge, Angleterre : Cambridge University Press.

Alston, Lee. 1996. « Empirical Work in Institutional Economics: An Overview. » In Lee Alston, T. Eggertsson et Douglass North, directeurs de publication. *Empirical Studies in Institutional Change.* Cambridge, Angleterre : Cambridge University Press.

Amsden, Alice. 1989. *Asia's Next Giant: South Korea and Late Industrialization.* New York, N.Y. : Oxford University Press.

Anand, Sudhir et Martin Ravallion. 1993. « Human Development in Poor Countries: On the Role of Private Incomes and Public Services. » *Journal of Economic Perspectives* 7(1) : 133–50.

Andic, Fuat et Suphan Andic. 1996. *The Last of the Ottoman Grandees: The Life and Political Testament of Ali Pasha.* Istanbul : Istanbul's Press.

Aoki, Masahiko et Ronald Dore, directeurs de publication. 1994. *The Japanese Firm: The Sources of Competitive Strength.* Oxford, Angleterre : Clarendon Press.

Aoki, Masahiko, Hyung-Ki Kim et Masahiro Okuno-Fujiwara. 1997. *The Role of the Government in East Asian Economic Development: Comparative Institutional Analysis.* Oxford, Angleterre : Oxford University Press.

Aoki, Masahiko, Kevin Murdoch et Masahiro Okuno-Fujiwara. 1995. « Beyond the East Asian Miracle: Introducing the Market-Enhancing View. » Stanford University Center for Economic Policy Research Discussion Paper No. 442. Stanford, Calif.

Arisawa, Hiromi et Takahide Nakamura, directeurs de publication. 1990. *Data: Design of Postwar Economic Policies,* Vol. 1. Tokyo : Tokyo University Press (en japonais).

Bahl, Roy. 1994. « Revenues and Revenue Assignment: Intergovernmental Fiscal Relations in the Russian Federation. » In Christine I. Wallich, directeur de publication, *Russia and the Challenge of Fiscal Federalism.* Études régionales et sectorielles de la Banque mondiale. Washington : Banque mondiale.

Banque mondiale. 1983. *Rapport sur le développement dans le monde, 1983.* Washington : Banque mondiale.

______. 1987. « The Philippines: Issues and Policies in the Industrial Sector. » Rapport n° 6706-PH. Région Asie, Département-pays II, Banque mondiale, Washington.

______. 1991a. *The Reform of Public Sector Management: Lessons of Experience.* Document de la Série Politique générale et recherche de la Banque mondiale n° 18. Banque mondiale, Washington.

______. 1991b. *Rapport sur le développement dans le monde, 1991 : Le défi du développement.* Washington : Banque mondiale.

______. 1993. *The East Asian Miracle: Economic Growth and Public Policy.* Rapport sur les politiques de développement de la Banque mondiale. New York, N.Y. : Oxford University Press. (Résumé disponible sous le titre « Le miracle de l'Asie de l'Est : croissance économique et politiques publiques ».)

______. 1994a. *L'Ajustement en Afrique : réformes, résultats et chemin à parcourir.* Rapport sur les politiques de développement de la Banque mondiale. Washington : Banque mondiale.

______. 1994b. *Averting the Old Age Crisis: Policies to Protect the Old and Promote Growth.* Rapport sur les politiques de développement de la Banque mondiale. New York, N.Y. : Oxford University Press. (Résumé disponible sous le titre « La crise du vieillissement : mesures destinées à protéger les personnes âgées et à promouvoir la croissance ».)

______. 1994c. *Rapport sur le développement dans le monde, 1994: Une infrastructure pour le développement.* Washington : Banque mondiale.

______. 1995a. « Azerbaijan: Baku Water Supply Rehabilitation Project. » Département de l'environnement. Assessment Series Paper No. 017. Banque mondiale, Washington.

______. 1995b. *Pour de meilleurs services urbains : trouver les bonnes incitations.* Washington : Banque mondiale.

______. 1995c. *Bureaucrats in Business: The Economics and Politics of Government Ownership.* Rapport sur les politiques de développement de la Banque mondiale. New York, N.Y. : Oxford University Press. (Résumé disponible sous le titre « L'État chef d'entreprise : aspects économiques et politiques de la propriété publique ».)

______. 1995d. *Priorités et stratégies pour l'éducation : une étude de la Banque mondiale.* Washington : Banque mondiale.

______. 1995e. *Les perspectives économiques mondiales et les pays en développement.* Publié pour la Banque mondiale par Economica, Paris.

______. 1995f. « Vietnam Poverty Assessment and Strategy. » Rapport n° 13442-VN. Département-pays I, Région Asie de l'Est et Pacifique, Banque mondiale, Washington.

______. 1995g. *Rapport sur le développement dans le monde, 1995 : Le monde du travail dans une économie sans frontières.* Washington : Banque mondiale.

______. 1996a. « Argentina: Reforming Provincial Utilities: Issues, Challenges and Best Practice. » Rapport n° 15063-AR. Division de l'infrastructure, Département-pays I, Région Amérique latine et Caraïbes, Banque mondiale, Washington.

______. 1996b. « Bangladesh: Government That Works: Reforming the Public Sector. » Division des finances et du développement du secteur privé, Département-pays I, Région Asie du Sud, Banque mondiale, Washington.

______. 1996c. *Handbook on Good Practices for Laws Relating to Nongovernmental Organizations.* Préparé pour la Banque mondiale par l'International Center for Non-Profit Law.

______. 1996d. « République de Guinée : Examen des dépenses publiques. » Département de l'Afrique de l'Ouest, Banque mondiale, Washington.

______. 1996e. *Social Assistance and Poverty-Targeted Programs: A Sourcebook Prepared by the Social Assistance Program Team.* Washington : Département de la lutte contre la pauvreté et de la politique sociale, Banque mondiale.

______. 1996f. *Indicateurs du développement social 1996.* Washington : Banque mondiale.

______. 1996g. « Technical Annex: Democratic Republic of Sri Lanka: Telecommunications Regulation and Public Enterprise Reform Technical Assistance Project. » Rapport n° T-6730 CE. Département-pays I, Division du financement des projets d'énergie, Région Asie du Sud, Banque mondiale, Washington.

______. 1996h. *The World Bank Participation Sourcebook.* Washington : Banque mondiale.

______. 1996i. *Rapport sur le développement dans le monde, 1996 : De l'économie planifiée à l'économie de marché.* Washington : Banque mondiale.

______. 1997. « Ukraine Public Sector Reform Loan, Preparation Mission Report, Public Administration. » Banque mondiale, Washington.

______. À paraître. *The Road to Financial Integration: Private Capital Flows to Developing Countries.* Washington : Banque mondiale.

Bardhan, Pranab. 1996. « Efficiency, Equity and Poverty Alleviation: Policy Issues in Less Developed Countries. » *Economic Journal* 106 (Septembre) : 1344–56.

Barro, Robert J. 1996. « Determinants of Democracy. » Department of Economics, Harvard University, Cambridge, Mass.

Barro, Robert J. et Xavier Sala-i-Martin. 1995. *Economic Growth.* New York, N.Y. : McGraw-Hill.

Barzelay, Michael. 1991. « Managing Local Development: Lessons from Spain. » *Policy Sciences* 24 : 271–290.

Batley, Richard. 1996. « Public-Private Relationships and Performance in Service Provision. » *Urban Studies* 33(4–5) : 723–51.

Bennett, Robert J., directeur de publication. 1990. *Decentralization, Local Governments, and Markets: Toward a Post-Welfare Agenda.* Oxford, Angleterre : Oxford University Press.

Bermeo, Nancy et José García-Durán. 1994. « Spain: Dual Transition Implemented by Two Parties. » In Stephan Haggard et Steven B. Webb, *Voting for Reform: Democracy, Political Liberalization, and Economic Adjustment.* New York, N.Y. : Oxford University Press.

Berry, Albert et Brian Levy. 1994. « Indonesia's Small and Medium-Size Exporters and Their Support Systems. » Document de travail des services de recherche de politique générale n° 1402. Département de la recherche, Politiques de développement, Division des finances et du développement du secteur privé, Banque mondiale, Washington.

Bhatt, Ela. Sans date. « Moving Towards a People-Centered Economy. » The Self-Employed Women's Association, Ahmedabad, Inde.

Bird, Richard M. 1995. « Decentralizing Infrastructure: For Good or for Ill? » In Antonio Estache, directeur de publication, *Decentralizing Infrastructure: Advantages and Limitations,* pp. 22–51. Document de synthèse de la Banque mondiale n° 290. Washington : Banque mondiale.

Bird, Richard M., Robert D. Ebel et Christine I. Wallich, directeurs de publication. 1995. *Decentralization of the Socialist State: Intergovernmental Finance and Transition Economies.* Études régionales et sectorielles de la Banque mondiale. Washington : Banque mondiale.

BIT (Bureau international du travail). Années diverses. *Le coût de la sécurité sociale.* Genève : BIT.

Boadway, Robin W., Sandra Roberts et Anwar Shah. 1994. « The Reform of Fiscal Systems in Developing and Emerging Market Economies: A Federalism Perspective. » Document de travail des services de recherche de politique générale n° 1259. Département de la recherche, Politiques de développement, Division de l'économie du secteur public, Banque mondiale, Washington.

Borcherding, T. E. 1985. « The Causes of Government Expenditure Growth: A Survey of the U.S. Evidence. » *Journal of Public Economics* 28 (Décembre) : 359–82.

Borner, Silvio, Aymo Brunetti et Beatrice Weder. 1995. *Political Credibility and Economic Development.* New York, N.Y. : St. Martin's Press.

Boston, Jonathan, John Martin, June Pallot et Pat Walsh. 1996. *Public Management: The New Zealand Model.* New York, N.Y. : Oxford University Press.

Bosworth, Barry, Susan Collins et Yu-chin Chen. 1995. « Accounting for Differences in Economic Growth. » Economic Studies Program, Brookings Institution, Washington.

Brass, P. R. 1985. *Ethnic Groups and the State.* Totowa, N.J. : Barnes and Noble.

Brautigam, Deborah. 1996. « State Capacity and Effective Governance. » In Benno Ndulu et Nicholas van de Walle, directeurs de publication, *Agenda for Africa's Economic Renewal,* pp. 81–108. Washington : Overseas Development Council.

Brett, E. A. 1993. « Theorizing Crisis and Reform: Institutional Theories and Social Change in Uganda. » Institute for Development Studies, Sussex University, Brighton, Angleterre.

Buchanan, J. M. 1977. « Why Does Government Grow? » In Thomas Borcherding, directeur de publication, *Budgets and Bureaucrats: The Sources of Government Growth.* Durham, N.C. : Duke University Press.

Burki, Shahid J. et Sebastian Edwards. 1996. *Dismantling the Populist State. The Unfinished Revolution in Latin America and the Caribbean.* World Bank Latin American and Caribbean Studies: Viewpoints. Washington : Banque mondiale.

Burnside, Craig et David Dollar. 1996. « Aid, Policies and Growth. » Département de la recherche, Politiques de développement, Division de la macroéconomie et de la croissance, Banque mondiale, Washington.

Buscaglia, Edgardo et Maria Dakolias. 1996. *Judicial Reform in Latin American Courts: The Experience in Argentina and Ecuador.* Rapport technique de la Banque mondiale n° 350. Banque mondiale, Washington.

Campbell, Tim et Harald Fuhr, directeurs de publication. À paraître. *Does Decentralization Work? Case Studies on Innovative Local Government in Latin America.* Washington : Banque mondiale.

Campbell, Tim, George Peterson et José Brakarz. 1991. « Decentralization to Local Government in LAC: National Strategies and Local Response in Planning, Spending and Management. » Rapport n° 5. Département technique Amérique latine et Caraïbes, Programme d'études régionales, Banque mondiale, Washington.

Campos, Ed et Sanjay Pradhan. 1996. « Budgetary Institutions and Expenditure Outcomes: Binding Governments to Fiscal Performance. » Document de travail de Recherche sur les politiques de la Banque mondiale n° 1646. Département de la recherche, Politiques de développement, Banque mondiale, Washington.

Campos, Ed et Hilton L. Root. 1996. *The Key to the Asian Miracle: Making Shared Growth Credible.* Washington : Brookings Institution.

Caprio, Gerard, Jr. 1996. « Bank Regulation: The Case of the Missing Model. » Document de travail de Recherche sur les politiques de la Banque mondiale n° 1574. Département de la recherche, Politiques de développement, Division des finances et du développement du secteur privé, Banque mondiale, Washington.

Caprio, Gerard, Jr. et Daniela Klingebiel. 1996. « Bank Insolvency: Bad Luck, Bad Policy, or Bad Banking? » Document présenté à la Conférence annuelle de la Banque mondiale sur l'économie du développement, Banque mondiale, Washington, 25 avril.

Carroll, Tom, Mary Schmidt et Tony Bebbington. 1996. « Participation Through Intermediary NGOs. » Document du Département de l'environnement n° 031. Département de l'environnement, Banque mondiale, Washington.

CEPAL/GTZ (Commission économique des Nations Unies pour l'Amérique latine et les Caraïbes/Office allemand de la coopération technique). 1996. *Descentralización Fiscal en América Latina: Balance y Principales Desafíos.* Santiago, Chili : CEPAL/GTZ.

Chellaraj, Gnanaraj, Olusoji Adeyi, Alexander S. Preker et Ellen Goldstein. 1996. *Trends in Health Status, Services, and Finance: The Transition in Central and Eastern Europe. Volume II: Statistical Annex.* Washington : Banque mondiale.

Chhibber, Ajay, Mansoor Dailami et Nemat Shafik, directeurs de publication. 1992. *Reviving Private Investment in Developing Countries: Empirical Studies and Policy Lessons.* Amsterdam, New York : North-Holland.

Chisari, Omar, Antonio Estache et Carlos Romero. 1996. « Winners and Losers from Utilities Privatizations: Lessons from a General Equilibrium Model of Argentina. » Universidad Argentina de la Empresa, Buenos Aires, et Banque mondiale, Washington.

Clague, Christopher, Philip Keefer, Stephen Knack et Mancur Olson. 1996. « Property and Contract Rights under Democracy and Dictatorship. » *Journal of Economic Growth* 1(2) : 243–76.

Clark, John. 1995. « The State, Popular Participation and the Voluntary Sector. » *World Development* 23(4) : 593–601.

Coase, R. H. 1960. « The Problem of Social Cost. » *Journal of Law and Economics* 3 (Octobre) : 1–44.

______. 1988. *The Firm, the Market, and the Law.* Chicago, Ill. : University of Chicago Press.

Coloma, Fernando C. 1996. « Seguro de Desempleo: Teoria, Evidencia, y una Propuesta. » *Cuadernos de Economía* 33(99) : 295–320.

Commission européenne. 1996. « Towards a More Coherent Global Economic Order. » Discussion Paper. Cellule de prospective et Direction générale des affaires économiques et financières, Commission européenne, Bruxelles.

Conyers, Diana. 1985. « Decentralization: A Framework for Discussion. » In Hasnat Abdul Hye, directeur de publication, *Decentralization, Local Government Institutions and Resource Mobilization,* pp. 22–42. Comilla, Bangladesh : Bangladesh Academy for Rural Development.

Courakis, Anthony, Fatima Moura-Roque et George Tridimas. 1993. « Public Expenditure Growth in Greece and Portugal: Wagner's Law and Beyond. » *Applied Economics* 25 : 125–34.

Cox, Gary W. et Mathew D. McCubbins. 1996. « Structure and Policy: The Institutional Determinants of Policy Outcomes. » Department of Political Science, University of California, San Diego, Calif.

Dasgupta, Partha. 1995. *An Inquiry into Well-Being and Destitution.* New York, N.Y. : Oxford University Press.

______. 1997. « Social Capital and Economic Performance. » University of Cambridge, Cambridge, Angleterre.

Deininger, Klaus et Lyn Squire. 1996. « A New Data Set on Measuring Income Inequality. » *World Bank Economic Review* 10(3) : 565–92.

De Soto, Hernando. 1989. *The Other Path.* New York, N.Y. : Harper & Row.

Deutsche Gesellschaft für Technische Zusammenarbeit (GTZ). Sans date. « Indo-German Watershed Development Programme, Maharashtra, India. » GTZ, Eschborn, Allemagne.

Deutsche Stiftung für internationale Entwicklung (Fondation allemande pour le développement international). 1996. *Zweites Deutsches Weltbank-Forum: Verantwortungsbewußte öffentlich-private Partnerschaft.* Berlin : Deutsche Stiftung für internationale Entwicklung.

Devarajan, Shantayanan, Vinaya Swaroop et Heng-fu Zou. 1996. « The Composition of Public Expenditure and Economic Growth. » *Journal of Monetary Economics* 37 : 313–44.

Dia, Mamadou. 1996. *Africa's Management in the 1990s and Beyond: Reconciling Indigenous and Transplanted Institutions.* Série Le Développement en marche. Washington : Banque mondiale.

Díaz Alejandro, Carlos. 1988. *Trade, Development and the World Economy: Selected Essays of Carlos Díaz Alejandro.* Oxford, Angleterre : Basil Blackwell.

DiIulio, John J., Jr., directeur de publication. 1994. *Deregulating the Public Service: Can Government Be Improved?* Washington : The Brookings Institution.

Dillinger, Bill. 1995. « Decentralization, Politics and Public Service. » In Antonio Estache, directeur de publication, *Decentralizing Infrastructure: Advantages and Limitations,* pp. 5–21. Document de synthèse de la Banque mondiale n° 290. Washington : Banque mondiale.

Dixon, Geoffrey. 1993. « Managing Budget Outlays 1983–84 to 1992–93. » In Brian Galligan, directeur de publication, *Federalism and the Economy: International, National and State Issues.* Canberra : Federalism Research Centre, Australian National University.

Drèze, Jean et A. K. Sen. 1989. *Hunger and Public Action.* Oxford, Angleterre : Oxford University Press.

Easterly, William et Ross Levine. 1996. « Africa's Growth Tragedy: A Retrospective, 1960–89. » Document de travail de Recherche sur les politiques de la Banque mondiale n° 1503. Division de la macroéconomie et de la croissance, Département de la recherche, Politiques de développement, Banque mondiale, Washington.

Easterly, William et Sergio Rebelo. 1993. « Fiscal Policy and Economic Growth. » *Journal of Monetary Economics* (Pays-Bas) 32(3) : 417–58.

Economic and Social Research Council. Sans date. *ESRC Whitehall Programme: The Changing Nature of Central Government in Britain.* Londres : Economic and Social Research Council.

Edwards, Michael et David Hulme, directeurs de publication. 1992. *Making a Difference: NGOs and Development in a Changing World.* Londres : Earthscan Publications.

Elsenhans, Hartmut. 1996. *State, Class and Development.* New Delhi : Radiant Publishers.

Epsing-Andersen, Gøsta. 1994. « After the Golden Age: The Future of the Welfare State in the New Global Order. » Occasional Paper No. 7. Sommet mondial pour le développement social, Genève.

Esfahani, Hadi Salehi. 1996. « The Political Economy of the Telecommunications Sector in the Philippines. » In Brian Levy et Pablo T. Spiller, directeurs de publication, *Regulations, Institutions and Commitment: Comparative Studies of Telecommunications,* pp. 145–201. Cambridge, Angleterre : Cambridge University Press.

Esman, Milton. 1994. *Ethnic Politics.* Ithaca, N.Y. : Cornell University Press.

Estache, Antonio, directeur de publication. 1995. *Decentralizing Infrastructure: Advantages and Limitations.* Document de synthèse de la Banque mondiale n° 290. Washington : Banque mondiale.

Estache, Antonio, M. Rodriguez-Pardina et W. Smith. 1996. « Towards a New Role for the State in Uruguay's Utilities. » Département Amérique latine et Caraïbes, Département-pays I, Division de l'infrastructure et du développement urbain, Banque mondiale, Washington.

États-Unis. Department of Health and Human Services. 1994. *Social Security Programs Throughout the World.* SSA Publication No. 13-11805, Research Report No. 63. Office of Research and Statistics, Social Security Administration, Washington.

Evans, Peter B. 1995. *Embedded Autonomy: States and Industrial Transformation.* Princeton, N.J. : Princeton University Press.

______. 1996a. « Government Action, Social Capital and Development: Reviewing the Evidence on Synergy. » *World Development* 24(6) : 1119–32.

______. 1996b. « Social Capital and the Functioning of Bureaucracies in Developing Countries. » Document présenté à la « International Conference on Governance Innovations: Building a Government-Citizen-Business Partnership », Manille, 20–23 octobre.

Evans, Peter B. et James Rauch. 1996. « Bureaucratic Structure and Economic Growth: Some Preliminary Analysis of Data on 35 Developing Countries. » University of California, Berkeley, Calif.

Fageberg, Jan, Bart Verspagen et Nick von Tunzelmann. 1994. *The Dynamics of Technology, Trade and Growth.* Aldershot, Hants, Angleterre, et Brookfield, Vt. : Edward Elgar.

Farrington, John et David Lewis, directeurs de publication, avec S. Satish et Avrea Miclat-Teves. 1993. *Nongovernmental Organizations and the State in Asia: Rethinking Roles in Sustainable Agricultural Development.* Londres et New York, N.Y. : Routledge.

Feder, Gershon et Akihiko Nishio, 1996. « The Benefits of Land Registration and Titling: Economic and Social Perspectives. » Document présenté à la « International Conference of Land Tenure and Administration », Orlando, Fla., 12 novembre.

Federalist Papers. 1987. Sous la direction d'Isaac Kramnick. Harmondsworth, Middlesex, Angleterre : Penguin.

Feldstein, Martin. 1995. « Tax Avoidance and the Deadweight Loss of the Income Tax. » NBER Working Paper No. 5055. National Bureau of Economic Research, Cambridge, Mass.

Feldstein, Martin et Andrew Samwick. 1996. « The Transition Path in Privatizing Social Security. » Document présenté à la « National Bureau of Economic Research Conference on Privatizing Social Security », Cambridge, Mass., 2 août.

Fernandez, Raquel et Dani Rodrik. 1991. « Resistance to Reform: Status Quo Bias in the Presence of Individual-Specific Uncertainty. » *American Economic Review* 81(5) : 1146–55.

Ferreira, M. Luisa et Charles C. Griffin. 1995. « Tanzania Human Development Survey: Final Report. » Département de l'Afrique de l'Est, Division de la population et des ressources humaines, Banque mondiale, Washington.

Financial Times. 1996. « Antagonists Queue for WTO Judgment. » (8 août).

Fischer, Stanley. 1995. « Central-Bank Independence Revisited. » *AEA Papers and Proceedings* (Mai) : 201–06.

Fisher, Julie. 1993. *The Road from Rio: Sustainable Development and the Nongovernmental Movement in the Third World.* New York, N.Y. : Praeger.

Fiske, Edward B. 1996. *Decentralization of Education: Politics and Consensus.* Série Le Développement en marche. Washington : Banque mondiale.

Flavin, Christopher. 1996. « Facing Up to the Risks of Climate Change. » In Lester R. Brown, Christopher Flavin et Linda Starke, directeurs de publication, *State of the World 1996. A Worldwatch Institute Report on Progress Toward a Sustainable Society.* New York, N.Y. : Norton.

FMI (Fonds monétaire international). 1996. *Manuel de statistiques de finances publiques.* Washington : FMI.

______. 1996. *Perspectives de l'économie mondiale.* Washington : FMI.

______. Années diverses-a. *Government Finance Statistics Yearbook.* Washington : FMI.

______. Années diverses-b. *Statistiques financières internationales.* Washington : FMI.

Fölster, Stephan. 1996. « Social Insurance Based on Personal Savings Accounts: A Possible Reform Strategy for Overburdened Welfare States. » Industrial Institute for Economic and Social Research, Stockholm.

Forster, Michael. 1994. *Les effets des transferts nets sur les bas revenus dans le cas des familles non composées de personnes âgées.* Revue économique de l'OCDE n° 22. Paris : OCDE.

Francis, Paul, J. A. Akinwumi, P. Ngwu, S. A. Nkom, J. Odihi, J. A. Olomajeye, F. Okunmadewa et D. J. Shehu. 1996. *State, Community and Local Development in Nigeria.* Rapport technique de la Banque mondiale n° 336. Série de la Région Afrique. Washington : Banque mondiale.

Francks, Penelope. 1992. *Japanese Economic Development: Theory and Practice.* Londres et New York, N.Y. : Routledge.

Freedom House. Éditions diverses. *Freedom in the World: Political Rights and Civil Liberties.* New York, N.Y. : Freedom House.

Freeman, Richard B., Birgitta Swedenborg et Robert Topel. 1995. « Economic Troubles in Sweden's Welfare State: Introduction, Summary, and Conclusions. » NBER/SNS Project Reforming the Welfare State Occasional Paper No. 69. National Bureau of Economic Research, Cambridge, Mass.

Frey, Bruno S. et Reiner Eichenberger. 1994. « The Political Economy of Stabilization Programmes in Developing Countries. » *European Journal of Political Economy* 10 : 169–90.

Fuhr, Harald, Klaus Simon et Albrecht Stockmayer, directeurs de publication. 1993. *Subsidiarität in der Entwicklungszusammenarbeit: Dezentralisierung und Verwaltungsreformen zwischen Strukturanpassung und Selbsthilfe.* Baden-Baden, Allemagne : Nomos Verlagsgesellschaft.

Fukuyama, Francis. 1995. *Trust: The Social Virtues and Creation of Prosperity.* New York, N.Y. : Simon & Schuster.

Galal, Ahmed. 1996. « Chile: Regulatory Specificity, Credibility of Commitment, and Distributional Demands. » In Brian Levy et Pablo Spiller, directeurs de publication, *Regulations, Institutions and Commitment: Comparative Studies of Telecommunications.* Cambridge, Angleterre : Cambridge University Press.

Galal, Ahmed, Leroy Jones, Pankaj Tandon et Ingo Vogelsang. 1994. *Welfare Consequences of Selling Public Enterprises: An Empirical Analysis.* New York, N.Y. : Oxford University Press. (Résumé disponible en français sous le titre « Les effets de la cession d'entreprises publiques sur le bien-être général : analyse empirique ».)

Gemmell, Norman, directeur de publication. 1993. *The Growth of the Public Sector: Theories and International Evidence.* Londres : Edward Elgar.

Gould, Julius et William L. Kolb. 1964. *A Dictionary of the Social Sciences.* New York, N.Y. : Free Press of Glencoe.

Graham, Carol et Cheikh Kane. 1996. « Opportunistic Government or Sustaining Reform? Electoral Trends and Public Expenditure Patterns in Peru, 1990–1995. » Document de synthèse n° 89 du Département de la lutte contre la pauvreté et de la politique sociale. Division de la valorisation du capital humain et de la politique opérationnelle, Banque mondiale, Washington.

Graham, Carol et Moises Naím. 1997. « The Political Economy of Institutional Reform in Latin America. » Document présenté à la Conférence de la Fondation MacArthur/BID sur « Inequality Reducing Growth in Latin America's Market Economies », 28–29 janvier.

Gray, Cheryl. 1996. « In Search of Owners: Privatization and Corporate Governance in Transition Economies. » *World Bank Research Observer* 11(2) : 179–97.

Greenwood, Roystone, C. R. Hinnings et Stewart Ranson. 1975. « Contingency Theory and the Organization of Local Authorities. Part 1: Differentiation and Integration. » *Public Administration* 53 : 1–23.

Gruber, Jonathan. 1994. « The Consumption Smoothing Benefits of Unemployment Insurance. » NBER Working Paper Series No. 4750. National Bureau of Economic Research, Cambridge, Mass.

Guasch, J. Luis et Pablo T. Spiller. 1997. *Managing the Regulatory Process: Concepts, Issues and the Latin America and Caribbean Story Book.* Série Le Développement en marche. Washington : Banque mondiale et Johns Hopkins University Press.

Guerrero, Rodrigo. 1996. « Epidemiology of Violence: The Case of Cali, Colombia. » Document présenté à la Deuxième conférence annuelle de la Banque mondiale sur le développement en Amérique latine et aux Caraïbes, Bogota, Colombie, juillet.

Guhan, S. et Samuel Paul, directeurs de publication. 1997. *Corruption in India: Agenda for Action.* New Delhi : Vision Books.

Gupta, Sanjeev, Jerald Schiff et Benedict Clements. 1996. « Chute des dépenses militaires : le monde touche les dividendes de la paix. » *Bulletin du FMI* (3 juin).

Gurr, Ted Robert, Keith Jaggers et Will H. Moore. 1990. « The Transformation of the Western State: The Growth of Democracy, Autocracy, and State Power Since 1800. » *Studies in Comparative International Development* 25(1) : 73–108.

Gustafsson, Bo. 1995. « Foundations of the Swedish Model. » *Nordic Journal of Political Economy* 22 : 5–26.

Gwartney, James D., Robert Lawson et Walter Block. 1996. *Economic Freedom of the World, 1975–1995.* Vancouver : Fraser Institute.

Haggard, Stephan et Steven B. Webb, directeurs de publication. 1994. *Voting for Reform: Democracy, Political Liberalization, and Economic Adjustment.* New York, N.Y. : Oxford University Press.

Hahn, Robert W., directeur de publication. 1996. *Risks, Costs and Lives Saved: Getting Better Results from Regulation.* New York, N.Y. : Oxford University Press.

Hammer, Jeffrey S. 1997. « Economic Analysis for Health Projects. » *World Bank Research Observer* 12(1) : 47–71.

Haque, Nadeem Ul et Ratna Sahay. 1996. « Do Government Wage Cuts Close Budget Deficits? Costs of Corruption. » *Étude des services du FMI* 43(4) : 754–78.

Haut Commissariat des Nations Unies pour les réfugiés. 1995. *Les réfugiés dans le monde — L'enjeu de la protection.* Paris : Édition La Découverte.

Helm, Dieter, directeur de publication. 1989. *The Economic Borders of the State.* Oxford, Angleterre : Oxford University Press.

Hesse, Jems-Joachim. 1993. « From Transformation to Modernization: Administrative Change in Central and Eastern Europe. » *Public Administration 71* (Printemps-Été) : 219–57.

Heyneman, Stephen P. À paraître. « Education Choice in Eastern Europe and the Former Soviet Union: A Review Essay. » *Education Economics.*

Hirsch, Joachim. 1995. *Der nationale Wettbewerbsstaat: Staat, Demokratie und Politik im globalen Kapitalismus.* Berlin : Edition ID-Archiv.

Hirschman, Albert O. 1970. *Exit, Voice, and Loyalty: Responses to Decline in Firms, Organizations and States.* Cambridge, Mass. : Harvard University Press.

Ho, Luu Bich. 1997. « The Government's Role in Market-oriented Economic Renovation Process in Viet Nam. » Document présenté à l '« International Symposium on Government's Role in the Market Economy », China Institute for Reform and Development, Haikou, Chine, 7–8 janvier.

Hoekman, Bernard M. 1995. *Trade Laws and Institutions: Good Practices and the World Trade Organization.* Document de synthèse de la Banque mondiale n° 282. Washington : Banque mondiale.

Holmes, Malcolm et Anirudh Krishna. 1996. « Public Sector Management and Participation: Institutional Support for Sustainable Development. » In Jennifer Rietbergen-McCracken, directeur de publication, *Participation in Practice: The Experience of the World Bank and Other Stakeholders,* pp. 29–35. Document de synthèse de la Banque mondiale n° 333. Washington : Banque mondiale.

Holsti, K. J. 1995. « War, Peace, and the State of the State. » *Revue internationale de science politique* 16(4) : 319–39.

Holtzman, Steven. 1995. « Post Conflict Reconstruction. » Département de l'environnement, Division de la politique sociale et de la réinstallation, Banque mondiale, Washington.

Hommes, Rudolf. 1995. « Conflicts and Dilemmas of Decentralization. » In Michael Bruno et Boris Pleskovic, directeurs de publication, *Annual World Bank Conference on Development Economics,* pp. 331–50. Washington : Banque mondiale.

Huber, Evelyne, Charles Ragin et John D. Stephens. 1993. « Social Democracy, Christian Democracy, Constitutional Structure, and the Welfare State. » *American Journal of Sociology* 99(3) : 711–49.

Hulten, Charles R. 1996. « Infrastructure and Economic Development: Once More into the Breach. » Department of Economics, University of Maryland, College Park, Md.

Humphrey, John et Hubert Schmitz. 1995. « Principles for Promoting Clusters and Networks of Small and Medium Enterprises. » Document de synthèse n° 1. Service des petites et moyennes entreprises, Organisation des Nations Unies pour le développement industriel, New York, N.Y. (Résumé disponible en français sous le titre « Principes applicables à la promotion des groupements et réseaux de PME ».)

Huntington, Samuel P. 1991. *The Third Wave: Democratization in the Late Twentieth Century.* Norman : University of Oklahoma Press.

India Today. 1996. « The Maturity of Democracy. » (31 août.)

Institut de pain pour le monde. 1997. *What Governments Can Do: Seventh Annual Report on the State of World Hunger.* Silver Spring, Md. : Institut de pain pour le monde.

International Country Risk Guide. Éditions diverses. New York, N.Y. : International Reports.

Isham, Jonathan, Daniel Kaufmann et Lant Pritchett. 1995. « Governance and the Returns to Investment: An Empirical Investigation. » Document de travail de Recherche sur les politiques de la Banque mondiale n° 1550. Département de la recherche, Politiques de développement, Division de la lutte contre la pauvreté et des ressources humaines, Banque mondiale, Washington.

Isham, Jonathan, Deepa Narayan et Lant Pritchett. 1995. « Does Participation Improve Performance? Establishing Causality with Subjective Data. » *World Bank Economic Review* 9(2) : 175–200.

Ishikawa, Shigeru. 1990. *Basic Issues of Development Economics.* Tokyo : Iwanami Shoten (en japonais).

______. 1996. « From Development Economics to Development Aid Policy. » In S. Ishikawa, directeur de publication, *Theoretical Studies on Development Aid Policy.* Tokyo : Institute of Development Economics (en japonais).

Israel, Arturo. 1990. « The Changing Role of the State: Institutional Dimensions. » Document de travail de Politique générale, recherche et relations extérieures de la Banque mondiale WPS 495. Département des économies nationales, Banque mondiale, Washington.

______. 1997. « A Guide for the Perplexed: Institutional Aspects of Social Programs. » SOC 96-105. Banque interaméricaine de développement, Washington.

Itoh, Motoshige, Kazuharu Kiyono, Masahiro Okuno et Kotaro Suzumura. 1988. *Economic Analysis of Industrial Policy.* Tokyo : Tokyo University Press (en japonais).

Jaggers, Keith et Ted Robert Gurr. 1995. « Tracking Democracy's Third Wave with the Polity III Data. » *Journal of Peace Research* 32(4) : 469–82

______. 1996. « Polity III: Regime Type and Political Authority, 1800–1994. » Inter-University Consortium for Political and Social Research, Ann Arbor, Mich.

Jalali, Rita et Seymour M. Lipset. 1992–93. « Racial and Ethnic Conflicts: A Global Perspective. » *Political Science Quarterly* 107(4).

Jalan, Bimal. 1992. *The Indian Economy: Problems and Prospects.* New Delhi : Penguin Books India.

Jhabvala, Renana et Ela Bhatt. Sans date. « The World of Work in the People's Sector: And Its Inherent Strength. The SEWA Experience. » The Self-Employed Women's Association, Ahmedabad, Inde.

Jun, Jong S. et Deil S. Wright, directeurs de publication. 1996. *Globalization and Decentralization: Institutional Contexts, Policy Issues and Intergovernmental Relations in Japan and the United States.* Washington : Georgetown University Press.

Ka, Samba et Nicolas van de Walle. 1994. « Senegal: Stalled Reform in a Dominant Party System. » In Stephan Haggard et Stephen B. Webb, *Voting for Reform: Democracy, Political Liberalization, and Economic Adjustment,* pp. 290–359. New York, N.Y. : Oxford University Press.

Kabeer, Naila. 1994. *Reversed Realities: Gender Hierarchies in Development Thought.* Londres : Verso.

Kane, Cheikh T. 1995. « Uruguay: Options for Pension Reform. » Education and Social Policy Paper Series No. 68. Département du développement humain et de la politique opérationnelle, Banque mondiale, Washington.

Kane, Cheikh et Robert Palacios. 1996. « La dette implicite au titre des retraites. » *Finances et Développement* 33 (Juin) : 34–36.

Kangle, K. P. 1965. *The Kautiliya Arthashastra: An English Translation with Critical and Explanatory Notes.* Delhi : Motilal Banarsidass Publishers.

Kanter, Rosabeth Moss. 1995. « Thriving Locally in the Global Economy. » *Harvard Business Review* (Septembre-Octobre) : 151–60.

Kaufmann, Daniel. 1996. « Listening to Stakeholders on Development Challenges and World Bank Instruments in their Countries: Myths Meet Some Evidence on Corruption, Economic Reforms, and Bank Programs. » Harvard Institute for International Development, Harvard University, Cambridge, Mass., et Banque mondiale, Washington.

Keefer, Philip et Stephen Knack. 1995. « The Effects of Institutions on Public Investment. » Département de la recherche, Politiques de développement, Banque mondiale, Washington ; IRIS/University of Maryland, College Park, Md. ; et School of Public Affairs, American University, Washington.

Khaldaun, Ibn. Sans date. *The Muqaddimah.* Traduit en anglais avec une introduction de Franz Rosenthal. Princeton, N.J. : Princeton University Press.

Kim, Hyung-Ki, Michio Muramatsu, T. J. Pempel et Kozo Yamamura, directeurs de publication. 1995. *The Japanese Civil Service and Economic Development: Catalysts of Change.* Oxford, Angleterre : Clarendon Press.

Klingemann, Hans-Dieter et Dieter Fuchs, directeurs de publication. 1995. *Beliefs in Government. Volume 1: Citizens and the State.* New York, N.Y. : Oxford University Press.

Klitgaard, Robert. 1988. *Controlling Corruption.* Berkeley, Calif. : University of California Press.

______. *Tropical Gangsters.* New York : Basic Books.

Knack, Stephen et Philip Keefer. 1995. « Institutions and Economic Performance: Cross-Country Tests Using Alternative Institutional Measures. » *Economics and Politics* 7(3) : 207–27.

Knight, Malcolm, Norman Loayza et Delano Villanueva. 1995. « The Peace Dividend: Military Spending Cuts and Economic Growth. » Document de travail du FMI n° WP/95/53. Département Moyen-Orient, Fonds monétaire international, Washington.

Kohli, Atul. 1994. « Where Do High Growth Political Economies Come From? The Japanese Lineage of Korea's 'Development State.' » *World Development* 22 : 1269–93.

König, Klaus. 1996. « Policy Planning and Management Dialogue with Countries in Transition. » *Public Administration and Development* 16 : 417–29.

______. 1997. « Drei Welten der Verwaltungsmodernisierung. » In Klaus Lüder, directeur de publication. *Staat und Verwaltung: Funfzig Jahre Hochschule für Verwaltungswissenschaften*, pp. 399–424. Berlin : Duncker & Humblot.

Kormendi, Roger et Philip Meguire. 1985. « Macroeconomic Determinants of Growth: Cross-Country Evidence. » *Journal of Monetary Economics* 16(2) : 141–63.

Kraay, Aart et Caroline van Rijckeghem. 1995. « Employment and Wages in the Public Sector: A Cross-Country Study. » Document de travail du FMI n° WP/95/70. Département des finances publiques, Fonds monétaire international, Washington.

Kubota, Isao. 1996 « Roles That Governments Play in Developing, Developed States. » *Japan Times*. 17 juin, p. 15.

Kuper, Adam et Jessica Kuper, directeurs de publication. 1996. *The Social Science Encyclopedia*, 2e éd. Londres et New York, N.Y. : Routledge.

Laking, R. G. 1996. « Good Practice in Public Sector Management: Issues for the World Bank. » Département de la lutte contre la pauvreté et de la politique sociale, Banque mondiale, Washington.

Lalor, R. Peter et Hernan Garcia. 1996. « Reshaping Power Markets in South America. » *Electricity Journal* 9(2) : 63–71.

Landau, D. 1986. « Government and Economic Growth in Less Developed Countries: An Empirical Study for 1960–1980. » *Economic Development and Cultural Change* 35(1) : 35–75.

______. 1993. « The Economic Impact of Military Expenditures. » Document de travail des services de recherche de politique générale de la Banque mondiale n° WPS 1138. Département de la recherche, Politiques de développement, Banque mondiale, Washington.

Latinobarometro. 1996. « Press Release: Latinobarometro Survey 1996. » Latinobarometro, Santiago, Chili.

Lau, Lawrence et D. H. Song. 1992. « Growth versus Privatization—An Alternative Strategy to Reduce the Public Enterprise Sector: The Experiences of Taiwan and South Korea. » Working Paper, Department of Economics, Stanford University, Stanford, Calif.

Lawrence, Robert Z., Albert Bressand et Takatoshi Ito. 1996. *A Vision for the World Economy: Openness, Diversity, and Cohesion*. Washington : Brookings Institution.

Leftwich, Adrian, directeur de publication. 1996. *Democracy and Development: Theory and Practice*. Cambridge, Angleterre, et Cambridge, Mass. : Polity Press en association avec Blackwell Publishers.

Leonard, David K. et Dale Rogers Marshall. 1982. « Institutions of the Rural Development for the Poor: Decentralization and Organizational Linkages. » Institute of International Studies, University of California, Berkeley, Calif.

Letowski, Janusz. 1993. « Polish Public Administration Between Crisis and Renewal. » *Public Administration* 71 (Printemps-Été) : 1–11.

Levine, Ross et David Renelt. 1992. « A Sensitivity Analysis of Cross-Country Growth Regressions. » *American Economic Review* 82(4) : 942–63.

Levy, Brian et Pablo Spiller. 1994. « The Institutional Foundations of Regulatory Commitment: A Comparative Analysis of Telecommunications and Regulation. » *Journal of Law, Economics and Organization* 10(2) : 201–46.

Levy, Brian et Pablo Spiller, directeurs de publication. 1996. *Regulations, Institutions and Commitment: Comparative Studies of Telecommunications*. Cambridge, Angleterre : Cambridge University Press.

Levy, Brian, Albert Berry, Motoshige Itoh, Linsu Kim, Jeffrey Nugent et Shujiro Urata. 1994. « Technical and Marketing Support Systems for Successful Small and Medium-Size Enterprises in Four Countries. » Document de travail des services de recherche de politique générale de la Banque mondiale n° 1400. Département de la recherche, Politiques de développement, Division des finances et du développement du secteur privé, Banque mondiale, Washington.

Lewis, Bernard. 1961. *The Emergence of Modern Turkey*. Londres et New York, N.Y. : Oxford University Press.

Libecap, Gary D. 1996. « Economic Variables and the Development of Law: The Case of Western Mineral Rights. » In Lee J. Alston, Thrainn Eggertsson et Douglass C. North, directeurs de publication, *Empirical Studies in Institutional Change*. New York, N.Y. : Cambridge University Press.

Lijphart, Arendt. 1969. « Consociational Democracy. » *World Politics* 21.

______. 1995. « The Virtues of Parliamentarism: But Which Kind of Parliamentarism? » In H. E. Chenabi et Alfred Stepan, directeurs de publication, *Politics, Society, and Democracy: Comparative Studies*. Boulder, Colo. : Westview Press.

Lijphart, Arendt et Carlos H. Waisman, directeurs de publication. 1996. *Institutional Design in New Democracies: Eastern Europe and Latin America*. Boulder, Colo. : Westview Press.

Lim, Linda Y. et Peter Gosling, directeurs de publication. 1983. *The Chinese in Southeast Asia*, vol. 1. Singapour : Naruyen Asia.

Lin, Justin Yifu. 1996. « Comparative Advantage, Development Policy, and the East Asian Miracles. » Peking University, Hong Kong University of Science and Technology et Australian National University.

Lin, Justin Yifu, Fang Cai et Zhou Li. 1996. *The China Miracle: Development Strategy and Economic Reform*. A Friedman Lecture Fund Monograph. Hong Kong : The Chinese University Press.

Lindauer, David. 1988. « The Size and Growth of Government Spending. » Document de travail de Politiques, planification et recherche de la Banque mondiale n° WPS 44. Banque mondiale, Washington.

Lindauer, David et Barbara Nunberg, directeurs de publication. 1994. *Rehabilitating Government: Pay and Employment Reform in Africa*. Washington : Banque mondiale.

Lindbeck, Assar. 1995 « Hazardous Welfare State Dynamics. » Reprint Series No. 538. Institute for International Economic Studies, Stockholm University, Stockholm.

Lindbeck, Assar, Per Molander, Torsten Persson, Olof Petersson, Agnar Sandmo, Birgitta Swedenborg et Niels Thygesen. 1994. *Turning Sweden Around*. Cambridge, Mass. : MIT Press.

Linz, Juan J., Seymour Martin Lipset et Amy Bunger Pool. Sans date. « Social Conditions for Democracy in Latin America: Latin

American Barometer Survey Analysis. » Yale University, New Haven, Conn.

Linz, Juan J. et Alfred Stepan, directeurs de publication. 1996. *Problems of Democratic Transition and Consolidation: Southern Europe, South America, and Post Communist Europe.* Baltimore, Md. : Johns Hopkins University Press.

Lipset, Seymour Martin. 1979. *The First New Nation: The United States in Historical & Comparative Perspective.* New York, N.Y. : W. W. Norton & Company.

______. 1996. *American Exceptionalism: A Double Edged Sword.* New York, N.Y. : W. W. Norton.

Lovei, Magda et Charles Weiss, Jr. 1996. « Environmental Management and Institutions in OECD Countries: Experience and Lessons Learned. » Département de l'environnement, Banque mondiale, Washington.

Lundahl, Mats. 1992. *Politics or Markets?: Essays on Haitian Underdevelopment.* Londres et New York, N.Y. : Routledge.

Lybeck, J. A. 1986. *The Growth of Government in Developed Economies.* Aldershot, Hants, Angleterre, et Brookfield, Vt. : Gower.

Ma, Jun. 1996. *Intergovernmental Relations and Economic Management in China.* Houndsmill, Basingstoke, et Londres : Macmillan.

Machiavel. 1513. *Le Prince (De Principatibus).* Traduction de Jacques Gohory, Prieur de Marcilly. Présenté par Raymond Aron. Paris : Librairie Générale Française, 1962.

Mainwaring, Scott. 1991. « Politicians, Parties, and Electoral Systems: Brazil in Comparative Perspective. » *Comparative Politics* (Octobre) : 21–43.

Manion, Melanie. 1996. « Policy Instruments and Political Context: Transforming a Culture of Corruption in Hong Kong. » Document présenté à l'Assemblée annuelle de l'« Association for Asian Studies », Honolulu, Ha., 11-14 avril.

Manor, James. 1996. « The Political Economy of Decentralization. » Département de l'agriculture et des ressources naturelles, Banque mondiale, Washington.

Margulis, Sergio. 1996. « Environmental Regulation: Instruments and Actual Implementation. » Département de l'environnement, Banque mondiale, Washington.

Margulis, Sergio et Paulo Pereira de Gusmao. 1996. « Problems of Environmental Management in the Real World: The Rio de Janeiro Experience. » Département de l'environnement, Banque mondiale, Washington.

Martin, Brendan. 1993. *In The Public Interest?: Privatization and Public Sector Reform.* Londres : Zed Books.

Mauro, Paolo. 1995. « Corruption and Growth. » *Quarterly Journal of Economics* 110 : 681–712.

McLure, Charles E., Jr. 1994. « The Sharing of Taxes on Natural Resources and the Future of the Russian Federation. » In Christine I. Wallich, directeur de publication, *Russia and the Challenge of Fiscal Federalism,* pp. 181–217. Études régionales et sectorielles de la Banque mondiale. Washington : Banque mondiale.

______. 1995. « Comment on Prud'homme. » *World Bank Research Observer* 10(2) : 221–26.

Meltzer, Alan et S. F. Richard. 1981. « A Rational Theory of the Size of Government. » *Journal of Political Economy* 89 : 914–27.

Metropolitan Environment Improvement Program. 1996. « Japan's Experience in Urban Environmental Management—Yokohama: A Case Study. » Programme des Nations Unies pour le développement, Programme d'amélioration de l'environnement dans les métropoles, New York, N.Y., et Banque mondiale, Washington.

Milgrom, Paul R., Douglass C. North et Barry R. Weingast. 1990. « The Role of Institutions in the Revival of Trade: The Law Merchant, Private Judges, and the Champagne Fairs. » *Economics and Politics* 2(1) : 1–23.

Montgomery, John D. 1988. *Bureaucrats and People: Grassroots Participation in Third World Development.* Baltimore, Md. : Johns Hopkins University Press.

Montinola, Gabriella, Yingyi Qian et Barry R. Weingast. 1995. « Federalism, Chinese Style: The Political Basis for Economic Success in China. » *World Politics* 48 : 50–81.

Mosley, Paul, Jane Harrigan et John Toye. 1995. *Aid and Power: The World Bank and Policy-Based Lending. Vol. 1, Analysis and Policy Proposals,* 2e éd. Londres et New York, N.Y. : Routledge.

Moser, Caroline. 1996. *Confronting Crisis: A Comparative Study of Household Responses to Poverty and Vulnerability in Four Urban Communities.* Série Études et monographies, Environnement et développement durable n° 8. Washington : Banque mondiale.

Mubarak, Jamil Abdalla. 1996. *From Bad Policy to Chaos in Somalia: How an Economy Fell Apart.* Londres : Praeger.

Mueller, D. C. 1989. *Public Choice II.* Cambridge, Angleterre : Cambridge University Press.

Mugoya, Ndungu. 1996. « Tribalism and the Politics of Patronage in Kenya. » *Finance* 31 (Mai) : 14–18.

Murphy, Ricardo López, directeur de publication. 1995. *Fiscal Decentralization in Latin America.* Washington : Banque interaméricaine de développement.

Musgrave, R. A. 1976. « Adam Smith on Public Finance and Distribution. » In Thomas Wilson et Andrew Skinner, directeurs de publication, *The Market and the State: Essays in Honour of Adam Smith.* Oxford, Angleterre : Oxford University Press.

Naím, Moises. 1995. « Latin America's Journey to the Market: From Macroeconomic Shocks to Institutional Therapy. » International Center for Economic Growth Occasional Paper No. 62. San Francisco, Calif. : Institute for Contemporary Studies Press.

Narayan, Deepa. 1995. « The Contribution of People's Participation: Evidence from 121 Rural Water Supply Projects. » Environmentally Sustainable Development Occasional Paper Series No. 1. Banque mondiale, Washington.

Narayan, Deepa et Lant Pritchett. 1997. « Cents and Sociability: Household Income and Social Capital in Rural Tanzania. » Département de l'environnement et Département de la recherche, Politiques de développement, Banque mondiale, Washington.

National Bureau of Economic Research. 1997. *Penn World Tables, Mark 5.6.* http://nber.harvard.edu/pwt56.html.

Navarro, Juan Carlos. 1996 « Reversal of Fortune: The Ephemeral Success of Adjustment in Venezuela, 1989–93. » In Leila Frischtak et Izak Atiyas, directeurs de publication, *Governance, Leadership, Communication: Building Constituencies for Economic Reform. Essays on Venezuela, Malaysia, Tanzania, Bolivia, Egypt, Ghana, Pakistan, Turkey, Brazil.* Washington : Département du développement du secteur privé de la Banque mondiale.

Ndulu, Benno et Nicholas van de Walle, directeurs de publication. 1996. *Agenda for Africa's Economic Renewal.* New Brunswick, N.J., et Oxford, Angleterre : Transaction Publishers.

Nellis, John R. et Dennis A. Rondinelli. 1986. « Assessing Decentralization Policies in Developing Countries: The Case for Cautious Optimism. » *Development Policy Review* 4(1) : 3–23.

Noonan, John T., Jr. 1994. *Bribes.* Berkeley, Calif. : University of California Press.

North, Douglass. 1990. *Institutions, Institutional Change and Economic Performance.* Cambridge, Angleterre : Cambridge University Press.

______. 1993. Document préparé pour la « Nobel Prize Lecture in Economic Science », Stockholm.

Nunberg, Barbara. 1995. *Managing the Civil Service: Reform Lessons from Advanced Industrialized Countries.* Document de synthèse de la Banque mondiale n° 204. Washington : Banque mondiale.

______. À paraître. *The State After Communism: Administrative Transitions in Central and Eastern Europe.* Division de la gestion publique, Département technique EAC-MOAN, Banque mondiale, Washington.

Oates, Wallace E. 1972. *Fiscal Federalism.* New York, N.Y. : Harcourt Brace Jovanovich.

______. 1985. « Searching for the Leviathan: An Empirical Study. » *American Economic Review* 74(4) : 748–57.

OCDE (Organisation de coopération et de développement économiques). 1993. *Gérer avec les mécanismes de type marché.* Paris : OCDE/PUMA.

______. 1994. *Orientations du CAD sur le développement participatif et la bonne gestion des affaires publiques.* Vol. 2, n° 2. Document de travail de l'OCDE. Paris : OCDE.

______. 1996. « Social Expenditure Statistics of OECD Member Countries (version provisoire). » Politique du marché du travail et politique sociale, Étude spéciale n° 17. Paris : OCDE.

______. Années diverses. *Perspectives économiques de l'OCDE.* Paris : OCDE.

Ohno, Kenichi. 1996. « Replicability of Selective Industrial Policy: The Case of Five Capital-Intensive Industries in Vietnam. » Saitama University et Tsukuba University, Japon.

OIT (Organisation internationale du travail). 1986. *Annuaire des statistiques du travail.* Genève : OIT.

______. 1994. *Annuaire des statistiques du travail.* Genève : OIT.

Okazaki, Tetsuji. 1997. « The Government-Firm Relationship in Postwar Japanese Economic Recovery: Co-ordinating the Coordination Failure in Industrial Rationalization. » In Masahiko Aoki, Hyung-Ki Kim et Masahiro Okuno-Fujiwara, directeurs de publication, *The Role of Government in East Asian Economic Development: Comparative Institutional Analysis.* Oxford, Angleterre : Oxford University Press.

Olson, Mancur, Jr. 1987. *Logique de l'action collective.* Paris : PUF.

______. 1996. « Big Bills Left on the Sidewalks: Why Some Nations are Rich, and Others Poor. » *Journal of Economic Perspectives* 10(2) : 3–24.

Orstrom, Elinor. 1996. « Crossing the Divide: Co-production, Synergy and Development. » *World Development* 24(6) : 1073–87.

Orstrom, Elinor, Larry Schroeder et Susan Wynne. 1993. *Institutional Incentives and Sustainable Development: Infrastructure Policies in Perspective.* Boulder, Colo., San Francisco, Calif., et Oxford, Angleterre : Westview Press.

Osborne, David et Ted Gaebler. c. 1992. *Reinventing Government: How the Entrepreneurial Spirit Is Transforming the Public Sector.* Reading, Mass. : Addison Wesley Pub. Co.

Ottaway, Marina. 1994. *Democratization and Ethnic Nationalism: African and Eastern European Experiences.* Policy Essay No. 14. Washington : Overseas Development Council.

Oxley, Les. 1994. « Cointegration, Causality and Wagner's Law: A Test for Britain, 1870–1913. » *Scottish Journal of Political Economy* 41(3) : 286–98.

Pardey, Philip G. et al. 1996. *Hidden Harvest: U.S. Benefits from International Research Aid.* Washington. Institut international de recherche sur les politiques alimentaires.

Pasha, Hafiz. 1996 « Governance and Fiscal Reform: A Study of Pakistan. » In Leila Frischtak et Izak Atiyas, directeurs de publication, *Governance, Leadership, Communication: Building Constituencies for Economic Reform. Essays on Venezuela, Malaysia, Tanzania, Bolivia, Egypt, Ghana, Pakistan, Turkey, Brazil.* Washington : Département du développement du secteur privé de la Banque mondiale.

Paul, Samuel. 1994. « Does Voice Matter? For Public Accountability, Yes. » Document de travail des services de recherche de politique générale n° 1388. Département de la recherche, Politiques de développement, Division des finances et du développement du secteur privé, Banque mondiale, Washington.

Peacock, A. T. et J. Wiseman. 1961. *The Growth of Public Expenditure in the United Kingdom.* NBER General Series No. 72. Princeton, N.J. : Princeton University Press.

Peters, B. Guy. 1996. *The Future of Governing: Four Emerging Models.* Lawrence, Kan. : University Press of Kansas.

Peterson, George E. 1997. *Decentralization in Latin America: Learning Through Experience.* Latin American and Caribbean Studies, Banque mondiale. Washington : Banque mondiale.

Peterson, Paul E. 1995. *The Price of Federalism.* A Twentieth Century Fund Book. Washington : Brookings Institution.

Picciotto, Robert. 1995. *Putting International Economics to Work: From Participation to Governance.* Document de synthèse de la Banque mondiale n° 304. Washington : Banque mondiale.

______. 1996. « What Is Education Worth? From Production Function to Institutional Capital. » Human Capital Development Working Papers No. 75. Banque mondiale, Washington.

Picks Currency Yearbook. Années diverses. New York, N.Y. : Pick Publishing.

Pierson, Paul. 1994. *Dismantling the Welfare State?: Reagan, Thatcher, and the Politics of Retrenchment.* New York, N.Y. : Cambridge University Press.

Pitschas, Rainer et Rolf Sülzer, directeurs de publication. 1995. *New Institutionalism in Development Policy: Perspectives and General Conditions of Public Administration Development in the South and East.* Berlin : Duncker and Humblot.

Platteau, Jean Philippe. 1991. « Traditional Systems of Social Security. » In E. Ahmad et al., directeurs de publication, *Social Security in Developing Countries.* Oxford, Angleterre : Oxford University Press.

Polizatto, Vincent P. 1992. « Prudential Regulation and Banking Supervision. » In Dimitri Vittas, directeur de publication, *Financial Regulation: Changing the Rules of the Game.* Série Étude du développement de l'IDE. Washington : Banque mondiale.

Poterba, James M. 1994. « State Responses to Fiscal Crises: The Effect of Budgetary Institutions and Politics. » *Journal of Political Economy* 102(4) : 799.

Pradhan, Sanjay. 1996. *Evaluating Public Spending: A Framework for Public Expenditure Review.* Document de synthèse de la Banque mondiale n° 323. Washington : Banque mondiale.

Pritchett, Lant et L. H. Summers. 1996. « Wealthier Is Healthier. » *Journal of Human Resources* 1(4) : 841–68.

Programme des Nations Unies pour le développement. 1997. *Reconceptualising Governance.* Discussion Paper 2. New York, N.Y. : Division du renforcement de la gestion et de la gouvernance, Bureau des politiques et de l'appui aux programmes, Programme des Nations Unies pour le développement.

Prud'homme, Rémy. 1995. « The Dangers of Decentralization. » *World Bank Research Observer* 10(2) : 201–20.

Psacharopoulos, George. 1995. *Building Human Capital for Better Lives.* Washington : Banque mondiale.

Psacharopoulos, George et Nguyen Xuan Nguyen. 1997. *The Role of Government and the Private Sector in Fighting Poverty.* Rapport technique de la Banque mondiale n° 346. Washington : Banque mondiale.

Psacharopoulos, George et P. Zafiris Tzannatos. 1992. *Women's Employment and Pay in Latin America: Overview and Methodology.* Études régionales et sectorielles de la Banque mondiale. Washington : Banque mondiale.

Putnam, Robert avec Robert Leonardi et Rafaella Y. Nanetti. 1993. *Making Democracy Work: Civic Traditions in Modern Italy.* Princeton, N.J. : Princeton University Press.

Quah, Jon. 1993. « Controlling Corruption in City-States: A Comparative Study of Hong Kong and Singapore. » Document présenté à une conférence sur « The East Asian Miracle: Economic Growth and Public Policy. » Stanford University, Palo Alto, Calif., 25–26 octobre.

Ram, Rati. 1986. « Government Size and Economic Growth: A New Framework and Some Evidence from Cross-Section and Time-Series Data. » *American Economic Review* 76(1) : 191–203.

______. 1987. « Wagner's Hypothesis in Time Series and Cross-Section Perspectives: Evidence from 'Real' Data for 115 Countries. » *Review of Economics and Statistics* 69 : 194–204.

Ramey, Garey et Valerie Ramey. 1995. « Cross-Country Evidence on the Link Between Volatility and Growth. » *American Economic Review* 85(5) : 1138–51.

Reinert, Erik S. 1996. « The Role of the State in Economic Growth. » Document préparé pour une conférence sur « The Rise and Fall of Public Enterprises in Western Countries » à Milan, 10–12 octobre.

Revue internationale de science politique. 1996. *Les nouvelles formes de fédéralisme.* Édition spéciale de *Revue internationale de science politique* 17(4).

Rietbergen-McCracken, Jennifer, directeur de publication. 1996. *Participation in Practice: The Experience of the World Bank and Other Stakeholders.* Document de synthèse de la Banque mondiale n° 333. Washington : Banque mondiale.

Rodrik, Dani. 1996. « Why Do More Open Economies Have Larger Governments? » John F. Kennedy School of Government, Harvard University, Cambridge, Mass.

Romer, Paul M. 1994. « The Origins of Endogenous Growth. » *Journal of Economic Perspectives* 8(1) : 3–22.

Rose, Richard et Christian Haerpfer. 1990. « New Democracies Barometer III: Learning from What is Happening. » *Studies in Public Policy.*

Rose-Ackerman, Susan. 1978. *Corruption: A Study in Political Economy.* New York, N.Y. : Academic Press.

______. 1992. *Rethinking the Progressive Agenda: The Reform of the American Regulatory State.* New York, N.Y. : Free Press.

______. 1995. *Controlling Environmental Policy: The Limits of Public Law in Germany and the United States.* New Haven, Conn. : Yale University Press.

______. À paraître. « The Political Economy of Corruption. » In Kimberly Ann Elliott, directeur de publication, *Corruption in the World Economy.* Washington : Institute for International Economics.

Roy, Jayanta, directeur de publication. 1995. *Macroeconomic Management and Fiscal Decentralization.* Série Séminaires de l'IDE. Washington : Banque mondiale.

Ruzindana, Augustine. 1995. « Combating Corruption in Uganda. » In Petter Langseth, J. Katorobo, E. Brett et J. Munene, directeurs de publication, *Uganda Landmarks in Rebuilding a Nation.* Kampala : Fountain Publishers.

Salamon, Lester M. et Helmut K. Anheier. 1994. *The Emerging Sector—An Overview.* Baltimore, Md. : The Johns Hopkins University Institute for Policy Studies.

______. 1996. « The Nonprofit Sector: A New Global Force. » Working Paper No. 21. The Johns Hopkins Comparative Nonprofit Sector Project, The Johns Hopkins University Institute for Policy Studies, Baltimore, Md.

Saunders, Anthony et Berry Wilson. 1995. « Contingent Liability in Banking: Useful Policy for Developing Countries? » Document de travail de Recherche sur les politiques de la Banque mondiale n° 1538. Département de la recherche, Politiques de développement, Division des finances et du développement du secteur privé, Banque mondiale, Washington.

Scharpf, Fritz W. 1994. *Optionen des Föderalismus in Deutschland und Europa.* Francfort, Allemagne, et New York, N.Y. : Campus Verlag.

Schwart, Joseph. 1994. « Democratic Solidarity and the Crisis of the Welfare State. » In Lyman Legters, John Burke et Arthur Diquatro, directeurs de publication, *Critical Perspectives on Democracy.* Lanham, Md. : Rowman & Littlefield.

Scott, Graham. 1995. « Improving Fiscal Responsibility. » Extrait de *Agenda: A Journal of Policy Analysis and Reform* 2(1) : 3–16. Heidelberg, Victoria, Australie.

______. 1996. « The Use of Contracting in the Public Sector. » *Australian Journal of Public Administration* 55(3).

Sen, Amartya. 1987. *The Standard of Living.* Cambridge, Angleterre : Cambridge University Press.

Senghaas, Dieter. 1985. *The European Experience: A Historical Critique of Development Theories.* Oxford, Angleterre : Berg Publishers.

Serven, Luis et Andres Solimano, directeurs de publication. 1994. *Striving for Growth after Adjustment: The Role of Capital Formation.* Washington : Banque mondiale.

Shah, Anwar. 1994. *The Reform of Intergovernmental Fiscal Relations in Developing and Emerging Market Economies.* Washington : Banque mondiale.

______. 1997. « Fostering Responsible and Accountable Performance: Lessons from Decentralization Experience. » Document présenté à la Conférence annuelle de l'OED, Banque mondiale, Washington, 1er–2 avril.

Sheng, Andrew. 1992. « Bank Restructuring in Malaysia. » In Dimitri Vittas, directeur de publication. 1992. *Financial Regulation: Changing the Rules of the Game.* Série Étude du développement de l'IDE. Washington : Banque mondiale.

Shihata, Ibrahim F. I. 1996. « Implementation, Enforcement and Compliance With International Environmental Agreements—Practical Suggestions in Light of the World Bank's Experience. » Département juridique, Banque mondiale, Washington.

Shiratori, Masaki et Yoshio Wada. 1996. « World Bank-OECF Periodic Conference: General Meeting on 'Role of Government.' » Banque mondiale, Washington.

Shleifer, Andrei. 1996. « Government in Transition. » Discussion Paper No. 1783. Harvard Institute of Economic Research, Harvard University, Cambridge, Mass.

Shleifer, Andrei et Robert W. Vishny. 1993. « Corruption. » *Quarterly Journal of Economics* 108 : 599–617.

Shui Yan Tang. 1992. *Institutions and Collective Action: Self Governance in Irrigation.* San Francisco, Calif. : Institute for Contemporary Studies.

Sills, David L., directeur de publication. 1968. *International Encyclopedia of the Social Sciences.* New York, N.Y. : Macmillan et the Free Press, et Londres : Collier-Macmillan.

Silverman, Jerry M. 1992. *Public Sector Decentralization: Economic Policy and Sector Investment Programs.* Rapport technique de la Banque mondiale n° 188, Série du Département technique Afrique. Washington : Banque mondiale.

Slemrod, Joel. 1995. « What Do Cross-Country Studies Teach about Government Involvement, Prosperity and Economic Growth? » *Brookings Papers on Economic Activity* 2 : 373–431.

Snider, Lewis. 1996. *Growth, Debt and Politics: Economic Adjustment and the Political Performance of Developing Countries.* Boulder, Colo. : Westview Press.

Solow, Robert. 1956. « A Contribution to the Theory of Economic Growth. » *Quarterly Journal of Economics* 70 : 65–94.

Soyinka, Wole. 1996. *The Open Sore of a Continent: A Personal Narrative of the Nigerian Crisis.* New York, N.Y., et Oxford, Angleterre : Oxford University Press.

Spiller, Pablo T. et Cezley Sampson. 1996. « Telecommunications Regulation in Jamaica. » In Brian Levy et Pablo Spiller, directeurs de publication, *Regulations, Institutions and Commitment: Comparative Studies of Telecommunications.* Cambridge, Angleterre : Cambridge University Press.

Spiller, Pablo et Ingo Vogelsang. 1996. « The United Kingdom: A Pacesetter in Regulatory Incentives. » In Brian Levy and Pablo Spiller, directeurs de publication, *Regulations, Institutions and Commitment: Comparative Studies of Telecommunications.* Cambridge, Angleterre : Cambridge University Press.

Stein, Freiherr vom. 1807. « Über die zweckmäßige Bildung der obersten und der Provinzial-, Finanz- und Polizeibehörden in der preußischen Monarchie (Nassauer Denkschrift). » (Réimprimé dans Walther Hubatsch, directeur de publication, 1959. *Freiherr vom Stein. Briefe und amtliche Schriften,* pp. 380–98. Stuttgart, Allemagne : Kohlhammer.)

Stiglitz, Joseph E. 1977. « The Theory of Local Public Goods. » In Martin S. Feldstein et Robert P. Inman, directeurs de publication, *The Economics of Public Services,* pp. 274–333. Londres : Macmillan.

______. 1986. *Economics of the Public Sector.* New York, N.Y., et Londres : W. W. Norton.

______. 1994. *Whither Socialism?* Cambridge, Mass. : MIT Press.

______. 1995. « The Theory of International Public Goods and the Architecture of International Organizations. » Document présenté à la « United Nations Third Meeting of the High Level Group on Development Strategy and Management of the Market Economy », Helsinki, 8 9 juillet.

______. 1996. « Keynote Address: The Role of Government in Economic Development. » In Michael Bruno et Boris Pleskovic, directeurs de publication, *Annual World Bank Conference on Development Economics,* pp. 11–23. Washington : Banque mondiale.

Stiglitz, Joseph et Marilou Uy. 1996. « Financial Markets, Public Policy and the East Asian Miracle. » *World Bank Research Observer* 11(2) : 249–76.

Stone, Andrew, Brian Levy et Ricardo Paredes. 1996. « Public Institutions and Private Transactions: A Comparative Analysis of the Legal and Regulatory Environment for Business Transactions in Brazil and Chile. » In Lee J. Alston, Thrainn Eggertsson et Douglass C. North, directeurs de publication, *Empirical Studies in Institutional Change.* New York, N.Y. : Cambridge University Press.

Strong, Maurice F. 1996. « The CGIAR at Twenty-Five: Looking Back and Looking Forward. » Conférence à la mémoire de Sir John Crawford, Semaine des centres internationaux du CGIAR, Washington, 28 octobre.

Stuart, Charles E. 1981. « Swedish Tax Rates, Labor Supply, and Tax Revenues. » *Journal of Political Economy* 89(51) : 1020–51.

Subbarao, Kalanidhi, Aniruddha Bonnerjee, Jeanine Braithwaite, Soniya Carvalho, Kene Ezemenari, Carol Graham et Alan Thompson. 1997. *Safety Net Programs and Poverty Reduction: Lessons from Cross Country Experience.* Série Le Développement en marche. Washington : Banque mondiale.

Suède. Ministère de la Santé et des Affaires sociales. 1994. « Pension Reform in Sweden: A Short Summary. » Stockholm : Ministère de la Santé et des Affaires sociales.

Suède. Styrelsen för Internationell Utveckling. 1994. *State, Market and Aid: Redefined Roles.* Stockholm : Agence suédoise de développement international.

Summers, Robert et Alan Heston. 1991. « The Penn World Table (Mark 5): An Expanded Set of International Comparisons, 1950–1988. » *Quarterly Journal of Economics* 106 (Mai) : 327–68.

Tallroth, Nils Borje, III. 1997. « The Political Economy of Modern Wars in Africa. » Document présenté à la « Carter Center Conference on the Transition from War to Peace », Atlanta, 19–21 février.

Tanzi, Vito. 1995a. « Fiscal Federalism and Decentralization: A Review of Some Efficiency and Macroeconomic Aspects. » In Michael Bruno et Boris Pleskovic, directeurs de publication, *Annual World Bank Conference on Development Economics,* pp. 295–316. Washington : Banque mondiale.

______. 1995b. *Taxation in an Integrating World.* Washington : Brookings Institution.

Tanzi, Vito et Ludger Schuknecht. 1995. « The Growth of Government and the Reform of the State in Industrial Countries. » Document de travail du FMI n° WP/95/130. Fonds monétaire international, Washington.

Tavares, Jose et Romain Wacziarg. 1996. « How Democracy Fosters Growth? » Department of Economics, Harvard University, Cambridge, Mass.

Tendler, Judith. 1997. *Good Government in the Tropics.* Baltimore, Md. : Johns Hopkins University Press.

Tengs, Tammy O. et John D. Graham. 1996. « The Opportunity Costs of Haphazard Social Investments in Life-Saving. » In Robert W. Hahn, directeur de publication, *Risks, Costs and Lives Saved: Getting Better Results from Regulation.* New York, N.Y. : Oxford University Press.

Teranishi, Juro et Yukata Kosai, directeurs de publication. 1993. *The Japanese Experience of Economic Reforms.* New York, N.Y. : St. Martin's Press.

Thomas, Vinod et Jisoon Lee. 1997. « The Payoffs from Economic Reforms. » In Nancy Birdsall et Frederick Jaspersen, directeurs de publication, *Pathways to Growth.* Washington : Banque interaméricaine de développement.

Tilly, Charles. 1990. *Coercion, Capital, and European States, AD 990–1990.* Cambridge, Mass. : Basil Blackwell.

Tlaiye, Laura et Dan Biller. 1994. « Successful Environmental Institutions: Lessons from Colombia and Curitiba, Brazil. » Note de diffusion de LATEN n° 12. Département technique Amérique latine, Service de l'environnement, Banque mondiale, Washington.

Toye, J. 1992. « Interest Group Politics and the Implementation of Adjustment Policies in Sub-Saharan Africa. » *Journal of International Development Policy, Economic and International Relations* 4(2), Mars-Avril : 183–98 (numéro spécial de « The Economic Analysis of Aid Policy »).

Trebilcock, Michael J. 1996. « What Makes Poor Countries Poor? The Role of Institutional Capital in Economic Development. » Faculty of Law, University of Toronto, Toronto.

Twain, Mark, Charles Warner et Ward Just. 1877. *The Gilded Age: A Tale of Today.* Réimprimé par New York, N.Y. : Oxford University Press, 1996.

Union interparlementaire. 1996. « Les Femmes dans le Parlement au 30 juin 1995. » Union interparlementaire, Genève.

Valdeavilla, Ermelita V. 1995. « Breakthroughs and Challenges of Making Philippine Government Work for Gender Equality. » *IDS Bulletin* 26(3) : 94–101. Brighton, Angleterre : Institute for Development Studies, University of Sussex.

van der Gaag, Jacques. 1995. *Private and Public Initiatives: Working Together for Health and Education.* Washington : Banque mondiale.

van de Walle, Dominique et Kimberley Nead, directeurs de publication. 1995. *Public Spending and the Poor: Theory and Evidence.* Baltimore, Md. : Johns Hopkins University Press.

Villadsen, Søren et Francis Lubanga, directeurs de publication. 1996. *Democratic Decentralisation in Uganda: A New Approach to Local Governance.* Kampala, Ouganda : Fountain.

Vittas, Dimitri, directeur de publication 1992. *Financial Regulation: Changing the Rules of the Game.* Série Étude du développement de l'IDE. Washington : Banque mondiale.

von Hagen, J. et I. Harden. 1994. « National Budget Processes and Fiscal Performance. » *European Economy, Reports and Studies* 3 : 311–418.

Wade, Robert. 1994. « The Governance of Infrastructure: Organizational Issues in the Operation and Maintenance of Irrigation Canals. » Banque mondiale, Washington.

Wallich, Christine I. 1994. « Intergovernmental Fiscal Relations: Setting the Stage. » In Christine I. Wallich, directeur de publication, *Russia and the Challenge of Fiscal Federalism,* pp. 19–63. Études régionales et sectorielles de la Banque mondiale. Washington : Banque mondiale.

Weal, Albert. 1990. « Equality, Social Welfare and the Welfare State. » *Ethics* 100(3) : 475.

Weaver, R. Kent et William T. Dickens, directeurs de publication. 1995. *Looking Before We Leap: Social Science and Welfare Reform.* Washington : Brookings Institution.

Wiesner Durán, Eduardo. 1992. « Colombia: Decentralización y Federalismo Fiscal: Informe Final de la Misión para la Decentralización. » Departamento Nacional de Planeación, Presidencia de la República, Bogota, Colombie.

Wildasin, David E. 1996. « Introduction: Fiscal Aspects of Evolving Federations. » *International Tax and Public Finance* (Pays-Bas) 3 : 21–131.

Williamson, John, directeur de publication. 1994. *The Political Economy of Policy Reform.* Washington : Institute for International Economics.

Williamson, Oliver E. 1996. *The Mechanisms of Governance.* New York, N.Y. : Oxford University Press.

Willman, John, Stephen Pollard, Bernard Jenkin, Madsen Pirie, Eamonn Butler et José Piñera. 1996. « The Need for Welfare Reform ». In *Over to You: The Transition to Funded Fortune Accounts.* Londres : Adam Smith Institute.

Winston, Clifford. 1993. « Economic Deregulation: Days of Reckoning for Microeconomists. » *Journal of Economic Literature* 31(3) : 1263–89.

Wolf, Edward. 1985. « Social Security, Pensions and the Wealth Holdings of the Poor. » Institute for Research on Poverty Discussion Paper No. 799-85. University of Wisconsin-Madison, Madison, Wisc.

Wong, John. 1997. « Government Participation in Economic Development: Singapore Experiences. » Document présenté à l'International Symposium on Government's Role in the Market Economy », China Institute for Reform and Development, Haikou, Chine, 7–8 janvier.

Wyzan, M. L. Michael, directeur de publication. 1990. *The Political Economy of Ethnic Discrimination and Affirmative Action: A Comparative Perspective.* New York, N.Y. : Praeger.

Zartman, William I., directeur de publication. 1995. *Collapsed States: The Disintegration and Restoration of Legitimate Authority.* Boulder, Colo., et Londres : Lynne Rienner.

ANNEXE

GRANDS INDICATEURS DES FINANCES PUBLIQUES

Les données sur les recettes et les dépenses de l'administration centrale proviennent de publications du FMI, années diverses (a) et (b), et des dossiers du FMI. Les comptes de chaque pays sont présentés selon le système de définitions et classifications communes décrit dans la publication du FMI, 1986. Le lecteur est invité à se reporter à ces différentes sources qui contiennent des explications complètes et pertinentes sur les concepts, les définitions et les origines de ces données.

Tableau A.1 Recettes de l'administration centrale

Les recettes courantes comprennent les recettes fiscales et les recettes non remboursables (autres que les dons) provenant de la vente de terrains, d'actifs incorporels, de stocks ou de capital fixe, ou de transferts de capitaux provenant de sources autres que les administrations publiques.

Les *impôts sur le revenu, les bénéfices nets et les gains en capital* sont perçus sur le revenu net effectif ou forfaitaire des personnes physiques, sur les bénéfices nets effectifs ou forfaitaires des entreprises, et sur les gains en capital. Les *cotisations de sécurité sociale* recouvrent les cotisations versées par les employeurs, les employés, les travailleurs indépendants et les personnes sans emploi. Les *taxes sur les biens et services* comprennent les taxes générales sur les ventes, les taxes sur le chiffre d'affaires ou les taxes sur la valeur ajoutée, les taxes sur des produits déterminés (accises), les taxes sur des services déterminés, les taxes sur l'utilisation de biens mobiliers ou immobiliers, et les taxes sur les bénéfices des monopoles fiscaux. Les *impôts sur le commerce et les transactions internationales* se composent des droits d'importation et des droits d'exportation, les bénéfices des organismes détenant le monopole des exportations et des importations, des bénéfices de change et des taxes sur les opérations de change. Les *autres recettes fiscales* recouvrent les impôts sur les salaires à la charge des employeurs, les impôts sur la propriété et les taxes qui ne trouvent leur place dans aucune des catégories précédentes. Les *recettes non fiscales* regroupent les recettes sans contrepartie et non remboursables perçues à des fins publiques, comme les amendes, les droits administratifs ou les revenus tirés par l'administration centrale de biens qu'elle possède, et les encaissements de montants versés volontairement, sans contrepartie, par des entités autres que l'administration centrale.

Tableau A.2 Classification économique des dépenses de l'administration centrale

Les dépenses publiques recouvrent toutes les dépenses non remboursables, courantes et en capital, avec ou sans contrepartie. Elles peuvent être classées par catégorie économique, comme dans le présent tableau, ou selon leur fonction, comme au tableau A.3.

Les *dépenses sur biens et services* couvrent tous les paiements effectués par l'administration pour obtenir des biens et services, que ce soit sous forme de traitements et salaires ou d'autres achats. Les *traitements et salaires* comprennent tous les paiements en espèces que reçoivent les employés au titre des services rendus, avant déduction des prélèvements fiscaux et de leurs contributions aux caisses de retraite. Les *versements d'intérêts* sont les paiements effectués aux secteurs intérieurs et non résidents au titre des emprunts à ces secteurs. Les *subventions et autres transferts courants* comprennent tous les transferts en compte courant, sans contrepartie et non remboursables, aux entreprises privées et publiques, et le coût de la couverture des déficits d'exploitation des unités de production marchande des administrations publiques au titre de la vente de biens et services au public. Les *dépenses en capital* sont les dépenses effectuées en vue de l'acquisition de biens de capital fixe, de terrains, d'actifs incorporels, de stocks, et d'actifs non militaires et non financiers.

Tableau A.3 Classification fonctionnelle des dépenses de l'administration centrale

Les données sur les dépenses de l'administration centrale par fonction sont souvent incomplètes, et leur champ d'application varie d'un pays à un autre parce que les responsabilités relatives aux différentes fonctions sont réparties entre différents échelons des administrations publiques pour lesquels on ne dispose pas de statistiques. Les chiffres indiqués, et notamment les données sur l'enseignement et la santé publique, ne se prêtent donc pas toujours à des comparaisons internationales.

Les dépenses de *santé publique* comprennent les dépenses publiques relatives aux établissements hospitaliers, maternités, centres de consultation dentaire et certaines cliniques ; aux régimes nationaux d'assurance médicale ; à la planification familiale et aux soins préventifs. Les dépenses d'*enseignement* sont les dépenses consacrées aux écoles préprimaires, primaires et secondaires ; aux universités et collèges ; aux écoles techniques, de formation professionnelle et autres. Les dépenses au titre de la *sécurité sociale et oeuvres sociales* recouvrent les prestations pour perte temporaire de revenu due à la maladie et aux accidents ; les prestations vieillesse, invalidité et chômage ; les allocations familiales, de maternité et les allocations pour enfants à charge ; et le coût des oeuvres sociales, comme les soins donnés aux personnes âgées, aux personnes handicapées et aux enfants. Les dépenses au titre de la *défense* englobent toutes les dépenses consacrées par le ministère de la défense ou d'autres ministères à l'entretien des forces armées. La rubrique *autres services économiques* comprend les dépenses au titre des services d'intérêt public, les versements d'intérêts et les autres paiements non inclus ailleurs.

Tableau A.1 Recettes de l'administration centrale

		Pourcentage des recettes courantes totales											
		Recettes fiscales											
		Impôts sur le revenu, les bénéfices nets et les gains en capital		Cotisations de sécurité sociale		Taxes sur les biens et services		Impôts sur le commerce et les transactions internationales		Autres recettes fiscales		Recettes non fiscales	
		1981–90	1991–95	1981–90	1991–95	1981–90	1991–95	1981–90	1991–95	1981–90	1991–95	1981–90	1991–95
Économies à faible revenu													
1	Mozambique	..	..	..	..	..	..	..	..	..	..	..	..
2	Éthiopie	27,5	26,5	..	..	22,2	*25,7*	20,2	*18,5*	0,7	*1,7*	27,5	23,4
3	Tanzanie	*28,7*	..	..	..	*55,0*	..	*9,6*	..	*1,3*	..	*4,6*	..
4	Burundi	*22,4*	..	*2,9*	..	*28,7*	..	*24,0*	..	*2,3*	..	*10,8*	..
5	Malawi	35,0	..	..	..	32,2	..	19,0	..	0,5	..	13,3	..
6	Tchad	*19,0*	*22,6*	..	..	*35,3*	*33,7*	*27,5*	*15,3*	*6,6*	*5,2*	*9,5*	*21,8*
7	Rwanda	*17,1*	*14,7*	*6,4*	*3,5*	*33,6*	*35,2*	*26,1*	*31,4*	*3,3*	*3,8*	*13,0*	*11,2*
8	Sierra Leone	26,0	22,8	..	..	22,7	35,4	41,2	37,7	1,2	0,3	8,8	3,8
9	Népal	8,6	8,8	..	..	38,7	39,1	29,2	28,0	0,2	..	17,2	19,3
10	Niger	..	..	..	..	..	..	..	..	..	..	..	..
11	Burkina Faso	17,8	*21,5*	8,2	..	17,6	..	35,8	..	5,1	*2,0*	13,7	*25,0*
12	Madagascar	*11,4*	16,0	..	..	*21,0*	24,6	*45,9*	46,7	*0,7*	0,4	*19,6*	11,1
13	Bangladesh	*9,6*	..	..	..	*25,3*	..	*32,2*	..	*1,5*	..	*29,5*	..
14	Ouganda	8,2	..	..	..	31,1	..	58,6	..	0,1	..	*3,1*	..
15	Viet Nam	..	..	..	..	..	..	..	..	..	..	..	..
16	Guinée-Bissau	*9,9*	..	2,1	..	*15,8*	..	33,5	..	*8,8*	..	36,6	..
17	Haïti	*14,9*	..	*0,3*	..	*30,7*	..	*23,8*	..	*6,2*	..	*11,5*	..
18	Mali	12,3	..	4,7	..	31,8	..	21,5	..	11,0	..	11,2	..
19	Nigéria	*50,5*	..	..	..	*6,9*	..	*12,1*	..	*0,2*	..	*50,6*	..
20	Yémen, Rép. du	*25,8*	22,8	..	..	*10,2*	10,8	*16,8*	19,1	*4,5*	2,7	*42,6*	42,9
21	Cambodge	..	..	..	..	..	..	..	..	..	..	..	..
22	Kenya	28,6	28,5	..	..	39,9	47,5	20,1	12,4	0,9	1,0	10,6	10,6
23	Mongolie	..	34,8	..	11,6	..	24,3	..	13,1	..	*0,4*	..	16,0
24	Togo	33,5	..	6,4	..	11,6	..	31,2	..	0,2	..	13,2	..
25	Gambie	15,8	13,3	..	..	10,5	38,0	65,4	42,4	0,8	0,4	7,4	5,9
26	Rép. centrafricaine	*16,1*	..	*6,4*	..	*20,8*	..	*39,8*	..	*7,4*	..	*9,1*	..
27	Inde	16,0	19,7	..	..	37,8	32,9	26,2	23,3	*0,1*	0,2	19,5	23,8
28	RDP lao	..	..	..	..	..	..	..	..	..	..	..	..
29	Bénin	..	..	..	..	..	..	..	..	..	..	..	..
30	Nicaragua	13,5	11,2	9,7	11,8	43,8	45,1	13,2	19,4	2,1	5,3	9,5	6,6
31	Ghana	22,5	17,7	..	..	28,2	37,1	37,2	31,2	0,1	..	12,1	14,0
32	Zambie	33,2	33,5	..	..	41,2	42,5	17,8	18,5	1,2	0,1	6,4	5,1
33	Angola	..	..	..	..	..	..	..	..	..	..	..	..
34	Géorgie	..	..	..	..	..	..	..	..	..	..	..	..
35	Pakistan	12,3	14,2	..	..	33,0	32,0	31,7	26,5	0,0	..	22,8	26,8
36	Mauritanie	..	..	..	..	..	..	..	..	..	..	..	..
37	Azerbaïdjan	..	..	..	..	..	..	..	..	..	..	..	..
38	Zimbabwe	44,8	*44,4*	..	..	29,0	*26,3*	14,7	*19,0*	0,8	*0,8*	10,4	*9,3*
39	Guinée	*8,6*	*10,4*	..	..	*16,6*	*25,1*	*47,0*	*46,1*	*0,4*	*0,8*	*27,4*	*17,6*
40	Honduras	*24,2*	..	..	..	*25,9*	..	*42,4*	..	*1,0*	..	*5,7*	..
41	Sénégal	*20,7*	..	*3,5*	..	*26,0*	..	*35,6*	..	*2,1*	..	*7,1*	..
42	Chine	*31,2*	33,5	..	..	*17,6*	29,2	*13,8*	17,7	..	*0,8*	*37,4*	19,4
43	Cameroun	39,0	18,1	5,7	*5,6*	15,1	18,4	19,7	16,9	2,9	3,6	15,0	33,4
44	Côte d'Ivoire	..	..	..	..	..	..	..	..	..	..	..	..
45	Albanie	..	*8,4*	..	*15,2*	..	*39,6*	..	*14,0*	..	*0,4*	..	*21,5*
46	Congo	..	..	..	..	..	..	..	..	..	..	..	..
47	Rép. kirghize	..	..	..	..	..	..	..	..	..	..	..	..
48	Sri Lanka	13,4	13,2	..	..	38,5	49,6	32,6	22,1	..	..	12,7	11,1
49	Arménie	..	..	..	..	..	..	..	..	..	..	..	..
Économies à revenu intermédiaire													
Tranche inférieure													
50	Lesotho	11,3	15,4	..	..	16,8	15,9	59,7	55,1	0,4	0,1	11,9	13,4
51	Égypte, Rép. arabe d'	16,5	20,6	13,1	10,5	11,4	12,8	15,7	10,4	6,4	9,0	35,9	36,0
52	Bolivie	3,7	4,3	8,7	7,5	37,5	38,5	12,5	6,6	3,8	0,5	29,2	33,9
53	Macédoine, ERY de	..	..	..	..	..	..	..	..	..	..	..	..
54	Moldova	..	..	..	..	..	..	..	..	..	..	..	..
55	Ouzbékistan	..	..	..	..	..	..	..	..	..	..	..	..
56	Indonésie	61,9	52,2	..	*2,0*	16,9	28,0	5,2	5,4	0,5	0,5	14,1	11,5
57	Philippines	23,6	29,2	..	..	36,3	26,7	24,1	28,1	2,1	3,6	13,1	12,2
58	Maroc	19,0	*22,6*	4,7	*3,8*	39,4	*39,9*	17,2	*18,0*	3,9	*1,4*	13,5	*12,0*
59	Rép. arabe syrienne	26,6	27,4	..	..	20,6	34,0	7,9	11,5	6,1	6,0	36,7	19,9
60	Papouasie-Nouvelle-Guinée	46,0	45,0	..	..	12,8	10,8	23,9	23,8	1,8	1,9	15,5	18,4
61	Bulgarie	*32,4*	20,7	*20,9*	25,4	*20,0*	21,1	*1,8*	6,9	*1,2*	4,3	*23,7*	21,6
62	Kazakstan	..	..	..	..	..	..	..	..	..	..	..	..
63	Guatemala	15,7	19,4	..	..	39,4	42,4	21,2	20,1	7,5	3,5	14,8	13,7
64	Équateur	53,9	56,0	..	..	20,8	24,9	20,2	11,6	1,1	1,0	2,5	5,5
65	Rép. dominicaine	19,4	17,1	4,1	4,1	28,4	25,1	33,7	44,2	1,4	0,3	12,3	8,6
66	Roumanie	*18,9*	32,4	15,4	29,6	*32,6*	22,7	*0,5*	4,0	11,1	2,5	68,3	8,8
67	Jamaïque	*34,5*	..	*4,6*	..	*38,0*	..	*7,7*	..	*8,7*	..	*4,8*	..
68	Jordanie	12,0	11,1	..	..	13,8	20,6	34,0	31,6	5,6	5,3	30,0	26,9
69	Algérie	..	..	..	..	..	..	..	..	..	..	..	..
70	El Salvador	20,2	22,2	..	..	39,9	49,8	25,8	17,0	0,8	0,2	8,3	7,1
71	Ukraine	..	..	..	..	..	..	..	..	..	..	..	..
72	Paraguay	12,7	9,8	13,1	..	22,6	27,7	14,6	14,8	12,7	11,9	16,7	30,0

Note : La somme des composantes peut ne pas être égale à 100 % en raison des ajustements que les pays communiquant leurs données apportent au montant total de leurs recettes courantes. Les chiffres en italique se rapportent à des années autres que celles qui sont indiquées.

		Pourcentage des recettes courantes totales											
		Recettes fiscales											
		Impôts sur le revenu, les bénéfices nets et les gains en capital		Cotisations de sécurité sociale		Taxes sur les biens et services		Impôts sur le commerce et les transactions internationales		Autres recettes fiscales		Recettes non fiscales	
		1981–90	1991–95	1981–90	1991–95	1981–90	1991–95	1981–90	1991–95	1981–90	1991–95	1981–90	1991–95
73	Tunisie	13,7	*13,6*	9,0	*12,3*	21,0	*23,2*	27,4	*28,4*	2,6	*2,9*	24,4	*17,8*
74	Lituanie	. .	20,7	. .	29,8	. .	38,2	. .	3,7	. .	0,3	. .	6,5
75	Colombie	24,6	39,3	10,3	. .	28,2	37,2	17,0	9,7	6,2	0,7	14,4	13,2
76	Namibie	*34,9*	26,2	. .	. .	*21,9*	26,6	*29,3*	33,6	*0,3*	0,4	*12,9*	12,7
77	Bélarus	. .	*11,9*	. .	*32,2*	. .	*39,9*	. .	*4,5*	. .	*8,7*	. .	*2,0*
78	Fédération de Russie	. .	*14,2*	. .	*33,6*	. .	*32,7*	. .	*12,1*	. .	*1,4*	. .	*6,4*
79	Lettonie	. .	*11,5*	. .	*34,9*	. .	*40,0*	. .	*3,6*	. .	*0,4*	. .	*9,8*
80	Pérou	14,6	12,5	*7,4*	12,3	49,8	49,3	20,8	9,8	8,0	7,3	9,1	8,6
81	Costa Rica	12,3	9,8	26,2	27,7	26,0	32,2	25,5	16,1	1,2	0,7	10,6	13,1
82	Liban	. .	*10,3*	. .	. .	. .	*6,8*	. .	*35,5*	. .	*6,7*	. .	*30,5*
83	Thaïlande	20,3	28,4	0,2	1,1	46,5	40,7	21,3	17,6	0,7	0,8	9,3	9,1
84	Panama	20,7	18,0	22,4	20,5	15,5	16,8	9,9	10,5	1,7	1,7	25,6	31,1
85	Turquie	44,4	37,0	. .	. .	28,0	35,4	6,9	4,1	3,7	2,3	15,6	20,1
86	Pologne	*25,8*	*27,6*	*24,0*	*24,7*	*30,0*	*28,0*	*6,6*	*8,1*	*6,4*	*1,1*	*5,3*	*10,4*
87	Estonie	. .	20,5	. .	33,6	. .	38,8	. .	1,8	. .	0,5	. .	4,6
88	République slovaque	. .	. .	. .	. .	. .	. .	. .	. .	. .	. .	. .	. .
89	Botswana	35,6	29,7	. .	. .	1,3	3,0	20,4	18,6	. .	. .	42,5	48,6
90	Venezuela	60,0	50,6	3,9	5,5	5,5	10,4	12,6	9,1	1,1	1,3	18,3	22,3
Tranche supérieure													
91	Afrique du Sud	51,4	50,9	1,5	1,8	31,0	34,9	4,4	2,9	1,4	1,3	8,7	6,5
92	Croatie	. .	10,7	. .	36,9	. .	38,1	. .	8,3	. .	0,5	. .	5,1
93	Mexique	27,9	34,2	12,9	17,9	55,3	50,2	10,1	7,1	1,0	2,4	10,7	9,0
94	Maurice	12,8	12,5	4,4	5,1	19,2	23,9	49,2	41,0	0,4	0,7	10,9	11,1
95	Gabon	40,2	*27,6*	*0,9*	*0,8*	10,8	*23,7*	17,4	*17,4*	1,8	*0,9*	29,2	*29,3*
96	Brésil	17,4	16,3	24,8	30,1	21,0	19,2	2,7	1,9	4,5	5,2	29,5	27,2
97	Trinité-et-Tobago	62,3	. .	. .	. .	11,0	. .	8,0	. .	0,6	. .	17,7	. .
98	République tchèque	. .	16,6	. .	38,0	. .	31,9	. .	3,9	. .	1,7	. .	7,5
99	Malaisie	34,8	34,3	0,6	1,0	17,8	22,0	20,5	14,1	1,8	3,5	24,1	24,6
100	Hongrie	16,9	. .	22,8	. .	34,7	. .	6,2	. .	3,5	. .	13,2	. .
101	Chili	13,3	18,1	8,4	6,7	41,8	45,2	8,7	9,6	6,3	3,7	21,1	16,7
102	Oman	24,3	19,9	. .	. .	0,7	1,0	2,5	3,2	0,5	0,7	71,9	74,9
103	Uruguay	7,4	7,3	26,1	30,1	42,2	32,4	11,4	5,6	4,9	8,4	6,4	5,9
104	Arabie saoudite	. .	. .	. .	. .	. .	. .	. .	. .	. .	. .	. .	. .
105	Argentine	4,9	*2,6*	26,4	*45,9*	33,1	*26,6*	13,8	*7,9*	6,0	*4,6*	11,9	*9,1*
106	Slovénie	. .	. .	. .	. .	. .	. .	. .	. .	. .	. .	. .	. .
107	Grèce	18,5	29,6	31,7	1,1	37,8	66,5	0,9	0,1	4,7	3,9	9,7	6,4
Économies à revenu élevé													
108	Corée, Rép. de	27,1	31,6	2,2	6,9	40,9	33,6	14,2	6,9	2,7	6,0	11,4	12,1
109	Portugal	21,6	24,7	25,0	25,0	35,1	35,2	3,4	0,2	5,5	2,8	8,3	11,8
110	Espagne	25,6	31,2	41,5	38,2	19,9	21,5	3,3	0,6	*0,3*	. .	7,9	8,1
111	Nouvelle-Zélande	59,7	58,2	. .	. .	21,5	27,4	3,4	2,1	1,1	1,4	13,4	10,1
112	Irlande	33,9	38,6	13,6	14,7	31,2	30,9	8,2	5,9	1,4	1,5	10,0	6,4
113	† Israël	38,2	37,4	8,4	7,7	28,8	35,9	3,9	1,2	3,5	3,1	16,7	13,7
114	† Koweït	1,7	. .	. .	. .	0,6	. .	1,6	. .	. .	. .	96,0	. .
115	† Émirats arabes unis	. .	. .	2,5	2,1	24,1	26,0	. .	. .	. .	. .	77,3	71,9
116	Royaume-Uni	39,2	35,2	16,9	16,9	29,7	32,3	0,1	0,1	1,0	0,1	10,7	8,3
117	Australie	61,5	63,9	. .	. .	22,8	20,4	4,8	3,3	0,5	1,5	10,1	10,9
118	Italie	36,3	36,6	33,7	29,2	25,6	28,8	0,0	0,0	1,4	1,2	4,0	2,9
119	Canada	50,3	49,3	13,6	18,4	19,2	18,2	4,4	2,6	0,0	. .	12,5	11,4
120	Finlande	30,5	29,0	9,5	11,4	46,7	44,2	1,1	0,9	0,3	0,3	8,4	11,6
121	† Hong Kong	. .	. .	. .	. .	. .	. .	. .	. .	. .	. .	. .	. .
122	Suède	16,9	8,9	31,5	36,0	28,6	31,6	0,6	0,8	5,1	3,0	14,5	15,8
123	Pays-Bas	26,0	28,7	39,0	38,5	20,6	21,6	. .	. .	0,4	0,9	12,0	8,0
124	Belgique	37,2	33,6	33,4	35,4	23,5	24,7	0,0	*0,0*	*0,1*	. .	3,7	3,8
125	France	17,6	17,7	42,1	44,1	29,4	27,5	0,0	0,0	1,2	2,0	7,7	6,8
126	† Singapour	27,2	28,0	. .	. .	15,3	18,3	3,7	1,7	5,4	8,9	40,1	36,5
127	Autriche	19,6	19,9	36,3	37,5	26,2	24,6	1,4	1,4	6,5	6,5	8,3	8,6
128	États-Unis	51,4	50,9	32,4	34,5	4,4	3,9	1,5	1,5	0,0	*0,0*	9,2	8,1
129	Allemagne	17,3	15,5	53,9	47,7	22,5	25,2	0,0	. .	. .	. .	6,2	6,2
130	Danemark	36,7	38,3	3,9	3,9	42,6	39,6	0,1	0,1	0,7	1,4	13,2	14,8
131	Norvège	21,4	16,0	22,7	24,0	37,9	36,7	0,5	0,6	0,1	0,0	16,4	21,9
132	Japon	67,8	38,7	. .	25,6	17,4	13,9	1,7	1,2	3,6	1,6	5,2	15,4
133	Suisse	14,9	14,7	48,7	52,6	19,2	16,9	8,4	6,4	. .	. .	6,0	6,6

† Économies classées par les Nations Unies ou considérées par leurs autorités comme économies en développement. Hong Kong est inclus dans la Chine à dater du 1er juillet 1997.

Tableau A.2 Classification économique des dépenses de l'administration centrale

		Pourcentage des dépenses totales									
		Dépenses sur biens et services		Traitements et salaires[a]		Versements d'intérêts		Subventions et autres transferts courants		Dépenses en capital	
		1981–90	1991–95	1981–90	1991–95	1981–90	1991–95	1981–90	1991–95	1981–90	1991–95
Économies à faible revenu											
1	Mozambique	..	..	..	..	..	..	..	..	..	..
2	Éthiopie	78,0	*74,6*	35,0	*43,9*	4,9	*7,2*	7,2	*14,9*	20,5	*13,1*
3	Tanzanie	*52,4*	..	*19,0*	..	*8,9*	..	*13,1*	..	*28,6*	..
4	Burundi	*39,4*	..	*25,5*	..	*1,9*	..	*6,8*	..	*45,5*	..
5	Malawi	47,9	..	18,2	..	17,0	..	6,5	..	28,6	..
6	Tchad	*34,1*	*40,9*	*24,3*	*23,9*	*1,2*	*2,8*	*2,5*	*2,7*	*61,7*	*60,3*
7	Rwanda	*47,9*	*60,2*	*29,3*	*27,3*	*5,3*	*8,9*	*14,7*	*7,1*	*32,9*	*31,6*
8	Sierra Leone	54,1	36,4	27,0	18,8	15,6	23,7	*6,8*	19,4	24,3	30,0
9	Népal	..	..	..	..	..	..	..	..	..	..
10	Niger	..	..	..	..	..	..	..	..	..	..
11	Burkina Faso	63,8	*46,0*	53,0	*37,8*	5,8	*8,3*	12,8	*11,6*	15,3	*34,0*
12	Madagascar	*37,5*	32,1	*26,0*	20,9	*10,8*	21,9	*8,1*	7,1	*39,9*	35,4
13	Bangladesh	..	..	..	..	..	..	..	..	..	..
14	Ouganda	..	..	..	..	..	..	..	..	16,9	..
15	Viet Nam	..	..	..	..	..	..	..	..	..	..
16	Guinée-Bissau	*22,9*	..	*13,9*	..	*6,1*	..	*4,0*	..	62,1	..
17	Haïti	*70,5*	..	..	..	*3,4*	..	*15,2*	..	*10,8*	..
18	Mali	37,1	..	25,8	..	2,4	..	6,5	..	3,3	..
19	Nigéria	*16,2*	..	*9,5*	..	*31,8*	..	*12,3*	..	*38,5*	..
20	Yémen, Rép. du	*64,2*	68,1	*55,0*	58,4	*8,4*	10,0	*6,5*	8,2	*33,4*	13,6
21	Cambodge	..	..	..	..	..	..	..	..	..	..
22	Kenya	53,2	49,8	31,4	31,1	15,7	26,3	14,8	8,4	16,3	15,4
23	Mongolie	..	32,1	..	8,2	..	2,5	..	47,7	..	17,7
24	Togo	48,1	..	26,2	..	*12,7*	..	*13,0*	..	28,5	..
25	Gambie	*49,9*	..	*25,3*	..	*8,0*	..	*10,4*	..	*30,9*	30,7
26	Rép. centrafricaine	*67,0*	..	*53,6*	..	*1,2*	..	*16,0*	..	*6,0*	..
27	Inde	27,2	22,8	12,3	10,0	17,1	25,6	42,6	40,1	13,1	11,5
28	RDP lao	..	..	..	..	..	..	..	..	..	..
29	Bénin	..	..	..	..	..	..	..	..	..	..
30	Nicaragua	59,9	47,9	14,6	27,9	4,0	10,7	14,6	19,2	17,2	22,1
31	Ghana	55,5	47,4	32,1	31,1	12,7	13,8	14,8	20,7	16,2	18,1
32	Zambie	*47,3*	37,6	*26,2*	19,6	*9,9*	18,4	*19,0*	16,9	19,7	26,0
33	Angola	..	..	..	..	..	..	..	..	..	..
34	Géorgie	..	..	..	..	..	..	..	..	..	..
35	Pakistan	50,0	45,7	..	..	16,9	23,7	18,9	13,7	14,2	16,8
36	Mauritanie	..	..	..	..	..	..	..	..	..	..
37	Azerbaïdjan	..	..	..	..	..	..	..	..	..	..
38	Zimbabwe	48,6	*55,1*	30,4	*38,0*	12,5	*15,5*	30,6	*18,2*	8,2	*11,1*
39	Guinée	*36,3*	*39,4*	*17,2*	*22,0*	*5,8*	*7,2*	*5,8*	*4,4*	*52,1*	*48,9*
40	Honduras	..	..	..	..	..	..	..	..	..	..
41	Sénégal	*52,4*	..	*36,3*	..	*7,5*	..	*16,9*	..	*16,9*	..
42	Chine	..	..	..	..	..	..	..	..	..	..
43	Cameroun	*47,3*	59,0	*30,0*	47,8	*3,0*	8,1	*11,9*	14,4	37,9	16,0
44	Côte d'Ivoire	..	..	..	..	..	..	..	..	..	..
45	Albanie	..	*26,3*	..	*11,8*	..	*7,6*	..	*48,4*	..	*17,8*
46	Congo	..	..	..	..	..	..	..	..	*45,6*	..
47	Rép. kirghize	..	..	..	..	..	..	..	..	..	..
48	Sri Lanka	26,3	34,4	14,2	18,4	16,7	21,8	19,6	21,6	37,4	22,2
49	Arménie	..	..	..	..	..	..	..	..	..	..
Économies à revenu intermédiaire											
Tranche inférieure											
50	Lesotho	*43,8*	*51,8*	*23,5*	*29,3*	*9,0*	*7,1*	*4,9*	*6,0*	*42,3*	33,2
51	Égypte, Rép. arabe d'	42,4	33,6	20,3	17,8	9,2	18,9	33,0	25,2	16,1	22,3
52	Bolivie	*62,6*	58,0	*41,6*	32,8	*6,6*	8,3	*18,9*	13,5	*11,8*	20,2
53	Macédoine, ERY de	..	..	..	..	..	..	..	..	..	..
54	Moldova	..	..	..	..	..	..	..	..	..	..
55	Ouzbékistan	..	..	..	..	..	..	..	..	..	..
56	Indonésie	23,5	25,4	14,3	16,0	9,9	11,3	19,6	14,1	47,0	48,6
57	Philippines	52,0	42,5	29,0	28,0	23,1	29,8	6,8	9,9	18,1	17,8
58	Maroc	47,3	*50,6*	34,1	*37,3*	14,6	*17,9*	12,5	*9,1*	25,7	*22,5*
59	Rép. arabe syrienne	..	..	..	..	..	..	..	..	30,1	31,9
60	Papouasie-Nouvelle-Guinée	61,9	57,0	35,2	28,7	9,5	9,2	19,1	22,5	9,6	11,3
61	Bulgarie	*34,0*	26,6	*2,8*	5,7	*6,9*	24,6	*54,2*	46,0	*4,9*	2,9
62	Kazakstan	..	..	..	..	..	..	..	..	..	..
63	Guatemala	52,8	50,2	37,3	34,4	9,7	11,4	14,0	15,5	25,6	25,6
64	Équateur	*32,0*	46,1	*28,9*	42,2	*17,8*	22,7	*26,5*	11,2	*19,2*	16,7
65	Rép. dominicaine	47,1	33,9	34,8	22,9	4,1	6,1	13,3	10,2	34,2	48,7
66	Roumanie	25,9	33,4	5,9	15,8	*1,8*	1,8	34,2	53,9	39,0	10,8
67	Jamaïque	*44,1*	..	*18,4*	..	*30,7*	..	*10,5*	..	*14,7*	..
68	Jordanie	53,9	57,9	*48,9*	43,4	9,0	12,4	12,4	10,5	26,0	19,6
69	Algérie	..	..	..	..	..	..	..	..	..	..
70	El Salvador	61,2	51,3	51,0	41,9	8,3	13,2	14,0	17,4	10,6	16,8
71	Ukraine	..	..	..	..	..	..	..	..	..	..
72	Paraguay	55,9	53,7	35,3	42,4	6,2	7,0	20,9	22,5	16,9	16,8

Note : La somme des composantes peut ne pas être égale à 100 % en raison des ajustements que les pays communiquant leurs données apportent au montant total de leurs recettes courantes. Les chiffres en italique se rapportent à des années autres que celles qui sont indiquées.

		Pourcentage des dépenses totales									
		Dépenses sur biens et services		Traitements et salaires[a]		Versements d'intérêts		Subventions et autres transferts courants		Dépenses en capital	
		1981–90	1991–95	1981–90	1991–95	1981–90	1991–95	1981–90	1991–95	1981–90	1991–95
73	Tunisie	35,3	*35,9*	26,9	*29,2*	7,5	*10,3*	30,9	*32,9*	27,0	*20,9*
74	Lituanie	. .	31,5	. .	11,8	. .	0,7	. .	55,8	. .	12,2
75	Colombie	28,1	25,2	19,3	16,2	7,3	10,0	45,7	42,7	20,7	22,1
76	Namibie	*51,5*	72,5	*21,8*	. .	*5,8*	1,1	*25,7*	10,9	*16,9*	15,5
77	Bélarus	. .	*36,4*	. .	*2,1*	. .	*1,8*	. .	*46,3*	. .	*15,5*
78	Fédération de Russie	. .	*39,6*	. .	*13,7*	. .	*9,7*	. .	*49,4*	. .	*4,6*
79	Lettonie	. .	*36,8*	. .	*18,6*	. .	*2,4*	. .	*56,6*	. .	*4,2*
80	Pérou	46,0	29,7	*18,5*	15,6	21,6	19,3	15,8	35,7	16,6	15,3
81	Costa Rica	49,4	50,5	38,9	38,0	9,2	15,2	29,2	23,9	15,3	10,5
82	Liban	. .	*52,9*	. .	*37,0*	. .	*26,6*	. .	. .	. .	*20,5*
83	Thaïlande	59,9	58,4	30,8	32,1	13,8	5,5	8,0	7,5	18,4	28,6
84	Panama	57,3	53,0	37,6	40,1	15,8	9,7	18,9	28,9	7,9	8,3
85	Turquie	39,9	46,3	25,3	34,5	11,8	14,4	28,1	27,9	20,2	11,4
86	Pologne	*18,2*	*26,1*	. .	*14,1*	*0,5*	*10,3*	*74,5*	*60,1*	*6,9*	*3,5*
87	Estonie	. .	*25,1*	. .	*7,8*	. .	*0,2*	. .	*72,8*	. .	*7,5*
88	République slovaque	. .	. .	. .	. .	. .	. .	. .	. .	. .	. .
89	Botswana	48,8	53,0	25,7	27,9	3,3	2,1	26,0	27,0	21,8	17,9
90	Venezuela	37,4	30,9	29,5	24,4	12,4	17,4	29,8	34,7	19,2	15,4
Tranche supérieure											
91	Afrique du Sud	49,6	47,4	21,5	31,9	11,8	15,2	27,8	29,0	10,7	8,4
92	Croatie	. .	57,5	. .	21,3	. .	3,1	. .	33,2	. .	6,2
93	Mexique	23,7	32,6	17,9	23,4	40,6	22,7	19,2	29,9	16,7	15,1
94	Maurice	43,1	46,1	34,1	35,1	17,7	11,6	24,6	23,5	14,6	18,7
95	Gabon	*35,8*	. .	*23,0*	*27,1*	*5,5*	. .	*6,2*	*3,8*	*45,3*	*45,6*
96	Brésil	16,5	15,1	9,4	8,7	39,7	44,5	46,7	47,3	5,5	3,2
97	Trinité-et-Tobago	40,6	. .	34,8	. .	6,2	. .	30,2	. .	23,0	. .
98	République tchèque	. .	19,6	. .	8,6	. .	3,7	. .	66,1	. .	10,6
99	Malaisie	45,1	47,9	31,1	30,7	19,8	16,5	14,6	16,6	20,9	19,6
100	Hongrie	19,6	. .	7,0	. .	3,6	. .	67,9	. .	8,9	. .
101	Chili	30,0	28,4	19,3	18,6	5,9	6,3	54,0	50,9	10,1	14,4
102	Oman	71,4	72,1	16,5	22,4	3,9	5,2	4,7	6,5	20,0	16,2
103	Uruguay	39,9	30,3	24,9	15,8	6,5	5,9	46,4	57,5	7,2	6,3
104	Arabie saoudite	. .	. .	. .	. .	. .	. .	. .	. .	. .	. .
105	Argentine	28,4	*29,3*	19,8	*22,2*	11,6	*10,2*	50,6	*57,7*	9,5	*2,8*
106	Slovénie	. .	. .	. .	. .	. .	. .	. .	. .	. .	. .
107	Grèce	39,2	31,4	24,8	22,1	11,1	25,8	38,6	32,3	11,6	10,4
Économies à revenu élevé											
108	Corée, Rép. de	39,9	31,7	14,2	13,1	6,3	3,4	39,0	49,5	14,8	15,5
109	Portugal	31,7	38,2	22,0	28,5	16,6	15,8	40,0	33,4	10,5	12,6
110	Espagne	29,0	20,5	21,6	14,9	6,6	10,2	53,5	61,7	10,7	7,7
111	Nouvelle-Zélande	25,2	43,6	16,1	10,5	15,2	13,6	54,5	39,4	5,1	3,4
112	Irlande	18,1	18,5	12,8	13,2	17,9	16,0	56,9	58,1	7,1	7,4
113	† Israël	38,4	34,3	11,6	13,5	22,6	15,2	35,0	39,6	3,9	11,1
114	† Koweït	46,9	41,9	24,8	19,7	. .	. .	24,1	47,8	29,0	10,3
115	† Émirats arabes unis	88,6	88,1	30,6	34,0	. .	. .	8,8	8,2	4,4	3,8
116	Royaume-Uni	30,6	29,8	12,8	10,4	10,0	7,2	54,1	56,4	5,3	6,6
117	Australie	22,2	23,5	*11,1*	10,0	8,3	5,5	63,1	65,7	6,4	5,2
118	Italie	*16,0*	15,3	*11,7*	11,7	17,1	21,8	*56,0*	56,5	*9,5*	6,0
119	Canada	20,6	*18,9*	9,8	*9,2*	17,2	17,3	60,4	*60,9*	1,8	*1,4*
120	Finlande	20,3	17,9	10,4	7,8	3,6	6,3	67,0	71,1	9,0	4,7
121	† Hong Kong	. .	. .	. .	. .	. .	. .	. .	. .	. .	. .
122	Suède	14,4	14,7	6,3	5,8	13,7	11,7	68,6	72,9	3,2	2,5
123	Pays-Bas	14,9	14,5	9,1	8,7	7,5	9,1	69,9	71,9	7,8	4,5
124	Belgique	19,9	18,0	14,2	14,2	17,1	20,1	56,6	57,4	6,4	4,6
125	France	27,4	24,9	17,8	16,3	4,2	6,0	63,8	64,3	4,6	4,9
126	† Singapour	49,2	54,1	26,3	28,2	14,7	10,2	7,4	13,0	28,6	22,7
127	Autriche	25,9	24,9	10,2	9,7	7,3	9,5	58,0	57,7	8,8	7,9
128	États-Unis	30,1	25,3	10,5	9,3	14,3	14,6	50,6	55,7	5,1	4,4
129	Allemagne	33,7	30,1	8,6	7,6	4,9	6,3	56,0	58,4	5,3	5,2
130	Danemark	20,4	19,8	12,6	11,4	15,1	13,6	60,3	63,0	4,2	3,5
131	Norvège	18,8	19,7	9,0	8,0	7,0	5,6	70,8	69,4	3,4	5,2
132	Japon	13,4	. .	. .	. .	18,7	. .	53,0	. .	14,9	. .
133	Suisse	*29,3*	30,4	*6,5*	5,0	*2,5*	2,8	*62,1*	62,0	*6,2*	4,8

a. Compris dans les dépenses sur biens et services. †Économies classées par les Nations Unies ou considérées par leurs autorités comme économies en développement. Hong Kong est inclus dans la Chine à dater du 1er juillet 1997.

Tableau A.3 Classification fonctionnelle des dépenses de l'administration centrale

		Pourcentage des dépenses totales									
		Santé publique		Enseignement		Sécurité sociale et œuvres sociales		Défense		Autres services économiques	
		1981–90	1991–95	1981–90	1991–95	1981–90	1991–95	1981–90	1991–95	1981–90	1991–95
Économies à faible revenu											
1	Mozambique	..	..	..	..	..	..	..	..	..	..
2	Éthiopie	3,5	*4,2*	10,7	*12,4*	5,2	*5,8*	32,8	*30,2*	*47,7*	*47,5*
3	Tanzanie	5,5	..	*11,8*	..	*0,5*	..	*13,3*	..	*68,8*	..
4	Burundi	..	..	..	..	..	..	..	..	..	..
5	Malawi	6,5	..	11,9	..	0,8	..	6,4	..	74,3	..
6	Tchad	..	..	..	..	..	..	..	..	..	..
7	Rwanda	..	..	..	..	..	..	..	..	..	..
8	Sierra Leone	7,8	..	*14,8*	..	*1,9*	..	*6,1*	..	*69,4*	..
9	Népal	4,6	3,8	10,8	12,5	*0,6*	..	5,9	5,7	78,4	78,0
10	Niger	..	..	..	..	..	..	..	..	..	..
11	Burkina Faso	6,1	*6,9*	17,3	*17,3*	5,5	..	19,1	*14,0*	53,2	*61,8*
12	Madagascar	5,6	5,3	*14,3*	13,5	*2,3*	1,6	*7,2*	5,9	*73,0*	73,7
13	Bangladesh	5,1	..	*9,1*	..	*3,4*	..	*10,8*	..	*71,6*	..
14	Ouganda	3,7	..	12,6	..	1,5	..	20,1	..	62,0	..
15	Viet Nam	..	..	..	..	..	..	..	..	..	..
16	Guinée-Bissau	6,1	..	8,0	..	*4,0*	..	7,2	..	75,4	..
17	Haïti	..	..	..	..	..	..	..	..	..	..
18	Mali	2,6	..	10,0	..	4,2	..	8,3	..	74,8	..
19	Nigéria	1,7	..	*6,1*	..	*0,3*	..	*7,5*	..	*84,5*	..
20	Yémen, Rép. du	4,1	4,4	*17,4*	19,7	..	..	*29,5*	30,3	*49,0*	45,6
21	Cambodge	..	..	..	..	..	..	..	..	..	..
22	Kenya	6,4	5,6	20,6	20,3	0,1	0,1	10,7	7,6	62,1	66,4
23	Mongolie	..	2,4	..	3,6	..	22,2	..	11,3	..	60,5
24	Togo	5,1	..	*18,5*	..	*7,8*	..	*8,0*	..	*60,6*	..
25	Gambie	7,4	..	*14,8*	..	*2,5*	..	*4,3*	..	*74,0*	..
26	Rép. centrafricaine	5,1	..	*17,6*	..	*6,2*	..	*9,7*	..	*61,4*	..
27	Inde	2,0	1,7	2,2	2,0	..	..	19,2	15,1	76,7	81,3
28	RDP lao	..	..	..	..	..	..	..	..	..	..
29	Bénin	..	..	..	..	..	..	..	..	..	..
30	Nicaragua	13,3	13,4	*13,7*	15,4	*8,3*	16,3	*28,5*	7,6	*36,2*	47,3
31	Ghana	8,5	7,8	21,9	23,0	6,0	7,0	5,4	4,7	58,2	57,6
32	Zambie	6,5	9,9	11,6	12,8	1,8	2,9	..	..	80,1	74,4
33	Angola	..	..	..	..	..	..	..	..	..	..
34	Géorgie	..	..	..	..	..	..	..	..	..	..
35	Pakistan	..	..	..	..	..	..	..	..	..	..
36	Mauritanie	..	..	..	..	..	..	..	..	..	..
37	Azerbaïdjan	..	..	..	..	..	..	..	..	..	..
38	Zimbabwe	6,8	..	21,5	..	4,5	..	17,1	..	50,1	..
39	Guinée	..	..	..	..	..	..	..	..	..	..
40	Honduras	..	..	..	..	..	..	..	..	..	..
41	Sénégal	4,3	..	*18,0*	..	*5,5*	..	*10,0*	..	*62,3*	..
42	Chine	0,4	0,4	*2,1*	2,4	*0,1*	0,1	*15,4*	16,3	*82,0*	80,8
43	Cameroun	3,8	*4,8*	*11,8*	*18,0*	*4,6*	*1,0*	*7,5*	*9,4*	*72,3*	*66,8*
44	Côte d'Ivoire	..	..	..	..	..	..	..	..	..	..
45	Albanie	..	*5,6*	..	*2,3*	..	*21,7*	..	*7,1*	..	*63,3*
46	Congo	..	..	*10,3*	..	*4,2*	..	..	..	*88,9*	..
47	Rép. kirghize	..	..	..	..	..	..	..	..	..	..
48	Sri Lanka	4,7	5,5	8,6	10,2	10,8	16,9	5,4	11,8	70,5	55,6
49	Arménie	..	..	..	..	..	..	..	..	..	..
Économies à revenu intermédiaire											
Tranche inférieure											
50	Lesotho	8,9	*12,1*	*15,7*	*21,3*	*1,7*	*1,3*	*7,4*	*6,1*	*66,3*	*59,2*
51	Égypte, Rép. arabe d'	2,6	2,4	11,2	12,0	11,9	10,4	15,4	9,4	58,9	65,8
52	Bolivie	5,5	6,3	*20,4*	18,0	*17,4*	15,3	*13,6*	9,5	*43,2*	50,8
53	Macédoine, ERY de	..	..	..	..	..	..	..	..	..	..
54	Moldova	..	..	..	..	..	..	..	..	..	..
55	Ouzbékistan	..	..	..	..	..	..	..	..	..	..
56	Indonésie	2,2	2,8	9,2	9,8	..	*5,3*	9,7	6,6	78,9	79,5
57	Philippines	5,0	3,8	17,6	15,7	1,6	2,7	12,7	10,5	63,0	67,3
58	Maroc	2,9	*3,0*	17,4	*17,8*	5,8	*6,1*	14,6	*14,3*	59,3	*58,8*
59	Rép. arabe syrienne	1,4	2,3	8,8	9,0	4,2	2,0	36,3	35,2	49,3	51,5
60	Papouasie-Nouvelle-Guinée	9,3	8,3	17,4	16,2	0,5	0,8	4,6	3,9	68,1	70,8
61	Bulgarie	1,7	3,2	*2,8*	3,7	*21,8*	30,7	*8,8*	7,0	*65,0*	55,4
62	Kazakstan	..	..	..	..	..	..	..	..	..	..
63	Guatemala	7,7	10,1	14,1	16,8	3,5	*4,4*	14,1	13,9	60,9	58,2
64	Équateur	9,0	..	24,9	..	1,4	..	12,2	..	52,6	..
65	Rép. dominicaine	10,1	11,0	12,4	10,1	6,4	3,7	7,2	4,9	63,8	70,4
66	Roumanie	3,1	8,1	3,4	9,7	21,4	27,0	7,1	8,1	65,0	47,1
67	Jamaïque	..	..	..	..	..	..	..	..	..	..
68	Jordanie	4,4	6,5	12,4	14,8	11,4	14,6	25,8	22,6	46,1	41,5
69	Algérie	..	..	..	..	..	..	..	..	..	..
70	El Salvador	7,5	8,0	16,7	13,4	3,3	4,5	21,7	14,0	50,8	60,1
71	Ukraine	..	..	..	..	..	..	..	..	..	..
72	Paraguay	4,3	6,3	11,9	17,6	24,6	15,6	11,9	12,1	47,3	48,5

Note : La somme des composantes peut ne pas être égale à 100 % parce que les chiffres ont été arrondis. Les chiffres en italique se rapportent à des années autres que celles qui sont indiquées.

		Pourcentage des dépenses totales									
		Santé publique		Enseignement		Sécurité sociale et œuvres sociales		Défense		Autres services économiques	
		1981–90	1991–95	1981–90	1991–95	1981–90	1991–95	1981–90	1991–95	1981–90	1991–95
73	Tunisie	6,3	*6,5*	15,1	*17,5*	10,7	*14,1*	7,7	*5,5*	60,2	*56,4*
74	Lituanie	. .	6,0	. .	6,9	. .	35,8	. .	2,4	. .	48,9
75	Colombie	4,6	5,4	21,1	18,3	16,7	8,3	8,0	8,0	49,5	60,1
76	Namibie	. .	. .	. .	. .	. .	. .	. .	. .	. .	. .
77	Bélarus	. .	*2,5*	. .	*17,6*	. .	*36,5*	. .	*4,1*	. .	*39,3*
78	Fédération de Russie	. .	*1,6*	. .	*2,7*	. .	*28,1*	. .	*14,3*	. .	*53,3*
79	Lettonie	. .	*6,4*	. .	*13,8*	. .	*39,0*	. .	*3,0*	. .	*37,9*
80	Pérou	5,7	. .	16,9	. .	. .	. .	20,1	. .	57,2	. .
81	Costa Rica	25,0	26,7	19,6	21,0	13,2	14,4	2,5	. .	39,9	38,0
82	Liban	. .	. .	. .	. .	. .	. .	. .	. .	. .	. .
83	Thaïlande	5,7	7,6	19,7	21,3	3,2	3,6	19,1	15,6	52,4	51,8
84	Panama	17,1	20,5	16,0	18,4	14,5	22,4	*7,2*	5,2	49,4	33,5
85	Turquie	2,3	3,0	13,6	16,1	1,2	3,1	12,2	10,0	70,8	67,8
86	Pologne	. .	. .	. .	. .	. .	. .	. .	. .	. .	. .
87	Estonie	. .	13,1	. .	8,2	. .	34,9	. .	2,6	. .	41,9
88	République slovaque	. .	. .	. .	. .	. .	. .	. .	. .	. .	. .
89	Botswana	5,5	5,1	19,1	21,3	2,3	2,1	9,3	12,1	63,9	59,4
90	Venezuela	8,6	. .	18,3	. .	6,7	. .	6,3	. .	60,2	. .
Tranche supérieure											
91	Afrique du Sud	. .	. .	. .	. .	. .	. .	. .	. .	. .	. .
92	Croatie	. .	15,3	. .	6,2	. .	32,2	. .	18,7	. .	27,6
93	Mexique	1,4	3,0	11,9	23,7	10,0	21,0	2,2	3,8	74,5	48,6
94	Maurice	7,9	8,8	14,5	15,5	15,8	15,9	1,1	1,5	60,7	58,3
95	Gabon	. .	. .	. .	. .	. .	. .	. .	. .	. .	. .
96	Brésil	7,1	5,9	3,9	3,5	26,8	30,6	3,9	2,8	58,3	57,3
97	Trinité-et-Tobago	. .	. .	. .	. .	. .	. .	. .	. .	. .	. .
98	République tchèque	. .	17,2	. .	11,2	. .	27,8	. .	6,1	. .	37,7
99	Malaisie	4,9	5,6	*18,7*	20,4	*4,0*	5,9	*10,7*	11,7	*61,8*	56,3
100	Hongrie	3,4	. .	2,0	. .	24,3	. .	4,5	. .	65,8	. .
101	Chili	7,5	11,4	13,2	13,5	37,7	33,5	11,4	9,2	30,3	32,3
102	Oman	4,2	6,0	8,9	12,1	*3,0*	3,6	44,4	35,4	41,6	42,9
103	Uruguay	4,1	5,4	7,2	6,7	50,6	58,4	10,8	6,5	27,4	23,0
104	Arabie saoudite	. .	. .	. .	. .	. .	. .	. .	. .	. .	. .
105	Argentine	2,0	*2,2*	7,9	*7,0*	35,7	*47,5*	7,9	*6,8*	46,8	*36,4*
106	Slovénie	. .	. .	. .	. .	. .	. .	. .	. .	. .	. .
107	Grèce	10,5	7,7	*9,6*	8,2	*30,6*	14,2	*10,8*	8,6	*38,4*	61,3
Économies à revenu élevé											
108	Corée, Rép. de	1,7	1,1	18,9	18,8	6,9	10,0	29,0	20,0	43,5	50,1
109	Portugal	8,7	. .	9,9	. .	24,2	. .	6,0	. .	51,3	. .
110	Espagne	8,2	6,2	5,9	4,4	47,0	39,0	4,9	3,7	34,0	46,7
111	Nouvelle-Zélande	12,8	13,5	11,8	14,4	29,4	37,7	4,9	3,8	41,1	30,7
112	Irlande	13,0	14,1	11,7	12,8	25,4	27,5	3,1	3,1	46,9	42,6
113	† Israël	3,7	5,4	8,5	12,0	17,1	23,5	27,8	20,3	43,0	38,8
114	† Koweït	6,7	4,5	11,9	8,8	10,6	13,7	14,5	36,8	56,3	36,1
115	† Émirats arabes unis	6,8	7,1	11,4	16,2	3,1	3,4	43,3	37,5	35,5	35,8
116	Royaume-Uni	13,6	14,0	2,7	4,2	30,0	30,5	13,0	9,2	40,7	42,2
117	Australie	9,8	12,9	7,4	7,4	27,7	32,5	9,1	7,7	46,0	39,5
118	Italie	11,0	. .	8,2	. .	32,8	. .	3,4	. .	44,6	. .
119	Canada	5,8	4,9	3,3	2,8	34,7	40,6	7,8	6,5	48,5	45,1
120	Finlande	10,7	2,9	14,1	12,2	32,2	45,3	5,1	4,2	37,9	35,4
121	† Hong Kong	. .	. .	. .	. .	. .	. .	. .	. .	. .	. .
122	Suède	1,3	0,5	9,2	7,3	46,1	50,1	6,8	5,6	36,6	36,4
123	Pays-Bas	11,2	13,9	11,0	10,5	36,6	37,4	5,2	4,3	35,9	33,9
124	Belgique	1,9	. .	12,9	. .	40,3	. .	5,0	. .	39,9	. .
125	France	16,1	17,8	7,5	7,0	43,0	42,9	6,6	5,7	26,8	26,6
126	† Singapour	5,5	6,8	19,1	21,0	1,5	3,3	20,6	26,5	53,2	42,3
127	Autriche	12,4	13,3	9,6	9,5	45,5	45,4	2,9	2,3	29,6	29,6
128	États-Unis	11,7	16,9	1,9	1,8	29,9	28,5	24,2	19,3	32,3	33,6
129	Allemagne	18,6	*16,8*	0,7	*0,8*	48,9	*45,3*	8,8	*6,4*	23,1	*30,7*
130	Danemark	1,2	1,0	9,4	9,8	38,7	41,1	5,4	4,5	45,2	43,6
131	Norvège	9,0	3,5	7,9	6,3	35,2	36,7	8,2	7,0	39,7	46,5
132	Japon	. .	1,5	. .	6,2	. .	37,5	. .	4,4	. .	50,3
133	Suisse	13,0	20,7	*3,2*	2,7	*49,1*	46,0	*10,4*	7,1	*24,3*	23,4

† Économies classées par les Nations Unies ou considérées par leurs autorités comme économies en développement. Hong Kong est inclus dans la Chine à dater du 1er juillet 1997.

GRANDS INDICATEURS DU DÉVELOPPEMENT DANS LE MONDE

TABLE DES MATIÈRES

INTRODUCTION

Les grands indicateurs du développement dans le monde fournissent un ensemble de données couvrant trois axes du développement : la population, l'environnement et l'économie. Comme dans les éditions antérieures du *Rapport sur le développement dans le monde,* les 17 tableaux sont structurés de manière à présenter des données socio-économiques comparatives sur plus de 130 pays pour l'année la plus récente pour laquelle elles sont disponibles et pour une année antérieure. Un tableau supplémentaire contient les indicateurs de base pour 76 économies pour lesquelles on ne dispose que de données fractionnaires ou qui comptent moins de 1 million d'habitants.

La plupart des indicateurs présentés dans cette section ont été sélectionnés à partir des quelque 500 indicateurs inclus dans la nouvelle publication intitulée *World Development Indicators 1997.* Cette dernière, qui paraît une fois par an, est la publication statistique vedette de la Banque mondiale. Elle présente les statistiques du développement dans un cadre plus général et plus intégré. Ses cinq sections principales reflètent les interactions entre de nombreux facteurs : la valorisation du capital humain, la viabilité de l'environnement, les résultats macroéconomiques, le développement du secteur privé et les relations internationales qui influent sur les conditions extérieures du développement. Pour la première fois, elle fournit de nombreuses références et informations sur les données pour montrer les problèmes que peuvent poser les comparaisons entre pays et dans le temps. Un CD-ROM produit en parallèle aux *World Development Indicators* contient une base de données comprenant plus de 1 000 tableaux et 500 séries chronologiques se rapportant à 209 économies.

Informations supplémentaires sur les Grands indicateurs du développement dans le monde

Les tableaux 1 à 3, *Récapitulation des indicateurs du développement socio-économique,* passent en revue les grandes questions du développement : Quel est le degré de pauvreté ou de richesse de la population ? Quelle est l'espérance de vie des nouveau-nés ? Quel est le pourcentage d'adultes analphabètes ? De quelle manière l'économie a-t-elle évolué aux plans de la croissance et de l'inflation ? Dans quel type d'environnement économique extérieur les pays doivent-ils fonctionner ?

Les tableaux 4 à 7, *Ressources humaines,* décrivent les progrès accomplis en matière de développement social au cours des dix dernières années. Des données sur la croissance démographique, le taux d'activité et la répartition des revenus sont incluses dans les indicateurs, qui comprennent aussi des mesures du bien-être comme la malnutrition et l'accès aux soins de santé, les taux de scolarisation et les différences entre les taux d'analphabétisme de la population masculine et de la population féminine adultes.

Les tableaux 8 à 10, *Viabilité de l'environnement,* regroupent des indicateurs de l'impact des êtres humains sur l'environnement — le déboisement, les modifications intervenant dans l'utilisation des terres, les prélèvements sur les ressources en eau douce, et les émissions de gaz carbonique — et de certaines activités qui en sont la cause — la consommation d'énergie et l'urbanisation. Ils fournissent aussi des informations sur l'étendue des aires protégées qui préservent les habitats naturels et, partant, la diversité biologique.

Les tableaux 11 à 17, *Résultats économiques,* présentent des informations sur la structure et la croissance économiques, les investissements étrangers, la dette extérieure et le degré d'intégration des pays dans l'économie mondiale.

Étant donné que la Banque mondiale a essentiellement pour mission de fournir des prêts et des conseils à ceux de ses pays membres qui ont un faible revenu ou un revenu intermédiaire, les questions abordées dans la publication se rapportent essentiellement à ces économies. Les informations qui sont disponibles sur les économies à revenu élevé y sont aussi incluses à titre de comparaison. Le lecteur peut se reporter aux publications statistiques nationales ou aux publications de l'Organisation de coopération et de développement économiques et de l'Union européenne pour obtenir de plus amples informations sur ces dernières économies.

Classification des économies

Comme dans le corps du Rapport, le PNB par habitant est le principal critère utilisé pour classer et regrouper approximativement les pays selon leur stade de développement économique. Ces derniers sont généralement classés en trois catégories en fonction du niveau de leur revenu. Les valeurs du PNB par habitant retenues ici comme seuils pour définir les groupes sont : 765 dollars ou moins en 1995 pour les économies à faible revenu (49 économies) ; entre 766 et 9 385 dollars pour les économies à revenu intermédiaire (58 économies) ; et au moins 9 386 dollars pour les économies à revenu élevé (26 économies). La catégorie des économies à revenu intermédiaire est elle-même divisée entre pays à revenu intermédiaire, tranche inférieure et pays à revenu intermédiaire, tranche supérieure, selon que le PNB par habitant des pays considérés est inférieur ou supérieur à 3 035 dollars. Les économies sont aussi classées par région. La liste des économies comprises dans chaque groupe et région (y compris les économies qui comptent moins de 1 million d'habitants) figure dans le tableau sur la Classification des économies, à la fin du présent ouvrage.

Sources des données et méthodes

Les données socio-économiques présentées dans ce Rapport proviennent de différentes sources : elles peuvent avoir été directement recouvrées par la Banque mondiale, être tirées de publications statistiques des pays membres ou avoir été établies par des organisations non gouvernementales comme l'Institut mondial des ressources naturelles ou d'autres organismes internationaux comme les Nations Unies et ses institutions spécialisées, le Fonds monétaire international et l'Organisation de coopération et de développement économiques (se reporter à la Bibliographie qui figure à la suite des Notes techniques pour une liste exhaustive des sources des données). Bien que les normes internationales applicables en matière de couverture, de définition et de classification soient respectées pour la plupart des statistiques communiquées par les pays et les institutions internationales, il existe inévitablement des différences au niveau du champ d'application et de l'actualité des données, ainsi que des capacités et ressources consacrées au recouvrement des données de base et à leur compilation. Dans certains cas, la Banque mondiale doit examiner des données d'origines différentes pour s'assurer qu'elle retient les données les plus fiables. Il arrive aussi que les données disponibles ne soient pas incluses dans le Rapport parce qu'elles sont jugées trop déficientes pour fournir une évaluation fiable des niveaux et tendances, ou ne sont pas suffisamment conformes aux normes internationales.

Les données présentées dans ces tableaux sont comparables à celles publiées dans *World Development Indicators 1997*. Certains des chiffres s'écartent de ceux d'éditions antérieures non seulement parce que de nouvelles informations ont été obtenues, mais aussi parce que des révisions ont été apportées aux séries chronologiques et aux méthodes. Les chiffres publiés dans différentes éditions d'une même publication de la Banque n'ayant pas toujours été établis à la même époque, *il est recommandé au lecteur de ne pas comparer les chiffres d'éditions différentes.* Celui-ci trouvera des séries de données cohérentes sur le *CD-ROM* de *World Development Indicators 1997*.

Des efforts considérables ont été déployés pour normaliser les données ; *il n'est toutefois pas possible d'assurer l'homogénéité totale des données, et il importe d'interpréter les indicateurs avec prudence.* Par exemple, les indicateurs du tableau 5, Répartition du revenu ou de la consommation, ne sont pas strictement comparables d'un pays à un autre parce que les méthodes employées pour mener les enquêtes auprès des ménages, à partir desquelles ils ont été établis, et le type de données recouvrées ne sont pas les mêmes.

Sauf indication contraire, chaque fois que des montants sont exprimés en dollars, il s'agit de dollars courants des États-Unis. Les diverses méthodes utilisées pour la conversion des chiffres en monnaie nationale sont décrites dans les Notes techniques.

Chiffres récapitulatifs

Les chiffres récapitulatifs portés dans les bandes colorées sont des totaux (s'ils sont suivis de la lettre *t*), des moyennes pondérées (lettre *w*) ou des valeurs médianes (lettre *m*) pour l'ensemble des économies du groupe. Les pays pour lesquels aucune donnée n'apparaît dans les tableaux principaux sont implicitement pris en compte dans les chiffres récapitulatifs parce que l'on suppose qu'ils ont suivi la tendance générale des pays déclarants durant la période considérée. Les chiffres disponibles pour les pays qui ne figurent pas dans les tableaux principaux (c'est-à-dire les économies regroupées dans le tableau 1a, Indicateurs de base pour les autres économies) sont pris en compte dans le calcul des chiffres récapitulatifs ; en l'absence de toutes données, on suppose que ces pays ont suivi la tendance générale des pays déclarants. Cela permet, en normalisant la composition des groupes pour chaque période, de parvenir à des agrégats plus cohérents. Cependant, aucun chiffre récapitulatif n'est indiqué lorsque les données manquantes représentent un tiers ou plus de l'estimation globale. Les méthodes utilisées pour calculer les chiffres récapitulatifs sont indiquées dans les Notes techniques des tableaux correspondants.

Terminologie et couverture des données

Le terme « pays » n'implique pas nécessairement l'indépendance politique, mais peut désigner tout territoire pour lequel les autorités communiquent séparément des statistiques sociales ou économiques.

Les données sont présentées pour les pays et les économies tels qu'ils étaient constitués en 1995, et les chiffres se rapportant aux périodes antérieures ont été modifiés sur la base des situations politiques actuelles. Dans les tableaux, une note de bas de page précise les exceptions à la règle.

Sauf indication contraire, les données pour la Chine ne comprennent pas Taïwan (Chine). Hong Kong est inclus dans la Chine à dater du 1er juillet 1997.

Dans la mesure du possible, on a présenté des données distinctes pour la République tchèque et pour la République slovaque, que couvrait antérieurement la Tchécoslovaquie.

Dans la mesure du possible, des données sont présentées séparément pour l'Érythrée ; les données antérieures à 1992 présentées pour l'Éthiopie incluent toutefois, dans la plupart des cas, l'Érythrée.

Sauf indication contraire, les données sur l'Allemagne portent sur l'Allemagne unifiée.

Sauf indication contraire, les données sur la Jordanie se rapportent à la Cisjordanie.

En 1991, l'Union des républiques socialistes soviétiques a été officiellement scindée en 15 pays : l'Arménie, l'Azerbaïdjan, le Bélarus, l'Estonie, la Fédération de Russie, la Géorgie, le Kazakstan, la Lettonie, la Lituanie, l'Ouzbékistan, la République de Moldova, la République kirghize, le Tadjikistan, le Turkménistan et l'Ukraine. Les données relatives à chaque pays ont été présentées dans la mesure du possible.

Les données présentées pour la République du Yémen ne couvrent pas les années antérieures à 1990 ; sauf indication contraire, les données indiquées pour ces années se rapportent à l'ex-République démocratique populaire du Yémen et à l'ex-République arabe du Yémen.

Dans la mesure du possible, on a présenté des données distinctes pour les pays que couvrait l'ex-Yougoslavie : la Bosnie-Herzégovine, la Croatie, l'ex-République yougoslave de Macédoine, la Slovénie et la République fédérative de Yougoslavie (Serbie et Monténégro).

Présentation des tableaux

La présentation adoptée cette année est, en général, la même que dans les éditions précédentes du *Rapport sur le développement dans le monde*. Les économies sont classées par ordre croissant de PNB par habitant dans tous les tableaux, à l'exception du tableau 1a. Les économies du groupe des pays à revenu élevé signalées par le symbole † sont celles qui sont classées par les Nations Unies ou considérées par leurs autorités comme en développement. Les économies regroupant moins de 1 million d'habitants ou pour lesquelles on dispose de données fragmentaires ne sont pas indiquées séparément dans les tableaux principaux, mais leurs données sont prises en compte dans le calcul des agrégats. Les indicateurs de base établis pour ces économies apparaissent au tableau 1a. La liste alphabétique qui figure dans la section « Index des pays et profil des données originales » donne le numéro de référence de chaque économie.

Notes techniques

La qualité des données et les comparaisons internationales étant souvent source de difficultés, le lecteur est invité à se référer aux Notes techniques, à l'Index des pays et profil des données originales, au tableau de la Classification des économies et aux notes de renvoi des tableaux. Ces informations exposent dans leurs grandes lignes les méthodes, concepts, définitions et sources utilisés pour l'établissement des tableaux. Pour tout renseignement supplémentaire, le lecteur peut se reporter à *World Development Indicators 1997*. La bibliographie qui figure à la fin de ces Notes techniques indique les sources de données où le lecteur trouvera des définitions et des descriptions plus complètes des concepts utilisés.

Toutes questions ou observations concernant les Grands indicateurs du développement dans le monde et les autres publications statistiques de la Banque mondiale sont à adresser à :

Information Center, Development Data Group
The World Bank, 1818 H Street, N.W.
Washington, D.C. 20433
Téléphone (ligne directe) : (800) 590-1906 ou
(202) 473-7824
Télécopie : (202) 522-1498
Adresse électronique : info@worldbank.org
World Wide Web : http://www.worldbank.org ou
http://www.worldbank.org/wdi.

Il est possible de commander les publications de la Banque mondiale par courrier électronique en adressant la demande à books@worldbank.org, par courrier normal en écrivant à World Bank Publications à l'adresse ci-dessus, ou par téléphone en composant le (703) 661-1580.

Catégories d'économies

Sur cette carte, les économies sont classées par catégorie de revenu, comme dans les tableaux qui suivent. Les économies à faible revenu sont celles qui avaient un PNB par habitant égal ou inférieur à 765 dollars en 1995 ; les économies à revenu intermédiaire, un revenu de 766 à 9 385 dollars ; les économies à revenu élevé, un revenu égal ou supérieur à 9 386 dollars. Cinq économies à revenu intermédiaire — Fidji, Kiribati, Samoa américaines (États-Unis), Samoa-Occidental et Tonga —, une économie à revenu élevé — Polynésie française (France) —, et Tuvalu, pour lesquelles on ne dispose pas de données, ne figurent pas sur la carte faute de place.

- **Économies à faible revenu**
- **Économies à revenu intermédiaire**
- **Économies à revenu élevé**
- **Données non disponibles**

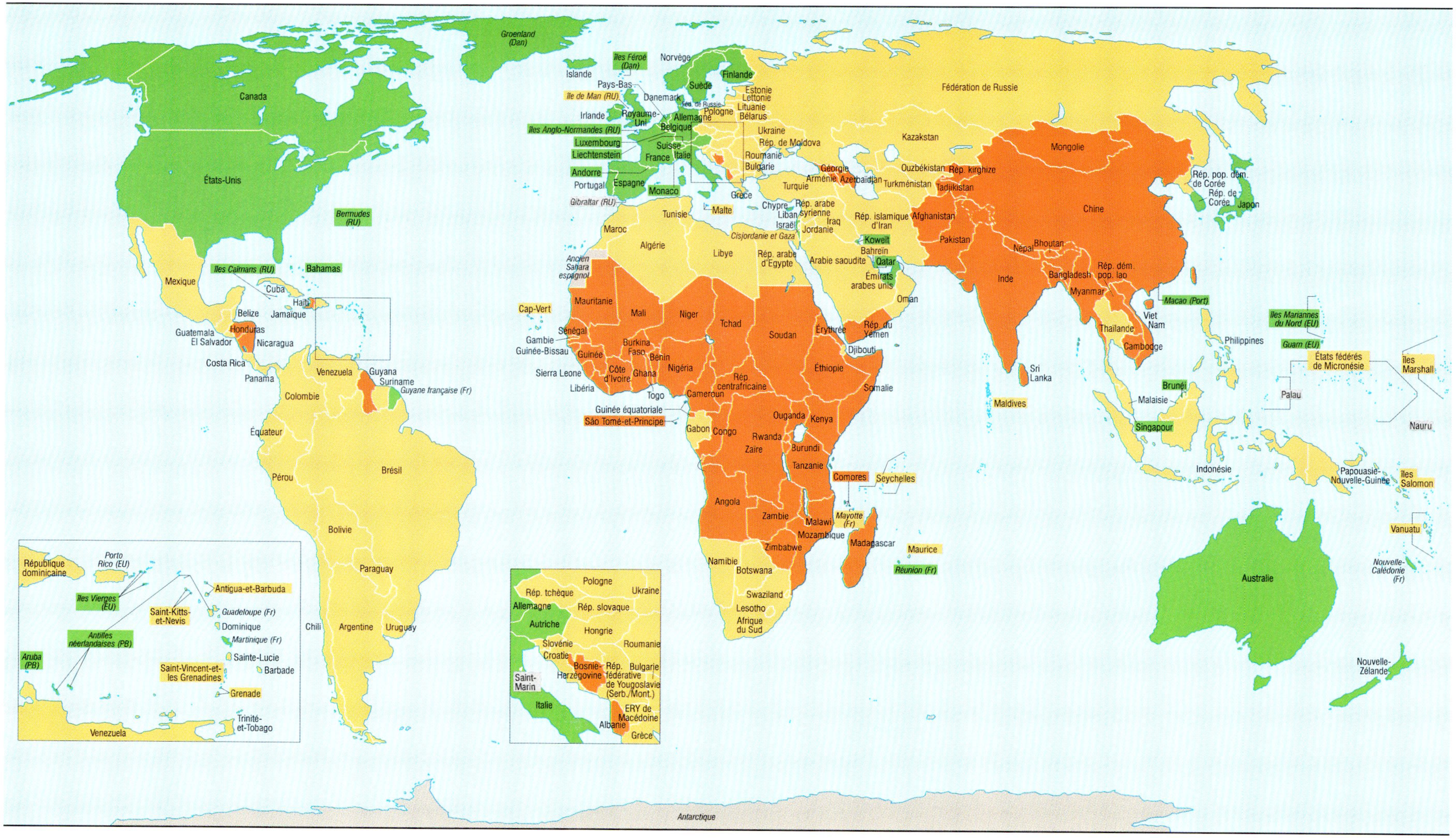

INDEX DES PAYS ET PROFIL DES DONNÉES ORIGINALES

Le tableau ci-après contient l'index des pays et le profil des données originales couverts par les Grands indicateurs du développement dans le monde, ainsi que des informations complémentaires sur les sources, le traitement et l'actualité des grands indicateurs démographiques, économiques et environnementaux pour les 133 économies qui figurent dans les principaux tableaux statistiques.

La Banque mondiale ne recueille pas elle-même de données originales dans la plupart des régions si ce n'est sur la dette ou dans le cadre des enquêtes sur le niveau de vie. Parce qu'elle utilise un volume considérable de données socio-économiques, elle considère toutefois qu'il est particulièrement important de savoir sur quelle base celles-ci ont été établies pour en informer les utilisateurs qui procèdent à des analyses économiques et définissent l'action publique. Les différentes méthodes et conventions employées par les organismes qui collectent les données originales — c'est-à-dire, en général, les bureaux statistiques nationaux, les banques centrales et les services douaniers — peuvent engendrer des disparités importantes entre les statistiques se rapportant à des périodes ou à des pays différents. Le lecteur trouvera des informations plus complètes sur les données originales dans la publication de 1997 des *World Development Indicators.*

Dans chacun des tableaux des Grands indicateurs du développement dans le monde, les économies sont énumérées par ordre croissant de PNB par habitant. Les numéros de référence portés dans la liste ci-après indiquent donc la place de chaque économie dans les tableaux.

Les nombres figurant dans les bandes de couleur sont des données récapitulatives pour les divers groupes d'économies. La lettre *w* désigne une moyenne pondérée, la lettre *m* une valeur médiane, et la lettre *t* un total.

Sauf indication contraire dans les Notes techniques, les taux de croissance des agrégats économiques sont calculés en termes réels.

La date limite pour toutes les données est le 1er février 1997.

Le symbole . . signifie « non connu ».

Un blanc signifie « sans objet ».

Les nombres 0 et 0,0 indiquent une valeur nulle ou une valeur inférieure à la moitié de l'unité en cause.

Les nombres en italique se rapportent à des années ou périodes autres que celles qui sont indiquées.

Le symbole † signale les économies à revenu élevé classées par les Nations Unies ou considérées par leurs autorités comme des économies en développement.

Économie	*Classement par PNB par habitant*	*Dernier recensement*	*Dernière enquête auprès des ménages ou enquête démographique*	*Registres d'état civil tenus en bonne et due forme*	*Dernière enquête sur les prélèvements d'eau*	*Date de clôture de l'exercice*	*Comptes nationaux*		*Système de comptabilité de finances publiques*
							Année de base	*Prix utilisés pour l'évaluation*	
Afrique du Sud	91	1991	LSMS, 1993		1990	31 mars	1990	VAB	C
Albanie	45	1989		√	1970	31 déc.	1993	VAP	
Algérie	69	1987	PAPCHILD, 1992		1990	31 déc.	1980	VAB	
Allemagne	129			√	1991	31 déc.	1990	VAP	C
Angola	33	1970			1987	31 déc.	1970	VAP	

Économie	*Classement par PNB par habitant*	*Dernier recensement*	*Dernière enquête auprès des ménages ou enquête démographique*	*Registres d'état civil tenus en bonne et due forme*	*Dernière enquête sur les prélèvements d'eau*	*Date de clôture de l'exercice*	*Comptes nationaux*		*Système de comptabilité de finances publiques*
							Année de base	*Prix utilisés pour l'évaluation*	
Arabie saoudite	104	1992	Santé mat. et juv., 1993	√	1975	année Hijri	1970	VAP	
Argentine	105	1991			1976	31 déc.	1986	VAP	C
Arménie	49	1989		√	1989	31 déc.	1993	VAB	
Australie	117	1991		√	1985	30 juin	1989	VAP	C
Autriche	127	1991		√	1991	31 déc.	1990	VAP	C
Azerbaïdjan	37	1989		√	1989	31 déc.	1987	VAP	
Bangladesh	13	1991	DHS, 1994		1987	30 juin	1985	VAP	
Bélarus	77	1989		√	1989	31 déc.	1990	VAB	C
Belgique	124	1991		√	1980	31 déc.	1985	VAP	C
Bénin	29	1992	EMF, 1981		1994	31 déc.	1985	VAP	
Bolivie	52	1992	DHS, 1994		1987	31 déc.	1980	VAP	C
Botswana	89	1991	DHS, 1988		1992	31 mars	1986	VAP	B
Brésil	96	1991	DHS, 1991		1990	31 déc.	1980	VAB	C
Bulgarie	61	1992		√	1988	31 déc.	1990	VAP	C
Burkina Faso	11	1985	DSA, 1995		1992	31 déc.	1985	VAB	C
Burundi	4	1990			1987	31 déc.	1980	VAB	
Cambodge	21	1962			1987	31 déc.	1960	VAP	
Cameroun	43	1987	DHS, 1991		1987	30 juin	1980	VAP	C
Canada	119	1991		√	1991	31 mars	1986	VAB	C
Chili	101	1992			1975	31 déc.	1986	VAP	C
Chine	42	1990	Population, 1995		1980	31 déc.	1990	VAP	B
Colombie	75	1993	DHS, 1995		1987	31 déc.	1975	VAP	C
Congo	46	1984			1987	31 déc.	1978	VAP	
Corée, Rép. de	108	1995			1992	31 déc.	1990	VAP	C
Costa Rica	81	1984	CDC, 1993	√	1970	31 déc.	1987	VAP	C
Côte d'Ivoire	44	1988	DHS, 1994		1986	31 déc.	1986	VAB	C
Croatie	92	1991		√		31 déc.	1994	VAB	C
Danemark	130	1991			1990	31 déc.	1980	VAB	C
Égypte, Rép. arabe d'	51	1986	DHS, 1995	√	1992	30 juin	1987	VAB	C
El Salvador	70	1992	CDC, 1994		1975	31 déc.	1962	VAP	B
† Émirats arabes unis	115	1980			1980	31 déc.	1985	VAB	B
Équateur	64	1990	DHS, 1994		1987	31 déc.	1975	VAP	B
Espagne	110	1991		√	1991	31 déc.	1996	VAP	C
Estonie	87	1989		√	1989	31 déc.	1993	VAB	C
États-Unis	128	1990	Pop. cour., 1994	√	1990	30 sept.	1985	VAP	C
Éthiopie	2	1994	Fam. et féc., 1990		1987	7 juill.	1981	VAB	B
Fédération de Russie	78	1989	LSMS, 1994	√	1991	31 déc.	1993	VAB	C
Finlande	120	1990		√	1991	31 déc.	1990	VAB	C
France	125	1990	Revenu, 1989	√	1990	31 déc.	1980	VAP	C
Gabon	95	1993				31 déc.	1989	VAP	B
Gambie	25	1993			1982	30 juin	1976	VAB	B
Géorgie	34	1989		√	1989	31 déc.	1987	VAB	
Ghana	31	1984	DHS, 1993		1970	31 déc.	1975	VAP	C
Grèce	107	1991		√	1980	31 déc.	1970	VAB	C
Guatemala	63	1994	DHS, 1995		1970	31 déc.	1958	VAP	B
Guinée	39	1991	DSA, 1991		1991	31 déc.	1986	VAP	
Guinée-Bissau	16	1983	DSA, 1994–95		1987	31 déc.	1989	VAP	C
Haïti	17	1982	DHS, 1994–95		1987	30 sept.	1976	VAP	
Honduras	40	1988	DHS, 1994		1992	31 déc.	1978	VAB	
† Hong Kong	121	1991		√		31 déc.	1990	VAB	
Hongrie	100	1990	Revenu, 1995	√	1991	31 déc.	1991	VAB	C
Inde	27	1991	Fam. san. nat., 1992–93		1975	31 mars	1980	VAB	C
Indonésie	56	1990	DHS, 1994		1987	31 mars	1993	VAP	C

							Comptes nationaux		
Économie	*Classement par PNB par habitant*	*Dernier recensement*	*Dernière enquête auprès des ménages ou enquête démographique*	*Registres d'état civil tenus en bonne et due forme*	*Dernière enquête sur les prélèvements d'eau*	*Date de clôture de l'exercice*	*Année de base*	*Prix utilisés pour l'évaluation*	*Système de comptabilité de finances publiques*
Irlande	112	1996		√	1980	31 déc.	1985	VAB	C
† Israël	113	1983		√	1989	31 déc.	1990	VAB	C
Italie	118	1991		√	1990	31 déc.	1985	VAP	C
Jamaïque	67	1991	LSMS, 1994	√	1975	31 déc.	1986	VAP	
Japon	132	1990		√	1990	31 mars	1985	VAP	C
Jordanie	68	1994	DHS, 1990		1975	31 déc.	1990	VAB	B
Kazakstan	62	1989		√	1989	31 déc.	1994	VAB	
Kenya	22	1989	DHS, 1993		1990	30 juin	1982	VAB	B
† Koweït	114	1995		√	1974	30 juin	1984	VAP	C
Lesotho	50	1986	DHS, 1991		1987	31 mars	1980	VAB	C
Lettonie	79	1989		√	1989	31 déc.	1993	VAB	C
Liban	82	1970			1975	31 déc.	1990	VAB	
Lituanie	74	1989		√	1989	31 déc.	1993	VAB	C
Macédoine, ERY de	53	1994		√		31 déc.	1990	VAP	
Madagascar	12	1993	DSA, 1993		1984	31 déc.	1984	VAB	C
Malaisie	99	1991		√	1975	31 déc.	1978	VAP	C
Malawi	5	1987	DHS, 1992		1994	31 mars	1978	VAB	B
Mali	18	1987	DHS, 1987		1987	31 déc.	1987	VAB	
Maroc	58	1994	DHS, 1995		1992	31 déc.	1980	VAP	C
Maurice	94	1990	CDC, 1991	√	1974	30 juin	1992	VAB	C
Mauritanie	36	1988	PAPCHILD, 1990		1985	31 déc.	1985	VAB	
Mexique	93	1990	DHS, 1987		1991	31 déc.	1980	VAP	C
Moldova, Rép. de	54	1989		√	1989	31 déc.	1993	VAB	
Mongolie	23	1989			1987	31 déc.	1986	VAB	C
Mozambique	1	1980			1992	31 déc.	1987	VAB	
Namibie	76	1991	DHS, 1992		1991	31 mars	1990	VAB	C
Népal	9	1991			1987	14 juill.	1985	VAB	C
Nicaragua	30	1995	LSMS, 1993		1975	31 déc.	1980	VAP	C
Niger	10	1988	Bgt et cons. mén., 1993			31 déc.	1987	VAP	
Nigéria	19	1991	Dép. cons., 1992		1987	31 déc.	1987	VAB	
Norvège	131	1990		√	1985	31 déc.	1990	VAP	C
Nouvelle-Zélande	111	1991		√	1991	30 juin	1982	VAP	B
Oman	102	1993	Santé juv., 1989		1975	31 déc.	1978	VAP	B
Ouganda	14	1991	DHS, 1995		1970	30 juin	1991	VAB	
Ouzbékistan	55	1989		√	1989	31 déc.	1987	VAB	
Pakistan	35	1981	LSMS, 1991		1975	30 juin	1981	VAB	C
Panama	84	1990			1975	31 déc.	1992	VAB	C
Papouasie-Nouvelle-Guinée	60	1990			1987	31 déc.	1983	VAP	B
Paraguay	72	1992	CDC, 1992		1987	31 déc.	1982	VAP	C
Pays-Bas	123	1971		√	1991	31 déc.	1990	VAP	C
Pérou	80	1993	LSMS, 1994		1987	31 déc.	1979	VAP	C
Philippines	57	1990	DHS, 1993		1975	31 déc.	1985	VAP	B
Pologne	86	1988		√	1991	31 déc.	1990	VAP	C
Portugal	109	1991		√	1990	31 déc.	1985	VAP	C
République arabe syrienne	59	1994			1976	31 déc.	1985	VAP	C
RDP lao	28	1985			1987	31 déc.	1990	VAP	
République centrafricaine	26	1988	DHS, 1994–95		1987	31 déc.	1987	VAB	
République dominicaine	65	1993	DHS, 1991		1987	31 déc.	1970	VAP	C
République kirghize	47	1989	LSMS, 1994	√	1989	31 déc.	1993	VAB	
République slovaque	88	1991		√	1991	31 déc.	1993	VAP	

Économie	*Classement par PNB par habitant*	*Dernier recensement*	*Dernière enquête auprès des ménages ou enquête démographique*	*Registres d'état civil tenus en bonne et due forme*	*Dernière enquête sur les prélèvements d'eau*	*Date de clôture de l'exercice*	*Comptes nationaux* *Année de base*	*Comptes nationaux* *Prix utilisés pour l'évaluation*	*Système de comptabilité de finances publiques*
République tchèque	98	1991	CDC, 1993	√	1991	31 déc.	1984	VAP	C
Roumanie	66	1992	LSMS, 1995	√	1994	31 déc.	1993	VAB	C
Royaume-Uni	116	1991		√	1991	31 déc.	1990	VAB	C
Rwanda	7	1991	DHS, 1992		1993	31 déc.	1985	VAB	C
Sénégal	41	1988	DHS, 1992–93		1987	31 déc.	1987	VAP	
Sierra Leone	8	1985	SHEHEA, 1989–90		1987	30 juin	1985	VAB	B
† Singapour	126	1990		√	1975	31 mars	1985	VAP	C
Slovénie	106	1991		√		31 déc.	1992	VAB	
Sri Lanka	48	1981	DHS, 1993	√	1970	31 déc.	1982	VAB	C
Suède	122	1990		√	1991	30 juin	1990	VAB	C
Suisse	133	1990		√	1991	31 déc.	1990	VAP	C
Tanzanie	3	1988	LSMS, 1993		1994	30 juin	1992	VAB	
Tchad	6	1993			1987	31 déc.	1977	VAB	C
Thaïlande	83	1990	DHS, 1987		1987	30 sept.	1988	VAP	C
Togo	24	1981	DHS, 1988		1987	31 déc.	1978	VAP	
Trinité-et-Tobago	97	1990	DHS, 1987	√	1975	31 déc.	1985	VAB	
Tunisie	73	1994			1990	31 déc.	1990	VAP	C
Turquie	85	1990	Pop. et santé, 1983		1991	31 déc.	1994	VAB	C
Ukraine	71	1989		√	1989	31 déc.	1990	VAB	
Uruguay	103	1985			1965	31 déc.	1983	VAP	C
Venezuela	90	1990	LSMS, 1993		1970	31 déc.	1984	VAP	C
Viet Nam	15	1989	Dém. intercens., 1995		1992	31 déc.	1989	VAP	
Yémen, Rép. du.	20	1994	DHS, 1991–92		1987	31 déc.	1990	VAB	C
Zambie	32	1990	DSA, 1993		1994	31 déc.	1977	VAP	C
Zimbabwe	38	1992	DHS, 1994		1987	30 juin	1980	VAB	C

Notes :

- La colonne *Dernier recensement* indique l'année la plus récente durant laquelle un recensement a été effectué.
- La colonne *Dernière enquête auprès des ménages ou enquête démographique* fournit des informations sur les enquêtes à partir desquelles les données sur les ménages et les statistiques démographiques ont été compilées. PAPCHILD signifie le Projet panarabe pour le développement de l'enfant ; DHS, les Enquêtes démographiques et sanitaires ; EMF, l'Enquête mondiale sur la fécondité ; LSMS, l'Étude sur la mesure des niveaux de vie ; DSA, les Dimensions sociales de l'ajustement ; CDC, les Centres de lutte contre la maladie ; et SHEHEA, les Enquêtes sur les dépenses des foyers et sur les activités économiques des ménages.
- La colonne *Registres d'état civil tenus en bonne et due forme* indique, par la mention (√), les pays considérés tenir des registres d'état civil à jour par la Division de statistique du Département de l'information économique et sociale et de l'analyse des politiques de l'Organisation des Nations Unies et dont les données sont reprises dans « Population and Vital Statistics Report ». Il se peut que les indicateurs démographiques de ces pays soient plus exacts et plus à jour.
- La colonne *Dernière enquête sur les prélèvements d'eau* indique l'année la plus récente pour laquelle les données provenant de diverses sources ont été compilées.
- La colonne *Date de clôture de l'exercice* indique la date retenue par l'administration centrale. Elle peut être différente pour les autres échelons des administrations publiques et pour les périodes de déclaration retenues dans les enquêtes statistiques ; toutefois, lorsqu'un pays présente des comptes sur la base de l'exercice, comme mentionné à la colonne suivante, la date indiquée est la date de clôture de la période couverte par les comptes nationaux.
- La colonne *Année de base des comptes nationaux* indique la période de base utilisée pour calculer les données en prix constants dans les comptes nationaux. Les indices des prix établis à partir des agrégats des comptes nationaux, comme le déflateur du PIB, expriment le niveau des prix par rapport aux prix à l'année de base. Les données en prix constants présentées par la Banque mondiale ont en partie été recalculées de manière à ce qu'elles aient toutes 1987 pour année de base.
- La colonne *Prix utilisés pour l'évaluation* indique si la valeur ajoutée dans les comptes nationaux est établie en fonction des prix de base ou à la production (VAB) ou des prix à la consommation (VAP). Les prix à la consommation incluent les taxes prélevées sur la valeur ajoutée et recouvrées auprès des consommateurs, et surestiment donc en général la valeur effectivement ajoutée par le processus de production.
- La colonne *Système de comptabilité de finances publiques* décrit le système comptable utilisé pour présenter les données financières de l'administration centrale. Pour la plupart des pays, les statistiques de finances publiques ont été consolidées (C) en une série de comptes décrivant toutes les activités financières de l'administration centrale. Les comptes budgétaires de l'administration centrale (B) ne recouvrent pas tous les services de l'administration centrale.

Tableau 1. Indicateurs de base

		Population (millions d'habitants) milieu de 1995	Superficie (milliers de km²)	PNB par habitant[a]		Estimations PPA du PNB par habitant[b]			Pauvreté % pop. ayant moins de $ 1 par jour (PPA) pour subsister 1981–95	Espérance de vie à la naissance (années) 1995	Analphabétisme des adultes (%) 1995
				Dollars 1995	Croissance annuelle moyenne (%) 1985–95	EU=100 1987	EU=100 1995	$ internationaux courants 1995			
Économies à faible revenu		**3 179,9 t**	**40 606 t**	**430 w**	**3,8 w**					**63 w**	**34 w**
Sauf Chine et Inde		**1 050,3 t**	**27 758 t**	**290 w**	**–1,4 w**					**56 w**	**46 w**
1	Mozambique	16,2	802	80	3,6	2,5	3,0	810[c]	. .	47	60
2	Éthiopie	56,4	1 097	100	–0,3	2,0	1,7	450	33,8	49	65
3	Tanzanie[d]	29,6	945	120	1,0	2,6	2,4	640	16,4	51	32
4	Burundi	6,3	28	160	–1,3	3,2	2,3	630[c]	. .	49	65
5	Malawi	9,8	118	170	–0,7	3,1	2,8	750	. .	43	44
6	Tchad	6,4	1 284	180	0,6	2,5	2,6	700[c]	. .	48	52
7	Rwanda	6,4	26	180	–5,4	3,8	2,0	540	45,7	46	40
8	Sierra Leone	4,2	72	180	–3,6	3,2	2,2	580	. .	40	. .
9	Népal	21,5	141	200	2,4	4,0	4,3	1 170[c]	53,1	55	73
10	Niger	9,0	1 267	220	. .	3,6	2,8	750[c]	61,5	47	86
11	Burkina Faso	10,4	274	230	–0,2	3,3	2,9	780[c]	. .	49	81
12	Madagascar	13,7	587	230	–2,2	3,1	2,4	640	72,3	52	. .
13	Bangladesh	119,8	144	240	2,1	4,8	5,1	1 380	. .	58	62
14	Ouganda	19,2	236	240	2,7	4,7	5,5	1 470[c]	50,0	42	38
15	Viet Nam	73,5	332	240	. .	. .	. .	. .	. .	68	6
16	Guinée-Bissau	1,1	36	250	2,0	2,8	2,9	790[c]	87,0	38	45
17	Haïti	7,2	28	250	–5,2	5,8	3,4	910[c]	. .	57	55
18	Mali	9,8	1 240	250	0,8	2,3	2,0	550	. .	50	69
19	Nigéria	111,3	924	260	1,2	4,4	4,5	1 220	28,9	53	43
20	Yémen, Rép. du	15,3	528	260	. .	. .	. .	. .	. .	53	. .
21	Cambodge	10,0	181	270	. .	. .	. .	. .	. .	53	35
22	Kenya	26,7	580	280	0,1	5,7	5,1	1 380	50,2	58	22
23	Mongolie	2,5	1 567	310	–3,8	10,6	7,2	1 950	. .	65	. .
24	Togo	4,1	57	310	–2,7	5,5	4,2	1 130[c]	. .	56	48
25	Gambie	1,1	11	320	. .	4,5	3,5	930[c]	. .	46	61
26	Rép. centrafricaine	3,3	623	340	–2,4	5,0	4,0	1 070[c]	. .	48	40
27	Inde	929,4	3 288	340	3,2[e]	4,4	5,2	1 400	52,5	62	48
28	RDP lao	4,9	237	350	2,7	. .	. .	. .	. .	52	43
29	Bénin	5,5	113	370	–0,3	6,9	6,5	1 760	. .	50	63
30	Nicaragua	4,4	130	380	–5,4	11,8	7,4	2 000[c]	43,8	68	34
31	Ghana	17,1	239	390	1,4	7,4	7,4	1 990[c]	. .	59	. .
32	Zambie	9,0	753	400	–0,8	4,2	3,5	930	84,6	46	22
33	Angola	10,8	1 247	410	–6,1	8,9	4,9	1 310	. .	47	. .
34	Géorgie[f]	5,4	70	440	–17,0	28,1	5,5	1 470	. .	73	. .
35	Pakistan	129,9	796	460	1,2	8,4	8,3	2 230	11,6	60	62
36	Mauritanie	2,3	1 026	460	0,5	6,0	5,7	1 540[c]	31,4	51	. .
37	Azerbaïdjan[f]	7,5	87	480	–16,3	21,8	5,4	1 460	. .	70	. .
38	Zimbabwe	11,0	391	540	–0,6	8,6	7,5	2 030	41,0	57	15
39	Guinée	6,6	246	550	1,4	. .	. .	. .	26,3	44	. .
40	Honduras	5,9	112	600	0,1	7,9	7,0	1 900	46,5	67	27
41	Sénégal	8,5	197	600	. .	7,3	6,6	1 780	54,0	50	67
42	Chine	1 200,2	9 561	620	8,3	6,3	10,8	2 920	29,4	69	19
43	Cameroun	13,3	475	650	–6,6	15,1	7,8	2 110	. .	57	37
44	Côte d'Ivoire	14,0	322	660	. .	8,2	5,9	1 580	17,7	55	60
45	Albanie	3,3	29	670	. .	. .	. .	. .	. .	73	. .
46	Congo	2,6	342	680	–3,2	11,5	7,6	2 050	. .	51	25
47	Rép. kirghize[f]	4,5	199	700	–6,9	13,6	6,7	1 800	18,9	68	. .
48	Sri Lanka	18,1	66	700	2,6	10,6	12,1	3 250	4,0	72	10
49	Arménie[f]	3,8	30	730	–15,1	25,4	8,4	2 260	. .	71	. .
Économies à revenu intermédiaire		**1 590,9 t**	**60 838 t**	**2 390 w**	**–0,7 w**				**. .**	**68 w**	**18 w**
Tranche inférieure		**1 152,6 t**	**40 323 t**	**1 670 w**	**–1,3 w**				**. .**	**67 w**	**. .**
50	Lesotho	2,0	30	770	1,2	6,1	6,6	1 780[c]	50,4	61	29
51	Égypte, Rép. arabe d'	57,8	1 001	790	1,1	14,3	14,2	3 820	7,6	63	49
52	Bolivie	7,4	1 099	800	1,8	9,1	9,4	2 540	7,1	60	17
53	Macédoine, ERY de	2,1	26	860	. .	. .	. .	. .	. .	73	. .
54	Moldova[f]	4,3	34	920	. .	. .	. .	. .	6,8	69	. .
55	Ouzbékistan[f]	22,8	447	970	–3,9	12,6	8,8	2 370	. .	70	. .
56	Indonésie	193,3	1 905	980	6,0	9,8	14,1	3 800	14,5	64	16
57	Philippines	68,6	300	1 050	1,5	10,3	10,6	2 850	27,5	66	5
58	Maroc	26,6	447	1 110	0,9	13,2	12,4	3 340	1,1	65	56
59	Rép. arabe syrienne	14,1	185	1 120	0,9	18,5	19,7	5 320	. .	68	. .
60	Papouasie-Nouvelle-Guinée	4,3	463	1 160	2,3	8,5	9,0	2 420[c]	. .	57	28
61	Bulgarie	8,4	111	1 330	–2,6	23,4	16,6	4 480	2,6	71	. .
62	Kazakstan[f]	16,6	2 717	1 330	–8,6	24,2	11,2	3 010	. .	69	. .
63	Guatemala	10,6	109	1 340	0,3	13,2	12,4	3 340	53,3	66	44
64	Équateur	11,5	284	1 390	0,8	15,8	15,6	4 220	30,4	69	10
65	Rép. dominicaine	7,8	49	1 460	2,1	13,7	14,3	3 870	19,9	71	18
66	Roumanie	22,7	238	1 480	–3,8	22,2	16,2	4 360	17,7	70	. .
67	Jamaïque	2,5	11	1 510	3,6	11,3	13,1	3 540	4,7	74	15
68	Jordanie	4,2	89	1 510	–4,5	23,8	15,1	4 060[c]	2,5	70	13
69	Algérie	28,0	2 382	1 600	–2,4	26,5	19,6	5 300	1,6	70	38
70	El Salvador	5,6	21	1 610	2,8	8,2	9,7	2 610	. .	67	29
71	Ukraine[f]	51,6	604	1 630	–9,2	20,7	8,9	2 400	. .	69	. .
72	Paraguay	4,8	407	1 690	1,2	13,3	13,5	3 650	. .	68	8

Note : Pour les autres économies, voir le tableau 1a. Les Notes techniques indiquent ce que recouvrent les chiffres et dans quelle mesure ils sont comparables. Les chiffres en italique se rapportent à des années autres que celles qui sont indiquées.

		Population (millions d'habitants) milieu de 1995	Superficie (milliers de km²)	PNB par habitant[a]		Estimations PPA du PNB par habitant[b]			Pauvreté % pop. ayant moins de $ 1 par jour (PPA) pour subsister 1981–95	Espérance de vie à la naissance (années) 1995	Analphabétisme des adultes (%) 1995
				Dollars 1995	Croissance annuelle moyenne (%) 1985–95	EU=100 1987	EU=100 1995	$ internationaux courants 1995			
73	Tunisie	9,0	164	1 820	1,9	18,3	18,5	5 000	3,9	69	33
74	Lituanie[f]	3,7	65	1 900	−11,7	25,2	15,3	4 120	2,1	69	. .
75	Colombie	36,8	1 139	1 910	2,6	20,7	22,7	6 130	7,4	70	9
76	Namibie	1,5	824	2 000	2,9	15,8	15,4	4 150[c]	. .	59	. .
77	Bélarus[f]	10,3	208	2 070	−5,2	26,3	15,6	4 220	. .	70	. .
78	Fédération de Russie[f]	148,2	17 075	2 240	−5,1	30,9	16,6	4 480	1,1	65	. .
79	Lettonie[f]	2,5	65	2 270	−6,6	24,5	12,5	3 370	. .	69	. .
80	Pérou	23,8	1 285	2 310	−1,6	17,9	14,0	3 770	49,4	66	11
81	Costa Rica	3,4	51	2 610	2,8	19,8	21,7	5 850	18,9	77	5
82	Liban	4,0	10	2 660	. .	. .	. .	. .	. .	68	8
83	Thaïlande	58,2	513	2 740	8,4	16,2	28,0	7 540	0,1	69	6
84	Panama	2,6	76	2 750	−0,4	26,1	22,2	5 980	25,6	73	9
85	Turquie	61,1	779	2 780	2,2	20,4	20,7	5 580	. .	67	18
86	Pologne	38,6	313	2 790	1,2	21,5	20,0	5 400	6,8	70	. .
87	Estonie[f]	1,5	45	2 860	−4,3	25,5	15,6	4 220	6,0	70	. .
88	République slovaque	5,4	49	2 950	−2,8	17,6	13,4	3 610	12,8	72	. .
89	Botswana	1,5	582	3 020	6,1	15,3	20,7	5 580	34,7	68	30
90	Venezuela	21,7	912	3 020	0,5	33,0	29,3	7 900	11,8	71	9
Tranche supérieure		**438,3 t**	**20 514 t**	**4 260 w**	**0,2 w**					**69 w**	**14 w**
91	Afrique du Sud	41,5	1 221	3 160	−1,1	22,4	18,6	5 030[c]	23,7	64	18
92	Croatie	4,8	57	3 250	. .	. .	. .	. .	. .	74	. .
93	Mexique	91,8	1 958	3 320	0,1	27,8	23,7	6 400	14,9	72	10
94	Maurice	1,1	2	3 380	5,4	39,0	49,0	13 210	. .	71	17
95	Gabon	1,1	268	3 490	−8,2	. .	. .	. .	. .	55	37
96	Brésil	159,2	8 512	3 640	−0,8	24,2	20,0	5 400	28,7	67	17
97	Trinité-et-Tobago	1,3	5	3 770	−1,7	38,1	31,9	8 610[c]	. .	72	2
98	République tchèque	10,3	79	3 870	−1,8	44,9	36,2	9 770	3,1	73	. .
99	Malaisie	20,1	330	3 890	5,7	22,9	33,4	9 020	5,6	71	17
100	Hongrie	10,2	93	4 120	−1,0	28,9	23,8	6 410	0,7	70	. .
101	Chili	14,2	757	4 160	6,1	24,6	35,3	9 520	15,0	72	5
102	Oman	2,2	212	4 820	0,3	33,2	30,2	8 140[c]	. .	70	. .
103	Uruguay	3,2	177	5 170	3,1	23,6	24,6	6 630	. .	73	3
104	Arabie saoudite	19,0	2 150	7 040	−1,9	43,0	. .	. .	. .	70	37
105	Argentine	34,7	2 767	8 030	1,8	31,6	30,8	8 310	. .	73	4
106	Slovénie	2,0	20	8 200	. .	. .	. .	. .	. .	74	. .
107	Grèce	10,5	132	8 210	1,3	44,2	43,4	11 710	. .	78	. .
Économies à revenu faible/intermédiaire		**4 770,8 t**	**101 444 t**	**1 090 w**	**0,4 w**					**65 w**	**30 w**
Afrique subsaharienne		**583,3 t**	**24 271 t**	**490 w**	**−1,1 w**					**52 w**	**43 w**
Asie de l'Est et Pacifique		**1 706,4 t**	**16 249 t**	**800 w**	**7,2 w**					**68 w**	**17 w**
Asie du Sud		**1 243,0 t**	**5 133 t**	**350 w**	**2,9 w**					**61 w**	**51 w**
Europe et Asie centrale		**487,6 t**	**24 355 t**	**2 220 w**	**−3,5 w**					**68 w**	**. .**
Moyen-Orient et Afrique du Nord		**272,4 t**	**11 021 t**	**1 780 w**	**−0,3 w**					**66 w**	**39 w**
Amérique latine et Caraïbes		**477,9 t**	**20 414 t**	**3 320 w**	**0,3 w**					**69 w**	**13 w**
Économies à revenu élevé		**902,2 t**	**32 039 t**	**24 930 w**	**1,9 w**					**77 w**	**. .**
108	Corée, Rép. de	44,9	99	9 700	7,7	27,3	42,4	11 450	. .	72	h
109	Portugal	9,9	92	9 740	3,6	41,6	47,0	12 670	. .	75	. .
110	Espagne	39,2	505	13 580	2,6	50,5	53,8	14 520	. .	77	. .
111	Nouvelle-Zélande	3,6	271	14 340	0,8	63,3	60,6	16 360	. .	76	h
112	Irlande	3,6	70	14 710	5,2	44,2	58,1	15 680	. .	77	h
113	† Israël	5,5	21	15 920	2,5	56,3	61,1	16 490	. .	77	. .
114	† Koweït	1,7	18	17 390	1,1	86,3	88,2	23 790[c]	. .	76	21
115	† Émirats arabes unis	2,5	84	17 400	−2,8	84,4	61,1	16 470	. .	75	21
116	Royaume-Uni	58,5	245	18 700	1,4	72,0	71,4	19 260	. .	77	h
117	Australie	18,1	7 713	18 720	1,4	70,1	70,2	18 940	. .	77	h
118	Italie	57,2	301	19 020	1,8	72,5	73,7	19 870	. .	78	h
119	Canada	29,6	9 976	19 380	0,4	84,6	78,3	21 130	. .	78	h
120	Finlande	5,1	338	20 580	−0,2	72,9	65,8	17 760	. .	76	h
121	† Hong Kong	6,2	1	22 990[g]	4,8	70,7	85,1	22 950[g]	. .	79	8
122	Suède	8,8	450	23 750	−0,1	77,7	68,7	18 540	. .	79	h
123	Pays-Bas	15,5	37	24 000	1,9	70,5	73,9	19 950	. .	78	h
124	Belgique	10,1	31	24 710	2,2	76,3	80,3	21 660	. .	77	h
125	France	58,1	552	24 990	1,5	77,6	78,0	21 030	. .	78	h
126	† Singapour	3,0	1	26 730	6,2	56,1	84,4	22 770[c]	. .	76	9
127	Autriche	8,1	84	26 890	1,9	75,0	78,8	21 250	. .	77	h
128	États-Unis	263,1	9 364	26 980	1,3	100,0	100,0	26 980	. .	77	h
129	Allemagne	81,9	357	27 510	. .	. .	74,4	20 070	. .	76	h
130	Danemark	5,2	43	29 890	1,5	78,7	78,7	21 230	. .	75	h
131	Norvège	4,4	324	31 250	1,7	78,6	81,3	21 940	. .	78	h
132	Japon	125,2	378	39 640	2,9	75,3	82,0	22 110	. .	80	h
133	Suisse	7,0	41	40 630	0,2	105,4	95,9	25 860	. .	78	h
Toutes économies		**5 673,0 t**	**133 483 t**	**4 880 w**	**0,8 w**					**67 w**	**. .**

†Économies classées par les Nations Unies ou considérées par leurs autorités comme économies en développement. a. Méthode de l'Atlas ; voir les Notes techniques. b. Parité de pouvoir d'achat ; voir les Notes techniques. c. Chiffres estimés par régression ou extrapolés à partir des estimations les plus récentes du Projet de comparaison internationale. d. Dans tous les tableaux, les chiffres du PIB et du PNB ne couvrent que la partie continentale de la Tanzanie. e. Les taux de croissance du PIB ont été révisés ultérieurement à l'établissement des statistiques incluses dans la présente publication. f. Les estimations pour les économies de l'ex-Union soviétique sont préliminaires ; leur classification est sujette à révision. g. Les données se réfèrent au PIB. h. D'après l'UNESCO, l'analphabétisme est inférieur à 5 %.

Tableau 2. Indicateurs macroéconomiques

		Déficit/excédent courant de l'admin. centrale[a] (% du PIB)		Monnaie au sens large : Croissance nominale annuelle moyenne (%)	Monnaie au sens large : Encours moyen en % du PIB		Taux d'intérêt nominaux des banques (% annuel moyen) : Intérêts créditeurs		Taux d'intérêt nominaux des banques (% annuel moyen) : Intérêts débiteurs		Inflation annuelle moyenne (%) (déflateur PIB)	Solde transactions courantes (% du PIB)		Réserves internat. brutes (mois de couverture des importat.)		Valeur act. nette de la dette extérieure (% du PNB)
		1980	1995	1985–95	1980	1995	1980	1995	1980	1995	1985–95	1980	1995	1980	1995	1995
Économies à faible revenu																
Sauf Chine et Inde																
1	Mozambique	..	..	..	..	..	..	..	..	..	52,2	–18,1	..	..	..	333
2	Éthiopie	*–1,7*[b]	..	..	*21,6*[b]	42,1	..	11,5	..	15,1	..	*–4,1*[b]	*–1,9*	4,0[b]	7,0	61
3	Tanzanie	*–1,3*	..	..	*40,7*	*30,7*	4,0	24,6	11,5	42,8	32,3	*–7,1*	–17,5	0,2	1,5	148
4	Burundi	*1,9*	..	..	13,5	*19,9*	2,5	..	12,0	15,3	6,1	..	–0,6	..	8,7	50
5	Malawi	1,1	..	23,6	18,0	15,2	7,9	37,3	16,7	47,3	22,1	–21,0	*–35,0*	1,4	1,5	65
6	Tchad	..	..	–0,6	20,0	13,7	5,5	5,5	11,0	16,0	3,1	1,2	*–4,1*	1,7	4,2	38
7	Rwanda	3,5	..	7,3	13,6	15,5	6,3	*5,0*	13,5	*15,0*	10,8	–4,2	*–6,5*	6,7	4,7	40
8	Sierra Leone	*–4,4*	–3,3	51,4	19,4	9,8	9,2	7,0	11,0	28,8	61,6	–14,2	*–10,1*	0,7	2,7	137
9	Népal	..	..	..	21,9	*33,7*	4,0	..	14,0	..	11,6	–4,8	–8,9	8,9	4,9	26
10	Niger	5,0	..	1,1	13,3	14,2	6,2	..	14,5	..	1,3	–10,9	*–8,2*	1,6	2,6	53
11	Burkina Faso	2,0	..	9,3	13,8	22,3	6,2	..	14,5	..	2,6	–2,9	*0,8*	1,5	7,1	27
12	Madagascar	..	–2,8	24,2	18,2	17,9	..	..	..	..	18,4	–13,8	–8,6	0,1	1,1	98
13	Bangladesh	..	..	14,1	18,4	35,6	8,3	6,0	11,3	14,0	6,4	–6,5	–3,5	1,5	4,2	32
14	Ouganda	–2,2	..	69,0	12,7	10,1	6,8	7,6	10,8	20,2	65,7	–6,6	–7,6	0,1	3,8	43
15	Viet Nam	..	..	..	..	..	..	..	..	..	88,3	..	–9,9	..	0,0	138
16	Guinée-Bissau	..	..	..	..	13,8	..	26,5	..	32,9	62,5	*–48,0*	–16,1	..	2,5	235
17	Haïti	–3,2	..	16,9	24,0	42,9	10,0	..	..	..	14,7	–6,9	–3,3	0,6	1,6	25
18	Mali	–1,4	..	6,5	17,9	20,2	6,2	..	14,5	..	4,6	–8,0	*–8,9*	0,6	4,0	73
19	Nigéria	..	..	..	23,8	*25,1*	5,3	13,5	8,4	20,2	33,0	5,6	–1,9	5,8	1,5	132
20	Yémen, Rép. du	..	*–13,4*	..	..	47,0	..	..	..	..	..	..	3,0	..	2,5	128
21	Cambodge	..	..	..	..	7,7	..	8,7	..	18,7	..	..	–6,7	..	0,8	52
22	Kenya	2,5	*–0,3*	21,3	29,8	37,6	5,8	13,6	10,6	28,8	13,0	–12,1	–4,4	2,1	1,2	72
23	Mongolie	..	8,6	..	..	25,7	..	60,1	..	114,9	51,6	*–34,7*	4,5	..	*3,4*	39
24	Togo	*1,8*	..	0,5	29,0	28,9	6,2	..	14,5	..	..	–8,4	*–5,8*	1,4	3,6	75
25	Gambie	6,7	*7,4*	14,4	21,1	23,1	5,0	12,5	15,0	25,0	9,0	–37,2	–2,1	0,4	5,3	*59*
26	Rép. centrafricaine	*–2,1*	..	6,1	18,9	20,9	5,5	5,5	10,5	16,0	3,8	–5,4	*–2,8*	2,2	9,0	*52*
27	Inde	0,0	–1,6	16,8	34,7	46,0	..	..	16,5	*16,3*	9,8	–1,7	–1,8	8,0	5,2	23
28	RDP lao	..	..	..	..	12,7	..	14,0	..	25,7	22,6	..	–12,7	..	1,8	43
29	Bénin	..	..	10,1	17,1	*25,1*	6,2	..	14,5	..	..	–2,5	*2,4*	0,4	3,2	46
30	Nicaragua	–1,5	3,1	836,2	24,0	30,0	..	11,1	..	19,9	961,6	–19,2	–36,9	0,9	1,2	520
31	Ghana	–2,9	*–0,9*	38,4	16,2	15,4	11,5	28,7	19,0	..	28,6	0,7	–6,5	3,1	4,3	61
32	Zambie	–8,1	3,4	75,1	28,4	12,6	7,0	..	9,5	*113,3*	91,5	–13,3	..	1,2	..	139
33	Angola	..	..	..	..	..	..	..	..	..	169,5	..	*–18,1*	..	..	260
34	Géorgie	..	..	..	..	..	..	..	..	..	310,0	..	..	..	..	44
35	Pakistan	1,8	0,3	15,6	38,7	40,9	..	..	..	..	9,2	–4,8	*–3,8*	3,1	2,1	38
36	Mauritanie	..	..	7,5	20,5	19,3	*5,5*	..	12,0	..	6,9	–18,8	–2,6	3,6	1,7	166
37	Azerbaïdjan	..	..	..	..	9,5	..	..	..	162,5	..	..	–10,9	..	..	8
38	Zimbabwe	–9,0	..	22,1	*29,5*	26,0	3,5	25,9	17,5	34,7	20,9	–2,8	*–7,3*	2,7	..	65
39	Guinée	..	..	..	..	8,8	..	17,5	..	21,5	..	..	–5,3	..	1,0	59
40	Honduras	..	..	18,6	21,1	25,2	*10,6*	12,0	*16,5*	27,0	14,3	–12,3	–5,1	1,5	1,5	101
41	Sénégal	1,8	..	3,9	26,6	20,0	6,2	..	14,5	..	3,7	–12,8	*0,1*	0,2	1,9	54
42	Chine	..	..	28,3	33,2	92,4	5,4	11,0	5,0	12,1	9,3	*2,8*	0,2	*10,5*	6,3	16
43	Cameroun	5,8	*0,2*	–2,9	20,6	16,2	7,5	5,5	13,0	16,0	2,0	–10,1	–2,2	1,1	0,1	97
44	Côte d'Ivoire	3,8	..	2,2	26,7	26,2	6,2	..	14,5	..	4,0	–18,0	–2,7	0,1	1,5	185
45	Albanie	..	*–4,7*	..	..	47,5	..	15,3	..	19,7	27,3	..	–0,5	..	3,7	32
46	Congo	..	..	1,1	14,8	14,7	6,5	5,5	11,0	16,0	2,2	–9,8	–26,4	0,9	0,4	325
47	Rép. kirghize	..	..	..	..	..	..	..	..	..	..	..	–9,5	..	..	15
48	Sri Lanka	–4,5	–1,5	17,0	28,4	31,8	14,5	16,1	19,0	14,7	11,8	–16,3	*–4,7*	1,5	4,2	44
49	Arménie	..	..	..	..	..	..	..	..	..	183,1	..	–13,6	..	..	14
Économies à revenu intermédiaire																
Tranche inférieure																
50	Lesotho	*1,3*	*18,0*	13,9	*39,7*	28,9	*9,6*	13,3	11,0	16,4	13,4	15,3	*12,2*	1,3	5,4	26
51	Égypte, Rép. arabe d'	*9,0*	*6,5*	19,0	52,2	96,8	8,3	10,9	13,3	16,5	15,7	–1,9	–2,0	3,1	11,8	56
52	Bolivie	..	–1,2	43,1	16,2	44,9	18,0	18,9	28,0	51,0	18,4	–0,2	*–4,0*	6,0	6,7	67
53	Macédoine, ERY de	..	..	..	..	..	..	..	..	..	..	..	..	..	1,7	57
54	Moldova	..	..	..	..	11,5	..	..	..	..	..	..	–2,7	..	2,9	16
55	Ouzbékistan	..	..	..	..	..	..	..	..	..	..	..	*0,0*	..	..	7
56	Indonésie	9,6	*9,9*	..	13,2	..	6,0	..	..	*17,1*	8,8	*–0,6*	–3,5	*2,9*	3,0	54
57	Philippines	4,1	*2,0*	20,7	22,0	45,4	12,3	8,4	14,0	14,7	9,8	–5,9	–2,7	4,6	2,6	49
58	Maroc	0,5	..	13,1	38,5	65,2	4,9	..	7,0	*10,0*	4,8	–7,5	–4,7	1,7	3,6	62
59	Rép. arabe syrienne	–3,5	*7,1*	..	40,9	*63,2*	5,0	..	..	..	16,0	1,9	2,6	2,2	..	118
60	Papouasie-Nouvelle-Guinée	–6,2	*–4,1*	..	32,9	*30,2*	6,9	*5,1*	11,2	*9,2*	4,5	–11,3	13,8	3,5	1,3	45
61	Bulgarie	..	–4,1	..	..	..	..	..	..	..	45,9	4,8	2,7	..	..	87
62	Kazakstan	..	..	..	..	..	..	..	..	..	..	..	–2,4	..	2,8	22
63	Guatemala	2,1	*0,8*	22,7	20,5	23,5	9,0	7,9	11,0	21,2	18,6	–2,1	–3,9	4,3	2,4	19
64	Équateur	0,9	*3,3*	55,3	21,2	26,6	..	43,3	9,0	55,7	45,5	–5,5	–4,6	4,1	3,4	76
65	Rép. dominicaine	2,9	*8,3*	31,9	17,8	24,4	..	..	..	..	26,4	–10,9	–1,1	1,5	0,7	33
66	Roumanie	15,5	*2,2*	51,3	33,4	19,9	..	..	..	..	68,7	..	–3,8	2,1	2,9	18
67	Jamaïque	..	..	33,4	32,8	44,0	9,5	23,2	15,6	43,6	28,3	–5,1	–5,6	0,8	2,0	123
68	Jordanie	..	*2,5*	10,2	..	*104,5*	..	3,3	..	9,0	..	..	*–9,0*	6,3	5,3	108
69	Algérie	..	..	14,8	53,3	38,8	..	..	..	..	22,9	0,6	–5,6	5,8	5,0	64
70	El Salvador	–0,4	*0,8*	21,2	28,0	36,1	..	14,4	..	19,1	14,9	0,9	–0,7	3,6	3,2	22
71	Ukraine	..	..	..	..	0,0	..	70,3	..	122,7	..	..	–1,4	..	0,7	10
72	Paraguay	3,3	*3,0*	36,5	19,8	26,4	..	21,2	..	31,0	24,9	–13,5	–19,0	6,7	..	27

Note : Les Notes techniques indiquent ce que recouvrent les chiffres et dans quelle mesure ils sont comparables. Les chiffres en italique se rapportent à des années autres que celles qui sont indiquées.

		Déficit/excédent courant de l'admin. centrale[a] (% du PIB)		Monnaie au sens large: Croissance nominale annuelle moyenne (%)	Monnaie au sens large: Encours moyen en % du PIB		Taux d'intérêt nominaux des banques (% annuel moyen): Intérêts créditeurs		Taux d'intérêt nominaux des banques (% annuel moyen): Intérêts débiteurs		Inflation annuelle moyenne (%) (déflateur PIB)	Solde transactions courantes (% du PIB)		Réserves internat. brutes (mois de couverture des importat.)		Valeur act. nette de la dette extérieure (% du PNB)
		1980	1995	1985–95	1980	1995	1980	1995	1980	1995	1985–95	1980	1995	1980	1995	1995
73	Tunisie	9,2	..	9,8	37,6	44,3	2,5	..	7,3	..	6,0	–4,0	–4,1	2,0	2,1	52
74	Lituanie	..	0,7	..	..	22,6	..	8,4	..	27,1	..	..	–8,7	..	2,5	9
75	Colombie	1,5	2,8	31,6	17,1	19,5	..	32,3	..	42,7	25,2	–0,6	–5,4	12,5	5,0	27
76	Namibie	..	0,7	..	..	38,7	..	10,8	..	18,5	10,4	..	1,6	..	1,3	..
77	Bélarus	..	..	..	..	10,5	..	100,8	..	175,0	..	..	–1,2	..	0,9	6
78	Fédération de Russie	..	–5,6	..	..	11,6	..	102,0	..	319,5	148,9	..	2,8	..	2,5	35
79	Lettonie	..	–2,5	..	..	25,0	..	14,8	..	34,6	72,5	..	–0,4	..	3,2	7
80	Pérou	2,0	0,5	388,5	16,5	17,2	..	16,0	..	36,6	398,5	–0,5	–7,4	6,6	8,6	52
81	Costa Rica	–3,5	–0,4	23,6	38,8	32,2	18,3	23,9	25,0	36,7	18,4	–13,7	–1,5	1,2	3,0	40
82	Liban	..	–11,2	63,4	..	117,6	12,9	16,3	16,8	24,7	..	..	–45,7	..	14,6	25
83	Thaïlande	–0,1	8,1	19,7	34,5	73,8	12,0	11,6	18,0	14,4	5,0	–6,4	–8,1	3,3	5,0	35
84	Panama	0,4	2,8	11,3	32,8	67,9	..	7,2	..	11,1	1,7	–9,2	–2,2	0,2	0,9	98
85	Turquie	2,6	–2,4	73,9	14,2	24,8	8,0	76,1	..	..	64,6	–5,0	–1,4	4,3	3,7	43
86	Pologne	..	–0,8	87,2	57,0	31,8	..	26,8	8,0	33,5	91,8	–6,0	–3,6	0,3	4,9	31
87	Estonie	..	..	..	..	22,5	..	8,7	..	16,0	77,2	..	–4,6	..	2,2	6
88	République slovaque	..	..	..	..	62,9	..	9,0	..	15,6	10,6	..	3,7	..	4,4	31
89	Botswana	10,8	21,1	19,2	28,2	25,9	5,0	10,0	8,5	14,2	11,5	–15,6	7,9	4,3	22,5	13
90	Venezuela	7,4	2,6	36,3	28,9	23,1	..	24,7	..	32,2	37,6	6,8	3,0	9,4	6,3	47
Tranche supérieure																
91	Afrique du Sud	4,4	–4,2	14,5	50,1	51,7	5,5	13,5	9,5	17,9	13,9	4,5	–2,6	3,6	1,4	..
92	Croatie	..	2,1	..	..	22,1	..	5,5	..	20,2	..	..	–9,5	..	2,5	18
93	Mexique	3,8	2,4	46,1	25,2	30,7	20,6	39,2	28,1	..	36,7	–5,3	–0,3	1,4	2,1	67
94	Maurice	–1,9	1,9	20,3	40,0	73,2	9,3	12,2	12,2	20,8	8,8	–10,3	–0,6	1,9	4,2	..
95	Gabon	..	..	1,2	15,3	14,6	7,5	5,5	12,5	16,0	5,0	9,0	8,1	0,7	0,8	89
96	Brésil	4,1	–13,3	995,5	11,1	26,1	115,0	52,2	..	..	875,3	–5,5	–2,6	2,3	7,9	23
97	Trinité-et-Tobago	24,1	..	4,3	27,1	40,1	6,6	6,9	10,0	15,2	6,8	5,7	5,5	11,4	1,8	52
98	République tchèque	..	4,0	..	..	81,0	..	7,0	..	12,8	12,2	..	–3,1	..	6,5	36
99	Malaisie	7,1	7,3	15,5	46,1	85,0	6,2	5,9	7,8	7,6	3,3	–1,1	–5,9	4,6	3,2	39
100	Hongrie	4,7	..	..	..	43,0	3,0	26,1	..	32,6	19,9	–2,3	–5,8	..	6,7	72
101	Chili	6,7	5,3	25,5	21,0	33,9	37,7	13,7	47,1	18,2	17,9	–7,1	0,2	5,9	8,8	41
102	Oman	7,9	–4,3	5,7	13,8	31,3	..	6,5	..	9,4	–0,2	15,8	–8,1	3,2	2,6	28
103	Uruguay	2,1	0,6	71,3	31,2	33,4	50,3	38,2	66,6	99,1	70,7	–7,0	–2,0	12,5	5,3	31
104	Arabie saoudite	..	..	5,1	13,8	50,4	..	..	..	..	2,8	26,5	–6,5	5,0	2,7	..
105	Argentine	–2,6	..	257,9	19,0	18,8	79,6	11,9	..	17,8	255,6	–6,3	–1,4	7,0	6,2	31
106	Slovénie	..	..	..	..	32,5	..	15,3	..	24,8	..	..	–0,2	..	2,1	18
107	Grèce	–0,4	–14,4	..	50,5	53,0	14,5	15,8	21,3	23,1	15,4	–5,5	–3,2	3,7	7,0	..
Économies à revenu faible/intermédiaire																
Afrique subsaharienne																
Asie de l'Est et Pacifique																
Asie du Sud																
Europe et Asie centrale																
Moyen-Orient et Afrique du Nord																
Amérique latine et Caraïbes																
Économies à revenu élevé																
108	Corée, Rép. de	2,8	6,0	18,5	29,0	40,9	19,5	8,8	18,0	9,0	6,7	–8,3	–1,8	1,3	2,5	..
109	Portugal	–2,7	–3,4	15,5	70,1	78,1	19,0	8,4	18,8	13,8	11,2	–3,7	–0,2	15,2	6,2	..
110	Espagne	0,4	–4,9	11,2	75,4	78,6	13,1	7,7	16,9	10,0	6,3	–2,6	0,2	6,0	3,2	..
111	Nouvelle-Zélande	–1,6	3,8	19,2	26,4	77,6	11,0	8,5	12,6	12,2	3,9	–4,3	–6,6	0,6	2,4	..
112	Irlande	–5,7	–1,8	11,4	43,8	50,1	12,0	0,4	16,0	6,6	2,5	–10,6	2,3	2,7	2,0	..
113	† Israël	–16,9	–2,4	22,1	14,8	67,3	..	14,1	176,9	20,2	17,1	–3,9	–6,0	3,6	2,5	..
114	† Koweït	70,5	..	3,2	33,1	77,7	9,2	6,5	9,2	8,4	–0,5	53,4	15,8	6,2	4,1	..
115	† Émirats arabes unis	–11,0	–8,8	4,6	19,0	54,0	9,5	..	12,1	..	..	..	..	..	..	..
116	Royaume-Uni	–1,2	–3,4	..	..	..	14,1	4,1	16,2	6,7	5,1	1,3	–0,4	2,0	1,3	..
117	Australie	0,6	–1,9	11,9	36,4	61,3	8,6	..	10,6	..	3,7	–2,8	–5,5	2,5	1,9	..
118	Italie	–6,4	–8,4	..	70,9	62,5	12,7	6,4	19,0	12,5	6,0	–2,3	2,4	6,4	2,4	..
119	Canada	–2,4	..	8,9	45,1	59,3	12,9	7,1	14,3	8,6	2,9	–0,6	–1,5	2,3	0,8	..
120	Finlande	2,0	–9,0	6,6	39,8	56,7	9,0	3,2	9,8	7,7	3,8	–2,7	4,5	1,6	2,9	..
121	† Hong Kong	..	..	..	60,7	..	..	..	..	..	8,7	–4,4	..	..	..	..
122	Suède	–2,5	–5,9	..	..	..	11,3	6,2	15,2	11,1	5,5	–3,4	2,0	2,0	3,1	..
123	Pays-Bas	1,2	–2,3	5,6	67,3	82,0	6,0	4,4	13,5	7,2	1,7	–0,5	4,1	4,4	2,5	..
124	Belgique	–2,9	–2,6	13,0	45,0	80,2	7,7	4,0	18,0	8,4	3,2	..	..	..	..	..
125	France	2,2	–3,8	3,7	71,6	64,4	7,3	4,5	12,5	8,1	2,8	–0,6	1,1	5,2	1,5	..
126	† Singapour	9,8	15,0	14,3	57,7	82,6	9,4	3,5	11,7	6,4	3,9	–13,3	18,0	3,0	5,7	..
127	Autriche	0,6	–1,5	7,0	72,6	89,5	5,0	2,2	..	..	3,2	–5,0	–2,2	6,4	2,5	..
128	États-Unis	–0,5	–1,4	3,9	60,4	59,4	13,1[c]	5,9[c]	15,3	8,8	3,2	0,1	–2,1	6,2	2,0	..
129	Allemagne	..	–0,2	8,1	..	62,0	7,9	3,9	12,0	10,9	..	..	–0,9	5,3	2,1	..
130	Danemark	–1,2	–1,2	4,4	42,6	57,8	10,8	3,9	17,2	10,3	2,8	–3,3	0,8	1,5	1,5	..
131	Norvège	4,0	1,0	5,9	47,1	55,6	5,0	5,0	12,6	7,8	3,0	1,7	3,0	3,0	5,5	..
132	Japon	–3,2	..	5,9	83,4	112,7	5,5	0,7	8,3	3,4	1,4	–1,0	2,2	2,8	4,1	..
133	Suisse	0,8	–3,4	4,6	107,4	126,3	8,8	1,3	5,6	5,5	3,4	–0,2	7,2	13,3	7,7	..
Toutes économies																

a. Solde du budget courant hors dons. b. Y compris l'Érythrée. c. Taux des certificats de dépôt.

Tableau 3. Indicateurs des opérations économiques extérieures

	Termes nets de l'échange entre produits (1987=100)		Commerce extérieur (% du PIB)		Flux nets globaux de ressources (% du PNB)		Flux nets de capitaux privés (millions de dollars)		Aide (% du PNB)	
	1985	1995	1980	1995	1980	1995	1980	1995	1980	1994
Économies à faible revenu	111 m	*91 m*			3,4 w	5,9 w	7 368 t	53 446 t	1,9 w	4,3 w
Sauf Chine et Inde	112 m	*91 m*			6,3 w	7,3 w	4 769 t	5 517 t	4,1 w	12,6 w
1 Mozambique	113	*124*	61	*102*	3,9	76,8	0	67	8,4	101,0
2 Éthiopie	119[a]	*74*	*27*[a]	39	*8,3*[a]	12,0	26[a]	−42	*4,7*[a]	22,7
3 Tanzanie	126	*83*	*37*	96	*16,4*	18,1	100	137	*12,4*	29,9
4 Burundi	133	*52*	32	43	8,1	24,5	−3	1	12,8	31,6
5 Malawi	99	*87*	64	69	15,7	22,4	30	−14	12,6	38,0
6 Tchad	99	*103*	65	*46*	3,3	16,2	0	7	4,9	23,9
7 Rwanda	136	*75*	41	32	9,3	53,8	14	1	13,4	95,9
8 Sierra Leone	109	*89*	62	40	5,2	22,7	−7	−28	8,0	36,0
9 Népal	98	*85*	30	60	6,5	6,4	0	−2	8,3	10,9
10 Niger	91	*101*	63	*30*	12,9	8,6	199	−23	6,8	25,0
11 Burkina Faso	103	*103*	43	*45*	8,4	13,9	4	0	12,5	23,7
12 Madagascar	124	*82*	43	54	8,7	8,4	131	4	5,8	10,2
13 Bangladesh	126	*94*	24	37	13,0	3,5	11	10	9,9	6,8
14 Ouganda	149	*58*	45	33	8,9	10,1	44	112	9,0	19,2
15 Viet Nam	..	..	..	83	..	4,4	0	1 487	..	5,9
16 Guinée-Bissau	91	*92*	52	48	108,0	26,4	18	1	56,6	74,3
17 Haïti	89	*52*	52	*17*	5,2	28,0	20	2	7,3	37,3
18 Mali	100	*103*	51	38	12,1	13,9	10	1	16,6	24,5
19 Nigéria	167	*86*	48	81	0,9	0,8	694	453	0,0	0,6
20 Yémen, Rép. du	131	*84*	..	*88*	..	3,6	97	−2	..	4,6
21 Cambodge	..	..	..	*36*	..	15,1	0	164	..	14,3
22 Kenya	124	98	67	72	8,8	5,6	301	−42	5,6	9,7
23 Mongolie	..	..	58	..	*0,0*	16,0	0	−4	0,0	27,6
24 Togo	139	*90*	107	*65*	12,7	11,3	83	0	8,3	13,8
25 Gambie	137	*111*	119	*103*	35,0	9,0	21	10	24,4	19,8
26 Rép. centrafricaine	109	*91*	69	46	10,7	12,5	4	3	13,9	19,4
27 Inde	92	*150*	17	27	1,4	1,0	868	3 592	1,3	0,8
28 RDP lao	..	..	..	*53*	..	16,1	0	88	..	14,2
29 Bénin	111	*110*	66	*64*	7,2	10,7	4	1	6,4	17,4
30 Nicaragua	111	*95*	68	*76*	13,8	33,3	−26	−7	10,9	46,1
31 Ghana	93	*64*	18	59	4,1	17,4	−26	525	4,3	8,5
32 Zambie	89	*85*	87	71	14,6	12,5	175	30	8,9	20,7
33 Angola	153	*86*	..	132	..	21,3	38	523	..	11,0
34 Géorgie	..	..	..	46	..	66,2	0	0	..	7,5
35 Pakistan	112	114	37	36	5,4	4,1	230	1 443	5,1	3,1
36 Mauritanie	110	*106*	104	104	29,4	17,8	27	3	26,2	27,7
37 Azerbaïdjan	..	..	..	66	..	7,9	0	110	..	3,8
38 Zimbabwe	100	*84*	64	*74*	4,2	7,2	23	99	3,1	10,2
39 Guinée	120	*91*	..	46	..	9,1	80	20	..	11,0
40 Honduras	118	*77*	80	80	11,7	6,5	137	65	4,2	9,5
41 Sénégal	107	*107*	72	69	9,0	8,4	18	−24	9,0	17,2
42 Chine	109	*105*	13	40	1,0	7,9	1 732	44 339	0,0	0,6
43 Cameroun	113	*79*	54	46	10,9	2,8	409	49	4,4	10,0
44 Côte d'Ivoire	109	*81*	76	76	11,8	7,9	936	36	2,2	24,8
45 Albanie	..	..	..	52	..	9,2	0	70	..	9,1
46 Congo	150	*93*	120	128	35,5	1,1	440	−49	6,0	24,9
47 Rép. kirghize	..	..	..	58	..	6,1	0	15	..	5,5
48 Sri Lanka	106	88	87	83	10,6	6,0	129	140	9,8	5,1
49 Arménie	..	..	..	85	..	7,2	0	8	..	9,8
Économies à revenu intermédiaire	..	*94* m			2,8 w	4,1 w	44 334 t	130 742 t	0,6 w	1,0 w
Tranche inférieure	..	..			..	..	..	..	1,3 w	1,4 w
50 Lesotho	..	..	143	138	10,5	8,4	7	32	14,9	8,9
51 Égypte, Rép. arabe d'	147	*95*	73	54	14,2	1,9	1 133	294	6,5	6,4
52 Bolivie	130	*67*	38	*47*	14,1	12,9	203	191	5,9	10,9
53 Macédoine, ERY de	..	..	..	86	..	3,0	0	0	..	..
54 Moldova	..	..	..	78	..	4,9	0	79	..	1,5
55 Ouzbékistan	..	..	..	*125*	..	2,3	0	235	..	0,1
56 Indonésie	145	*79*	53	53	2,5	6,8	987	11 648	1,3	1,0
57 Philippines	99	*114*	52	80	3,9	5,2	840	4 605	0,9	1,6
58 Maroc	99	*90*	45	62	8,6	2,9	731	572	4,9	2,2
59 Rép. arabe syrienne	138	*78*	54	..	19,7	1,9	42	43	13,0	5,3
60 Papouasie-Nouvelle-Guinée	94	*90*	97	106	16,8	10,8	106	578	13,1	6,4
61 Bulgarie	95	*106*	66	94	1,7	3,7	339	489	0,0	1,6
62 Kazakstan	..	..	..	69	..	4,7	0	500	..	0,2
63 Guatemala	114	*93*	47	*47*	2,8	1,7	91	85	0,9	1,7
64 Équateur	143	*71*	51	56	7,4	4,8	594	561	0,4	1,4
65 Rép. dominicaine	115	*123*	48	55	7,1	1,5	150	237	1,9	0,7
66 Roumanie	66	*111*	75	60	..	4,4	1 360	687	..	0,5
67 Jamaïque	89	*105*	102	145	12,3	5,5	9	188	5,1	2,9
68 Jordanie	127	128	..	*121*	35,0	8,4	28	−143	..	6,5
69 Algérie	173	*83*	65	57	3,1	2,6	897	129	0,4	1,0
70 El Salvador	122	*89*	67	55	3,2	1,6	−17	8	2,8	3,9
71 Ukraine	..	..	..	..	..	0,9	0	247	..	0,3
72 Paraguay	110	*101*	44	*82*	3,6	4,3	121	174	0,7	1,3

Note : Les Notes techniques indiquent ce que recouvrent les chiffres et dans quelle mesure ils sont comparables. Les chiffres en italique se rapportent à des années autres que celles qui sont indiquées.

		Termes nets de l'échange entre produits (1987=100)		Commerce extérieur (% du PIB)		Flux nets globaux de ressources (% du PNB)		Flux nets de capitaux privés (millions de dollars)		Aide (% du PNB)	
		1985	1995	1980	1995	1980	1995	1980	1995	1980	1994
73	Tunisie	123	*91*	86	93	7,2	5,7	337	751	2,7	0,7
74	Lituanie	..	..	..	108	..	3,6	0	194	..	1,1
75	Colombie	124	80	32	35	2,9	2,7	688	3 741	0,3	0,2
76	Namibie	..	..	142	*110*	..	..	..	..	0,0	4,7
77	Bélarus	..	..	..	..	..	1,4	0	103	..	0,5
78	Fédération de Russie	..	..	..	44	..	0,5	2 817	1 116	..	0,6
79	Lettonie	..	..	..	91	..	2,2	0	224	..	0,9
80	Pérou	111	*83*	42	30	1,8	6,4	–67	3 532	1,0	0,8
81	Costa Rica	111	*92*	63	81	9,2	1,6	248	384	1,4	0,9
82	Liban	105	*95*	..	*70*	..	11,3	70	1 153	..	2,5
83	Thaïlande	103	100	54	90	6,5	6,1	1 465	9 143	1,3	0,4
84	Panama	104	*86*	..	79	4,1	10,1	65	228	1,3	0,6
85	Turquie	82	*109*	17	45	3,0	0,8	660	2 000	1,4	0,1
86	Pologne	95	*109*	59	53	5,5	5,6	2 265	5 058	0,0	2,0
87	Estonie	..	..	..	160	..	6,5	0	207	..	1,1
88	République slovaque	98	*86*	..	124	..	4,3	0	653	..	0,6
89	Botswana	97	*152*	116	101	20,3	2,3	115	64	11,8	2,2
90	Venezuela	166	*82*	51	49	2,6	0,0	1 825	848	0,0	0,1
Tranche supérieure		**110 m**	***95* m**			**..**	**..**	**..**	**..**	**0,1 w**	**0,1 w**
91	Afrique du Sud	101	111	64	44	..	..	..	..	..	0,2
92	Croatie	..	..	..	93	..	1,9	0	346	..	..
93	Mexique	145	*92*	24	48	4,8	8,7	8 181	13 068	0,0	0,1
94	Maurice	*77*	103	113	120	8,4	7,9	48	304	3,0	0,4
95	Gabon	154	*90*	96	101	–1,9	9,6	–93	–125	1,4	5,6
96	Brésil	101	*101*	20	*15*	2,9	2,6	5 656	19 097	0,0	0,1
97	Trinité-et-Tobago	138	*86*	89	68	6,3	6,4	258	271	0,1	0,5
98	République tchèque	98	*86*	..	108	0,0	9,2	0	5 596	0,0	0,4
99	Malaisie	114	*92*	113	194	8,7	14,7	1 913	11 924	0,6	0,1
100	Hongrie	103	*97*	80	67	3,3	17,4	596	7 841	0,0	0,5
101	Chili	91	*94*	50	54	8,7	4,7	2 447	4 230	0,0	0,3
102	Oman	182	*77*	100	*89*	3,3	1,3	33	126	3,1	1,0
103	Uruguay	91	*112*	36	*41*	5,3	1,8	479	217	0,1	0,5
104	Arabie saoudite	175	*92*	101	*70*	..	..	..	..	0,0	0,0
105	Argentine	123	*120*	12	*16*	4,6	4,1	3 475	7 204	0,0	0,1
106	Slovénie	..	..	..	113	..	4,0	0	838	..	..
107	Grèce	96	*111*	47	57	..	..	..	..	0,1	0,0
Économies à revenu faible/intermédiaire		**111 m**	***93* m**			**2,9 w**	**4,5 w**	**51 702 t**	**184 188 t**	**1,0 w**	**3,3 w**
Afrique subsaharienne		**110 m**	***91* m**			**5,5 w**	**8,3 w**	**7 906 t**	**9 128 t**	**3,4 w**	**16,3 w**
Asie de l'Est et Pacifique		**..**	**..**			**2,9 w**	**7,8 w**	**7 135 t**	**84 137 t**	**0,7 w**	**1,1 w**
Asie du Sud		**109 m**	***94* m**			**3,0 w**	**1,6 w**	**1 238 t**	**5 191 t**	**2,4 w**	**1,9 w**
Europe et Asie centrale		**..**	**..**			**1,7 w**	**3,8 w**	**26 164 t**	**30 059 t**	**0,4 w**	**0,9 w**
Moyen-Orient et Afrique du Nord		**147 m**	***92* m**			**1,9 w**	**0,4 w**	**–1 040 t**	**1 414 t**	**1,1 w**	**..**
Amérique latine et Caraïbes		**111 m**	***94* m**			**4,2 w**	**4,3 w**	**24 590 t**	**54 261 t**	**0,3 w**	**1,7 w**
Économies à revenu élevé		**96 m**	***97* m**			**..**	**..**	**..**	**..**	**..**	**..**
108	Corée, Rép. de	94	102	74	67					0,2	0,0
109	Portugal	117	*92*	61	66					..	..
110	Espagne	82	114	34	47					..	..
111	Nouvelle-Zélande	90	108	62	62					..	..
112	Irlande	96	90	108	136					..	..
113	† Israël	99	109	91	69					4,1	1,6
114	† Koweït	165	*88*	113	104					0,0	0,0
115	† Émirats arabes unis	181	*93*	112	*139*					0,0	0,0
116	Royaume-Uni	104	102	52	57					..	..
117	Australie	110	101	34	40					..	..
118	Italie	84	*107*	47	49					..	..
119	Canada	99	100	55	71					..	..
120	Finlande	88	*95*	67	68					..	..
121	† Hong Kong	118	*87*	181	297					0,0	0,0
122	Suède	92	*102*	61	77					..	..
123	Pays-Bas	101	103	103	99					..	..
124	Belgique	96[b]	101[b]	128	143					..	..
125	France	89	106	44	43					..	..
126	† Singapour	108	89	423	..					0,1	0,0
127	Autriche	92	*87*	76	*77*					..	..
128	États-Unis	101	102	21	24					..	..
129	Allemagne	84[c]	96	..	46					..	..
130	Danemark	91	100	66	64					..	..
131	Norvège	142	95	81	71					..	..
132	Japon	73	127	28	17					..	..
133	Suisse	85	*60*	77	68					..	..
Toutes économies		**..**	**..**							**..**	**..**

a. Y compris l'Érythrée. b. Y compris le Luxembourg. c. Les données antérieures à 1990 se réfèrent à la République fédérale d'Allemagne avant l'unification.

Tableau 4. Population et population active

		Population						Population active									
		Totale (millions)		Accroissement annuel moyen (%)		15–64 ans (millions)		Totale[a] (millions)		Accroissement annuel moyen (%)		Féminine (%)		Agriculture (%)		Industrie (%)	
		1980	1995	1980–90	1990–95	1980	1995	1980	1995	1980–90	1990–95	1980	1995	1980	1990	1980	1990
Économies à faible revenu		**2 378 t**	**3 180 t**	**2,0 w**	**1,7 w**	**1 351 t**	**1 934 t**	**1 156 t**	**1 575 t**	**2,2 w**	**1,7 w**	**40 w**	**41 w**	**73 w**	**69 w**	**13 w**	**15 w**
Sauf Chine et Inde		**709 t**	**1 050 t**	**2,7 w**	**2,4 w**	**371 t**	**563 t**	**317 t**	**467 t**	**2,6 w**	**2,5 w**	**40 w**	**41 w**	**72 w**	**67 w**	**10 w**	**12 w**
1	Mozambique	12	16	1,6	2,6	6	9	7	8	1,2	2,4	49	48	84	83	7	8
2	Éthiopie	38	56	3,1	1,9	19	28	17	25	2,9	2,3	42	41	86	80	2	2
3	Tanzanie	19	30	3,2	3,0	9	15	10	15	3,2	2,9	50	49	86	84	4	5
4	Burundi	4	6	2,8	2,6	2	3	2	3	2,6	2,7	50	49	93	92	2	3
5	Malawi	6	10	3,3	2,7	3	5	3	5	3,0	2,5	51	49	88	95	5	5
6	Tchad	4	6	2,4	2,5	2	3	2	3	2,1	2,5	43	44	88	81	3	4
7	Rwanda	5	6	3,0	−1,7	3	4	3	4	3,2	2,0	49	49	93	92	3	3
8	Sierra Leone	3	4	2,1	1,0	2	2	1	2	1,8	2,0	36	36	70	67	14	15
9	Népal	15	21	2,6	2,5	8	12	7	10	2,4	2,4	39	40	95	95	1	0
10	Niger	6	9	3,3	3,3	3	4	3	4	3,0	2,9	45	44	93	91	3	4
11	Burkina Faso	7	10	2,6	2,8	4	5	4	5	2,0	2,1	48	47	92	92	3	2
12	Madagascar	9	14	2,9	3,1	5	7	4	6	2,5	3,1	45	45	85	84	6	7
13	Bangladesh	87	120	2,4	1,6	44	64	41	60	2,8	2,1	42	42	74	64	9	16
14	Ouganda	13	19	2,4	3,2	6	9	7	9	2,2	2,7	48	48	89	93	4	5
15	Viet Nam	54	73	2,1	2,1	28	43	26	37	2,7	1,9	48	49	73	72	13	14
16	Guinée-Bissau	1	1	1,8	2,1	0	1	0	1	1,3	1,8	40	40	86	85	2	2
17	Haïti	5	7	1,9	2,0	3	4	3	3	1,3	1,7	45	43	71	68	8	9
18	Mali	7	10	2,5	2,9	3	5	3	5	2,3	2,7	47	46	93	93	2	2
19	Nigéria	71	111	3,0	2,9	38	58	30	44	2,6	2,8	36	36	55	43	8	7
20	Yémen, Rép. du	9	15	3,3	5,0	4	8	2	5	3,7	4,9	33	29	70	58	13	16
21	Cambodge	6	10	2,9	2,8	3	5	3	5	2,8	2,5	56	53	76	74	7	8
22	Kenya	17	27	3,4	2,7	8	14	8	13	3,6	2,7	46	46	83	80	6	7
23	Mongolie	2	2	2,9	2,1	1	1	1	1	3,1	2,9	46	46	40	32	21	22
24	Togo	3	4	3,0	3,0	1	2	1	2	2,6	2,8	39	40	69	66	10	10
25	Gambie	1	1	3,6	3,7	0	1	0	1	3,4	3,2	45	45	84	82	7	8
26	Rép. centrafricaine	2	3	2,4	2,2	..	2	1	2	1,7	1,8	48	47	85	80	3	3
27	Inde	687	929	2,1	1,8	394	562	300	398	1,9	2,0	34	32	70	64	13	16
28	RDP lao	3	5	2,7	3,0	2	3	2	2	2,3	2,7	45	47	80	78	6	6
29	Bénin	3	5	3,1	2,9	2	3	2	2	2,7	2,5	47	48	67	62	7	8
30	Nicaragua	3	4	2,9	3,1	1	2	1	2	2,9	4,0	28	36	39	28	24	26
31	Ghana	11	17	3,3	2,8	6	9	5	8	3,1	2,7	51	51	61	60	13	13
32	Zambie	6	9	3,0	2,9	3	5	2	4	3,1	2,8	45	45	76	75	8	9
33	Angola	7	11	2,7	3,1	4	5	3	5	2,1	2,8	47	46	76	75	8	8
34	Géorgie	5	5	0,7	−0,2	3	4	3	3	0,4	−0,1	49	46	32	26	27	31
35	Pakistan	83	130	3,1	2,9	44	70	29	46	2,9	3,3	23	26	62	56	15	20
36	Mauritanie	2	2	2,6	2,5	1	1	1	1	2,0	2,7	45	44	72	55	7	10
37	Azerbaïdjan	6	8	1,5	1,0	4	5	3	3	1,0	1,7	47	44	35	31	28	29
38	Zimbabwe	7	11	3,3	2,4	3	6	3	5	3,6	2,2	44	44	74	69	12	8
39	Guinée	4	7	2,5	2,7	2	3	2	3	2,1	2,4	47	47	91	87	1	2
40	Honduras	4	6	3,3	3,0	2	3	1	2	3,6	3,8	25	30	56	40	14	19
41	Sénégal	6	8	2,9	2,7	3	4	3	4	2,6	2,7	42	42	81	76	6	7
42	Chine	981	1 200	1,5	1,1	586	811	539	709	2,2	1,1	43	45	76	74	14	15
43	Cameroun	9	13	2,8	2,9	5	7	4	5	2,4	3,1	37	38	73	70	8	9
44	Côte d'Ivoire	8	14	3,8	3,1	4	7	3	5	3,1	2,3	32	33	65	60	8	10
45	Albanie	3	3	2,1	−0,1	2	2	1	2	2,6	0,8	39	41	57	55	23	23
46	Congo	2	3	3,1	2,9	1	1	1	1	3,1	2,6	43	43	58	48	13	14
47	Rép. kirghize	4	5	1,9	0,5	2	3	2	2	1,6	1,2	48	47	34	32	29	26
48	Sri Lanka	15	18	1,4	1,3	9	12	5	8	2,3	2,0	27	35	52	49	18	21
49	Arménie	3	4	1,4	1,2	2	2	1	2	1,6	1,1	48	48	21	17	43	41
Économies à revenu intermédiaire		**1 236 t**	**1 591 t**	**1,8 w**	**1,4 w**	**717 t**	**981 t**	**513 t**	**688 t**	**2,1 w**	**1,8 w**	**36 w**	**38 w**	**38 w**	**32 w**	**28 w**	**27 w**
Tranche inférieure		**905 t**	**1 153 t**	**1,7 w**	**1,4 w**	**527 t**	**712 t**	**387 t**	**507 t**	**1,8 w**	**1,7 w**	**38 w**	**40 w**	**41 w**	**36 w**	**27 w**	**27 w**
50	Lesotho	1	2	2,7	2,1	1	1	1	1	2,3	2,3	38	37	41	41	33	28
51	Égypte, Rép. arabe d'	41	58	2,5	2,0	23	34	14	21	2,5	2,7	26	29	61	43	17	23
52	Bolivie	5	7	2,0	2,4	3	4	2	3	2,6	2,6	33	37	53	47	18	18
53	Macédoine, ERY de	2	2	0,7	0,9	1	1	1	1	1,2	1,3	36	41	34	22	31	41
54	Moldova	4	4	0,9	−0,1	3	3	2	2	0,2	0,2	50	49	43	33	26	30
55	Ouzbékistan	16	23	2,5	2,1	9	13	6	9	2,2	2,8	48	46	38	34	25	25
56	Indonésie	148	193	1,8	1,6	83	120	59	89	2,9	2,5	35	40	59	57	12	14
57	Philippines	48	69	2,4	2,2	27	40	19	28	2,7	2,7	35	37	52	45	15	15
58	Maroc	19	27	2,2	2,0	10	16	7	10	2,6	2,6	34	35	56	45	20	25
59	Rép. arabe syrienne	9	14	3,3	3,0	4	7	2	4	3,0	3,5	23	26	39	34	28	24
60	Papouasie-Nouvelle-Guinée	3	4	2,2	2,3	2	2	2	2	2,1	2,3	42	42	83	79	6	7
61	Bulgarie	9	8	−0,2	−0,7	6	6	5	4	−0,4	−0,6	45	48	20	14	45	50
62	Kazakstan	15	17	1,2	−0,2	9	10	7	8	1,1	0,5	48	47	24	22	32	31
63	Guatemala	7	11	2,8	2,9	4	6	2	4	2,9	3,5	22	26	54	52	19	17
64	Équateur	8	11	2,5	2,2	4	7	3	4	3,5	3,2	20	26	40	33	20	19
65	Rép. dominicaine	6	8	2,2	1,9	3	5	2	3	3,1	2,6	25	29	32	25	24	29
66	Roumanie	22	23	0,4	−0,4	14	15	11	11	−0,2	0,1	46	44	35	24	41	47
67	Jamaïque	2	3	1,2	1,0	1	2	1	1	2,1	1,8	46	46	31	24	16	23
68	Jordanie	2	4	3,7	5,7	1	2	1	1	4,9	5,3	15	21	24	21	32	32
69	Algérie	19	28	2,9	2,2	9	16	5	9	3,7	4,1	21	24	36	26	27	31
70	El Salvador	5	6	1,0	2,2	2	3	2	2	1,7	3,4	27	34	43	36	19	21
71	Ukraine	50	52	0,4	−0,1	33	34	26	26	−0,1	−0,2	50	49	25	20	39	40
72	Paraguay	3	5	3,0	2,7	2	3	1	2	2,9	2,9	27	29	45	39	20	23

Note : Les Notes techniques indiquent ce que recouvrent les chiffres et dans quelle mesure ils sont comparables. Les chiffres en italique se rapportent à des années autres que celles qui sont indiquées.

		Population						Population active									
		Totale (millions)		Accroissement annuel moyen (%)		15–64 ans (millions)		Totale[a] (millions)		Accroissement annuel moyen (%)		Féminine (%)		Agriculture (%)		Industrie (%)	
		1980	1995	1980–90	1990–95	1980	1995	1980	1995	1980–90	1990–95	1980	1995	1980	1990	1980	1990
73	Tunisie	6	9	2,5	1,9	3	5	2	3	2,7	3,0	29	30	39	28	30	32
74	Lituanie	3	4	0,9	0,0	2	2	2	2	0,7	–0,2	50	48	28	18	38	40
75	Colombie	28	37	1,9	1,8	16	23	9	16	3,9	2,7	26	37	39	25	20	22
76	Namibie	1	2	2,7	2,7	1	1	0	1	2,3	2,5	40	41	56	49	15	15
77	Bélarus	10	10	0,6	0,2	6	7	5	5	0,5	0,2	50	49	26	20	38	40
78	Fédération de Russie	139	148	0,6	0,0	95	99	76	77	0,2	0,0	49	49	16	14	44	42
79	Lettonie	3	3	0,5	–1,2	2	2	1	1	0,2	–1,1	51	50	16	16	42	40
80	Pérou	17	24	2,2	2,0	9	14	5	9	3,1	3,1	24	29	40	36	18	18
81	Costa Rica	2	3	2,8	2,3	1	2	1	1	3,8	2,5	21	30	35	26	23	27
82	Liban	3	4	2,5	1,9	2	2	1	1	3,5	2,9	23	28	13	5	26	22
83	Thaïlande	47	58	1,7	0,9	26	39	24	34	2,6	1,3	47	46	71	64	10	14
84	Panama	2	3	2,1	1,7	1	2	1	1	3,1	2,4	30	34	29	26	19	16
85	Turquie	44	61	2,3	1,7	25	38	19	28	2,9	2,1	35	35	60	53	16	18
86	Pologne	36	39	0,7	0,3	19	26	19	19	0,1	0,6	45	46	30	27	38	36
87	Estonie	1	1	0,6	–1,1	1	1	1	1	0,4	–0,8	51	49	15	14	43	41
88	République slovaque	5	5	0,6	0,3	3	4	2	3	0,9	0,7	45	48	14	12	36	32
89	Botswana	1	1	3,5	2,5	0	1	0	1	3,4	2,5	50	46	64	46	10	20
90	Venezuela	15	22	2,6	2,3	8	13	5	8	3,5	3,0	27	33	15	12	28	28
Tranche supérieure		**331 t**	**438 t**	**2,0 w**	**1,7 w**	**191 t**	**269 t**	**126 t**	**182 t**	**2,7 w**	**2,0 w**	**29 w**	**34 w**	**31 w**	**21 w**	**29 w**	**27 w**
91	Afrique du Sud	29	41	2,4	2,2	16	24	11	16	2,7	2,4	35	37	17	14	35	32
92	Croatie	5	5	0,4	0,0	3	3	2	2	0,3	0,1	40	43	24	15	32	32
93	Mexique	67	92	2,3	1,9	35	54	22	36	3,5	2,8	27	31	37	28	29	24
94	Maurice	1	1	0,9	1,3	1	1	0	0	2,3	1,8	26	32	27	17	28	43
95	Gabon	1	1	3,0	2,8	0	1	0	1	2,1	1,9	45	44	76	61	14	19
96	Brésil	121	159	2,0	1,5	71	101	48	71	3,2	1,6	28	35	37	23	24	23
97	Trinité-et-Tobago	1	1	1,3	0,8	1	1	0	1	1,2	1,8	32	36	11	11	39	31
98	République tchèque	10	10	0,1	–0,1	6	7	5	6	0,2	0,4	47	47	13	11	56	45
99	Malaisie	14	20	2,6	2,4	8	12	5	8	2,8	2,7	34	37	41	27	19	23
100	Hongrie	11	10	–0,3	–0,3	7	7	5	5	–0,8	0,1	43	44	18	15	43	38
101	Chili	11	14	1,7	1,5	7	9	4	6	2,7	2,1	26	32	21	19	25	25
102	Oman	1	2	3,9	6,0	1	1	0	1	3,4	5,1	7	14	50	48	22	26
103	Uruguay	3	3	0,6	0,6	2	2	1	1	1,6	1,0	31	40	17	14	28	27
104	Arabie saoudite	9	19	5,2	3,7	5	10	3	6	6,5	3,2	8	13	45	20	16	20
105	Argentine	28	35	1,5	1,3	17	21	11	14	1,3	2,0	28	31	13	12	34	32
106	Slovénie	2	2	0,5	–0,1	1	1	1	1	0,3	0,1	46	46	15	5	42	44
107	Grèce	10	10	0,5	0,6	6	7	4	4	1,2	0,9	28	36	31	23	29	28
Économies à revenu faible/intermédiaire		**3 614 t**	**4 771 t**	**2,0 w**	**1,6 w**	**2 069 t**	**2 916 t**	**1 669 t**	**2 263 t**	**2,2 w**	**1,7 w**	**38 w**	**40 w**	**63 w**	**58 w**	**17 w**	**18 w**
Afrique subsaharienne		**381 t**	**583 t**	**3,0 w**	**2,6 w**	**196 t**	**305 t**	**173 t**	**257 t**	**2,7 w**	**2,6 w**	**42 w**	**42 w**	**72 w**	**68 w**	**9 w**	**9 w**
Asie de l'Est et Pacifique		**1 360 t**	**1 706 t**	**1,6 w**	**1,3 w**	**796 t**	**1 119 t**	**704 t**	**951 t**	**2,3 w**	**1,3 w**	**43 w**	**45 w**	**73 w**	**70 w**	**14 w**	**15 w**
Asie du Sud		**903 t**	**1 243 t**	**2,2 w**	**1,9 w**	**508 t**	**732 t**	**389 t**	**532 t**	**2,1 w**	**2,1 w**	**34 w**	**33 w**	**70 w**	**64 w**	**13 w**	**16 w**
Europe et Asie centrale		**437 t**	**488 t**	**0,9 w**	**0,3 w**	**277 t**	**317 t**	**219 t**	**238 t**	**0,6 w**	**0,5 w**	**46 w**	**46 w**	**27 w**	**23 w**	**37 w**	**36 w**
Moyen-Orient et Afrique du Nord		**175 t**	**272 t**	**3,1 w**	**2,7 w**	**91 t**	**151 t**	**54 t**	**88 t**	**3,2 w**	**3,3 w**	**24 w**	**26 w**	**48 w**	**36 w**	**21 w**	**24 w**
Amérique latine et Caraïbes		**358 t**	**478 t**	**2,0 w**	**1,7 w**	**201 t**	**293 t**	**130 t**	**197 t**	**3,0 w**	**2,3 w**	**27 w**	**33 w**	**34 w**	**25 w**	**25 w**	**24 w**
Économies à revenu élevé		**816 t**	**902 t**	**0,7 w**	**0,7 w**	**522 t**	**605 t**	**368 t**	**432 t**	**1,2 w**	**0,9 w**	**39 w**	**42 w**	**9 w**	**5 w**	**35 w**	**31 w**
108	Corée, Rép. de	38	45	1,2	0,9	24	32	16	22	2,3	1,9	39	40	37	18	27	35
109	Portugal	10	10	0,1	0,1	6	7	5	5	0,4	0,5	39	43	26	18	36	34
110	Espagne	37	39	0,4	0,2	23	27	14	17	1,3	1,0	28	36	19	12	37	33
111	Nouvelle-Zélande	3	4	0,8	1,4	2	2	1	2	2,0	1,5	34	44	11	10	33	25
112	Irlande	3	4	0,3	0,5	2	2	1	1	0,4	1,7	28	33	19	14	34	29
113	† Israël	4	6	1,8	3,5	2	3	1	2	2,3	3,5	34	40	6	4	32	29
114	† Koweït	1	2	4,4	–4,9	1	1	0	1	5,8	–1,6	13	27	2	1	32	25
115	† Émirats arabes unis	1	2	5,7	5,8	1	1	1	1	5,1	3,9	5	13	4	7	37	24
116	Royaume-Uni	56	59	0,2	0,3	36	38	27	29	0,6	0,3	39	43	3	2	38	29
117	Australie	15	18	1,5	1,1	10	12	7	9	2,3	1,4	37	43	6	5	32	26
118	Italie	56	57	0,1	0,2	36	39	23	25	0,8	0,4	33	38	13	9	38	32
119	Canada	25	30	1,2	1,3	17	20	12	15	1,9	1,0	40	45	7	3	33	25
120	Finlande	5	5	0,4	0,5	3	3	2	3	0,6	0,1	46	48	12	8	35	31
121	† Hong Kong	5	6	1,2	1,6	3	4	2	3	1,6	1,3	34	37	1	1	50	37
122	Suède	8	9	0,3	0,6	5	6	4	5	1,0	0,3	44	48	. .	. .	. .	. .
123	Pays-Bas	14	15	0,6	0,7	9	11	6	7	2,0	0,6	31	40	6	5	31	26
124	Belgique	10	10	0,1	0,4	6	7	4	4	0,2	0,5	34	40	3	3	35	28
125	France	54	58	0,5	0,5	34	38	24	26	0,4	0,8	40	44	8	5	35	29
126	† Singapour	2	3	1,7	2,0	2	2	1	1	2,3	1,7	35	38	2	0	44	36
127	Autriche	8	8	0,2	0,8	5	5	3	4	0,5	0,5	40	41	10	8	41	37
128	États-Unis	228	263	0,9	1,0	151	172	110	133	1,4	1,1	42	46	3	3	31	28
129	Allemagne	78	82	0,1	0,6	52	56	37	40	0,6	0,3	40	42	7	4	45	38
130	Danemark	5	5	0,0	0,3	3	4	3	3	0,7	0,1	44	46	7	6	31	28
131	Norvège	4	4	0,4	0,5	3	3	2	2	0,9	0,7	40	46	8	6	29	25
132	Japon	117	125	0,6	0,3	79	87	57	66	1,1	0,6	38	41	11	7	35	34
133	Suisse	6	7	0,6	1,0	4	5	3	4	1,5	0,8	37	40	6	6	39	35
Toutes économies		**4 429 t**	**5 673 t**	**1,7 w**	**1,5 w**	**2 590 t**	**3 521 t**	**2 037 t**	**2 695 t**	**2,0 w**	**1,6 w**	**38 w**	**40 w**	**53 w**	**49 w**	**20 w**	**20 w**

a. Pour calculer les estimations relatives à la population active, on a multiplié les estimations de la population par les taux d'activité d'OIT.

Tableau 5. Répartition du revenu ou de la consommation

		Année de l'enquête	Coefficient de Gini	Pourcentage du revenu ou de la consommation						
				Décile le plus pauvre (10 %)	Quintile le plus pauvre (20 %)	Deuxième quintile	Troisième quintile	Quatrième quintile	Quintile le plus riche (20 %)	Décile le plus riche (10 %)
Économies à faible revenu Sauf Chine et Inde										
1	Mozambique		..	..	..	..	..	..	..	..
2	Éthiopie		..	..	..	..	..	..	..	..
3	Tanzanie	1993[a,b]	38,1	2,9	6,9	10,9	15,3	21,5	45,4	30,2
4	Burundi		..	..	..	..	..	..	..	..
5	Malawi		..	..	..	..	..	..	..	..
6	Tchad		..	..	..	..	..	..	..	..
7	Rwanda	1983–85[a,b]	28,9	4,2	9,7	13,2	16,5	21,6	39,1	24,2
8	Sierra Leone		..	..	..	..	..	..	..	..
9	Népal	1995–96[a,b]	36,7	3,2	7,6	11,5	15,1	21,0	44,8	29,8
10	Niger	1992[a,b]	36,1	3,0	7,5	11,8	15,5	21,1	44,1	29,3
11	Burkina Faso		..	..	..	..	..	..	..	..
12	Madagascar	1993[a,b]	43,4	2,3	5,8	9,9	14,0	20,3	50,0	34,9
13	Bangladesh	1992[a,b]	28,3	4,1	9,4	13,5	17,2	22,0	37,9	23,7
14	Ouganda	1992–93[a,b]	40,8	3,0	6,8	10,3	14,4	20,4	48,1	33,4
15	Viet Nam	1993[a,b]	35,7	3,5	7,8	11,4	15,4	21,4	44,0	29,0
16	Guinée-Bissau	1991[a,b]	56,2	0,5	2,1	6,5	12,0	20,6	58,9	42,4
17	Haïti		..	..	..	..	..	..	..	..
18	Mali		..	..	..	..	..	..	..	..
19	Nigéria	1992–93[a,b]	45,0	1,3	4,0	8,9	14,4	23,4	49,3	31,3
20	Yémen, Rép. du		..	..	..	..	..	..	..	..
21	Cambodge		..	..	..	..	..	..	..	..
22	Kenya	1992[a,b]	57,5	1,2	3,4	6,7	10,7	17,0	62,1	47,7
23	Mongolie		..	..	..	..	..	..	..	..
24	Togo		..	..	..	..	..	..	..	..
25	Gambie		..	..	..	..	..	..	..	..
26	Rép. centrafricaine		..	..	..	..	..	..	..	..
27	Inde	1992[a,b]	33,8	3,7	8,5	12,1	15,8	21,1	42,6	28,4
28	RDP lao	1992[a,b]	30,4	4,2	9,6	12,9	16,3	21,0	40,2	26,4
29	Bénin		..	..	..	..	..	..	..	..
30	Nicaragua	1993[a,b]	50,3	1,6	4,2	8,0	12,6	20,0	55,2	39,8
31	Ghana	1992[a,b]	33,9	3,4	7,9	12,0	16,1	21,8	42,2	27,3
32	Zambie	1993[a,b]	46,2	1,5	3,9	8,0	13,8	23,8	50,4	31,3
33	Angola		..	..	..	..	..	..	..	..
34	Géorgie		..	..	..	..	..	..	..	..
35	Pakistan	1991[a,b]	31,2	3,4	8,4	12,9	16,9	22,2	39,7	25,2
36	Mauritanie	1988[a,b]	42,4	0,7	3,6	10,6	16,2	23,0	46,5	30,4
37	Azerbaïdjan		..	..	..	..	..	..	..	..
38	Zimbabwe	1990[a,b]	56,8	1,8	4,0	6,3	10,0	17,4	62,3	46,9
39	Guinée	1991[a,b]	46,8	0,9	3,0	8,3	14,6	23,9	50,2	31,7
40	Honduras	1992[c,d]	52,7	1,5	3,8	7,4	12,0	19,4	57,4	41,9
41	Sénégal	1991[a,b]	54,1	1,4	3,5	7,0	11,6	19,3	58,6	42,8
42	Chine	1995[c,d]	41,5	2,2	5,5	9,8	14,9	22,3	47,5	30,9
43	Cameroun		..	..	..	..	..	..	..	..
44	Côte d'Ivoire	1988[a,b]	36,9	2,8	6,8	11,2	15,8	22,2	44,1	28,5
45	Albanie		..	..	..	..	..	..	..	..
46	Congo		..	..	..	..	..	..	..	..
47	Rép. kirghize		..	..	..	..	..	..	..	..
48	Sri Lanka	1990[a,b]	30,1	3,8	8,9	13,1	16,9	21,7	39,3	25,2
49	Arménie		..	..	..	..	..	..	..	..
Économies à revenu intermédiaire Tranche inférieure										
50	Lesotho	1986–87[a,b]	56,0	0,9	2,8	6,5	11,2	19,4	60,1	43,4
51	Égypte, Rép. arabe d'	1991[a,b]	32,0	3,9	8,7	12,5	16,3	21,4	41,1	26,7
52	Bolivie	1990[c,d]	42,0	2,3	5,6	9,7	14,5	22,0	48,2	31,7
53	Macédoine, ERY de		..	..	..	..	..	..	..	..
54	Moldova	1992[c,d]	34,4	2,7	6,9	11,9	16,7	23,1	41,5	25,8
55	Ouzbékistan		..	..	..	..	..	..	..	..
56	Indonésie	1993[a,b]	31,7	3,9	8,7	12,3	16,3	22,1	40,7	25,6
57	Philippines	1988[a,b]	40,7	2,8	6,5	10,1	14,4	21,2	47,8	32,1
58	Maroc	1990–91[a,b]	39,2	2,8	6,6	10,5	15,0	21,7	46,3	30,5
59	Rép. arabe syrienne		..	..	..	..	..	..	..	..
60	Papouasie-Nouvelle-Guinée		..	..	..	..	..	..	..	..
61	Bulgarie	1992[c,d]	30,8	3,3	8,3	13,0	17,0	22,3	39,3	24,7
62	Kazakstan	1993[c,d]	32,7	3,1	7,5	12,3	16,9	22,9	40,4	24,9
63	Guatemala	1989[c,d]	59,6	0,6	2,1	5,8	10,5	18,6	63,0	46,6
64	Équateur	1994[a,b]	46,6	2,3	5,4	8,9	13,2	19,9	52,6	37,6
65	Rép. dominicaine	1989[c,d]	50,5	1,6	4,2	7,9	12,5	19,7	55,7	39,6
66	Roumanie	1992[c,d]	25,5	3,8	9,2	14,4	18,4	23,2	34,8	20,2
67	Jamaïque	1991[a,b]	41,1	2,4	5,8	10,2	14,9	21,6	47,5	31,9
68	Jordanie	1991[a,b]	43,4	2,4	5,9	9,8	13,9	20,3	50,1	34,7
69	Algérie	1988[a,b]	38,7	2,8	6,9	11,0	15,1	20,9	46,1	31,5
70	El Salvador		..	..	..	..	..	..	..	..
71	Ukraine	1992[c,d]	25,7	4,1	9,5	14,1	18,1	22,9	35,4	20,8
72	Paraguay		..	..	..	..	..	..	..	..

Note : Les Notes techniques indiquent ce que recouvrent les chiffres et dans quelle mesure ils sont comparables.

		Année de l'enquête	Coefficient de Gini	Pourcentage du revenu ou de la consommation						
				Décile le plus pauvre (10 %)	Quintile le plus pauvre (20 %)	Deuxième quintile	Troisième quintile	Quatrième quintile	Quintile le plus riche (20 %)	Décile le plus riche (10 %)
73	Tunisie	1990[a,b]	40,2	2,3	5,9	10,4	15,3	22,1	46,3	30,7
74	Lituanie	1993[c,d]	33,6	3,4	8,1	12,3	16,2	21,3	42,1	28,0
75	Colombie	1991[c,d]	51,3	1,3	3,6	7,6	12,6	20,4	55,8	39,5
76	Namibie		..	..	..	..	..	..	..	..
77	Bélarus	1993[c,d]	21,6	4,9	11,1	15,3	18,5	22,2	32,9	19,4
78	Fédération de Russie	1993[a,b]	49,6	1,2	3,7	8,5	13,5	20,4	53,8	38,7
79	Lettonie	1993[c,d]	27,0	4,3	9,6	13,6	17,5	22,6	36,7	22,1
80	Pérou	1994[a,b]	44,9	1,9	4,9	9,2	14,1	21,4	50,4	34,3
81	Costa Rica	1989[c,d]	46,1	1,2	4,0	9,1	14,3	21,9	50,7	34,1
82	Liban		..	..	..	..	..	..	..	..
83	Thaïlande	1992[a,b]	46,2	2,5	5,6	8,7	13,0	20,0	52,7	37,1
84	Panama	1989[c,d]	56,6	0,5	2,0	6,3	11,6	20,3	59,8	42,2
85	Turquie		..	..	..	..	..	..	..	..
86	Pologne	1992[a,b]	27,2	4,0	9,3	13,8	17,7	22,6	36,6	22,1
87	Estonie	1993[c,d]	39,5	2,4	6,6	10,7	15,1	21,4	46,3	31,3
88	République slovaque	1992[c,d]	19,5	5,1	11,9	15,8	18,8	22,2	31,4	18,2
89	Botswana		..	..	..	..	..	..	..	..
90	Venezuela	1990[c,d]	53,8	1,4	3,6	7,1	11,7	19,3	58,4	42,7
Tranche supérieure										
91	Afrique du Sud	1993[a,b]	58,4	1,4	3,3	5,8	9,8	17,7	63,3	47,3
92	Croatie		..	..	..	..	..	..	..	..
93	Mexique	1992[a,b]	50,3	1,6	4,1	7,8	12,5	20,2	55,3	39,2
94	Maurice		..	..	..	..	..	..	..	..
95	Gabon		..	..	..	..	..	..	..	..
96	Brésil	1989[c,d]	63,4	0,7	2,1	4,9	8,9	16,8	67,5	51,3
97	Trinité-et-Tobago		..	..	..	..	..	..	..	..
98	République tchèque	1993[c,d]	26,6	4,6	10,5	13,9	16,9	21,3	37,4	23,5
99	Malaisie	1989[c,d]	48,4	1,9	4,6	8,3	13,0	20,4	53,7	37,9
100	Hongrie	1993[a,b]	27,0	4,0	9,5	14,0	17,6	22,3	36,6	22,6
101	Chili	1994[c,d]	56,5	1,4	3,5	6,6	10,9	18,1	61,0	46,1
102	Oman		..	..	..	..	..	..	..	..
103	Uruguay		..	..	..	..	..	..	..	..
104	Arabie saoudite		..	..	..	..	..	..	..	..
105	Argentine		..	..	..	..	..	..	..	..
106	Slovénie	1993[c,d]	28,2	4,1	9,5	13,5	17,1	21,9	37,9	23,8
107	Grèce		..	..	..	..	..	..	..	..
Économies à revenu faible/intermédiaire										
Afrique subsaharienne										
Asie de l'Est et Pacifique										
Asie du Sud										
Europe et Asie centrale										
Moyen-Orient et Afrique du Nord										
Amérique latine et Caraïbes										
Économies à revenu élevé										
108	Corée, Rép. de		..	..	..	..	..	..	..	..
109	Portugal		..	..	..	..	..	..	..	..
110	Espagne	1988[e,f]	..	..	8,3	13,7	18,1	23,4	36,6	21,8
111	Nouvelle-Zélande	1981–82[e,f]	..	..	5,1	10,8	16,2	23,2	44,7	28,7
112	Irlande		..	..	..	..	..	..	..	..
113	† Israël	1979[e,f]	..	..	6,0	12,1	17,8	24,5	39,6	23,5
114	† Koweït		..	..	..	..	..	..	..	..
115	† Émirats arabes unis		..	..	..	..	..	..	..	..
116	Royaume-Uni	1988[e,f]	..	..	4,6	10,0	16,8	24,3	44,3	27,8
117	Australie	1985[e,f]	..	..	4,4	11,1	17,5	24,8	42,2	25,8
118	Italie	1986[e,f]	..	..	6,8	12,0	16,7	23,5	41,0	25,3
119	Canada	1987[e,f]	..	..	5,7	11,8	17,7	24,6	40,2	24,1
120	Finlande	1981[e,f]	..	..	6,3	12,1	18,4	25,5	37,6	21,7
121	† Hong Kong	1980[e,f]	..	..	5,4	10,8	15,2	21,6	47,0	31,3
122	Suède	1981[e,f]	..	..	8,0	13,2	17,4	24,5	36,9	20,8
123	Pays-Bas	1988[e,f]	..	..	8,2	13,1	18,1	23,7	36,9	21,9
124	Belgique	1978–79[e,f]	..	..	7,9	13,7	18,6	23,8	36,0	21,5
125	France	1989[e,f]	..	..	5,6	11,8	17,2	23,5	41,9	26,1
126	† Singapour	1982–83[e,f]	..	..	5,1	9,9	14,6	21,4	48,9	33,5
127	Autriche		..	..	..	..	..	..	..	..
128	États-Unis	1985[e,f]	..	..	4,7	11,0	17,4	25,0	41,9	25,0
129	Allemagne	1988[e,f]	..	..	7,0	11,8	17,1	23,9	40,3	24,4
130	Danemark	1981[e,f]	..	..	5,4	12,0	18,4	25,6	38,6	22,3
131	Norvège	1979[e,f]	..	..	6,2	12,8	18,9	25,3	36,7	21,2
132	Japon	1979[e,f]	..	..	8,7	13,2	17,5	23,1	37,5	22,4
133	Suisse	1982[e,f]	..	..	5,2	11,7	16,4	22,1	44,6	29,8
Toutes économies										

a. Les données se rapportent à la part des dépenses par quantile de la population. b. Classement sur la base des dépenses par habitant. c. Les données se rapportent à la part du revenu par quantile de la population. d. Classement sur la base du revenu par habitant. e. Les données se rapportent à la part des revenus par quantile des ménages. f. Classement sur la base du revenu des ménages.

Tableau 6. Santé

		Pourcentage de la population totale ayant accès à						Taux de mortalité infantile (pour 1 000 naissances vivantes)		Prévalence de la malnutrition (% enfants de moins de 5 ans)	Taux d'utilisation de contraceptifs	Indice synthétique de fécondité		Mortalité maternelle (pour 100 000 naissances vivantes)
		Des soins de santé		Une eau salubre		Des services d'assainissement								
		1980	1993	1980	1994–95	1980	1994–95	1980	1995	1989–95	1989–95	1980	1995	1989–95
Économies à faible revenu								**98 w**	**69 w**			**4,3 w**	**3,2 w**	
Sauf Chine et Inde								**116 w**	**89 w**			**6,3 w**	**5,0 w**	
1	Mozambique	..	..	*9*	28	*10*	23	145	113	..	..	6,5	6,2	1 512[a]
2	Éthiopie	..	*55*	*4*	*27*	..	*10*	155	112	47	4	6,6	7,0	1 528[a]
3	Tanzanie	*72*	*93*	..	*49*	..	*86*	104	82	28	10	6,7	5,8	748[a]
4	Burundi	..	*80*	..	*58*	..	*48*	121	98	..	..	6,8	6,5	1 327[a]
5	Malawi	*40*	..	..	54	..	63	169	133	27	13	7,6	6,6	620[b]
6	Tchad	..	*26*	..	29	..	32	147	117	..	..	5,9	5,9	1 594[a]
7	Rwanda	..	..	..	..	..	..	128	133	28	21	8,3	6,2	1 512[a]
8	Sierra Leone	*26*	..	..	..	*13*	..	190	179	23	..	6,5	6,5	..
9	Népal	*10*	..	*11*	48	*0*	*6*	132	91	70	..	6,4	5,3	515[c]
10	Niger	..	*30*	..	57	..	15	150	119	..	4	7,4	7,4	593[b]
11	Burkina Faso	..	..	*35*	..	*5*	14	121	99	..	8	7,5	6,7	939[a]
12	Madagascar	..	..	..	32	..	17	138	89	32	17	6,5	5,8	..
13	Bangladesh	*80*	*74*	..	83	..	30	132	79	84	40	6,1	3,5	887[a]
14	Ouganda	..	..	..	*42*	..	60	116	98	23	15	7,2	6,7	506[c]
15	Viet Nam	*75*	..	..	38	..	21	57	41	45	..	5,0	3,1	105[d]
16	Guinée-Bissau	*30*	..	*24*	*27*	..	20	168	136	..	..	6,0	6,0	..
17	Haïti	..	..	..	28	..	24	123	72	27	18	5,9	4,4	600[b]
18	Mali	20	..	..	44	..	44	184	123	..	..	7,1	6,8	1 249[a]
19	Nigéria	*40*	*67*	..	43	..	*63*	99	80	43	6	6,9	5,5	..
20	Yémen, Rép. du	*16*	..	..	*52*	..	*51*	141	100	30	..	7,9	7,4	1 471[a]
21	Cambodge	..	..	..	*13*	..	..	201	108	..	..	4,7	4,7	..
22	Kenya	..	..	..	*49*	..	*43*	72	58	23	27	7,8	4,7	..
23	Mongolie	*90*	..	..	..	..	..	82	55	10	..	5,4	3,4	..
24	Togo	..	..	..	67	..	20	110	88	..	..	6,6	6,4	626[a]
25	Gambie	*90*	..	*42*	61	..	34	159	126	..	..	6,5	5,3	..
26	Rép. centrafricaine	..	..	*16*	..	..	..	117	98	..	..	5,8	5,1	649
27	Inde	*50*	..	..	63	..	29	116	68	63	43	5,0	3,2	437[d]
28	RDP lao	..	..	..	41	..	30	127	90	40	..	6,7	6,5	..
29	Bénin	..	*42*	..	*70*	..	*22*	122	95	36	..	6,5	6,0	..
30	Nicaragua	..	..	..	*57*	..	..	90	46	12	44	6,2	4,1	..
31	Ghana	..	*25*	..	56	..	*29*	100	73	27	20	6,5	5,1	742[a]
32	Zambie	..	..	..	47	..	42	90	109	27	15	7,0	5,7	..
33	Angola	*70*	*24*	..	32	..	16	153	124	20	..	6,9	6,9	..
34	Géorgie	..	..	..	..	..	..	25	18	..	..	2,3	*2,2*	55[d]
35	Pakistan	*65*	*85*	*38*	60	*16*	30	124	90	40	14	7,0	5,2	..
36	Mauritanie	..	..	..	*41*	..	*64*	120	96	..	..	6,3	5,2	..
37	Azerbaïdjan	..	..	..	..	..	..	30	25	..	..	3,2	2,3	29[d]
38	Zimbabwe	55	..	..	*74*	*5*	*58*	82	55	16	..	6,8	3,8	..
39	Guinée	..	*45*	..	49	*12*	6	161	128	18	..	6,1	6,5	880[d]
40	Honduras	..	..	..	70	..	68	70	45	19	47	6,5	4,6	..
41	Sénégal	..	*40*	..	..	..	..	91	62	20	7	6,7	5,7	..
42	Chine	..	..	..	*83*	..	..	42	34	17	83	2,5	1,9	115[c]
43	Cameroun	*20*	..	..	*41*	..	*40*	94	56	14	16	6,5	5,7	..
44	Côte d'Ivoire	..	..	*20*	*82*	*17*	54	108	86	..	11	7,4	5,3	887[a]
45	Albanie	*100*	..	*92*	..	..	*100*	47	30	..	..	3,6	2,6	23[d]
46	Congo	..	..	..	*60*	..	*9*	89	90	..	..	6,2	6,0	822[a]
47	Rép. kirghize	..	..	..	*75*	..	*53*	43	30	..	..	4,1	3,3	80[d]
48	Sri Lanka	*90*	..	..	57	..	66	34	16	38	..	3,5	2,3	30[d]
49	Arménie	..	..	..	..	..	..	26	16	..	..	2,3	1,8	35[d]
Économies à revenu intermédiaire								**65 w**	**39 w**			**3,8 w**	**3,0 w**	
Tranche inférieure								**68 w**	**41 w**			**3,7 w**	**3,0 w**	
50	Lesotho	..	..	*18*	57	*12*	35	108	76	21	23	5,6	4,6	598[a]
51	Égypte, Rép. arabe d'	*100*	*99*	*90*	*84*	*70*	..	120	56	9	48	5,1	3,4	..
52	Bolivie	..	..	..	60	..	*44*	118	69	13	45	5,5	4,5	373[b]
53	Macédoine, ERY de	..	..	..	..	..	..	54	23	..	..	2,5	2,2	12[d]
54	Moldova	..	..	..	..	..	*50*	35	22	..	..	2,4	2,0	34[d]
55	Ouzbékistan	..	..	..	..	..	*18*	47	30	..	..	4,8	3,7	43[d]
56	Indonésie	..	..	..	63	..	55	90	51	39	55	4,3	2,7	390
57	Philippines	..	..	..	84	..	75	52	39	30	40	4,8	3,7	208[b]
58	Maroc	..	*62*	*32*	*59*	*50*	*63*	99	55	9	50	5,4	3,4	372[c]
59	Rép. arabe syrienne	..	*99*	*71*	87	*45*	*78*	56	32	..	..	7,4	4,8	179[d]
60	Papouasie-Nouvelle-Guinée	..	..	..	*31*	..	26	67	64	..	..	5,7	4,8	..
61	Bulgarie	..	..	*96*	..	..	*99*	20	15	..	..	2,1	1,2	20[d]
62	Kazakstan	..	..	..	..	..	..	33	27	..	..	2,9	2,3	53[d]
63	Guatemala	..	..	..	*64*	..	*71*	75	44	..	32	6,2	4,7	464[a]
64	Équateur	..	..	..	70	..	64	67	36	45	57	5,0	3,2	..
65	Rép. dominicaine	..	..	..	79	..	85	76	37	10	56	4,2	2,9	..
66	Roumanie	..	..	*77*	..	*50*	*49*	29	23	..	57	2,4	1,4	48[d]
67	Jamaïque	..	..	..	*70*	..	*74*	21	13	10	55	3,7	2,4	..
68	Jordanie	..	*90*	*89*	89	*76*	30	41	31	17	..	6,8	4,8	132[a]
69	Algérie	..	..	*77*	..	..	..	98	34	9	51	6,7	3,5	140[d]
70	El Salvador	..	..	..	62	..	73	81	36	22	53	5,3	3,7	..
71	Ukraine	..	..	..	*97*	*50*	*49*	17	15	..	..	2,0	1,5	33[d]
72	Paraguay	..	..	..	..	..	*30*	50	41	4	48	4,8	4,0	180[d]

Note : Les Notes techniques indiquent ce que recouvrent les chiffres et dans quelle mesure ils sont comparables. Les chiffres en italique se rapportent à des années autres que celles qui sont indiquées.

		Pourcentage de la population totale ayant accès à						Taux de mortalité infantile (pour 1 000 naissances vivantes)		Prévalence de la malnutrition (% enfants de moins de 5 ans)	Taux d'utilisation de contra-ceptifs	Indice synthétique de fécondité		Mortalité maternelle (pour 100 000 naissances vivantes)
		Des soins de santé		Une eau salubre		Des services d'assainissement								
		1980	1993	1980	1994–95	1980	1994–95	1980	1995	1989–95	1989–95	1980	1995	1989–95
73	Tunisie	*95*	*90*	*72*	*86*	*46*	*72*	71	39	..	..	5,2	2,9	138[a]
74	Lituanie	..	..	..	..	..	..	20	14	..	..	2,0	1,5	16[d]
75	Colombie	88	..	..	96	..	70	45	26	10	72	3,8	2,8	107[a]
76	Namibie	..	..	..	*57*	..	*36*	90	62	..	29	5,9	5,0	518
77	Bélarus	..	..	..	..	*50*	*100*	16	13	..	..	2,0	1,4	25[d]
78	Fédération de Russie	..	..	..	..	..	..	22	18	..	..	1,9	1,4	52[d]
79	Lettonie	..	..	..	..	..	..	20	16	..	..	2,0	1,3	..
80	Pérou	..	..	..	60	..	47	81	47	16	55	4,5	3,1	..
81	Costa Rica	..	..	..	100	..	99	20	13	2	..	3,7	2,8	..
82	Liban	..	..	*92*	..	*59*	..	48	32	..	..	4,0	2,8	..
83	Thaïlande	*30*	*59*	..	*81*	..	*87*	49	35	13	..	3,5	1,8	..
84	Panama	..	..	..	82	..	87	32	23	7	..	3,7	2,7	..
85	Turquie	..	..	*67*	*92*	..	*94*	109	48	..	..	4,3	2,7	183[c]
86	Pologne	*100*	..	*67*	..	*50*	*100*	21	14	..	..	2,3	1,6	10[d]
87	Estonie	..	..	..	..	..	..	17	14	..	..	2,0	1,3	41[d]
88	République slovaque	..	..	..	..	*43*	*51*	21	11	..	..	2,3	1,5	8[d]
89	Botswana	..	..	..	*70*	..	*55*	69	56	..	..	6,7	4,4	220[a]
90	Venezuela	..	..	..	88	..	*55*	36	23	6	..	4,1	3,1	200[d]
Tranche supérieure								**57 w**	**35 w**			**3,9 w**	**2,9 w**	
91	Afrique du Sud	..	..	..	..	..	46	67	50	..	..	4,9	3,9	404[a]
92	Croatie	..	..	..	*96*	..	*68*	21	16	..	..	*1,9*	1,5	10[d]
93	Mexique	51	..	..	87	..	70	51	33	..	..	4,5	3,0	..
94	Maurice	*100*	*99*	..	*100*	..	*100*	32	16	..	75	2,7	2,2	112[d]
95	Gabon	..	..	..	*67*	..	*76*	116	89	..	..	4,5	5,2	483[a]
96	Brésil	..	..	..	*92*	..	*73*	70	44	18	..	3,9	2,4	200[d]
97	Trinité-et-Tobago	..	..	..	*82*	..	*56*	35	13	..	..	3,3	2,1	..
98	République tchèque	..	..	..	..	..	..	16	8	..	69	2,1	1,3	12[d]
99	Malaisie	..	*88*	..	*90*	*75*	*94*	30	12	23	..	4,2	3,4	34[f]
100	Hongrie	..	..	..	..	..	*94*	23	11	..	..	1,9	1,6	10[d]
101	Chili	..	..	..	96	..	71	32	12	1	..	2,8	2,3	..
102	Oman	*75*	*89*	*15*	56	..	72	41	18	..	9	9,9	7,0	..
103	Uruguay	..	..	..	*83*	..	*82*	37	18	..	..	2,7	2,2	..
104	Arabie saoudite	*85*	*98*	*91*	*93*	*76*	*86*	65	21	..	..	7,3	6,2	18[d]
105	Argentine	..	..	..	*64*	..	*89*	35	22	..	..	3,3	2,7	140[d]
106	Slovénie	..	..	..	..	..	*90*	15	7	..	..	2,1	1,3	5[d]
107	Grèce	..	..	..	..	..	*96*	18	8	..	..	2,2	1,4	..
Économies à revenu faible/intermédiaire								**87 w**	**60 w**			**4,1 w**	**3,1 w**	
Afrique subsaharienne								**114 w**	**92 w**			**6,7 w**	**5,7 w**	
Asie de l'Est et Pacifique								**56 w**	**40 w**			**3,1 w**	**2,2 w**	
Asie du Sud								**120 w**	**75 w**			**5,3 w**	**3,5 w**	
Europe et Asie centrale								**40 w**	**26 w**			**2,5 w**	**2,0 w**	
Moyen-Orient et Afrique du Nord								**97 w**	**54 w**			**6,1 w**	**4,2 w**	
Amérique latine et Caraïbes								**60 w**	**37 w**			**4,1 w**	**2,8 w**	
Économies à revenu élevé								**13 w**	**7 w**			**1,9 w**	**1,7 w**	
108	Corée, Rép. de	..	*100*	..	*89*	..	*100*	26	10	..	..	2,6	1,8	30[d]
109	Portugal	..	..	*57*	..	..	*100*	24	7	..	..	2,2	1,4	21
110	Espagne	..	..	*98*	*99*	*95*	*97*	12	7	..	..	2,2	1,2	..
111	Nouvelle-Zélande	..	*100*	*87*	..	..	..	13	7	..	..	2,1	2,1	..
112	Irlande	..	..	..	..	..	*100*	11	6	..	60	3,2	1,9	..
113	† Israël	..	..	..	*99*	..	*70*	15	8	..	..	3,2	2,4	..
114	† Koweït	*100*	..	*100*	..	*100*	..	27	11	..	..	5,3	3,0	18[d]
115	† Émirats arabes unis	*96*	*90*	*100*	*98*	*75*	*95*	55	16	..	..	5,4	3,6	20[a]
116	Royaume-Uni	..	..	..	*100*	..	*96*	12	6	..	..	1,9	1,7	..
117	Australie	*99*	..	*99*	*95*	*99*	*90*	11	6	..	..	1,9	1,9	..
118	Italie	..	..	*99*	..	*99*	*100*	15	7	..	..	1,6	1,2	..
119	Canada	..	..	*97*	*100*	*60*	*85*	10	6	..	..	1,7	1,7	..
120	Finlande	..	..	..	*100*	*100*	*100*	8	5	..	..	1,6	1,8	..
121	† Hong Kong	..	..	..	..	..	..	11	5	..	..	2,0	1,2	..
122	Suède	..	..	..	..	*85*	*100*	7	4	..	..	1,7	1,7	..
123	Pays-Bas	..	..	*100*	*100*	*100*	*100*	9	6	..	..	1,6	1,6	..
124	Belgique	..	..	..	..	*99*	*100*	12	8	..	..	1,7	1,6	..
125	France	..	..	..	*100*	*85*	*96*	10	6	..	..	1,9	1,7	..
126	† Singapour	..	..	*100*	*100*	..	*100*	12	4	14	..	1,7	1,7	..
127	Autriche	..	..	*100*	..	*85*	*100*	14	6	..	..	1,6	1,5	..
128	États-Unis	..	..	..	*90*	*98*	*85*	13	8	..	..	1,8	2,1	..
129	Allemagne	..	..	..	..	..	*100*	12	6	..	..	1,6	1,2	..
130	Danemark	..	..	*100*	*100*	*100*	*100*	8	6	..	..	1,5	1,8	..
131	Norvège	..	..	..	*100*	*100*	*100*	8	5	..	..	1,7	1,9	..
132	Japon	..	*100*	..	*95*	..	*85*	8	4	3	..	1,8	1,5	6[d]
133	Suisse	..	..	..	*100*	*85*	*100*	9	6	..	..	1,6	1,5	..
Toutes économies								**80 w**	**55 w**			**3,7 w**	**2,9 w**	

a. Estimation de l'UNICEF/OMS basée sur un modèle statistique. b. Chiffres établis à partir d'estimations indirectes basées sur les résultats d'enquêtes. c. Chiffres établis sur la base de sondages. d. Estimations officielles. e. Chiffre établi sur la base d'une étude couvrant 30 provinces. f. Chiffre établi sur la base des statistiques de l'état civil.

Tableau 7. Éducation

	Pourcentage du groupe d'âge pertinent inscrit dans l'enseignement										Pourcentage de la cohorte atteignant la 4e année d'ens.				Pourcentage d'adultes analphabètes	
	Primaire				Secondaire											
	Filles		Garçons		Filles		Garçons		Supérieur		Filles		Garçons		Femmes	Hommes
	1980	1993	1980	1993	1980	1993	1980	1993	1980	1993	1980	1990	1980	1990	1995	1995
Économies à faible revenu	81 w	98 w	104 w	112 w	26 w	41 w	42 w	..	3 w	..					45 w	24 w
Sauf Chine et Inde	64 w	..	85 w	..	14 w	..	25 w	..	3 w	..					55 w	37 w
1 Mozambique	84	51	114	69	3	6	8	9	0	*0*	..	54	..	60	77	42
2 Éthiopie[a]	23	*19*	44	*27*	6	*11*	11	*12*	0	*1*	48	56	42	56	75	55
3 Tanzanie	86	69	99	71	2	5	4	6	..	..	89	90	90	89	43	21
4 Burundi	21	63	32	76	2	5	4	9	1	*1*	83	79	83	79	78	51
5 Malawi	48	*77*	72	*84*	2	*3*	5	*6*	1	*1*	55	68	62	73	58	28
6 Tchad	..	30	..	62	..	..	..	..	..	*1*	..	65	..	74	65	38
7 Rwanda	60	*76*	66	*78*	3	*9*	4	*11*	0	..	74	76	73	73	48	30
8 Sierra Leone	43	..	61	..	8	..	20	..	1	..	..	..	..	..	82	55
9 Népal	49	*87*	117	129	9	*23*	33	*46*	3	*6*	..	..	..	..	86	59
10 Niger	18	*21*	33	*35*	3	*4*	7	*9*	0	*1*	79	..	82	..	93	79
11 Burkina Faso	14	*30*	23	*47*	2	*6*	4	*11*	0	..	79	90	79	86	91	71
12 Madagascar	133	72	139	75	..	14	..	14	3	*4*	..	72	..	68	..	..
13 Bangladesh	46	105	76	128	9	12	26	26	3	..	30	46	29	44	74	51
14 Ouganda	43	83	56	99	3	10	7	17	1	1	..	..	..	..	50	26
15 Viet Nam	106	..	111	..	40	..	44	..	2	2	67	..	71	..	9	4
16 Guinée-Bissau	43	..	94	..	2	2	10	10	..	..	47	..	63	..	58	32
17 Haïti	70	..	82	..	13	..	14	..	1	..	64	60	63	60	58	52
18 Mali	19	24	34	38	5	6	12	12	1	..	77	84	73	87	77	61
19 Nigéria	104	*82*	135	*105*	14	*27*	27	*32*	2	..	..	76	..	74	53	33
20 Yémen, Rép. du	..	..	..	..	..	..	..	..	..	..	..	..	..	..	..	..
21 Cambodge	..	*46*	..	*48*	..	..	..	..	..	..	..	..	..	..	*47*	*20*
22 Kenya	110	91	120	92	16	*23*	23	*28*	1	..	85	78	84	76	30	14
23 Mongolie	107	..	107	..	97	*87*	85	..	..	..	..	..	..	..	..	..
24 Togo	91	81	146	122	16	12	51	34	2	*3*	84	82	90	87	63	33
25 Gambie	35	61	67	84	7	*13*	16	*25*	..	..	..	..	..	..	75	47
26 Rép. centrafricaine	51	..	92	*92*	7	..	21	..	1	*2*	..	..	..	..	48	32
27 Inde	67	91	98	113	20	..	39	..	5	..	52	..	57	..	62	35
28 RDP lao	104	*92*	123	*123*	16	*19*	25	*31*	0	*2*	31	..	31	..	56	31
29 Bénin	41	*44*	87	*88*	9	*7*	24	*17*	2	..	73	58	77	58	74	51
30 Nicaragua	102	105	96	101	45	44	39	39	13	*9*	55	62	51	55	33	35
31 Ghana	71	*70*	89	*83*	31	*28*	51	*44*	2	..	82	..	87	..	47	24
32 Zambie	83	99	97	109	11	..	22	..	2	..	..	..	..	..	29	14
33 Angola	..	..	..	..	..	..	..	..	0	1	..	37	..	49	..	..
34 Géorgie	..	..	..	..	..	..	..	..	30	..	..	..	..	..	..	..
35 Pakistan	27	49	51	80	8	..	20	..	..	..	41	45	53	55	76	50
36 Mauritanie	26	62	47	76	4	11	17	19	..	*4*	86	83	96	82	74	50
37 Azerbaïdjan	..	*87*	..	*91*	..	*88*	..	*89*	25	*26*	..	..	..	..	..	..
38 Zimbabwe	..	114	..	123	..	40	..	51	1	6	..	..	..	..	20	10
39 Guinée	25	30	48	61	10	*6*	24	*17*	5	..	..	78	..	81	78	50
40 Honduras	99	*112*	98	*111*	31	*37*	29	*29*	8	*9*	..	..	..	..	27	27
41 Sénégal	37	*50*	56	*67*	7	*11*	15	*21*	3	3	90	..	93	..	77	57
42 Chine	103	116	121	120	37	51	54	60	1	4	..	..	..	..	27	10
43 Cameroun	89	..	107	..	13	..	24	..	2	2	81	..	81	..	48	25
44 Côte d'Ivoire	63	58	95	80	12	*17*	27	*33*	3	..	91	82	94	85	70	50
45 Albanie	111	97	116	95	63	..	70	..	8	10	96	..	97	..	..	..
46 Congo	..	..	..	..	..	..	..	..	..	..	91	..	91	..	33	17
47 Rép. kirghize	..	..	..	..	..	..	..	..	28	*21*	..	..	..	..	..	..
48 Sri Lanka	100	105	105	106	57	78	52	71	3	6	..	96	..	95	13	7
49 Arménie	..	93	..	87	..	90	..	80	30	*49*	..	..	..	..	..	..
Économies à revenu intermédiaire	99 w	101 w	106 w	105 w	48 w	62 w	53 w	64 w	21 w	20 w					23 w	14 w
Tranche inférieure	97 w	101 w	106 w	106 w	50 w	61 w	56 w	65 w	24 w	22 w					..	..
50 Lesotho	120	105	85	90	21	31	14	21	2	2	77	85	61	75	38	19
51 Égypte, Rép. arabe d'	61	89	84	105	39	69	61	81	16	*17*	83	..	75	..	61	36
52 Bolivie	81	..	92	..	32	..	42	..	16	*23*	50	..	52	..	24	10
53 Macédoine, ERY de	..	87	..	88	..	*55*	..	*53*	28	16	..	..	..	..	..	..
54 Moldova	..	*77*	..	*78*	..	*72*	..	*67*	29	35	..	..	..	..	..	..
55 Ouzbékistan	..	79	..	80	..	92	..	96	30	33	..	..	..	..	..	..
56 Indonésie	100	*112*	115	*116*	23	*39*	35	*48*	..	*10*	..	..	..	..	22	10
57 Philippines	112	..	113	..	69	..	61	..	24	26	..	82	..	78	6	5
58 Maroc	63	*60*	102	*85*	20	*29*	32	*40*	6	10	89	81	90	83	69	43
59 Rép. arabe syrienne	88	99	111	111	35	42	57	52	17	*18*	91	96	94	97	44	14
60 Papouasie-Nouvelle-Guinée	51	*67*	66	*80*	8	*10*	15	15	2	..	..	70	..	72	37	19
61 Bulgarie	98	84	98	87	84	70	85	66	16	23	95	91	98	93	..	..
62 Kazakstan	..	86	..	86	..	91	..	89	34	42	..	..	..	..	..	..
63 Guatemala	65	*78*	*77*	*89*	17	23	20	25	8	..	56	..	66	..	51	38
64 Équateur	116	*122*	119	*124*	53	*56*	53	*54*	35	..	76	..	78	..	12	8
65 Rép. dominicaine	..	*99*	..	*95*	..	43	..	30	..	..	..	..	..	..	18	18
66 Roumanie	101	*86*	102	*87*	69	*82*	73	*83*	12	*12*	..	94	..	93	..	..
67 Jamaïque	104	*108*	103	*109*	71	*70*	63	*62*	*7*	*6*	..	100	..	98	11	19
68 Jordanie	102	*95*	105	*94*	73	*54*	79	*52*	27	*19*	95	97	95	99	21	7
69 Algérie	81	*96*	108	*111*	26	*55*	40	*66*	6	*11*	91	95	92	96	51	26
70 El Salvador	75	*80*	75	*79*	23	*30*	26	*27*	4	*15*	55	..	52	..	30	27
71 Ukraine	..	*87*	..	*87*	..	*95*	..	65	42	46	..	..	..	..	..	..
72 Paraguay	101	110	107	114	..	38	..	36	8	10	..	78	..	79	9	7

Note : Les Notes techniques indiquent ce que recouvrent les chiffres et dans quelle mesure ils sont comparables. Les chiffres en italique se rapportent à des années autres que celles qui sont indiquées.

		Pourcentage du groupe d'âge pertinent inscrit dans l'enseignement										Pourcentage de la cohorte atteignant la 4e année d'ens.				Pourcentage d'adultes analphabètes	
		Primaire				Secondaire											
		Filles		Garçons		Filles		Garçons		Supérieur		Filles		Garçons		Femmes	Hommes
		1980	1993	1980	1993	1980	1993	1980	1993	1980	1993	1980	1990	1980	1990	1995	1995
73	Tunisie	88	113	118	123	20	49	34	55	5	11	90	93	94	95	45	21
74	Lituanie	..	90	..	95	..	79	..	76	49	39	..	..	..	..	..	..
75	Colombie	126	120	123	118	41	68	40	57	9	10	46	74	42	72	9	9
76	Namibie	..	138	..	134	..	61	..	49		3	..	64	..	65	..	..
77	Bélarus	..	95	..	96	..	96	..	89	39	44	..	..	..	..	..	..
78	Fédération de Russie	102	107	102	107	97	91	95	84	46	45	..	..	..	..	..	..
79	Lettonie	..	82	..	83	..	90	..	84	45	39	..	..	..	..	..	..
80	Pérou	111	..	117	..	54	..	63	..	17	40	83	..	85	..	17	6
81	Costa Rica	104	105	106	106	51	49	44	45	21	30	84	91	80	90	5	5
82	Liban	..	114	..	117	..	78	..	73	30	29	..	..	..	..	10	5
83	Thaïlande	97	97	100	98	28	37	30	38	13	19	..	..	..	..	8	4
84	Panama	105	..	108	..	65	65	58	..	21	23	88	88	87	85	10	9
85	Turquie	90	98	102	107	24	48	44	74	5	16	..	98	..	98	28	8
86	Pologne	99	97	100	98	80	87	75	82	18	26	..	..	..	..	..	..
87	Estonie	..	83	..	84	..	96	..	87	43	38	..	..	..	..	..	..
88	République slovaque	..	101	..	101	..	90	..	87	..	17	..	..	..	..	..	..
89	Botswana	100	120	83	113	20	55	17	49	1	3	98	94	91	92	40	20
90	Venezuela	..	97	..	95	25	41	18	29	21	29	..	..	..	..	10	8
Tranche supérieure		**103 w**	**..**	**106 w**	**..**	**43 w**	**..**	**43 w**	**..**	**13 w**	**16 w**					**14 w**	**12 w**
91	Afrique du Sud	..	110	..	111	..	84	..	71	..	13	..	..	..	..	18	18
92	Croatie	..	..	..	..	..	86	..	80	..	27	..	..	..	..	..	..
93	Mexique	121	110	122	114	46	58	51	57	14	14	63	..	85	..	13	8
94	Maurice	91	106	94	107	49	60	51	58	1	4	97	98	97	99	21	13
95	Gabon	..	136	..	132	..	..	..	..	..	3	79	80	82	82	47	26
96	Brésil	97	..	101	..	36	..	31	..	11	12	..	..	..	..	17	17
97	Trinité-et-Tobago	100	94	98	94	..	78	..	74	4	8	89	97	83	96	3	1
98	République tchèque	..	100	..	99	..	88	..	85	18	16	..	..	..	..	..	..
99	Malaisie	92	93	93	93	46	61	50	56	4	..	..	99	..	98	22	11
100	Hongrie	97	95	96	95	67	82	72	79	14	17	96	97	96	97	..	..
101	Chili	108	98	110	99	56	67	49	65	12	27	81	95	78	95	5	5
102	Oman	36	82	69	87	6	57	19	64	..	5	..	..	..	..	..	..
103	Uruguay	107	108	107	109	62	..	61	..	17	30	99	98	93	98	2	3
104	Arabie saoudite	49	73	74	78	23	43	36	54	7	14	90	..	81	..	50	29
105	Argentine	106	107	106	108	..	75	..	70	22	41	76	..	73	..	4	4
106	Slovénie	..	97	..	97	..	90	..	88	..	28	..	..	..	..	..	..
107	Grèce	103	..	103	..	77	..	85	..	17	..	98	..	98	..	..	..
Économies à revenu faible/intermédiaire		**87 w**	**99 w**	**105 w**	**110 w**	**33 w**	**49 w**	**45 w**	**..**	**8 w**	**..**					**39 w**	**21 w**
Afrique subsaharienne		**68 w**	**65 w**	**90 w**	**78 w**	**10 w**	**22 w**	**20 w**	**27 w**	**1 w**	**..**					**54 w**	**35 w**
Asie de l'Est et Pacifique		**102 w**	**116 w**	**118 w**	**120 w**	**36 w**	**51 w**	**51 w**	**60 w**	**3 w**	**5 w**					**24 w**	**9 w**
Asie du Sud		**61 w**	**87 w**	**91 w**	**110 w**	**18 w**	**35 w**	**36 w**	**..**	**5 w**	**..**					**64 w**	**37 w**
Europe et Asie centrale		**..**	**97 w**	**..**	**97 w**	**..**	**90 w**	**..**	**81 w**	**31 w**	**32 w**					**..**	**..**
Moyen-Orient et Afrique du Nord		**74 w**	**91 w**	**98 w**	**103 w**	**32 w**	**51 w**	**52 w**	**65 w**	**11 w**	**14 w**					**50 w**	**28 w**
Amérique latine et Caraïbes		**105 w**	**..**	**108 w**	**..**	**41 w**	**..**	**40 w**	**..**	**14 w**	**15 w**					**14 w**	**12 w**
Économies à revenu élevé		**103 w**	**103 w**	**103 w**	**103 w**	**..**	**98 w**	**..**	**97 w**	**35 w**	**56 w**					**..**	**..**
108	Corée, Rép. de	111	102	109	100	74	92	82	93	15	48	96	100	96	100	b	b
109	Portugal	123	118	124	122	40	..	34	..	11	23	..	..	..	..	..	..
110	Espagne	109	105	110	104	89	120	85	107	23	41	94	95	92	94	..	..
111	Nouvelle-Zélande	111	101	111	102	84	104	82	103	27	58	..	99	..	98	b	b
112	Irlande	100	103	100	103	95	110	85	101	18	34	100	99	97	98	b	b
113	† Israël	..	96	..	95	..	91	..	84	29	35	..	97	..	98	..	..
114	† Koweït	100	..	105	..	76	..	84	..	11	..	..	..	..	..	25	18
115	† Émirats arabes unis	88	108	90	112	49	94	55	84	3	11	..	93	..	94	20	21
116	Royaume-Uni	103	113	103	112	85	94	82	91	19	37	..	..	..	..	b	b
117	Australie	110	107	112	108	72	86	70	83	25	42	97	100	94	98	b	b
118	Italie	100	99	100	98	70	82	73	81	27	37	..	..	..	..	b	b
119	Canada	99	104	99	106	89	103	87	104	52	103	97	98	94	95	b	b
120	Finlande	96	100	97	100	105	130	94	110	32	63	99	98	99	98	b	b
121	† Hong Kong	106	..	107	..	65	..	63	..	10	21	..	..	..	..	12	4
122	Suède	97	100	96	100	93	100	83	99	31	38	100	..	99	..	b	b
123	Pays-Bas	101	99	99	96	90	120	95	126	29	45	100	..	97	..	b	b
124	Belgique	103	100	104	99	92	104	90	103	26	..	81	..	78	..	b	b
125	France	110	105	112	107	92	107	77	104	25	50	..	..	..	..	b	b
126	† Singapour	106	..	109	..	59	..	56	..	8	..	100	100	99	100	14	4
127	Autriche	98	103	99	103	87	104	98	109	22	43	97	99	92	97	b	b
128	États-Unis	100	106	101	107	..	97	..	98	56	81	..	..	..	..	b	b
129	Allemagne[c]	..	98	..	97	..	100	..	101	..	36	98	99	96	97	b	b
130	Danemark	95	98	96	97	104	115	105	112	28	41	..	..	..	..	b	b
131	Norvège	100	99	100	99	96	114	92	118	26	54	..	..	..	..	b	b
132	Japon	101	102	101	102	94	97	92	95	31	30	100	100	100	100	b	b
133	Suisse	..	102	..	100	..	89	..	93	18	31	94	..	92	..	b	b
Toutes économies		**90 w**	**99 w**	**104 w**	**109 w**	**39 w**	**57 w**	**50 w**	**..**	**13 w**	**..**					**..**	**..**

a. Les données pour 1980 couvrent l'Érythrée. b. D'après l'UNESCO, l'analphabétisme est inférieur à 5 %. c. Les données antérieures à 1990 portent sur la République fédérale d'Allemagne avant l'unification.

Tableau 8. Consommation d'énergie commerciale

		Consommation d'énergie (équivalent pétrole)							Importations nettes d'énergie en % de la consommation		Émissions de gaz carbonique[a]			
		Totale (milliers de tonnes)		Par habitant (kg)		Taux de croissance annuel moyen (%)	PIB par kg (dollars de1987)				Totales (millions de tonnes)		Par habitant (tonnes)	
		1980	1994	1980	1994	1980–94	1980	1994	1980	1994	1980	1992	1980	1992
	Économies à faible revenu	**587 124 t**	**1 154 712 t**	**248 w**	**369 w**	**4,4 w**	**0,9 w**	**1,1 w**			**2 063 t**	***3 880* t**	**0,9 w**	***1,3* w**
	Sauf Chine et Inde	**80 087 t**	**137 034 t**	**114 w**	**134 w**	**2,3 w**	**. .**	**2,6 w**			**223 t**	**443 t**	**0,3 w**	***0,5* w**
1	Mozambique	1 123	619	93	40	−2,5	1,4	3,3	−15	74	3	1	0,3	0,1
2	Éthiopie	624	1 193	17	22	5,2	. .	6,9	91	87	2	3	0,0	0,1
3	Tanzanie	1 023	975	55	34	0,7		4,5	92	*83*	*2*	*2*	0,1	0,1
4	Burundi	58	143	14	23	6,8	13,9	8,3	98	97	0	0	0,0	0,0
5	Malawi	334	370	54	39	1,5	3,2	3,4	70	59	1	1	0,1	0,1
6	Tchad	93	100	21	16	0,6	6,2	10,9	100	100	0	0	0,0	0,0
7	Rwanda	190	209	37	34	−0,4	9,3	4,9	85	78	0	0	0,0	0,1
8	Sierra Leone	310	323	96	*77*	0,5	2,3	2,4	100	100	1	0	0,2	0,1
9	Népal	174	582	12	28	8,7	12,5	7,3	91	88	1	1	0,0	0,1
10	Niger	210	327	38	*37*	2,1	12,1	7,3	93	83	1	1	0,1	0,1
11	Burkina Faso	144	160	21	16	1,1	11,2	16,0	100	100	0	1	0,1	0,1
12	Madagascar	391	479	45	36	1,7	6,7	5,6	90	83	2	1	0,2	0,1
13	Bangladesh	2 809	7 566	32	64	7,7	4,5	3,1	60	28	8	17	0,1	0,2
14	Ouganda	320	*425*	25	23	1,3	. .	22,6	52	58	1	1	0,1	0,1
15	Viet Nam	4 024	*7 267*	75	*101*	3,1	. .	*7,5*	32	−55	17	22	0,3	*0,3*
16	Guinée-Bissau	31	39	38	37	2,1	3,8	5,8	100	100	0	0	0,2	0,2
17	Haïti	240	200	45	29	1,2	9,5	7,9	77	93	1	1	0,1	0,1
18	Mali	164	205	25	22	1,8	11,2	11,5	87	80	0	0	0,1	0,0
19	Nigéria	9 879	17 503	139	162	3,8	3,1	2,2	−968	−484	68	97	1,0	0,9
20	Yémen, Rép. du	1 364	3 044	160	*206*	4,1	. .	. .	100	*−463*	3	*10*	0,4	0,7
21	Cambodge	393	512	60	52	2,2	. .	2,4	97	96	0	0	0,0	0,1
22	Kenya	1 991	2 872	120	110	3,1	3,1	3,3	95	83	6	5	0,4	0,2
23	Mongolie	1 943	2 550	1 168	1 058	2,0	1,2	1,2	38	15	7	9	4,0	4,0
24	Togo	195	183	75	46	1,8	6,3	*6,9*	99	*100*	1	1	*0,2*	*0,2*
25	Gambie	53	60	83	56	0,9	3,5	4,9	100	100	0	0	0,2	0,2
26	Rép. centrafricaine	59	93	26	29	2,7	16,2	12,1	71	76	0	0	0,0	0,1
27	Inde	93 907	226 638	137	248	6,6	1,9	1,6	21	21	350	769	0,5	0,9
28	RDP lao	107	182	33	38	2,6	. .	9,1	−121	−18	0	0	0,1	0,1
29	Bénin	149	107	43	20	−3,5	8,3	18,0	93	−194	0	1	0,1	0,1
30	Nicaragua	756	1 273	270	300	3,3	5,1	2,7	83	63	2	2	0,7	0,6
31	Ghana	1 303	1 542	121	93	2,5	3,6	4,4	57	66	2	4	0,2	0,2
32	Zambie	1 685	*1 296*	294	149	−2,6	1,3	1,8	32	31	4	2	0,6	0,3
33	Angola	937	931	133	89	0,3	. .	7,0	−722	−2 576	5	5	0,8	0,5
34	Géorgie	. .	3 325	. .	614	. .	. .	0,7	. .	85	. .	14	. .	2,5
35	Pakistan	11 698	32 133	142	254	7,4	1,8	1,5	38	40	32	72	0,4	0,6
36	Mauritanie	214	229	138	103	0,5	3,8	4,8	100	100	1	3	0,4	1,4
37	Azerbaïdjan	15 001	16 274	2 433	2 182	−2,7	. .	0,2	1	1	. .	*64*	. .	8,7
38	Zimbabwe	2 797	4 722	399	438	3,9	1,5	*1,4*	28	*24*	10	*19*	1,4	*1,8*
39	Guinée	356	418	80	65	1,3	. .	6,1	89	86	1	1	0,2	0,2
40	Honduras	843	1 173	230	204	2,1	4,2	4,4	76	82	2	3	0,6	0,6
41	Sénégal	875	803	158	97	−0,1	4,2	6,3	100	100	3	3	0,5	0,4
42	Chine	413 130	791 040	421	664	5,0	0,3	0,7	−4	−1	1 489	2 668	1,5	2,3
43	Cameroun	774	1 335	89	103	2,6	10,0	6,9	−269	−333	4	2	0,4	0,2
44	Côte d'Ivoire	1 435	1 406	175	103	1,4	6,8	6,8	87	70	5	6	0,6	0,5
45	Albanie	3 058	1 093	1 145	341	−4,8	0,6	2,4	0	3	7	4	2,8	1,2
46	Congo	262	847	157	331	3,7	5,7	2,8	−1 193	−1 013	0	4	0,2	1,6
47	Rép. kirghize	. .	2 755	. .	616	. .	. .	0,9	. .	47	. .	15	. .	3,4
48	Sri Lanka	1 411	1 728	96	97	1,9	3,4	5,1	91	80	3	5	0,2	0,3
49	Arménie	1 071	1 441	346	384	1,6	4,3	1,4	. .	79	. .	4	. .	1,1
	Économies à revenu intermédiaire	**1 873 142 t**	***2 313 337* t**	**1 537 w**	***1 475* w**	**−1,7 w**	**. .**	**. .**			**2 831 t**	**7 221 t**	**2,9 w**	**4,8 w**
	Tranche inférieure	**1 448 776 t**	**1 647 009 t**	***1 632* w**	***1 449* w**	**−3,0 w**	**. .**	**. .**			**1 664 t**	***5 565* t**	**2,6 w**	***5,1* w**
50	Lesotho	. .	. .	. .	. .	. .	. .	. .	. .	. .	. .	0	. .	0,0
51	Égypte, Rép. arabe d'	15 176	34 071	371	600	5,7	1,6	1,2	−120	−79	45	84	1,1	1,5
52	Bolivie	1 713	2 698	320	373	1,6	2,7	2,1	−107	−61	5	7	0,8	1,0
53	Macédoine, ERY de	. .	2 686	. .	1 279	. .	. .	. .	. .	44	. .	4	. .	2,0
54	Moldova	. .	4 763	. .	1 095	. .	. .	. .	. .	99	0	14	0,0	3,3
55	Ouzbékistan	. .	*41 825*	. .	*1 869*	. .	. .	*0,3*	. .	0	. .	123	. .	5,7
56	Indonésie	25 028	69 740	169	366	8,3	2,1	1,8	−275	−120	95	185	0,6	1,0
57	Philippines	13 406	21 199	277	316	3,5	2,4	1,9	79	71	37	50	0,8	0,8
58	Maroc	4 927	8 509	254	327	4,1	3,1	2,9	87	95	16	27	0,8	1,1
59	Rép. arabe syrienne	5 343	13 675	614	997	6,1	1,9	1,2	−78	−130	19	42	2,2	3,3
60	Papouasie-Nouvelle-Guinée	705	990	228	236	2,4	3,9	4,8	89	−150	2	2	0,6	0,6
61	Bulgarie	28 476	20 568	3 213	2 438	−2,7	0,7	1,0	74	56	75	54	8,4	6,4
62	Kazakstan	76 799	56 664	5 153	3 371	−2,3	. .	0,3	0	−25	. .	298	. .	17,6
63	Guatemala	1 443	2 165	209	210	3,2	5,0	4,3	84	74	4	6	0,6	0,6
64	Équateur	4 209	6 345	529	565	2,7	2,3	2,2	−156	−231	13	19	1,7	1,8
65	Rép. dominicaine	2 083	2 591	366	337	1,4	2,0	2,5	93	94	6	10	1,1	1,4
66	Roumanie	63 846	39 387	2 876	1 733	−3,1	0,5	0,7	19	27	191	122	8,6	5,4
67	Jamaïque	2 169	2 703	1 017	1 083	2,3	1,3	1,5	99	100	8	8	4,0	3,3
68	Jordanie	1 710	4 306	784	1 067	5,2	. .	1,5	100	96	5	11	2,2	3,0
69	Algérie	12 078	24 834	647	906	4,9	4,1	2,6	−452	−318	66	79	3,5	3,0
70	El Salvador	1 000	2 032	220	370	4,0	4,5	2,6	63	70	2	4	0,5	0,7
71	Ukraine	108 290	165 132	2 164	*3 180*	−1,4	. .	*0,4*	−1	48	. .	611	. .	11,7
72	Paraguay	550	1 402	175	299	6,9	6,0	3,5	88	−123	1	3	0,5	0,6

Note : Les Notes techniques indiquent ce que recouvrent les chiffres et dans quelle mesure ils sont comparables. Les chiffres en italique se rapportent à des années autres que celles qui sont indiquées.

		Consommation d'énergie (équivalent pétrole)							Importations nettes d'énergie en % de la consommation		Émissions de gaz carbonique[a]			
		Totale (milliers de tonnes)		Par habitant (kg)		Taux de croissance annuel moyen (%)	PIB par kg (dollars de1987)				Totales (millions de tonnes)		Par habitant (tonnes)	
		1980	1994	1980	1994	1980–94	1980	1994	1980	1994	1980	1992	1980	1992
73	Tunisie	..	7 555	..	595	..	..	0,8	..	70	..	22	..	5,9
74	Lituanie	13 972	22 470	501	2 030	3,5	2,1	2,1	7	–99	39	61	1,4	1,8
75	Colombie	..	..	..	622	..	..	..	..	..	..	0	..	0,0
76	Namibie	2 385	24 772	247	..	13,4	..	0,8	–8	88	..	102	..	9,9
77	Bélarus	750 240	595 440	5 397	2 392	–2,6	0,6	0,5	0	–53	..	2 103	..	14,1
78	Fédération de Russie	..	3 997	..	4 014	..	..	1,2	..	90	..	15	..	5,6
79	Lettonie	8 139	8 555	471	1 569	–0,2	2,5	2,7	–36	0	24	22	1,4	1,0
80	Pérou	1 292	1 843	566	367	3,5	3,1	3,4	86	67	2	4	1,1	1,2
81	Costa Rica	2 376	3 790	840	558	2,3	..	..	97	98	6	11	2,2	2,9
82	Liban	12 093	44 395	259	964	13,4	2,8	2,2	96	61	40	112	0,9	2,0
83	Thaïlande	1 376	1 597	703	769	1,2	3,2	3,9	97	87	4	4	1,9	1,7
84	Panama	31 314	57 580	705	618	4,4	1,9	1,8	45	53	76	145	1,7	2,5
85	Turquie	124 500	92 537	3 499	957	–2,0	0,5	0,7	3	–2	460	342	12,9	8,9
86	Pologne	..	5 560	..	2 401	..	..	0,7	..	39	0	21	0,3	13,5
87	Estonie	..	17 343	..	3 709	..	..	0,9	..	72	..	37	..	7,0
88	République slovaque	35 011	46 300	2 354	3 243	2,3	1,3	1,2	–280	–269	90	116	6,0	5,7
89	Botswana	424 366	666 328	1 282	387	2,6	2,3	1,7	..	..	1 167	1 656	3,7	4,0
90	Venezuela	384	549	426	2 186	2,6	2,1	4,7	32	55	1	2	1,1	1,6
Tranche supérieure		**424 366 t**	**666 328 t**	**1 282 w**	**1 544 w**	**2,6 w**	**2,3 w**	**1,7 w**			**1 167 t**	**1 656 t**	**3,7 w**	**4,0 w**
91	Afrique du Sud	60 511	86 995	2 074	2 146	2,1	1,2	1,0	–14	–35	213	290	7,3	7,5
92	Croatie	..	6 667	..	1 395	..	..	..	..	43	..	16	..	3,4
93	Mexique	97 434	140 840	1 464	1 561	2,6	1,3	1,2	–49	–48	260	333	3,9	3,8
94	Maurice	339	431	351	387	2,8	3,7	6,3	94	92	1	1	0,6	1,3
95	Gabon	759	692	1 098	652	–0,4	5,0	5,5	–1 106	–2 212	5	6	6,9	5,5
96	Brésil	72 141	112 795	595	718	3,9	3,4	2,8	65	39	184	217	1,5	1,4
97	Trinité-et-Tobago	3 863	6 935	3 570	5 436	2,9	1,5	0,7	–240	–87	17	21	15,4	16,5
98	République tchèque	29 394	39 982	2 873	3 868	45,2	..	0,8	–29	7	..	136	..	13,1
99	Malaisie	9 522	33 410	692	1 699	10,0	2,4	1,7	–58	–71	28	70	2,0	3,8
100	Hongrie	28 322	24 450	2 645	2 383	–0,9	0,8	1,0	49	47	82	60	7,7	5,8
101	Chili	7 743	14 155	695	1 012	5,0	2,3	2,3	50	68	27	35	2,4	2,6
102	Oman	1 346	5 018	1 223	2 392	9,1	2,9	2,4	–1 024	–787	6	10	5,3	5,3
103	Uruguay	2 208	1 971	758	622	3,2	3,4	4,6	89	67	6	5	2,0	1,6
104	Arabie saoudite	35 496	83 772	3 787	4 566	5,5	2,7	1,1	–1 361	–463	131	221	14,0	13,1
105	Argentine	39 669	51 405	1 411	1 504	1,6	2,8	2,7	8	–18	107	117	3,8	3,5
106	Slovénie	..	5 195	..	2 612	..	..	..	..	51	..	6	..	2,8
107	Grèce	15 973	23 560	1 656	2 260	3,3	2,8	2,2	77	62	51	74	5,3	7,2
Économies à revenu faible/intermédiaire		**2 460 266 t**	**3 468 049 t**	**686 w**	**739 w**	**–0,1 w**	**1,4 w**	**1,1 w**			**4 893 t**	**11 101 t**	**1,5 w**	**2,4 w**
Afrique subsaharienne		**94 721 t**	**133 471 t**	**249 w**	**237 w**	**1,2 w**	**2,2 w**	**2,0 w**			**353 t**	**472 t**	**0,9 w**	**0,9 w**
Asie de l'Est et Pacifique		**514 066 t**	**1 000 586 t**	**378 w**	**593 w**	**4,8 w**	**0,7 w**	**0,9 w**			**1 846 t**	**3 378 t**	**1,4 w**	**2,1 w**
Asie du Sud		**110 906 t**	**271 293 t**	**123 w**	**222 w**	**6,4 w**	**2,0 w**	**1,7 w**			**395 t**	**866 t**	**0,4 w**	**0,7 w**
Europe et Asie centrale		**1 279 071 t**	**1 288 624 t**	**3 105 w**	**2 647 w**	**–4,6 w**	**..**	**0,6 w**			**944 t**	**4 506 t**	**..**	**9,3 w**
Moyen-Orient et Afrique du Nord		**143 540 t**	**323 064 t**	**825 w**	**1 220 w**	**4,8 w**	**3,2 w**	**1,7 w**			**500 t**	**849 t**	**2,9 w**	**3,4 w**
Amérique latine et Caraïbes		**317 962 t**	**451 011 t**	**888 w**	**960 w**	**2,9 w**	**2,3 w**	**2,0 w**			**855 t**	**1 029 t**	**2,4 w**	**2,3 w**
Économies à revenu élevé		**3 789 479 t**	**4 543 482 t**	**4 644 w**	**5 066 w**	**1,9 w**	**2,9 w**	**3,4 w**			**9 877 t**	**10 246 t**	**12,4 w**	**11,9 w**
108	Corée, Rép. de	41 426	132 538	1 087	2 982	9,5	1,8	1,8	77	86	126	290	3,3	6,6
109	Portugal	10 291	18 090	1 054	1 827	4,7	3,5	2,8	86	88	27	47	2,8	4,8
110	Espagne	68 692	96 200	1 837	2 458	2,8	3,6	3,6	77	69	200	223	5,4	5,7
111	Nouvelle-Zélande	9 202	15 070	2 956	4 245	4,1	3,4	2,8	39	15	18	26	5,7	7,6
112	Irlande	8 485	11 200	2 495	3 137	2,2	3,1	3,9	78	68	25	31	7,4	8,7
113	† Israël	8 616	14 624	2 222	2 717	4,9	3,4	3,7	98	96	21	42	5,4	8,1
114	† Koweït	9 500	13 968	6 909	8 622	0,3	2,7	2,0	–739	–693	25	16	18,0	11,2
115	† Émirats arabes unis	8 558	25 137	8 205	10 531	6,3	3,6	..	–996	–454	36	71	34,8	33,9
116	Royaume-Uni	201 200	220 270	3 572	3 772	0,8	2,8	3,5	2	–10	588	566	10,4	9,8
117	Australie	70 399	95 280	4 792	5 341	2,3	2,4	2,6	–22	–83	203	268	13,8	15,3
118	Italie	139 190	154 600	2 466	2 707	1,4	4,8	5,5	86	81	372	408	6,6	7,2
119	Canada	193 170	229 730	7 854	7 854	1,5	1,7	2,0	–7	–47	430	410	17,5	14,4
120	Finlande	24 998	30 520	5 230	5 997	1,7	2,9	3,0	72	58	55	41	11,5	8,2
121	† Hong Kong	5 628	13 243	1 117	2 185	6,4	5,3	5,3	100	100	16	29	3,3	5,0
122	Suède	40 992	50 250	4 933	5 723	1,3	3,4	3,3	61	38	71	57	8,6	6,6
123	Pays-Bas	65 106	70 440	4 601	4 580	1,3	3,0	3,7	–10	7	153	139	10,8	9,2
124	Belgique	46 122	51 790	4 684	5 120	1,5	2,8	3,2	83	78	128	102	13,0	10,1
125	France	190 660	234 160	3 539	4 042	2,0	4,1	4,4	75	95	484	362	9,0	6,3
126	† Singapour	6 049	23 743	2 651	8 103	9,9	2,2	1,6	100	100	30	50	13,2	17,7
127	Autriche	23 449	26 500	3 105	3 301	1,6	4,6	5,4	67	66	52	57	6,9	7,2
128	États-Unis	1 801 000	2 037 980	7 908	7 819	1,6	2,1	2,6	14	19	4 623	4 881	20,3	19,1
129	Allemagne	359 170	336 490	4 587	4 128	–0,1	..	..	49	58	1 068	878	13,6	10,9
130	Danemark	19 488	20 700	3 804	3 977	0,8	4,4	5,5	97	28	63	54	12,3	10,4
131	Norvège	18 865	23 060	4 611	5 318	1,6	3,9	4,6	–195	–638	40	60	9,8	14,1
132	Japon	347 120	481 850	2 972	3 856	2,8	5,5	6,2	88	81	934	1 093	8,0	8,8
133	Suisse	20 840	25 380	3 298	3 629	1,7	7,3	7,4	66	57	41	44	6,5	6,4
Toutes économies		**6 249 745 t**	**8 011 531 t**	**1 419 w**	**1 433 w**	**1,0 w**	**2,3 w**	**2,4 w**			**14 770 t**	**21 347 t**	**3,6 w**	**4,0 w**

a. Émanant des opérations industrielles.

Tableau 9. Utilisation des sols et urbanisation

	Utilisation des sols (en % de la superficie totale)						Population urbaine			Population des villes d'au moins 1 million d'hab., en % de la population			
	Terres cultivables		Prairies et pâturages permanents		Autres terres		% de la population totale		% de croissance annuel moyen	Urbaine		Totale	
	1980	1994	1980	1994	1980	1994	1980	1995	1980–95	1980	1995	1980	1995
Économies à faible revenu	12 w	12 w	31 w	32 w	57 w	55 w	21 w	29 w	4,0 w	32 w	34 w	7 w	10 w
Sauf Chine et Inde	8 w	8 w	32 w	32 w	60 w	60 w	21 w	28 w	4,6 w	28 w	31 w	6 w	9 w
1 Mozambique	4	4	56	56	40	40	13	38	8,5	48	36	6	14
2 Éthiopie	..	11	..	20	..	69	11	13	4,5	30	29	3	4
3 Tanzanie	3	4	40	40	57	56	15	24	6,7	30	24	5	6
4 Burundi	46	46	39	39	15	15	4	8	6,8	0	0	0	0
5 Malawi	14	18	20	20	66	62	9	13	6,0	0	0	0	0
6 Tchad	3	3	36	36	62	62	19	21	3,4	0	0	0	0
7 Rwanda	41	47	28	28	30	24	5	8	4,7	0	0	0	0
8 Sierra Leone	7	8	31	31	62	62	25	39	4,9	0	0	0	0
9 Népal	17	17	14	15	69	68	7	14	7,8	0	0	0	0
10 Niger	3	3	8	8	90	89	13	23	7,2	0	0	0	0
11 Burkina Faso	10	13	22	22	68	65	9	27	11,3	0	0	0	0
12 Madagascar	5	5	41	41	54	53	18	27	5,7	0	0	0	0
13 Bangladesh	70	74	5	5	25	21	11	18	5,6	46	47	5	9
14 Ouganda	28	34	9	9	63	57	9	12	5,2	0	0	0	0
15 Viet Nam	20	21	1	1	79	78	19	21	2,7	27	31	5	7
16 Guinée-Bissau	10	12	38	38	51	50	17	22	3,7	0	0	0	0
17 Haïti	32	33	18	18	49	49	24	32	3,9	55	56	13	18
18 Mali	2	2	25	25	74	73	19	27	5,3	0	0	0	0
19 Nigéria	33	36	44	44	23	20	27	39	5,6	23	27	6	11
20 Yémen, Rép. du	3	3	30	30	67	67	20	34	7,6	0	0	0	0
21 Cambodge	12	22	3	8	85	70	12	21	6,7	..	..	..	..
22 Kenya	8	8	37	37	55	55	16	28	7,0	32	28	5	8
23 Mongolie	1	1	79	75	20	24	52	60	3,6	0	0	0	0
24 Togo	43	45	4	4	53	52	23	31	5,1	0	0	0	0
25 Gambie	16	17	19	19	65	64	18	26	6,3	0	0	0	0
26 Rép. centrafricaine	3	3	5	5	92	92	35	39	3,1	0	0	0	0
27 Inde	57	57	4	4	39	39	23	27	3,1	25	35	6	10
28 RDP lao	3	4	3	3	94	93	13	22	6,3	0	0	0	0
29 Bénin	16	17	4	4	80	79	32	42	5,1	0	0	0	0
30 Nicaragua	10	10	40	45	50	44	53	62	3,9	42	44	23	27
31 Ghana	15	19	37	37	48	44	31	36	4,3	30	27	9	10
32 Zambie	7	7	40	40	53	53	40	45	4,0	23	33	9	15
33 Angola	3	3	43	43	54	54	21	32	5,9	63	64	13	20
34 Géorgie	17	16	39	24	44	60	52	58	1,3	42	43	22	25
35 Pakistan	26	28	6	6	67	66	28	35	4,6	39	53	11	18
36 Mauritanie	0	0	38	38	62	62	29	54	6,8	0	0	0	0
37 Azerbaïdjan	22	23	27	25	51	52	53	56	1,7	48	44	26	25
38 Zimbabwe	7	7	44	44	49	48	22	32	5,7	0	0	0	0
39 Guinée	3	3	44	44	54	53	19	30	5,8	65	77	12	23
40 Honduras	16	18	13	14	71	68	36	48	5,2	0	0	0	0
41 Sénégal	12	12	30	30	58	58	36	42	4,0	49	55	18	23
42 Chine	11	10	36	43	53	47	19	30	4,2	41	35	8	11
43 Cameroun	15	15	4	4	81	81	31	45	5,3	19	22	6	10
44 Côte d'Ivoire	10	12	41	41	49	47	35	44	5,2	44	46	15	20
45 Albanie	26	26	15	15	59	59	34	37	2,1	0	0	0	0
46 Congo	0	0	29	29	70	70	41	59	5,6	0	0	0	0
47 Rép. kirghize	8	7	47	44	45	48	38	39	1,6	0	0	0	0
48 Sri Lanka	29	29	7	7	64	64	22	22	1,6	0	0	0	0
49 Arménie	..	..	..	..	..	..	66	69	1,6	51	51	34	35
Économies à revenu intermédiaire	9 w	10 w	28 w	23 w	62 w	67 w	52 w	60 w	2,8 w	31 w	33 w	16 w	20 w
Tranche inférieure	10 w	11 w	..	18 w	..	71 w	48 w	56 w	2,8 w	28 w	30 w	13 w	17 w
50 Lesotho	10	11	66	66	24	24	13	23	6,5	0	0	0	0
51 Égypte, Rép. arabe d'	2	4	0	0	98	96	44	45	2,5	52	51	23	23
52 Bolivie	2	2	25	24	73	73	46	58	3,9	30	29	14	17
53 Macédoine, ERY de	..	26	..	25	..	49	53	60	1,5	0	0	0	0
54 Moldova	67	66	11	13	23	21	40	52	2,4	0	0	0	0
55 Ouzbékistan	10	11	57	50	33	39	41	42	2,5	28	24	11	10
56 Indonésie	14	17	7	7	79	77	22	34	4,8	33	39	7	13
57 Philippines	29	31	3	4	67	65	38	53	4,9	33	25	12	14
58 Maroc	18	21	47	47	35	32	41	49	3,3	26	37	11	18
59 Rép. arabe syrienne	31	30	46	45	24	25	47	53	4,1	60	52	28	28
60 Papouasie-Nouvelle-Guinée	1	1	0	0	99	99	13	16	3,6	0	0	0	0
61 Bulgarie	38	38	18	16	44	46	61	71	0,6	20	23	12	16
62 Kazakstan	13	13	70	70	16	17	54	60	1,6	12	13	6	8
63 Guatemala	16	18	12	24	72	58	37	42	3,6	0	0	0	0
64 Équateur	9	11	15	18	77	71	47	58	3,9	29	44	14	26
65 Rép. dominicaine	29	31	43	43	27	26	51	65	3,8	49	51	25	33
66 Roumanie	46	43	19	21	35	36	49	55	1,0	18	17	9	9
67 Jamaïque	22	20	24	24	54	56	47	55	2,2	0	0	0	0
68 Jordanie	4	5	9	9	87	87	60	72	5,8	49	39	29	28
69 Algérie	3	3	15	13	82	83	43	56	4,5	25	24	11	13
70 El Salvador	35	35	29	29	36	35	42	45	2,0	0	0	0	0
71 Ukraine	61	59	12	13	27	28	62	70	1,0	22	22	14	15
72 Paraguay	4	6	40	55	56	40	42	54	4,7	0	0	0	0

Note : Les Notes techniques indiquent ce que recouvrent les chiffres et dans quelle mesure ils sont comparables. Les chiffres en italique se rapportent à des années autres que celles qui sont indiquées.

		Utilisation des sols (en % de la superficie totale)						Population urbaine			Population des villes d'au moins 1 million d'hab., en % de la population			
		Terres cultivables		Prairies et pâturages permanents		Autres terres		% de la population totale		% de croissance annuel moyen	Urbaine		Totale	
		1980	1994	1980	1994	1980	1994	1980	1995	1980–95	1980	1995	1980	1995
73	Tunisie	30	32	22	20	48	48	51	57	3,0	34	40	17	23
74	Lituanie	49	47	8	7	43	46	61	72	1,8	0	0	0	0
75	Colombie	5	5	37	39	58	56	64	73	2,7	34	38	22	28
76	Namibie	1	1	46	46	53	53	23	38	6,2	0	0	0	0
77	Bélarus	31	31	16	14	53	55	56	71	2,0	24	24	14	17
78	Fédération de Russie	8	8	..	5	..	87	70	73	0,8	23	26	16	19
79	Lettonie	28	28	12	13	60	59	68	73	0,5	0	0	0	0
80	Pérou	3	3	21	21	76	76	65	72	2,9	40	44	26	31
81	Costa Rica	10	10	39	46	51	44	43	50	3,7	0	0	0	0
82	Liban	30	30	1	1	69	69	73	87	3,7	..	..	..	..
83	Thaïlande	36	41	1	2	63	58	17	20	2,6	59	56	10	11
84	Panama	7	9	17	20	75	71	50	56	2,8	0	0	0	0
85	Turquie	37	36	13	16	50	48	44	70	5,4	39	35	17	24
86	Pologne	49	48	13	13	38	39	58	65	1,2	31	28	18	18
87	Estonie	24	27	8	7	68	66	70	73	0,4	0	0	0	0
88	République slovaque	41	34	13	17	45	49	52	59	1,3	0	0	0	0
89	Botswana	1	1	45	45	54	54	15	31	8,4	0	0	0	0
90	Venezuela	4	4	20	20	76	75	83	93	3,3	20	29	16	27
Tranche supérieure		**7 w**	**7 w**	**30 w**	**32 w**	**63 w**	**60 w**	**64 w**	**73 w**	**2,8 w**	**38 w**	**38 w**	**24 w**	**28 w**
91	Afrique du Sud	11	11	67	67	22	23	48	51	2,7	23	38	11	19
92	Croatie	29	22	28	20	42	59	50	64	2,0	0	0	0	0
93	Mexique	13	13	39	39	48	48	66	75	3,1	41	37	27	28
94	Maurice	53	52	3	3	44	44	42	41	0,6	0	0	0	0
95	Gabon	2	2	18	18	80	80	36	50	5,4	0	0	0	0
96	Brésil	6	6	20	22	74	72	66	78	3,0	42	42	27	33
97	Trinité-et-Tobago	23	24	2	2	75	74	63	68	1,7	0	0	0	0
98	République tchèque	41	44	13	12	45	45	64	65	0,2	18	18	12	12
99	Malaisie	15	23	1	1	85	76	42	54	4,3	16	11	7	6
100	Hongrie	58	54	14	12	28	34	57	65	0,5	34	30	19	20
101	Chili	6	6	17	18	77	76	81	86	2,0	41	41	33	36
102	Oman	0	0	5	5	95	95	8	13	8,6	0	0	0	0
103	Uruguay	8	7	78	77	14	15	85	90	1,0	49	46	42	42
104	Arabie saoudite	1	2	40	56	60	42	67	79	6,0	28	27	19	21
105	Argentine	10	10	52	52	38	38	83	88	1,8	42	44	35	39
106	Slovénie	..	14	..	25	..	61	48	64	2,2	0	0	0	0
107	Grèce	30	27	41	41	29	32	58	65	1,4	54	54	31	35
Économies à revenu faible/intermédiaire		**10 w**	**11 w**	**29 w**	**27 w**	**60 w**	**63 w**	**32 w**	**39 w**	**3,3 w**	**32 w**	**33 w**	**10 w**	**13 w**
Afrique subsaharienne		**6 w**	**7 w**	**34 w**	**34 w**	**60 w**	**59 w**	**23 w**	**31 w**	**5,0 w**	**23 w**	**26 w**	**5 w**	**8 w**
Asie de l'Est et Pacifique		**11 w**	**12 w**	**30 w**	**34 w**	**59 w**	**54 w**	**21 w**	**31 w**	**4,2 w**	**37 w**	**34 w**	**8 w**	**11 w**
Asie du Sud		**44 w**	**45 w**	**11 w**	**10 w**	**45 w**	**45 w**	**22 w**	**26 w**	**3,4 w**	**27 w**	**38 w**	**6 w**	**10 w**
Europe et Asie centrale		**13 w**	**13 w**	**..**	**16 w**	**..**	**71 w**	**58 w**	**65 w**	**1,6 w**	**24 w**	**25 w**	**14 w**	**16 w**
Moyen-Orient et Afrique du Nord		**5 w**	**6 w**	**21 w**	**24 w**	**74 w**	**70 w**	**48 w**	**56 w**	**4,2 w**	**36 w**	**36 w**	**17 w**	**20 w**
Amérique latine et Caraïbes		**7 w**	**7 w**	**28 w**	**29 w**	**65 w**	**63 w**	**65 w**	**74 w**	**2,8 w**	**37 w**	**38 w**	**24 w**	**28 w**
Économies à revenu élevé		**12 w**	**12 w**	**25 w**	**24 w**	**62 w**	**63 w**	**75 w**	**75 w**	**0,7 w**	**41 w**	**43 w**	**31 w**	**33 w**
108	Corée, Rép. de	22	21	1	1	77	78	57	81	3,5	65	64	37	52
109	Portugal	34	32	9	11	57	58	29	36	1,3	46	53	13	19
110	Espagne	41	40	22	21	37	38	73	77	0,6	27	23	20	18
111	Nouvelle-Zélande	13	14	53	50	34	35	83	84	1,0	0	0	0	0
112	Irlande	16	19	67	45	17	36	55	58	0,5	0	0	0	0
113	† Israël	20	21	6	7	74	72	89	..	..	41	..	37	35
114	† Koweït	0	0	8	8	92	92	90	97	0,9	67	68	60	66
115	† Émirats arabes unis	0	0	2	2	97	97	72	84	5,8	0	0	0	0
116	Royaume-Uni	29	25	47	46	24	29	89	90	0,3	28	26	25	23
117	Australie	6	6	57	54	37	40	86	85	1,3	55	68	47	58
118	Italie	42	38	17	15	40	47	67	66	0,1	39	30	26	20
119	Canada	5	5	3	3	92	92	76	77	1,4	38	47	29	36
120	Finlande	8	9	1	0	91	91	60	63	0,8	0	0	0	0
121	† Hong Kong	7	7	1	1	92	92	92	95	1,5	100	95	91	90
122	Suède	7	7	2	1	91	92	83	83	0,4	20	21	17	17
123	Pays-Bas	24	28	35	31	41	41	88	89	0,6	8	16	7	14
124	Belgique	..	24	..	21	..	55	95	97	0,3	13	11	12	11
125	France	34	35	23	19	42	45	73	73	0,5	29	28	21	21
126	† Singapour	13	2	0	0	87	98	100	100	1,8	106	95	106	95
127	Autriche	20	18	25	24	56	57	55	56	0,5	49	46	27	26
128	États-Unis	21	21	26	26	53	53	74	76	1,2	49	51	36	39
129	Allemagne	36	34	17	15	47	51	83	87	0,6	46	47	38	41
130	Danemark	63	56	6	7	31	37	84	85	0,2	32	30	27	25
131	Norvège	3	3	0	0	97	97	71	73	0,7	0	0	0	0
132	Japon	13	12	2	2	85	87	76	78	0,6	44	48	34	37
133	Suisse	10	11	40	29	49	60	57	61	1,2	0	0	0	0
Toutes économies		**11 w**	**11 w**	**28 w**	**26 w**	**60 w**	**63 w**	**40 w**	**45 w**	**2,5 w**	**35 w**	**36 w**	**14 w**	**16 w**

Tableau 10. Ressources naturelles : forêts et eau

	Zones forestières						Ressources en eau douce : prélèv. annuel, 1995[b]			
	Sup. tot. (milliers de km²) 1990	Débois. ann. 1980–90 Milliers de km²	Débois. ann. 1980–90 % variation	Aires protégées à l'échelon nat., 1994[a] Milliers de km²	Aires protégées Nombre	Aires protégées % superficie totale	Totales (km³)	En % des ressources	Par habitant (m³) Usages domestiq.	Par habitant (m³) Autres usages
Économies à faible revenu	**7 916 t**	**65,5 t**	**0,8 w**	**2 001,1 t**	**1 842 t**	**5,2 w**				
Sauf Chine et Inde	**6 152 t**	**53,3 t**	**0,8 w**	**1 276,9 t**	**795 t**	**4,9 w**				
1 Mozambique	173	1,4	0,8	0,0	1	0,0	0,6	0,4[c]	13	42
2 Éthiopie	142	0,4	0,3	60,2	23	6,0	2,2	2,0	6	45
3 Tanzanie	336	4,4	1,2	139,4	31	15,8	1,2	1,3[c]	7	28
4 Burundi	2	0,0	0,6	0,9	3	3,5	0,1	2,8	7	13
5 Malawi	35	0,5	1,4	10,6	9	11,3	0,9	5,0[c]	7	13
6 Tchad	114	0,9	0,7	114,9	9	9,1	0,2	0,4[c]	6	29
7 Rwanda	2	0,0	0,2	3,3	2	13,3	0,8	12,2	6	18
8 Sierra Leone	19	0,1	0,6	0,8	2	1,1	0,4	0,2	7	92
9 Népal	50	0,5	1,0	11,1	12	8,1	2,7	1,6	6	144
10 Niger	24	0,1	0,4	84,2	5	6,6	0,5	0,9[c]	9	33
11 Burkina Faso	44	0,3	0,7	26,6	12	9,7	0,4	1,4	5	13
12 Madagascar	158	1,3	0,8	11,2	36	1,9	16,3	4,8[c]	16	1 568
13 Bangladesh	8	0,4	4,1	1,0	8	0,7	22,5	1,0[c]	7	213
14 Ouganda	63	0,6	1,0	19,1	31	9,6	0,2	0,3[c]	7	14
15 Viet Nam	83	1,4	1,5	13,3	52	4,1	28,9	7,7	54	361
16 Guinée-Bissau	20	0,2	0,8	. .	. .	. .	0,0	0,0[c]	3	8
17 Haïti	0	0,0	5,1	0,1	3	0,4	0,0	0,4	2	5
18 Mali	121	1,1	0,8	40,1	11	3,3	1,4	1,4[c]	3	159
19 Nigéria	156	1,2	0,7	29,7	19	3,3	3,6	1,3	13	28
20 Yémen, Rép. du	41	0,0	0,0	0,0	0	0,0	3,4	136,0	17	318
21 Cambodge	122	1,3	1,0	30,0	20	17,0	0,5	0,1	3	61
22 Kenya	12	0,1	0,6	35,0	36	6,2	2,1	7,0[c]	14	37
23 Mongolie	139	1,3	0,9	61,7	15	3,9	0,6	2,2	30	243
24 Togo	14	0,2	1,5	6,5	11	11,9	0,1	0,8[c]	17	11
25 Gambie	1	0,0	0,8	0,2	5	2,3	0,0	0,3[c]	2	27
26 Rép. centrafricaine	306	1,3	0,4	61,1	13	9,8	0,1	0,0	5	20
27 Inde	517	3,4	0,6	143,4	339	4,8	380,0	18,2[c]	18	594
28 RDP lao	132	1,3	0,9	. .	. .	. .	1,0	0,4	21	239
29 Bénin	49	0,7	1,3	7,8	2	7,0	0,1	0,4[c]	7	19
30 Nicaragua	60	1,2	1,9	9,0	59	7,4	0,9	0,5	92	275
31 Ghana	96	1,4	1,4	11,0	9	4,9	0,3	0,6[c]	12	23
32 Zambie	323	3,6	1,1	63,6	21	8,6	1,7	1,5[c]	54	32
33 Angola	231	1,7	0,7	26,4	5	2,1	0,5	0,3	8	49
34 Géorgie	28	0,2	0,7	1,9	15	2,7	4,0	6,5	156	586
35 Pakistan	19	0,8	3,5	37,2	55	4,8	153,4	32,8[c]	21	2 032
36 Mauritanie	6	0,0	0,0	17,5	4	1,7	1,6	14,0[c]	59	436
37 Azerbaïdjan	10	0,1	1,3	1,9	12	2,2	15,8	56,4[c]	90	2 158
38 Zimbabwe	89	0,6	0,7	30,7	25	7,9	1,2	6,1[c]	19	117
39 Guinée	67	0,9	1,2	1,6	3	0,7	0,7	0,3	14	126
40 Honduras	46	1,1	2,2	8,6	43	7,7	1,5	2,1[c]	12	282
41 Sénégal	75	0,5	0,7	21,8	9	11,3	1,4	3,5[c]	10	191
42 Chine	1 247	8,8	0,7	580,8	463	6,2	460,0	16,4	28	433
43 Cameroun	204	1,2	0,6	20,5	14	4,4	0,4	0,1	17	20
44 Côte d'Ivoire	109	1,2	1,0	19,9	12	6,3	0,7	0,9	15	52
45 Albanie	14	0,0	0,0	0,3	11	1,2	0,2	0,9[c]	6	88
46 Congo	199	0,3	0,2	11,8	10	3,4	0,0	0,0[c]	12	7
47 Rép. kirghize	7	0,1	1,2	2,8	5	1,5	11,7	24,0	82	2 647
48 Sri Lanka	17	0,3	1,4	8,0	56	12,3	6,3	14,6	10	493
49 Arménie	3	0,2	3,9	2,1	4	7,6	3,8	45,8[c]	149	996
Économies à revenu intermédiaire	**20 913 t**	**114,4 t**	**0,5 w**	**2 994,3 t**	**2 662 t**	**5,0 w**				
Tranche inférieure	**13 525 t**	**65,6 t**	**0,5 w**	**2 199,7 t**	**1 664 t**	**5,6 w**				
50 Lesotho	0	0,0	0,0	0,1	1	0,2	0,1	1,0	7	24
51 Égypte, Rép. arabe d'	0	0,0	0,0	7,9	12	0,8	56,4	97,1[c]	67	889
52 Bolivie	493	6,3	1,2	92,3	25	8,5	1,2	0,4	20	181
53 Macédoine, ERY de	9	0,0	0,1	2,2	16	8,5	. .	. .	. .	. .
54 Moldova	4	–0,2	–6,7	0,1	3	0,4	3,7	29,1[c]	60	793
55 Ouzbékistan	14	1,0	5,5	2,4	10	0,6	82,2	76,4[c]	165	3 956
56 Indonésie	1 095	12,1	1,1	185,6	168	10,2	16,6	0,7	12	83
57 Philippines	78	3,2	3,4	6,1	27	2,0	29,5	9,1	123	562
58 Maroc	90	–1,2	–1,4	3,7	11	0,8	10,9	36,2	23	404
59 Rép. arabe syrienne	7	–0,3	–4,3	0,0	0	0,0	3,3	9,4	30	405
60 Papouasie-Nouvelle-Guinée	360	1,1	0,3	0,8	5	0,2	0,1	0,0	8	20
61 Bulgarie	37	–0,1	–0,2	3,7	46	3,3	13,9	6,8[c]	43	1 501
62 Kazakstan	0	0,0	0,0	9,9	20	0,4	37,9	30,2	92	2 202
63 Guatemala	42	0,8	1,8	13,3	18	12,3	0,7	0,6	13	127
64 Équateur	120	2,4	1,8	111,1	15	40,1	5,6	1,8	41	541
65 Rép. dominicaine	11	0,4	2,9	10,5	17	21,7	3,0	14,9	22	423
66 Roumanie	63	0,0	0,0	10,7	39	4,7	26,0	12,5[c]	91	1 044
67 Jamaïque	2	0,3	7,8	0,0	1	0,2	0,3	3,9	11	148
68 Jordanie	1	0,0	–1,0	2,9	10	3,3	0,5	32,1	50	123
69 Algérie	41	0,3	0,8	119,2	19	5,0	4,5	30,4[c]	35	125
70 El Salvador	1	0,0	2,3	0,1	2	0,2	1,0	5,3	17	228
71 Ukraine	92	–0,2	–0,3	4,9	19	0,8	34,7	40,0[c]	108	565
72 Paraguay	129	4,0	2,8	15,0	20	3,8	0,4	0,1[c]	16	93

Note : Les Notes techniques indiquent ce que recouvrent les chiffres et dans quelle mesure ils sont comparables. Les chiffres en italique se rapportent à des années autres que celles qui sont indiquées.

		Zones forestières						Ressources en eau douce : prélèv. annuel, 1995[b]			
		Sup. tot.	Débois. ann. 1980–90		Aires protégées à l'échelon nat., 1994[a]				En	Par habitant (m^3)	
		(milliers de km^2) 1990	Milliers de km^2	% variation	Milliers de km^2	Nombre	% superficie totale	Totales (km^3)	% des ressources	Usages domestiq.	Autres usages
73	Tunisie	7	−0,1	−1,9	0,4	6	0,3	3,1	79,5[c]	41	276
74	Lituanie	20	0,0	0,0	6,3	76	9,6	4,4	19,0[c]	83	1 107
75	Colombie	541	3,7	0,7	93,8	80	9,0	5,3	0,5	71	103
76	Namibie	126	0,4	0,3	102,2	12	12,4	0,2	0,3[c]	7	103
77	Bélarus	63	−0,3	−0,4	2,7	11	1,3	3,0	5,4[c]	94	200
78	Fédération de Russie	7 681	15,5	0,2	705,4	209	4,2	117,0	2,7[c]	134	656
79	Lettonie	28	−0,1	−0,2	7,8	45	12,5	0,7	2,2[c]	110	152
80	Pérou	679	2,7	0,4	41,8	22	3,3	6,1	15,3	57	243
81	Costa Rica	14	0,5	3,0	6,5	28	12,7	1,4	1,4	31	749
82	Liban	1	0,0	0,6	0,0	1	0,4	0,8	15,6	30	241
83	Thaïlande	127	5,2	3,5	70,2	111	13,7	31,9	17,8[c]	24	578
84	Panama	31	0,6	1,9	13,3	14	17,8	1,3	0,9	91	664
85	Turquie	202	0,0	0,0	10,7	49	1,4	33,5	17,3[c]	140	445
86	Pologne	87	−0,1	−0,1	30,7	111	10,1	12,3	21,9[c]	42	279
87	Estonie	19	−0,2	−1,2	4,1	38	9,7	3,3	21,2	105	1 992
88	République slovaque	18	0,0	0,1	10,2	40	21,1	1,8	5,8	. .	. .
89	Botswana	143	0,8	0,5	106,6	9	18,8	0,1	0,6[c]	5	94
90	Venezuela	457	6,0	1,2	263,2	100	29,8	4,1	0,3[c]	164	218
Tranche supérieure		7 387 t	48,8 t	0,6 w	794,6 t	998 t	3,9 w				
91	Afrique du Sud	45	−0,4	−0,8	69,7	238	5,7	13,3	26,6[c]	47	348
92	Croatie	20	0,0	0,1	3,9	30	7,0	. .	. .	. .	. .
93	Mexique	486	6,8	1,3	98,5	68	5,2	77,6	21,7	54	845
94	Maurice	1	0,0	0,2	0,0	1	2,0	0,4	16,4	66	344
95	Gabon	182	1,2	0,6	10,5	6	4,1	0,1	0,0	41	16
96	Brésil	5 611	36,7	0,6	321,9	272	3,8	36,5	0,5[c]	54	191
97	Trinité-et-Tobago	2	0,0	−2,1	0,2	5	3,1	0,2	2,9	40	108
98	République tchèque	26	0,0	0,0	10,7	34	13,8	2,7	4,7	109	157
99	Malaisie	176	4,0	2,1	14,8	51	4,5	9,4	2,1	177	592
100	Hongrie	17	−0,1	−0,5	5,7	53	6,2	6,8	5,7[c]	59	601
101	Chili	88	−0,1	−0,1	137,3	66	18,3	16,8	3,6	98	1 528
102	Oman	41	0,0	0,0	9,9	28	4,6	0,5	24,0	17	547
103	Uruguay	7	0,0	−0,6	0,3	8	0,2	0,7	0,5[c]	14	227
104	Arabie saoudite	12	0,0	0,0	62,0	10	2,9	3,6	163,6	224	273
105	Argentine	592	0,9	0,1	43,7	84	1,6	27,6	2,8[c]	94	949
106	Slovénie	10	0,0	0,0	1,1	10	5,4	. .	. .	. .	. .
107	Grèce	60	0,0	0,0	2,2	21	1,7	5,0	8,6[c]	42	481
Économies à revenu faible/intermédiaire		28 828 t	179,8 t	0,6 w	4 995,4 t	4 504 t	5,1 w				
Afrique subsaharienne		5 322 t	40,7 t	0,7 w	1 362,5 t	673 t	5,8 w				
Asie de l'Est et Pacifique		3 986 t	43,5 t	1,0 w	966,3 t	1 172 t	6,2 w				
Asie du Sud		658 t	5,5 t	0,8 w	212,4 t	485 t	4,4 w				
Europe et Asie centrale		8 630 t	16,6 t	0,2 w	860,0 t	964 t	3,6 w				
Moyen-Orient et Afrique du Nord		446 t	−1,4 t	−0,3 w	290,8 t	170 t	3,0 w				
Amérique latine et Caraïbes		9 786 t	74,8 t	0,7 w	1 303,4 t	1 040 t	6,5 w				
Économies à revenu élevé		10 766 t	−46,4 t	−0,5 w	3 607,9 t	5 506 t	11,9 w				
108	Corée, Rép. de	65	0,1	0,1	6,9	27	7,0	27,6	41,8	117	515
109	Portugal	31	−0,1	−0,5	5,8	24	6,3	7,3	10,5[c]	111	628
110	Espagne	256	0,0	0,0	42,5	214	8,5	30,8	27,6[c]	94	687
111	Nouvelle-Zélande	75	0,0	0,0	60,7	182	22,6	2,0	0,6	271	318
112	Irlande	4	0,0	−1,2	0,5	11	0,7	0,8	1,6[c]	37	196
113	† Israël	1	0,0	−0,3	3,1	15	14,9	1,9	84,1[c]	65	343
114	† Koweït	0	0,0	0,0	0,3	2	1,5	0,5	. .	336	189
115	† Émirats arabes unis	0	0,0	0,0	0,0	0	0,0	0,9	300,0	97	787
116	Royaume-Uni	24	−0,2	−1,1	51,1	168	21,1	11,8	16,6	41	164
117	Australie	1 456	0,0	0,0	940,8	889	12,3	14,6	4,3	607	327
118	Italie	86	0,0	0,0	22,8	171	7,7	56,2	33,7[c]	138	848
119	Canada	4 533	−47,1	−1,1	823,6	627	8,9	45,1	1,6	288	1 314
120	Finlande	234	−0,1	0,0	27,4	81	9,0	2,2	1,9[c]	53	387
121	† Hong Kong	0	0,0	−0,5	. .	. .	. .	. .	. .	. .	. .
122	Suède	280	−0,1	0,0	29,8	197	7,2	2,9	1,6[c]	123	218
123	Pays-Bas	3	0,0	−0,3	4,3	85	12,6	7,8	8,7[c]	26	492
124	Belgique	6	0,0	−0,3	0,8	3	2,3	9,0	72,2[c]	101	816
125	France	135	−0,1	−0,1	56,0	102	10,2	37,7	19,1[c]	106	559
126	† Singapour	0	0,0	2,3	0,0	1	4,9	0,2	31,7	38	46
127	Autriche	39	−0,1	−0,4	20,8	170	25,2	2,4	2,6[c]	101	203
128	États-Unis	2 960	3,2	0,1	1 302,1	1 585	14,2	467,3	18,9[c]	244	1 626
129	Allemagne	107	−0,5	−0,4	91,9	497	26,3	46,3	27,1[c]	64	518
130	Danemark	5	0,0	0,0	13,9	114	32,8	1,2	9,2[c]	70	163
131	Norvège	96	−1,2	−1,4	55,4	113	18,0	2,0	0,5[c]	98	390
132	Japon	238	0,0	0,0	27,6	80	7,3	90,8	16,6	125	610
133	Suisse	12	−0,1	−0,6	7,3	109	18,5	1,2	2,4[c]	40	133
Toutes économies		39 595 t	133,4 t	0,3 w	8 603,2 t	10 010 t	6,7 w				

a. Les données peuvent se rapporter à des années antérieures et sont les plus récentes fournies par le Centre mondial de surveillance de la conservation de la nature. b. Les données se rapportent à une année quelconque de la période 1970–95. c. Les ressources totales en eau incluent le débit des cours d'eau provenant d'autres pays.

Tableau 11. Croissance de l'économie

		Taux de croissance annuel moyen (%)													
		PIB		Déflateur du PIB		Agriculture		Industrie		Services[a]		Exportations de biens et de services		Investissement intérieur brut	
		1980–90	1990–95	1980–90	1990–95	1980–90	1990–95	1980–90	1990–95	1980–90	1990–95	1980–90	1990–95	1980–90	1990–95
Économies à faible revenu		**6,0 w**	**6,8 w**	**13,4 w**	**62,0 w**	**3,6 w**	**3,1 w**	**7,7 w**	**11,6 w**	**6,9 w**	**6,4 w**	**6,1 w**	**11,0 w**	**6,2 w**	**10,5 w**
Sauf Chine et Inde		**2,7 w**	**1,8 w**	**28,4 w**	**170,8 w**	**2,6 w**	**1,9 w**	**2,9 w**	. .	**2,8 w**	. .	**2,5 w**	**4,4 w**	**–1,3 w**	**3,6 w**
1	Mozambique	–0,2	7,1	38,4	48,6	1,6	2,4	–9,8	*–2,4*	–0,1	15,0	–5,0	7,2	–2,5	8,6
2	Éthiopie[b]	*2,3*	. .	3,4	. .	*1,4*	. .	*1,8*	. .	*3,1*	. .	0,3	. .	3,5	. .
3	Tanzanie	3,8	3,2	35,7	22,4	4,9	4,1	3,4	8,4	1,6	1,7	. .	. .	. .	. .
4	Burundi	4,4	–2,3	4,4	8,5	3,1	–4,1	4,5	–5,0	5,4	–1,5	4,5	–2,6	4,5	–5,0
5	Malawi	2,3	0,7	15,0	30,4	2,0	1,7	2,9	0,4	3,4	–1,0	2,5	2,3	–2,8	–11,2
6	Tchad	6,3	1,9	1,1	8,9	2,7	6,9	8,0	–9,9	9,9	1,2	7,7	–15,8	19,0	–2,9
7	Rwanda	2,3	–12,8	3,9	18,2	0,7	–10,8	1,8	–17,0	5,4	–12,3	3,5	17,8	3,7	–6,3
8	Sierra Leone	1,6	–4,2	62,2	39,6	4,4	–2,8	5,7	–2,8	–1,1	–5,9	2,8	–15,2	–6,5	–20,0
9	Népal	4,6	5,1	11,1	11,0	4,0	1,5	6,0	9,3	4,8	7,2	1,1	25,8	1,8	6,3
10	Niger	–1,1	0,5	2,9	6,5	1,8	. .	–3,3	. .	–5,2	. .	–4,6	–5,2	–5,9	0,3
11	Burkina Faso	3,7	2,6	3,1	6,2	3,1	4,6	3,7	1,4	4,7	1,7	–0,6	–1,2	8,6	–5,8
12	Madagascar	1,3	0,1	16,9	23,5	2,5	1,6	0,9	0,5	0,8	–0,6	–2,0	4,9	4,9	–4,5
13	Bangladesh	4,3	4,1	9,5	4,6	2,7	1,1	4,9	7,3	5,7	5,4	7,7	14,2	1,4	8,2
14	Ouganda	3,1	6,6	125,6	23,7	2,3	3,8	6,0	11,0	3,0	8,2	2,3	11,7	9,6	7,9
15	Viet Nam	. .	8,3	210,7	26,3	. .	5,2	. .	. .	. .	. .	. .	. .	. .	. .
16	Guinée-Bissau	4,5	3,5	56,1	49,5	6,7	4,8	0,4	1,9	3,3	2,2	–1,7	11,3	5,8	1,2
17	Haïti	–0,2	–6,5	7,5	22,4	. .	. .	. .	. .	. .	. .	1,2	–19,0	–0,6	–45,7
18	Mali	1,8	2,5	5,3	10,1	4,3	3,1	2,7	5,3	–1,7	1,2	5,2	5,3	5,4	6,1
19	Nigéria	1,6	1,6	16,6	47,1	3,3	2,3	–1,0	–1,2	3,2	4,5	–0,3	1,1	–8,6	1,2
20	Yémen, Rép. du	. .	. .	. .	. .	. .	. .	. .	. .	. .	. .	. .	. .	. .	. .
21	Cambodge	. .	6,4	. .	56,2	. .	2,1	. .	11,3	. .	8,3	. .	. .	. .	. .
22	Kenya	4,2	1,4	9,0	18,5	3,3	–0,4	3,9	1,5	4,9	3,1	4,3	3,0	0,8	0,0
23	Mongolie	5,5	–3,3	–1,2	126,7	2,9	. .	4,6	. .	. .	. .	3,1	12,8	1,7	. .
24	Togo	1,8	*–3,4*	4,7	4,9	5,6	3,3	1,1	*–6,0*	–0,3	*–8,6*	0,6	–10,6	2,9	–16,4
25	Gambie	3,4	1,6	18,7	5,0	0,4	2,6	6,0	0,4	3,9	2,5	0,6	–0,8	0,8	3,0
26	Rép. centrafricaine	1,7	1,0	5,6	8,5	2,7	1,5	3,1	–4,6	–0,1	–1,6	–3,7	4,4	4,8	–8,7
27	Inde[c]	5,8	4,6	8,0	10,1	3,1	3,1	7,1	5,1	6,7	6,1	5,9	12,5	6,5	5,3
28	RDP lao	. .	6,5	37,8	10,1	. .	. .	. .	. .	. .	. .	. .	5,9	. .	. .
29	Bénin	2,6	4,1	1,6	7,9	5,1	4,9	2,1	3,5	1,2	3,5	–2,7	6,3	–6,2	12,1
30	Nicaragua	–2,0	1,1	422,6	98,3	–2,2	0,3	–1,7	–4,4	–2,0	2,2	–3,8	7,2	–4,7	4,1
31	Ghana	3,0	4,3	42,4	23,8	1,0	2,4	3,3	4,4	6,4	6,5	2,5	6,7	4,5	0,9
32	Zambie	0,8	–0,2	42,4	107,8	3,6	–0,5	1,0	–1,2	0,1	0,7	–3,3	10,8	–2,7	–10,2
33	Angola	3,7	–4,1	5,9	774,5	0,5	–1,8	6,4	0,9	2,2	–10,8	13,3	2,9	–6,8	0,1
34	Géorgie	0,5	–26,9	1,9	2 280,2	0,7	–31,4	1,8	–34,1	–1,4	–22,3	. .	. .	0,3	–21,2
35	Pakistan	6,3	4,6	6,7	11,2	4,3	3,4	7,3	5,7	6,8	5,0	8,1	7,7	5,9	4,0
36	Mauritanie	1,7	4,0	8,6	6,8	1,7	4,9	4,9	3,9	0,4	3,2	3,4	–1,0	–4,1	–1,3
37	Azerbaïdjan	. .	–20,2	. .	747,6	. .	. .	. .	. .	. .	. .	. .	. .	. .	. .
38	Zimbabwe	3,5	1,0	11,5	27,6	2,4	1,6	3,6	–3,6	2,9	1,7	5,4	5,5	1,3	1,5
39	Guinée	. .	3,8	. .	10,1	. .	4,5	. .	2,3	. .	4,5	. .	1,3	. .	0,6
40	Honduras	2,7	3,5	5,7	19,2	2,7	2,9	3,3	4,9	2,5	1,3	1,1	0,2	2,9	10,0
41	Sénégal	3,1	1,9	6,5	7,6	2,8	1,3	3,7	2,0	3,0	2,0	3,9	–0,9	3,9	4,7
42	Chine	10,2	12,8	5,8	12,4	5,9	4,3	11,1	18,1	13,6	10,0	11,5	15,6	11,0	15,5
43	Cameroun	3,1	–1,8	5,9	5,1	2,2	2,2	5,9	–6,8	2,1	–1,4	5,9	2,2	–2,7	–4,1
44	Côte d'Ivoire	0,1	0,7	3,4	10,4	–0,5	0,3	4,4	1,7	–1,3	0,2	1,9	–0,9	–28,8	138,3
45	Albanie	3,0	1,4	–1,9	76,4	2,4	7,6	3,2	–15,6	3,2	5,9	. .	. .	–0,3	38,4
46	Congo	3,6	–0,6	0,3	7,8	3,4	–0,9	5,2	1,2	2,5	–2,1	4,8	4,0	–11,9	–7,9
47	Rép. kirghize	. .	–14,7	. .	337,3	. .	–7,6	. .	. .	. .	. .	. .	. .	. .	. .
48	Sri Lanka	4,2	4,8	10,8	10,4	2,2	2,4	4,6	6,5	4,7	6,3	6,8	11,0	0,6	6,8
49	Arménie	3,3	–21,2	0,3	896,6	–3,9	–0,6	5,1	–28,7	4,6	–19,7	. .	. .	6,2	–17,7
Économies à revenu intermédiaire		**1,9 w**	**0,1 w**	**64,8 w**	**298,8 w**	. .	**0,9 w**	. .	. .	**2,6 w**	**3,9 w**	. .	. .	. .	. .
Tranche inférieure		**2,3 w**	**–1,5 w**	**17,5 w**	**286,7 w**	. .	**0,5 w**	. .	. .	. .	. .	. .	. .	. .	. .
50	Lesotho	4,3	7,5	13,6	11,0	2,6	–3,4	7,2	12,3	5,2	6,1	4,1	11,4	6,9	12,1
51	Égypte, Rép. arabe d'	5,0	1,3	11,7	13,3	1,5	2,1	2,6	0,4	8,4	1,5	5,2	4,2	2,7	–1,5
52	Bolivie	0,0	3,8	316,7	10,5	2,0	. .	–2,9	. .	–0,1	. .	3,5	6,7	–9,9	4,2
53	Macédoine, ERY de	. .	. .	. .	. .	. .	. .	. .	. .	. .	. .	. .	. .	. .	. .
54	Moldova	. .	. .	. .	. .	. .	. .	. .	. .	. .	. .	. .	. .	. .	. .
55	Ouzbékistan	. .	–4,4	. .	628,4	. .	–0,9	. .	–6,7	. .	–6,6	. .	. .	. .	–9,2
56	Indonésie	6,1	7,6	8,5	7,6	3,4	2,9	6,9	10,1	7,0	7,4	2,9	10,8	7,0	16,3
57	Philippines	1,0	2,3	14,9	9,2	1,0	1,6	–0,9	2,2	2,8	2,7	3,5	9,4	–2,1	3,2
58	Maroc	4,2	1,2	7,2	3,9	6,7	–5,9	3,0	1,7	4,2	2,8	6,8	3,1	2,5	–2,5
59	Rép. arabe syrienne	1,5	7,4	15,3	8,5	–0,6	. .	6,6	. .	. .	. .	3,6	. .	–7,0	. .
60	Papouasie-Nouvelle-Guinée	1,9	9,3	5,3	5,7	1,8	4,7	1,9	17,8	2,0	4,8	3,3	13,3	–0,9	0,4
61	Bulgarie	4,0	–4,3	1,2	81,2	–2,1	–1,9	5,2	–7,5	7,2	–20,7	–3,5	–0,7	2,4	–7,1
62	Kazakstan	. .	–11,9	. .	805,5	. .	–18,0	. .	19,2	. .	6,1	. .	. .	. .	*–16,7*
63	Guatemala	0,8	4,0	14,6	14,2	2,3	2,5	2,1	4,2	2,1	4,9	–2,1	4,8	–1,8	10,7
64	Équateur	2,0	3,4	36,4	37,2	4,4	2,5	1,2	4,9	1,8	2,7	5,4	7,4	–3,8	5,3
65	Rép. dominicaine	2,7	3,9	21,5	11,7	0,4	2,5	2,2	3,3	3,7	4,5	2,8	4,6	3,7	4,9
66	Roumanie	0,5	–1,4	2,5	158,4	. .	–0,4	. .	–2,1	. .	–2,8	. .	. .	. .	–10,0
67	Jamaïque	2,0	2,9	18,6	38,5	0,6	8,3	2,4	–0,5	1,9	6,0	5,4	–1,0	–0,1	5,8
68	Jordanie	–1,5	8,2	7,0	4,7	13,2	10,2	–1,3	7,9	–8,2	6,2	5,9	8,2	7,3	6,5
69	Algérie	2,8	0,1	8,0	25,8	4,6	1,3	2,3	–1,1	3,8	1,3	4,1	0,2	–2,3	–4,7
70	El Salvador	0,2	6,3	16,4	11,2	–1,1	1,2	0,1	2,9	0,7	9,3	–3,4	13,6	2,2	14,7
71	Ukraine	. .	–14,3	. .	1 040,5	. .	–9,7	. .	–21,6	. .	. .	. .	. .	. .	. .
72	Paraguay	2,5	3,1	24,4	18,0	3,6	1,4	–0,3	1,9	3,4	4,1	11,5	13,8	–0,8	2,6

Note : Les Notes techniques indiquent ce que recouvrent les chiffres et dans quelle mesure ils sont comparables. Les chiffres en italique se rapportent à des années autres que celles qui sont indiquées.

	Taux de croissance annuel moyen (%)													
	PIB		Déflateur du PIB		Agriculture		Industrie		Services[a]		Exportations de biens et de services		Investissement intérieur brut	
	1980–90	1990–95	1980–90	1990–95	1980–90	1990–95	1980–90	1990–95	1980–90	1990–95	1980–90	1990–95	1980–90	1990–95
73 Tunisie	3,3	3,9	7,4	5,4	2,8	−2,1	3,1	4,0	3,6	5,6	5,6	5,6	−1,8	1,4
74 Lituanie	..	−9,7	..	241,4	..	..	..	..	..	..	..	..	..	..
75 Colombie	3,7	4,6	24,6	23,3	2,9	1,4	5,0	3,0	3,1	6,4	7,5	7,2	0,5	19,0
76 Namibie	1,1	3,8	13,6	9,3	1,8	6,8	−1,1	2,9	2,7	4,6	1,5	6,9	11,9	−2,8
77 Bélarus	..	−9,3	..	878,8	..	−11,2	..	−10,9	..	−6,9	..	..	..	−17,0
78 Fédération de Russie	1,9	−9,8	3,2	517,0	..	..	..	..	..	..	..	..	..	..
79 Lettonie	3,4	−13,7	..	149,1	2,3	−16,4	4,3	−25,1	3,1	−2,1	..	..	3,4	−37,1
80 Pérou	−0,2	5,3	229,6	62,4	..	..	..	..	..	..	−1,7	8,3	−4,2	7,4
81 Costa Rica	3,0	5,1	23,5	19,1	3,1	3,6	2,8	5,2	3,1	5,6	6,1	9,5	5,3	6,6
82 Liban	..	..	..	..	..	..	..	..	..	..	..	..	..	..
83 Thaïlande	7,6	8,4	3,9	4,6	4,0	3,1	9,9	10,8	7,3	7,8	14,0	14,2	9,4	10,2
84 Panama	0,3	6,3	2,4	1,8	..	4,4	..	14,9	..	5,5	..	4,3	..	15,3
85 Turquie	5,3	3,2	45,3	75,6	1,3	0,9	7,8	4,2	4,4	3,3	16,9	9,4	5,3	2,0
86 Pologne	1,9	2,4	53,7	34,9	−0,1	−2,0	−0,9	3,7	5,1	2,4	4,5	9,4	0,9	1,1
87 Estonie	2,1	−9,2	2,4	151,4	..	−8,9	..	−14,9	..	−3,8	..	..	..	−13,4
88 République slovaque	2,0	−2,8	1,8	16,0	1,6	1,0	2,0	−10,4	0,8	6,2	..	17,8	1,1	−7,7
89 Botswana	10,3	4,2	13,1	9,2	2,2	0,7	11,4	1,4	11,0	7,7	..	..	..	..
90 Venezuela	1,1	2,4	19,3	38,4	3,0	1,9	1,6	3,4	0,5	1,7	2,8	4,9	−5,3	3,8
Tranche supérieure	**1,3 w**	**2,6 w**	**138,0 w**	**320,5 w**	**2,4 w**	**1,8 w**	**0,7 w**	**2,6 w**	**2,0 w**	**3,4 w**	**5,9 w**	**7,4 w**	**−1,4 w**	**5,6 w**
91 Afrique du Sud	1,3	0,6	14,8	11,5	3,0	−0,3	−1,1	−0,1	3,1	0,9	1,9	2,4	−4,8	4,7
92 Croatie	..	..	..	..	..	..	..	..	..	..	..	..	..	..
93 Mexique	1,0	1,1	70,4	15,5	0,6	0,4	1,0	0,5	1,1	1,5	6,6	6,8	−3,1	−1,2
94 Maurice	6,2	4,9	9,4	6,7	2,9	−1,4	10,3	5,6	5,4	6,4	10,4	4,8	10,2	1,7
95 Gabon	0,5	−2,5	1,9	13,0	1,7	−0,2	1,0	2,7	−0,3	−10,0	2,8	4,1	−4,6	−0,5
96 Brésil	2,7	2,7	284,5	965,3	2,8	3,7	2,0	1,7	3,5	3,6	7,5	7,4	0,2	3,5
97 Trinité-et-Tobago	−2,5	1,0	4,1	7,2	−5,8	1,3	−5,5	0,2	−3,3	−0,1	8,9	12,5	−10,1	1,0
98 République tchèque	1,7	−2,6	1,5	18,3	..	..	..	..	..	..	..	..	2,3	0,9
99 Malaisie	5,2	8,7	1,7	3,9	3,8	2,6	7,2	11,0	4,2	8,6	10,9	14,4	2,6	16,0
100 Hongrie	1,6	−1,0	8,6	22,3	0,6	−7,0	−2,6	0,5	3,6	−4,6	4,0	−1,5	−0,4	6,6
101 Chili	4,1	7,3	20,9	14,7	5,6	5,2	3,7	6,1	4,2	8,4	7,0	9,2	9,6	11,9
102 Oman	8,3	6,0	−3,6	−2,9	7,9	..	10,3	..	6,0	..	..	..	..	..
103 Uruguay	0,4	4,0	61,3	55,6	0,0	4,5	−0,2	0,1	0,9	6,2	4,3	4,4	−7,8	12,9
104 Arabie saoudite	−1,2	1,7	−3,7	1,0	13,4	..	−2,3	..	−1,2	..	..	..	..	..
105 Argentine	−0,3	5,7	389,0	20,5	0,9	0,5	−0,9	5,9	0,0	6,4	3,7	6,9	−4,7	16,0
106 Slovénie	..	..	..	..	..	..	..	..	..	..	..	..	..	..
107 Grèce	1,4	1,1	18,3	13,1	−0,1	3,1	1,3	−0,8	4,9	0,6	7,1	4,5	−0,9	1,9
Économies à revenu faible/intermédiaire	**2,8 w**	**2,1 w**	**50,6 w**	**235,8 w**	**3,1 w**	**2,0 w**	**3,9 w**	**4,9 w**	**3,6 w**	**4,5 w**	**..**	**..**	**1,8 w**	**6,5 w**
Afrique subsaharienne	**1,7 w**	**1,4 w**	**19,0 w**	**47,4 w**	**1,9 w**	**1,5 w**	**0,6 w**	**0,2 w**	**2,5 w**	**1,5 w**	**1,9 w**	**2,5 w**	**−4,0 w**	**3,4 w**
Asie de l'Est et Pacifique	**7,6 w**	**10,3 w**	**10,1 w**	**11,5 w**	**4,8 w**	**3,9 w**	**8,9 w**	**15,0 w**	**9,0 w**	**8,4 w**	**8,8 w**	**13,9 w**	**8,5 w**	**14,4 w**
Asie du Sud	**5,7 w**	**4,6 w**	**8,0 w**	**9,9 w**	**3,2 w**	**3,0 w**	**6,9 w**	**5,3 w**	**6,6 w**	**6,0 w**	**6,4 w**	**11,9 w**	**6,1 w**	**5,3 w**
Europe et Asie centrale	**2,3 w**	**−6,5 w**	**12,2 w**	**461,5 w**	**..**	**..**	**..**	**..**	**..**	**..**	**..**	**..**	**..**	**..**
Moyen-Orient et Afrique du Nord	**0,2 w**	**2,3 w**	**8,2 w**	**19,4 w**	**4,5 w**	**3,3 w**	**1,1 w**	**..**	**1,2 w**	**..**	**..**	**..**	**..**	**..**
Amérique latine et Caraïbes	**1,7 w**	**3,2 w**	**179,4 w**	**380,9 w**	**2,0 w**	**2,3 w**	**1,4 w**	**2,5 w**	**1,9 w**	**3,8 w**	**5,4 w**	**7,0 w**	**−1,5 w**	**5,7 w**
Économies à revenu élevé	**3,2 w**	**2,0 w**	**4,8 w**	**2,4 w**	**2,3 w**	**0,6 w**	**3,2 w**	**0,7 w**	**3,4 w**	**2,3 w**	**5,2 w**	**6,4 w**	**4,1 w**	**−0,2 w**
108 Corée, Rép. de	9,4	7,2	5,9	6,2	2,8	1,3	13,1	7,3	8,2	7,9	12,0	13,4	11,9	7,2
109 Portugal	2,9	0,8	18,1	8,7	..	..	..	..	..	..	8,7	3,3	..	..
110 Espagne	3,2	1,1	9,3	5,2	..	−1,7	..	..	..	..	5,7	10,1	5,7	−2,6
111 Nouvelle-Zélande	1,8	3,6	10,8	0,6	4,4	0,9	1,3	3,8	1,7	3,5	4,1	5,2	1,7	12,4
112 Irlande	3,1	4,7	6,6	2,2	..	..	..	..	..	..	8,9	10,7	..	−3,8
113 † Israël	3,5	6,4	101,5	12,2	..	..	..	..	..	..	5,5	9,5	2,2	11,5
114 † Koweït	0,9	12,2	−2,4	−2,0	14,7	..	1,0	..	0,9	..	−2,3	..	−4,5	..
115 † Émirats arabes unis	−2,0	..	0,7	..	9,6	9,3	−4,2	−1,8	3,4	4,9	0,0	..	−8,7	..
116 Royaume-Uni	3,2	1,4	5,7	3,6	..	..	..	..	..	..	3,9	4,3	6,4	..
117 Australie	3,4	3,5	7,3	1,3	3,3	−2,4	2,8	3,3	3,7	3,7	7,0	6,8	2,7	5,8
118 Italie	2,4	1,0	9,9	4,7	0,6	1,6	..	..	..	..	4,1	8,1	2,1	−3,2
119 Canada	3,4	1,8	4,4	1,5	1,5	0,3	2,9	1,2	3,7	1,8	6,0	9,5	5,2	2,3
120 Finlande	3,3	−0,5	6,8	1,8	−0,2	0,0	3,3	−1,2	5,3	−2,7	2,2	9,8	3,0	−8,3
121 † Hong Kong	6,9	5,6	7,7	8,1	..	..	..	..	..	..	14,4	13,5	4,0	11,7
122 Suède	2,3	−0,1	7,4	3,2	1,5	−1,9	2,8	−0,7	2,5	−0,1	4,3	6,7	4,3	−7,2
123 Pays-Bas	2,3	1,8	1,6	2,2	3,4	3,0	1,6	0,4	2,6	2,1	4,5	3,7	3,1	−0,3
124 Belgique	1,9	1,1	4,4	3,1	1,8	4,0	2,2	..	1,8	..	4,6	4,6	3,2	−0,9
125 France	2,4	1,0	6,0	2,1	2,0	−1,1	1,1	−1,0	3,0	1,5	3,7	4,0	2,8	−2,8
126 † Singapour	6,4	8,7	2,0	3,7	−6,2	0,5	5,4	9,2	7,2	8,4	10,0	..	3,7	6,0
127 Autriche	2,1	1,9	3,7	3,5	1,1	−1,8	1,9	1,7	2,3	2,2	4,6	2,5	2,5	3,6
128 États-Unis	3,0	2,6	4,1	2,4	4,0	3,6	2,8	1,2	3,1	2,1	5,2	7,3	3,4	4,1
129 Allemagne[d]	2,2	..	2,6	..	1,7	..	1,2	..	2,9	..	4,4	..	2,0	..
130 Danemark	2,4	2,0	5,5	1,8	3,1	0,3	2,9	1,6	2,3	1,3	4,4	2,8	4,0	−1,1
131 Norvège	2,9	3,5	5,5	1,3	0,9	..	3,5	..	2,6	..	5,0	5,1	0,6	..
132 Japon	4,0	1,0	1,7	0,9	1,3	−2,2	4,2	0,0	3,9	2,3	4,5	3,4	5,3	−0,8
133 Suisse	2,2	0,1	3,7	2,3	..	..	..	..	..	..	3,4	1,5	4,9	0,0
Toutes économies	**3,1 w**	**2,0 w**	**15,0 w**	**56,6 w**	**2,8 w**	**1,3 w**	**3,3 w**	**1,4 w**	**3,4 w**	**2,6 w**	**5,3 w**	**6,8 w**	**3,7 w**	**0,8 w**

a. Les services comprennent les éléments non affectés. b. Les données antérieures à 1992 couvrent l'Érythrée. c. Les taux de croissance du PIB ont été révisés ultérieurement à l'établissement des statistiques incluses dans la présente publication. d. Les chiffres antérieurs à 1990 se réfèrent à la République fédérale d'Allemagne avant l'unification.

Tableau 12. Structure de l'économie : production

		Répartition du produit intérieur brut (%)									
		PIB (millions de dollars)		Valeur ajoutée Agriculture		Valeur ajoutée Industrie		Valeur ajoutée (Secteur manufacturier[a])		Valeur ajoutée Services[b]	
		1980	1995	1980	1995	1980	1995	1980	1995	1980	1995
Économies à faible revenu		739 236 t	1 352 256 t	34 w	25 w	32 w	38 w	21 w	27 w	32 w	35 w
Sauf Chine et Inde		*390 472* t	316 889 t	. .	33 w	. .	25 w	. .	*13* w	. .	41 w
1	Mozambique	2 028	1 469	37	*33*	31	*12*	. .	. .	32	55
2	Éthiopie[c]	*5 179*	5 287	56	*57*	*12*	*10*	6	*3*	*31*	*33*
3	Tanzanie	*5 702*	3 602	*46*	58	*18*	17	*11*	8	*37*	24
4	Burundi	920	1 062	62	56	13	18	7	12	25	*26*
5	Malawi	1 238	1 465	37	42	19	27	12	18	44	31
6	Tchad	727	1 138	54	*44*	12	*22*	. .	*16*	34	*35*
7	Rwanda	1 163	1 128	50	37	23	17	16	*3*	27	46
8	Sierra Leone	1 166	824	33	42	21	27	5	6	47	31
9	Népal	1 946	4 232	62	42	12	22	4	10	26	36
10	Niger	2 538	1 860	43	*39*	23	*18*	4	. .	35	*44*
11	Burkina Faso	1 709	2 325	33	*34*	22	*27*	16	*21*	45	*39*
12	Madagascar	4 042	3 198	30	34	16	13	. .	13	54	53
13	Bangladesh	12 950	29 110	50	31	16	18	11	10	34	52
14	Ouganda	1 267	5 655	72	50	4	14	4	6	23	36
15	Viet Nam	. .	20 351	. .	28	. .	30	. .	*22*	. .	42
16	Guinée-Bissau	105	257	44	46	20	24	. .	*7*	36	30
17	Haïti	1 462	2 043	. .	*44*	. .	*12*	. .	*9*	. .	*44*
18	Mali	1 629	2 431	61	46	10	17	4	6	29	37
19	Nigéria	93 082	26 817	27	28	40	53	8	5	32	18
20	Yémen, Rép. du	. .	4 790	. .	*22*	. .	*27*	. .	*14*	. .	*51*
21	Cambodge	. .	2 771	. .	51	. .	14	. .	6	. .	*34*
22	Kenya	7 265	9 095	33	29	21	17	13	11	47	54
23	Mongolie	*2 328*	861	. .	. .	. .	. .	. .	. .	. .	. .
24	Togo	1 136	*981*	27	*38*	25	*21*	8	*9*	48	*41*
25	Gambie	233	384	30	*28*	16	*15*	7	*7*	53	*58*
26	Rép. centrafricaine	797	1 128	40	*44*	20	*13*	7	. .	40	*43*
27	Inde	172 321	324 082	38	29	26	29	18	19	36	41
28	RDP lao	. .	1 760	. .	*52*	. .	*18*	. .	*14*	. .	*30*
29	Bénin	1 405	*1 522*	35	*34*	12	*12*	8	*7*	52	*53*
30	Nicaragua	2 144	1 911	23	*33*	31	*20*	26	*16*	45	*46*
31	Ghana	4 445	6 315	58	46	12	16	8	6	30	38
32	Zambie	3 884	4 073	14	22	41	40	18	30	44	37
33	Angola	. .	3 722	. .	12	. .	59	. .	3	. .	28
34	Géorgie	. .	2 325	. .	67	. .	22	. .	18	. .	11
35	Pakistan	23 690	60 649	30	26	25	24	16	17	46	50
36	Mauritanie	709	1 068	30	*27*	26	*30*	. .	*13*	44	*43*
37	Azerbaïdjan	. .	3 475	. .	*27*	. .	*32*	. .	. .	. .	*41*
38	Zimbabwe	5 355	6 522	14	*15*	34	*36*	25	*30*	52	*48*
39	Guinée	. .	3 686	. .	24	. .	31	. .	5	. .	45
40	Honduras	2 566	3 937	24	21	24	33	15	18	52	46
41	Sénégal	3 016	4 867	19	20	25	18	15	12	57	62
42	Chine	201 688	697 647	30	21	49	48	41	38	21	31
43	Cameroun	6 741	7 931	29	39	23	23	9	10	48	38
44	Côte d'Ivoire	10 175	10 069	27	31	20	20	13	18	53	50
45	Albanie	. .	2 192	. .	56	. .	21	. .	. .	. .	23
46	Congo	1 706	2 163	12	10	47	38	7	6	42	51
47	Rép. kirghize	. .	3 028	. .	44	. .	24	. .	. .	. .	32
48	Sri Lanka	4 024	12 915	28	23	30	25	18	16	43	52
49	Arménie	. .	2 058	. .	44	. .	35	. .	. .	25	20
Économies à revenu intermédiaire		**2 461 307 t**	**4 033 376 t**	. .	***11* w**	. .	***35* w**	. .	***18* w**	. .	***52* w**
Tranche inférieure		. .	**2 025 853 t**	. .	***13* w**	. .	**36 w**	. .	. .	. .	***49* w**
50	Lesotho	368	1 029	24	10	29	56	7	18	47	34
51	Égypte, Rép. arabe d'	22 913	47 349	18	20	37	21	12	15	45	59
52	Bolivie	3 074	6 131	18	. .	35	. .	15	. .	47	. .
53	Macédoine, ERY de	. .	1 975	. .	. .	. .	. .	. .	. .	. .	. .
54	Moldova	. .	3 518	. .	50	. .	28	. .	26	. .	22
55	Ouzbékistan	. .	21 590	. .	*33*	. .	*34*	. .	*18*	. .	*34*
56	Indonésie	78 013	198 079	24	17	42	42	13	24	34	41
57	Philippines	32 500	74 180	25	22	39	32	26	23	36	46
58	Maroc	18 821	32 412	18	14	31	33	17	19	51	53
59	Rép. arabe syrienne	13 062	16 783	20	. .	23	. .	. .	. .	56	. .
60	Papouasie-Nouvelle-Guinée	2 548	4 901	33	26	27	*38*	10	*8*	40	*34*
61	Bulgarie	20 040	12 366	14	13	54	34	. .	. .	32	53
62	Kazakstan	. .	21 413	. .	12	. .	30	. .	6	. .	57
63	Guatemala	7 879	14 489	. .	*25*	. .	*19*	. .	. .	. .	*56*
64	Équateur	11 733	17 939	12	12	38	36	18	21	50	52
65	Rép. dominicaine	6 631	11 277	20	15	28	22	15	15	52	64
66	Roumanie	. .	35 533	. .	21	. .	40	. .	. .	. .	39
67	Jamaïque	2 679	4 406	8	9	38	38	17	18	54	53
68	Jordanie	. .	*6 105*	. .	*8*	. .	*27*	. .	*14*	. .	*65*
69	Algérie	42 345	41 435	10	13	54	47	9	9	36	41
70	El Salvador	3 574	9 471	38	14	22	22	16	. .	40	65
71	Ukraine	. .	80 127	. .	18	. .	42	. .	37	. .	41
72	Paraguay	4 579	7 743	29	*24*	27	*22*	16	*16*	44	*54*

Note : Les Notes techniques indiquent ce que recouvrent les chiffres et dans quelle mesure ils sont comparables. Les chiffres en italique se rapportent à des années autres que celles qui sont indiquées.

		Répartition du produit intérieur brut (%)									
		PIB (millions de dollars)		Valeur ajoutée Agriculture		Valeur ajoutée Industrie		Valeur ajoutée (Secteur manufacturier[a])		Valeur ajoutée Services[b]	
		1980	1995	1980	1995	1980	1995	1980	1995	1980	1995
73	Tunisie	8 743	18 035	14	12	31	29	12	19	55	59
74	Lituanie	. .	7 089	. .	11	. .	36	. .	30	. .	53
75	Colombie	33 399	76 112	19	*14*	32	*32*	23	*18*	49	*54*
76	Namibie	2 190	3 033	12	*14*	53	*29*	5	*9*	35	*56*
77	Bélarus	. .	20 561	. .	13	. .	35	. .	22	. .	52
78	Fédération de Russie	. .	344 711	. .	*7*	. .	*38*	. .	*31*	. .	*55*
79	Lettonie	. .	6 034	. .	9	. .	31	. .	18	. .	60
80	Pérou	20 661	57 424	10	7	42	38	20	24	48	55
81	Costa Rica	4 831	9 233	18	17	27	24	19	19	55	58
82	Liban	. .	11 143	. .	*7*	. .	*24*	. .	*10*	. .	*69*
83	Thaïlande	32 354	167 056	23	11	29	40	22	29	48	49
84	Panama	3 592	7 413	. .	11	. .	15	. .	. .	. .	74
85	Turquie	68 790	164 789	26	16	22	31	14	21	51	53
86	Pologne	57 068	117 663	. .	6	. .	39	. .	26	. .	54
87	Estonie	. .	4 007	. .	8	. .	28	. .	17	. .	64
88	République slovaque	. .	17 414	. .	6	. .	33	. .	. .	. .	61
89	Botswana	971	4 318	13	5	44	46	4	4	43	48
90	Venezuela	69 377	75 016	5	5	46	38	16	17	49	56
Tranche supérieure		**989 317 t**	**1 981 511 t**	**8 w**	**9 w**	**47 w**	**37 w**	**20 w**	**18 w**	**43 w**	**53 w**
91	Afrique du Sud	78 744	136 035	7	5	50	31	23	24	43	64
92	Croatie	. .	18 081	. .	12	. .	25	. .	20	. .	62
93	Mexique	194 914	250 038	8	8	33	26	22	19	59	67
94	Maurice	1 132	3 919	12	9	26	33	15	23	62	58
95	Gabon	4 285	4 691	7	. .	60	. .	5	. .	33	. .
96	Brésil	235 025	688 085	11	14	44	37	33	24	45	49
97	Trinité-et-Tobago	6 236	5 327	2	3	60	42	9	9	38	54
98	République tchèque	29 123	44 772	7	*6*	63	*39*	. .	. .	30	*55*
99	Malaisie	24 488	85 311	22	13	38	43	21	33	40	44
100	Hongrie	22 163	43 712	. .	8	. .	33	. .	24	. .	59
101	Chili	27 572	67 297	7	. .	37	. .	21	. .	55	. .
102	Oman	5 982	12 102	3	. .	69	. .	1	. .	28	. .
103	Uruguay	10 132	17 847	14	9	34	26	26	18	53	65
104	Arabie saoudite	156 487	125 501	1	. .	81	. .	5	. .	18	. .
105	Argentine	76 962	281 060	6	6	41	31	29	*20*	52	63
106	Slovénie	. .	18 550	. .	5	. .	39	. .	1	. .	57
107	Grèce	40 147	90 550	27	*21*	48	*36*	30	*21*	24	*43*
Économies à revenu faible/intermédiaire		**3 192 729 t**	**5 393 142 t**	**. .**	**14 w**	**. .**	**36 w**	**. .**	***20* w**	**. .**	**48 w**
Afrique subsaharienne		**292 557 t**	**296 748 t**	**24 w**	**20 w**	**36 w**	**30 w**	**12 w**	**15 w**	**38 w**	**48 w**
Asie de l'Est et Pacifique		**464 719 t**	**1 341 265 t**	**27 w**	**18 w**	**39 w**	**44 w**	**27 w**	**32 w**	**32 w**	**38 w**
Asie du Sud		**219 283 t**	**439 203 t**	**39 w**	**30 w**	**24 w**	**27 w**	**15 w**	**17 w**	**35 w**	**41 w**
Europe et Asie centrale		**. .**	**1 103 330 t**	**. .**	**. .**	**. .**	**. .**	**. .**	**. .**	**. .**	**. .**
Moyen-Orient et Afrique du Nord		**463 031 t**	**. .**	**9 w**	**. .**	**57 w**	**. .**	**7 w**	**. .**	**32 w**	**. .**
Amérique latine et Caraïbes		**758 569 t**	**1 688 195 t**	**10 w**	**10 w**	**37 w**	**33 w**	**25 w**	**21 w**	**51 w**	**55 w**
Économies à revenu élevé		**7 758 074 t**	**22 485 548 t**	**3 w**	***2* w**	**37 w**	***32* w**	**24 w**	***21* w**	**58 w**	***66* w**
108	Corée, Rép. de	63 661	455 476	15	*7*	40	*43*	29	*27*	45	*50*
109	Portugal	28 526	102 337	. .	. .	. .	. .	. .	. .	. .	. .
110	Espagne	211 543	558 617	. .	*3*	. .	. .	. .	. .	. .	. .
111	Nouvelle-Zélande	22 469	57 070	11	. .	31	. .	22	. .	58	. .
112	Irlande	20 080	60 780	. .	. .	. .	. .	. .	. .	. .	. .
113	† Israël	22 579	91 965	. .	. .	. .	. .	. .	. .	. .	. .
114	† Koweït	28 639	26 650	0	0	75	53	6	11	25	46
115	† Émirats arabes unis	29 625	39 107	1	*2*	77	*57*	4	*8*	22	*40*
116	Royaume-Uni	537 382	1 105 822	2	*2*	43	*32*	27	*21*	54	*66*
117	Australie	160 109	348 782	5	*3*	36	*28*	19	*15*	58	*70*
118	Italie	452 648	1 086 932	6	*3*	39	31	28	*21*	55	66
119	Canada	263 193	568 928	5	. .	40	. .	22	. .	55	. .
120	Finlande	51 306	125 432	12	*6*	49	*37*	35	*28*	39	*57*
121	† Hong Kong	28 495	143 669	1	*0*	32	*17*	24	*9*	67	*83*
122	Suède	125 557	228 679	4	*2*	37	*32*	25	*23*	59	*66*
123	Pays-Bas	171 861	395 900	3	*3*	32	*27*	18	*18*	64	*70*
124	Belgique	118 022	269 081	2	*2*	34	. .	24	. .	64	. .
125	France	664 597	1 536 089	4	*2*	34	*27*	24	*19*	62	*71*
126	† Singapour	11 718	83 695	1	0	38	36	29	27	61	64
127	Autriche	76 882	233 427	4	*2*	40	*34*	28	*24*	56	*63*
128	États-Unis	2 708 150	6 952 020	3	*2*	34	*26*	22	*18*	64	*72*
129	Allemagne	. .	2 415 764	. .	. .	. .	. .	. .	. .	. .	. .
130	Danemark	66 322	172 220	6	*4*	33	*29*	22	*21*	61	*67*
131	Norvège	63 283	145 954	4	. .	36	. .	15	. .	60	. .
132	Japon	1 059 253	5 108 540	4	*2*	42	*38*	29	*24*	54	*60*
133	Suisse	101 646	300 508	. .	. .	. .	. .	. .	. .	. .	. .
Toutes économies		**10 768 090 t**	**27 846 241 t**	**7 w**	**5 w**	**38 w**	**33 w**	**23 w**	**21 w**	**53 w**	***63* w**

a. L'industrie manufacturière étant généralement la branche la plus dynamique du secteur industriel, sa part est indiquée séparément. b. Les services comprennent les éléments non affectés. c. Les données antérieures à 1992 couvrent l'Érythrée.

Tableau 13. Structure de l'économie : demande

		Répartition du produit intérieur brut (%)											
		Consommation des adm. publiques		Consommation privée		Investissement intérieur brut		Épargne intérieure brute		Export. de biens et de services		Solde de ressources	
		1980	1995	1980	1995	1980	1995	1980	1995	1980	1995	1980	1995
Économies à faible revenu		12 w	12 w	66 w	59 w	24	32 w	22 w	30 w	13 w	19 w	–2 w	–1 w
Sauf Chine et Inde		. .	13 w	. .	80 w	. .	20 w	. .	10 w	. .	24 w	*–8* w	–6 w
1	Mozambique	21	*20*	78	*75*	22	*60*	1	*5*	20	*23*	–22	*–55*
2	Éthiopie	*14*[a]	12	*83*[a]	81	*9*[a]	17	*3*[a]	*7*	*11*[a]	15	*–6*[a]	–11
3	Tanzanie	*12*	10	*69*	97	*29*	31	*19*	*–7*	*14*	30	*–10*	–38
4	Burundi	9	12	92	95	14	11	–1	–7	9	12	–15	–18
5	Malawi	19	20	70	76	25	15	11	4	25	29	–14	–11
6	Tchad	*8*	*17*	*99*	*93*	*4*	*9*	*–6*	*–10*	24	*13*	–17	*–19*
7	Rwanda	12	14	83	93	16	13	5	–7	15	6	–11	–20
8	Sierra Leone	8	11	91	98	18	6	2	–9	23	13	–16	–15
9	Népal	7	8	82	79	18	23	11	12	12	24	–7	–12
10	Niger	10	*17*	67	*82*	37	*6*	23	*1*	24	*13*	–14	*–4*
11	Burkina Faso	10	*16*	95	*78*	17	*22*	–6	*6*	10	*14*	–23	*–16*
12	Madagascar	12	7	89	91	15	11	–1	3	13	23	–16	–8
13	Bangladesh	6	14	92	78	15	17	2	8	6	14	–13	–8
14	Ouganda	*11*	10	*89*	83	6	16	0	7	19	12	–6	–9
15	Viet Nam	. .	7	. .	77	. .	27	. .	16	. .	36	. .	–11
16	Guinée-Bissau	29	8	77	98	30	16	–6	–5	8	13	–36	–22
17	Haïti	10	*6*	82	*101*	17	*2*	8	*–7*	22	*4*	–9	*–9*
18	Mali	10	11	91	79	17	26	–2	10	16	22	–19	–16
19	Nigéria	12	10	56	*69*	22	*18*	32	*20*	29	*25*	10	4
20	Yémen, Rép. du	. .	*29*	. .	*61*	. .	*12*	. .	*10*	. .	*43*	. .	*–2*
21	Cambodge	. .	*11*	. .	*82*	. .	*19*	. .	*6*	. .	*11*	. .	*–13*
22	Kenya	20	15	62	72	29	19	18	13	28	33	–11	–6
23	Mongolie	b	. .	74	. .	46	. .	27	. .	19	. .	*–36*	2
24	Togo	22	11	53	80	30	14	25	9	51	31	–5	*–4*
25	Gambie	20	19	79	*76*	26	*21*	1	*5*	47	53	–26	–15
26	Rép. centrafricaine	15	13	94	80	7	15	–10	6	26	18	–17	–9
27	Inde	10	10	73	68	21	25	17	22	7	12	–4	–2
28	RDP lao	. .	. .	. .	. .	. .	. .	. .	. .	. .	. .	. .	. .
29	Bénin	9	*9*	96	*82*	15	*20*	–5	*9*	23	*27*	–20	*–6*
30	Nicaragua	20	*14*	83	*95*	17	*18*	–2	*–9*	24	*24*	–19	*–27*
31	Ghana	11	12	84	77	6	19	5	10	8	25	–1	–8
32	Zambie	26	9	55	88	23	12	19	3	41	31	–4	–7
33	Angola	. .	47	. .	9	. .	27	. .	43	. .	74	. .	33
34	Géorgie	13	7	56	103	29	3	. .	–9	. .	17	. .	–1
35	Pakistan	10	12	83	73	18	19	7	16	12	16	–12	–3
36	Mauritanie	25	9	68	80	36	15	7	11	37	50	–29	–3
37	Azerbaïdjan	. .	b	. .	96	. .	16	. .	4	. .	27	. .	–16
38	Zimbabwe	20	*19*	64	*64*	19	*22*	16	*17*	30	*34*	–3	–6
39	Guinée	. .	8	. .	81	. .	15	. .	11	. .	21	. .	–4
40	Honduras	13	14	70	73	25	23	17	14	36	36	–8	–10
41	Sénégal	22	11	78	79	15	16	0	10	28	32	–16	–5
42	Chine	15	12	51	46	35	40	35	42	6	21	0	2
43	Cameroun	10	9	70	71	21	15	20	21	27	26	–1	6
44	Côte d'Ivoire	17	12	63	67	27	13	20	20	35	41	–6	7
45	Albanie	9	15	56	93	35	16	. .	–8	. .	14	. .	–24
46	Congo	18	12	47	64	36	27	36	23	60	62	0	–4
47	Rép. kirghize	. .	23	. .	67	. .	16	. .	10	. .	26	. .	–18
48	Sri Lanka	9	12	80	74	34	25	11	14	32	36	–23	–11
49	Arménie	16	13	47	116	29	9	. .	–29	. .	24	. .	–53
Économies à revenu intermédiaire		. .	14 w	. .	59 w	. .	25 w	. .	25 w	. .	24 w	. .	–1 w
Tranche inférieure		. .	. .	. .	. .	. .	. .	. .	. .	. .	. .	. .	. .
50	Lesotho	36	23	124	85	42	87	–60	–9	20	21	–102	–96
51	Égypte, Rép. arabe d'	16	13	69	81	28	17	15	6	31	21	–12	–3
52	Bolivie	14	*13*	67	*79*	15	*15*	19	*8*	21	*20*	4	*–7*
53	Macédoine, ERY de	. .	14	. .	82	. .	15	. .	4	. .	37	. .	–11
54	Moldova	. .	20	. .	81	. .	7	. .	–1	. .	35	. .	–7
55	Ouzbékistan	. .	*25*	. .	*59*	. .	*23*	. .	*24*	. .	*63*	. .	0
56	Indonésie	11	8	52	56	24	38	37	36	33	25	13	1
57	Philippines	9	11	67	74	29	23	24	15	24	36	–5	–8
58	Maroc	18	15	68	71	24	21	14	13	17	27	–10	–8
59	Rép. arabe syrienne	23	. .	67	. .	28	. .	10	. .	18	. .	–17	. .
60	Papouasie-Nouvelle-Guinée	24	12	61	48	25	24	15	39	43	61	–10	15
61	Bulgarie	6	15	55	61	34	21	39	25	36	49	5	2
62	Kazakstan	. .	15	. .	65	. .	22	. .	19	. .	34	. .	–3
63	Guatemala	8	*6*	79	*86*	16	*17*	13	*8*	22	*19*	–3	–6
64	Équateur	15	13	60	67	26	19	26	21	25	29	0	2
65	Rép. dominicaine	8	4	77	80	25	20	15	16	19	26	–10	0
66	Roumanie	5	12	60	66	40	26	35	21	35	28	. .	–5
67	Jamaïque	20	9	64	80	16	17	16	10	51	69	0	–7
68	Jordanie	. .	*22*	. .	*75*	. .	*26*	. .	*3*	. .	*49*	. .	*–24*
69	Algérie	14	16	43	56	39	32	43	29	34	27	4	–3
70	El Salvador	14	8	72	86	13	19	14	6	34	21	1	–16
71	Ukraine	. .	. .	. .	. .	. .	. .	. .	. .	. .	. .	. .	–3
72	Paraguay	6	*7*	76	*79*	32	*23*	18	*14*	15	*36*	–13	–19

Note : Les Notes techniques indiquent ce que recouvrent les chiffres et dans quelle mesure ils sont comparables. Les chiffres en italique se rapportent à des années autres que celles qui sont indiquées.

		Répartition du produit intérieur brut (%)											
		Consommation des adm. publiques		Consommation privée		Investissement intérieur brut		Épargne intérieure brute		Export. de biens et de services		Solde de ressources	
		1980	1995	1980	1995	1980	1995	1980	1995	1980	1995	1980	1995
73	Tunisie	14	16	62	63	29	24	24	20	40	45	−5	−4
74	Lituanie	. .	20	. .	63	. .	19	. .	16	. .	58	. .	−3
75	Colombie	10	9	70	75	19	20	20	16	16	15	1	−3
76	Namibie	17	*31*	44	*52*	29	*20*	39	*17*	76	*53*	10	−7
77	Bélarus	. .	22	. .	58	. .	25	. .	20	. .	43	. .	−5
78	Fédération de Russie	15	16	62	58	22	25	. .	26	. .	22	. .	3
79	Lettonie	8	20	60	65	26	21	. .	16	. .	43	. .	−5
80	Pérou	11	6	57	83	29	17	32	11	22	12	3	−5
81	Costa Rica	18	17	66	60	27	25	16	24	26	41	−10	−1
82	Liban	. .	*12*	. .	*110*	. .	*29*	. .	*−22*	. .	*10*	. .	−62
83	Thaïlande	12	10	65	54	29	43	23	36	24	42	−6	−7
84	Panama	. .	15	. .	64	. .	24	. .	22	. .	39	. .	−2
85	Turquie	10	10	78	70	18	25	11	20	5	20	−7	−5
86	Pologne	9	18	67	63	26	17	23	19	28	28	−3	2
87	Estonie	. .	23	. .	58	. .	27	. .	18	. .	75	. .	−9
88	République slovaque	. .	20	. .	50	. .	28	. .	30	. .	63	. .	2
89	Botswana	19	32	53	45	38	25	28	23	53	49	−10	−2
90	Venezuela	12	6	55	73	26	16	33	21	29	27	7	5
Tranche supérieure		**12 w**	**15 w**	**56 w**	**61 w**	**25**	**21 w**	**32 w**	**23 w**	**27 w**	**22 w**	**7 w**	***−1* w**
91	Afrique du Sud	13	21	50	61	28	18	36	18	36	22	8	0
92	Croatie	. .	33	. .	66	. .	14	. .	1	. .	40	. .	−13
93	Mexique	10	10	65	71	27	15	25	19	11	25	−2	3
94	Maurice	14	12	75	65	21	25	10	22	51	58	−10	−3
95	Gabon	13	10	26	42	28	26	61	48	65	61	33	22
96	Brésil	9	17	70	62	23	22	21	21	9	7	−2	−1
97	Trinité-et-Tobago	12	13	46	62	31	14	42	25	50	39	11	11
98	République tchèque	. .	20	. .	60	. .	25	. .	20	. .	52	. .	−5
99	Malaisie	17	12	51	51	30	41	33	37	58	96	3	−3
100	Hongrie	10	11	61	68	31	23	29	21	39	35	−2	−2
101	Chili	12	9	67	62	25	27	20	29	23	29	−4	2
102	Oman	25	*31*	28	*42*	22	*17*	47	*27*	63	*49*	25	*10*
103	Uruguay	12	13	76	74	17	14	12	13	15	19	−6	−1
104	Arabie saoudite	16	*27*	22	*43*	22	*20*	62	*30*	71	*40*	41	*10*
105	Argentine	b	b	76	82	25	18	24	18	5	9	−1	0
106	Slovénie	. .	21	. .	58	. .	22	. .	21	. .	56	. .	−1
107	Grèce	16	19	60	74	29	19	23	7	21	22	−5	−12
Économies à revenu faible/intermédiaire		**14 w**	**14 w**	**57 w**	**63 w**	**26**	**27 w**	**30 w**	**22 w**	**23 w**	**22 w**	**2 w**	**−1 w**
Afrique subsaharienne		**14 w**	**17 w**	**60 w**	**67 w**	**23**	**19 w**	**27 w**	**16 w**	**31 w**	**28 w**	**3 w**	**−3 w**
Asie de l'Est et Pacifique		**12 w**	**11 w**	**58 w**	**51 w**	**28**	**39 w**	**28 w**	**38 w**	**16 w**	**29 w**	**1 w**	**−1 w**
Asie du Sud		**9 w**	**11 w**	**75 w**	**69 w**	**20**	**23 w**	**15 w**	**20 w**	**8 w**	**14 w**	**−6 w**	**−3 w**
Europe et Asie centrale		. .	. .	. .	. .	. .	. .	. .	. .	. .	. .	. .	. .
Moyen-Orient et Afrique du Nord		**16 w**	. .	**39 w**	. .	**26**	. .	**45 w**	. .	**47 w**	. .	**16 w**	. .
Amérique latine et Caraïbes		**11 w**	**12 w**	**67 w**	**67 w**	**25**	**20 w**	**23 w**	**19 w**	**16 w**	**17 w**	**−2 w**	**−2 w**
Économies à revenu élevé		**17 w**	**15 w**	**60 w**	**63 w**	**23**	**21 w**	**23 w**	**21 w**	**22 w**	**22 w**	**0 w**	**2 w**
108	Corée, Rép. de	12	10	64	54	32	37	25	36	34	33	−7	−1
109	Portugal	14	17	65	65	34	28[c]	21	18	24	28	−13	−9
110	Espagne	13	16	66	62	23	21	21	22	16	24	−2	0
111	Nouvelle-Zélande	18	15	62	60	21	24	20	26	30	32	−1	2
112	Irlande	19	15	67	57	27	13	14	27	48	75	−13	15
113	† Israël	39	29	50	58	22	24	11	13	40	29	−11	−10
114	† Koweït	11	33	31	49	14	12	58	18	78	55	44	6
115	† Émirats arabes unis	11	*18*	17	*54*	28	*27*	72	*27*	78	*70*	43	*1*
116	Royaume-Uni	22	21	59	64	17	16[c]	19	15	27	28	2	−1
117	Australie	18	17	59	60	25	23	24	22	16	20	−2	−1
118	Italie	15	16	61	62	27	18	24	22	22	26	−3	3
119	Canada	19	19	55	60	24	19	25	21	28	37	2	2
120	Finlande	18	21	54	54	29	16	28	24	33	38	−1	8
121	† Hong Kong	6	9	60	59	35	35	34	33	90	147	−1	−2
122	Suède	29	26	51	55	21	14	19	19	29	41	−2	4
123	Pays-Bas	17	14	61	57	22	22	22	29	51	53	0	7
124	Belgique	18	15	63	62	22	18	19	24	63	74	−3	6
125	France	18	20	59	60	24	18	23	20	22	23	−1	2
126	† Singapour	10	9	53	40	46	33	38	. .	207	. .	−9	. .
127	Autriche	18	19	56	55	28	27	26	26	37	38	−2	−1
128	États-Unis	18	16	63	*68*	20	*16*	19	*15*	10	11	−1	−2
129	Allemagne	. .	20	. .	58	. .	21	. .	23	. .	23	. .	1
130	Danemark	27	25	56	54	19	16	17	21	33	35	−1	6
131	Norvège	18	21	51	50	25	23[c]	31	29	43	38	6	6
132	Japon	10	10	59	60	32	29	31	31	14	9	−1	2
133	Suisse	13	14	67	59	24	23	20	27	37	36	−4	4
Toutes économies		**16 w**	**15 w**	**59 w**	**63 w**	**24**	**23 w**	**25 w**	**21 w**	**22 w**	**22 w**	**1 w**	**1 w**

a. Y compris l'Érythrée. b. On ne dispose pas de chiffres distincts pour la consommation des administrations publiques, qui est donc incluse dans la consommation privée.
c. Y compris les écarts statistiques.

Tableau 14. Budget de l'administration centrale

		Pourcentage du PIB													
		Recettes totales[a]				Dépenses totales				Pourcentage des dépenses totales[b]				Excédent/déficit global[c]	
		Fiscales		Non fiscales		Courantes		D'équipement		Défense		Services sociaux[d]		(% du PNB)	
		1980	1995	1980	1995	1980	1995	1980	1995	1980	1995	1980	1995	1980	1995
Économies à faible revenu															
Sauf Chine et Inde															
1	Mozambique	..	..	..	..	..	..	..	..	..	..	..	..	..	..
2	Éthiopie	12,8[c]	11,9	3,7[c]	..	18,0[c]	..	3,3[c]	..	35,5[c]	..	19,6[c]	..	−3,1[c]	−8,5
3	Tanzanie	17,1	..	9,4	..	19,2	..	10,4	..	9,2	..	35,0	..	−7,0	..
4	Burundi	13,2	..	3,5	..	11,5	..	11,0	..	..	..	..	..	−3,9	..
5	Malawi	16,6	..	5,9	..	18,0	..	16,6	..	12,8	..	30,7	..	−15,9	..
6	Tchad	..	..	..	..	..	..	..	..	..	..	..	..	..	..
7	Rwanda	11,0	..	2,5	..	9,3	..	5,0	..	..	..	..	..	−1,7	−6,9
8	Sierra Leone	14,0	12,5	2,5	4,5	19,6	13,3	5,0	6,5	..	..	..	..	−12,1	−5,0
9	Népal	6,6	9,1	2,9	4,3	..	..	..	..	6,7	..	..	..	−3,0	..
10	Niger	12,2	..	2,6	..	9,4	..	9,0	..	3,8	..	50,5	..	−4,7	..
11	Burkina Faso	10,4	..	1,9	..	9,8	..	2,3	..	17,0	..	36,0	..	0,2	..
12	Madagascar	12,9	8,2	5,2	2,2	..	11,3	..	7,5	..	..	..	34,6	..	−4,8
13	Bangladesh	7,7	..	2,9	..	..	..	..	..	9,4	..	..	..	2,5	..
14	Ouganda	3,0	..	1,3	..	5,3	..	0,8	..	25,2	..	24,1	..	−3,1	..
15	Viet Nam	..	..	..	..	..	..	..	..	..	..	..	..	..	..
16	Guinée-Bissau	..	..	..	..	..	..	..	..	..	..	..	..	..	..
17	Haïti	9,3	..	1,6	..	13,9	..	3,5	..	..	..	..	..	−4,7	..
18	Mali	9,5	..	4,0	..	12,3	..	1,9	..	11,0	..	37,8	..	−4,6	..
19	Nigéria	..	..	..	..	..	..	..	..	..	..	..	..	..	..
20	Yémen, Rép. du	..	13,0	..	2,6	..	34,7	..	3,8	..	30,3	..	30,8	..	−17,3
21	Cambodge	..	..	..	..	..	..	..	..	..	..	..	..	..	..
22	Kenya	19,1	19,6	8,5	10,0	19,4	22,1	5,9	5,3	16,4	6,2	36,0	27,1	−4,5	−3,2
23	Mongolie	..	20,3	..	5,0	..	18,1	..	3,3	..	11,5	..	38,8	..	−1,9
24	Togo	27,0	..	4,6	..	23,7	..	8,9	..	7,1	..	56,2	..	−2,0	..
25	Gambie	20,0	21,8	0,8	7,5	16,7	15,8	15,5	4,6	..	..	38,2	..	−4,5	3,5
26	Rép. centrafricaine	15,0	..	3,4	..	18,5	..	1,3	..	9,7	..	34,5	..	−3,5	..
27	Inde	9,8	9,6	5,0	4,1	11,7	14,2	1,6	1,8	19,8	14,5	8,8	11,9	−6,5	−5,4
28	RDP lao	..	..	..	..	..	..	..	..	..	..	..	..	..	..
29	Bénin	..	..	..	..	..	..	..	..	..	..	..	..	..	..
30	Nicaragua	20,3	23,6	8,7	10,7	24,8	22,0	4,7	8,4	7,7	0,0	41,3	63,5	−7,2	−4,3
31	Ghana	6,4	12,9	1,9	5,6	9,8	17,6	1,1	3,0	3,7	4,9	38,3	42,3	−4,2	−2,5
32	Zambie	23,1	13,4	10,8	7,0	33,0	10,7	4,0	6,1	0,0	..	23,4	59,0	−18,5	−2,9
33	Angola	..	..	..	..	..	..	..	..	..	..	..	..	..	..
34	Géorgie	..	..	..	..	..	..	..	..	..	..	..	..	..	..
35	Pakistan	13,3	15,3	5,5	7,2	14,5	19,1	3,1	4,1	..	..	..	..	−5,7	−4,8
36	Mauritanie	..	..	..	..	..	..	..	..	..	..	..	..	..	..
37	Azerbaïdjan	..	..	..	..	..	..	..	..	..	..	..	..	..	..
38	Zimbabwe	19,2	..	6,7	..	33,0	..	1,8	..	25,0	..	30,2	..	−10,9	..
39	Guinée	..	..	..	..	..	..	..	..	..	..	..	..	..	..
40	Honduras	13,6	..	3,5	..	..	..	..	..	..	..	..	..	..	−0,2
41	Sénégal	20,7	..	6,3	..	22,3	..	1,9	..	16,8	..	38,5	..	0,9	0,0
42	Chine	..	5,7	..	4,6	..	..	..	..	..	12,4	..	..	..	−1,9
43	Cameroun	15,0	9,5	2,9	2,8	10,5	14,0	5,2	1,5	9,1	9,4	38,2	29,0	0,5	−1,7
44	Côte d'Ivoire	21,1	..	5,7	..	19,1	..	9,0	..	..	..	..	..	−10,8	..
45	Albanie	..	18,3	..	9,2	..	28,0	..	6,1	..	7,1	..	40,2	..	−9,9
46	Congo	27,0	..	2,7	..	21,8	..	17,7	..	..	16,1	12,6	..	−5,2	−0,1
47	Rép. kirghize	..	..	..	..	..	..	..	..	..	..	..	..	..	..
48	Sri Lanka	19,1	18,0	5,4	10,8	24,7	22,1	16,6	6,5	1,7	2,6	40,5	46,2	−18,3	−0,1
49	Arménie	..	..	..	..	..	..	..	..	..	..	..	..	..	..
Économies à revenu intermédiaire															
Tranche inférieure															
50	Lesotho	29,5	44,4	3,5	7,5	32,9	33,3	..	..	..	..	31,4	..	..	..
51	Égypte, Rép. arabe d'	28,9	26,3	4,0	5,6	36,6	34,8	9,0	8,0	13,5	8,7	32,1	39,1	−6,3	2,0
52	Bolivie	..	11,8	..	7,1	..	18,7	..	5,4	..	8,2	..	52,3	..	−3,6
53	Macédoine, ERY de	..	..	..	..	..	..	..	..	..	..	..	..	..	..
54	Moldova	..	..	..	..	..	..	..	..	..	..	..	..	..	..
55	Ouzbékistan	..	..	..	..	..	..	..	..	..	..	..	..	..	..
56	Indonésie	20,2	16,4	1,8	6,2	11,7	8,4	10,4	7,8	13,5	6,2	23,7	70,4	−2,3	0,6
57	Philippines	12,5	16,0	5,9	4,9	9,9	15,4	3,5	3,0	15,7	10,6	25,4	26,3	−1,4	−1,5
58	Maroc	20,4	..	8,1	..	22,8	..	10,3	..	17,9	..	39,5	..	−9,7	..
59	Rép. arabe syrienne	10,5	17,8	1,4	8,2	30,3	15,5	17,9	11,1	35,8	28,2	28,0	26,8	−9,7	−3,8
60	Papouasie-Nouvelle-Guinée	20,5	18,9	2,8	2,3	29,2	26,1	5,2	3,3	4,4	3,3	29,8	30,5	−1,9	−4,1
61	Bulgarie	..	29,0	..	10,4	..	41,4	..	1,6	..	6,3	..	35,0	..	−5,5
62	Kazakstan	..	..	..	..	..	..	..	..	..	..	..	..	..	..
63	Guatemala	8,7	6,8	2,9	3,7	7,3	6,9	5,1	2,3	10,6	15,2	47,5	38,4	−3,4	−1,2
64	Équateur	12,2	13,9	2,2	4,1	11,9	12,4	2,3	3,3	12,5	..	52,5	..	−1,4	0,0
65	Rép. dominicaine	11,1	14,9	3,1	5,5	11,4	8,2	5,2	8,7	7,8	4,7	53,0	87,1	−2,6	0,0
66	Roumanie	10,1	26,3	0,0	6,9	29,8	27,7	15,0	4,3	3,8	6,2	28,3	54,8	0,5	0,0
67	Jamaïque	27,9	..	14,3	..	..	..	..	..	..	..	..	..	−15,5	..
68	Jordanie	..	20,4	..	6,5	..	24,7	..	6,1	25,3	20,7	38,5	46,8	..	1,1
69	Algérie	..	..	..	..	..	..	..	..	..	..	..	..	..	..
70	El Salvador	11,1	12,1	3,4	6,4	11,7	11,2	2,8	3,7	8,8	5,2	47,0	37,2	−5,7	0,0
71	Ukraine	..	..	..	..	..	..	..	..	..	..	..	..	..	..
72	Paraguay	9,8	9,1	1,9	5,0	7,5	11,1	2,4	1,9	12,4	10,7	47,0	54,1	0,3	1,2

Note : Les Notes techniques indiquent ce que recouvrent les chiffres et dans quelle mesure ils sont comparables. Les chiffres en italique se rapportent à des années autres que celles qui sont indiquées.

		Pourcentage du PIB													
		Recettes totales[a]				Dépenses totales				Pourcentage des dépenses totales[b]				Excédent/déficit global[c] (% du PNB)	
		Fiscales		Non fiscales		Courantes		D'équipement		Défense		Services sociaux[d]			
		1980	1995	1980	1995	1980	1995	1980	1995	1980	1995	1980	1995	1980	1995
73	Tunisie	23,9	..	7,5	..	22,1	..	9,4	..	12,2	..	53,7	..	−2,8	..
74	Lituanie	..	24,4	..	12,6	..	24,7	..	2,7	..	1,9	..	53,2	..	..
75	Colombie	10,3	14,0	2,7	6,8	10,4	11,9	4,1	2,5	6,7	8,7	58,5	40,8	−1,8	−0,5
76	Namibie	..	31,4	..	10,1	..	34,6	..	6,1	..	..	..	..	..	−4,8
77	Bélarus	..	..	..	..	..	..	..	..	..	..	..	..	..	..
78	Fédération de Russie	..	16,1	..	6,3	..	25,8	..	1,3	..	16,4	..	34,6	..	−10,5
79	Lettonie	..	23,1	..	10,9	..	29,2	..	1,2	..	2,6	..	63,7	..	−4,2
80	Pérou	15,8	14,4	6,4	7,7	15,0	15,8	4,4	3,1	21,0	..	27,4	0,0	−2,4	0,0
81	Costa Rica	16,8	22,0	5,4	8,4	21,3	26,0	5,2	2,4	2,6	0,0	73,9	63,0	−7,4	−2,9
82	Liban	..	10,8	..	1,1	..	25,8	..	..	..	..	..	..	..	..
83	Thaïlande	13,2	17,1	6,6	7,4	14,4	10,5	4,4	..	21,7	..	37,8	57,7	−4,9	1,8
84	Panama	19,7	20,1	4,5	4,8	26,5	25,4	5,9	2,9	..	5,4	48,5	69,6	−5,5	4,3
85	Turquie	14,3	14,3	3,6	7,3	15,5	20,9	5,9	6,1	15,2	15,8	33,0	21,6	−3,1	0,0
86	Pologne	..	36,7	..	11,6	..	41,9	..	1,5	..	..	..	..	..	−2,3
87	Estonie	..	33,2	..	13,6	..	..	..	..	..	3,1	..	..	..	1,4
88	République slovaque	..	..	..	..	..	..	..	..	..	..	..	..	..	..
89	Botswana	24,9	28,1	0,3	1,7	23,1	38,3	10,8	..	9,8	..	41,5	35,6	−0,2	..
90	Venezuela	18,9	14,8	0,9	4,0	14,9	16,3	4,0	2,5	5,8	..	48,0	..	0,0	−4,1
Tranche supérieure															
91	Afrique du Sud	20,5	25,2	5,6	10,0	19,1	31,0	3,0	2,2	..	..	..	..	−2,3	−6,2
92	Croatie	..	43,0	..	18,7	..	42,8	..	3,7	..	21,1	..	60,9	..	−0,9
93	Mexique	14,3	14,8	4,4	8,0	11,3	14,3	5,5	..	2,3	..	57,6	65,7	−3,0	..
94	Maurice	18,4	18,2	3,6	5,5	22,7	19,1	4,6	4,2	0,8	1,5	55,9	60,0	−10,3	−1,4
95	Gabon	23,6	..	1,7	..	..	..	..	..	..	..	..	..	6,1	..
96	Brésil	17,8	18,6	7,3	4,9	18,6	39,0	2,2	..	..	..	43,5	34,5	−2,2	..
97	Trinité-et-Tobago	35,7	..	1,6	..	18,4	..	12,0	..	..	..	..	..	7,2	..
98	République tchèque	..	37,5	..	13,0	..	36,9	..	5,1	..	5,7	..	65,7	..	0,5
99	Malaisie	23,4	20,6	4,4	6,6	19,2	18,1	9,9	5,1	14,8	12,7	45,3	48,0	−6,0	0,8
100	Hongrie	44,9	..	20,5	..	48,7	..	7,5	..	4,4	..	31,0	..	−2,8	..
101	Chili	25,6	17,8	11,4	9,7	25,3	16,2	2,7	3,3	12,4	8,8	65,3	77,9	5,4	1,6
102	Oman	10,7	8,5	0,2	0,4	30,3	36,0	8,2	6,9	51,2	36,5	9,7	26,3	0,4	−11,2
103	Uruguay	21,0	27,6	9,6	9,6	20,1	29,2	1,7	2,6	13,4	7,3	67,6	79,8	0,0	−2,8
104	Arabie saoudite	..	..	..	..	..	..	..	..	..	..	..	..	..	..
105	Argentine	10,4	..	2,6	..	18,2	..	2,7	..	14,3	..	28,6	..	−2,6	0,0
106	Slovénie	..	..	..	..	..	..	..	..	..	..	..	..	..	..
107	Grèce	27,4	26,0	9,7	17,8	31,1	38,8	5,5	4,4	12,6	8,9	58,8	34,1	−5,0	−15,7
Économies à revenu faible/intermédiaire															
Afrique subsaharienne															
Asie de l'Est et Pacifique															
Asie du Sud															
Europe et Asie centrale															
Moyen-Orient et Afrique du Nord															
Amérique latine et Caraïbes															
Économies à revenu élevé															
108	Corée, Rép. de	15,3	17,7	8,0	6,5	14,6	14,2	2,4	3,6	34,3	18,1	30,0	42,1	−2,2	−0,2
109	Portugal	24,3	30,9	8,8	12,8	28,9	37,7	4,4	..	7,4	..	55,9	..	−8,5	..
110	Espagne	22,2	28,7	3,1	6,5	23,8	36,8	3,0	2,6	4,3	6,8	77,4	54,0	−4,2	0,0
111	Nouvelle-Zélande	30,6	34,4	6,1	10,8	35,7	35,0	2,4	1,2	5,1	3,6	63,8	70,1	−6,7	0,1
112	Irlande	30,9	35,1	10,4	11,4	40,4	39,3	4,6	3,2	3,4	3,0	57,7	61,6	−12,5	−0,2
113	† Israël	43,3	33,4	12,4	13,0	67,2	40,9	2,8	4,3	39,8	19,4	29,0	57,5	−15,6	−2,9
114	† Koweït	2,7	1,2	0,2	0,0	18,9	44,1	8,9	7,3	12,2	25,5	39,1	44,2	58,7	..
115	† Émirats arabes unis	0,0	0,6	0,0	0,6	11,2	11,3	0,9	0,5	47,5	37,1	24,0	29,2	2,1	0,2
116	Royaume-Uni	30,6	33,5	9,8	11,8	36,4	39,6	1,8	4,4	13,8	..	48,2	54,5	−4,6	0,1
117	Australie	19,6	22,3	5,1	5,2	21,1	26,6	1,5	2,5	9,4	16,8	50,1	58,0	−1,5	−0,1
118	Italie	29,1	38,4	7,7	11,2	37,6	48,0	2,2	1,9	3,4	..	55,3	..	−10,7	−10,5
119	Canada	16,2	..	3,1	..	21,0	..	0,3	..	7,7	10,8	46,1	..	−3,5	..
120	Finlande	25,1	29,3	13,3	14,2	25,2	42,0	3,0	1,7	5,6	3,9	59,7	63,5	−2,2	−13,4
121	† Hong Kong	..	..	..	..	..	..	..	..	..	..	..	..	..	..
122	Suède	30,1	32,8	10,2	11,2	37,5	43,6	1,8	1,4	7,7	5,6	67,0	64,6	−8,1	−6,9
123	Pays-Bas	44,2	42,9	10,3	10,5	48,2	48,3	4,6	2,5	5,6	3,9	70,5	68,7	−4,6	−4,9
124	Belgique	41,7	43,7	10,5	11,4	46,6	47,9	4,3	5,5	5,7	7,0	67,0	7,2	−8,2	−0,5
125	France	36,7	38,1	12,2	11,5	37,4	44,4	2,1	2,4	7,4	..	74,1	72,5	−0,1	−5,5
126	† Singapour	17,5	17,2	4,0	4,6	15,6	10,7	4,5	4,2	25,2	37,4	37,5	48,5	2,1	0,0
127	Autriche	32,0	32,9	8,8	9,1	34,0	37,5	3,4	2,9	3,0	3,7	78,8	77,8	−3,4	−0,1
128	États-Unis	18,5	19,0	0,9	0,8	20,7	22,1	1,4	0,8	21,2	18,1	54,2	55,0	−2,8	−2,3
129	Allemagne	..	30,0	..	7,3	..	32,2	..	1,7	9,1	..	74,9	..	..	−2,5
130	Danemark	31,3	35,4	16,7	16,5	36,7	42,0	2,7	1,5	6,5	4,0	61,2	56,9	−2,7	−2,0
131	Norvège	33,9	31,6	14,8	15,4	33,4	39,1	1,2	..	7,7	..	55,9	51,1	−1,7	..
132	Japon	11,0	17,6	2,4	3,0	14,8	..	3,6	..	..	4,1	..	..	−7,0	0,0
133	Suisse	18,3	21,5	3,8	3,4	18,9	25,9	1,4	1,2	10,2	15,2	69,0	75,2	−0,2	0,1
Toutes économies															

a. Recettes courantes. b. Couvre les prêts moins les remboursements. c. Couvre les dons. d. Éducation, santé, sécurité sociale, aide sociale, logements et équipements collectifs. e. Y compris l'Érythrée.

Tableau 15. Exportations et importations de marchandises

		Exportations				Importations						Taux de croissance annuel moyen (%)			
		Totales (millions de dollars)		Produits manuf. (% du total)		Totales (millions de dollars)		Produits alim. (% du total)		Combust. (% du total)		Volume exp.		Volume imp.	
		1980	1995	1980	1993	1980	1995	1980	1993	1980	1993	1980–90	1990–95	1980–90	1990–95
Économies à faible revenu		**84 204 t**	**245 456 t**			**97 748 t**	**251 806 t**					**5,3 w**	***8,3* w**	**1,6 w**	***13,0* w**
Sauf Chine et Inde		**58 817 t**	**64 769 t**			**65 465 t**	**86 058 t**					**1,4 w**	***2,7* w**	**–4,2 w**	***5,0* w**
1	Mozambique	281	169	2	*20*	800	784	..	..	..	..	−10,5	*−0,3*	−1,0	*2,9*
2	Éthiopie[a]	425	423	0	*4*	717	*1 033*	8	*6*	25	*11*	1,2	*−9,4*	3,3	*−3,3*
3	Tanzanie	511	639	14	..	1 250	1 619	13	..	21	..	−1,8	*10,0*	−3,3	*12,7*
4	Burundi	65	106	3	*30*	168	*234*	..	..	..	..	7,4	*−4,8*	1,4	*−14,6*
5	Malawi	295	*325*	7	*6*	439	*491*	8	..	15	..	0,1	*−1,8*	1,3	*−1,6*
6	Tchad	71	*156*	8	..	74	220	..	..	..	..	5,4	*−10,0*	10,5	*−12,1*
7	Rwanda	72	45	0	..	243	235	12	..	13	..	5,6	*−19,6*	1,3	*−1,9*
8	Sierra Leone	*224*	42	40	*27*	427	135	24	..	2	..	−2,1	*−4,3*	−9,9	*−1,1*
9	Népal	80	348	31	*84*	342	1 374	4	..	18	..	7,8	*22,1*	4,9	*6,8*
10	Niger	566	*225*	2	..	594	*309*	14	..	26	..	−6,4	*−2,0*	−4,5	*2,5*
11	Burkina Faso	161	*274*	..	..	359	549	..	..	..	..	5,4	*1,3*	2,1	*8,3*
12	Madagascar	401	364	6	*20*	600	499	9	*11*	15	*12*	−0,1	*−6,8*	−4,6	*−5,6*
13	Bangladesh	793	3 173	69	*81*	2 600	6 496	24	*15*	10	*14*	7,5	*12,7*	1,8	*5,3*
14	Ouganda	345	461	3	*1*	293	1 058	8	..	30	..	−1,4	*3,9*	−0,6	*28,7*
15	Viet Nam	339	5 026	..	..	1 310	*7 272*	..	..	..	..	..	..	..	..
16	Guinée-Bissau	11	23	..	..	55	70	20	..	6	..	−5,1	*−18,3*	1,3	*−5,4*
17	Haïti	226	110	..	..	375	653	24	..	13	..	−2,9	*−11,2*	−4,4	*−6,8*
18	Mali	205	*326*	9	..	439	*529*	19	..	35	..	2,6	*−3,7*	1,2	*−3,4*
19	Nigéria	26 000	11 670	0	*3*	16 700	7 900	17	..	2	..	−2,4	*−1,9*	−17,5	*7,6*
20	Yémen, Rép. du	..	1 937	51	..	..	1 962	28	..	7	..	1,5	*7,2*	−5,9	*11,1*
21	Cambodge	..	855	..	..	..	1 213	..	..	..	..	..	..	..	..
22	Kenya	1 250	1 878	12	*18*	2 120	2 949	8	*8*	34	*33*	2,6	*16,6*	1,1	*−5,6*
23	Mongolie	..	*324*	..	..	..	*223*	..	..	..	..	..	..	..	..
24	Togo	338	209	11	*6*	551	386	17	*23*	23	*10*	4,9	*9,0*	1,1	*−11,2*
25	Gambie	31	16	9	*37*	165	140	23	..	11	..	2,3	*26,9*	1,0	*9,0*
26	Rép. centrafricaine	116	187	29	..	81	174	21	..	2	..	2,5	*3,5*	6,0	*−3,3*
27	Inde	8 590	30 764	59	*75*	14 900	34 522	9	*4*	45	*30*	6,3	*7,0*	4,5	*2,7*
28	RDP lao	31	348	8	..	29	587	..	..	..	..	..	..	..	..
29	Bénin	63	*163*	8	..	331	*493*	26	..	8	..	7,7	*−0,3*	−6,3	*29,4*
30	Nicaragua	451	520	14	*7*	887	962	15	*23*	20	*15*	−4,4	*−8,7*	−4,1	*7,3*
31	Ghana	1 260	*1 227*	1	*23*	1 130	*1 580*	10	..	27	..	3,9	*9,1*	1,6	*12,8*
32	Zambie	1 300	*781*	..	..	1 340	1 258	5	..	22	..	−3,5	*26,9*	−5,0	*−6,2*
33	Angola	1 880	3 508	13	..	1 330	1 748	24	..	1	..	11,3	*4,2*	−3,4	*−4,1*
34	Géorgie	..	347	..	..	..	687	..	..	..	..	..	..	..	..
35	Pakistan	2 620	7 992	49	85	5 350	11 461	13	14	27	17	9,5	*8,8*	2,1	*10,3*
36	Mauritanie	194	*404*	2	*1*	286	*700*	30	..	14	..	7,8	*3,5*	1,1	*4,4*
37	Azerbaïdjan	..	612	..	..	..	955	..	..	..	..	..	..	..	..
38	Zimbabwe	1 415	*1 885*	38	*37*	1 448	*2 241*	3	*18*	1	*12*	2,2	*−6,6*	−2,2	*−5,1*
39	Guinée	401	583	..	..	270	690	..	..	..	..	−3,6	*−8,6*	−2,9	*−2,8*
40	Honduras	830	1 061	13	*13*	1 010	1 219	10	*11*	16	*13*	1,3	*10,7*	−1,0	*7,0*
41	Sénégal	*477*	*340*	15	*21*	1 050	*704*	25	*29*	25	*11*	2,6	*3,6*	1,0	*6,1*
42	Chine*	18 100	148 797	48	81	19 900	129 113	..	3	..	6	11,4	*14,3*	10,0	*24,8*
43	Cameroun	1 380	2 331	4	*13*	1 600	1 241	9	*16*	12	*3*	4,5	*−1,7*	−1,4	*−11,2*
44	Côte d'Ivoire	3 130	3 939	..	*17*	2 970	2 808	13	..	16	..	3,3	*−7,5*	−4,0	*5,4*
45	Albanie	*367*	205	..	..	354	679	..	..	..	..	..	..	..	..
46	Congo	911	*952*	7	..	580	670	19	..	14	..	5,5	*9,7*	−2,0	*2,5*
47	Rép. kirghize	..	409	..	..	..	610	..	..	..	..	..	..	..	..
48	Sri Lanka	1 070	3 798	16	*73*	2 040	5 185	20	*16*	24	*9*	6,3	*17,0*	2,0	*15,0*
49	Arménie	..	271	..	..	..	674	..	..	..	..	..	..	..	..
Économies à revenu intermédiaire		**586 567 t**	**893 331 t**			**455 925 t**	**987 309 t**					**2,6 w**	***6,9* w**	**–0,2 w**	***11,0* w**
Tranche inférieure		..	..			..	..					..	..	..	..
50	Lesotho	58	*143*	..	..	464	*821*	..	..	..	..	..	..	..	..
51	Égypte, Rép. arabe d'	3 050	3 435	11	33	4 860	11 739	32	24	1	2	−0,2	*−0,1*	−0,7	*−2,9*
52	Bolivie	942	1 101	3	19	665	1 424	19	9	1	5	1,7	*−5,4*	−2,8	*18,9*
53	Macédoine, ERY de	..	1 244	..	..	..	1 420	..	..	..	..	..	..	..	..
54	Moldova	..	*746*	..	..	..	841	..	..	..	..	..	..	..	..
55	Ouzbékistan	..	3 805	..	..	..	3 598	..	..	..	..	..	..	..	..
56	Indonésie	21 900	45 417	2	53	10 800	40 918	13	7	16	8	5,3	*21,3*	1,2	*9,1*
57	Philippines	5 740	17 502	37	76	8 300	28 337	8	8	28	12	2,9	*10,2*	2,4	*15,2*
58	Maroc	2 490	4 802	24	57	4 160	8 563	20	17	24	14	4,2	*0,8*	2,9	*1,7*
59	Rép. arabe syrienne	2 110	3 970	6	*9*	4 120	4 616	14	*19*	26	*4*	6,4	*−3,2*	−9,3	*22,3*
60	Papouasie-Nouvelle-Guinée	1 030	2 644	3	*12*	1 180	1 451	21	..	15	..	4,5	*19,3*	−0,2	*2,1*
61	Bulgarie	10 400	5 100	..	..	9 650	5 015	..	*8*	..	*36*	..	..	..	..
62	Kazakstan	..	5 197	..	..	..	5 692	..	..	..	..	..	..	..	..
63	Guatemala	1 520	2 156	24	*30*	1 600	3 293	8	*11*	24	*14*	−1,3	*8,2*	−0,6	*19,3*
64	Équateur	2 480	4 307	3	7	2 250	4 193	8	5	1	2	3,0	*8,9*	−3,9	*10,0*
65	Rép. dominicaine	962	765	24	*52*	1 640	2 976	17	..	25	..	−1,0	*−10,2*	2,6	*8,9*
66	Roumanie	11 200	7 548	..	77	12 800	9 424	..	14	..	26	−6,8	*−4,7*	−0,9	*−5,3*
67	Jamaïque	963	1 414	63	*65*	1 100	2 757	20	*14*	38	*19*	1,2	*1,3*	3,1	*7,0*
68	Jordanie	574	1 769	34	51	2 400	3 698	18	20	17	13	7,4	*7,1*	−3,1	*13,0*
69	Algérie	13 900	*8 594*	0	*3*	10 600	*9 570*	21	*29*	3	*1*	2,5	*−0,8*	−5,1	*−5,7*
70	El Salvador	967	998	35	*48*	966	2 853	18	*15*	18	*14*	−2,8	*13,0*	1,3	*16,2*
71	Ukraine	..	13 647	..	..	..	15 945	..	..	..	..	..	..	..	..
72	Paraguay	310	*817*	12	17	615	*2 370*	..	11	..	12	9,9	*−1,9*	3,2	*7,3*
* Données pour Taïwan (Chine)		19 800	111 585	88	*93*	19 700	103 698	8	*6*	25	*8*	11,6	*5,9*	12,8	*14,1*

Note : Les Notes techniques indiquent ce que recouvrent les chiffres et dans quelle mesure ils sont comparables. Les chiffres en italique se rapportent à des années autres que celles qui sont indiquées.

		Exportations				Importations						Taux de croissance annuel moyen (%)			
		Totales (millions de dollars)		Produits manuf. (% du total)		Totales (millions de dollars)		Produits alim. (% du total)		Combust. (% du total)		Volume exp.		Volume imp.	
		1980	1995	1980	1993	1980	1995	1980	1993	1980	1993	1980–90	1990–95	1980–90	1990–95
73	Tunisie	2 200	5 475	36	75	3 540	7 903	14	8	21	8	6,2	*7,7*	1,3	*6,4*
74	Lituanie	..	2 707	..	*64*	..	3 083	..	*11*	..	*45*	..	..	..	..
75	Colombie	3 920	9 764	20	40	4 740	13 853	12	8	12	4	9,7	*4,8*	–1,9	*22,3*
76	Namibie	..	1 353	..	..	..	*1 196*	..	..	..	..	..	..	..	..
77	Bélarus	..	4 621	..	..	..	5 149	..	..	..	..	..	..	..	..
78	Fédération de Russie	..	81 500	..	..	..	58 900	..	..	..	..	..	..	..	..
79	Lettonie	..	1 305	..	..	..	1 818	..	..	..	..	..	..	..	..
80	Pérou	3 900	5 575	18	17	2 500	9 224	20	20	2	8	–1,9	*11,0*	–1,0	*12,1*
81	Costa Rica	1 000	2 611	34	*33*	1 540	3 253	9	*8*	15	*9*	4,9	*10,1*	2,8	*15,1*
82	Liban	868	982	65	..	3 650	6 721	16	..	15	..	–1,2	*–7,8*	–7,4	*23,5*
83	Thaïlande	6 510	56 459	28	73	9 210	70 776	5	5	30	8	14,3	*21,6*	12,1	*12,7*
84	Panama	358	625	9	16	1 450	2 511	10	10	31	13	2,6	*23,3*	–4,1	*14,3*
85	Turquie	2 910	21 600	27	72	7 910	35 710	4	6	48	14	12,0	*8,8*	11,3	*11,2*
86	Pologne	14 200	22 892	71	*60*	16 700	29 050	14	*12*	18	*17*	4,8	*3,9*	1,5	*26,4*
87	Estonie	..	1 847	..	..	..	2 539	..	..	..	..	..	..	..	..
88	République slovaque	..	8 585	..	..	..	9 070	..	..	..	..	..	..	..	..
89	Botswana	502	2 130	..	..	692	1 907	..	..	..	..	11,4	*–0,8*	7,7	*–5,6*
90	Venezuela	19 221	18 457	2	14	11 827	11 968	15	11	2	1	1,6	*–0,1*	–6,1	*19,3*
Tranche supérieure		**246 329 t**	**372 898 t**			**161 848 t**	**379 450 t**					**1,7 w**	***7,3* w**	**–0,6 w**	***12,6* w**
91	Afrique du Sud	25 500	27 860	39	74	19 600	30 555	3	6	0	1	0,9	*2,8*	–0,8	*5,3*
92	Croatie	..	4 633	..	71	..	7 582	..	9	..	10	..	..	..	..
93	Mexique	15 600	79 543	12	75	19 500	72 500	16	8	2	2	12,2	*14,7*	5,7	*18,7*
94	Maurice	431	1 537	27	*67*	609	1 959	26	*13*	14	*9*	8,6	*2,0*	11,0	*2,5*
95	Gabon	2 170	2 713	..	*4*	674	882	19	..	1	..	0,6	*5,7*	–2,0	*2,0*
96	Brésil	20 100	46 506	39	60	25 000	53 783	10	10	43	16	6,1	*6,6*	–1,5	*8,5*
97	Trinité-et-Tobago	3 960	2 455	4	34	3,160	1 714	11	15	38	16	–4,3	*4,9*	–12,1	*8,1*
98	République tchèque	..	21 654	..	..	..	26 523	..	..	..	..	..	..	..	..
99	Malaisie	13 000	74 037	19	*65*	10 800	77 751	12	*7*	15	*4*	11,5	*17,8*	6,0	*15,7*
100	Hongrie	8 670	12 540	66	68	9 220	15 073	8	6	16	13	3,0	*–1,8*	0,7	*7,9*
101	Chili	4 710	16 039	10	18	5 800	15 914	15	6	18	10	5,7	*10,5*	1,4	*14,5*
102	Oman	2 390	6 065	3	70	1 730	4 248	15	19	11	3	13,1	*9,8*	–1,6	*18,5*
103	Uruguay	1 060	2 106	38	43	1 680	2 867	8	8	29	9	2,9	*–3,1*	–2,0	*21,7*
104	Arabie saoudite	109 000	46 624	1	*9*	30 200	27 458	14	..	1	..	–8,2	*4,0*	–8,4	*5,9*
105	Argentine	8 020	20 967	23	32	10 500	20 122	6	5	10	2	3,1	*–1,0*	–8,6	*45,8*
106	Slovénie	..	8 286	..	86	..	9 452	..	8	..	11	..	..	..	..
107	Grèce	5 150	*9 384*	47	48	10 500	*21 466*	9	6	23	25	5,1	*11,9*	5,8	*12,8*
Économies à revenu faible/intermédiaire		**660 833 t**	**1 152 249 t**			**547 417 t**	**1 233 749 t**					**3,0 w**	***7,2* w**	**0,2 w**	***11,4* w**
Afrique subsaharienne		**77 237 t**	**72 847 t**			**66 593 t**	**77 574 t**					**0,9 w**	***0,9* w**	**–3,8 w**	***1,9* w**
Asie de l'Est et Pacifique		**69 623 t**	**359 102 t**			**65 139 t**	**368 683 t**					**9,3 w**	***17,8* w**	**7,1 w**	***17,0* w**
Asie du Sud		**13 848 t**	**46 455 t**			**25 863 t**	**60 512 t**					**6,6 w**	***8,6* w**	**3,5 w**	***5,3* w**
Europe et Asie centrale		..	..			..	..					..	..	..	..
Moyen-Orient et Afrique du Nord		**203 379 t**	***106 441* t**			**103 850 t**	**110 841 t**					**–2,0 w**	***1,1* w**	**–5,8 w**	***5,9* w**
Amérique latine et Caraïbes		**98 589 t**	**221 210 t**			**107 971 t**	**237 576 t**					**5,2 w**	***6,6* w**	**–0,5 w**	***15,1* w**
Économies à revenu élevé		**1 393 926 t**	**3 997 288 t**			**1 503 743 t**	**4 037 671 t**					**5,2 w**	***5,4* w**	**6,2 w**	***4,6* w**
108	Corée, Rép. de	17 500	125 058	90	93	22 300	135 119	10	6	30	18	13,7	*7,4*	11,2	*7,7*
109	Portugal	4 640	22 621	72	78	9 310	32 339	14	19	24	24	12,2	*0,5*	9,8	*2,4*
110	Espagne	20 700	91 716	72	78	34 100	115 019	13	14	39	11	6,9	*11,2*	10,1	*5,3*
111	Nouvelle-Zélande	5 420	13 738	20	27	5 470	13 958	6	8	23	7	3,6	*5,4*	4,6	*5,5*
112	Irlande	8 400	44 191	58	75	11 200	32 568	12	10	15	5	9,3	*11,4*	4,7	*5,6*
113	† Israël	5 540	19 046	82	91	9 780	29 579	11	7	27	7	5,9	*10,0*	4,6	*12,3*
114	† Koweït	19 700	12 977	10	*88*	6 530	7 784	15	*13*	1	*1*	–2,0	*42,3*	–6,3	*23,0*
115	† Émirats arabes unis	20 700	25 650	3	..	8 750	*21 024*	11	..	11	..	6,1	*6,3*	–1,3	*21,0*
116	Royaume-Uni	110 000	242 042	74	82	116 000	263 719	13	11	14	5	4,4	*1,8*	6,3	*0,9*
117	Australie	21 900	52 692	20	*35*	22 400	61 280	5	5	14	6	5,8	*8,1*	4,9	*5,1*
118	Italie	78 100	231 336	85	89	101 000	204 062	13	13	28	10	4,3	*6,0*	5,3	*–1,7*
119	Canada	67 700	192 198	49	66	62 500	168 426	8	6	12	4	5,7	*8,4*	6,2	*6,3*
120	Finlande	14 200	39 573	70	83	15 600	28 114	7	7	29	13	2,3	*8,7*	4,4	*–1,9*
121	† Hong Kong	19 800	173 754	92	95	22 400	192 774	12	6	6	2	15,4	*15,3*	11,0	*15,8*
122	Suède	30 900	79 908	79	85	33 400	64 438	7	8	24	9	4,6	*7,4*	4,9	*5,0*
123	Pays-Bas	74 000	195 912	51	63	76 600	176 420	15	15	24	9	4,5	*5,8*	4,6	*4,3*
124	Belgique[b]	64 500	*136 864*	..	..	71 900	*125 297*	..	..	..	..	4,4	*4,2*	4,0	*0,3*
125	France	116 000	286 738	74	78	135 000	275 275	10	11	27	9	4,1	*2,3*	5,0	*0,8*
126	† Singapour	19 400	118 268	50	80	24 000	124 507	9	6	29	11	12,2	*16,2*	8,6	*12,1*
127	Autriche	17 500	*45 200*	83	89	24 400	*55 300*	6	5	16	5	6,4	*3,9*	5,8	*1,9*
128	États-Unis	226 000	584 743	68	82	257 000	770 852	8	5	33	10	3,6	*5,6*	7,2	*7,4*
129	Allemagne[c]	193 000	523 743	86	90	188 000	464 220	12	*10*	23	8	4,6	*2,2*	4,9	*2,9*
130	Danemark	16 700	49 036	56	*66*	19 300	43 223	12	*13*	22	*6*	4,4	*5,4*	3,6	*3,4*
131	Norvège	18 600	41 746	32	31	16 900	32 702	8	7	17	3	6,8	*6,5*	4,2	*0,7*
132	Japon	130 000	443 116	96	97	141 000	335 882	12	18	50	21	5,0	*0,4*	6,5	*4,0*
133	Suisse	29 600	*77 649*	91	94	36 300	76 985	8	7	11	4	6,0	*3,3*	4,9	*–6,7*
Toutes économies		**2 003 797 t**	**5 144 770 t**			**2 027 078 t**	**5 246 326 t**					**4,7 w**	**6,0 w**	**4,9 w**	**5,8 w**

a. Les données antérieures à 1992 couvrent l'Érythrée. b. Y compris le Luxembourg. c. Les données antérieures à 1990 portent sur la République fédérale d'Allemagne avant l'unification.

Tableau 16. Balance des paiements

		Exportations de biens et services, et revenus (millions de dollars)		Importations de biens et services, et revenus (millions de dollars)		Transferts courants: Envois nets de fonds des travailleurs (millions de dollars)		Transferts courants: Autres transferts privés nets (millions de dollars)		Solde des transact. courantes (millions de dollars)		Réserves internationales brutes (millions de dollars)	
		1980	1995	1980	1995	1980	1995	1980	1995	1980	1995	1980	1995
Économies à faible revenu													
Sauf Chine et Inde													
1	Mozambique	452	490	875	1 368	0	..	56	..	−367	..	..	..
2	Éthiopie[a]	590	828	797	1 400	..	..	80	*532*	−126	*−93*	262	815
3	Tanzanie	762	1 253	1 412	2 236	0	0	128	354	−522	−629	20	270
4	Burundi	..	139	..	297	..	0	..	151	..	−6	105	216
5	Malawi	315	419	638	937	0	*0*	63	*124*	−260	*−450*	76	115
6	Tchad	71	274	83	540	−4	*−15*	25	*206*	9	*−38*	12	147
7	Rwanda	182	91	335	338	−14	*−7*	118	*196*	−48	*−129*	187	126
8	Sierra Leone	276	137	494	374	−2	*0*	54	*47*	−165	*−89*	31	52
9	Népal	239	1 110	368	1 592	..	..	36	108	−93	−375	272	646
10	Niger	644	291	1 016	496	−47	*−41*	143	*108*	−277	*−126*	132	99
11	Burkina Faso	225	356	596	652	100	*29*	223	*226*	−49	*15*	75	352
12	Madagascar	518	756	1 121	1 161	−30	−2	77	131	−556	−276	9	109
13	Bangladesh	976	4 292	2 622	6 747	..	..	802	1 426	−844	−1 029	331	2 376
14	Ouganda	331	642	450	1 440	..	*0*	36	370	−83	−428	3	459
15	Viet Nam	..	7 368	..	9 865	..	..	..	477	*−792*	−2 021	0	3
16	Guinée-Bissau	17	24	83	95	*−14*	−1	..	31	*−80*	−41	..	20
17	Haïti	309	209	498	780	52	*0*	36	505	−101	−67	27	106
18	Mali	263	533	537	967	40	*69*	104	*162*	−130	*−164*	26	330
19	Nigéria	27 759	9 879	22 005	50 427	−410	2 567	−166	−1 894	5 178	−510	10 640	1 709
20	Yémen, Rép. du	..	2 154	..	3 075	..	..	..	1 067	..	146	..	638
21	Cambodge	..	979	..	1 442	..	10	..	267	..	−186	..	192
22	Kenya	2 061	2 974	3 095	3 874	0	−4	156	503	−878	−400	539	384
23	Mongolie	476	511	1 283	550	*0*	*0*	*0*	*77*	*−808*	39	..	158
24	Togo	570	520	752	655	1	*5*	85	*25*	−95	*−57*	85	135
25	Gambie	66	181	181	241	0	*0*	28	52	−87	−8	6	106
26	Rép. centrafricaine	205	234	329	319	−19	*−27*	100	*91*	−43	*−25*	62	238
27	Inde	12 348	40 995	18 130	54 303	..	..	2 860	7 478	−2 922	−5 830	12 010	22 865
28	RDP lao	..	453	..	673	..	*0*	..	−3	..	−224	..	99
29	Bénin	241	489	428	769	75	*65*	76	*84*	−36	*36*	15	202
30	Nicaragua	514	655	1 049	1 436	0	75	124	0	−411	−706	75	142
31	Ghana	1 213	1 586	1 264	2 264	−4	*12*	84	264	30	−414	330	804
32	Zambie	1 625	1 500	1 987	1 691	−61	..	−93	..	−516	..	206	*192*
33	Angola	..	3 655	..	4 701	..	*−83*	..	*249*	..	*−769*	..	..
34	Géorgie	..	..	..	..	..	..	..	..	..	..	..	..
35	Pakistan	3 011	8 403	6 042	12 758	..	..	1 895	*2 390*	−1 137	*−1 965*	1 568	2 528
36	Mauritanie	270	533	493	636	−27	*−20*	117	76	−134	−27	146	90
37	Azerbaïdjan	..	..	..	1 273	..	..	..	110	..	−379	..	84
38	Zimbabwe	1 714	2 372	1 895	2 836	8	*−2*	23	*41*	−149	*−425*	419	888
39	Guinée	..	714	..	1 090	..	−10	..	189	..	−197	..	87
40	Honduras	967	1 667	1 306	2 110	0	120	22	123	−317	−201	159	270
41	Sénégal	830	1 501	1 337	1 898	−15	*13*	135	*375*	−387	*3*	25	283
42	Chine*	24 729	152 431	19 541	152 248	*538*	350	*−52*	1 085	*5 674*	1 618	10 091	80 288
43	Cameroun	1 813	2 070	2 478	2 250	..	..	−17	9	−682	−171	206	15
44	Côte d'Ivoire	3 640	4 527	4 761	4 502	−716	−449	10	155	−1 826	−269	46	546
45	Albanie	386	376	375	865	0	385	6	93	16	−12	..	265
46	Congo	1 029	1 252	1 195	1 825	−38	−27	37	29	−167	−570	93	64
47	Rép. kirghize	..	340	..	490	..	..	..	43	..	−288	..	..
48	Sri Lanka	1 340	4 843	2 269	6 041	152	*715*	121	*75*	−657	*−546*	283	2 088
49	Arménie	..	301	..	741	..	12	..	148	..	−279	..	..
Économies à revenu intermédiaire													
Tranche inférieure													
50	Lesotho	363	663	482	1 021	0	*0*	175	*471*	56	*108*	50	457
51	Égypte, Rép. arabe d'	6 516	11 337	9 745	17 353	2 696	*3 417*	95	5 060	−438	−956	2 480	17 122
52	Bolivie	1 046	1 283	1 112	1 794	0	*−1*	60	*226*	−6	*−218*	553	1 005
53	Macédoine, ERY de	..	1 321	..	2 184	..	..	..	..	..	..	..	275
54	Moldova	..	865	..	999	..	..	..	40	..	−95	..	240
55	Ouzbékistan	..	3 746	..	3 253	..	..	..	..	..	*−8*	..	..
56	Indonésie	24 878	52 505	25 694	60 367	*0*	629	*250*	210	−566	−7 023	6 803	14 908
57	Philippines	7 997	32 862	10 348	35 722	202	296	232	584	−1 917	−1 980	3 978	7 757
58	Maroc	3 270	9 118	5 807	12 900	989	1 890	141	371	−1 407	−1 521	814	3 874
59	Rép. arabe syrienne	2 568	5 929	4 610	6 406	774	385	1 520	532	251	440	828	..
60	Papouasie-Nouvelle-Guinée	1 089	3 014	1 561	2 415	0	0	184	75	−289	674	458	267
61	Bulgarie	9 443	6 680	8 547	6 478	0	0	58	132	954	334	..	..
62	Kazakstan	..	5 296	..	5 874	..	..	..	59	..	−519	..	1 660
63	Guatemala	1 834	2 868	2 107	3 933	0	350	110	144	−163	−572	753	783
64	Équateur	2 975	5 298	3 647	6 351	0	0	30	231	−642	−822	1 257	1 788
65	Rép. dominicaine	1 313	5 106	2 237	6 100	183	795	21	−266	−720	−125	279	373
66	Roumanie	12 160	9 094	14 580	10 799	0	3	0	360	−2 420	−1 342	2 511	2 624
67	Jamaïque	1 422	3 327	1 678	4 107	51	414	70	121	−136	−245	105	681
68	Jordanie	1 782	3 606	3 318	5 200	..	..	594	1 118	−942	−476	1 745	2 279
69	Algérie	14 500	10 954	14 552	12 512	241	..	60	168	249	−2 310	7 064	4 164
70	El Salvador	1 271	2 103	1 289	3 562	11	1 061	41	328	34	−70	382	940
71	Ukraine	..	17 337	..	18 961	..	..	..	472	..	−1 152	..	1 069
72	Paraguay	781	..	1 399	4 173	2	..	−2	42	−618	−1 473	783	1 040
* Données pour Taïwan (Chine)		22 627	134 484	23 445	126 626	..	..	−95	−2 202	−913	5 656	4 055	95 559

Note : Les Notes techniques indiquent ce que recouvrent les chiffres et dans quelle mesure ils sont comparables. Les chiffres en italique se rapportent à des années autres que celles qui sont indiquées.

		Exportations de biens et services, et revenus (millions de dollars)		Importations de biens et services, et revenus (millions de dollars)		Transferts courants: Envois nets de fonds des travailleurs (millions de dollars)		Transferts courants: Autres transferts privés nets (millions de dollars)		Solde des transact. courantes (millions de dollars)		Réserves internationales brutes (millions de dollars)	
		1980	1995	1980	1995	1980	1995	1980	1995	1980	1995	1980	1995
73	Tunisie	3 356	8 098	4 119	9 646	304	659	106	152	−353	−737	700	1 689
74	Lituanie	..	3 242	..	3 966	..	1	..	109	..	−614	..	829
75	Colombie	5 860	14 794	6 231	19 588	68	172	97	506	−206	−4 116	6 474	8 205
76	Namibie	..	1 899	..	2 082	..	4	..	230	..	50	..	225
77	Bélarus	..	2 773	..	3 209	..	..	..	182	..	−254	..	377
78	Fédération de Russie	..	95 100	..	85 800	..	..	..	304	..	9 604	..	18 024
79	Lettonie	..	2 151	..	2 246	..	..	..	68	..	−27	..	602
80	Pérou	4 832	7 382	5 080	12 097	0	334	147	157	−101	−4 223	2 804	8 653
81	Costa Rica	1 219	3 945	1 897	4 241	0	0	15	154	−664	−143	197	1 060
82	Liban	..	1 512	..	6 953	..	..	..	350	..	−5 092	7 025	8 100
83	Thaïlande	8 575	74 093	10 861	88 134	0	0	210	487	−2 076	−13 554	3 026	36 939
84	Panama	7 853	9 542	8 225	9 584	−36	*−7*	76	*210*	−331	*−141*	117	782
85	Turquie	3 672	38 069	9 251	44 904	2 071	3 327	100	1 169	−3 408	−2 339	3 298	13 891
86	Pologne	16 200	33 169	20 338	36 929	0	35	721	−520	−3 417	−4 245	574	14 957
87	Estonie	..	2 801	..	3 112	..	−1	..	127	..	−184	..	583
88	République slovaque	..	11 185	..	10 629	..	0	..	93	..	648	..	3 863
89	Botswana	748	2 908	954	2 539	−17	−157	72	129	−151	342	344	4 764
90	Venezuela	22 232	22 406	17 065	20 262	−418	−173	−21	284	4 728	2 255	13 360	10 715
Tranche supérieure													
91	Afrique du Sud	29 258	33 471	25 989	36 994	0	0	239	23	3 508	−3 500	7 888	4 464
92	Croatie	..	7 375	..	9 733	..	..	..	646	..	−1 712	..	2 036
93	Mexique	23 987	93 529	35 243	98 145	687	3 672	147	290	−10 422	−654	4 175	17 046
94	Maurice	579	2 402	718	2 525	0	*0*	22	101	−117	−22	113	887
95	Gabon	2 434	2 793	1 926	2 415	−143	*−152*	19	0	384	378	115	153
96	Brésil	23 275	56 098	36 250	77 855	−80	2 773	224	848	−12 831	−18 136	6 875	51 477
97	Trinité-et-Tobago	3 371	2 875	2 972	2 577	1	30	−43	−35	357	294	2 813	379
98	République tchèque	..	29 399	..	31 345	..	0	..	572	..	−1 374	..	14 613
99	Malaisie	14 836	84 212	15 100	92 440	0	*0*	−2	*163*	−266	*−4 147*	5 755	24 699
100	Hongrie	9 780	17 933	10 374	21 528	*0*	−14	*63*	1 073	*−531*	−2 535	..	12 095
101	Chili	6 276	20 014	8 360	20 214	0	*0*	113	357	−1 971	157	4 128	14 860
102	Oman	3 852	6 403	2 650	5 671	−362	−1 740	102	29	942	−979	704	1 251
103	Uruguay	1 594	3 679	2 312	4 069	0	0	9	32	−709	−358	2 401	1 813
104	Arabie saoudite	114 208	55 091	62 710	45 583	−4 094	−16 616	−5 901	−1 000	41 503	−8 108	26 129	10 399
105	Argentine	11 202	28 052	15 999	30 874	0	0	23	432	*−4 774*	−2 390	9 297	15 979
106	Slovénie	..	10 731	..	10 812	..	53	..	−8	..	−37	..	1 821
107	Grèce	8 374	16 835	11 670	27 707	1 066	2 982	21	5 026	−2 209	−2 864	3 607	16 119
Économies à revenu faible/intermédiaire													
Afrique subsaharienne													
Asie de l'Est et Pacifique													
Asie du Sud													
Europe et Asie centrale													
Moyen-Orient et Afrique du Nord													
Amérique latine et Caraïbes													
Économies à revenu élevé													
108	Corée, Rép. de	22 477	151 826	28 342	160 490	96	486	496	−73	−5 273	−8 251	3 101	32 804
109	Portugal	6 846	35 666	10 916	43 026	2 928	3 348	78	3 783	−1 064	−229	13 863	22 063
110	Espagne	33 863	146 042	41 089	149 863	1 647	2 119	−1	2 983	−5 580	1 280	20 474	40 531
111	Nouvelle-Zélande	6 561	18 572	7 630	22 428	143	174	−47	−96	−973	−3 778	365	4 410
112	Irlande	10 418	53 126	13 754	53 530	0	..	1 204	1 782	−2 132	1 379	3 071	8 770
113	† Israël	9 858	28 659	13 458	39 750	0	0	2 729	5 600	−871	−5 491	4 055	8 123
114	† Koweït	27 344	19 276	10 463	13 232	−692	−1 347	−888	−499	15 302	4 198	5 425	4 543
115	† Émirats arabes unis	..	..	..	..	..	..	..	..	..	..	2 355	7 778
116	Royaume-Uni	201 137	458 728	189 683	452 359	0	..	−4 592	−11 001	6 862	−4 632	31 755	49 144
117	Australie	26 668	74 417	30 702	93 535	..	..	−416	−67	−4 774	−19 184	6 366	14 952
118	Italie	104 979	330 286	116 668	299 954	1 609	98	−507	−4 724	−10 587	25 706	62 428	60 690
119	Canada	77 980	224 135	79 845	232 458	..	..	173	−370	−1 691	−8 693	15 462	16 369
120	Finlande	17 332	50 798	18 620	44 813	0	..	−114	−343	−1 403	5 642	2 451	10 657
121	† Hong Kong	24 190	219 346	25 448	219 500	..	..	..	..	−1 258	..	..	..
122	Suède	39 388	109 063	42 495	101 439	0	106	−1 224	−3 098	−4 331	4 633	6 996	25 909
123	Pays-Bas	103 143	250 990	102 850	228 460	−320	−423	−828	−5 916	−855	16 191	37 549	47 162
124	Belgique[b]	88 925	305 010	92 625	286 809	−270	−393	−961	−2 848	−4 931	14 960	27 974	24 120
125	France	174 118	498 203	174 156	475 234	−2 591	−1 364	−1 578	−5 162	−4 208	16 443	75 592	58 510
126	† Singapour	25 239	159 437	26 695	143 456	0	*0*	−106	−888	−1 563	15 093	6 567	68 695
127	Autriche	29 152	106 474	32 951	110 085	−67	28	1	−1 531	−3 865	−5 113	17 725	23 369
128	États-Unis	344 470	969 220	333 820	1 082 260	−810	−12 230	−7 690	−22 960	2 150	−148 230	171 413	175 996
129	Allemagne[c]	238 177	706 502	238 524	686 512	−4 437	−5 305	−8 422	−35 661	−13 205	−20 976	104 702	121 816
130	Danemark	23 176	92 772	24 891	90 398	*0*	*0*	*−161*	−961	*−1 875*	1 413	4 347	11 652
131	Norvège	28 252	50 837	26 658	45 573	−23	*−236*	−493	*−1 384*	1 079	*3 645*	6 746	22 976
132	Japon	158 230	687 136	167 450	568 143	0	..	−1 530	−7 747	−10 750	111 246	38 919	192 620
133	Suisse	59 462	154 840	58 524	129 113	−603	−2 519	−537	−1 586	−201	21 622	64 748	68 620
Toutes économies													

a. Les données antérieures à 1992 couvrent l'Érythrée. b. Y compris le Luxembourg. c. Les données antérieures à 1990 se réfèrent à la République fédérale d'Allemagne avant l'unification.

Tableau 17. Dette extérieure

		Dette extérieure totale (millions de dollars)		Dette extérieure en % Du PNB		Dette extérieure en % Des exportations de biens et services		Service de la dette en % des export. de biens et services		Rapport valeur actuelle/valeur nom. de la dette	Dette multilatérale en % de la dette extérieure totale	
		1980	1995	1980	1995	1980	1995	1980	1995	1995	1980	1995
Économies à faible revenu		106 209 t	534 794 t	16,3 w	38,7 w	96,8 w	183,9 w	9,6 w	15,4 w		17,2 w	25,5 w
Sauf Chine et Inde		..	..	..	..	..	..	..	..		..	..
1	Mozambique	..	5 781	..	443,6	..	1 192,5	..	35,3	76,6	..	22,7
2	Éthiopie[a]	824	5 221	..	99,9	134,5	458,2	7,3	13,6	65,8	41,2	45,3
3	Tanzanie	2 460	7 333	..	207,4	323,0	585,2	21,1	17,4	73,5	23,0	39,1
4	Burundi	166	1 157	18,2	110,1	..	829,3	..	27,7	45,2	35,7	80,1
5	Malawi	821	2 140	72,1	166,8	260,8	499,6	27,7	25,9	47,6	26,7	78,8
6	Tchad	285	908	39,5	81,4	399,6	339,0	8,4	5,9	48,7	26,1	73,0
7	Rwanda	190	1 008	16,3	89,1	103,5	657,3	4,1	..	47,6	47,8	80,4
8	Sierra Leone	435	1 226	38,3	159,7	157,7	1 163,5	23,2	60,3	62,6	14,2	34,3
9	Népal	205	2 398	10,4	53,3	85,4	198,0	3,3	7,8	49,2	62,0	81,3
10	Niger	863	1 633	34,5	91,2	132,8	571,7	21,7	19,8	62,2	16,5	53,2
11	Burkina Faso	330	1,267	19,5	55,0	88,0	346,1	5,9	11,1	51,0	42,8	77,6
12	Madagascar	1 241	4 302	31,1	141,7	239,3	562,2	20,3	9,2	74,1	14,7	39,2
13	Bangladesh	4 230	16 370	32,6	56,3	360,4	298,2	23,7	13,3	55,9	30,2	59,7
14	Ouganda	689	3 564	54,6	63,7	208,1	555,1	17,3	21,3	52,4	11,5	61,8
15	Viet Nam	..	26 495	..	130,2	..	396,0	..	5,2	88,0	..	1,2
16	Guinée-Bissau	145	894	137,8	353,7	..	1 874,3	..	66,9	65,1	20,1	56,1
17	Haïti	302	807	20,9	39,8	72,8	386,8	6,2	45,2	49,1	43,8	75,7
18	Mali	732	3 066	45,4	131,9	227,3	467,1	5,1	12,6	58,9	23,7	45,2
19	Nigéria	8 921	35 005	10,1	140,5	32,1	274,5	4,1	12,3	94,1	6,4	14,1
20	Yémen, Rép. du	1 684	6 212	..	155,2	..	192,1	..	3,2	82,2	14,9	20,6
21	Cambodge	..	2 031	..	73,5	..	205,4	..	0,6	70,7	..	5,8
22	Kenya	3 383	7 381	48,1	97,7	164,1	248,2	21,0	25,7	74,1	18,6	39,5
23	Mongolie	..	512	..	61,5	..	100,2	..	9,1	64,2	..	33,2
24	Togo	1 052	1 486	95,9	121,2	181,3	464,5	9,0	5,7	61,7	11,3	48,4
25	Gambie	137	426	61,5	..	206,6	235,1	6,2	14,0	50,3	29,9	76,0
26	Rép. centrafricaine	195	944	24,4	..	94,8	403,9	4,9	6,8	53,4	27,4	67,2
27	Inde	20 581	93 766	11,9	28,2	136,0	201,2	9,3	27,9	80,0	29,5	32,0
28	RDP lao	350	2 165	..	124,9	..	478,3	..	5,8	34,3	5,9	28,7
29	Bénin	424	1 646	30,2	81,8	133,1	285,6	6,3	8,4	55,9	24,5	52,3
30	Nicaragua	2 192	9 287	108,5	589,7	426,5	1 272,7	22,3	38,7	88,2	19,2	16,0
31	Ghana	1 398	5 874	31,6	95,1	115,2	366,5	13,1	23,1	64,3	19,9	50,8
32	Zambie	3 261	6 853	90,7	191,3	200,7	528,7	25,3	174,4	72,4	12,2	31,9
33	Angola	..	11 482	..	274,9	..	314,3	..	12,5	94,6	..	1,7
34	Géorgie	..	1 189	..	51,6	..	..	..	..	85,9	..	19,7
35	Pakistan	9 930	30 152	42,4	49,5	208,7	257,9	18,3	*35,3*	77,6	15,4	40,5
36	Mauritanie	843	2 467	125,5	243,3	306,1	458,5	17,3	21,5	68,3	14,8	36,8
37	Azerbaïdjan	..	321	..	9,2	..	..	..	..	86,3	..	30,8
38	Zimbabwe	786	4 885	14,9	78,9	45,6	..	3,8	*25,6*	82,2	0,4	33,1
39	Guinée	1 134	3 242	..	91,2	..	453,4	..	25,3	64,9	11,5	45,2
40	Honduras	1 473	4 567	60,6	124,6	152,2	255,5	21,4	31,0	81,2	31,1	47,3
41	Sénégal	1 473	3 845	50,5	82,3	162,7	224,3	28,7	18,7	65,3	17,8	48,4
42	Chine	4 504	118 090	2,2	17,2	..	77,3	..	9,9	91,4	0,0	13,8
43	Cameroun	2 588	9 350	37,9	124,4	140,7	338,3	15,2	20,1	80,0	16,7	17,9
44	Côte d'Ivoire	7 462	18 952	77,1	251,7	205,0	418,6	38,7	23,1	87,6	7,0	20,6
45	Albanie	..	709	..	31,6	..	93,2	..	1,0	101,6	..	15,6
46	Congo	1 526	6 032	99,0	365,8	148,2	481,8	10,6	14,4	88,8	7,7	11,7
47	Rép. kirghize	..	610	..	20,2	..	..	..	*4,8*	73,9	..	29,9
48	Sri Lanka	1 841	8 230	46,1	64,4	123,4	140,3	12,0	7,3	67,7	11,7	34,7
49	Arménie	..	374	..	17,6	..	119,1	..	2,9	77,9	..	55,7
Économies à revenu intermédiaire		509 503 t	1 530 883 t	22,4 w	39,9 w	84,6 w	142,6 w	13,6 w	17,4 w		5,6 w	10,4 w
Tranche inférieure		..	..	..	..	..	..	..	..		..	..
50	Lesotho	72	659	11,4	44,6	19,8	108,8	1,5	6,0	58,4	56,0	69,6
51	Égypte, Rép. arabe d'	19 131	34 116	89,2	73,3	207,7	208,1	13,4	14,6	75,8	13,7	12,4
52	Bolivie	2 702	5 266	93,4	90,6	258,4	410,1	35,0	28,9	74,0	16,5	48,9
53	Macédoine, ERY de	..	1 213	..	65,8	..	79,9	..	11,8	86,1	..	24,0
54	Moldova	..	691	..	17,8	..	79,9	..	8,0	90,0	..	31,3
55	Ouzbékistan	..	1 630	..	7,5	..	35,3	..	6,0	91,7	..	15,1
56	Indonésie	20 938	107 831	28,0	56,9	..	202,9	..	30,9	95,7	8,8	18,6
57	Philippines	17 417	39 445	53,7	51,5	212,4	121,7	26,6	16,0	95,8	7,5	21,5
58	Maroc	9 247	22 147	50,7	71,0	213,9	200,9	33,4	32,1	90,0	7,8	30,8
59	Rép. arabe syrienne	3 552	21 318	27,2	134,8	106,3	336,8	11,4	4,6	87,7	8,8	4,8
60	Papouasie-Nouvelle-Guinée	719	2 431	28,9	53,3	66,0	80,6	13,8	20,8	84,6	21,2	38,3
61	Bulgarie	..	10 887	..	92,3	..	163,0	..	18,8	94,6	..	16,8
62	Kazakstan	..	3 712	..	23,5	..	60,8	..	4,6	92,6	..	10,6
63	Guatemala	1 166	3 275	14,9	22,3	63,6	101,5	7,9	10,6	85,4	30,0	28,8
64	Équateur	5 997	13 957	53,8	84,1	201,6	263,4	33,9	26,7	90,1	5,4	21,4
65	Rép. dominicaine	2 002	4 259	31,2	36,5	133,8	128,5	25,3	7,8	90,5	10,2	24,0
66	Roumanie	9 762	6 653	..	19,5	80,3	73,1	12,6	10,6	94,0	8,3	25,5
67	Jamaïque	1 913	4 270	78,0	134,9	129,9	113,2	19,0	17,9	91,2	14,9	28,5
68	Jordanie	1 971	7 944	..	126,2	79,0	163,8	8,4	12,6	85,9	8,0	14,9
69	Algérie	19 365	32 610	47,1	83,1	129,9	264,2	27,4	38,7	76,9	1,5	11,6
70	El Salvador	911	2 583	26,1	27,0	71,1	81,6	7,5	8,9	81,4	28,3	52,4
71	Ukraine	..	8 434	..	10,7	..	48,6	..	5,3	93,4	..	7,3
72	Paraguay	955	2 288	20,7	29,4	122,2	53,8	18,6	..	92,7	20,2	34,0

Note : Les Notes techniques indiquent ce que recouvrent les chiffres et dans quelle mesure ils sont comparables. Les chiffres en italique se rapportent à des années autres que celles qui sont indiquées.

		Dette extérieure totale (millions de dollars)		Dette extérieure en % Du PNB		Dette extérieure en % Des exportations de biens et services		Service de la dette en % des export. de biens et services		Rapport valeur actuelle/valeur nom. de la dette	Dette multilatérale en % de la dette extérieure totale	
		1980	1995	1980	1995	1980	1995	1980	1995	1995	1980	1995
73	Tunisie	3 527	9 938	41,6	57,3	96,0	113,2	14,8	17,0	89,8	12,3	37,2
74	Lituanie	..	802	..	10,1	..	24,7	..	1,4	87,9	..	20,7
75	Colombie	6 941	20 760	20,9	28,2	117,1	138,7	16,0	25,2	95,8	19,5	25,6
76	Namibie	..	..	..	..	..	..	..	..	..	..	..
77	Bélarus	..	1 648	..	7,9	..	33,3	..	..	80,7	..	11,4
78	Fédération de Russie	..	120 461	..	37,6	..	126,7	..	6,6	92,7	..	1,7
79	Lettonie	..	462	..	7,6	..	21,5	..	1,6	93,1	..	30,3
80	Pérou	9 386	30 831	47,6	54,1	194,2	399,5	44,5	15,3	96,5	5,5	12,1
81	Costa Rica	2 744	3 800	59,7	42,5	225,2	96,3	29,1	16,4	93,0	16,4	35,5
82	Liban	510	2 966	..	25,5	..	152,7	..	13,1	97,2	15,2	6,7
83	Thaïlande	8 297	56 789	25,9	34,9	96,8	76,6	18,9	10,2	101,2	12,0	5,6
84	Panama	2 975	7 180	81,8	101,4	37,5	74,7	6,2	3,9	97,2	11,0	8,5
85	Turquie	19 131	73 592	27,4	44,1	333,1	177,8	28,0	27,7	91,3	11,2	12,2
86	Pologne	..	42 291	..	36,1	..	127,3	..	12,2	84,5	..	4,9
87	Estonie	..	309	..	6,7	..	11,0	..	0,8	92,6	..	42,2
88	République slovaque	..	5 827	..	33,5	..	52,1	..	9,7	93,2	..	16,3
89	Botswana	147	699	16,3	16,3	19,6	24,0	2,1	3,2	80,0	57,4	68,0
90	Venezuela	29 344	35 842	42,1	49,0	132,0	160,0	27,2	21,7	95,5	0,7	9,2
Tranche supérieure		..	..	..	..	..	..	..	..		..	..
91	Afrique du Sud	..	..	..	..	..	..	..	..	..	..	..
92	Croatie	..	3 662	..	20,3	..	49,7	..	5,7	88,9	..	14,4
93	Mexique	57 378	165 743	30,5	69,9	232,4	170,5	44,4	24,2	96,1	5,6	11,2
94	Maurice	467	1 801	41,6	45,9	80,8	75,0	9,0	9,0	90,6	16,6	15,0
95	Gabon	1 514	4 492	39,2	121,6	62,2	160,3	17,7	15,8	79,8	2,7	14,8
96	Brésil	71 520	159 130	31,2	24,0	306,5	269,8	63,3	37,9	95,4	4,3	5,9
97	Trinité-et-Tobago	829	2 556	14,0	53,6	24,6	87,9	6,8	14,8	97,4	8,6	20,7
98	République tchèque	..	16 576	..	37,0	..	67,4	..	8,7	97,2	..	6,1
99	Malaisie	6 611	34 352	28,0	42,6	44,6	40,8	6,3	7,8	90,5	11,3	4,8
100	Hongrie	9 764	31 248	44,8	72,8	..	174,2	..	39,1	99,4	0,0	10,5
101	Chili	12 081	25 562	45,5	43,3	192,5	127,7	43,1	25,7	95,5	2,9	11,2
102	Oman	599	3 107	11,2	29,5	15,4	48,2	6,4	7,5	94,9	5,8	5,7
103	Uruguay	1 660	5 307	17,0	32,4	104,1	144,3	18,8	23,5	96,4	11,0	23,7
104	Arabie saoudite	..	..	..	..	..	..	..	..	..	..	..
105	Argentine	27 157	89 747	35,6	33,1	242,4	320,2	37,3	34,7	92,5	4,0	10,5
106	Slovénie	..	3 489	..	18,7	..	33,3	..	6,7	96,5	..	15,4
107	Grèce	..	..	..	..	..	..	..	..	..	..	..
Économies à revenu faible/intermédiaire		**615 711 t**	**2 065 676 t**	**21,0 w**	**39,6 w**	**86,5 w**	**151,4 w**	**13,0 w**	**17,0 w**		**7,6 w**	**14,3 w**
Afrique subsaharienne		**84 119 t**	**226 483 t**	**30,6 w**	**81,3 w**	**91,7 w**	**241,7 w**	**9,8 w**	**14,5 w**		**9,0 w**	**24,3 w**
Asie de l'Est et Pacifique		**64 600 t**	**404 458 t**	**17,3 w**	**32,9 w**	**81,8 w**	**98,3 w**	**11,5 w**	**12,8 w**		**8,4 w**	**13,3 w**
Asie du Sud		**38 014 t**	**156 778 t**	**17,4 w**	**30,5 w**	**160,5 w**	**218,7 w**	**11,7 w**	**24,6 w**		**24,6 w**	**36,4 w**
Europe et Asie centrale		**87 919 t**	**425 319 t**	**9,9 w**	**39,9 w**	**47,1 w**	**130,7 w**	**7,4 w**	**13,8 w**		**5,4 w**	**7,9 w**
Moyen-Orient et Afrique du Nord		**83 793 t**	**216 046 t**	**18,3 w**	**37,3 w**	**41,1 w**	**133,4 w**	**5,7 w**	**14,9 w**		**6,7 w**	**10,6 w**
Amérique latine et Caraïbes		**257 266 t**	**636 594 t**	**36,0 w**	**41,0 w**	**201,8 w**	**212,0 w**	**36,3 w**	**26,1 w**		**5,5 w**	**11,4 w**
Économies à revenu élevé												
108	Corée, Rép. de											
109	Portugal											
110	Espagne											
111	Nouvelle-Zélande											
112	Irlande											
113	† Israël											
114	† Koweït											
115	† Émirats arabes unis											
116	Royaume-Uni											
117	Australie											
118	Italie											
119	Canada											
120	Finlande											
121	† Hong Kong											
122	Suède											
123	Pays-Bas											
124	Belgique											
125	France											
126	† Singapour											
127	Autriche											
128	États-Unis											
129	Allemagne											
130	Danemark											
131	Norvège											
132	Japon											
133	Suisse											
Toutes économies		..	..	..	..	..	..	..	..		..	..

a. Y compris l'Érythrée.

Tableau 1a. Indicateurs de base pour les autres économies

		Population (milliers) milieu de 1995	Superficie (milliers de km²)	PNB par habitant[a] Dollars 1995	PNB par habitant[a] Croissance annuelle moyenne (%) 1985–95	Estimations PPA du PNB par habitant[b] EU=100 1987	Estimations PPA du PNB par habitant[b] EU=100 1995	Estimations PPA du PNB par habitant[b] $ internationaux courants 1995	Pauvreté % pop. ayant moins de $ 1 par jour (PPA) pour subsister 1981–95	Espérance de vie à la naissance (années) 1995	Analphabétisme des adultes (%) 1995
1	Afghanistan	23 481	652,09	c	..	..	..	..	..	44	69
2	Andorre	..	0,45	e	..	..	..	..	..	..	..
3	Antigua-et-Barbuda	65	0,44	d	..	..	..	..	..	75	..
4	Antilles néerlandaises	200	0,80	e	..	..	..	..	..	77	..
5	Aruba	..	0,19	e	..	..	..	..	..	..	..
6	Bahamas	276	13,88	11 940	–0,8	68,8	54,5	14 710[f]	..	73	2
7	Bahreïn	577	0,68	7 840	0,2	54,2	49,7	13 400[f]	..	72	15
8	Barbade	266	0,43	6 560	0,8	45,1	39,4	10 620[f]	..	..	3
9	Belize	216	22,96	2 630	3,9	17,0	20,0	5 400[f]	..	70	..
10	Bermudes	63	0,50	e	..	..	..	..	..	..	..
11	Bhoutan	695	47,00	420	4,9	4,5	4,7	1 260[f]	..	..	58
12	Bosnie-Herzégovine	4 383	51,13	c	..	..	..	..	..	..	..
13	Brunéi	285	5,77	e	..	..	..	..	..	75	12
14	Cap-Vert	380	4,03	960	..	6,6	6,9	1 870[f]	..	65	28
15	Chypre	734	9,25	e	..	44,5	..	..	..	78	..
16	Cisjordanie et Gaza	..	6,10	g	..	..	..	..	..	..	..
17	Comores	499	2,23	470	–1,4	6,5	4,9	1 320[f]	..	56	43
18	Corée, Rép. dém. de	23 867	120,54	g	..	..	..	..	..	70	..
19	Cuba	11 011	110,86	g	..	..	..	..	..	76	4
20	Djibouti	634	23,20	g	..	..	..	..	..	50	54
21	Dominique	73	0,75	2 990	4,1	..	..	..	..	73	..
22	Érythrée	3 574	124,80	c	..	..	..	..	..	48	..
23	Fidji	775	18,27	2 440	2,0	19,1	21,4	5 780[f]	..	72	8
24	Grenade	91	0,34	2 980	..	..	..	..	..	..	..
25	Groenland	..	341,70	e	..	..	..	..	..	68	..
26	Guadeloupe	424	1,71	d	..	..	..	..	..	75	..
27	Guam	149	0,55	e	..	..	..	..	..	73	..
28	Guinée équatoriale	400	28,05	380	..	..	..	..	..	49	..
29	Guyana	835	214,97	590	0,6	8,2	9,0	2 420[f]	..	66	2
30	Guyane française	..	90,00	e	..	..	..	..	..	..	..
31	Île de Man	..	0,59	d	..	..	..	..	..	..	..
32	Îles Anglo-Normandes	142	0,20	e	..	..	..	..	..	78	..
33	Îles Caïmans	..	0,26	e	..	..	..	..	..	..	..
34	Îles Féroé	..	1,40	e	..	..	..	..	..	..	..
35	Îles Mariannes du Nord	..	0,48	e	..	..	..	..	..	..	..
36	Îles Marshall	..	0,18	g	..	..	..	..	..	..	..
37	Îles Salomon	375	28,90	910	3,2	7,9	8,1	2 190[f]	..	63	..
38	Îles Vierges (EU)	99	0,34	e	..	0,0	..	..	..	76	..
39	Iran, Rép. isl. d'	64 120	1 648,00	g	–1,5	21,6	20,3	..	..	68	28
40	Iraq	20 097	438,32	g	..	..	..	..	..	66	42
41	Islande	268	103,00	24 950	1,0	88,1	75,8	20 460	..	79	..
42	Kiribati	79	0,73	920	–0,6	..	..	..	..	..	..
43	Libéria	2 733	97,75	c	..	7,0	..	..	..	54	..
44	Libye	5 407	1 759,54	d	..	43,9	..	..	..	65	..
45	Liechtenstein	..	0,16	e	..	..	..	..	..	..	..
46	Luxembourg	410	2,59	41 210	0,9	154,1	140,6	37 930	..	76	h
47	Macao	450	0,02	e	..	..	..	..	..	..	..
48	Maldives	253	0,30	990	5,9	7,5	11,4	3 080[f]	..	63	7
49	Malte	372	0,32	d	..	38,2	..	..	..	77	..
50	Martinique	380	1,10	e	..	..	..	..	..	77	..
51	Mayotte	..	0,37	d	..	..	..	..	..	..	..
52	Micronésie, États fédérés de	107	0,70	g	..	..	..	..	..	..	..
53	Monaco	..	0,20	e	..	..	..	..	..	..	..
54	Myanmar	45 106	676,58	c	..	..	..	..	..	59	17
55	Nouvelle-Calédonie	185	18,58	e	..	..	..	..	..	..	..
56	Polynésie française	225	4,00	e	..	..	..	..	..	70	..
57	Porto Rico	3 717	8,90	d	..	41,8	..	..	..	75	..
58	Qatar	642	11,00	11 600	–4,2	85,4	65,6	17 690[f]	..	72	21
59	Réunion	653	2,51	e	..	..	..	..	..	74	..
60	Saint-Kitts-et-Nevis	41	0,36	5 170	4,8	28,2	34,9	9 410[f]	..	69	..
61	Saint-Vincent-et-les Grenadines	111	0,39	2 280	3,8	..	..	..	..	72	..
62	Sainte-Lucie	158	0,62	3 370	3,9	..	..	..	..	71	..
63	Samoa américaines	57	0,20	d	..	..	..	..	..	..	..
64	Samoa-Occidental	165	2,84	1 120	0,2	8,9	7,5	2 030[f]	..	68	..
65	São-Tomé-et-Principe	129	0,96	350	–2,1	..	..	..	..	69	..
66	Seychelles	74	0,45	6 620	..	..	..	..	..	72	21
67	Somalie	9 491	637,66	c	..	2,3	..	..	..	49	..
68	Soudan	26 707	2 505,81	c	..	8,1	..	..	..	54	54
69	Suriname	410	163,27	880	3,5	11,9	8,3	2 250[f]	..	70	7
70	Swaziland	900	17,36	1 170	–1,4	12,5	10,7	2 880	..	58	23
71	Tadjikistan[i]	5 836	143,10	340	..	12,1	3,4	920	..	67	..
72	Tonga	104	0,75	1 630	0,5	..	..	..	..	69	..
73	Turkménistan[i]	4 508	488,10	920	..	..	..	..	4,9	..	..
74	Vanuatu	169	12,19	1 200	–1,1	9,4	8,5	2 290[f]	..	..	..
75	Yougoslavie, Rép. féd. de (Serb./Mont.)	10 518	102,17	g	..	..	..	..	..	..	..
76	Zaïre	..	..	120	..	..	..	490[f]	..	..	..

a. Méthode de l'Atlas ; voir les Notes techniques. b. Parité de pouvoir d'achat ; voir les Notes techniques. c. Égal ou inférieur à 765 dollars (considéré comme faible revenu). d. 3 036–9 385 dollars (considéré comme revenu intermédiaire, tranche supérieure). e. Égal ou supérieur à 9 386 dollars (considéré comme revenu élevé). f. Chiffres estimés par régression ou extrapolés à partir des estimations du dernier Projet de comparaison internationale. g. 766–3 035 dollars (considéré comme revenu intermédiaire, tranche inférieure). h. D'après l'UNESCO, l'analphabétisme est inférieur à 5 %. i. Les estimations pour les économies de l'ex-Union soviétique sont préliminaires ; la classification de ces dernières est sujette à révision.

NOTES TECHNIQUES

Les notes techniques examinent les sources et méthodes utilisées pour compiler les 124 indicateurs inclus dans les Grands indicateurs du développement dans le monde en 1997. Les notes relatives à des indicateurs spécifiques sont organisées par tableau et, pour chaque tableau, dans l'ordre d'apparition de l'indicateur.

Les 133 économies énumérées dans les tableaux principaux sont classées par ordre croissant de produit national brut (PNB) par habitant. Le tableau 1a (Indicateurs de base pour les économies de moins de 1 million d'habitants et pour lesquelles on dispose de données fragmentaires) couvre séparément 76 autres économies.

Sources

Les données incluses dans les Grands indicateurs du développement dans le monde sont tirées de *World Development Indicators 1997*. Abstraction faite des quelques corrections apportées à la base des données après l'envoi de la publication à l'imprimerie, elles proviennent des mêmes sources et ont été établies à la même époque que celles qui sont publiées dans le présent Rapport. Les séries statistiques révisées qui ont pu être produites par certains pays après la publication des *World Development Indicators 1997* n'ont pas été utilisées : elles paraîtront dans la prochaine édition des *World Development Indicators.*

La Banque mondiale produit les indicateurs publiés dans *World Development Indicators* au moyen de données de sources diverses. Les données relatives à la dette extérieure sont directement communiquées à la Banque mondiale par ses pays membres en développement au moyen du Système de notification de la dette. Les autres données proviennent essentiellement des Nations Unies et de ses institutions spécialisées, du Fonds monétaire international (FMI) et des rapports communiqués par les pays à la Banque mondiale. Les estimations des services de la Banque servent également à tenir les données plus à jour et à en améliorer la fiabilité. Pour la plupart des pays, les estimations relatives à la comptabilité nationale sont obtenues auprès des gouvernements membres par le biais des missions économiques de la Banque mondiale. Dans certains cas, ses services alignent ces estimations sur les définitions et les concepts applicables à l'échelle internationale. La plupart des données sociales provenant de sources nationales sont extraites des dossiers administratifs normaux, d'enquêtes spéciales ou de recensements périodiques. Les sources particulières sont indiquées dans le tableau de la section « Index des pays et profil des données originales » et dans les notes sur les indicateurs ci-après.

Cohérence et fiabilité des données

Un gros effort de normalisation des données a été fait ; il est toutefois impossible d'assurer une parfaite comparabilité des données, aussi ces indicateurs doivent-ils être interprétés avec soin. De nombreux facteurs influent sur la disponibilité, la comparabilité et la fiabilité des données ; les systèmes statistiques de beaucoup d'économies en développement sont encore faibles ; les méthodes, les pratiques et les définitions statistiques, ainsi que la couverture des données, varient largement d'un pays à l'autre ; et les comparaisons entre pays et entre périodes posent toujours des problèmes techniques et théoriques complexes qu'il est impossible de résoudre parfaitement. Pour toutes ces raisons, si les données proviennent des sources considérées comme les plus fiables, elles doivent néanmoins être prises comme des indicateurs des tendances et des principales différences entre les diverses économies, plutôt que comme des instruments permettant de quantifier précisément ces différences. De plus, les bureaux statistiques nationaux révisent en général leurs séries chronologiques, notamment pour les années les plus récentes, de sorte que les chiffres publiés dans différentes éditions d'une même publication de la Banque mondiale n'ont pas toujours été établis à la même époque. Il est donc recommandé au lecteur de ne pas comparer les chiffres d'éditions différentes. Celui-ci trouvera des séries de données cohérentes sur le *CD-ROM* de *World Development Indicators 1997*. En outre, la question des données relatives aux 15 économies de l'ex-Union soviétique n'a pas encore été résolue. La couverture de ces données est fragmentaire, et leur fiabilité plus sujette à caution que la normale.

Les données en italique se rapportent à d'autres années ou à d'autres périodes — dans une fourchette allant jusqu'à deux ans avant ou après la période ou l'année considérée pour les indicateurs économiques, et jusqu'à trois ans avant ou après ladite année ou période pour les indicateurs sociaux, ces dernières données tendant à être recueillies moins régulièrement et à changer de manière moins radicale sur de courtes périodes.

Ratios et taux de croissance

On présente souvent les données sous forme de ratios et de taux de croissance de manière à en faciliter le repérage. Les valeurs absolues sur lesquelles sont basées ces proportions figurent dans le *CD-ROM* de *World Development Indicators 1997*. Sauf indication contraire, les taux de croissance moyens sur la période ont été calculés par la méthode des moindres carrés. (Le lecteur peut se reporter aux notes ci-après consacrées aux méthodes statistiques.) Étant donné que cette méthode tient compte de toutes les observations sur une période, les taux de croissance qui en résultent reflètent des tendances générales qui ne sont pas indûment influencées par des valeurs exceptionnelles. Pour faire abstraction des effets de l'inflation, les taux de croissance sont calculés au moyen d'indicateurs économiques en prix constants.

Séries en prix constants

Afin de faciliter les comparaisons internationales et de tenir compte des effets des modifications des prix relatifs intersectoriels des agrégats des comptes nationaux, les données en prix constants pour la plupart des économies ont été scindées en trois périodes, ramenées à l'année de base de la période correspondante puis raccordées en séries, de manière que les données relatives à chacune des années de ces trois périodes soient exprimées aux prix de 1987. L'année de base est 1970 pour les données de 1960 à 1975, 1980 pour les années 1976 à 1982, et 1987 pour l'année 1983 et les suivantes.

Dans le cadre de la procédure d'enchaînement, on ramène séparément les composantes par branche d'activité du produit intérieur brut (PIB) à l'année de base et on additionne les résultats obtenus pour calculer le PIB. Cette opération fait parfois apparaître un écart entre le PIB en prix constants par branche d'activité et le PIB en prix constants par catégorie de dépense. Ces écarts de translation sont incorporés à la rubrique « consommation privée », étant donné que l'estimation du PIB par branche d'activité est considérée comme la plus fiable. Abstraction faite de cette opération de translation, la valeur ajoutée du secteur des services comporte également l'écart statistique indiqué dans les données d'origine.

Chiffres récapitulatifs

Les chiffres récapitulatifs par région et catégorie de revenu, indiqués dans les bandes bleues dans les tableaux, sont calculés par simple addition lorsque les données communiquées pour une variable sont exprimées sous forme de niveau. Pour les taux de croissance et les ratios, on a généralement utilisé un système de pondération par la valeur à l'année de base. Pour les indicateurs sociaux, les données récapitulatives sont pondérées par la population ou des sous-groupes de la population, sauf celles sur la mortalité infantile qui sont pondérées par le nombre de naissances. Le lecteur est invité à se reporter aux notes relatives aux indicateurs en question pour de plus amples informations.

Lorsque les chiffres récapitulatifs portent sur un grand nombre d'années, les calculs sont fondés sur un ensemble uniforme de pays de manière à ce que la modification de la composition du groupe ne provoque aucune variation trompeuse de l'indicateur. Les indicateurs de groupe ne sont calculés que si les pays pour lesquels on dispose de statistiques pour une année donnée représentent au moins les deux tiers de l'ensemble du groupe, tel qu'il est défini sur la base des données de référence de 1987. Tant que cette condition est remplie, les pays qui n'ont pas communiqué de données sont supposés avoir évolué de la même manière que l'échantillon constitué par le groupe ayant fourni des estimations. Le lecteur ne doit pas perdre de vue que les chiffres récapitulatifs sont des estimations des indicateurs représentatifs pour chaque rubrique, et que l'on ne peut déduire quoi que ce soit de significatif sur le comportement de tel ou tel pays à partir des indicateurs de groupe. En outre, le processus de pondération peut faire apparaître des différences entre la somme des totaux par sous-groupe et les totaux généraux.

Tableau 1. Indicateurs de base

On trouvera au tableau 1a les indicateurs de base relatifs aux économies regroupant moins de 1 million d'habitants ou pour lesquelles on dispose de données fragmentaires.

Les estimations de la *population* pour le milieu de 1995 sont basées sur la définition de la population telle qu'elle se présente, à savoir tous les résidents d'une économie, quel que soit leur statut juridique ou leur citoyenneté. Les réfugiés qui ne se sont pas installés définitivement dans le pays d'accueil sont généralement considérés comme appartenant à la population de leur pays d'origine.

Les estimations de la population sont établies à partir des recensements nationaux. Les estimations effectuées avant et après ces recensements sont souvent le résultat d'interpolations ou de projections. Il est difficile de comparer les indicateurs de la population établis pour différents pays parce que les bureaux statistiques nationaux et autres organismes qui rassemblent des données utilisent différents concepts, définitions, procédures de collecte des données et méthodes d'estimation. La fréquence et le degré d'exhaustivité des recensements nationaux varient en outre d'un pays ou d'une région à l'autre. Le lecteur est invité à se reporter aux notes du tableau 4 pour de plus amples informations sur la compilation des données sur la population.

La *superficie* est mesurée en kilomètres carrés et recouvre la surface totale du pays (superficie des terres et superficie des eaux intérieures). Les données relatives à la superficie proviennent de l'Organisation des Nations Unies pour l'alimentation et l'agriculture (FAO) qui les publie dans son *Annuaire : Production.*

Le *produit national brut (PNB) par habitant* est la somme de la valeur ajoutée brute par l'ensemble des producteurs résidents, majorée des taxes (minorée des subventions) qui ne sont pas incluses dans l'évaluation du produit et des montants nets de revenu primaire (rémunérations des employés et revenu de la propriété) versés par des non-résidents, divisée par le chiffre de la population en milieu d'année et convertie en dollars des États-Unis par la méthode utilisée pour l'Atlas de la Banque mondiale. Cette méthode, qui utilise une moyenne sur trois ans des taux de change pour lisser les effets des fluctuations temporaires de ces derniers, est décrite plus en détail dans la section consacrée aux méthodes statistiques à la fin des présentes notes. Le taux de croissance du PNB par habitant est calculé par la méthode des moindres carrés à partir du PNB mesuré aux prix constants de 1987.

Le PNB par habitant est estimé par la Banque mondiale à partir des statistiques des comptes nationaux collectés par ses services lors des missions économiques ou déclarées par les bureaux statistiques nationaux à d'autres organisations internationales, comme l'Organisation de coopération et de développement économiques (OCDE). Les données relatives aux pays à revenu élevé de l'OCDE sont communiquées par cette dernière. La Banque mondiale classe les pays en fonction de leur PNB par habitant en dollars des États-Unis à des fins analytiques et pour déterminer leur éligibilité à emprunter. Le lecteur peut se reporter au tableau de la Classification des économies par revenu et par région pour une définition des groupes de revenu employés dans la présente publication.

Pour effectuer les *estimations calculées sur la base de la parité de pouvoir d'achat (PPA) du PNB par habitant,* on a converti le PNB en dollars des États-Unis en utilisant comme facteur de conversion la parité du pouvoir d'achat (PPA) au lieu des taux de change. Les estimations ainsi obtenues sont exprimées en dollars internationaux, c'est-à-dire une unité de compte qui a le même pouvoir d'achat par rapport au PNB total que le dollar des États-Unis au cours d'une année donnée. Le dénominateur est l'estimation de la population au milieu de l'année considérée.

Les prix relatifs des biens et services non échangés sur les marchés internationaux varient généralement sensiblement d'un pays à un autre, ce qui provoque d'importants écarts entre les pouvoirs d'achat relatifs des monnaies et, partant, entre les niveaux de bien-être mesurés par le PNB par habitant. Ces écarts étant corrigés par l'emploi des facteurs de conversion de la PPA, cette méthode pourrait améliorer la comparaison des revenus moyens ou de la consommation des différents pays. Il importe toutefois d'interpréter les indicateurs établis sur la base de la PPA avec prudence. Ces estimations font intervenir la comparaison des prix d'articles comparables ; or, il n'est pas possible de trouver des produits parfaitement similaires au plan de la qualité dans tous les pays et pour toutes les années considérées. Il est particulièrement difficile de comparer les services, en partie pour des raisons de productivité. De nombreux services — comme ceux des administrations publiques — ne sont pas vendus dans le cadre du marché dans tous les pays, de sorte qu'il faut les comparer sur la base des prix des intrants (essentiellement les salaires). Cette manière de procéder faisant abstraction de tout écart de productivité, elle peut gonfler les estimations des quantités réelles dans les pays à faible revenu.

Les données établies sur la base des PPA proviennent du Projet de comparaison internationale (PCI) des Nations Unies, qui est coordonné par la Division de statistique de l'ONU. La Banque collecte des données de référence détaillées pour le PCI auprès de sources régionales, assure la cohérence générale des séries de données régionales et calcule des estimations en effectuant une analyse de régression pour les pays pour lesquels il n'existe pas de données de référence. Pour en apprendre plus sur les sources régionales et la compilation des données de référence, le lecteur est invité à se reporter à l'étude de la Banque mondiale, 1993. Les informations relatives sur la manière dont les estimations PPA sont calculées dans le cadre d'une analyse de régression sont tirées de Ahmad, 1992.

Le pourcentage de la population ayant moins de 1 dollar par jour (PPA) pour subsister aux prix mondiaux de 1985 (parité des pouvoirs d'achat) est un indicateur de pauvreté couramment utilisé. Une personne est considérée pauvre si elle vit dans un ménage dont la consommation ou le revenu total par tête est inférieur au seuil de pauvreté. Bien qu'il soit impossible de construire un indicateur de pauvreté qui se prête à de strictes comparaisons d'un pays à un autre, l'emploi d'un seuil de pauvreté type pour tous les pays permet de réduire les problèmes posés par les comparaisons à plusieurs égards. Des enquêtes représentatives à l'échelon national ont été réalisées, pour estimer le niveau de vie, par les bureaux statistiques nationaux ou des organismes privés sous la supervision d'institutions internationales ou gouvernementales. Dans la mesure du possible, on a utilisé la consommation comme indicateur de bien-être pour déterminer les segments de la population qui sont pauvres. L'indicateur de la consommation est en général exhaustif, puisqu'il recouvre la consommation des articles produits par le ménage lui-même ainsi que celle des produits alimentaires et autres qu'il a achetés. Lorsque seuls les revenus des ménages sont disponibles, on a ajusté le niveau moyen des revenus sur la base d'une estimation de la consommation moyenne établie à partir d'une enquête (le cas échéant) ou d'une estimation basée sur les données des comptes nationaux relatives à la consommation.

Les indicateurs de pauvreté sont préparés par la Division de la lutte contre la pauvreté et des ressources humaines du Département de la recherche, Politiques de développement, de la Banque mondiale. Les seuils de pauvreté internationaux ont été établis sur la base des données originales des enquêtes auprès des ménages produites par les bureaux statistiques nationaux et les départements géographiques de la Banque. Les indicateurs de pauvreté sont basés sur les estimations PPA les plus récentes tirées de la dernière édition des Penn World Tables (Mark 5.6a).

L'*espérance de vie à la naissance* indique le nombre d'années que vivrait un nouveau-né si les tendances de la mortalité observées à la date de sa naissance restaient inchangées tout au long de son existence. Ces estimations sont basées sur des données provenant des bureaux de l'état civil des pays ou, en leur absence, d'enquêtes sur la population et auprès des ménages utilisant des modèles permettant d'obtenir les taux de mortalité par âge.

L'*analphabétisme des adultes* est la proportion des personnes âgées de 15 ans et plus ne sachant pas lire en le comprenant, ni écrire intelligiblement, un texte court et simple sur leur vie quotidienne. Il est difficile de définir et de mesurer l'alphabétisme et l'analphabétisme. La définition retenue ici se fonde sur le concept d'alphabétisme « fonctionnel ». Pour mesurer le taux d'alphabétisme sur la base de cette définition, il faut établir des mesures à partir de recensements ou d'enquêtes par sondage dans des conditions bien définies. En pratique, de nombreux pays estiment le nombre d'adultes analphabètes à partir des déclarations mêmes des intéressés ou d'estimations du nombre de personnes ayant achevé leur scolarité. Il importe de ce fait d'interpréter avec prudence les comparaisons des chiffres relatifs à des pays différents et, pour un même pays, les chiffres relatifs à des périodes différentes. Les données proviennent de l'Organisation des Nations Unies pour l'éducation, la science et la culture (UNESCO), qui les publie dans son *Annuaire statistique.*

Tableau 2. Indicateurs macroéconomiques

Le *déficit/excédent courant de l'administration centrale* est égal à la différence entre les recettes courantes et les dépenses courantes de l'administration centrale. Les dons n'entrent pas dans ce calcul. Cet indicateur est une mesure utile de la capacité budgétaire du gouvernement. Le déficit/excédent global, dons et compte de capitaux inclus, est donné au tableau 14. Les chiffres portés dans ce tableau proviennent de la publication du FMI intitulée *Government Finance Statistics Yearbook.*

Les données relatives à la *monnaie et quasi-monnaie* recouvrent la plupart des engagements des institutions monétaires d'un pays à l'égard de résidents à l'exclusion de l'administration centrale. La masse monétaire telle qu'elle est décrite ici est parfois appelée M2. La monnaie englobe la circulation fiduciaire hors banques et les dépôts à vue, à l'exception de ceux de l'administration centrale. La quasi-monnaie comprend les dépôts à terme et d'épargne, et les comptes bancaires similaires que l'émetteur peut convertir en monnaie rapidement et moyennant une légère pénalité, voire sans délai ni pénalité, ainsi que les dépôts en devises des résidents autres que ceux de l'administration centrale. Lorsque les institutions financières non monétaires sont d'importants émetteurs d'engagements quasi monétaires, ceux-ci peuvent être inclus dans la quasi-monnaie.

Les données sur la masse monétaire proviennent de la publication du FMI intitulée *Statistiques financières internationales* (SFI). Les chiffres portés pour la monnaie et la quasi-monnaie sont la somme des chiffres des lignes 34 et 35 de SFI.

Le *taux de croissance nominale annuelle moyenne* de la masse monétaire est calculé à partir des chiffres de fin d'année par la méthode des moindres carrés. Le *ratio moyen de la masse monétaire par rapport au PIB* est calculé à partir de la moyenne des chiffres de fin d'année pour l'année spécifiée et pour l'année précédente.

Les *taux d'intérêt nominaux des banques* représentent les taux servis par les banques commerciales ou assimilées aux titulaires des dépôts à vue, à terme et d'épargne (intérêts créditeurs) et ceux perçus par les banques sur les prêts consentis aux clients de premier ordre (intérêts débiteurs). La comparabilité internationale de ces données est toutefois limitée, en partie parce que les définitions et les champs d'application varient. Les taux d'intérêt étant exprimés en valeur nominale, les différences entre pays tiennent pour beaucoup aux écarts d'inflation. Les données proviennent de *Statistiques financières internationales* (lignes 60l et 60p).

Le *taux d'inflation annuelle moyenne* est mesuré par le taux de variation du déflateur implicite du PIB. Ce déflateur est, quant à lui, égal au rapport entre la valeur du PIB annuel aux prix courants et la valeur correspondante du PIB en prix constants, les deux agrégats étant évalués en monnaie nationale. On emploie alors la méthode des moindres carrés pour calculer le taux de croissance du déflateur du PIB pour la période.

Le déflateur implicite du PIB est la mesure la plus représentative de l'inflation et indique les mouvements des prix de tous les biens et services produits dans une économie mais, comme tous les indices de prix, il présente certains inconvénients tant en pratique qu'en théorie. Les déflateurs sont estimés à partir des données des comptes nationaux collectées par la Banque mondiale pour les pays en développement et sont calculés à partir des données communiquées par l'OCDE pour les pays à revenu élevé.

Le *solde des transactions courantes* est la somme des exportations nettes de biens et de services, des revenus et des transferts courants nets. Il ne couvre pas les transferts en capital nets. (Voir également le tableau 16.) Les données proviennent de la publication du FMI intitulée *Statistiques financières internationales* et d'estimations fournies par les équipes chargées des pays à la Banque mondiale.

Les *réserves internationales brutes* comprennent les avoirs en or monétaire, les DTS, la position de réserve au FMI des membres de cette institution et les avoirs en devises contrôlés par les autorités monétaires. Les réserves internationales brutes en dollars figurent au tableau 16. Pour calculer les réserves en mois de couverture des importations, on détermine le rapport entre les réserves internationales brutes et la valeur courante en dollars des importations de biens et services et l'on multiplie le résultat obtenu par 12.

Les chiffres récapitulatifs sont calculés à partir des montants par groupe des réserves internationales brutes et des importations totales de biens et services en dollars courants.

La *valeur actuelle nette de la dette extérieure* est la somme de la valeur de la dette à court terme et de la valeur actualisée des montants exigibles au titre du service de la dette pendant la durée des emprunts déjà contractés, aux prix courants. Les chiffres de la dette sont convertis des monnaies de remboursement en dollars, sur la base des taux de change officiels en fin d'année. Pour calculer la valeur de la dette par rapport au PNB, on convertit le PNB en dollars sur la base des taux de change officiels ou, dans des cas exceptionnels, d'un facteur de conversion déterminé pour une année par les services de la Banque mondiale (le lecteur est également invité à se reporter aux Notes techniques relatives aux tableaux 12 et 17).

Tableau 3. Indicateurs des opérations économiques extérieures

Les *termes nets de l'échange entre produits* mesurent le mouvement relatif des prix à l'exportation et des prix à l'importation. Calculé sous forme de rapport entre l'indice des prix moyens des exportations et l'indice des prix moyens des importations d'un pays, cet indicateur montre l'évolution par rapport à une année de référence (1987). Les chiffres proviennent de la base de données de la Conférence des Nations Unies sur le commerce et le développement (CNUCED), des *Statistiques financières internationales* du FMI et d'estimations effectuées par les services de la Banque mondiale. (Voir également le tableau 15.)

Les *échanges* sont mesurés par le rapport entre la somme des exportations et des importations de biens et services et la valeur courante du PIB. Ce rapport est couramment utilisé pour mesurer le degré d'ouverture d'une économie ou son intégration dans l'économie mondiale. Les données proviennent des fichiers de données sur les comptes nationaux de la Banque mondiale.

Les *flux nets globaux de ressources* correspondent à la somme des flux nets au titre de la dette à long terme (hors FMI), des dons publics (hors assistance technique), des investissements étrangers directs nets et des investissements de portefeuille. Les flux nets totaux au titre de la dette à long terme sont le montant des décaissements diminué des remboursements du principal sur la dette à long terme publique, à garantie publique, et privée non garantie. Les dons publics représentent les transferts effectués en espèces ou en nature par un organisme public et n'impliquant juridiquement aucune obligation de remboursement pour les bénéficiaires. Les données proviennent du Système de notification de la dette à la Banque mondiale et des *Statistiques financières internationales* du FMI.

Les *flux nets de capitaux privés* recouvrent les flux au titre de la dette privée, les flux de capitaux privés non associés à la dette et les crédits bancaires et commerciaux. Les flux au titre de la dette privée recouvrent les prêts des banques commerciales, les obligations et autres crédits du secteur privé. Les flux privés non associés à la dette sont les investissements étrangers directs nets et les prises de participation. Les investissements étrangers directs sont des investissements effectués pour acquérir des droits durables sur une entreprise fonctionnant dans un pays autre que celui de l'investisseur, ce dernier ayant pour objectif de pouvoir participer effectivement à la gestion de ladite entreprise. Ils représentent la somme des flux nets de capitaux propres, de bénéfices réinvestis, d'autres capitaux à long terme et de capitaux à court terme, comme indiqué dans la balance des paiements. Les investissements de portefeuille recouvrent les investissements de portefeuille non générateurs d'endettement, nets (c'est-à-dire la somme des fonds nationaux, des titres représentatifs des valeurs étrangères et des achats directs d'actions par des investisseurs étrangers) et les investissements de portefeuille générateurs de dette, nets (achat d'obligations par des investisseurs étrangers).

Les données sur les flux de capitaux privés sont principalement tirées du Système de notification de la dette extérieure à la Banque mondiale et, dans une moindre mesure, des *Statistiques financières internationales* et des fichiers de données de la Banque mondiale.

L'*aide* recouvre l'aide financière classée en tant qu'aide publique au développement (APD) ou aide publique (AP) par le Comité d'aide au développement (CAD) de l'OCDE. L'APD représente les dons et les prêts accordés à des conditions financières privilégiées par tous les organismes publics bilatéraux et sources multilatérales afin de promouvoir le développement économique et le bien-être social. Les décaissements nets correspondent aux décaissements bruts diminués des paiements versés aux sources d'aide au titre de l'amortissement des apports d'aide antérieurs. Pour pouvoir être considérée comme une APD, une transaction doit remplir les conditions suivantes : elle est principalement effectuée dans le but de promouvoir le développement économique et le bien-être social des pays en développement ; et elle est assortie de conditions privilégiées et comporte un élément de don d'au moins 25 %. L'AP représente l'aide fournie à des conditions similaires à celles de l'APD aux pays d'Europe de l'Est, à l'ex-Union soviétique et aux autres pays inclus dans la liste des pays de la « deuxième partie » du CAD. Les données sur l'aide sont communiquées par le CAD qui les publie dans son rapport annuel, *Coopération pour le développement.* Les chiffres du PNB sont des estimations de la Banque mondiale.

Les chiffres récapitulatifs de l'aide en pourcentage du PNB sont calculés à partir des montants totaux d'aide par groupe et du PNB en dollars courants.

Tableau 4. Population et population active

Les estimations de *population* pour le milieu de 1995 proviennent de diverses sources, notamment de la Division de la population des Nations Unies, des bureaux statistiques nationaux et des départements géographiques de la Banque mondiale. La Banque mondiale définit la population telle qu'elle se présente, c'est-à-dire qu'elle compte tous les résidents d'une économie, quel que soit leur statut juridique ou leur citoyenneté. Il est à noter, toutefois, que les réfugiés qui ne se sont pas installés définitivement dans le pays d'accueil sont généralement considérés comme appartenant à la population de leur pays d'origine.

Le lecteur peut se reporter à la Note technique relative au tableau 1 pour de plus amples informations sur les estimations de la population. Le tableau de la section intitulée « Index des pays et profil des données originales » indique la date des enquêtes par sondage ou des recensements les plus récents.

Le *taux de croissance annuel moyen de la population* est calculé par la méthode des points extrêmes du modèle de croissance exponentiel. Le lecteur est invité à se reporter à l'Annexe statistique pour de plus amples informations.

La *population appartenant à la tranche d'âge 15–64 ans inclus* constitue le groupe d'âge généralement considéré le plus actif. Dans de nombreux pays en développement, toutefois, de nombreux enfants âgés de moins de 15 ans travaillent à temps plein ou partiel et, dans certains pays à revenu élevé, un nombre élevé de travailleurs ne partent pas à la retraite à l'âge de 65 ans.

La *population active totale* se compose des personnes qui satisfont à la définition de la population dite active de l'Organisation internationale du travail, à savoir l'ensemble des personnes qui fournissent leur travail en vue de la production de biens et de services pendant une période de temps déterminée. Elle inclut les personnes employées ainsi que celles qui sont au chômage. Bien que tous les pays n'incluent pas de la même manière les forces armées, les travailleurs saisonniers et les personnes employées à temps partiel dans leurs statistiques, en général la population active inclut les forces armées, les chômeurs et les demandeurs d'un premier emploi, mais exclut les femmes au foyer, tous ceux qui s'occupent, à titre bénévole, de malades, d'enfants, de personnes âgées, et les personnes travaillant dans le secteur informel.

Le *taux d'accroissement annuel moyen de la population active* est calculé par la méthode des points extrêmes du modèle de croissance exponentiel. Le lecteur est invité à se reporter à l'Annexe statistique pour de plus amples informations.

La *proportion de femmes dans la population active* indique la mesure dans laquelle les femmes participent à la vie économique. Pour calculer les estimations relatives à la population active, on multiplie les estimations de la population de la Banque mondiale par les taux d'activité établis par l'Organisation internationale du travail.

La *population active agricole* recouvre les personnes dont l'activité se rapporte à l'agriculture proprement dite, la foresterie, la chasse et la pêche.

La *population active industrielle* recouvre les personnes employées dans les industries extractives, le secteur manufacturier, le bâtiment et les secteurs électricité, eau et gaz.

Les taux d'activité ou taux de participation sont établis par l'Organisation internationale du travail à partir des derniers recensements ou enquêtes, et sont publiés dans son *Annuaire de statistiques du travail.* Dans plusieurs pays en développement, les chiffres relatifs à la population active sous-estiment sensiblement la participation des femmes à la vie économique. Il peut aussi arriver que les estimations de la population active agricole ne prennent pas en compte l'ampleur du travail accompli par des membres du ménage ou des travailleurs saisonniers.

Tous les chiffres récapitulatifs sont fondés sur les données par pays, pondérées par la population ou le sous-groupe de population correspondant.

Tableau 5. Répartition du revenu ou de la consommation

L'*année de l'enquête* est l'année pendant laquelle les données de base ont été recouvrées.

Le *coefficient de Gini* indique la mesure dans laquelle la répartition des revenus (ou, dans certains cas, des dépenses de consommation) observée pour les individus ou les ménages d'un pays s'écarte d'une distribution parfaitement uniforme. La courbe dite de Lorenz est décrite par tous les points représentant les pourcentages cumulés du revenu par rapport aux pourcentages cumulés des bénéficiaires, en partant de l'individu ou du ménage le plus pauvre. Le coefficient de Gini mesure l'aire située entre la courbe de Lorenz et la médiale, droite théorique représentant une situation d'égalité parfaite, et est exprimé en pourcentage du demi-carré situé en dessous de la médiale. Un coefficient égal à zéro décrit donc une situation d'égalité totale, tandis qu'un coefficient de 100 % indique une situation d'inégalité totale.

Le *pourcentage du revenu ou de la consommation* est la part qui revient à chaque quintile et décile de la population. La somme des pourcentages par quintile peut ne pas être égale à 100 parce que les données ont été arrondies.

L'inégalité de la répartition des revenus est représentée par le pourcentage du revenu ou de la consommation revenant aux différents segments de la population classés par niveau de revenu ou de consommation. Les segments qui sont au bas du classement effectué en fonction du revenu des personnes ou des ménages reçoivent généralement la proportion la plus faible du revenu total. Le coefficient de Gini est une mesure commode du degré d'inégalité.

Les séries de données sur les revenus ou la consommation des individus ou des ménages renvoient à diverses années de la période 1985–94 et sont tirées d'enquêtes représentatives menées à l'échelon national. Les notes de renvoi portées près de l'année de l'enquête indiquent si le classement est effectué en fonction du revenu ou de la consommation par habitant ou, dans le cas des pays à revenu élevé, du revenu des ménages. Lorsqu'elles étaient disponibles, on a utilisé les données effectivement recueillies lors de l'enquête auprès des ménages pour calculer directement le pourcentage des revenus (ou des dépenses de consommation) correspondant aux différents quintiles ; sinon, ce pourcentage a été estimé sur la base des meilleurs groupes de données disponibles.

Les indicateurs de répartition pour les pays à faible revenu et à revenu intermédiaire ont été ajustés en fonction de la taille des ménages, et sont donc une mesure plus cohérente du revenu ou de la consommation par habitant. Aucun ajustement n'a été effectué au titre des écarts entre le coût de la vie dans des régions différentes d'une même économie, parce que les données nécessaires à ces calculs ne sont généralement pas disponibles. Pour plus de détails sur les données et méthodes d'estimation employées pour les pays à faible revenu et à revenu intermédiaire, voir Ravallion et Chen, 1996.

Parce que les méthodes employées pour effectuer les enquêtes auprès des ménages sur lesquelles se fondent ces données et les informations collectées diffèrent, les indicateurs de répartition ne sont pas parfaitement comparables entre pays. Bien que ces problèmes aillent s'atténuant à mesure que les méthodes d'enquête s'améliorent et sont normalisées, il demeure impossible d'effectuer des comparaisons rigoureuses.

Il convient de noter certains éléments qui rendent les comparaisons difficiles. Premièrement, certaines enquêtes utilisent le revenu et d'autres les dépenses de consommation comme indicateur du niveau de vie. Pour 37 des 66 pays à faible revenu ou à revenu intermédiaire pour lesquels on dispose de données, celles-ci se rapportent aux dépenses de consommation. En général, la répartition du revenu est plus inégale que celle de la consommation. Les définitions du revenu utilisées dans les enquêtes sont généralement très différentes de la définition économique du revenu (à savoir le niveau de consommation maximum compatible avec le maintien au même niveau de la capacité de production). Il s'ensuit que les dépenses de consommation sont généralement une bien meilleure mesure du niveau de vie. Deuxièmement, dans certaines enquêtes, c'est le ménage qui est l'unité d'observation considérée, alors que, dans d'autres, c'est l'individu. En outre, les ménages diffèrent tant par le nombre de leurs membres que par la répartition du revenu entre leurs divers membres. Les membres du ménage n'ont pas tous le même âge ni les mêmes besoins de consommation. Lorsque c'est le ménage qui est l'unité d'observation retenue, les quintiles et déciles se réfèrent au pourcentage de ménages et non au pourcentage des individus. Troisièmement, les enquêtes varient également selon que les unités d'observation sont classées en fonction du revenu (ou des dépenses de consommation) par ménage ou par habitant.

Les services de la Banque mondiale se sont efforcés d'accroître au maximum la comparabilité des données relatives aux pays à faible revenu et à revenu intermédiaire. Les dépenses de consommation ont été utilisées plutôt que les données sur le revenu chaque fois que possible. Aux fins de la constitution des centiles, les ménages ont été classés en fonction des dépenses de consommation ou du revenu par habitant, et les centiles ont été formés à partir des individus et non des ménages. La comparabilité internationale des données est particulièrement limitée pour les pays à revenu élevé, du fait que l'unité retenue est le ménage, sans qu'il soit tenu compte du nombre de ses membres, et que les ménages sont classés selon leur revenu total et non selon le revenu par membre du ménage. Ces chiffres sont présentés en attendant la publication de meilleures données provenant de la *Luxembourg Income Study*, dans laquelle les membres des ménages sont classés selon le revenu disponible moyen par équivalent adulte. Les estimations du présent tableau doivent donc être interprétées avec une extrême prudence.

Les données relatives à la répartition du revenu ou de la consommation dans les pays à faible revenu et à revenu intermédiaire sont compilées par la Division de la lutte contre la pauvreté et des ressources humaines du Département de la recherche, Politiques de développement à partir des informations originales produites par les enquêtes auprès des ménages et communiquées par les bureaux statistiques nationaux et les départements géographiques de la Banque mondiale. Les données sur les pays à revenu élevé émanent de sources nationales ainsi que de la banque de données internationale de la *Luxembourg Income Study*, 1990, de l'*Annuaire statistique* d'Eurostat et des *National Accounts Statistics: Compendium of Income Distribution Statistics* (1985) des Nations Unies.

Tableau 6. Santé

L'*accès aux soins de santé* est mesuré par le pourcentage de la population qui peut atteindre en moins d'une heure, par les moyens de transport habituels, un centre où il est possible de faire soigner les maladies et blessures courantes et d'obtenir les médicaments essentiels figurant sur la liste nationale. Les établissements de santé sont généralement situés dans les zones urbaines.

L'*accès à une eau salubre* indique le pourcentage de la population qui n'a pas trop difficilement accès à des sources d'eau salubre (y compris les eaux superficielles traitées ou des eaux non traitées mais non contaminées provenant, par exemple, de sources, de puits sanitaires et de points d'eau protégés). Cela signifie, pour les zones urbaines, qu'il existe une fontaine ou une borne publique à moins de 200 mètres et, pour les zones rurales, qu'aucun membre du ménage ne doit consacrer une trop grande partie de la journée à aller chercher de l'eau. La définition de l'eau salubre évolue au cours des ans.

L'*accès à des services d'assainissement* indique le pourcentage de la population qui a accès à des installations au moins adéquates d'évacuation des excréments, qui empêchent que la population, les animaux et les insectes ne soient exposés à des contacts avec ceux-ci.

Le *taux de mortalité infantile* exprime le nombre de décès d'enfants de moins d'un an pour 1 000 naissances vivantes au cours d'une année donnée. Les données sont constituées d'observations et d'estimations obtenues par interpolation et par projection.

La *prévalence de la malnutrition* mesure le pourcentage d'enfants de moins de cinq ans dont le rapport poids/âge est au moins deux écarts-types en dessous de la moyenne de la population de référence. Le rapport poids/âge est un indicateur synthétique construit à partir du rapport poids/taille (insuffisance pondérale) et du rapport taille/âge (insuffisance staturale). Bien que cet indicateur ne fasse pas de distinction entre l'insuffisance pondérale et l'insuffisance staturale, il permet d'effectuer des comparaisons intéressantes avec les résultats d'enquêtes antérieures, car le rapport poids/âge est le premier indicateur anthropométrique qui a été employé de manière généralisée. La population de référence retenue par l'Organisation mondiale de la santé (OMS) en 1983 se compose d'enfants vivant aux États-Unis et jugés être bien nourris. Dans certains pays, lorsqu'il n'est pas possible d'estimer le rapport poids/âge, la prévalence de la malnutrition a été estimée pour le pays à partir des données d'enquêtes recouvrées par l'OMS. Cette méthode a des effets minimes sur les estimations des taux, que l'OMS juge généralement comparables d'un pays à un autre.

Le *taux d'utilisation de contraceptifs* indique la proportion de femmes qui pratiquent, ou dont le mari pratique, une forme quelconque de contraception. L'emploi de contraceptifs se mesure généralement pour les femmes mariées âgées de 15 à 49 ans. Quelques pays utilisent d'autres groupes d'âge, notamment 15–44 ans. Les chiffres proviennent essentiellement d'enquêtes démographiques et sanitaires, et d'enquêtes sur la prévalence de la contraception.

L'*indice synthétique de fécondité* mesure le nombre d'enfants que mettrait au monde une femme qui vivrait jusqu'à la fin de ses années de procréation en donnant naissance, à chaque âge, au nombre d'enfants correspondant au taux de fécondité pour cet âge. Les valeurs indiquées sont des observations et des estimations obtenues par interpolation ou par projection.

La colonne *mortalité maternelle* indique le nombre de décès de femmes liés à la maternité pour 100 000 naissances vivantes. Étant donné que certains pays définissent cette cause de décès plus largement que d'autres — en y englobant les décès liés aux complications de la grossesse, à l'état puerpéral ou à l'avortement — et que beaucoup de femmes enceintes meurent faute de soins appropriés, la mortalité maternelle se prête mal à des mesures fiables et cohérentes d'un pays à l'autre. À l'évidence, beaucoup de décès liés à la maternité ne sont pas comptabilisés, surtout dans les pays où les populations rurales sont isolées. Cela explique certains des chiffres peu élevés figurant dans ce tableau, en particulier pour plusieurs pays africains. Les données sont tirées de diverses sources nationales. Lorsque les systèmes administratifs nationaux laissent à désirer, les chiffres ont été établis par des méthodes d'estimation indirecte à partir des résultats d'enquêtes démographiques et sanitaires, ou proviennent d'autres enquêtes nationales par sondage. Pour plusieurs pays en développement, la mortalité maternelle a été estimée par l'Organisation mondiale de la santé (OMS) et le Fonds des Nations Unies pour l'enfance (UNICEF) au moyen de modèles statistiques.

Toutes les données récapitulatives sont établies sur la base de données par pays pondérées par la population ou des sous-groupes de la population, sauf celles sur la mortalité infantile qui sont pondérées par le nombre de naissances.

Tableau 7. Éducation

Les données relatives au *pourcentage d'inscrits dans l'enseignement primaire* représentent une estimation du nombre d'enfants de tous âges inscrits à l'école primaire par rapport au nombre d'enfants en âge de poursuivre une scolarité primaire. Dans un grand nombre de pays, l'âge du primaire est de 6 à 11 ans, mais ce n'est pas le cas partout. Les taux bruts d'inscription peuvent être supérieurs à 100 %, certains élèves ayant un âge supérieur ou inférieur à l'âge officiel du primaire.

Les données relatives au *pourcentage d'inscrits dans l'enseignement secondaire* sont calculées de la même manière ; mais, là encore, la définition de l'âge du secondaire varie d'un pays à l'autre ; dans la plupart des cas, cet âge est de 12 à 17 ans. Les taux peuvent être influencés par l'entrée tardive d'élèves, ainsi que par les redoublements et les cas d'engorgement des effectifs en fin de cycle.

Le *taux d'inscription dans l'enseignement supérieur* se calcule en divisant le nombre d'élèves inscrits dans toutes les écoles postsecondaires et universités par la population âgée de 20 à 24 ans, bien que des élèves plus jeunes et plus âgés puissent être inscrits dans les établissements d'enseignement supérieur.

Le *pourcentage de la cohorte atteignant la quatrième année d'enseignement* est le pourcentage des enfants ayant commencé leur scolarité primaire en 1980 et en 1988, respectivement, et entrés en quatrième année du primaire en 1983 et 1991. Les chiffres en italique se rapportent à des cohortes antérieures ou postérieures.

Les données sur les inscriptions sont compilées par l'UNESCO à partir de rapports communiqués par les autorités nationales.

Par *analphabétisme des adultes*, on entend ici la proportion des personnes âgées de 15 ans et plus ne sachant pas lire en le comprenant, ni écrire intelligiblement, un texte court et simple sur leur vie quotidienne. Ce n'est là qu'une des trois définitions largement acceptées, et elle est appliquée avec certaines nuances dans plusieurs pays. Les données proviennent des estimations et projections de l'analphabétisme établies par l'UNESCO.

Les chiffres récapitulatifs présentés dans ce tableau sont pondérés par la population.

Tableau 8. Consommation d'énergie commerciale

La *consommation totale d'énergie* se réfère à la consommation nationale d'énergie primaire avant la transformation de cette dernière en combustibles destinés à divers usages (électricité, produits dérivés du pétrole raffiné, etc.) et est égale à la production nationale, majorée des importations et des variations des stocks et minorée des exportations et des volumes de mazout de soute utilisés dans le cadre des transports maritimes internationaux. Elle comprend aussi les produits, principalement ceux dérivés du pétrole, destinés à des usages non énergétiques. La consommation de bois de feu, d'excréments séchés d'animaux et autres combustibles traditionnels, bien qu'importante dans certains pays en développement, n'est pas prise en considération faute de données fiables et complètes.

La *consommation d'énergie par habitant* est calculée au moyen des estimations de la population totale pour les années indiquées.

Le *PIB par kilogramme* d'énergie commerciale consommée est le montant estimé du PIB, en dollars (aux prix constants de 1987), produit par kilogramme d'équivalent pétrole.

Le ratio des *importations nettes d'énergie en pourcentage de la consommation* est calculé à partir des valeurs des importations et de la consommation mesurées en équivalent pétrole. Le signe moins indique que le pays est un exportateur net.

Les données sur la consommation d'énergie commerciale proviennent principalement de l'Agence internationale de l'énergie (AIE) et des Nations Unies (*Energy Statistics Yearbook*). Elles portent sur les formes commerciales d'énergie primaire — pétrole (pétrole brut, liquides extraits du gaz naturel et pétrole tiré de sources non classiques), gaz naturel, combustibles solides (charbon, lignite et autres combustibles dérivés) et électricité primaire (nucléaire, hydraulique, géothermique, etc.) —, tous les chiffres étant convertis en équivalent pétrole. Pour convertir l'électricité nucléaire en équivalent pétrole, on suppose un rendement thermique théorique de 33 % ; l'électricité hydraulique est considérée comme ayant un rendement de 100 %.

Les données sur les *émissions de gaz carbonique* mesurent les contributions de l'industrie aux flux de gaz carbonique émanant de combustibles solides ou liquides, de carburants dérivés du gaz, des flambages à la torche à gaz et de la fabrication du ciment. Elles sont tirées de plusieurs sources communiquées par l'Institut des ressources mondiales. Elles proviennent pour l'essentiel de la Division des sciences de l'environnement du Centre d'analyse des informations sur le gaz carbonique (Carbon Dioxide Information Analysis Center — CDIAC) du Laboratoire national d'Oak Ridge.

Le CDIAC calcule tous les ans les émissions de gaz carbonique dues à la combustion des combustibles fossiles et à la fabrication du ciment dans la plupart des pays du monde. Ces calculs reposent sur les données relatives à la consommation nette apparente de combustibles fossiles, enregistrée dans la base des données sur l'énergie dans le monde de la Division de statistique de l'Organisation des Nations Unies et les données relatives à la fabrication de ciment de la base des données du United States Bureau of Mines. Le calcul des émissions se fait à partir des valeurs moyennes mondiales de la composition chimique des combustibles et de leur consommation. Les estimations ne couvrent pas le mazout de soute utilisé dans le cadre des transports internationaux, car il est difficile de ventiler leur consommation entre les différents pays qui bénéficient de ces transports. Bien que les estimations des émissions mondiales diffèrent probablement de moins de 10 % des émissions effectives, les marges d'erreur peuvent être plus élevées au niveau des pays.

Les chiffres récapitulatifs relatifs à la consommation d'énergie et aux émissions de gaz carbonique sont de simples totaux. Les taux de croissance sont calculés à partir des totaux par groupe par la méthode des moindres carrés. Pour calculer les moyennes par groupe de la consommation d'énergie et des émissions de gaz carbonique par habitant, on pondère les chiffres par la population.

Tableau 9. Utilisation des sols et urbanisation

Les *terres cultivables* recouvrent les terres affectées aux cultures temporaires et aux cultures permanentes, les prairies temporaires, les jardins maraîchers ou potagers, et les terres en jachères temporaires. Les cultures permanentes sont les cultures qui ne doivent pas être replantées après chaque récolte ; les terres consacrées à ces dernières ne comprennent toutefois pas les superficies plantées en arbres destinés à la production de bois ou de grumes.

Les *prairies et pâturages permanents* sont les terres consacrées pendant au moins cinq ans aux herbacées fourragères, cultivées ou sauvages. Quelques pays seulement fournissent régulièrement des données sur cette catégorie ; il est en effet difficile de délimiter cette dernière, car elle recouvre les prairies sauvages qui servent de pâturages.

Les *autres terres* recouvrent les forêts et terrains boisés, et les terres portant des peuplements naturels ou artificiels, ainsi que les terres déboisées mais dont le reboisement est envisagé dans un proche avenir. Cette catégorie comprend aussi les terres non cultivées, les herbages qui ne servent pas de pâturage, les marécages, les terres incultes et les terrains bâtis. Ces derniers couvrent les terrains résidentiels, industriels et de loisirs, ainsi que les zones occupées par des routes et autres infrastructures matérielles.

Les données sur l'utilisation des terres proviennent de l'Organisation des Nations Unies pour l'alimentation et l'agriculture (FAO), qui les obtient de sources nationales par le biais de questionnaires annuels et de recensements agricoles effectués par les pays. Tous les pays n'utilisent toutefois pas la même définition de l'utilisation des terres. La FAO ajuste souvent les définitions des catégories de terres et révise, parfois dans une large mesure, les données antérieures. Les chiffres reflétant les modifications intervenues dans les procédures de recouvrement des données ainsi que les changements constatés dans l'utilisation des terres, il importe d'interpréter avec prudence les tendances observées. La plupart des données sur l'utilisation des terres se rapportent à 1994.

La *population urbaine* est la population en milieu d'année des zones considérées comme urbaines dans chaque pays. Cette définition varie quelque peu d'un pays à l'autre.

La *population des villes d'au moins 1 million d'habitants* est exprimée en pourcentage de la population du pays vivant dans les régions métropolitaines qui, en 1990, comptaient au moins 1 million d'habitants.

Les estimations de la population urbaine proviennent du document des Nations Unies intitulé *World Urbanization Prospects: The 1994 Revision.* Pour calculer le taux d'accroissement de la population urbaine, on multiplie les estimations de la population totale effectuées par la Banque mondiale (tableau 4) par la part de la population urbaine dans la population totale établie par l'ONU. Les séries d'estimations de la population urbaine ainsi obtenues servent alors à calculer la population des agglomérations urbaines en pourcentage de la population urbaine. Dans la mesure où les estimations de ce tableau sont basées sur des définitions nationales différentes du terme « urbain », la prudence s'impose lorsqu'on procède à des comparaisons entre pays.

Les chiffres récapitulatifs de la population urbaine en pourcentage de la population totale sont calculés à partir des pourcentages par pays, pondérés par la part de chaque pays dans la population totale ; les autres chiffres récapitulatifs présentés dans ce tableau sont pondérés de la même manière, à partir de la population urbaine.

Tableau 10. Ressources naturelles : forêts et eau

Les *zones forestières* sont les formations naturelles de végétaux ligneux où les arbres prédominent.

Par *déboisement annuel*, on entend la conversion permanente de zones forestières à d'autres usages : culture itinérante, culture permanente, pâturage, peuplement ou aménagement d'infrastructures. Les superficies déboisées ne comprennent pas les zones provisoirement déboisées mais qui seront replantées, ni les zones dégradées par la collecte de bois de feu, les pluies acides ou des incendies de forêt. Le tableau indique l'étendue du déboisement annuel des zones forestières naturelles en superficie et en pourcentage de la superficie totale.

Les estimations relatives à la superficie des zones forestières sont tirées de statistiques nationales rassemblées par la FAO et la Commission économique pour l'Europe des Nations Unies (CEE-ONU). De nouvelles estimations ont été publiées en 1993 pour les pays tropicaux par la FAO, et pour les zones tempérées par la CEE-ONU/FAO. Ces deux organismes n'utilisent toutefois pas les mêmes définitions dans leurs estimations. Pour la FAO, les forêts naturelles des pays tropicaux sont denses, dès lors que la cime des arbres couvre une forte proportion de la superficie et qu'il n'y a pas de couvert herbacé continu au niveau du sol ; elles sont claires lorsque les terres portent un mélange d'herbages et d'arbres, dont les cimes couvrent 10 % au moins de la superficie, et un couvert herbacé continu au niveau du sol. Pour la CEE-ONU/FAO, les forêts sont des terres portant des arbres dont les cimes couvrent 20 % ou plus de la superficie. Cette définition couvre également les formations forestières claires ; les routes forestières et les pare-feu ; les zones de faible étendue provisoirement déboisées ; les jeunes formations où la cime des arbres devrait couvrir 20 % au moins de la superficie lorsqu'ils arriveront à maturité ; et les brise-vent et les rideaux abris.

Les *aires protégées à l'échelon national* sont les zones d'au moins 1 000 hectares protégées par les autorités nationales et relevant de cinq catégories : réserves scientifiques et réserves naturelles intégrales ; parcs nationaux d'intérêt national ou international (dont les écosystèmes ne sont pratiquement pas altérés par l'homme) ; monuments et paysages naturels présentant certaines caractéristiques exceptionnelles ; réserves naturelles dirigées et sanctuaires de protection d'espèces sauvages ; et paysages terrestres ou marins protégés (cette catégorie pouvant comprendre des sites culturels). Les données du présent tableau ne comprennent pas les zones protégées par les seules autorités locales ou provinciales, ni les zones où la cueillette, la pêche ou la chasse sont autorisées. Elles peuvent être fondées sur des définitions différentes et être communiquées de diverses façons aux organisations, comme le Centre mondial de surveillance de la conservation, qui les compilent et les diffusent.

Les données relatives au *prélèvement annuel de ressources en eau douce* se rapportent au volume total des prélèvements, à l'exclusion des pertes par évaporation des réservoirs d'eau. Les prélèvements incluent aussi ceux des usines de dessalement dans les pays où ces usines contribuent pour une large part au prélèvement total. Les données se rapportent à une seule année de la période 1970–95. Le prélèvement total peut excéder les ressources renouvelables totales, lorsque des volumes considérables sont prélevés sur des usines de dessalement et des eaux souterraines non renouvelables ou que l'eau est recyclée à grande échelle. Les données sont exprimées en valeur absolue ou en pourcentage des ressources totales en eau, qui incluent à la fois les ressources renouvelables intérieures et, lorsque cela est indiqué, le débit des cours d'eau provenant d'autres pays. Les ressources renouvelables intérieures se réfèrent au débit des cours d'eau et des eaux souterraines provenant des eaux de pluie reçues dans le pays.

Pour calculer les *prélèvements totaux par habitant*, on divise le prélèvement total pour le pays par le nombre de ses habitants au cours de l'année pour laquelle on dispose d'une estimation du prélèvement total. Pour la plupart des pays, les données relatives aux prélèvements sectoriels par habitant sont établies à partir des estimations de pourcentage de prélèvements sectoriels pour 1987–95. Les *usages domestiques* comprennent l'eau potable, la consommation ou les ventes d'eau des communes, la consommation des services publics, des établissements commerciaux et des ménages. Les *autres usages* recouvrent les prélèvements directs destinés à des usages industriels, y compris ceux qui servent au refroidissement des centrales thermiques, ainsi que les prélèvements à usages agricoles (irrigation et élevage).

Les données relatives au prélèvement annuel de ressources en eau douce peuvent aussi avoir été collectées et estimées selon des méthodes différentes, mais elles indiquent l'ordre de grandeur de la consommation d'eau totale et par habitant. Cependant, elles ne rendent pas compte des importantes variations que peut accuser le total des ressources renouvelables d'une année à l'autre. Elles ne rendent pas compte non plus des différences qui peuvent exister, au sein d'un même pays, d'une saison ou d'une région à l'autre. Les estimations des ressources en eau douce, parce qu'elles sont fondées sur des moyennes à long terme, excluent explicitement les cycles décennaux d'années sèches et humides. Les statistiques sur les indicateurs relatifs à l'eau ont été compilées à partir de sources diverses par l'Institut des ressources mondiales et publiées dans le document *World Resources 1996–97*. Le Département Hydrogéologie d'Orléans (France) compile des données sur les ressources en eau et le prélèvement d'eau à partir de publications, notamment nationales, professionnelles et des Nations Unies. L'Institut de géographie de l'Académie nationale des sciences de Moscou compile également des données sur les ressources mondiales en eau à partir de publications et, au besoin, d'estimations de ces ressources et de la consommation d'eau établies à partir de modèles faisant appel à d'autres données, comme les périmètres irrigués, le cheptel et les précipitations. Les données portant sur des régions arides et semi-arides et les petits pays sont considérées comme moins fiables que celles qui concernent les zones humides et les grands pays.

Tableau 11. Croissance de l'économie

Le *produit intérieur brut* aux prix d'acquisition est égal à la somme de la valeur ajoutée brute par l'ensemble des producteurs résidents et non résidents de l'économie, majorée des impôts (minorée des subventions) qui ne sont pas inclus dans l'évaluation des produits. Il n'est pas tenu compte de l'amortissement des actifs « fabriqués », ni de l'épuisement ou de la dégradation des ressources naturelles.

Le *déflateur du PIB* est calculé de manière implicite en prenant le rapport entre le PIB aux prix courants et le PIB à prix constants. Il est la mesure la plus générale des variations du niveau global des prix. (Le lecteur peut également se reporter à la Note technique relative au tableau 2).

L'*agriculture* recouvre, outre l'agriculture proprement dite et l'élevage, la foresterie, la chasse et la pêche. Dans les pays en développement où l'agriculture de subsistance occupe une grande place, une bonne part de la production agricole n'est soit pas échangée du tout, soit échangée sans transaction monétaire. Cela rend plus difficile l'estimation de la contribution de l'agriculture au PIB et réduit la fiabilité et la comparabilité des chiffres.

L'*industrie* comprend la valeur ajoutée des industries extractives, du secteur manufacturier (qui fait aussi l'objet d'un sous-groupe distinct), des travaux publics et du bâtiment, et des secteurs électricité, eau et gaz.

Le *secteur manufacturier* (présenté au tableau 12) recouvre les activités correspondant aux divisions 15 à 37 de la Classification internationale type par industrie de toutes les branches d'activité économique, Révision 2.

La rubrique *services* recouvre la valeur ajoutée de toutes les autres branches d'activité économique, comme le commerce de gros et de détail (y compris l'hôtellerie et la restauration), les transports, les administrations publiques, les services financiers, les services spécialisés et les services aux particuliers, notamment d'éducation et de santé, et les services immobiliers. Elle recouvre aussi les commissions bancaires imputées, les droits d'importation, les écarts statistiques notés par les déclarants nationaux et les écarts de translation.

Les *exportations de biens et de services* représentent la valeur de tous les biens et autres services marchands fournis au reste du monde : marchandises, fret, assurances, voyages et autres services hors facteurs. La valeur des revenus des facteurs et de la propriété (autrefois qualifiés de services, y compris les revenus des facteurs), comme le produit des placements, les intérêts et le revenu du travail, en est exclue. Les transferts sont également exclus du calcul du PIB.

Les taux de croissance du PIB et de ses composantes sont calculés à partir de données en prix constants exprimées en monnaie nationale. Les taux de croissance par région et par catégorie de revenu sont des valeurs en dollars des États-Unis, obtenues par conversion des chiffres en monnaie nationale sur la base du facteur de conversion du Département de l'économie internationale (IEC) de la Banque mondiale. Pour estimer les taux de croissance, on calcule, par la méthode des moindres carrés, l'équation d'une droite d'ajustement à partir des logarithmes des valeurs annuelles de la variable considérée. On obtient ainsi un taux de croissance moyen qui se rapporte à un modèle de croissance composée périodique. Le calcul des taux de croissance par la méthode des moindres carrés et le facteur de conversion de l'IEC sont décrits dans la section consacrée aux méthodes statistiques.

Pour obtenir les chiffres récapitulatifs, on calcule les valeurs en dollars constants de 1987 de chaque indicateur pour chaque année des périodes considérées et on en fait la somme pour chaque année pour l'ensemble des pays ; enfin, on calcule les taux de croissance globaux par la méthode des moindres carrés.

Tableau 12. Structure de l'économie : production

Les définitions employées pour le PIB et ses composantes sont celles du Système de comptabilité nationale (SCN) des Nations Unies, Série F, n° 2, Révision 3. La Révision 4 du SCN n'a été achevée qu'en 1993, et il est probable que beaucoup de pays continueront d'appliquer les recommandations de la Révision 3 au cours des prochaines années. Les estimations émanent de sources nationales ; elles parviennent parfois à la Banque mondiale par le biais d'autres organismes internationaux, mais sont le plus souvent recueillies lors de missions des services de la Banque mondiale. Le lecteur est invité à se reporter à la Note technique relative au tableau 11 pour la définition de certaines composantes.

Les données des comptes nationaux des pays en développement sont obtenues par les membres des missions résidentes ou économiques de la Banque mondiale auprès des bureaux statistiques nationaux et des banques centrales. Les données relatives aux pays industrialisés proviennent des fichiers de données de l'OCDE. Pour toute information sur les séries des comptes nationaux de l'OCDE, le lecteur est prié de se reporter aux volumes 1 et 2 de *Comptes Nationaux, 1960–1994*. La totalité des séries chronologiques des comptes nationaux se trouvent sur le *CD-ROM* de *World Development Indicators.*

Les services de la Banque mondiale vérifient la qualité des comptes nationaux et, dans certains cas, aident à ajuster les séries nationales. Les moyens des services de statistique étant parfois limités, et en raison aussi des problèmes inhérents aux données, il n'est pas toujours possible de parvenir à des chiffres strictement comparables à l'échelon international, surtout lorsqu'il s'agit d'activités économiques difficiles à mesurer, comme celles des marchés parallèles, du secteur informel ou de l'agriculture de subsistance.

Les chiffres indiqués pour les PIB sont des valeurs en dollars des États-Unis, obtenues par conversion des chiffres en monnaie nationale sur la base des taux de change officiels d'une seule année. Pour les quelques pays dont le taux de change ne reflète pas le taux effectivement appliqué aux opérations de change, on a retenu un autre facteur de conversion. Il est à noter que, pour ce tableau, on n'utilise pas la moyenne sur trois ans (« Atlas ») employée pour estimer le PNB par habitant au tableau 1.

Les chiffres récapitulatifs sont calculés à partir des chiffres du PIB par secteur en dollars courants établis pour les groupes de pays.

Tableau 13. Structure de l'économie : demande

La *consommation des administrations publiques* comprend toutes les dépenses courantes consacrées à l'achat de biens et de services par les administrations de tous niveaux, mais non par la plupart des entreprises d'État. Les dépenses en capital au titre de la défense et de la sécurité nationales sont considérées comme des dépenses de consommation des administrations publiques.

La *consommation privée* représente la valeur, aux prix du marché, de tous les biens et services, y compris les biens de consommation durables (tels qu'automobiles, machines à laver et ordinateurs individuels) achetés ou reçus à titre de rémunération en nature par les ménages et les institutions à but non lucratif. Elle ne comprend pas les achats de logements, mais elle inclut le loyer imputé des logements occupés par leur propriétaire. En pratique, elle peut comprendre tout écart statistique constaté pour l'emploi des ressources.

L'*investissement intérieur brut* comprend les dépenses consacrées à l'accroissement du capital fixe de l'économie, plus les variations nettes du niveau des stocks.

L'*épargne intérieure brute* est le PIB moins la consommation totale.

Les *exportations de biens et de services* représentent la valeur de tous les biens et autres services marchands fournis au reste du monde : marchandises, fret, assurances, voyages et autres services hors facteurs. La valeur des revenus des facteurs et de la propriété (autrefois qualifiés de services, y compris les revenus des facteurs), comme le produit des placements, les intérêts et le revenu du travail, en est exclue. Les transferts sont également exclus du calcul du PIB.

Le *solde de ressources* est la différence entre les exportations et les importations de biens et de services.

Les chiffres récapitulatifs sont calculés à partir des chiffres du PIB par secteur en dollars courants établis pour les groupes de pays.

Tableau 14. Budget de l'administration centrale

Les *recettes totales* sont d'origine fiscale et non fiscale. Les *recettes fiscales* sont le produit des contributions obligatoires, sans contrepartie et non remboursables, perçues à des fins publiques. Elles comprennent les intérêts perçus sur les arriérés fiscaux et les pénalités pour défaut ou retard de paiement, et sont indiquées nettes des remboursements et autres ajustements correctifs. Les *recettes non fiscales* regroupent les encaissements qui ne correspondent pas à des contributions obligatoires, non remboursables perçues à des fins publiques, comme les amendes, les droits administratifs ou les revenus tirés par les administrations publiques de biens qu'elles possèdent. En sont exclus les sommes provenant de dons et d'emprunts, les recouvrements de prêts antérieurs des administrations, les engagements et le produit de la vente de biens de capital.

Les *dépenses totales* recouvrent les dépenses effectuées par tous les ministères, directions, établissements et autres unités qui sont des services ou des organes d'exécution des autorités centrales du pays. Elles comprennent à la fois les dépenses *courantes* et les dépenses *en capital* (équipement).

La rubrique *défense* englobe toutes les dépenses consacrées, par le ministère de la défense ou d'autres ministères, aux forces armées, y compris l'achat de matériel et de fournitures militaires, les travaux de construction, les opérations de recrutement et les activités de formation. Entrent également dans cette catégorie des éléments étroitement apparentés, comme les programmes d'aide militaire. En sont exclues les dépenses destinées à la sécurité et à l'ordre publics, qui sont classées séparément.

La rubrique *services sociaux* recouvre les dépenses au titre de la santé, de l'éducation, du logement, de la sécurité sociale et de l'aide sociale. Elle recouvre également les indemnités versées aux personnes malades et temporairement invalides pour compenser leurs pertes de revenu ; les prestations versées aux personnes âgées, aux invalides permanents et aux chômeurs ; les allocations familiales et les indemnités de maternité et pour enfants à charge ; et le coût des services d'aide sociale, comme les soins aux personnes âgées, aux invalides et aux enfants. De nombreuses dépenses visant la défense de l'environnement, comme les mesures antipollution, l'alimentation en eau, l'assainissement et l'enlèvement des ordures ménagères, sont incluses dans cette catégorie, sans que l'on puisse les mesurer séparément.

L'*excédent/déficit global* est la différence entre, d'une part, les recettes courantes, les recettes en capital et les dons publics reçus et, d'autre part, les dépenses totales et les prêts moins les remboursements. Ce concept est plus vaste que celui d'excédent/déficit courant de l'administration centrale indiqué au tableau 2.

Comme la couverture des données disponibles peut varier, les diverses composantes des dépenses et des recettes de l'administration centrale indiquées ici peuvent ne pas être rigoureusement comparables d'une économie à l'autre.

Les insuffisances de la couverture statistique des administrations régionales et locales obligent à utiliser des données portant sur l'administration centrale. De ce fait, la présentation statistique de l'allocation des ressources entre divers emplois est sujette à d'importantes distorsions ou sous-estimations, surtout pour les pays dont les administrations régionales et locales jouissent d'une autonomie considérable et sont responsables d'un grand nombre de services économiques et sociaux. Par ailleurs, la notion d'« administration centrale » peut correspondre à deux types de comptabilité nationale : une comptabilité consolidée ou une comptabilité budgétaire. Dans la plupart des pays, les données financières de l'administration centrale sont consolidées en un seul compte global ; dans d'autres, seuls les comptes budgétaires de l'administration centrale sont disponibles. Comme ces comptes budgétaires ne couvrent pas toujours la totalité des unités de l'administration centrale, ils donnent généralement une idée incomplète des activités de celle-ci. Le concept retenu par le pays déclarant est indiqué dans le tableau de l'Index des pays et profil des données originales.

En général, les données présentées, surtout celles qui portent sur les services sociaux, ne sont pas comparables d'un pays à l'autre. Dans de nombreuses économies, le secteur privé joue un rôle important dans les domaines de la santé et de l'éducation ; dans d'autres, ce sont les services publics qui représentent la majeure partie des dépenses totales, mais ils peuvent être financés par des niveaux inférieurs de l'administration. Il faut donc être prudent lorsqu'on utilise ces données à des fins de comparaison entre pays.

Les données sur les recettes et les dépenses de l'administration centrale proviennent de la publication du FMI, *Government Finance Statistics Yearbook* (1995), et des fichiers de données du FMI. Les comptes de chaque pays y sont présentés selon le système de définitions et classifications communes décrit dans le *Manuel de statistiques de finances publiques* du FMI (1986). Le lecteur est invité à se reporter à ces publications qui contiennent toutes les explications pertinentes sur les concepts, les définitions et les origines de ces données.

Tableau 15. Exportations et importations de marchandises

Les rubriques *exportations* et *importations* de marchandises recouvrent, à quelques exceptions près, les mouvements internationaux de marchandises franchissant des frontières douanières ; elles ne comprennent pas les échanges de services. Les exportations s'entendent f.o.b. (franco à bord) et les importations c.i.f. (coût, assurance, fret), sauf exceptions précisées dans les sources indiquées ci-après. Ces valeurs sont exprimées en dollars courants.

Les catégories d'exportations et d'importations sont celles de la Classification type pour le commerce international (CTCI), Série M, n° 34, Révision 1. Les *produits manufacturés* recouvrent les produits classés aux sections 5 à 9 de la CTCI, à l'exception de la division 68 (métaux non ferreux). Les *produits alimentaires* correspondent aux sections 0, 1 et 4 et à la division 22 de la CTCI (produits alimentaires et animaux vivants, boissons et tabac, huiles et graisses d'origine animale et végétale, et graines, noix et amandes oléagineuses). La rubrique *combustibles* comprend les produits de la section 3 de la CTCI (combustibles minéraux, lubrifiants et produits connexes). Pour quelques pays, on ne dispose pas de données pour certaines catégories.

Les *taux de croissance annuels moyens* des exportations et des importations sont calculés à partir des valeurs en prix constants, obtenues en déflatant les valeurs courantes par l'indice des prix pertinent. La Banque mondiale utilise les indices de prix établis par la CNUCED pour les économies à faible revenu et à revenu intermédiaire et les indices publiés dans les *Statistiques financières internationales* du FMI pour les économies à revenu élevé. Ces taux de croissance peuvent différer de ceux qui ont été calculés à partir des sources nationales parce que ces dernières n'utilisent pas les mêmes années de base et méthodes de pondération que la CNUCED ou le FMI.

La principale source pour les valeurs courantes des échanges est la base de données sur le commerce de la CNUCED, complétée par les données des *Statistiques financières internationales* du FMI, la base de données des Nations Unies sur le commerce des produits de base (COMTRADE) et des estimations de la Banque mondiale. Les parts indiquées dans ces tableaux ont été calculées à partir des valeurs des échanges en dollars courants provenant du système de données sur le commerce de la CNUCED, complétées par des données du système COMTRADE des Nations Unies.

Pour calculer les chiffres récapitulatifs relatifs aux taux de croissance, on a fait la somme des séries de prix en dollars constants de 1987 pour chaque année, puis appliqué la méthode des moindres carrés pour les périodes indiquées.

Tableau 16. Balance des paiements

Les *exportations* et *importations de biens et services et les revenus* recouvrent toutes les transactions donnant lieu au transfert de la propriété de biens et services — y compris les marchandises, les services et les revenus — entre des résidents d'un pays et le reste du monde. Les rémunérations reçues pour leur travail par des entités non résidentes et le revenu des investissements de ces mêmes entités sont considérés comme des exportations ; les paiements effectués à des résidents par des non-résidents sont considérés comme des importations.

Les *envois nets de fonds des travailleurs* comprennent les transferts de revenu des migrants employés ou qui pensent être employés pendant plus d'un an dans leur nouveau pays, où ils sont considérés comme des résidents. Ces envois de fonds sont classés dans la catégorie des transferts privés sans contrepartie, tandis que ceux effectués par des travailleurs séjournant moins longtemps à l'étranger sont classés parmi les services en tant que revenu du travail. Cette distinction suit les règles admises au plan international, mais certains pays en développement classent les envois de fonds des travailleurs dans le revenu des facteurs (en en faisant donc une composante du PNB). La Banque mondiale se conforme aux directives internationales pour sa définition du PNB et il peut donc y avoir des différences par rapport aux pratiques suivies au plan national.

Les *autres transferts nets* recouvrent les transferts nets sans contrepartie autres que les envois de fonds des travailleurs.

Le *solde des transactions courantes* est égal à la somme des exportations nettes de biens et services et des transferts nets.

Les *réserves internationales brutes* comprennent les avoirs en or monétaire, les DTS, la position de réserve au FMI des membres de cette institution et les avoirs en devises contrôlés par les autorités monétaires. L'élément or de ces réserves est évalué aux cours du marché de Londres en fin d'année (31 décembre), soit 589,50 dollars l'once en 1980 et 386,75 dollars l'once en 1995. En raison de différences quant à la définition des réserves internationales, à la détermination de la valeur de l'or et aux méthodes de gestion des réserves, les chiffres sur les réserves publiés dans les sources nationales peuvent ne pas être strictement comparables. Le niveau des réserves indiqué pour 1980 et 1994 s'entend en fin d'année et est exprimé en dollars courants aux taux de change en vigueur. Voir le tableau 2 pour les avoirs de réserves exprimés en nombre de mois d'importations de biens et de services qu'ils permettraient de financer.

Les statistiques de ce tableau ont été établies à partir des données du FMI, mais elles incluent également des estimations des services de la Banque mondiale et les ajustements que ceux-ci ont apportés, dans un petit nombre de cas, à la couverture ou à la classification des données pour améliorer la comparabilité des comptes nationaux et des statistiques de la balance des paiements. Les définitions et concepts utilisés sont basés sur le *Manuel de la balance des paiements, Cinquième édition*, du FMI (1993). Les valeurs de ce tableau sont exprimées en dollars convertis aux taux de change officiels.

Les chiffres récapitulatifs sont calculés à partir des totaux par groupe des réserves internationales brutes.

Tableau 17. Dette extérieure

La *dette extérieure totale* est la somme de la dette publique, de la dette à garantie publique, de la dette privée non garantie à long terme, du recours au crédit du FMI et de la dette à court terme. La dette à long terme est composée de trois éléments : la dette publique, la dette à garantie publique et la dette privée non garantie. La dette publique recouvre des obligations extérieures contractées par des débiteurs publics, y compris les administrations publiques et leurs services, et les organismes publics autonomes. La dette à garantie publique correspond à des obligations extérieures contractées par des débiteurs privés, dont le remboursement est garanti par une entité publique. La dette privée non garantie représente des obligations extérieures contractées par des débiteurs privés, dont le remboursement n'est pas garanti par une entité publique. Le recours au crédit du FMI recouvre les obligations de rachat à l'égard du FMI au titre de toutes les utilisations de ressources du FMI, à l'exclusion des obligations résultant de tirages sur la tranche de réserve. Ils comprennent l'encours des achats dans les tranches de crédit, notamment en vertu de la politique d'accès élargi aux ressources du FMI, et au titre de tous les mécanismes spéciaux (stocks régulateurs, financement compensatoire, mécanisme élargi de crédit et mécanismes pétroliers), les prêts du fonds fiduciaire et les opérations au titre de la facilité d'ajustement structurel renforcée. L'encours des obligations à l'égard du FMI en fin d'année (stock) est converti en dollars au taux de change entre le dollar et le DTS à la même date. La dette à court terme est la dette à échéance initiale d'un an ou moins. Elle inclut les arriérés au titre des intérêts sur la dette à long terme échue et non amortie, sur une base cumulée. Les données disponibles ne permettent pas de faire la distinction entre dette publique et dette privée non garantie.

La *dette extérieure en pourcentage du PNB* et *des exportations de biens et services* est calculée en dollars. Les envois de fonds des travailleurs sont inclus dans les exportations de biens et services.

Le *service de la dette en pourcentage des exportations de biens et services* est la somme des remboursements du principal et des paiements d'intérêts sur la dette extérieure totale. Ce ratio est l'une des mesures conventionnelles de l'aptitude d'un pays à assurer le service de sa dette. Les envois de fonds des travailleurs sont inclus dans les exportations de biens et services.

Le *rapport valeur actuelle/nominale de la dette* est la valeur actualisée des paiements futurs au titre du service de la dette divisée par la valeur nominale de la dette extérieure totale. La valeur actuelle nette de la dette extérieure est la valeur actualisée des paiements futurs au titre du service de la dette. La valeur actuelle de la dette peut être supérieure ou inférieure à sa valeur nominale en fonction des taux d'intérêt des prêts et du taux d'escompte utilisés dans le calcul de la valeur actualisée. Si le taux d'intérêt du prêt est supérieur au taux d'escompte, la valeur actuelle sera supérieure à la valeur nominale de la dette ; s'il est inférieur au taux d'escompte, c'est l'inverse qui se produit.

Les taux utilisés pour calculer la valeur actuelle de la dette sont les taux d'intérêt perçus par les pays de l'OCDE au titre des crédits à l'exportation bénéficiant d'un soutien public. Les taux sont indiqués pour les monnaies des pays du Groupe des Sept (G-7), c'est-à-dire le deutsche mark, le dollar canadien, le dollar des États-Unis, le franc français, la lire italienne, la livre britannique et le yen. Le taux d'actualisation utilisé pour les prêts de la Banque internationale pour la reconstruction et le développement (BIRD) et les crédits de l'Association internationale de développement (IDA) est le taux prêteur le plus récent de la BIRD, tandis que le taux utilisé pour les prêts du FMI est le taux d'intérêt du DTS. Pour la dette libellée en d'autres monnaies, le taux d'actualisation est égal à la moyenne des taux d'intérêt des crédits à l'exportation perçus par d'autres pays de l'OCDE. Dans le cas des prêts à taux variable, pour lesquels il n'est pas possible de déterminer exactement la valeur des futurs paiements au titre du service de la dette, celle-ci a été calculée au moyen des taux en vigueur à la fin de 1994 pour la période de base spécifiée pour le prêt.

La *dette multilatérale en pourcentage de la dette extérieure totale* donne des informations sur l'aide reçue par l'emprunteur de la part de la Banque mondiale, de banques régionales de développement et d'autres organismes multilatéraux et intergouvernementaux. En sont exclus les prêts provenant de fonds administrés par une organisation internationale au nom d'un gouvernement donateur particulier.

Les données sur la dette figurant dans le présent tableau proviennent du Système de notification de la dette à la Banque mondiale et d'estimations de la Banque mondiale. Ce système porte uniquement sur les économies en développement et ne rassemble pas de chiffres sur la dette extérieure d'autres groupes d'emprunteurs ou des économies qui ne sont pas membres de la Banque mondiale. Les chiffres sur la dette portés dans ce tableau ont été convertis en dollars aux taux de change officiels. Les données sur la dette comprennent la dette privée non garantie notifiée par 30 pays en développement et des estimations partielles ou complètes pour 20 autres économies qui ne communiquent pas de chiffres à ce sujet, mais pour lesquelles ce type d'endettement est connu pour être élevé.

Les chiffres récapitulatifs proviennent de la publication de la Banque mondiale intitulée *Global Development Finance 1997.*

Méthodes statistiques

La présente section décrit les méthodes de calcul du taux de croissance par la méthode des moindres carrés, du taux de croissance exponentiel (points extrêmes) et du coefficient de Gini, ainsi que la méthode suivie dans l'Atlas de la Banque mondiale pour calculer le facteur de conversion employé pour estimer les valeurs du PNB et du PNB par habitant en dollars.

Taux de croissance calculé par la méthode des moindres carrés

On estime le taux de croissance, r, en déterminant l'équation d'une droite de régression par la méthode des moindres carrés à partir des valeurs logarithmiques de la variable pour chacune des années de la période considérée. Cette équation de régression revêt la forme suivante :

$$\text{Log } X_t = a + bt,$$

qui est la transformée logarithmique de l'équation du taux de croissance géométrique :

$$X_t = X_0(1 + r)^t.$$

Dans ces équations, X est la variable, t représente la période, $a = \text{Log } X_0$ et $b = Log\ (1 + r)$ sont les paramètres que l'on cherche à estimer. Si b^* est l'estimation de b produite par la méthode des moindres carrés, il suffit, pour obtenir le pourcentage moyen de croissance annuelle, r, de calculer [caractéristique de Log $(b^*) - 1$], puis de multiplier le résultat par 100.

Le taux de croissance ainsi calculé est un taux moyen représentatif des observations disponibles sur la période considérée. Il n'est pas nécessairement égal au taux de croissance effectif entre deux périodes données. Si l'on suppose que le modèle de croissance exponentiel est celui qu'il convient d'employer avec les données, l'estimation du taux de croissance par la méthode des moindres carrés est convergente et efficace.

Taux de croissance calculé à partir du modèle exponentiel (points extrêmes)

Dans le cas de certaines statistiques démographiques, couvrant notamment la population active et la population, le taux de croissance entre deux dates différentes est calculé au moyen de l'équation suivante :

$$r = \text{Log } (p_n / p_1) / n$$

dans laquelle p_n et p_1 sont, respectivement, la dernière et la première observation de la période, n le nombre d'années de la période, et Log l'opérateur du logarithme népérien.

Ce taux de croissance est basé sur un modèle de croissance exponentiel continue. Pour obtenir un taux de croissance pour des périodes discrètes comparables au taux de croissance calculé par la méthode des moindres carrés, il suffit de prendre la caractéristique du logarithme du taux de croissance calculé et de retrancher la valeur 1 du chiffre obtenu.

Le coefficient de Gini

Le coefficient de Gini indique la mesure dans laquelle la répartition du revenu (ou, dans certains cas, des dépenses de consommation) entre les individus ou les ménages d'une économie diffère d'une répartition correspondant à une situation d'égalité parfaite. La courbe de Lorenz joint les points correspondant aux pourcentages cumulés du revenu total échéant aux différents pourcentages cumulés du nombre des bénéficiaires, en commençant par les individus ou les ménages les plus pauvres. Le coefficient de Gini est égal au rapport, en pourcentage, de l'aire située entre la courbe de Lorenz et une droite théorique décrivant une situation d'égalité parfaite, à la surface du demi-carré situé en dessous de la droite. Ce coefficient varie entre zéro, qui représente une situation d'égalité parfaite, et 100 %, qui implique une situation d'inégalité maximale.

La Banque mondiale utilise un programme d'analyse numérique, POVCAL, pour estimer les valeurs du coefficient de Gini ; voir Chen, Datt et Ravallion, 1992.

Méthode de l'Atlas de la Banque mondiale

Le facteur de conversion de l'Atlas pour une année quelconque est la moyenne du taux de change (ou du facteur de conversion retenu) pour l'année en cause et des taux de change des deux années précédentes, compte tenu de l'écart d'inflation entre le pays concerné et les pays du G-5 (Allemagne, États-Unis, France, Japon et Royaume-Uni). Le taux d'inflation des pays du G-5 est représenté par les variations des déflateurs du DTS. Cette moyenne sur trois ans permet de lisser les fluctuations annuelles des prix et des taux de change pour chaque pays. On multiplie le PNB du pays par le facteur de conversion de la méthode de l'Atlas, puis on divise le PNB en dollars ainsi obtenu par le nombre d'habitants au milieu de la plus récente des trois années pour obtenir le PNB par habitant.

Les formules ci-après décrivent le mode de calcul du facteur de conversion pour l'année t:

$$e_t^* = \frac{1}{3}\left[e_{t-2}\left(\frac{p_t}{p_{t-2}} / \frac{p_t^{S\$}}{p_{t-2}^{S\$}} \right) + e_{t-1}\left(\frac{p_t}{p_{t-1}} / \frac{p_t^{S\$}}{p_{t-1}^{S\$}} \right) + e_t \right]$$

et celui du PNB par habitant en dollars pour l'année t:

$$Y_t^{\$} = (Y_t / N_t) / e_t^*$$

où :

Y_t = PNB courant (en monnaie nationale) pour l'année t;

P_t = déflateur du PNB pour l'année t;

e_t = taux de change annuel moyen (monnaie nationale/dollar) pour l'année t;

N_t = population au milieu de l'année t;

$P_t^{S\$}$ = déflateur du DTS en dollars pour l'année t.

Autres facteurs de conversion

La Banque mondiale vérifie systématiquement si les taux de change officiels sont des facteurs de conversion adéquats. Elle a recours à un autre facteur de conversion lorsque l'écart entre le taux de change officiel et le taux effectivement employé dans le cadre des transactions intérieures portant sur des devises ou le commerce international des marchandises est jugé exceptionnellement important ; ce n'est le cas que pour un petit nombre de pays (se reporter au tableau de la section intitulée « Index des pays et profil des données originales »). Des facteurs de conversion autres que le taux de change sont utilisés dans le cadre de la méthode de l'Atlas et, dans certains cas, dans *World Development Indicators* pour une année déterminée.

BIBLIOGRAPHIE

Ahmad, Sultan. 1992. « Regression Estimates of Per Capita GDP Based on Purchasing Power Parities. » Document de travail des services de recherche de politique générale 956. Banque mondiale, Département de l'économie internationale, Washington.

AIE (Agence internationale de l'énergie). 1996. *Statistiques et bilans énergétiques des pays non membres de l'OCDE 1993–94*. Paris.

———. 1996. *Statistiques de l'énergie des pays de l'OCDE 1993–94*. Paris.

Banque mondiale. 1993. *Purchasing Power of Currencies: Comparing National Incomes Using ICP Data*. Washington.

———. 1997. *Global Development Finance 1997* (Extraits disponibles en français sous le titre « Financement du développement dans le monde, 1997 »). Washington.

BIT (Bureau international du travail). 1995. *Annuaire des statistiques du travail*. Genève.

———. 1995. *Évaluations et projections de la main-d'oeuvre, 1950–2010*. Genève.

———. 1995. *Population active 1950–2000*. Genève.

Bos, Eduard, My T. Vu, Ernest Massiah et Rodolfo A. Bulatao. 1994. *World Population Projections, 1994–95 Edition*. Baltimore, Md. : Johns Hopkins University Press.

CNUCED (Conférence des Nations Unies sur le commerce et le développement). Années diverses. *Manuel de statistiques du commerce international et du développement*. Genève.

Conseil de l'Europe. 1995. *L'évolution démographique récente en Europe*. Strasbourg : Éditions du Conseil de l'Europe.

Eurostat (Office statistique des Communautés européennes). Années diverses. *Annuaire statistique*. Luxembourg.

FAO (Organisation des Nations Unies pour l'alimentation et l'agriculture). Années diverses. *FAO Annuaire : Production*. Collection FAO : Statistiques. Rome.

FMI (Fonds monétaire international). 1986. *Manuel de statistiques de finances publiques*. Washington.

———. 1993. *Manuel de la balance des paiements. 5e éd.* Washington.

———. Années diverses. *Government Finance Statistics Yearbook*. Washington.

———. Années diverses. *Statistiques financières internationales*. Washington.

Institut des ressources mondiales en collaboration avec le PNUE (Programme des Nations Unies pour l'environnement) et le PNUD (Programme des Nations Unies pour le développement). 1994. *World Resources 1994–95: A Guide to the Global Environment*. New York : Oxford University Press.

Institut des ressources mondiales, PNUE (Programme des Nations Unies pour l'environnement), PNUD (Programme des Nations Unies pour le développement) et Banque mondiale. 1996. *World Resources 1996–97: A Guide to the Global Environment*. New York : Oxford University Press.

Nations Unies. 1970. *Système de comptabilité nationale : Études méthodologiques*. Série F. N° 2. Rév. 3. New York.

———. 1986. *Statistiques de comptabilité nationale : Recueil de statistiques de répartition du revenu*. New York.

———. 1994. *World Urbanization Prospects, 1994 Revision*. New York.

———. 1996. *World Population Prospects: The 1996 Edition*. New York.

———. Années diverses. *Annuaire des statistiques de l'énergie*. New York.

———. Années diverses. *Levels and Trends of Contraceptive Use*. New York.

———. Éditions diverses. *Bulletin mensuel de statistiques*. New York.

———. Années diverses. *Population and Vital Statistics Report*. New York.

———. Années diverses. *Annuaire statistique*. New York.

———. Années diverses. *Update on the Nutrition Situation*. Comité administratif de coordination, Sous-comité de la nutrition. Genève.

———. Années diverses. *Annuaire statistique du commerce international*. New York.

OCDE (Organisation de coopération et de développement économiques). 1988. *Répartition géographique des ressources financières mises à la disposition des pays en développement*. Paris.

———. 1996. *Coopération pour le développement : Rapport 1995*. Paris.

———. 1996. *Comptes nationaux 1960–1994*. Vol. 1, *Principaux agrégats*. Paris.

———. 1996. *Comptes nationaux 1960–1994*. Vol. 2, *Tableaux détaillés*. Paris.

———. Années diverses. *Coopération pour le développement*. Paris.

OMS (Organisation mondiale de la santé) 1991. *Maternal Mortality: A Global Factbook*. Genève.

———. Années diverses. *Annuaire de statistiques sanitaires mondiales*. Genève.

———. Années diverses. *Rapport trimestriel de statistiques sanitaires mondiales*. Genève.

ONUDI (Organisation des Nations Unies pour le développement industriel). 1996. *International Yearbook of Industrial Statistics 1996*. Vienne.

Ravallion, Martin et Shaohua, Chen. 1996. « What Can New Survey Data Tell Us About Recent Changes in Living Standards in Developing and Transitional Economies? » Banque mondiale, Département de la recherche, Politiques de développement, Washington.

UNESCO (Organisation des Nations Unies pour l'éducation, la science et la culture). Années diverses. *Annuaire statistique*. Paris.

UNICEF (Fonds des Nations Unies pour l'enfance). 1997. *La situation des enfants dans le monde 1997*. New York : UNICEF.

U. S. Bureau of the Census. 1996. *World Population Profile*. Washington : U.S. Government Printing Office.

Tableau 1. Classification des économies par revenu et par région, 1997

		Afrique subsaharienne		*Asie*		*Europe et Asie centrale*		*Moyen-Orient et Afrique du Nord*		
Groupe de revenu	*Sous-groupe*	*Afrique de l'Est et Afrique australe*	*Afrique de l'Ouest*	*Asie de l'Est et Pacifique*	*Asie du Sud*	*Europe de l'Est et Asie centrale*	*Reste de l'Europe*	*Moyen-Orient*	*Afrique du Nord*	*Amérique*
Faible revenu		Angola Burundi Comores Érythrée Éthiopie Kenya Madagascar Malawi Mozambique Ouganda Rwanda Somalie Soudan Tanzanie Zaïre Zambie Zimbabwe	Bénin Burkina Faso Cameroun Congo Côte d'Ivoire Gambie Ghana Guinée Guinée-Bissau Guinée équatoriale Libéria Mali Mauritanie Niger Nigéria République centrafricaine São Tomé-et-Principe Sénégal Sierra Leone Tchad Togo	Cambodge Chine Mongolie Myanmar RDP lao Viet Nam	Afghanistan Bangladesh Bhoutan Inde Népal Pakistan Sri Lanka	Albanie Arménie Azerbaïdjan Bosnie-Herzégovine Géorgie République kirghize Tadjikistan		Yémen, Rép. du		Guyana Haïti Honduras Nicaragua
Revenu intermédiaire	*Tranche inférieure*	Botswana Djibouti Lesotho Namibie Swaziland	Cap-Vert	Corée, Rép. dém. de Fidji Îles Marshall Îles Salomon Indonésie Kiribati Micronésie, États féd. de Papouasie-Nouvelle-Guinée Philippines Samoa-Occidental Thaïlande Tonga Vanuatu	Maldives	Bélarus Bulgarie Estonie Fédération de Russie Kazakstan Lettonie Lituanie Macédoine, ERY de[a] Moldova, Rép. de Ouzbékistan Pologne Rép. slovaque Roumanie Turkménistan Ukraine Yougoslavie, Rép. féd. de[b]	Turquie	Cisjordanie et Gaza Iran, Rép. islamique d' Iraq Jordanie Liban Rép. arabe syrienne	Algérie Égypte, Rép. arabe d' Maroc Tunisie	Belize Bolivie Colombie Costa Rica Cuba Dominique El Salvador Équateur Grenade Guatemala Jamaïque Panama Paraguay Pérou République dominicaine Saint-Vincent-et-les Grenadines Suriname Venezuela
	Tranche supérieure	Afrique du Sud Maurice Mayotte Seychelles	Gabon	Malaisie Samoa américaines		Croatie Hongrie République tchèque Slovénie	Grèce Île de Man Malte	Arabie saoudite Bahreïn Oman	Libye	Antigua-et-Barbuda Argentine Barbade Brésil Chili Guadeloupe Mexique Porto Rico Saint-Kitts-et-Nevis Sainte-Lucie Trinité-et-Tobago Uruguay
Total partiel :	158	26	23	21	8	27	4	10	5	34

Tableau 1. *(suite)*

		Afrique subsaharienne		*Asie*		*Europe et Asie centrale*		*Moyen-Orient et Afrique du Nord*		
Groupe de revenu	*Sous-groupe*	*Afrique de l'Est et Afrique australe*	*Afrique de l'Ouest*	*Asie de l'Est et Pacifique*	*Asie du Sud*	*Europe de l'Est et Asie centrale*	*Reste de l'Europe*	*Moyen-Orient*	*Afrique du Nord*	*Amérique*
Revenu élevé	*Membres de l'OCDE*			Australie Corée, Rép. de Japon Nouvelle-Zélande			Allemagne Autriche Belgique Danemark Espagne Finlande France Irlande Islande Italie Luxembourg Norvège Pays-Bas Portugal Royaume-Uni Suède Suisse			Canada États-Unis
	Non-membres de l'OCDE	Réunion		Brunéi Guam Hong Kong Îles Mariannes du Nord Macao Nouvelle-Calédonie Polynésie française Singapour AEA[c]			Andorre Chypre Groenland Îles Anglo-Normandes Îles Féroé Liechtenstein Monaco	Émirats arabes unis Israël Koweït Qatar		Antilles néerlandaises Aruba Bahamas Bermudes Guyane française Îles Caïmans Îles Vierges (EU) Martinique
Total :	210	27	23	34	8	27	28	14	5	44

a. Ex-république yougoslave de Macédoine.
b. République fédérative de Yougoslavie (Serbie/Monténégro).
c. Autres économies d'Asie — Taïwan (Chine).

Les groupements établis par la Banque mondiale à des fins opérationnelles et pour les besoins de l'analyse reposent principalement sur le produit national brut (PNB) par habitant. Les économies sont réparties en trois catégories : économies à faible revenu, économies à revenu intermédiaire (subdivisées en une tranche inférieure et une tranche supérieure) et économies à revenu élevé. On utilise aussi d'autres groupements analytiques, fondés sur l'appartenance géographique, les exportations et le niveau de la dette extérieure.

Les économies à revenu faible et à revenu intermédiaire sont parfois appelées économies en développement. L'emploi de cette expression est commode, mais cela ne veut pas dire que toutes les économies de ce groupe en sont au même stade de leur développement, ni que les autres économies ont achevé leur développement ou sont parvenues à un stade plus avancé. La classification par niveau de revenu ne reflète pas nécessairement le degré de développement.

Définitions des groupes

Ces tableaux indiquent le classement de toutes les économies membres de la Banque mondiale et de toutes les autres économies comptant plus de 30 000 habitants.

Groupe de revenu : Les économies sont divisées en fonction du PNB 1995 par habitant calculé selon la méthode de l'*Atlas de la Banque mondiale*. Les groupes sont les suivants : faible revenu (égal ou inférieur à 765 dollars) ; revenu intermédiaire, tranche inférieure (compris entre 766 et 3 035 dollars) ; revenu intermédiaire, tranche supérieure (compris entre 3 036 et 9 385 dollars) ; revenu élevé (égal ou supérieur à 9 386 dollars).

Les estimations relatives aux républiques de l'ex-Union soviétique doivent être considérées comme très provisoires ; leur classement est sujet à révision.